1949년 8월 29일, 세미팔라틴스크에서 진행된 소련의 첫 번째 핵실험. (Sovfoto / Getty Images)

1948년, 이스라엘 독립 전쟁 중 야드 모르데카이 키부츠에서 브리핑을 받는 이스라엘 국방군들.
(Universal History Archive / GettyImages)

1951년, 주한 미 해병대. 전투 지역에 병력과 보급품을 수송하는 데 헬기가 사용된 것은 이때가 처음이었다.
(Bettmann / Getty Images)

2022년 4월, 마리우폴 중심가에서 포즈를 취한 도네츠크 인민공화국 군인들. (SOPA Images Limited / Alamy Stock Photo)

2023년 7월 1일, 도네츠크주에서 제3분리돌격여단 소속 우크라이나 군인들이 바흐무트를 향해 발사하기 위해 105밀리 곡사포를 재배치하고 있다. (Global Images Ukraine / Getty Images)

2023년 2월, 돈바스에서 드론 조종법을 익히고 있는 우크라이나 육군의 드론 조종사. (Zuma Press / Alamy Stock Photo)

사우디 왕립해군 대원이 폭발물 도구를 팩봇에 연결하는 것을 폭발물 처리 기술자가 옆에서 관찰하고 있다.
(American Photo Archive / Alamy Stock Photo)

비전문가를 일깨우고 정치가와 지정학자의 길잡이가 될 책.

— 헨리 키신저 박사, 전 미국 국무장관 겸 국가안보보좌관

과거로부터 배우지 못하면 실수를 반복할 수밖에 없다는 역사의 진리를 훌륭하고 설득력 있게 적용해 전쟁의 미래에 대해 명쾌하게 평가한다. 퍼트레이어스 장군의 군사적 전문성과 로버츠 경의 학문적 엄격함이 만나 매우 특별한 책이 탄생했다.

— 제임스 매티스 장군, 전 미국 국방장관

시의적절하고 흥미로우며 교훈적이다. 드론의 사용, 사회 기반시설의 표적화, 소셜미디어의 위력, 외부 세력의 후원 등 이 책이 분석하는 많은 요소들이 실시간으로 번쩍이며 '전쟁은 여전히 연구할 가치가 있다'는 사실을 일깨워주며, 현대 전쟁을 이해하는 새로운 이정표를 제시한다.

— 《월스트리트 저널》

클라우제비츠의 《전쟁론》 이후 전쟁의 본질에 대해 이토록 깊은 통찰력을 제공한 책은 없었다. 심도 깊은 연구, 뛰어난 구성, 극적인 재미까지 갖춘 이 책은 전쟁의 승패를 가르는 요인의 핵심을 찌른다. 다음 세대 정책입안자와 군사전략가의 인식을 결정할 책이다.

— 윌리엄 맥레이븐 장군, 전 미국 특수작전사령부 사령관

군사와 역사라는 두 분야의 대가가 만나 통찰력 있는 역사적 분석과 예리한 전략적 판단으로 완벽한 결과물을 탄생시켰다. 앞으로 정치인들은 이 책에 담긴 내용으로 치르는 시험을 통과하기 전에는 취임할 수 없을 것이다.

— 데이비드 리처드 장군, 전 영국 국방장관 및 참모총장

과거에 대한 고찰을 통해 현재와 미래에 대해 명확하게 사고하는 법을 보여준다. 2차 세계대전 이후 전쟁의 본질과 성격이 어떻게 변화해왔는지를 탐구해 평화를 회복하고 분쟁을 예방하며 다음 세대를 위한 더 나은 미래를 보장하는 길을 조명한다. 반드시 읽고 토론하며 교훈을 배워야 하는 책. — H. R. 맥매스터 장군, 전 미국 국가안보보좌관

군 장교들이 다음 세대를 위해 연구해야 할 책일 뿐만 아니라 군사사를 좋아하는 사람도 즐길 만한 책이다. 현대 전쟁의 핵심 교훈을 파악하는 데 이보다 적합한 책은 없으며, 우리 시대의 지도력이 이 책의 조언을 따르길 바란다.

— 닉 카터 장군, 전 영국 국방장관 및 참모총장

지난 80년 동안 전장에서 일어난 일에 대한 엄격하고 사려 깊은 연구. ― 《타임스》

스타 장군과 대가 역사가의 완벽한 결합. 전문가에게는 도전적이고 일반 독자들에게는 교훈적이도록 치밀하게 계산된 서사.

― 휴 스트레이천, 세인트앤드루스대학 국제관계학 교수

단순히 좋은 책, 추천할 만한 책이 아니라 우리 시대의 필독서다. 퍼트레이어스 장군은 정치가, 학자, 사업가, 군인의 관점으로 전쟁을 다루며, 로버츠 경은 대가 역사가의 통찰력을 더한다. 전쟁에 내포된 갈등의 복잡성은 정말 악랄하고 해결이 힘든 문제이지만, 여전히 우리가 선택을 해야 하는 문제임을 일깨워준다.

― 그레이엄 램 중장, 전 영국 야전군 사령관 및 이라크 다국적군 부사령관

1945년부터 오늘날까지 전쟁이 어떻게 발전해왔는지 신중하게 추적하고, 러시아-우크라이나 전쟁이 향후 국제 분쟁에 미칠 수 있는 영향을 제시한다. 전쟁의 진화에 기여한 주요 전투를 면밀히 검토하고 사이버 전쟁과 인공지능이 수반될 미래를 고려한다. 탄탄한 근거와 방대한 경험을 바탕으로 미래사회에 대해 사려 깊게 조언하는 이 책은 군사역사가와 전략가라면 반드시 읽어야 할 책이다. ― 《커커스 리뷰》

2차 세계대전 종전 이후 세계에서 벌어진 분쟁에 대해 철저하게 조사하고 놀라울 정도로 유익한 정보를 제공한다. 현대 전쟁의 여러 측면을 분석해 전략적 지도력에 필요한 자질과 적응력, 전술적 유연성의 중요성을 강조하고, 진화하는 무기 및 기술의 영향력을 보여준다. ― 《북리스트》

전쟁이 왜 여전히 일어나는지, 전쟁에서 무엇을 배울 수 있는지, 앞으로 악의적 가해자로부터 자신을 어떻게 보호할 수 있는지를 설명하는 매우 중요한 책이다.

― 사울 데이비드, 《데일리 텔레그래프》

아프가니스탄과 이라크 전장의 가장 위대한 사령관과, 나폴레옹에서부터 처칠까지 지칠 줄 모르는 전쟁사 연대기 작가의 협업에서 기대할 수 있듯이 전투의 세밀한 부분까지 고찰하는 야심차고 깊이 있는 책이다. 퍼트레이어스와 로버츠는 뛰어난 지휘관들의 실제로 효과가 있었던 전략과 전술에 초점을 맞춘다. 지도자로서 젤렌스키의 뛰어난 자질과 푸틴의 부족한 자질을 대조적으로 설명하며 그들의 '생존 전쟁'이 군사 전문가들에게 어떤 교훈을 주는지 보여준다. ― 다니엘 존슨, 《크리틱》

컨플릭트

CONFLICT
컨플릭트

1945년부터 가자 전쟁까지,
전략은 어떻게 진화했는가

데이비드 퍼트레이어스·앤드루 로버츠 지음

허승철·송승종 옮김

책과함께

일러두기

- 이 책은 David Petraeus, Andrew Roberts의 CONFLICT를 우리말로 옮긴 것이다. 원서는 2023년에 양장판이 출간되고 1년 뒤인 2024년에 무선판이 출간되었는데, 무선판에는 그사이에 변화된 러시아-우크라이나 전쟁의 전황이 해당 장에 추가되고, 가자 전쟁(이스라엘-하마스 전쟁)이 새로운 별도의 장으로 추가되었다. 한국어판은 사실상 증보판에 해당하는 이 무선판을 저본으로 했다.
- 옮긴이의 짧은 설명은 〔 〕로 덧붙이고, 긴 설명은 각주로 덧붙이고서 끝에 '— 옮긴이'를 표기했다. 그 외의 각주는 원서의 것이다.

내가 40년 가까이 군대와 공직에서 함께 일하는
영광을 누렸던 미군, 연합군 및 우방국 군대의
남녀 장병, 외교관, 첩보요원, 개발전문가에게
— 데이비드 퍼트레이어스

사이먼 시백 몬티피오리와 우리의 40년 우정을 위하여
— 앤드루 로버츠

차례

책에 나오는 현대전

서문

전쟁의 원인을 추적하고, 전쟁의 수단을 파악하며, 한쪽 또는 다른
쪽이 승리할 수 있었던 이유를 확인하고, 전쟁의 여파를 설명하며,
전쟁이 다시 일어날 수 있는 조건을 추정하는 것 이상으로 역사가
가 할 수 있는 긍정적인 일은 그리 많지 않다.

— 시릴 폴스, 옥스퍼드대학 전쟁학 치첼레 교수 취임 연설, 1946[1]

2022년 2월 24일 목요일 이른 시각, 러시아의 블라디미르 푸틴Vladimir
Putin 대통령은 키이우와 우크라이나의 다른 요충지에 대한 신속하고
파괴적인 공격을 감행했다. 이 공격은 '기습'으로 우크라이나 정부를
전복시키기 위한 것이었다. 이 책에 썼듯이 1945년 이래로 군사적 충
돌은 상당히 진화해왔지만, 푸틴은 의도적으로 2차 세계대전 방식의
적대 행위를 선택했고, 이는 우크라이나와 러시아 모두에게 파괴적
인 결과를 가져왔다.

　이 책의 의도 중 하나는 푸틴이 우크라이나에서 취한 행동과 그의
교전 방식을 적절한 역사적 맥락에 놓는 것이지만, 그보다 더 큰 야
심도 있다. 그것은 전 세계 군대가 다음 전쟁을 준비할 때 어떻게 이
전의 전쟁에서 제대로 배우거나 혹은 배우지 못했는지를 보여주고,
성공적인 전략적 지도력에 필요한 개인적 자질은 무엇인지 살펴보는
것이다.

　이 책이 서술하지 않은 것을 분명히 밝히는 것도 중요하다. 이 책

은 1945년 이후의 모든 전쟁에 대한 포괄적인 역사를 다루려는 것은 아니며, 그것을 한 권의 책으로 쓴다는 것은 거의 불가능하다. 여기에서는 전쟁의 진화에 기여한 분쟁에만 집중한다. 또한 이 책은 정치나 전쟁이 일어난 원인을 분석한 책도 아니다. 일단 전쟁이 일어나면 전장에서 어떤 일이 일어나는가에 관한 책이다. 어떤 분쟁이 전술적 개념이나 중요한 신무기, 방어가 공격보다 우세해졌을 때(혹은 그 반대) 등 어떤 방식으로든 진화를 보였다면 그 분쟁을 이 책에 포함시켰다. 예를 들어 대전차 무기의 정확도가 높아진 욤키푸르 전쟁이나 대규모 탱크 공격 전술을 사용한 걸프전은 이 책에서 다룰 수 있지만, 본질적으로 거의 동일한 교훈을 지닌 일련의 덜 중요하고 종종 게릴라적인 충돌에 그친 전쟁은 검토하지 않았다.

프로이센의 군사 사상가이자 이론가인 카를 폰 클라우제비츠Carl von Clausewitz는 전쟁을 "다른 수단에 의한 정치"라고 표현했고, 1945년에 정치가 끝나지 않은 것처럼 전쟁 역시 사라지지 않았다. 2차 세계대전 이후 지구상 어디에선가 분쟁은 계속되었다. 20세기는 인류가 존재한 세기를 통틀어 가장 잔인한 세기였다. 20세기 전반에 이미 이전의 모든 시기를 합친 것보다 더 많은 사람이 폭력에 의해 사망한 것으로 추정된다.

21세기는 어떤가. 러시아는 우크라이나를 침공한 지 한 달 만에 미국이 20년간 이라크 전쟁에서 잃은 것보다 더 많은 군인을 잃었다. 2023년 3월까지 러시아의 전사자 수는 소련이 1980년대 아프가니스탄에서 10년간 잃은 1만 3300명보다 다섯 배 많았다. 그렇기에 전쟁은 여전히 깊고 신중하게 연구할 가치가 있는 것이다.

다음에 나오는 1장에서 8장까지는 2차 세계대전 이후 전쟁이 어떻게 진화해왔는가를 연대기적으로 설명한다. 9장은 러시아-우크라이나 전쟁을 분석해 향후 전쟁이 어떤 양상을 띨 것인가에 대한 실마리를 제공하는 것에 초점을 맞추고, 10장은 가자 전쟁에 집중한다. 그런 다음 11장은 앞선 장들에서 21세기 전쟁에 대해 얻을 수 있는 교훈을 이끌어낸다. 우리는 최첨단 군사기술의 중요성뿐만 아니라, 지도력, 훈련, 속임수, 동맹, 군사 교리, 고도로 전문적인 부사관의 역할, 정보 분야에서 경쟁의 중요성에 대해서도 집중한다.

전략적 개념은 그 어느 시기보다 2차 세계대전 이후 빠르게 진화해왔다. 전쟁 지휘관들은 나폴레옹Napoléon Bonaparte이 19세기 초에 사용한 것과 거의 같은 구조, 즉 군단, 사단, 연대, 대대를 사용해왔다(물론 훨씬 뛰어난 기동력, 포병, 기타 간접 화력과 공중 화력을 여기에 추가했지만 말이다). 그러나 그 이후로 전술은 특히 지난 20년간 눈부신 속도로 진화했으며, 이 책은 그 핵심적 변화가 어떻게 왜 일어났는지와 앞으로 일어날 것으로 예상되는 극적인 변화에 대해 설명한다. 같은 주제를 다룬 이전의 책들과 다르게 이 책은 저명한 전투지휘관과 탁월한 군사역사가가 협력하여 집필했으며, 두 사람은 각자의 고유한 전문성과 시각을 책에 반영했다.

러시아의 우크라이나 침공 이후 이 전쟁을 정치적·경제적·지정학적 맥락에서 다룬 수많은 책들이 쏟아져 나왔음에도 불구하고 우리는 이 전쟁을 군사사軍事史 맥락에서 다루는 문헌이 거의 없다는 것을 발견했다. 많은 비용과 공력을 투입해 정밀 무기와 스마트 폭탄을 개발하는 세계에서 러시아는 의도적으로 잔인한 2차 세계대전 양식의—돈바스 일부 지역에서는 1차 세계대전 양식의—전투 방식을 채택했다. 1945년 이후 군사 전략과 전술이 크게 발전하고, 각 전쟁은 다음 장에서 소개하는 것처럼 다양한 방식으로 교훈을 제시하는 상황에서 러시아가 대조국전쟁(러시아에서 2차 세계대전을 일컫는 용어)을—이번에는 러시아가 희생자가 아니라 침략자라는 점이 다르지만—상기시키는 퇴행적 전투를 선택한 것을 어떻게 설명할 것인가?

러시아는 1945년 나치주의라는 악을 세계에서 제거하는 데 막대한 피를 흘린 공로로 화려한 승리의 영광을 거머쥐었다. 2차 세계대전 때 나치 독일과 싸우다 전사한 병사 5명 중 4명은 동부 전선에서 전사한 것으로 나타났다. 그러나 1945년 이후 러시아는 인류를 위한 위대한 봉사로 얻은 점수를 깎아먹고 있으며, 푸틴 대통령이 시작한 무모하고도 믿을 수 없을 정도로 악의적인 우크라이나 침공으로 그 어느 때보다 강도 높은 비난을 받고 있다. 아돌프 히틀러Adolf Hitler가 사망한 이후 수십 년 동안 여러 다양한 지역, 다양한 정치적 상황에서 전쟁이 어떻게 진화해왔는지를 보여줌으로써 우리는 현재 진행되고 있는 러시아-우크라이나 전쟁이 얼마나 기이할 정도로 퇴행적인지를 강조하고자 한다. 전쟁은 진화하는 것이지 고착화되는 것이 아니다. 그러나 전쟁은 갑자기 충격적일 정도로 과거로 역행할 수도 있다.

각 장에서는 성공적인 전략적 지도력이 어떻게 가장 불리한 상황을 더 나은 방향으로 전환시킬 수 있는지에 대한 사례를 제시한다. 하지만 전략 지도의 실패는 확실해 보이는 승리도 패배로 바꾼다. 이 책에서 정치인 또는 군인으로 등장하는 지도자들은 다음 네 가지 주요 과제를 수행할 수 있어야 한다.[2] 첫째, 지도자들은 전쟁에서 전체적인 전략적 상황을 파악하고, 이에 맞는 전략적 접근 방식을 구상해내야 한다. 여기에서 핵심은 '큰그림'을 올바르게 이해하는 것이다. 둘째, 이러한 큰그림에 대해 자기 조직의 전 부문 및 다른 모든 이해당사자들과 적절히 소통해야 한다. 셋째, 전역계획campaign plan을 철저하고 단호하게 실행하면서 큰그림의 수행을 감독해야 한다. 마지막으로 지도자들은 이 큰그림을 다듬고, 조정하고, 정치화하면서 앞의 세 가지 임무를 지속적으로 반복해서 수행할 수 있어야 한다. 이 네 가지 임무를 적절히 수행하는 정치가와 병사들이야말로 이 책에서 두드러지는 전범典範들이다. 탁월한 전략적 지도력이 성공의 절대적 전제 조건이지만, 역사의 목격자들은 이것이 '검은 백조'처럼 아주 드물게 나타난다는 것을 안다.

1장

평화의 꿈의 죽음

1945-1953

3차 세계대전은 문명사회가 감당할 수 있는 범위를 넘어서고, 아마도 인간 세
계가 지속적으로 존재할 수 있는 한계를 넘어설 것이다.
— 얀 크리스티안 스무츠, 유엔 연설, 1945년 5월 1일

6000만 명에 달하는 거대한 인명 희생을 대가로 치르고 2차 세계대전이 종결된 이후 지구상에 평화가 정착되리라는 꿈이 생겨났다. 이 꿈은 극단적 민족주의의 종언과 국제연합UN의 창립으로 이어졌다. 유엔 헌장은 국가들이 "관용을 실천하고, 서로 선한 이웃으로 평화롭게 함께 사는 것"을 보장하여 "다음 세대를 전쟁의 참화로부터 구하는 것"을 희망한다고 명시했다.[1] 약 100만 명이 '세계 시민' 명부에 서명하고, 국가를 폐지하고, 세계 연합을 창설함으로써 전쟁을 제거할 것을 약속했다. 일본이 항복한 지 한 달 만에, 비슷한 이상주의적 실천으로 트루먼Harry S. Truman 대통령은 미국의 해외 정보 작전을 담당했던 전략사무국(CIA의 전신)을 폐쇄했다.

홀로코스트보다 침략 전쟁을 주도한 나치 고위층 전범에 초점을 맞춘 뉘른베르크 재판 이후 인류는 국제 분쟁을 해결하는 수단으로써 침략과 전쟁은 사라질 거라는 기대를 갖게 되었다. "다시는 안 된다"라는 표어는 나치 시대의 잔혹한 범죄와 똑같이 침략국에도 적용되었다. 그러나 이것은 고귀한 만큼 순진한 희망이었다.

2차 세계대전 직후 시기는 실제 국경을 넘는 침공 전쟁과는 관련이 없는 좋은 출발을 했다. 예외적으로 이 시기 영국의 두 번의 영토 분할—1947년 인도 아대륙의 분할과 1948년 팔레스타인의 위임 통치—은 오늘날까지 충격파가 지속되는 큰 갈등의 가능성을 내재하고 있다. 마찬가지로 중국 국공내전은 독립 포모사Formosa(오늘날의 대만)의 탄생으로 이어졌고, 이 문제는 여전히 지구상의 화약고로 남아 있다. 따라서 1940년대 후반에는 국경 간 침략이 일어나지 않았지만, 지역 분쟁은 오늘날에도 공개적 분쟁을 유발할 수 있는 분노와 긴장을 고조시키는 씨앗을 뿌려놓은 셈이다. 19세기 영국의 법학자 헨리 메인Henry Maine 은 "전쟁은 인류의 역사만큼 오래되었지만, 평화는 현대의 발명품이다"라고 했다.[2] 그가 이 말을 한 뒤 2세기가 지난 지금도 평화는 여전히 초창기적 문제를 안고 있는 발명품이다.

　1940년대 말, 국경 간 침략을 막는다는 평화의 꿈보다 훨씬 더 강력한 것은 핵무기로 인한 멸절 위협이었다. 이것은 1949년 8월 29일, 소련이 카자흐스탄의 세미팔라틴스크에서 최초로 플루토늄 장치를 이용한 'RDS-1' 핵실험을 진행하면서 시작되었다. 냉전이 종결될 때까지 미국은 1032번, 소련은 715번의 핵실험을 했다. 소련 측 핵실험의 절반 이상이 세미팔라틴스크에서 진행되었는데, 이는 이후 여러 세대에 걸쳐 지역 주민들에게 높은 수준의 암 발병률, 유전자 결함, 기형아 출산 등 심각한 결과를 초래했다.

　1949년 8월 29일 이후 세계는 처음으로 상호확증파괴Mutually Assured Destruction의 실제 가능성에 직면하게 되었는데, 이것은 보통 분명한 암시가 담긴 간명한 약어 MAD로 불린다. 어느 군사사학자가 명쾌하게 말한 대로 "[원자탄과 핵무기를 보유한] 국가들 간의 전면전은 완전한 자멸의 위험을 안고 있고, 이는 무력의 합리성에 새로운 상한선을 부과"했기 때문에 MAD는 냉전 상황을 변화시켰다.[3] 핵전략 초기 이론가 헨리 키신저Henry Kissinger 는 이에 대해 다음과 같이 암울한 말로 설명했다. "히로시마와 나가사키 이후 핵무기 배치의 위험은 가늠할 수 없을 정도로 높아졌고, 그 판돈은 결과와 분리되었다."[4] 이런 상황에서 미국의 전략은 억제 우선이었고, 키신저는 이를 '부정적 목적을 위한 심리적 전략'이라 표현했다.[5]

드와이트 아이젠하워Dwight Eisenhower 대통령은 참모들과의 사적인 대화에서는 왜 대만해협에서 전술 핵무기를 "총알이나 다른 무기와 똑같이" 사용할 수 없는지 의문을 제기했지만, 공적으로는 훨씬 신중한 태도를 보였다.[6] 1955년 7월 제네바에서 열린 2차 세계대전 종전 이후 첫 영국-미국-소련 정상회담에서 아이젠하워는 바람을 타고 퍼지는 방사성 동위원소가 북반구에 있는 모든 생명체에 큰 피해를 입힌다는 점을 언급하며 핵전쟁이 얼마나 상호확증파괴적인지를 강조했다.[7]

이는 핵보유국이 보유한 메가톤급 핵무기가 기하급수적으로 증가하면서 더욱 자명해졌다. 히로시마는 14킬로톤의 원자탄으로, 나가사키는 20킬로톤의 폭탄으로 파괴되었다. 각각 TNT(고성능 폭약) 1만 4000톤, 2만 톤에 버금가는 파괴력이었다. 이것은 오늘날 TNT 100만 톤에 해당하는 파괴력을 가진 메가톤급 핵탄두에 비하면 아주 작은 원자탄에 불과했다.[8] 1메가톤의 원자탄이 최적의 높이에서 폭발하면 약 5.6킬로미터 반경에 있는 모든 벽돌 건물이 파괴되고, 20킬로미터 거리까지 상당한 피해를 입힐 수 있다. 최대 17킬로미터 떨어진 곳까지도 마른 나뭇잎에 불이 붙고, 집 안에 있는 사람들은 2도 화상을 입게 된다. 바람이 아래로 불면 방사능은 희생자를 즉각 죽이거나 아니면 여러 달에 걸쳐 서서히 암을 유발하고, 피부가 타들어가며, 신체 내부에서 출혈이 일어난다. 핵전략 역사가인 로런스 프리드먼Lawrence Freedman과 제프리 마이클스Jeffrey Michaels가 지적한 바와 같이 냉전 시기 핵무기는 "둔탁한 도구였고, 둔탁한 방법으로 사용되었다."9

1차 세계대전 이후 많은 사람들은 군비 증강이 기본적으로 불안한 상황을 만들 것이라고 생각했지만, 냉전은 이러한 인식이 맞지 않다는 것을 증명했다. 핵 위협이 거대한 핵무기를 보유하게 된 세계 지도자들을 집중시키고, 비록 제한적인 분쟁과 대리전을 선호하긴 하지만 초강대국들이 전면전을 회피하도록 유도하는 데 성공했다는 사실을 알게 되었다. 1952년 미국은 최초의 수소탄('아이비 마이크Ivy Mike'라는 재밌는 이름이 붙여진)을 실험했고, 다음 해 소련도 '조 4호Joe 4'라는 이름을 붙인 수소탄 실험에 성공했다. 세계무대에서 뒤처지지 않기 위해 영국의 윈스턴 처칠Winston Churchill도 1952년 자체적으로 원자탄을 만들었다고 발표했다(수소탄은 1957년에 생산했다). 이후 1967년 중국, 같은 해에 이스라엘, 1968년 프랑스, 1974년 인도, 1998년 파키스탄, 2006년 북한이 핵무기를 보유하게 되었다.

1972년이 되어서야 미국의 리처드 닉슨Richard Nixon 대통령과 소련 지도자 레오니트 브레즈네프Leonid Brezhnev는 다탄두핵미사일MIRV이 핵탄두 수를 극적으로 증가시켜 그 어떤 대탄두미사일방어체계ABM도 제압할 수 있다는 것을 인정했다. 그 결과 요격 미사일과 다탄두 미사일을 최소 수량으로 축소하는 전략무기제한SALT 협정이 체결되었다. 공격이 방어를 완전히 압도하여 기습공격(선제공격)의 유혹이 높아지는 것을 방지한 것은 난공불락의 핵잠수함이었다.

MAD의 억제 효과는 선제공격 후에도 양측이 서로에게 감당할 수 없는 피해를 입힐 정도의 핵무기를 보유하고 있다는 확신에 달려 있었다.10 1980년대 다탄두 미사일의 급속한 기술 향상으로 정확도가 높아지고 표적 설정이 유연해지면서 공격 목표를 대규모 도심지역에서 특정 군사 구조물로 이동할 수 있게 되었다.

한때 아이젠하워가 대만해협에서 사용하려고 구상했고, 오늘날 블라디미르 푸틴이 걸핏하면 우크라이나를 위협하는 재래전의 확장인 이러한 전술은 '좀더 섬세하고, 자비롭고, 외과적으로 정확한 핵전쟁'으로 불리는 '통제된' 또는 '제한된' 또는 '전술적' 핵전쟁 개념을 만들어냈다.[11]

1983년 3월, 로널드 레이건Ronald Reagan 대통령은 우주 기반 대탄두 미사일방어체계를 모색하는 전략방위구상 사업을 시작했다. 그러나 아직 초기 단계인 9월, 소련의 위성 조기경보시스템이 오작동하여 구름 상층부에 반사된 태양빛을 미국의 미사일 공격이라고 잘못 경고하는 사태가 벌어졌다.[12] 다행히 소련 현지 사령부에서는 상식이 통했고 그 어떤 최후 시나리오도 가동되지 않았다. 1987년 9월 미소 정상회담에서 레이건 대통령과 미하일 고르바초프Mikhail Gorbachev 당 서기장이 발표한 공동선언문은 "핵전쟁에서는 승리를 거둘 수 없고, 결코 핵전쟁을 벌여서도 안 된다는 엄중한 확신"을 선언했다.[13]

그러나 이러한 전쟁이 일어난다면 세계 지도자 개개인의 성격과 공격 소식에 대한 그들의 반응에 따라 많은 것이 달라질 것이다. 프리드먼과 마이클스가 말했듯이, 이러한 반응은 "무모한 분노, 무기력한 굴복, 용기 없는 비겁함, 또는 단호하고 결연한 행동"으로 나타날 수 있으며, 이 중 첫 번째와 마지막은 인류의 절멸로 끝날 수 있다.[14] 이것이 모든 경우의 수를 망라한 것은 아니다. 일부 핵전쟁 비평가는 최악의 핵 재앙이 일어나면 지구상의 모든 생명체가 사라질 것이라고 주장하지만, 이는 사실이 아니다. 인간과 대형 포유류만 멸종될 것이다. 동굴에 숨은 마지막 인간이 핵 방사능으로 인한 암에 걸리더라도 바퀴벌레, 생쥐 등이 이 지구를 물려받을 것이고, 유리 바다로 변한 도시에서 진화의 순환은 다시 시작될 것이다. 푸른 지구는 인간이 없어도 계속 태양 주위를 돌 것이다.

너무나 쉽게 상상할 수 있는 이 시나리오의 결과는 1945년 8월 이후 핵무기 사용 거부로 나타났고, 75년 전 히로시마와 나가사키가 폭격당한 이후 (1962년 쿠바 미사일 위기로 핵전쟁 위협이 고조됐지만) 핵무기로 인한 사망자는 발생하지 않았다. 어떤 의미에서 핵무기는 전쟁을 제한함으로써 평화를 유지해왔다. 핵무기는 2차 세계대전 이후의 전쟁을 더 작고 빈번한 무력 충돌로 축소시켰다. 집계 방식에 따라 다르지만, 1945년 이후 150건에서 300건의 전쟁이 일어났다.[15] 군사학자 존 키건John Keegan은 다음과 같이 말했다. "그날 이후 전쟁에서 사망한 5000만 명은 대다수가 값싼 대량 생산 무기와 소구경 탄약에 의해 사망했다. 이것들은 당시에 쏟아져 나온 트랜지스터라디오나 건전지를 구입하는 비용보다 조금 더 비싼 수준이었다."[16]

핵전쟁 위험으로 인해 지난 70년간 국제정치에서 강대국 간 신중한 분위기가 형성되었다는 사실에도 불구하고 상호확증파괴에 대한 찬사는 거의 찾아볼 수 없다. 8개 이상의 노벨평화상은 핵무기 감축을 주장한 개인이나 단체에 돌아갔고, 핵 억지력을 지지하는 사람은 단 한 사람—2005년 토머스 셸링Thomas Schelling—만이 노벨상을, 그것도 경제학상을 수상했다.[17]

냉전은 일본이 항복한 지 불과 몇 달 만에 시작되어 1948년 6월부터 1949년 5월까지 진행된 베를린 공수 때 절정에 달했다. 역사학자들은 냉전의 책임이 누구에게 있는지를 두고 오랫동안 논쟁해왔다. 1990년대 초 소련 문서보관소 자료의 공개로 2차 세계대전이 끝난 바로 그 시점부터 이오시프 스탈린Joseph Stalin이 서방의 결의가 약해 보이는 곳이라면 어디든 마르크스-레닌주의를 확산할 의사를 가지고 있었음이 분명히 드러났다. 레닌Vladimir Lenin은 공산주의와 자본주의의 충돌은 필연적이고 불가피한 일로 보았고, 그의 후계자가 보기엔 독일이 허약하고 유럽이 궁핍한 냉전 시기가 유리한 시점이었다. "화해가 불가능한 적대적인 세계와 완전한 대결 상황을 만들어내는 것은 한 사람의 손에 달려 있었다"라고 크렘린 연구 전문가 가운데 1인자로 꼽히는 로버트 콩퀘스트Robert Conquest가 지적했다.

소련주재 외교관 조지 케넌George Kennan이 1946년 2월에 보낸 그 유명한 '긴 전보'를 보면 그가 스탈린의 의도를 간파하고 있었음을 알 수 있고, 전보의 전문은 영향력 있는 잡지 《포린 어페어스》에 'X'라는 가명으로 실렸다. 그해 3월 윈스턴 처칠도 미주리주 풀턴의 웨스트민스터대학에서 행한 철의 장막 강연에서 스탈린이 다루기 힘든 상대라는 것을 경고했다. 세계는 테러의 전파자이자 조장자인 스탈린이 거대하고 단일한 군대를 통제하고 있고, 자신의 제국을 빠르게 건설하고 있다는 것을 깨달았다.

다원주의 정치가 동유럽에서 무너지면서 이후 일어난 모든 일은 서방과의 관계를 훼손하고 이념 전쟁을 벌이려 하는 스탈린의 의도에서 비롯된 것이었다. 1947년 1월 폴란드 선거에서의 주민 위협, 1947년 12월 루마니아 미하일Mihai I 왕의 강제적 하야, 1948년 2월 체코슬로바키아에서의 공산당 쿠데타, 넉 달 후 벌어진 베를린 봉쇄가 이를 증명하는 사례들이었다.

따라서 해리 S. 트루먼 대통령이 1947년 9월 미국중앙정보국CIA을 설립하고 두 달 후 국가안보회의가 이 기관의 비밀공작을 승인한 것은 정치적 대응으로서 필요한 행동이었다. 이듬해 소련의 베를린 봉쇄는 개전 사유가 되었지만, 트루먼과 영국 총리 클레멘트 애틀리Clement Attlee는 현명하게 이것을 과감한 도발로 간주하는 선에서 끝냈다.[18] 두 사람은 이후 11개월 동안 막대한 비용이 드는 공수작전을 효과적으로 전개하여 베를린에 보급품을 공급했다. 소련의 도발은 의도한 것과 정반대의 결과를 가져왔고, 이러한 상황은 이후 이 책에서 반복될 것이다. 베를린 공수가 시작된 지 10개월 후인 1949년 4월, 소련의 침공에 대항하여 집단 안보를 실현하려는 12개국이 북대서양조약기구인 나토NATO를 창립했다. 73년 후 푸틴의 우크라이나 침공의 결과로 스웨덴과 핀란드는 이미 30개국이 참여한 이 동맹에 가입 신청서를 제출했다.

중국 국공내전 (1946-1949) : 중앙집권체계 수립에 실패한 총통

핵무기는 최후의 심판이라는 치명적 특성 때문에 일종의 우산을 만들어냈다. 그 우산 밑에서 재래식 전쟁이 줄어들기는커녕 더 빈번하게 벌어졌다. 그러나 핵무기의 존재는 중국 국공내전에 영향을 미치진 않았다. 중국 국공내전은 2차 세계대전 이후 가장 큰 규모의 군사적 분쟁이자 후대 중국의 운명을 결정지은 사건이었고, 따라서 오늘날 전 세계의 현재적 경험에도 영향을 미친 사건이라 할 수 있다.

2차 세계대전 당시 일본제국이 군사적으로 영토를 확장하는 과정에서 중국은 극심한 고통을 겪었다. 2차 세계대전이 종결되자 장제스蔣介石의 제6군 소속 8만 명의 군인은 수도를 되찾기 위해 난징으로 갔다. 그러는 동안 상하이에서는 제94군의 가난한 농민군 병사들이 이 도시의 부유한 주민들로부터 영웅 대접을 받고 있었다. 해방된 사람들은 비단옷을 입고 있었고, 해방자들은 짚신만 신을 수 있어도 다행이었다.[19] 그러나 중국 국민당의 민족주의자들은 자신들의 싸움이 끝나지 않았다는 것을 알았다. 과거 적이었던 공산당이 일본 패망의 폐허에서 다시 일어나고 있었기 때문이다. 소련은 중국 북부의 중요 지역인 만주의 전략적 거점을 장악했고, 이곳을 장제스가 차지하는 것을 원하지 않았다.

마오쩌둥毛澤東은 거의 20년 동안 국민당과 싸움을 벌여왔다. 2차 세계대전이 끝났을 때 그는 수십만 명의 게릴라 군대를 통제하고 있었는데, 대다수가 중국 북부의 농촌 지역에 흩어져 있었다. 일본의 침략으로 장제스 군대는 큰 손실을 입었고, 이는 마오쩌둥의 게릴라 군에 이득이 되었다. 1945년에 마오쩌둥의 인민해방군은 50만 명이 훨씬 넘는 병력을 보유했고, 1억 명의 주민들이 공산당이 통제하는 지역에 살고 있었다.

오늘날 세계 2대 강대국에 오른 중국에 공산주의 정권이 수립된 여건은 중요하다. 중국 공산당은 중국 인민들이 마르크스-레닌주의를 원했기 때문에 내전에서 승리했다고 끈질기게 선전해왔다. 이것은 말도 안 되는 이야기다. 근본적으로 이 전쟁의 결과를 이해하는 열쇠는 장제스가—때로는 본인의 실책이 아니었지만—서문에 나온 전략적 지도자의 네 가지 과제를 제대로 수행하지 못한 반면, 마오쩌둥은 이것을 아주 성공적으로 완수했다는 데 있다.

일본이 항복한 직후인 1945년 10월, 마오쩌둥과 장제스는 20년 만에 전시 수도인 충칭에서 만났다. 마오쩌둥은 중국 주재 미국 대사와 함께 충칭으로 갔다. "모든 당사자는 현대 중국을 건설하기 위해 장 제스 당수의 지도력 아래 단결해야 한다"라는 마오쩌둥의 선언은 얼 마 지나지 않아 물거품이 되었다. 지지자들에게 돌아간 마오쩌둥은 이 선언이 "휴지 조각에 불과하다"고 말했다.[20] 그리고 1946년 늦봄 에 2차 국공내전이 발발했다. 국민당은 1947년 1월부터 3월 사이 공 산당의 북부 거점에서 일부 승리를 거두어 약 150개의 소도시를 장 악했지만, 이후에는 전쟁이 끝날 때까지 주요 전투에서 단 한 번의 승리도 거두지 못했다.

1937년부터 1945년까지 중국에서는 두 개의 전쟁이 진행되었다. 하나는 일본에 대항하는 전쟁이었고, 다른 하나는 국공내전이었다. 전자에서 국민당이 훨씬 더 큰 역할을 했고 이에 비례해 희생도 컸 다.[21] 1400만 명에서 2000만 명이 희생된 일본과의 전쟁으로 인해 중국 시골 지역은 끔찍한 빈곤을 겪어야 했고, 중국 해안 도시에서는 일제에 부역하는 엘리트층의 사례가 빈번했고, 부패와 인플레이션으 로 인해 국가와 지도자가 약화되었다.[22]

부패는 전쟁 수행에 있어서 자원을 전용할 뿐만 아니라 전쟁의 희 생양이 되는 병사와 시민의 사기를 극도로 저하시키기 때문에 위험 했다(이는 오늘날에도 여전히 그러하다). 역사학자 라나 미터Rana Mitter는 "승리의 순간을 맛본 장제스는 국내외 모두가 폐허가 된 상황에 직면 했다. (…) 충칭 정부에 대한 실망은 중국을 통치하던 정권의 파산으 로 인해 더욱 커졌다. 국가는 큰 포부를 가지고 있었지만, 현실은 대 규모 기아, 공직 부패, 잔인한 공안 국가였다"라고 지적했다.[23]

이것은 주로 공산당보다 국민당이 일본과 싸우는 책임을 부담했기 때문이었고, 1945년 9월 1일 일본군이 항복했을 때 국민당 군대의 힘은 크게 소진되어 있었다.[24] 그러나 그들은 여전히 중국의 합법적 정부였기 때문에 과세, 징집 권한과 그에 따른 정치적 후원의 권한을 갖고 있었다.[25] 1943년 연합국의 카이로회담에 참석해 처칠과 루스벨트를 만난 장제스는 전 세계 무대에서도 인정받는 인물이었다. 따라서 중국 국공내전은 장제스와 그의 고위 지휘관들이 자신들이 갖고 있던 모든 이점을 포기하고, 마오쩌둥이 살아남아 결정적 반격을 가할 때까지의 드라마 같은 이야기다.[26]

실제로 문서상으로만 보면 장제스가 패한 것은 차치하더라도, 1945년에 내전이 일어났다는 사실 자체가 놀라운 일이다. 국민당 정부는 260만 명의 병력을 보유한 반면, 공산당은 50만 명 미만이었고 그들 중 소총을 소유한 병사는 절반도 채 되지 않았다.[27] 국민당 정부는 중국의 주요 도시를 모두 통제하고 있었고, 공산당은 처음에는 북부의 농촌 지역에서만 활동했다. 그러나 서로 경쟁적인 정치인과 그 파벌이 득시글거리는 국민당은 무질서 그 자체였고, 공동의 적보다는 내부의 적들과 싸우는 데 정신이 팔려 있었다. 궁극적으로 공산주의자들이 조국에 어떤 악몽을 안겨줄 것인지 짐작조차 하지 못했다.

마오쩌둥의 인상적인 전투력과 영토 획득, 국민당 정부와 군대의 약화, 만주에서 소련이 차지한 교두보 덕분에 마오쩌둥은 소련과 힘을 합쳐 만주를 거쳐 몽골을 지나 소련까지 이어지는 공산당 치하의 영토를 확보할 기회를 잡을 수 있었다. 수십만 명의 중국 공산군은 소련을 만나기 위해 북쪽으로 진군했고, 1946년 4월 소련군은 만주를 중국 공산당 세력에게 넘겨주고 떠났다.

역사학자들은 중국 국공내전을 통상 3개의 전역戰役으로 구분한다. 1948년 5월부터 11월까지 만주를 장악하기 위해 벌어진 랴오선 전역, 베이징과 톈진을 장악하기 위해 1948년 11월부터 1949년 1월까지 벌어진 핑진 전역, 이와 동시에 북부 지역에서 전개된 화이하이 전역이 그것이다. 공산당 군대가 내전에서 승리를 거둔 것은 화이하이 전역에서였다. 그전까지는 승패가 어떻게 갈릴지 알 수 없었다. 이 3개 전역에서 국민당 군대는 150만 명의 사상자를 낸 반면, 공산당 군대는 25만 명의 사상자가 발생했다.[28]

전략적 지도자의 제1과제가 제대로 된 큰그림을 그리는 것이라면 장제스는 이 부분에서 크게 실패했다. 그는 지원이 절실히 필요한 시점에 일본과 협력한 해안 지역 도시의 민간 지도자들을 처벌했다. 그는 또한 자신에게 권력을 너무 집중한 나머지 만주, 신장, 중국 남서부의 중요한 국민당 지도자들을 소외시켰다. 그는 마오쩌둥을 만난 후 너무 빨리 공산당 군대를 공격하여 트루먼 행정부 주요 인사들의 지지를 잃었다. 그는 1946년 말과 1947년 초에 영토를 획득했지만, 그것을 사수하는 데는 실패했다. 중국의 대부분을 통제하는 지방 군벌*에 대한 그의 정책은 화해보다는 투쟁이었고, 그는 1948년 말 몇 가지 중요한 전술적 실책을 저질렀다.[29]

도시에 병력을 집중시키고 철로를 따라 분산 배치하는 장제스의 전략은 기동성이 매우 뛰어난 공산당 게릴라들의 공격에 취약했다. 중국처럼 거대한 나라에서 병참선은 항상 위험에 처해 있었고, 광범위하게 분산된 국민당 군대의 병참선은 수시로 차단당했다. 공산당 군대가 소련으로부터 지원을 받고 있는 북동부 지역을 탈환하기 위

• 국공내전 초기에 일부 시골 마을과 지역에서 양측 모두에 대항하기 위해 스스로 무장했다. 이것은 영국에서부터 러시아에 이르는 여러 내전에서 흔히 볼 수 있는 일이었다.

해 병참선을 확장한 장제스의 결정은 큰 실책이었다.[30] 그가 일본군과 싸울 때는 탁월한 지휘관이었다는 것을 감안하면 이런 황당한 실패담은 더욱 놀라운 일이다. 한 역사학자의 기록에 따르면, 아마도 이 때문에 그는 참모들로부터 존경받았지만 "그들은 그의 신임을 얻기 위해 서로 경쟁했고, 주도권을 행사하기보다는 그의 지시를 기다렸기 때문에 그들의 독립성과 신속한 대응에 제한이 있었다."[31] 물론 이것은 중국 내전에만 국한된 현상은 아니다. 자신의 견해를 앵무새처럼 복창하는 소리를 듣는 것은 매우 기분 좋은 일이다. 그러나 장군의 참모진이 작전에서 성공을 거두려면 전문성을 갖춘 반대론자도 필요한 법이다.

이와 대조적으로 마오쩌둥은 당면한 전략적·전술적 상황 모두를 잘 이해했고, 제대로 된 전략을 가지고 있었다. 그는 스스로 말한 대로 "특정 장소의 점령 및 유지를 핵심 목표로 삼기보다는" 항상 기동성 유지가 중요하다는 점을 잘 파악하고 있었다.[32] 그는 서기전 550～500년경 손자가 쓴 《손자병법孫子兵法》을 통달했고, 간접적 기동 전략이 더 나은 경우에는 직접적 대결을 피하는 것이 유리하다는 것을 습득했다. 전쟁 초기에는 입지가 불리했지만, 《손자병법》을 읽으면서 그는 어떻게 강점을 활용하고 위험을 평가하며, 기만작전을 실행하고, 적이 예상하는 것과 정반대로 행동하는지를 배웠다.[33]

정책과 전략에 대한 최종적 통제권을 장악한 것도 마오쩌둥에게 도움이 되었다. 이로써 되레 독재자라는 비난을 받던 장제스는 꿈도 꾸지 못할 정도의 강력한 통제권을 획득했다. 그뿐만 아니라 마오쩌둥은 현지 수준에서 마르크스 이념을 매우 유연하게 해석했다. 왜냐하면 국민당과 달리 공산당은 어떠한 상황에서 누구와도 거래할 수 있었기 때문이다. 공산당 군대는 심지어 일본을 위해 싸운 20만 명의 만주국 군대도 받아들였다. 그러나 공산당 통치에 반대하는 자들은 모두 즉결 처형했다. 전쟁 중 15만 명 이상의 병사들이 고문을 받은 후 처형되었다.[34]

공산주의자들은 무자비한 농지 재분배 정책을 강행하며, '인민재판'에서 100만 명의 지방 및 시골 지주에게 유죄 평결을 내려 구타하고 처형했다. 시골 농민이 중국 인구의 90퍼센트를 차지하는 상황에서 강제적인 징병을 위해 농지 배분과 해방 약속이 달콤한 당근으로 제공되었다. 중국 지주들은 2700제곱미터의 농지만 소유해도 사형선고를 받는 것과 마찬가지였다. 중국 농민들의 즉각적인 호응을 가져온 것은 마르크스-레닌주의 이념이 아니라 해묵은 현지의 불만을 해결해준 것이었다.[35] 그러나 한 역사학자가 지적했듯이 "국민당과 공산당 모두 초토화 정책, 광활한 토지의 침수, 도심지의 테러 공격, 기아의 군사 전술화 등 끔찍한 전략에 의존했다."[36]

이 경우, 앞으로 자주 보겠지만, 미국은 주저하고 일관성 없이 한쪽(국민당)을 지원한 반면, 소련은 줄곧 다른 쪽(공산당)을 지원했다. 이러한 성격의 대리전은 2차 세계대전 이후 도처에서 일반화되어 강대국의 직접적 개입은 규칙이 아닌 예외가 되었다.[37] 강대국들이 대리자를 내세워 싸우는 전쟁은 중국 국공내전, 앙골라 내전, 니카라과 내전, 최근에는 우크라이나 전쟁에 이르기까지 강대국들 모두가 위선적으로 치열한 대리전쟁을 유발했다는 비난을 피할 수 없게 만들었다.

미군은 1947년 1월 중국에서 철수했지만 1948년 중반까지 자문관과 장비 제공을 통해 국민당 정부를 지원했다. 그때까지 국민당 군대는 100만 명 이상의 병력을 잃었고, 전쟁에서 분명히 패하고 있었다.

역사가들은 트루먼이 '중국을 잃었는지'에 대한 논쟁을 계속 벌였고, 이러한 비난은 평생 그를 따라다녔으며, 동아시아에서 히로시마 및 나가사키 원폭투하와 한국전쟁의 개입과 함께 그의 중대한 세 가지 결정 중 하나로 남았다. 그러나 역사적으로 스페인 내전과 러시아 내전에서 보여준 것처럼 중국 국공내전에 외국이 개입한 것은 그 결과에 거의 영향을 미치지 못했다.

1945년 8월 이후 2년 넘게 인민해방군은 점령 지역에서 농민들을 강제 징집하고 국민당 탈영병들을 받아들여 병력을 4배로 증강했다. 국민당군은 일본군으로부터 포획한 300만 정의 소총과 20만 정의 기관포로 무장을 했지만, 방어가 불가능한 거점에 정예 병력을 추가로 파견해 인민해방군에게 섬멸당하는 결과를 가져와 사기를 더욱 저하시켰다.[38] "적의 유생역량有生力量 소멸이 우리의 핵심 목표이다. 모든 전투에서 적들을 완전히 괴멸하여 단 한 명도 그물에서 탈출하지 못하게 하라"고 마오쩌둥이 명령했다.[39] 섬멸당할 것인지, 진영을 바꿀 것인지 선택의 기로에 놓인 많은 국민당 군인들이 후자를 택했다.

국민당군에서의 이탈은 병사들이 받은 가혹한 대우를 보면 충분히 이해할 만한 일이었다. 징집병의 약 40퍼센트가 기초 훈련 과정에서 이탈했고, 나머지 20퍼센트는 기아로 사망했다.[40] 야전에 배치된 병사들의 탈영 비율도 월 평균 10퍼센트가 보통이었다. 옆에 있던 병사가 탈영하면 해당 병사는 구타를 당하고 음식 배급이 중단되었다. 어떤 때는 행군 중에 이탈을 방지하기 위해 병사들을 밧줄 심지어 쇠사슬로 묶고, 밤에도 여러 명을 묶어놓았다. "병사들은 미리 정해진 시간에만 사슬을 풀 수 있었고, 그것도 집단적으로만 시행되었다."[41] 이것은 사기 저하를 위한 실험이나 마찬가지였다. 잔혹성은 전염성이 있었다. 국민당 군대는 이전에 군벌 도적 집단에 속해 있었으며, 한 역사학자가 지적한 대로 이들에게 "약탈, 강간, 고문, 처형, 마을 방화 등은 예외적인 것이 아니라 일상 행위였다."[42]

초인플레이션으로 병사들의 급여가 휴지 조각처럼 된 것도 국민당 군의 사기 저하를 부채질했다. 장교들은 부하들의 급여를 가로채고, 군대 보급품과 장비를 팔아넘기고, 민간인을 갈취했다.[43] 그들은 또한 전선에서 편한 자리를 차지하기 위해 뇌물을 주었고, 부대에 배급되는 쌀을 지역 상인에게 팔아넘겼다. 어느 역사학자는 이렇게 기록했다. "병사들이 먹을 것이라고는 주머니에 든 몇 줌의 쌀뿐이었다."[44] 병사들의 돈을 가로채 사리사욕을 취하는 장교들의 무리는 군기가 형편없는 군대에서는 어디서나 발견되는 현상이다.

중국을 휩쓴 인플레이션으로 인한 곤궁을 이용해 공산당 세력은 도시를 하나하나 포위해 주민들을 굶주리게 만들었고, 가장 끔찍한 사례는 만주 최대 도시 창춘을 5개월간 포위한 것이었다. 인민해방군 만주야전군 사령관 린뱌오林彪는 창춘을 '죽음의 도시'로 만들라고 명령했다. 국민당군이 장악한 인근 도시들과 차단된 이 도시의 주민들은 풀과 나무껍질로 연명하고, 인육이 시장에서 거래되기까지 했다. 약 16만 명의 주민이 굶어 죽었고, 엄청난 포격에 내내 시달렸다. 어느 인민해방군 중령이 나중에 금서가 된 회고록에 다음과 같이 썼다. "창춘은 히로시마 같았다. 창춘과 히로시마에서 발생한 사상자는 거의 비슷했다. 히로시마는 9초 만에 16만 명의 사상자가 발생했지만, 창춘에서는 5개월이 걸렸다."[45] 창춘의 포위가 끝났을 때 모든 풀과 줄기는 굶주린 주민들이 다 먹어치운 상태였다.[46] 창춘 주민들은 얼마 안 되는 식량을 받고 딸을 팔아넘겼고, 굶주린 가족들은 베개 속을 채운 겨도 먹었다. 온 가족이 마치 잠을 자듯이 굶주린 채 동사한 상태로 발견되기도 했다.

전쟁 후반부에는 도시들이 아무런 저항도 없이 차례로 공산당 수중에 들어왔다. 어떤 도시도 또 하나의 창춘이 되려고 하지 않았다. 전쟁 초기 소규모 게릴라들이 벌이던 산발적 교전은 거대하고 무자비한 소모전의 전장으로 바뀌었다. 창춘은 방공포를 보유한 중세 전쟁술을 대변했다. 역사학자 프랑크 디쾨터Frank Dikötter는 "만주에서만 공산당은 약 100만 명의 신병을 모집했다. 전투 때마다 장제스의 정예부대들은 섬멸되었다"라고 썼다.[47]

장제스가 자신의 뜻을 군대에 강제할 수 있는 능력이 없다는 것을 보여준 사례는 1948년 10월에 벌어진 진저우 전투에서 볼 수 있다. 한 달 전 마오쩌둥은 린뱌오에게 전략적 요충지인 이 도시를 점령하라는 명령을 내렸다. 이곳을 장악하면 창춘과 선양을 도우러 오는 국민당군을 만주에서 차단할 수 있었기 때문에 그의 표현대로 "문을 걸어 잠그고 개 패듯이 두들기는" 심정으로 인민군은 진저우를 점령했다.[48] 진저우 인근의 고지대에서 인민해방군은 포격을 퍼부어 선양으로부터 국민당 증원군이 올 수 없게 만들었다. 그럼에도 불구하고 장제스는 선양과 중국 북부로부터 증원군이 올 때까지 진저우를 공격해 린뱌오를 고립시키려고 했다. "작전계획과 명령은 모두 적절했다. 그리고 명령이 완수되었더라면 그 결과는 좋았을 것이다"라고 장제스의 미국 고문관이 후에 회고했다.[49] 린뱌오도 그런 판단에 동의하며 후에 "우리는 한 손님을 맞기 위해 식탁을 차렸는데, 이제 두 손님을 맞게 되었으니 어떻게 해야 하는가"라고 표현했다. 마오쩌둥은 더 많은 손님이 오기 전에 도시를 공격하라고 명했다.

그러나 전략적 큰그림을 올바르게 갖는 것만으로는 충분하지 않았다. 전략적 지도자의 두 번째 과제는 큰그림을 부하들에게 효과적으로 전달하는 것이고, 세 번째는 그것이 효과적으로 실행되는지를 감독하는 것이다. 장제스는 자신의 반격 제안을 선양지역 사령관인 웨이리황衛立煌과 중국 북부 사령관인 푸쭤이傅作意 등 세력이 강한 부하들에게 전달했지만, 두 사람 모두 진저우를 구하기 위해 자신의 병력을 파견하려 하지 않았다. 그래서 이 전략은 제시간에 실행되지 않았다. 장제스는 세력이 강한 부하들이 지원에 나서도록 설득하기 위해 무려 9일간 선양과 베이징을 여러 차례 오가야 했고, 이 협상으로 소중한 시간을 낭비했다.[50]

이와 대조적으로 린뱌오는 약 25만 명의 병력을 이용해 진저우를 포위하는 수십 킬로미터의 참호를 팠고, 도시로 통하는 수로와 통신을 차단하며, 900문의 포를 이용해 포격을 퍼부으며 시간을 효율적으로 사용했다. 10월 14일 그의 군대는 시 성벽을 통과하고, 밤이 되자 진저우를 점령하여 400대의 트럭과 6만 병력의 군대가 사용할 수 있는 탄약을 노획했다.

진저우 함락은 장제스에게 대재앙이 되었다. 6일 후 창춘이 항복했고, 11월 2일에 공산당 군대는 선양을 함락했다. 10일 후 랴오선 원정은 국민당군의 패배로 끝났다. 1949년 1월 쉬저우가 공산군에 함락되자, 화이하이 원정도 패배로 막을 내렸다. 1월 22일 베이징이 저항 없이 공산군에 항복했고, 10월 1일 마오쩌둥은 중화인민공화국 창립을 선언했다. 장제스가 1949년 12월 10일 대만으로 도망친 이후 공식 평화협정은 물론 휴전협정도 체결되지 않았다.

1950년 1월 중국과 소련은 방위협정을 맺었고, 이것은 6개월도 되지 않아 발생할 한국전쟁의 씨앗을 뿌렸다. 중국 국공내전은 무려 600만 명의 목숨을 앗아갔고, 오늘날까지 그 여파가 지속되는 장기적인 결과를 만들어냈다.[51] 민주국가로 번영을 누리는 대만은 반反중화인민공화국의 신념과 행동의 전초기지가 되었지만, 그 주권은 점점 더 공세적이 되어가는 중국의 위협 앞에 놓여 있다. 미국은 대만의 독립을 지지하지는 않지만 만일 침공을 당하면 지원에 나서겠다고 공언했고, 이로 인해 이 섬은 세계 양대 강대국의 직접적 충돌의 원인이 될 수도 있다.

중국 국공내전은 여러 이유로 전쟁술 발전에 있어 중요하지만, 가장 중요한 것은 마오쩌둥의 군사 원칙에 따라 수행된 소규모 군대의 게릴라 전쟁술이 궁극적으로 서방이 지원하는 정부를 상대로 승리를 거둘 수 있다는 것을 보여준 것이었다. 공산 게릴라들이 프랑스가 점령한 베트남에 침투한 것은 마오쩌둥의 승리보다 앞섰지만, 중국 국공내전은 베트남 공산군들에게 처음에는 프랑스군을 상대로 다음에는 미군을 상대로 무슨 일을 해야 하는가에 대한 전범典範이 되었다.

한국전쟁 (1950-1953) : 올바른 큰그림을 갖는 문제

일요일인 1950년 6월 25일, 북한군은 13만 5000명의 병력, T-34 탱크, 야크 공격기를 대동해 38선*을 넘어 남한을 침공했다. 북한의 독

---

* 한반도를 가로지르는 이 경계선은 한민족이 아니라 미국과 소련의 이익에 입각해 북위 38도선에 임의로 설정된 것이다.

재자 김일성은 그해 1월 스탈린으로부터 남한을 침공해도 좋다는 허락을 받았다. 폭이 좁은 지역에서는 10대 1의 우위를 갖고, 기습 공격의 이익을 누린 김일성의 군대는 2차 세계대전을 생각나게 하는 전격전Blitzkrieg으로 남한을 공격했다.[52] 전격전이 전개되면서 북한군의 바로 뒤를 이어 북한 비밀경찰이 내려와 전쟁포로와 의심이 가는 정치적 반대자로 의심이 가는 자들을 살해했다.[53] 미국이 내세운 지도자 이승만이 통치하는 남한의 국군은 변변한 무기가 없었고, "경무장한 헌병보다 조금 나은 정도였다"라고 묘사되었다.[54] 국군은 대량 살상을 당하기 전에 재빨리 후퇴했다.

전쟁이 일어났을 당시 미국은 남한에 500명의 군인을 주둔시키고 있었고, 침공 일주일 전에 CIA는 사전에 세워진 모든 침공 계획은 취소되었다고 보고했다. CIA 보고서의 결론은 북한은 남한을 훼손하기 위해 무력보다는 선전선동과 전복활동에 의존할 것이라는 내용이었는데, 이것은 엄청난 오판으로 드러났다.[55] 이 침공은 1945년 이후 국제적으로 인정된 국경을 넘어선 최초의 공개적 군사 공격이었다. 강력하고 자신감이 넘치는 미국은 바로 이를 격퇴하는 데 나섰다. 트루먼 정부가 이 기습 공격을 허용해서는 안 된다고 결정한 6월 30일에 미국은 수천 명의 병력을 남한에 파견했다.

이 책에서 다루는 전쟁은 규모 면에서 2차 세계대전과 비교하기는 어렵다. 1991년 걸프만에서 미국이 이끈 공격과 2022년 푸틴의 우크라이나 침공은 디데이에 노르망디에 상륙한 병력과 대략 비슷했다. 그러나 후자의 작전은 상륙 후 한 달 만에 100만 명의 병력으로 보강되었다. 이 역시 소련이 수백만 명의 병력을 투입하고, 51만 명의 독일군을 사살하거나 포로로 잡았던 바그라티온 작전에 비하면 아무

것도 아니었다. 2차 세계대전 이후 이 정도로 막대한 수치에 근접한 전쟁은 중국 국공내전과 한국전쟁뿐이었다.

김일성은 모든 전체주의 국가 지도자들이 공유한 한 가지 이점을 가지고 있었다. 그들은 일반 국민과 반대하는 정치인들을 설득할 필요 없이 말 그대로 기습 공격을 감행할 수 있었다. 군사사학자 스털링 마이클 파벨렉Sterling Michael Pavelec이 지적했듯이, 기습 공격은 대개 단기적이기는 하지만 적을 대상으로 즉각적인 우위를 점할 수 있게 해주기 때문에 이것으로 전쟁이 시작되는 경우가 많다.[56] 1941년 6월 히틀러가 소련을 상대로 펼친 바르바로사 작전, 같은 해 12월 일본의 미국 기습 공격, 앞으로 우리가 보게 될 1967년 이스라엘군이 시작한 6일 전쟁, 1973년 아랍군이 시작한 욤키푸르 전쟁, 1982년 아르헨티나군이 시작한 포클랜드 전쟁, 1990년 이라크가 쿠웨이트를 상대로 벌인 전쟁, 알카에다의 9·11 테러 등이 모두 그러했다. 펜타곤 고위 관리였던 폴 월포비츠Paul Wolfowitz는 "기습 공격은 자주 일어나고 있고 우리가 여전히 그것에 놀란다는 것이 유일하게 놀라운 일이다" 라고 말한 바 있다.

그러나 김일성을 비롯한 여러 독재자들이 발견한 것처럼 기습 공격에는 함정이 있다. 특히 이것은 적에게 충격을 주기 때문에 느린 작전 전개보다 좀 더 강력한 대응을 유도하는 경향이 있다. 또한 초기 성공을 거둔 후 적절한 보강을 필요로 하고, 기습의 요소를 유지하기 위해 필요한 이런 지원이 잘 진행되지 않을 수 있다. 마지막 단점은 이것은 누가 침공자인가에 대한 도덕적 의구심을 전혀 남기지 않는다는 것이다. 한국전쟁을 시작한 김일성의 기습 공격은 남한을 집어삼키기 전에 저지되어야 했고, 가능하다면 그런 시도를 응징해야 했다.

1949년 공산주의자들에게 중국을 '잃었다'는 비난을 받은 트루먼 대통령은 똑같은 낭패가 한국에서 일어나는 것을 허용할 수 없었다. 특히 김일성이 중국과 소련의 군사적·재정적·정치적 지원을 받는 상황에서는 더욱 그랬다. 그래서 침공 이틀 후 그는 "한국에 대한 공격은 의심의 여지없이 공산주의가 독립 국가를 점령하기 위해 전복 활동을 넘어서서 무력 침공과 전쟁을 사용한다는 것을 분명히 보여주었다"고 강력하게 주장했다.[57] 당시 컬럼비아대학 총장이자 곧 나토 사령관이 될 드와이트 아이젠하워도 "우리가 강력한 대응을 보이지 않으면 열 개가 넘는 한국을 마주하게 될 것이다"라며 이에 동의했다.[58] 한국전쟁은 2차 세계대전 직후 전쟁이 새롭게 진화하는 시발점이 되었으며, 1938년 뮌헨협정에서 독재정권에 유화책을 펼친 후 뼈아픈 교훈을 얻었던 정치가들이 경고를 던지는 전쟁이었다.

20세기 후반에 일어나는 다른 분쟁과 극명하게 대비된 점은 유엔의 대응이 단호했다는 것이다. 북한의 침공 시점은 김일성에게 유리하지 않았다. 소련은 마오쩌둥 정부가 아니라 국민당 정부가 안전보장이사회의 상임이사국 자리를 차지하고 있는 것에 항의하여 유엔회의 참석을 보이콧하고 있었다. 이 보이콧 덕분에 서방 국가들은 결의안 82호, 84호를 통과시킬 수 있었고, 북한군이 38선으로 퇴각하지 않으면 유엔군을 파병해 한국을 도울 수 있었다. 이 2개 결의안을 근거로 한국전쟁을 유엔의 군사작전으로 전환할 수 있었다.

한반도 외부에서 파견된 지원군 중에 미국이 최대 규모의 병력을 제공했다. 미국은 34만 1000명으로 유엔군의 88퍼센트를 담당했고, 가장 큰 재정 지원을 하고 그 대가로 유엔군 작전통제권을 행사했다.[59] 한국과 미국 외에 오스트레일리아, 벨기에, 캐나다, 콜롬비아,

에티오피아, 프랑스, 그리스, 룩셈부르크, 네덜란드, 뉴질랜드, 필리핀, 태국, 튀르키예, 영국이 지상 작전에 참여했다. 이 국가 중 8개국은 전함을 보냈고, 5개국은 항공기를 파견했다. 노르웨이를 포함한 8개국이 수송선과 수송기를 보냈다. 덴마크, 인도, 이탈리아, 스웨덴을 포함한 7개국이 의료부대를 파견했다.[60] 보병사단을 파견하겠다는 국민당 정부의 제안은 중국을 자극할 가능성이 컸으므로 적절하게 반려되었다.

6월 30일 트루먼은 북한의 해상봉쇄와 대규모 지상군 파견을 재가했다. 군사사학자 맥스 헤이스팅스Max Hastings는 "한국전쟁은 역사에서 특별한 자리를 차지한다. 강대국이 핵무기 시대에 제한적 목표를 달성하기 위해 제한적 군사력을 사용한 최초의 사례이다"라고 말했다.[61] 유럽에서 세력의 확장이 막히고, 일본의 항복 서명에 있어서 일체의 역할을 거부당한 스탈린은 프롤레타리아 혁명을 진전시키기 위해 아시아로 눈을 돌렸다. 그는 중국에서 공산당이 승리함으로써 과도한 반발 없이 자본주의 서방 국가들을 계속 괴롭힐 수 있게 되었다고 생각했다.[62] 1950년 5월 스탈린은 마오쩌둥에게 미국은 "현재 대규모 전쟁을 치를 준비가 되어 있지 않고, (…) 우리가 힘을 합치면 미국과 영국보다 강하며, 다른 유럽 자본주의 국가들은 (…) 심각한 군사적 위협을 제기하지 않을 것이다"라고 자신 있게 말했다.[63] 그는 큰 오판을 했지만, 이것이 분명히 드러나기 전까지 500만 명이 사망해야 했다.

서방의 교전 의지를 과소평가하고 퇴락했다고 여기는 것은 2차 세계대전 이후의 역사에서 너무 일반적인 현상이 되었다. "테러리스트, 성직자, 무신론 마르크스주의자와 기타 서방의 적들은 몇 가지 믿음을 공유하고 있다. 그중 하나는 자유 사회는 선천적 취약성, 즉 일종의 무기력한 의지를 가지고 있다는 점이다"라고 재넌 가네쉬Janan Ganesh는 말했다.[64] 그러나 1936년부터 1941년까지 추축국들이 공유했던 이 이론은 끊임없이 잘못된 것으로 드러났고, 가장 최근에 서방이 방대한 수량의 살상무기를 우크라이나에 보내고 러시아에 중대한 제재와 수출통제를 가한 것에서도 나타났다.

한국전쟁에서 활약한 3명의 미군 최고지휘관 더글러스 맥아더Douglas MacArthur, 매슈 리지웨이Matthew Ridgway, 마크 클라크Mark Clark는 2차 세계대전에서 능력이 입증된 장군들이었다.[65] 장군들의 성격은 전쟁의 수행과 성공을 결정짓는 데 항상 무척 중요하지만, 더글러스 맥아더 장군만큼 이 진실에 들어맞는 현대 지휘관은 거의 없다. 그의 명성은 코니아일랜드의 롤러코스터처럼 크게 등락했다. 그는 의심할 여지없는 지력과 뛰어난 용기로 1차 세계대전에서 최고 훈장을 받았으며, 2차 세계대전에서 일본을 상대로 섬을 도약하는 전략으로—체스터 니미츠Chester Nimitz 제독과 공유해야 하는—공로를 인정받았음에도 불구하고, 그의 성격에는 많은 결함이 있었고 아마 오늘날 같으면 이로 인해 장군 직위를 유지하기가 힘들었을 것이다.[66]

전기 제목 중 하나로 '미국의 카이사르'가 쓰일 정도로 높은 명성(물론 자칭이 많기는 하지만)을 가진 당시 70세의 맥아더는 이미 2차 세계대전 전후로 드러났던 여러 성격적 결함이 있었고, 이것은 한국전쟁에서 더 강하게 나타났다. 그중 가장 핵심적인 것은 오만과 허영이었다. 20세기 중반의 기준으로 봐도 맥아더는 자기중심적 괴물이었다. "맥아더는 자신이 천국의 대문에 다다르면 신이 하얀 옥좌에서 내려와 그에게 절을 하고, 그를 빈 옥좌로 안내할 것이라고 생각하는 유형의 인물이었다"라고 루스벨트 정부에서 내무장관을 역임한 해럴드 아이크스Harold Ickes가 말했다. 포슈Ferdinand Foch* 원수는 1919년에 자신의 저서 《규율과 판단Precepts and Judgments》에서 "지휘 권력은 결코 신비로운 상태를 유지하는 권력을 의미하지 않는다"라고 말했지만, 맥아더는 그와 반대되는 행동을 극단까지 취해서 자신의 행위를 아주 상세하게 언론에 알렸다. 2차 세계대전 중 그가 코레히도르섬에서 보낸 142회의 언론 공지문 중에서 109회는 스스로를 스타로 만들었다.

하지만 오늘날에도 단순한 자기중심적 이기심만으로는 맥아더가 군대의 고위직에 오르지 못하도록 막을 수는 없었을 것이다.[67] 맥아더를 '아빠'라고 부른 절반은 스코틀랜드인 절반은 필리핀 혈통의 16세 음악 스타 이사벨 '딤플' 로사리오Isabel 'Dimples' Rosario와의 관계는 현대의 동료들로 하여금 진지하게 고민할 시간을 주었을 것이다. 또한 1942년 1월 3일 필리핀 대통령 마뉴엘 쿠에존Manuel Quezon으로부터 '보상과 보답'으로 받은 50만 달러—현재 가치로 1800만 달러—는 1979년에야 밝혀졌지만, 그 전에 알려졌으면 그의 경력을 끝장냈을 것이다.

한국전쟁에서 맥아더의 중요한 문제는 그가 궁극적으로 전략적 지도자의 가장 우선적이고 중요한 자질인 전쟁의 '큰그림'을 잘못 구상했다는 데 있었다. 그의 큰그림은 미국의 월등한 화력으로 북한군을 상대적으로 손쉽게 격파하고, 중공군이 북한을 돕기 위해 압록강

• 페르디낭 포슈(1851~1929): 1차 세계대전 중 프랑스군 총사령관으로 프랑스군, 영국군, 미군의 합동 작전을 잘 조율한 군사 이론가로, 패전 독일의 항복을 받아냈다.—옮긴이

을 넘어 지원군을 파견해도 이를 처리할 수 있다는 것이었다. 그의 주변에는 이 두 가지 근본적으로 잘못된 신념을 문제 삼을 참모가 없었다. 그가 전장에서 965킬로미터 떨어진 도쿄에서 전쟁을 지휘하고 한국을 거의 방문하지 않았다는 것도 도움이 되지 않는 요소였다.

가장 잘 입증된 전쟁의 교훈은 지휘관이 꼭 전선에 있을 필요는 없지만, 최소한 전역이 되는 국가에 있어야 한다는 것이다. 한때 솔즈베리Salisbury 경은 커다란 지도만을 연구하는 것은 사람을 미치게 만든다고 말한 바 있다. 맥아더는 전장에서 너무 멀리 떨어져 있었기 때문에 역사학자 마이클 네이버그Michael Neiberg는 맥아더가 "총력전을 제한전으로 조정하는 능력을 극단적으로 결여한 사례"를 제공했다고 말했다.[68] 그러나 불행하게도 이러한 평가는 전쟁이 한참 진행된 후에야 나왔다.

남한의 수도인 서울은 전쟁 발발 불과 나흘 만인 6월 29일 북한군 수중에 떨어졌다. 미 해군이 북한을 봉쇄하는 동안 미국-영국-한국 연합군은 한반도에서 계속 밀려 부산을 중심으로 하는 반원형 방어선에 갇혀버렸다. 윌리엄 딘William F. Dean 소장이 지휘하는 연합군 지원 병력이 7월 1일에 도착해서 7월 4일 오산 북부에 배치되었지만, 이 병력도 후퇴할 수밖에 없었다. 사흘 후 맥아더는 한국의 유엔군 총사령관으로 임명되었다.

한국전쟁을 치른 것은 2차 세계대전에 참전한 장군들이었기 때문에 이전 전쟁의 전략과 전술에 맞춰 작전이 진행되는 경향이 있었지만, 장비는 새로웠다. 2차 세계대전 막바지에 도입된 제트기가 한국 전쟁에서는 주력 항공기가 되었다. 또 다른 진보는 헬기의 사용이었다. 1945년 이전에는 걸음마 단계로 사용되었던 헬기가 한국전쟁에서는 부상자들을 후송하는 데 적극적으로 사용되었다. 이후 헬기는 대규모 병력을 신속하고 안전하게 운송하는 전쟁술의 핵심 요소가 되었다. 한국전쟁 후에는 공격용 수단으로도 기능이 강화되었다.

1950년 9월 1일 북한군은 낙동강 전선 전역에 걸쳐 공격을 퍼부었고 한반도의 10퍼센트를 차지하는 남동부에 있는 대한해협 북쪽의 부산 방어선이 무너질 수 있다는 실질적 우려가 높아졌다. 이렇게 되면 연합군은 사실상 전쟁에서 패배한 것과 다름없었다. 그러나 2주 후 맥아더는 현대 전쟁에서 가장 위대한 공적이 되는 작전을 개시했다. '크로마이트 작전Operation Chromite'이라는 이름이 붙은 대규모 전략적 상륙작전이 전선 후방 160킬로미터에 위치한 인천에서 감행되었다. 약 8만 3000명의 유엔군 10군단 병력과 한국군이 인천에 상륙했다. 이것은 중부 태평양에서 일본군을 상대로 매우 성공적으로 전개된 작전의 교과서적인 판박이였다.[69]

더글러스 맥아더가 그러했던 것처럼 명석함과 어리석음이 때때로 동행한다는 것은 부정할 수 없다. 또한 맥아더 장군처럼 카리스마 넘치는 장군이—그 모든 명백한 잘못에도 불구하고—좀 더 배포가 작은 인물이라면 주저했을 크로마이트와 같은 작전을 거대한 규모로 성취한다는 것이다. 2차 세계대전 중 조지 패튼George Patton 장군도 때로는 자신에게 불가능한 과제와 시한을 정해놓고 그것을 이루어냈고, 역사가 자신을 지켜보고 있다는 것을 분명히 의식했다.

하지만 전쟁에서 장군의 자존심이 작전의 중심이 되면 언제나 문제가 되는 법이다. 크로마이트 작전의 성공은 맥아더의 자존심만 높여주었다. 이것은 2차 세계대전의 또 다른 영웅인 미 합참의장 오마르 브래들리Omar Bradley 장군이 "대규모 상륙작전은 (…) 다시는 진행되지 않을 것이다"라고 하며[70] 처음에는 이 작전을 반대했다는 것 때문만은 아니다. 마찬가지로 해군 참모들도 세계에서 조수 간만의 차이가 가장 큰 9.75미터 크기의 밀물 파도, 쉽게 기뢰를 매설할 수 있는 협소한 2개의 접근로 등을 지적하며 이 작전에 반대했다. 맥아더는 방어에 유리한 인천의 이점 자체가 기습의 요소를 보장하는 것이라고 지적하며 대응했다. "서울을 장악하면 전선을 오가는 적의 보급로를 완전히 차단할 수 있다"고 그는 허세를 부리며 합동참모본부에게 주장했다.[71]

트로이 포위 이후 군대 역사에는 무수히 많은 상륙작전이 기록되었지만, 이 작전들은 매우 위험부담이 큰 작전이었다. 상륙군은 가장 취약한 시점인 바다에서 육지로 이동하는 순간 다시 바다로 밀려날 위험이 있었다. 크로마이트 작전은 적을 경계 태세에 들어가게 할 아무런 예행연습 없이 진행되었고, 대승리로 끝났다. 이후 75년 동안 많은 성공적인 상륙작전들이 뒤따라 기록되었다. 1956년 수에즈운하 위기 때 총기병 작전, 1965년 베트남에서 수행된 성광 작전Operation Starlight, 1972년 울스터에서 진행된 전차운전사 작전, 1974년 튀르키예군의 사이프러스 침공, 1982년 4·5·6월 포클랜드 전쟁에서의 세 번의 상륙작전이 그러했다. 이라크의 알-파우반도에서는 두 번의 상륙작전이 있었다. 1986년에 이란군이 상륙했고, 2003년에는 영국의 제3코만도 부대가 상륙했다. 해상에서 육지로 병력을 수송하고 지원하는 데 발생하는 기술적 어려움에도 불구하고 상륙작전은 스리랑카 내전, 걸프 전쟁, 코모로스제도, 케냐, 예멘 등 지리적·작전적으로 멀리 떨어진 지역에서도 행해졌다. 앞으로 있을지 모를 중국의 대만 침공도 어렵고 위험부담이 클 것이라는 점은 자명한 사실이지만,

이것이 역사적으로 드물게 일어났다는 것을 의미하지는 않는다.

인천의 교두보는 단 이틀 만에 완전하게 확보되었다. 남한 전체가 15일 만에 해방되고, 서울은 9월 26일 탈환되었다.* 그러나 많은 북한 군이 한반도 동쪽 해안로를 따라 철수해 맥아더의 올가미를 빠져나갔다. 여기에서 김일성의 침공 결정에 이은 두 번째 오만한 행위가 벌어졌지만, 당시에는 이러한 행위의 전제를 미국 행정부도 공유하고 있었다. 1950년 9월 30일 새로 국무장관에 임명된 조지 마셜George C. Marshall은 맥아더에게 "우리는 귀관이 38선 이북으로 진격하는 것에 전술적·전략적으로 아무 장애를 느끼지 않기를 바란다"라고 말했고, 그렇지만 그가 북쪽에서 무엇을 해야 하는지에 대해서는 설명하지 않았다.

따라서 침공을 감행한 북한의 오만함과 트루먼 행정부의 오만함은 도긴개긴이었지만, 한반도를 이승만 치하로 단 3개월 만에 통일할 수 있다고 믿었던 맥아더의 오만함이 훨씬 더 컸다. 마셜이 재가를 한 직후인 10월 1일, 맥아더는 만약 북한이 침략당한다면 개입하겠다는 중국의 분명한 경고를 무시하고 한국군으로 하여금 38선을 돌파해 북진하도록 명령했다. 북한에 위치한 중국 목표물에 대해 원자탄을 사용하게 해달라는 맥아더의 요청은 거부되었다. 트루먼 정부는 핵무기가 단지 '전쟁 무기의 양적 증가에 불과'하다는 그의 믿음과 필요한 경우 핵무기를 사용하도록 허용해달라는 요구를 그의 불안정성이 점점 커져가는 징후로 조기에 포착하지 못했다.[72] 맥아더가 천명한 목표는 "중국 국경까지 적군을 몰아내고, 북한을 해체하여 한반도를

• 지은이는 미국 시간 기준으로 서술해서 한국보다 하루 늦은 경우가 많다.—옮긴이

이승만 통치 아래 통일한다"는 것이었고, 그는 중국 국경에서 진격을 멈추겠다는 것조차 전혀 보장하지 않았다.[73]

맥아더는 중국 참전의 가능성과 결과 모두를 과소평가하는 일련의 실책을 범했다. 그는 자신의 군대를 현대 전쟁에서 가장 넓은 전선 중 하나인 원산에서 북진하게 하여 적군을 포위하는 데 실패했고, 다가오는 혹독한 겨울과 중앙의 계곡으로 인해 연합군 부대가 서로 지원할 수 없음에도 불구하고 병력을 분할하고 과도하게 확장시켰다.

10월 12일 마오쩌둥은 '의용군'(실제로는 중공군 13군)에게 만주에서 압록강을 건너 침투하도록 명령했다. 중공군은 밤의 어둠을 이용해 13일 동안 13만 명이 도강했고, 최종적으로 25만 명 이상의 병력이 북한 땅에 잠입했다.[74] 이러한 대규모 작전은 맥아더의 정보 장교들이 아무것도 인지하지 못한 채 진행되었다. 중공군은 위장을 하고, 무선통신을 사용하지 않고 모든 것을 사람이 직접 운송했다. 미군 준장 새뮤얼 마셜Samuel Marshall에 따르면 그들은 482킬로미터에 걸쳐 "그림자도 전혀 남기지 않는 유령"같이 행동했다.

미군 장군들은 자신들의 성공을 너무 확신한 나머지 맥스 헤이스팅스의 말을 빌리자면 "그들의 감각은 새로운 고려에 둔해져 있었다."[75] 압록강을 건너는 중공군 대부대를 발견하지 못한 어처구니 없는 과오는 "아마도 2차 세계대전 이후 미군 역사상 최악의 정보 실패"로 묘사되고 있다.

1950년 10월 15일 일요일 이른 아침, 맥아더가 웨이크섬에서 트루먼 대통령을 만났을 때 이미 중공군의 압록강 도강이 사흘 밤 동안 진행 중이었다. 맥아더가 회동 장소를 미 본토에서 멀찌감치 떨어진 곳으로 선택한 덕분에, 군 통수권자인 대통령은 7개의 시간대에 걸처 총 1총 2만 3174킬로미터를 날아와야 했다.[76] 맥아더를 처음 만나기 전날 트루먼은 "내일 하나님의 오른팔과 만나야 한다"고 말했다고 한다.[77] 회동에 배석했던 미 태평양 함대 사령관 아서 래드포드 Arthur Radford 제독은 "두 사람은 몇 년간의 서신교환에서보다 두 시간의 대면 회동에서 서로를 더 잘 알게 되었다"라며 회동의 의의를 언급했다.[78]

그 후 회담에 대해 양측에서 많은 신화를 지어냈고, 나중에 트루먼은 맥아더가 자신에게 경례를 하지 않으려 하고 단추가 풀린 그의 카키색 셔츠가 신경쓰였다고 말했지만, 당시 만남은 우호적으로 진행되었다.[79] "장군, 오랫동안 만나기를 고대해왔습니다"라고 트루먼은 말했고, 맥아더는 "대통령 각하, 다음번에는 그렇게 긴 시간이 걸리지 않기를 희망합니다"라고 대답했다.[80] 이 회동이 각색되거나 완전히 다른 말이 만들어진 것은 두 사람 관계가 틀어진 훨씬 뒤였다. 이것은 그 자리에 배석한 17명의 부관과 보좌관들의 종종 믿기 힘든 회고로도 사실이 바로 잡히지 않았다. 회동이 96분간 진행되는 동안 다섯 명 이상이 두 사람의 말을 기록했고, 속기사도 대화 내용을 기록했기 때문에 우리는 두 사람이 어떤 말을 했는지에 대한 정확한 기록을 가지고 있다.

특별한 의제는 없었다. 트루먼이 질문을 하면 맥아더는 장황하게 답변을 했다. 맥아더는 적군의 수도인 평양이 일주일 안에 함락될 것이고 (실제로 그랬다), 그 후 북한군의 '공식 저항'은 추수감사절까지 종료될 것이며, 미 8군은 크리스마스까지는 도쿄로 귀환할 수 있다고 말했다. 트루먼이 소련이나 중국이 전장에서 직접 북한을 지원할 가능성이 없는지에 대해 묻자 맥아더는 "거의 없습니다. (⋯) 우리는 더 이상 그들의 개입을 우려하지 않습니다"라고 대답했다.[81] 그는 중국이 압록강 너머로 6만 명 이상의 병력을 배치할 수 없고, 중공군은 공군의 지원을 받지 못할 것이라고 생각했다.[82] 맥아더는 자신의 성격대로 승전 날짜에 대해 트루먼에게 과도하게 약속하고, 이를 지키지 못했다. 이는 보통 다른 장군들이 대통령에게 예측을 말할 때의 방식(적게 말하고, 그 이상을 달성하는 것)과는 정반대의 행동이었다.

그날 대화의 많은 부분은 이런 낙관적인 논의로 채워졌고, 오전 9시 5분 회동이 끝났을 때 맥아더는 점심 식사를 같이 하자는 트루먼의 제안을 거절했다. 브래들리 합참의장은 의도적이든 아니든 이것은 대통령을 모욕한 것이라고 생각했다. 그러나 당시 《뉴욕 타임스》는 트루먼을 "중요한 보험계약서에 서명을 받은 보험판매원 같았다"라고 묘사했다.[83] 공식 언론 발표문은 '견해의 완전한 일치'를 선언했고—이것은 더할 나위 없이 정확했다—맥아더를 '미국 최고의 군인 정치가 중 한 사람'이라고 서술했다.[84] 트루먼은 귀환하기 전 활주로에서 맥아더에게 공로 훈장을 수여했다.

회동 직후 두 사람의 회담은 성공적인 것으로 간주되었지만, 그 이유는 한국전쟁에서 승리가 임박해 보였기 때문이었다. 그러나 중국과 러시아의 개입 가능성에 대한 평가에서 맥아더는 완전히 오판했다. 웨이크섬에서 강력했던 대통령과 전구戰區사령관 사이의 개인적 관계가 무너진 것은 맥아더의 무례함 때문이 아니라 전쟁의 중요한 측면을 완전히 잘못 파악했기 때문이다. 군인과 정치인 사이의 개인적 관계는 좋거나 나쁘거나 무관심할 수 있지만, 이번 사례처럼 승리와 '거의 패배'의 차이를 메울 수 있는 것은 아무것도 없었다. 물론 맥아더만 중국에 대해 오판한 것은 아니었고, CIA도 중국이 개입하지 않을 것으로 판단했다. "이 문제에 대해 맥아더와 우리 모두가 오판했다"고 딘 러스크Dean Rusk 국무장관도 후에 인정했다.[85]

10월 25일 중국은 압록강에서 남쪽으로 64킬로미터 떨어진 온정리에서 반격을 시작했다. 중공군 정규부대를 의용군으로 포장한 마오쩌둥은 미국과 직접적 충돌을 피하려고 했다. 이와 유사하게 11월 초 스탈린도 소련제 미그기와 북한군 군복을 착용한 조종사를 파견하여 이 항공기들은 북한 공군으로 편입되었다. 자신들이 보낸 조종사들이 소련 군인이라는 것이 노출될 것을 우려한 소련의 군사 지도자들은 조종사들에게 격추되거나 체포되지 않는 한 남한 영공에 들어가지 말라고 명령했다.

10월 27일 미 8군은 적군의 진격에 의해 차단되었고, 사흘 후 한국군 6사단도 용두에서 중공군에게 대패했다. 전쟁의 이 단계에서 중공군은 "조지 패튼의 전술에 스톤웰 잭슨Stonewall Jackson의 작전으로 대응하여" 경무장 보병을 겨울에 산악 지대를 통해 이동시켜서 장비가 우세하고 도로를 이용하는 유엔군을 노련하게 압도했다.[86] 이와 유사한 전술을 1942년 말레이시아를 침공한 일본군이 사용하여, 침공군은 도로를 피하고 정글을 통해 장비를 운송했다.

1950년 11월 초 연합군은 후퇴를 시작했고, 맥아더는 자신과 트루먼, 미 합참이 예상한 제한전쟁과 아주 다른 전쟁을 하고 있다는 것을 깨달았다. 제한전쟁이나 대리전쟁은 일부 사람에게는 영웅적이지 않은 것으로 보이지만, 미국은 70년 동안 강대국과의 직접적 분쟁에 휘말리는 것을 피해왔다. 그러나 맥아더는 한국전쟁을 확대하여 중국에 대한 해상봉쇄, 만주지역 기지 폭격, 대만의 국민당 군대 참전, 후에는 전술 핵무기를 사용하는 선택지를 포함하기를 원했다.

"제한전쟁의 새로운 지적 지평은 방향 설정이 힘든 것으로 드러났고, 1941~1945년의 전쟁 사고틀을 완전히 버리기는 힘든 것이 증명되었다"라고 마이클 네이버그가 맥아더의 사고에 대해 평가했다.[87]

미 합동참모본부가 소련의 동맹국인 중국과의 이러한 전면적 대결이 유럽에서 소련과의 충돌로 비화될 것을 우려한 것은 이해할 만했다. 11월 8일 신의주 상공에서 사상 최초로 제트전투기 간 공중전이 벌어졌다. 미 공군의 F-80과 F-86은 소련 공군의 미그-15보다 우월했고, 연합군은 공군의 우위를 계속 유지했다. 이것은 정상적인 상황에서라면 결정적 요인이 되었겠지만, 한국에서는 이러한 우위가 완전한 제압으로 바뀌지 않았기 때문에 결정적 요인이 되지 못했다.

10월 25일부터 11월 24일까지 진행된 중공군의 1차 대공세로 2만 7827명의 미군 사상자가 발행했다. 이 숫자 중 3분의 1 이상이 전사하거나 실종되었다.[88] 맥아더가 트루먼에게 북한군의 괴멸을 약속한 추수감사절 다음 날인 11월 24일 맥아더는 반격을 시작하고, 기자들이 알아들을 수 있는 큰 소리로 참모들에게 "이 공격이 성공한다면 나는 우리 병사들을 크리스마스에 집으로 돌려보낼 수 있을 것이다"라고 말했다.[89] 이것은 어떤 일이 있어도 고위 지휘관이 피해야 할 허풍 섞인 장담이었다. 장진호 전투 후 연합군의 공세는 실패로 돌아갔고, 유엔군('장진호의 소수 생존자', '얼어붙은 장진호'라는 별명으로 불림)은 10만 명이 넘는 중공군에 포위되었다. 시베리아 삭풍이 한반도에 몰아치는 가운데 연합군은 계속 남쪽으로 후퇴했다.

11월 28일 오후 3시, 트루먼과 브래들리는 B-29기 폭격과 해상봉쇄를 통해 중국으로 전쟁을 확전시키도록 허가해달라는 맥아더의 요청을 거부했고, 데이비드 맥쿨로David McCullough는 이것을 '트루먼 행정부의 중요한 승리 중 하나'라고 평가했다.[90] 이런 상황에 관계없이 중공군과 북한군은 평양을 탈환했고, 12월 중순 두 군대는 38선까지 밀고 내려왔다. 맥아더가 이룬 전공은 모두 물거품이 되었다. 그러나 북한군과 중공군은 여기에 만족하지 않았다.

미 육군참모차장인 매슈 리지웨이 중장은 2차 세계대전 중 시실리아와 노르망디에서 82공수사단을 지휘했고, 후에 8공수군단을 지휘했다. 12월 22일 친구 집에서 칵테일 파티를 즐기고 있던 그는 미 8군지상군 사령관으로 임명되었다는 전화를 받았다. 그의 전임자인 월튼 '불도그' 워커Walton 'Bulldog' Walker가 지프차 사고로 사망했기 때문이었다. 12월 28일 이제 50만 명에 달하는 적군이 38선을 넘어오자 연합군은 눈과 얼음 속에서 남쪽으로 후퇴했다. 리지웨이가 인수받은 상황은 최악이었다. 이것은 단지 더글러스 맥아더가 전쟁의 전체 방향을 책임지기에는 너무 통제할 수 없는 지휘관이 되었다는 것 때문만은 아니었다(1946년 7월부터 1950년 7월까지 미 합참의 인사 중 누구도 한국을 방문하지 않았다는 것도 눈여겨볼 일이다).

미군의 희생은 눈에 띄게 커졌다. 1만 4650명의 미군이 이미 한국전쟁에서 사망했고, 이들 대다수는 11월과 12월에 전사했다. 11월 30일 하루에만 799명이 전사했다.[91] 11월과 이듬해 1월에 수행된 여론조사에서 미국인의 절반은 한국전에 참전한 것이 잘못된 것이라고 응답했고, 절반 이상은 전쟁을 끝내기 위해 적군 목표물에 핵폭탄을 사용하기를 원했다. 최고사령관인 대통령이 이러한 노선을 취하는 것을 거부한 상황에서 맥아더는 패배주의자가 되었다. 그는 "지휘부는 전술적으로 가능하다면 한국에서 가능한 한 빨리 빠져나오는 것이 좋다"라고 말했다.[92] 유엔군을 오키나와, 일본 본토, 필리핀으로 철수시키는 계획이 마련되었고, 맥아더는 자신이 전쟁을 확대하는 것을 반대한 트루먼에게 패배의 책임을 전가하는 담론을 마련했다.

이와 대조적으로 리지웨이는 정치적 야심이 전혀 없었기 때문에 미국 정부는 그를 곧바로 현장에 투입할 수 있었다. 전략적 사고와 뛰어난 능력을 갖춘 그는 한국에 있는 동안 전략적 지도자의 네 가지 과제를 훌륭하게 수행했다. 가장 중요한 것은 그가 핵심은 적과 관련이 있는 것이 아니라 지도력에 있음을 빠르게 발견했다는 사실이다. 워커 장군은 너무 서둘러 후퇴했고, 한국 동부 지역에서 미 해병의 철수도 엉망으로 진행되었다. 그러나 중공군의 성급한 진격은 리지웨이에게 반격의 기회를 만들어주었다. 공산군은 맥아더가 실수한 것처럼 남쪽으로 이어지는 보급로를 너무 확장했다.

공산군 병사들의 우수성에 대한 일반적 허상을 거부한 그는 미군의 최신 무기의 치명적 능력을 신뢰했다.[93] 그는 부산까지 이어지는 4개의 강력한 방어선을 구축했고, 맥아더와 대비되게 흔들림 없이 최종적 승리에 대한 낙관적 전망을 유지했다. 인천 상륙작전과 같은 특수한 일부 예외를 제외하고 더글러스 맥아더의 한국전쟁에서의 성과는 지휘를 제대로 하지 않았을 때의 결과에 대해 교훈적인 사례를 제공한 반면, 리지웨이의 능숙하고 실무적이고 결단력 있는 지휘 방식은 힘들고 소모적인 전쟁에 좀 더 잘 들어맞는 것으로 드러났다.

1951년 1월 4일 중공군과 북한군은 서울을 다시 장악했다. 그달 말 연합군은 반격을 가해 2월 10일 인천을 재탈환했다. 한국의 중앙 지역에 대한 공산군의 인해전술식 대규모 정면 공세는 엄청난 인명 손실을 야기하고 격퇴당했다. 1951년 4월과 5월에만 공산군은 16만 명의 사상자를 냈다.[94] 이 공격은 2차 세계대전 중 스탈린그라드 전투에서 소련군이 수행한 작전과 태평양에서 일본군이 치른 전투를 상기시켰다. 이것은 적군을 제압한다는 목표 하나로 인명 손실은 무시하는, 전체주의 국가가 좀 더 쉽게 택할 수 있는 전술이었다.

1차 세계대전 때 한 프랑스군 장군은 "세 명의 병사와 기관총 한정으로 일개 대대 영웅을 막을 수 있다"고 말한 바 있고, 중공군이 아무리 용감하게 인해전술로 돌격해 와도 서방 연합군의 화력은 그들에게 큰 피해를 입혔다.[95] 일례로 1951년 4월 가평에서 진지를 잘 구축하고 화력 지원을 받으며 방어하는 캐나다군 대대에 대한 공격에서 20분 만에 800명의 중공군이 전사했다. 캐나다군은 전사자가 20명에 불과했다.[96] 그러는 사이 B-29기는 계속해서 공산군 보급로를 무자비하게 폭격했다.

점점 커지는 맥아더 장군의 공개적 불충과 패배주의로 인해 트루먼 대통령은 1951년 4월 11일 그를 해임했다. 이것은 트루먼의 제한전쟁 개념을 비판한 맥아더의 편지가 공개된 직후 일어난 일이었다. 맥아더 해임 뉴스가 라디오를 통해 사단 지휘부에 알려지자, 처음에는 천막을 무너뜨릴 듯한 거센 바람이 불었고, 그다음에는 큰 폭풍이 밀어닥쳤으며, 다음에는 폭설이 내렸다. 한 병사는 "맙소사, 그는 정말 신이었나봐?"라고 탄성을 내뱉었다.[97]

맥아더가 거리낌 없이 미국 국내 정치에 개입한 것은 중대한 실수였다. 장군들은 종종 전역에서 담당한 업무의 일환으로 정치적 역할을 해야 할 때가 있지만, 민주국가에서 그들은 자국의 정치에 절대 직접적으로 관여해서는 안 된다. 전쟁은 다른 수단의 정치라는 클라우제비츠의 말을 옳지만, 장국들은 조국이 아니라 자신이 싸우고 있는 곳의 정치로 역할을 제한해야 한다.

크로마이트 작전의 눈부신 성공에도 불구하고 맥아더는 계속해서 전략적 전역을 잘못 이해했고, 적절한 접근법을 발전시키지 못했다. 연합군의 운명을 바꾼 것은 리지웨이였다.

4월 22일 미 8군은 38선에 다시 도달했다. 공산군 지휘관 펑더화이彭德懷는 "적군은 긴밀하게 밀집돼 있어 빈틈이 전혀 없고, 전술적으로 계속 진격과 후퇴를 반복하며 각 단계에서 철저하게 방어선을 구축한다"라고 말했다.[98] 연합군이 38선에 도달하자 리지웨이는 이 전선을 고수할 것을 명령했고, 기본적으로 교착상태를 위해 싸웠다. 맥아더의 정반대형 지휘관인 리지웨이는 상황을 제대로 파악하고 거대한 화력의 지원을 받아 중공군이 돌파할 수 없는, 한반도를 횡단하는 긴 방어선을 구축하며 자신의 임무를 수행했다. 1차 세계대전 당시 스위스에서 영불해협에 이르는 참호 방어선이 구축되어 측면 돌파가 불가능했던 것처럼 한국전쟁도 이후 2년 이상 지속되는 소모적인 대결이 되어버렸고, 이 기간 동안 중공군과 북한군은 밀집 대형으로 공격을 강행하면서 거대한 인명 손실을 입었다.[99]

장군들은 종종 외교관이 될 필요가 있다. 1951년 10월 25일 리지웨이는 판문점에서 진행된 휴전협정에 참여했다. 물론 전투원들의 사기를 저하시킬 수 있기 때문에 전쟁이 진행되는 동안 지속적인 공개 협상을 진행하는 것은 심각한 위험 부담이 있었다. 누구도 이제 막 끝날 것 같은 전쟁에서 마지막으로 죽는 병사가 되기를 원하지 않았다. 이러한 문제는 전체주의 국가와는 다르게 정전 협상을 숨기거나 위장할 수 없는 민주주의 국가들에게 불리하게 작용된다. 그럼에도 이 휴전협상에서 아무런 결과가 나오지 않았고, 1952년 3월 공산군은 한국에 온 미군이 세균전을 벌인다고 허위 비난했다. 이것은 요

제프 괴벨스가 즐겨 사용한 '큰 거짓말'이었다. 중국에서는 오늘날 한국전쟁 참전을 '항미원조抗美援朝 전쟁'이라고 포장하며, 전적으로 미국의 침공에 대한 방어적 대응이었다고 묘사한다.

1953년 7월 27일 판문점에서 한국전쟁 휴전조약─결코 평화합정이 아닌─이 체결되었다. 맥아더는 1951년 4월 미 의회 연설에서 승리를 대체할 수 있는 것은 없다고 말했지만, 이 경우에는 불편하지만 실행 가능한 타협안이 나타났다. 한국전쟁이 보여준 1945년 이후 전쟁의 진화 과정에서 가장 중요한 양상의 하나는, 베를린 벙커에서 적군 독재자가 자살하거나, 도쿄만에 정박한 미 전함 미주리호에서 진행된 공식 항복 서명 행사처럼 한 당사자가 완전히 만족하는 보상을 받는 일은 없다는 것이었다. 현대 세계에서 전쟁은 훨씬 더 복잡하게 끝나고, 승리를 대신할 수 있는 몇 가지 수용가능한 해결책이 있다는 것과─이것은 전장에서의 일보다는 국내 정치적 고려에 더 기인한다─완전한 승리는 얻을 수 없다는 것을 보여주었다.

한국전쟁에서 북한은 40만 명 이상의 중공군과 북한군이 전사했고, 약 150만 명의 민간인이 사망했지만, 공산주의 측의 통계는 신뢰할 수 없는 것으로 악명이 높아서 실제 수는 훨씬 많았을 수 있다. 미군은 3만 6000명 이상이 전사─전투 사망자 3만 3471명, 비전투 사망자 2827명─했고, 남한은 약 14만 명의 국군이 전사하고, 약 100만 명의 민간인이 사망했다.[100] 김일성은 살아남아 스탈린주의 왕조를 건설하는 데 성공했고, 이제 그의 손자가 통치를 이어가고 있으며, 핵무기로 전력을 강화하고 있다. 1953년에는 이후 70년 동안 38선을 넘는 새로운 시도가 없을 것이라고 예측한 사람은 아무도 없었다. 이 기간 동안 유럽의 공산 정권들은 무너졌고, 새로운 국가들이 세계 여기저기에 나타났으며, 세계 권력의 지각 변동이 계속 일어났지만, 38선은 남한과 북한 사이의 국경으로 계속 남아 있다.

한국전쟁은 전쟁을 몇 가지 중요한 방법으로 변화시켰고, 상호확증파괴 시대에도 제한전쟁이 수행될 수 있다는 것을 보여주었다. 미국은 이후 베트남, 이라크, 아프가니스탄을 비롯한 기타 지역에서 당면하게 될 문제를 한국전쟁에서 처음 겪었다. 한국전쟁에서 연합군은 비민주적이고, 대중의 지지가 약한 정부와 함께 일해야 했고, 이념으로 무장하고 위력이 과소평가된 농민군 부대와 주로 싸워야 했다. 산과 숲이 많은 곳에서 공군 화력은 중요한 목표물을 선별해 타격하는 것이 어렵다는 것도 드러났다.[101]

1953년 7월 휴전협정 체결 소식을 들은 맥아더는 "이것은 인도차이나에 대한 죽음의 소환장이다"라고 말했다.[102] 서방에 패배하지 않는 싸움을 할 수 있다는 소식이 인도차이나(오늘날의 베트남, 캄보디아, 라오스)의 공산주의자들을 자극한 것은 사실이다. 한국전쟁이 종결된 지 1년도 채 지나지 않아 그들은 디엔비엔푸 전투에서 프랑스군을 괴멸시켰다. 다시 한번 맥아더의 호들갑이 과장이 아님이 드러났다.

1953년, 베트남 디엔비엔푸에서 부대와 헬기. (Keystone-France / Getty Images)

1954년, 디엔비엔푸에서 승리한 북베트남군이 점령한 프랑스 진지 위에서 베트남 국기를 흔들고 있다.
(Pictures From History / Getty Images)

1953년, 말레이시아 계엄사태. 영국 특수공군부대SAS 병사들이 부상당한 동료를 헬기로 옮기기 위해 이동하고 있다. (Charles Hewitt / Getty Images)

1965년 3월 11일, 보르네오의 영국군. (StanMeagher / Stringer / Getty Images)

1972년, 괌 기지에서 이륙한 미 공군 B-52 스트래토포트리스 전투기가 베트남 상공에서 폭탄을 투하하고 있다.
(Popperfoto / Getty Images)

1968년, 뗏 공세 중 남베트남에서 작전을 수행 중인 남베트남 인민해방군PLAF 병사들. (Sovfoto / Getty Images)

1962년 10월 25일, 사이공 인근 정글에서 베트콩 소탕작전을 벌이기 위해 헬기에 탑승하는 베트남군을 미국 고문단이 지켜보고 있다. (Underwood Archives / Getty Images)

1967년, 6일 전쟁 중 이스라엘의 포격으로 수에즈운하 건너편의 정유공장이 불타고 있는 모습을 이스라엘 군인이 살펴보고 있다. (Central Press / Getty Images)

1973년 10월 25일, 욤키푸르 전쟁 중 수에즈운하의 부교를 건너는 이스라엘 탱크. (Ilan Ron / GPO / Getty Images)

1982년, 포클랜드 전쟁 중 영국 해병대가 아약스만에서 순찰을 위해 대기하고 있다. (Adrian Brown / Alamy Stock Photo)

1975년 4월 29일, 미국대사관에서 800미터 떨어진 건물 옥상에서 CIA 직원이 에어 아메리카 소속 헬기에 탑승하는 베트남 피난민을 돕고 있다. (Bettmann / GettyImages)

1989년 2월, 소련이 아프가니스탄에서 철수하는 동안 그로모프 장군과 그의 아들이 마지막 소련 차량을 뒤에 두고 우즈베키스탄으로 건너가는 모습.
(Associated Press / Alamy Stock Photo)

1983년, 엘살바도르 우술루탄주 라안칠라에서 파라분도마르티민족해방전선FMLN 병사들.
(Scott Wallace / Getty Images)

1983년, 그레나다 침공 당시 그린빌의 한 도로에서 무기와 장비를 운반하는 미군 병사들. (Bettmann / Getty Images)

1991년, '사막의 폭풍 작전' 중 이라크군이 후퇴하면서 방화한 쿠웨이트 석유공장의 화재 현장 상공을 비행하는 제4전 투비행단 소속 미 공군 항공기. (Pictures From History / Getty Images)

1997년 11월, 사담 후세인의 '자살 페다인 특공대' 의용군들이 바그다드 거리에서 행진하고 있다. (KARIMSAHIB / AFP via Getty Images)

2003년, '충격과 공포 작전' 첫날 밤 연합군의 폭
격으로 불타버린 바그다드.
(Trinity Mirror / Mirrorpix / Alamy Stock Photo)

2003년, 스코틀랜드 왕립기병대 소속
병사가 탄약을 장전하는 모습.
(PA Images / Alamy Stock Photo)

2004년, 이라크로 출동하는 미 해병원정대 헬기. (Kevin King / Getty Images)

2007년 9월 3일, 이라크 알안바르주의 알아사드 공군기지에 도착한 조지 W. 부시 대통령과 이라크 주둔 미군 최고사령관 데이비드 퍼트레이어스 장군(가운데)과 레이 오디에르노 중장(왼쪽)이 서로 인사를 나누고 있다. (JIM WATSON / Getty Images)

2008년 7월, 퍼트레이어스 장군이 버락 오바마 당시 상원의원에게 사드르 시티의 치안상황 개선에 대해 설명하고 있다.
(XM Collection / Alamy Stock Photo)

2009년 7월 17일, 아프가니스탄 미안 포쉬테 마을에서 미 해병과 아프가니스탄 병사가 적의 공격을 받던 중 급조폭발물IED이 폭발하여 먼지가 주변을 뒤덮자, 이에 반응하고 있다. (Joe Raedle / Getty Images)

2021년 8월, 아프가니스탄 카불의 카미드 카르자이 국제공항에서 연합군이 대피를 돕고 있다.
(Associated Press / Alamy Stock Photo)

2021년 8월 31일, 카불의 카미드 카르자이 국제공항에서 아프가니스탄을 떠나는 마지막 미군인 크리스토퍼 도나휴 소장.
(MediaPunch Inc / Alamy Stock Photo)

2장

탈식민지 전쟁

1947-1975

정치적 목표가 작고, 동기가 경미하며, 긴장이 낮다면 신중한 장군은 큰 위기와 결정적 행동을 피할 수 있는 방법을 찾을 것이다. (…) 만약 그의 가정이 타당하고 성공이 보장된다면, 우리는 그를 비판할 자격이 없다. 그러나 그는 전쟁의 신이 그를 알지 못하는 사악한 길로 이끌고 있다는 사실을 결코 잊지 말아야 한다.

— 카를 폰 클라우제비츠, 《전쟁론》, 1832[1]

1450년 세계 대륙의 15퍼센트에 불과했고, 1800년에도 35퍼센트에 불과했던 유럽 국가들은 1914년에는 세계 대륙의 84퍼센트를 통제하게 되었다. 그러나 1943년부터 1975년 사이 모든 서유럽 제국들이 사라지면서 세계 역사상 가장 큰 영토 통제권에도 변화가 일어났다.[2] 20세기 중반, 한 세대 만에 유럽 제국들이 신속히 사라지면서 전쟁의 진화에도 중요한 파문이 일었다. 1945년 이후 전쟁의 전형적인 외양은 전통적인 국가 대 국가의 전쟁이 아니라 반란 전쟁과 게릴라 전쟁이 되었다. 특히 영국이 말레이시아, 케냐, 사이프러스, 아덴에서 싸우고, 프랑스가 인도차이나와 알제리에서 싸우던 탈식민지 시대에는 더욱 그러했다. 영국의 도덕적 피로감, 파산에 가까운 재정 상황으로 인해 국내의 반감이 높아지면서 일련의 제국 종말 투쟁이 일어났다. 제국주의 이후 국가를 향한 이러한 많은 투쟁은 게릴라 전쟁의 형태로 일어났고, 영국은 이에 적응하려고 애를 썼다.

역사를 통틀어 보면, 게릴라전이나 반란전은 군대가 개활지에서 서로 대적하던 전통적인 전쟁 형태가 조악해진 것이라기보다는 오히려 일반적인 것에 가까웠다. 이를 서술할 때 자주 사용되는 '비전통적', '비정규적', '비재래식'이라는 표현은 어폐가 있다. 아주 오래전 부족 전쟁에서부터 대테러 전쟁에 이르기까지 개활지 전장에서 싸울 수 없던 교전 참가자는 지역 주민의 지지를 충분히 확보했다는 전제 하에 게릴라 행위에 의존해야 했다. 과거의 게릴라전은 반도 전쟁('게릴라'라는 표현이 유래된 전쟁), 보어 전쟁, 쿠바 반란, 버마의 빈게이트친 디트 집단, 보르네오의 영국군 등을 망라했고, 인도차이나에서 베트 남이 프랑스를 상대로 승리를 거둔 것은 유럽 강대국이 발전도상국 의 게릴라 세력에 패한 첫 사례였다.

카슈미르 분쟁 (1947-) : 오랜 제국주의의 후유증

영국이 인도를 고통스럽게 분할한 지 불과 두 달 후인 1947년 10월, 파슈툰족이 카슈미르를 침공하면서 75년이 지난 오늘날까지 이어 지는 분쟁이 시작되었다. 같은 시점에 버마는 독립을 인정받았고, 1775년 이후 1000명 이상이 사망한 게릴라 전쟁 데이터베이스를 만 든 군사사학자 맥스 부트Max Boot는 미얀마*의 카친족과 카렌족에 대 항하는 투쟁은 1948년 8월에 시작되었으며 현재진행형이라고 지적 했다. 그는 중세 잉글랜드와 스코틀랜드의 씨족 분쟁을 언급하면서 다음과 같이 말했다.

일례로 카슈미르나 팔레스타인 같은 장기간의 분쟁이 협상을 통해 깔 끔하고 신속하게 해결될 수 있다고 상상하는 사람들은 잉글랜드-스코 틀랜드 전쟁의 교훈을 무시하고 있다. 게릴라군과 정규군 사이의 수많 은 교전으로 치러진 피와 땅을 둘러싼 충돌은 인도인과 파키스탄인 또 는 이스라엘인과 팔레스타인인보다 종교나 외모가 훨씬 가까운 집단

• 버마는 1988년 국명을 미얀마로 바꿨다.―옮긴이

사이에서도 수세기 동안 지속될 수 있다.[3]

카슈미르 분쟁은 규칙을 입증하는 예외이기 때문에 전쟁의 진화에 관한 기록에 한 자리를 차지할 가치가 있다. 산악 지역의 끊임없는 부족 간 분쟁의 성격이 상대적으로 변하지 않는 특징은, '스마트' 전쟁을 향한 진보가 일부 장소에서는 사회적 차이로 인해 빙하처럼 느리게 진행된다는 것을 보여준다. 인도군, 파키스탄군, 중공군에 맞서 게릴라 전투를 벌이는 카슈미르 전사들은 조상들—때로는 말 그대로 혈연적 조상들—이 사용한 것과 똑같은 무기를 사용하지는 않지만 거의 같은 이유로 거의 동일한 전술을 사용한다.

이렇게 몇 달, 몇 년 동안 이어지면서 서서히 타오르는 분쟁은 전쟁의 진화를 폭넓게 일반화하는 것이 불가능하다는 것을 증명한다. 전쟁술이 진화하지는 않았지만 여전히 연구할 가치가 있는 곳이 항상 존재하기 때문이다. 1961년 역사학자 마저리 퍼햄Margery Perham은 "제국을 판단하려는 것은 줄자를 가지고 코끼리에 다가가는 것과 유사하다"라고 말했다. 때로는 반란 전쟁의 역사에서 이 말이 진실에 가까운 것으로 보인다.

루이즈 리처드슨Louise Richardson은 자신의 저서 《테러리스트가 원하는 것What Terrorists Want》에서 테러리스트들에게 아무리 절망적인 대의명분이 있다 하더라도 그들에게 영감을 주는 '세 개의 R'을 제시했다. 첫째, 실제 또는 상상된 불의에 대한 복수Revenge, 둘째, 테러리스트의 삶에 의미를 부여하는 명성Renown, 그리고 적의 반응Reaction을 유발하여 동료들을 자극시키려는 욕구이다.[4] 테러리스트 활동에 대한 이러한 자극이 1000년 이상 강력한 마취제가 된 것은 그것이 매우 효과적이었고, 그것을 없애는 것은 얼마나 어려운지에 대한 증언이다. 세 개의 R이 모두 카슈미르에 나타났고, 여기에 네 번째 R 종교Religion가 추가되었다.

인도의 마지막 총독인 마운트배튼Louis Mountbatten 경은 "역사는 어떤 때는 빙하처럼 한없이 느리게 움직이는 것처럼 보인다. 그리고 어떤 때는 격랑처럼 무섭게 앞으로 달려나간다"라고 말했다.[5] 아주 역설적이게도 카슈미르 분쟁의 운명을 이끈 격랑을 더 빠르게 만든 것은 마운트배튼 경 자신이었다. 인도의 분할은 신속하고, 갑작스러웠으며, 단순했다. 북쪽 끝의 산악 지역에 위치하며, 힌두 마하라야*의 명령을 받는 카슈미르는 파키스탄이 아닌 인도에 속하게 되었다. 그러나 이곳 주민의 77퍼센트가 무슬림이었고 지리적 입지도 이에 맞지 않았다.

1947년 10월 27일, 인도의 초대 총독이자 인도에 우호적이었던 마운트배튼 경은 카슈미르의 마하라야를 인도에 포함시키는 것을 공식적으로 승인했지만, 이를 확정하기 위해 주민투표를 실시해야 한다고 말했다. 그러나 합병 문서에 서명하기 전에 인도의 시크교 제1대대 300명의 병력이 카슈미르의 수도인 스리나가르에 공수되었다. 추가적인 인도군 진입은 주민투표에 영향을 줄 것이라는 우려가 나왔다.[6] 그날 약 7000명의 친파키스탄 부족민들이 카슈미르로 진입하여 바라물라를 장악했다. 그러나 그들은 스리나가르로 진군하는 대신 바라물라를 불태우고 약탈했고, 이들의 행동을 저지하기 위해 인도

• 마하라야(Mahārāja)는 산스크리트어로 '위대한 통치자', '위대한 왕'을 의미하는 단어이다.—옮긴이

공군기들이 출격했다. 부족민들이 스리나가르로 향하는 길목의 파탄Patan을 점령하자, 인도 공군은 이들에게 기총소사와 폭격을 가했다. 그러는 동안 인도는 상업 수송기를 이용해 병력을 운송했고, 이들은 결국 침입자를 패퇴시켰다

공군력의 역사에 대한 책을 쓴 제러미 블랙Jeremy Black은 카슈미르 사례가 2차 세계대전 때 사용된 항공기들이 "제국 세력의 퇴각 이후 영토와 우위권 확보를 위한 투쟁에서 얼마나 중요한지를 보여주었다"라고 지적했다.[7] 이것은 서남아시아만의 사례는 아니었다. 이스라엘 독립전쟁도 과거 유고슬라비아의 독일 공군기지에서 밀수한 스핏화이어기의 도움을 받았다. 구형 P-47 선더볼트와 C-47 수송기도 이란제국 공군에 합류했다.[8]

파키스탄 병력이 10월 31일 파탄을 점령했지만 스리나가르는 함락시키지 못했다. 11월 초 스리나가르 외각에서 교전이 벌어졌지만 인도 공군이 파키스탄군의 차량과 탄약을 파괴해 도시를 점령할 수가 없었고, 11월 8일 파키스탄군은 소도시 우리Uri로 후퇴했다. 카슈미르가 불가항력에 의해 파키스탄의 수중에 즉시 떨어질 것이라는 전망은 사라졌지만, 유엔이 중재한 수많은 임시 휴전 중 첫 번째로 중재한 휴전이 성사된 1949년 새해 첫날까지 전투는 계속되었다.

카슈미르에는 746킬로미터에 달하는 현실적 '통제선'이 그어져서 인도는 영토의 3분의 2(카슈미르 계곡, 잠무, 라다크)를 장악하게 되었고, 파키스탄은 나머지 3분의 1(아자드 카슈미르, 길기트-발티스탄)을 통제했다. 양국 모두 유엔이 강제한 타협에 만족하지 못했고, 공식적으로든 실질적으로든 통제선도 인정하지 않았다.

한편 인도는 카슈미르의 대다수 무슬림 인구가 카슈미르를 파키

스탄에 병합하는 쪽에 투표할 것을 알고 카슈미르의 운명을 결정하는 정치적 수단을 지속적으로 차단했다(일례로 인도가 행정을 담당하는 카슈미르 계곡의 95퍼센트가 무슬림이었고, 현재까지도 그렇다). 1965년과 1999년에 카슈미르를 둘러싼 두 번의 전쟁이 벌어졌고, 현재 이 지역은 사실상 인도·파키스탄·중국에 분할되어 있으며, 인도와 파키스탄은 이를 인정하지 않고 있다. 3국에서 자행한 인권유린에 대해 유엔은 자주 지적했지만, 대체로 아무 처벌 없이 지나갔다. 살해, 납치, 성폭행 등 끊임없이 반복되는 폭력으로 인해 이곳 주민의 약 8퍼센트가 외상후 스트레스 장애를 앓고 있다.[9]

카슈미르에서 벌어진 저강도 분쟁은 아직 게릴라 전쟁 수준으로 확대되지는 않았지만, 공동체 봉기, 개별 테러, 간헐적인 공무원 암살, 기타 조직적이거나 자발적인 폭력 행위가 특징이다. 이러한 행위는 당국에 의해 진압되고 더 큰 불만과 분노, 폭력을 야기하는 경향이 있지만, 전면적인 전쟁으로 확대되지는 않는다. 카슈미르를 비롯해 미얀마, 가자, 서안 지역, 수단, 북아일랜드와 세계 몇몇 지역에서 이런 장기적인 저강도의 유혈 사태가 벌어지고 있다. 이곳들은 영국이 제국을 포기하고 평화를 얻기 위해 급하게 영토를 분리한 지역들이다.

영국의 분할과 반란 무력화 정책의 장기적 실패는 가장 최근 1999년 5~7월 인도와 파키스탄 사이에 벌어진 카르길 전쟁에서도 나타났다. 이것은 통제선을 설정한 지 반세기 후에 일어난 일이었다. 1972년 시점에 전 세계에서 가장 군사화된 국경 중 하나였던 통제선을 따라 이어진 황량한 산악 지역에서 치열한 전투가 벌어졌고, 현재까지 한국의 휴전선과 함께 군사적 긴장이 가장 높은 지역으로 남아 있다. 카슈미르 통제를 둘러싼 긴장은 인도와 파키스탄 사이에만 존재하는 것이 아니다. 라다크의 실제 통제선이 인도와 중국 사이에 존재하고, 최근 2020년까지도 이곳에서 치명적인 전투가 벌어졌다.

역사학자 수만트라 보세Sumantra Bose는 2021년에 카슈미르 분쟁이 여전히 "휘발성 요소로 가득 찼고, 21세기 초 국제 평화와 안보에 분명한 위협을 제기한다"라고 썼다.[10] 21세기 초 중국이 점점 더 부상하면서 남아시아를 비롯한 핵심 전략 거점을 통제하려는 중국의 의도도 이에 비례해 커졌다. 이런 역학관계를 고려하면 '카슈미르 문제'는 빠른 시일 안에 사라지지 않을 것이다.

이스라엘 독립전쟁 (1948-1949): 생존을 위한 필사의 투쟁

2차 세계대전 이후 유엔이 마련한 영국 신탁통치령이 1948년 5월 15일에 종료되기도 전에 팔레스타인에 전투가 벌어졌다. 5월 14일 이집트 전투기들이 텔아비브를 폭격했고 사망자가 발생하지는 않았다. 같은 날 오후 5시, 다비드 벤구리온David Ben-Gurion은 예술박물관에서 이스라엘 국가 출범을 선언했다. 미국은 벤구리온의 선언 11분 후 이스라엘을 승인했고 소련도 이를 승인했다. 그러나 이스라엘은 곧바로 약 2만 명으로 이루어진 아랍 5개국—이집트, 이라크, 시리아, 트란스요르단(이후 요르단), 사우디아라비아—군대의 침공을 받았다.

1948년의 전쟁은 오늘날까지 세계의 미래를 결정지은 1940년대 후반의 전쟁 중 하나로 남았다. "이스라엘은 전투에서 탄생했다. 그 군대는 분쟁과 이후 지속된 생존 투쟁의 화염에서 주조되었고, 이것은 이스라엘 창립 이후 국가의 특징이 되었다"라고 독립 전쟁에서 이스라엘 방위군IDF 정보 사령관을 맡았고 훗날 이스라엘 대통령이 될 차임 헤르초그Chaim Herzog가 말했다.[11] 그러나 마이클 카버Michael Carver 원수의 말에 따르면, 이스라엘을 유명하게 만든 고도로 정밀한 군사력에 비해 이 전쟁은 '정밀하지 않은 것'이었다. 그 이유는 유엔총회 결의안이 요구한 휴전이라는 배경에서 이 전쟁이 치러졌기 때문이다. 그래서 양측은 휴전이 시행되는 경우 협상 카드로 사용하기 위해 가능한 한 많은 영토를 신속하게 차지하려고 노력했다.[12]

5월 15일 이라크 군대가 게셔에서 요르단강을 건너 침공했고, 그날 밤 시리아 군대는 골란고원 아래 평야에 자리 잡은 두 개의 이스라엘인 정착촌을 유린했다. 신생 이스라엘의 국부이자 초대 총리인 벤구리온은 민병대이자 곧 국방군대의 일부가 될 하가나의 사령관 모셰 다얀Moshe Dayan에게 "요르단 계곡을 사수하라"는 명령을 내렸다.[13] 한편 남쪽에서는 이집트군이 텔아비브로 진격해왔고, 다른 이집트 부대들은 마이달에서 육지로 상륙했다. 레바논 군대는 북쪽에서 침공했고, 이라크 군대와 요르단 군대는 동쪽에서 이스라엘을 침공했다. 사우디아라비아도 이집트 아래에서 싸웠던 파병부대를 보냈다.

이스라엘의 전략적 상황은 절박했지만, 두 가지 큰 이점을 가지고 있었다. 첫째, 이스라엘은 조직된 통신, 보급, 내부 연락망을 유지한 반면, 아랍 국가들의 공격은 전체적으로 서로 연계가 되지 않고 조율되지 않고 있었다. "이스라엘은 부족한 자원을 영민성과 조직으로 보충했다. 우리의 적들은 막대한 물량을 소유했지만, 고맙게도 이것을 혼란 속에 낭비했다"라고 당시 이스라엘 해군을 책임지고 있던 시몬 페레스Shimon Peres가 말했다.[14] 둘째, 방어자들은 패배가 분명 유대국가의 소멸과 팔레스타인 지역 유대인의 멸절을 가져올 수 있다는 것을 분명하게 인식하고 있었다. 홀로코스트를 경험한 지 불과 3년, 그들은 그것이 유대교에 어떤 결과를 가져올지에 대해 어떤 환상도 품지 않았다.

몇몇 순간에 신생국의 운명이 절망적으로 보이기도 했지만, 전쟁 중 이스라엘인들의 사기는 아주 높았다. 1000년 이상의 전쟁 역사가 보여주듯이 사기를 정량화할 수는 없지만 이것은 승리에 가장 결정적 요소였다. 이집트군, 시리아군, 요르단군 병사 상당수는 아랍 형제 국가들의 영토를 되찾기 위해 용감하게 싸웠지만, 그들의 투쟁은 이스라엘인들처럼 성서적이고 모든 것이 걸린 절체절명의 노력은 아니었다. 이스라엘인들은 아무리 오랜 시간이 걸리더라도 유대주의의 정당성을 확고히 하기 위해 모든 것을 희생할 각오가 되어 있었다.

다비드 벤구리온은 큰그림에 대해 오랫동안 깊이 생각하고 이것을 완전히 파악한 지도자였다. 1947년 민병대 하가나를 재조직하고, 팔레스타인에 있는 모든 유대인 정당이 대표자를 파견한 국가 사령부를 만든 것도 벤구리온이었다. 국방장관이자 총리로서 이스라엘이 보유한 65밀리미터 포를 어디로 보낼지에 대해 극도로 어려운 결정을 내린 것도 그였다. 그는 이집트군 포탄에 부상을 입은 초병의 들것을 직접 운반할 정도로 개인적인 용기를 보여주었다. 네게브 사막에서 무슨 일이 일어나든 예루살렘이 투쟁의 중심이라는 것을 알아차린 것도 그였다. 그러나 이츠하크 라빈Yitzhak Rabin이 예루살렘 방어에만 초점을 맞춘 전략을 변경해야 한다고 주장하자 그것을 받아들인 것 역시 벤구리온이었다. 짧은 휴전기에 이르군에서 일어난 반란을 진압한 것도 그였다. 리다와 라믈레에서 아랍군을 몰아낸 것도 그였다.

차임 헤르초그는 벤구리온을 "포위되고, 단절되고, 영국에 의해 해상봉쇄를 당하고, 여러 차례 방어를 위한 기본 무기도 빼앗기고, 모든 전선에서 극도로 불리한 싸움을 하는 팔레스타인의 유대인들을 이끈 사람"이라고 묘사했다.[15] 모셰 다얀과 이스라엘군 작전 사령관 이가엘 야딘Yigael Yadin에게 영감을 준 벤구리온의 웅변술과 전략을 실행하는 추진력, 빠르게 바뀌는 상황에 대응하여 과감하게 전략을 가다듬는 능력은 그를 위대한 전략적 지도자의 화신으로 만들었다.

이스라엘은 신체가 온전한 성인 남자를 징집하여 다섯 달 전만 해도 2만 명에 불과했던 이스라엘 국방군 병력을 10월까지 9만 명으로 늘렸다.[16] 이에 비해 침공군 규모는 약간만 증강되었고, 거의 제자리에 머물렀다.[17] 이스라엘 전쟁의 또 다른 특징은 1930년대 스페인 내전에 참전한 국제여단에서 볼 수 있었던 것처럼(이것은 2022년 우크라이나에서도 다시 볼 수 있게 된다) 전쟁의 목표에 동조한 외국 전사들이 함께 싸웠다는 것이다. 1948년 전 세계에서 이스라엘을 위해 싸우러 온 사람들의 물결이 이어졌고, 이들은 유대인 디아스포라에서만 온 것은 아니었다. 역사학자 마틴 길버트Martin Gilbert는 이들이 "전장에서 싸우기 위해 일터와 가족을 떠나온 남녀들 (…) 유대국가가 멸망하는 모습을 보기를 원하지 않는 사람들"이라고 서술했다.[18] 마할Mahal*이라고 알려진 그들의 수는 5000명에 달했다. 이후에 벌어진 일부 분쟁과는 달리 이 전쟁에서는 세계 여론도 완전히 이스라엘을 지지했다.

시리아는 5월 20일 새벽 4시 30분 유대인 정착촌을 공격하기 위해 갈릴리해를 가로질러 탱크와 기갑여단을 침투시켜 다가니아 키

• 외국에서 온 자원자를 의미하는 히브리어 'Mitnavdei Hutz la-Aretz'의 약어.

부츠*를 공격했다. 이스라엘 전략가들은 이곳을 이스라엘 북부 지역을 방어하는 거점으로 생각했다. 때때로 핵심적 거점의 함락이나 생존은 상대적으로 작은 규모의 무기를 보유했지만 그 무기를 사용하는 사람들의 끈질긴 집념에 따라 좌우된다. 이 경우 이스라엘은 고작 65밀리 구형 대전차포 2문, 화염병과 수류탄 몇 개만으로 키부츠의 전멸을 막았다. 한편 남쪽의 이스라엘군은 가자지구에서 남쪽으로 11킬로미터 떨어진 크파르 다롬 키부츠를 방어하기 위해 PIAT** 대전차 무기를 사용했다. 동시에 가자-마즈달 도로에서 벌어진 야드 모르데카이 키부츠 전투는 5일 동안 지속되어, 결국에는 텔아비브가 목숨을 건졌다. 예루살렘 남쪽에 있는 라마트 라헬 키부츠는 이스라엘이 마침내 탈환하여 항구적으로 점령할 때까지 4차례나 주인이 바뀌었다. 70년 후 시몬 페레스는 다음과 같이 회고했다. "수적으로도, 화력도 열세였지만, 우리 군대는 패배를 거부하고 모든 수단을 동원해 진지를 방어했다."[19]

5월 26일, 영국군이 지휘하는 요르단 아랍 병단의 포격 공격으로 예루살렘 구시가지의 유대인 지구 전투는 절정에 달했고, 5월 28일에 방어군은 항복할 수밖에 없었다. 그들은 포로가 되어 요르단으로 끌려갔고, 요르단군은 이후 20년 동안 유대인의 가장 중요한 정신적 성소인 예루살렘을 지배하게 되었다. 그러나 도시의 다른 곳에서는 저항이 계속되었다. 5월 말, 이스라엘 공군은 체코슬로바키아에서 구입한 메서슈미트 전투기 4대를 투입해 이집트 기갑부대의 진격을 지

---

* 키부츠(kibbutz)는 이스라엘의 집단 농업 공동체를 말한다.—옮긴이
** 보병용 대전차 발사기(Projector, Infantry, Anti-Tank)의 약어.

연시키는 데 성공했다. 이스라엘 공군은 아랍 공군보다 공중 우세를 확보하지 못했지만, 대신에 적의 공중 우세를 거부할 수 있었고, 이는 그 자체로 중요한 전술적 승리였다.

이스라엘군은 역정보를 매우 효과적으로 활용했다. 윈스턴 처칠은 "전시에는 진실이 너무나 소중하기 때문에 거짓이라는 경호원과 항상 동행해야 한다"라고 말한 바 있다. 이가엘 야딘은 기자들에게 자신의 병력이 이스두드의 이집트군을 완전히 포위했다고 말했지만, 전쟁이 끝난 후에는 "그것은 완전히 허세였다. 내가 그 말을 할 당시에는 단 한마디도 진실이 없었다"라고 인정했다.[20] 그러나 야딘의 말이 언론에 보도되었을 때 카이로의 이집트군 최고사령부는 이를 사실로 간주하고 이스두드의 야전 사령관에게 보고했다. 세계 언론에 명백하고 대담한 거짓을 전하는 것은 분명 윤리적·정치적 위험부담을 안고 있지만, 야딘의 단순하고도 뻔뻔한 거짓말은 이보다 더 큰 성공을 가져올 수 없을 정도로 효과적이었다. 동정적 분위기의 언론과 목숨을 걸고 싸우는 민족의 결합은 '거짓 경호원'을 배치할 수 있는 완벽한 기회를 만들어냈다.

6월 4일 이스라엘 국방군이 서안 지역의 예닌에 진주했지만, 그날 늦은 시각 이라크군이 격렬한 반격을 가해 도시를 다시 탈환했다. 그럼에도 6월 첫 주말이 되자, 20만 명의 아랍계 주민이 이스라엘군이 장악한 155개 마을에서 철수했고, 7만 3000명이 야파와 아크레에서 탈출해 4만 명만이 예루살렘에 따로 남게 되었다.[21] 그것은 이후 수십 년 동안 이스라엘 국가와 주변 지역에 심각한 파장을 남길 중요한 대규모 인구 이동이었다.

5월 25일 요르단의 아랍군 병단이 라트룬을 장악한 이후 예루살렘으로 이어지는 도로가 봉쇄되어 그곳에서는 극단적인 배급제가 실시되었고, 병사와 민간인 모두 하루 두 조각의 빵으로 견뎌야 했다. 6월 11일 4주간의 전쟁 이후 유엔이 강제한 4주 휴전이 발효되었다. 그 시점에 이스라엘군은 갈릴리, 하이파에서 요르단강에 이르는 에즈레엘 계곡, 중앙 네게브 지역 일부, 아스두드에 이르는 해안 지역을 장악했고, 예루살렘으로 통하는 대안 통로를 확보했다.[22] 4주간의 휴전은 유엔에서 영토 분할을 진지하게 모색하기보다는 전쟁 자원을 확보하는 데 사용되었다. 체코슬로바키아에서 무기가 반입되었고, 영국령 사이프러스의 유대인 수용소에 있던 유대인 이민자들이 이스라엘 국방군에 가담했다.

7월 9일 전투가 재개되었고, 이스라엘군은 통제하고 있던 예루살렘 지역을 확대하고 시리아군을 요르단강 너머로 밀어내려고 했지만, 우위에 있던 시리아의 공군과 포병에 맞서 10일간의 치열한 교전 끝에 실패하고 말았다. 7월 12일 라믈레가 이스라엘군 수중에 떨어져서 5만 명의 아랍계 주민이 사마리아 언덕에서 탈출했고, 이 과정에서 355명의 피난민이 사망했다.[23] 1940년 프랑스 붕괴 때 벌어졌고, 이후 여러 곳에서 반복되었던 것처럼 피난민 대열이 도로를 막아서 군대의 진격을 지연시켰다. 아랍군단은 라믈레와 리다의 도로에서 바로 이런 상황을 맞았다.

전쟁술의 또 다른 현대적 양상이 7월 12일에 전개되었다. 이스라엘군이 이라크로부터 라스알아이 지역을 탈환하면서 야르콘 강물을 예루살렘으로 돌릴 수 있었다. 그때까지 예루살렘 시민들은 하루 3.7리터의 물을 배급받아 세탁, 요리, 식수로 사용해야만 했다.

7월 12일 이스라엘은 또 하나의 중요한 전술적 승리를 거두었다.

이스라엘의 남부 네게브 사막의 네그바에서 텔아비브로 진격하던 이집트군은 이스라엘 정착촌의 저항으로 퇴각할 수밖에 없었다. 약 150명의 정착촌 방어군은 4000발의 포탄 공격에서 살아남았다. 포로로 잡힌 이집트 장교가 어떻게 네그바가 이런 공격에서 살아남을 수 있었는지를 묻자 정착촌 신문은 전쟁 자체에 대한 명료한 정의와 함께 강대국과 게릴라 군대를 막론하고 지휘관의 운명에 영향을 미치는 전쟁의 핵심 요소를 설명해줬다.

양적으로는 힘의 균형이 당신들에게 유리했지만, 질적으로는 우리가 유리했다. 이집트군이 한 가지 부족한 것이 있었다. 바로 전투 목표에 대한 분명한 생각이다. 우리가 충분히 갖추고 있었던 것은 두려움 없는 정신, 전투 목표에 대한 지식과 확신, 우리의 몸 자체로 북쪽으로 가는 길을 봉쇄하고 있다는 인식이었다.[24]

지뢰밭은 네그바에서 동쪽으로 24킬로미터 떨어진 갈온 정착촌을 보호하는 데 중요한 역할을 했다. 지뢰가 전쟁이 끝난 후에도 무고한 민간인을 불구자로 만들 수 있다는 이유로 21세기에 비난 받는 것이 이해가 되지만, 1942년 엘알라메인 전투에서처럼 적의 작전을 저지하거나 지연시키는 데 큰 효과를 발휘할 수 있었다.

이스라엘 국방군이 7월 16일 갈릴리 지방의 아랍계 마을인 나사렛을 장악했을 때 오랜 세월 지속돼온 전쟁의 사악한 단면인 약탈행위가 일부 이스라엘 병사들 사이에서 일어났다.[25] 병사는 보수가 좋은 직업이 아니며, 전쟁의 혼란은 지역 주민을 약탈할 수 있는 여러 기회를 제공한다. 특히 장교들이 자신의 부대를 완전히 통제하지 못하고 있거나 약탈 행위에 의도적으로 눈을 감을 때 이런 일이 자주 일어난다. 약탈은 전쟁의 한 단면이지만, 도덕적으로는 용납될 수 없는 일이며, 희생자들에게는 지속적인 분노를 불러일으킨다. 전반적으로 고귀한 투쟁이었던 이스라엘 독립전쟁에서 약탈 행위는 방어 능력에 상당히 부정적 영향을 미쳤다. 아랍 군대의 반격이 점점 더 성공을 거두게 된 것은 적절하지 못한 방어 준비 때문이었고, 이스라엘의 공식 군사사가인 네타넬 로치Netanel Lorch 중령은 '약탈에 대한 탐욕'으로 인해 이것이 크게 약화되었다고 평가했다.[26]

1848년 7월 19일 두 번째 유엔 휴전이 발효되었는데, 첫 번째 휴전 때와 마찬가지로 양측은 휴전을 준수하기보다는 이를 최대한 위반하는 데 신경을 썼다. 그 당시에 하이파에서 나사렛과 텔아비브로 통하는 도로는 이스라엘군이 통제했지만, 이집트군이 텔아비브 남쪽에서 불과 32킬로미터 떨어진 지중해 해안에 포진하여 네게브 사막 지역의 정착촌들을 차단해서 이 지역에 대한 보급품을 공수해야 했다. 아랍군단이 텔아비브와 예루살렘 사이 주요 도로 일부를 장악했고, 북쪽의 유대인 정착촌은 포위된 상태에 있었다. 그러나 이제 수로는 예루살렘 유대인 지역으로 연결되었고, 8월 12일 스탈린이 갑자기 공급을 중단시키기 전까지 체코슬로바키아로부터 무기가 계속 공급되었다. 그 이후 무기는 이탈리아와 스위스를 통해 반입되었다.

휴전은 10월 15일 깨져버렸다. 특히 이스라엘군이 엘아리시의 이집트 공군기지와 엘아리시에서 라파로 이어지는 철도를 공격하면서 예루살렘과 여러 지점에서 전투가 재개되었다. 10월 19일 유엔이 개입하여 양측 군대는 22일 오후 3시까지 10월 15일 당시의 위치로 되돌아갈 것을 요구했다. 이것은 이스라엘군이 네게브 지역으로 통하는 길을 확보하는 데 3일의 시간밖에 없다는 것을 의미했다. 이스라엘군은 홀레이카트 주변의 요새화된 언덕을 통과하는 통로를 만들기 위해 유엔 안전보장이사회(이하 '안보리')가 정한 휴전이 효력을 발휘하기 전까지 가장 치열하고 필사적인 전투를 치렀다. 11월 4일 이스라엘은 네게브 지역에서 이집트군에게 빼앗은 영토의 반환을 거부했다. 그러는 동안 상부 갈릴리 지역은 요르단군이 점령했고, 이스라엘은 유엔의 요구에 순응하는 것보다 자신들이 장악한 지역이 더 큰 안전을 가져온다고 확신할 정당한 이유가 생겼다.

영국의 이스라엘에 대한 위협과 미국 트루먼 대통령의 경고를 포함한 추가적 협상으로 모든 이스라엘군이 1949년 1월 2일 시나이반도를 떠났다. 2월 24일에는 이집트와 휴전협정을 맺었고, 그 뒤를 이어 3월 23일 레바논, 4월 3일 트란스요르단과 이라크, 7월 20일 시리아와 휴전협정을 체결했다. 이스라엘이 최종 휴전협정을 체결하는 시점에 팔레스타인 위임통치령의 80퍼센트가 이스라엘의 수중에 들어왔지만, 가자 지구, 서안 지역, 예루살렘 구시가지는 그렇지 못했다. 약 6000명의 유대인이 전쟁 중 사망했는데, 이는 이스라엘 전체 인구의 약 1퍼센트에 해당했다. 그러나 이스라엘은 원래 유엔이 할당한 땅보다 30퍼센트의 영토를 추가적으로 확보했다.[27] 이스라엘 전 지역이 아랍의 포격 사정거리 안에 놓였고, 말벌처럼 생긴 국토의 가는 허리 부분은 바다까지 14킬로미터밖에 되지 않았지만, 그래도 이스라엘은 존재했다.

적어도 한동안 이스라엘 국가는 아랍 5개국의 침공에서 살아남았다. 이는 최근 역사에서 엄청난 고난을 겪은 일군의 주민이 거주하는 신생국으로서는 놀랄 만한 성취였다. 이것이 이스라엘이 치러야 할 마지막 전쟁은 아니었다. 이스라엘의 적들은 두 번의 패배를 더 경험한 후에야 기습 공격을 조정하는 법과, 이스라엘을 실질적으로 포위하는 반이스라엘 동맹을 형성하는 법을 배웠다. 단순한 휴전이 아닌 최초의 평화협정은 이스라엘이 창립된 지 30년이 지난 1979년에야 체결되었다.

이가엘 야딘은 이스라엘이 독립전쟁에서 승리한 이유는 "이스라엘 젊은이들의 놀라운 자질이, 수천 년의 방랑 후에 본래의 땅으로 돌아가 자유와 독립을 누리며 살고자 하는 이스라엘의 갈망을 완전히 흡수했기 때문이다"라고 말했다.[28] 바로 이러한 자질—절체절명의 갈망, 영토에 대한 형이상학적 각인—이 계속해서 주민들을 땅과 하나가 되게 하고, 징집병들이 희생된 전쟁에서 승리하게 만든 요인이었다.

시민을 군사화하기로 한 이스라엘의 결정은 지속적 생존을 위해 필수적인 요소였다. 유엔이 강요한 휴전에 냉소적인 태도를 보이며, 경제적으로 규모가 큰 상비군을 유지할 수 없는 상황에서, 오늘날 이스라엘 국민들은 최소 2년의 군복무를 이행하여 세계에서 인구 대비 가장 큰 군대를 보유할 수 있게 되었다.[29]

이스라엘의 지속적 존속에 중요한 또 하나의 요소는 차별적인 군사 교리의 개발이었다. 차임 헤르초그는 이것에 대해 다음과 같이 말했다.

유연성, 기습성, 임기응변을 기초로 한다. 야간 전투, 속도, 특공대 방식의 작전, '간접 접근' 전략 등 이 모든 것이 이스라엘 국방군이 발전시켜온 철학의 표지가 되었다. 무엇보다 전선의 장교들, 특히 하급 장교들이 사고의 유연성을 터득하도록 하는 데 주안점을 주었다. 그들은

치열한 전투 중에 발생하는 불가피한 변화에 스스로 적응할 수 있도록 훈련받았다.[30]

이러한 발전은 이스라엘에만 국한된 것은 아니었다. 세계의 모든 국가는 이스라엘 독립전쟁을 지켜보면서 소규모 시민군대가 5개국의 직업군인들을 패퇴시킨 일로부터 무엇을 배워야 하는지를 생각했다.

말레이반도 계엄사태 (1948-1960) : 대게릴라전 작전의 교과서

군사사와 지정학에 관한 책에서 흔히 간과되는 말레이시아는 1945년 이후 가장 중요한 전쟁술 진화가 일어난 곳이다. 그곳에서 진행된 대게릴라전 작전은 길고도 복잡했고, 격전이었지만 승리로 귀결되었다. 각 작전마다 초점의 요소가 다르지만, 잘 구성된 대게릴라군 접근법이 느리지만 확실하게 발전된 곳은 영국 식민지였던 말레이반도에서였다. 그 영향은 21세기와 이후 대게릴라전 작전 전반에 포도넝쿨처럼 확대되었다.

2차 세계대전 이후 친공산주의 세력인 말레이민족해방군MRLA은 일본군을 공격할 때 사용한 것과 거의 같은 방법, 진지, 장비를 사용해 영국군을 공격했다. 1948년 6월 16일 그들이 세 명의 영국인 농장주를 살해한 후 인신보호영장habeas corpus이 중단되고 계엄이 선포되었다. 말레이해방군 병력은 약 5000명에 이르렀고, 그들의 90퍼센트는 중국계였다. 이들은 약 188만 명의 중국계 주민들에게는 일부 지지를 받았지만, 말레이반도에 거주하는 243만 명의 비중국계 말레이인, 53만 명의 인도인, 1만 2000명의 유럽인들로부터 저항을 받았다.[31] 자신들에게 식량을 제공하지 않는 비우호적인 마을을 불태우는 게릴라 전술도 주류 인종집단 사이에서 그들의 인기를 반감시켰다.

영국 식민 당국은 여러 이점을 가지고 있었다. 말레이 인구 대다수는 영국의 동맹 세력인 세습 술탄에게 충성했고, 소수의 중국계 주민만이 영국에 대해 반대했다.[32] 인도차이나나 알제리에서의 프랑스의 경험과 유사하게 진행됐던 20세기 다른 대게릴라전 작전과 비교할 때 영국은 부러운 상황에 놓여 있었다.

영국 당국은 1949년 10월 말레이해방군의 테러 공작에 대한 대응으로 6343명의 혐의자를 체포하고 1만 명을 중국으로 추방했다.[33] 보안군은 지금까지 자신들의 적을 도적으로 표현했지만, 1952년부터는 CT, 즉 공산주의 테러리스트communist terrorists라고 표현했다. 그들에 맞서는 영연방 군대가 3만 명, 지역 경찰이 6만 명에 달했지만, 그때까지 그들은 3000명의 주민을 살해했다.[34] 1948년 계엄 초기에 영국군 징집병들도 전쟁범죄를 저질렀는데, 이것은 책에서 몇 번에 걸쳐 보는 바와 같이 자원병이 아닌 징집 병사들은 경험이 많고 훈련받은 병사들보다 나쁘게 행동했고, 이는 때로 공포 때문이라기보다 단순히 규율 부족으로 인한 경우가 많다는 사실을 강조한다.

말레이반도 정글에서 친공산주의 마을들이 주기적으로 불에 타고, 주민들은 억류 상태에서 학대를 받았으며, 2만 5000명의 혐의자가 한 달 이상 구금되었다. 24명의 중국인이 살해당하는 집단 학살도 일어났다.[35] 흔히 그러하듯이 테러에 테러로 대응하는 것은 완전히 역효과를 가져왔다.

해럴드 브릭스Harold Briggs 중장은 이런 종류의 테러가 자기파멸적이라는 것을 잘 알았다. 버마 원정 참전 군인인 그는 지역의 공산주의 위협을 무력화하는 계획을 시행했다. 이것은 시골 주민에게 안전을 제공하고, 말레이해방군의 식량 공급, 자금 지원, 징집을 감소시키는 데 집중하는 것이었다.[36] 여기에는 말레이 사회에서 주변으로 밀려나서, 공산당 테러 활동의 완벽한 온상을 제공한 50만 명의 중국인 '불법 거주자'를 위한 500개의 '새마을' 건설도 포함되었다.[37]

전기, 식수, 학교, 병원, 재산권을 제공하는 것은 마오주의를 지지하는 사람들에게 강력한 동기부여가 되었지만, 안보라는 강력한 유혹에는 불복종하는 사람들에 대한 단호한 규율이라는 변증법적 동반자가 있었다. 주민들은 철조망이 쳐진 마을에 머물면서 통금을 지키고, 일하러 나갈 때는 몸수색을 감당해야 했다. "해충을 한 마리씩 잡는 것으로 모기를 없앨 수 없다. 당신은 그 번식지를 찾아서 소독해야 한다. 그래야 모기를 박멸할 수 있다"라고 브릭스는 말했다.[38] 이러한 접근법은 수십 년 후 이라크에서의 병력 증파 작전에도 적용되었다. 가장 전투가 치열한 바그다드, 팔루자와 또 상황이 어려운 다른 도시의 구역들에 거대한 콘크리트 벽을 쌓아 '대문이 있는 공동체'로 만들어서 이 지역에 들어가는 모든 사람들의 신분을 생체 ID카드와 기타 수단을 이용하여 체크했다.

1951년 10월 5일, 38명의 말레이민족해방군 게릴라는 말레이의 영국 고등판무관인 헨리 구르니Henry Gurney 경을 암살하는 성과를 달성했다. 그들은 쿠알라룸푸르 북방 64킬로미터 지점의 도로에 잠복해 있다가 그를 살해했다. 이 사건은 극적인 선전선동 효과에도 불구하고 궁극적으로는 전술적 실책임이 드러났다. 구르니의 후임은 제럴드 템플러Gerald Templer 경이었다. 솜 전투와 덩케르크 전투, 안지오 전투 참전 용사인 그는 1952년 2월 고등판무관직과 말레이반도 군사작전 책임자로 부임했다. 템플러는 말레이반도에서 모든 기본적인 과업을 뛰어나게 수행하고, 테러리스트의 근원지를 발본한다는 브릭스의 큰그림을 모범적으로 달성해나가는 전략적 지도자임을 증명했다. 템플러의 최고상관인 윈스턴 처칠은 자신의 저서《말라칸드 야전군The Malakand Field Force》에서 "약하게 수행된 강력한 정책은 어린아이의 손에 쥐어진 다이너마이트보다 위험하다"라고 말한 바 있다.[39] 템플러는 말레이반도에 도착한 순간부터 강력한 정책을 강하게 수행하기로 작정했다.

템플러의 첫 번째 조치 중 하나는 안보 상황이 허락하는 대로 말레이반도를 독립시키겠다는 영국 정부의 약속을 재차 천명한 것이었다. 이는 말레이 주민의 지지를 강화했고, 1957년 8월에 그대로 이행되었다. 그는 말레이반도에서 태어난 모든 외국인에게 완전한 시민권을 부여했는데, 이것은 말레이 중국인들의 또 하나의 숙원이었다. 그는 앞으로 전개될 투쟁을 과소평가하지 않았고, 1953년에는 "나는 모든 문제를 해결하는 데는 오랜 시간이 걸릴 것이라고 항상 말해왔다"라며 자신의 전망을 밝혔다.[40] 그는 런던에서 전폭적인 정치적 지원을 받았지만, 말레이시아에서 패배하면 영국의 위신은 물론 새로 재선된 윈스턴 처칠에게도 큰 타격을 입혔을 것이다.

템플러는 장기적 고투에 대해 올바른 판단을 내렸다. 계엄 기간 보안군과 공산게릴라 사이에 8750건의 '접촉 교전'이 있었고, 정글 속 잠복 공격이나 작은 교전이 수시로 일어났다.[41] 전투 중 스핏파이어 전투기가 요호레의 게릴라 은신처를 공격했다. 적군을 대기 중인 경계 지역으로 몰아내기 위한 소탕 작전, 지속적인 수색(별명은 '정글 맹공'), 새벽녘 고립된 경찰초소 공격과 테러리스트 진지에 대한 반격, 토착민 부족이 게릴라들에게 가하는 페라크에서의 독화살 공격, '페레트군'이라 불리는 정글 전담 부대, 나무 위 착륙 후 밧줄을 이용해 지상으로 내려오는 공수부대, 180명의 게릴라 '전향자'들이 과거 동료들을 공격하는 작전 등은 공산당 군사 관행에 대한 귀중한 통찰을 제공했다. 템플러는 때로는 엄격한 조치를 취하기도 했다. 그는 한번은 12명의 영국군을 살해한 게릴라들을 받아들인 마을들을 대상으로 쌀 배급량을 절반으로 줄이고, 22시간의 통행금지를 실시했다. 그러나 그는 전반적으로 공정한 사람으로 평가되었고, '말레이의 호랑이'라는 대중적인 별명을 얻는 것 이상의 일을 했다.

울창한 정글에서 전투를 벌이는 것은 지형으로 인해 더욱 힘들어서 1,6킬로미터를 전진하는 데 때로 4시간이 걸리기도 했고, 종종 일렬로 정글을 헤치고 나가야 했다. 작전에 참여했던 병사 존 스커르John Scurr는 다음과 같이 기록했다.

깊은 정글에서 넝쿨로 뒤덮인, 1미터가 넘는 뿌리에 10미터가 넘는 길이를 가진 거대한 나무를 수색대가 넘어야 했다. 어떤 때는 유속이 빠른 강을 건너고, 고약한 냄새가 나는 늪을 건너기도 했다. 습기 가득한 열기에 병사들의 몸이 완전히 젖어 증기가 올라오는 것이 보였다. 거머리들은 병사들의 노출된 살을 파고들어 피를 빨아 먹었다. 몸에서 5마리부터 50마리의 거머리를 찾을 수 있었다. 나무에서 살을 파먹는 개미가 비처럼 떨어질 때도 많았다. (…) 밤에 잠을 잘 때는 몰려드는 모기떼에 시달려야 했다. 몬순 시기에는 행군하는 병사들이 매일 오후

4시경 폭우에 몸이 젖었고, 폭우는 10시간까지 지속되기도 했다. 진흙탕 물이 침낭 위로 흘러내리는 가운데 잠을 자야 하는 경우도 많았다. 피로와 불편은 물론 말라리아와 장티푸스, 황달, 이질, 뱀에 물림, 전갈에 쏘임, 정글 궤양, 백선, 부제증腐蹄症, 가시열 등으로도 충분했지만, 당연히 적군도 있었다.[42]

그럼에도 치안군의 사기는 여전히 높았는데, 이는 궁극적인 승리에 대한 믿음 덕분이었다. 스커르는 왕실 요크셔 경보병대 순찰대가 5 대 1로 불리한 위치에서 교전을 벌이던 중 테러리스트들의 사격이 갑자기 멈추자, 작지만 건장한 한 사병이 "무슨 일이야 쟈니, 해외파견군 휴가에 들어간 거야?"라고 외쳤다고 회상했다.[43] 치안군은 게릴라들보다 더 나은 무장을 갖추고 있었는데, 계엄 초기에는 30구경 미국산 M1과 M2 카빈총과 303구경 브렌 경기관단총을 휴대했고, 나중에는 정글 전쟁의 전형적인 근접전투에서 더 나은 성능을 발휘하는 12게이지 브라우닝 A-5 반자동 및 레밍턴 슬라이드 액션 산탄총으로 바꾸었다.[44]

템플러는 브릭스의 당근과 채찍을 병행하는 대반란 전략을 적극적으로 추진했다. '새마을 건설 프로그램'과 함께 마이클 '매드 마이크' 칼버트Michael 'Mad Mike' Calvert의 특수공군부대SAS와 같은 특수부대가 보르네오 사람 사냥꾼을 추적자로 활용하는 공격적인 장거리 정글 작전도 병행했다. 1952년 11월, 템플러는 식민장관 올리버 리텔턴Oliver Lyttelton에게 "사격은 작전의 25퍼센트에 불과하며, 나머지 75퍼센트는 이 나라 국민의 민심을 얻는 데 있다"고 보고했다.[45] 그는 한때 "정글에 더 많은 병력을 투입하는 것이 아니라 국민들의 민심에 해답이 있다"라는 말로 자신과 브릭스의 전략을 요약한 적이 있었다.[46] '민심'이라는 표현은 정치인들에게 차용되어, 1968년까지 템플러가 '역겹다'고 말할 정도로 남용되고 있었다. 그럼에도 이 말은 대게릴라전을 승리로 이끄는 가장 간결한 설명으로 남아 있으며, 그 효과는 정글 전쟁을 훨씬 넘어서는 것으로 입증되었다.

브릭스가 치안군 인력을 2년 만에 5배로 대폭 증원하고 영국 주둔군도 인원을 늘린 후에 템플러의 반격은 정보기관 주도로 이루어질 수 있었다. 영국은 1952년부터 15개월 동안 말레이 경찰을 대대적으로 개혁하여 부패와 무능을 이유로 1만 명의 경찰을 해임하고(이 둘은 종종 겹치는 경우가 많았다), 영국 고위 경찰관들이 분석 방법과 수사 기법을 가르치는 경찰학교를 신설했다.[47] 모든 경찰에게 4개월의 기본 교육을 의무화하고, 우수 경찰관은 영국에서 1년간 훈련을 받았다. 1952년 한 해 동안 말레이 경찰의 중국계 경찰 수는 2배 이상 증가했으며, 집중적 훈련을 통해 기강이 확립되면서 경찰과 주민 간의 관계가 더욱 긴밀해졌고, 이는 실행 가능한 정보력의 향상과 치안 상황이 개선되는 선순환으로 이어졌다.[48]

생포된 게릴라군도 가치 있는 존재였다. 사기와 실용적 측면에서 역효과를 내는 고문은 사라지고 제네바협약을 준수하는 심문 기법이 도입되었다. 이러한 논리에는 두 가지 근거가 있다. 우선 고문은 고문당하는 사람을 급진화시켰고, 종종 고통을 끝내기 위해 자백한 쓸모없는 정보를 생산해냈다.[49] 템플러는 '말레이에서 대게릴라전 수행'이라는 명칭이 붙은 새로운 교범에 입각하여 전반적인 교리를 도입했고, 그의 지휘를 받는 치안군은 이것을 익히고 따라야 했다.[50] 이 교리는 대규모 '수색과 파괴' 작전보다는 효과적인 '소탕과 유지' 작전에 집중했다(다음 장에서 살펴보겠지만 베트남에서 싸운 미군은 이러한 전략의 장점을 받아들이지 않았다).

공산군의 사기를 꺾기 위한 영국의 선전은 무자비하고 상상력이 넘쳤다. 항공기가 정글을 저공 비행하면서 큰 소리로 개별 게릴라의 이름을 부르면서 그를 죽이거나 생포한 사람에게 막대한 보상금을 지급할 것이라고 홍보했다. 이와 동시에 모든 게릴라에게 사면증으로 교환할 수 있는 유인물이 공중 살포되었다. 지상 병력이나 항공기는 게릴라들의 생명선인 식량을 보급하는 논을 파괴했다. 한 게릴라가 투항했을 때 영국군 여단장은 그의 "헝클어진 머리, 홀쭉한 몰골, 누더기 같은 카키색 군복, 쫓기는 쥐 같은 눈"에 대해 묘사했다.[51] 궁색한 반군과 대조적으로 정부는 평화가 번영을 가져온다는 것을 보여줄 수 있었다. 대규모 전쟁이 종종 그러했지만 특히 1950년 한국전쟁 발발 이후 주요 광물의 가격이 전 세계적으로 상승했다(주석과 고무가 말레이 경제의 핵심 생산품이었다).[52] 이미 대중으로부터 인기를 잃은 게릴라군에게 대게릴라전의 확연한 경제적·군사적 성공은 장기간의 느린 패배의 전망을 보여주었다.

템플러가 말레이반도에 있던 1952년 2월부터 1954년 5월까지 테러 사건은 월 평균 500건에서 100건 이하로 줄어들었다. 게릴라의 3분의 2가 사살되거나 생포되거나 항복했고, 영국군의 사상자 비율은 5분의 1로 줄어들었다. 1952년 4월 말레이민족해방군의 카리스마 넘치는 지도자 친펭Chin Peng은 자신의 사령부를 말레이 영토에서 태국 남부의 베통으로 옮길 수밖에 없었다. 1948년부터 1960년까지 계엄 상황에서 말레이반도에서 복무한 10만 명의 영국군 중 1865명이 사망했다. 이 기간 중 3383명의 말레이 민간인과 6698명의 공산

군이 목숨을 잃었다.[53]

서방 국가들이 시행한 대게릴라전 중 이처럼 성공적인 사례는 거의 없었다. 이 과업을 완수하는 데 10년 가까이 걸렸다. 1953년에 템플러는 "계엄이 끝났다고 하는 놈은 총살시킬 것"이라고 말했지만, 1960년이 되자 그것은 현실이 되었다. 그가 초점을 둔 저강도의 효과가 뛰어난 전쟁술은 말레이시아가 독립적이고 비공산주의적인 장래를 기대할 수 있게 만들었다. 대게릴라전 전쟁술은 한 단계 더 발전했고, 장래의 작전은 정부가 주민들의 '민심'에 건설적으로 호소하면 게릴라는 패퇴시킬 수 있다는 지식을 바탕으로 수행되어야 한다는 것을 보여주었다.

인도차이나의 프랑스 (1945-1954) : 디엔비엔푸로 가는 길

2차 세계대전이 끝났을 때 프랑스는 큰 타격을 입었고, 사기와 재정도 바닥이 났으며, 오늘날의 베트남·라오스·캄보디아로 구성된 인도차이나의 식민지를 유지하는 것이 힘들다는 것을 알고 있었다. 일본과의 전쟁이 끝나자마자 베트남의 민족주의 지도자 호치민Hô Chí Minh은 독립을 선언했다. "80년 넘게 프랑스는 우리 조국을 유린하고, 우리 국민을 탄압했다. 베트남은 자유롭고 독립적인 국가가 될 권리가 있으며, 이미 현실로 이루어졌다. 따라서 베트남의 전 국민은 독립과 자유를 지키기 위해 모든 육체적·정신적 힘을 동원하고, 목숨과 재산을 바칠 각오가 되어 있다"라고 선언했다.[54]

호치민은 공산 세력의 대중적 지지를 과장했지만, 1946년 11월이 되자 북베트남의 산업 도시인 하이퐁에서 전투가 시작되었다. 가장 가혹한 대응을 하기로 결심한 프랑스군은 11월 23일 포병 공격을 감행했고, 이로 인해 6000명 이상의 민간인이 사망했다.[55] 그것은 현지 주민들의 거대한 희생을 대가로 프랑스군이 주요 도시에서 거둔 일련의 성공의 시작이었다. 한 달 후 호치민은 수도 하노이를 포기하고 도망가야 했다. 중국 공산당의 교리에 영감을 받은 그의 베트민 세력은 재래식 전쟁술을 포기하고 게릴라 전술을 택했다. 1949년 국공내전에서 승리한 마오쩌둥은 호치민에게 야포를 포함한 중화기를 제공했다.

베트민의 뛰어난 사령관 보응우옌잡Võ Nguyên Giáp 장군('붉은 나폴레옹')은 중화기를 보급받기 위해 프랑스군의 주요 국경 초소를 파괴하는 데 집중했다. 프랑스는 잡을 상대로 짧은 시간 안에 세 번의 연속적 승리를 거둔 뛰어난 사령관 장 드 라트레 드 타시뉴Jean de Lattre de Tassigny 장군을 파견했으나, 그는 지휘를 맡은 지 11개월 만에 암으로 사망했다. 이후 앙리 나바레Henri Navarre 장군으로 교체되었고, 그는 "터널 끝의 빛처럼 승리를 분명히 가져올 것이다"라고 장담했다.[56] 이런 기고만장한 발언은 잠시 사기를 고양시킬 수는 있지만 실제로 승리를 거둘 때까지는 권장되지 않는 발언이다. 1900년 영국은 남아프리카에서 실제 전투가 끝날 때까지 2년이 더 걸렸지만 승리를 잘못 선언했던 것처럼 전쟁에서 잘못된 낙관은 아주 흔한 일이었다.

베트민과 중국 공산당 정권 사이의 밀접한 관계를 언짢게 여긴 미국은 인도차이나의 프랑스군에게 원조와 자문단을 보내기 시작했다. 그럼에도 미국의 기여는 그리 크지 않았고, 1953년이 되자 전쟁은 끔찍한 교착상태로 빠져들었다. 디엔비엔푸 전투는 이러한 상황을 완전히 바꿨다.

"처음에 나는 어디에서, 아니 심지어 전투가 벌어질 것인지조차 전혀 알지 못했다."[57] 나중에 잡 장군이 회고한 말이다. 프랑스군은 크리스티앙 드 카스트리Christian de Castries 장군이 지휘하는 최정예 부대를 베트남 북동쪽의 산악 지역인 디엔비엔푸에 집결시켰다. 이는 전략적으로 재앙에 가까운 결정이었다. 잡의 군대는 자전거와 군인의 등에 보급품을 실어 옮겼고, 곡사포를 프랑스 거점이 내려다보이는 언덕 위로 끌고 왔다. 프랑스군이 방어진지를 견고하게 구축한 것을 본 잡은 계획한 공격을 연기했다. "갑자기 나는 작전을 연기했다. 참모들은 혼란스러워했지만, 어쨌든 지휘권은 내게 있었고, 토론도 설명도 없는 절대적 복종을 요구했다"라고 그는 회고했다.[58] 한국전쟁 때와 같이 인해전술을 사용해 프랑스군을 공격하라는 중국 군사고문들의 충고를 무시하고 그 사이 베트민 병사들은 참호와 터널을 이용해 1미터, 1미터씩 은밀하게 프랑스군 진지로 전진했다.

이후 두 달 동안 디엔비엔푸를 둘러싼 프랑스군의 안느마리, 베아트리스, 클로딘, 도미니크, 릴리 진지(진지의 명칭은 프랑스 방식으로 카스트리 장군의 애정을 받았던 여인들의 이름을 땄다)는 하나씩 베트민에 함락되었다. 5월 7일 카스트리 장군의 군대는 항복해야 했다. 아이젠하워 대통령은 프랑스군을 돕기 위해 미군의 공습을 고려했지만, 결국 하지 않기로 결정했다. 잡은 나중에 미국의 항공 지원 가능성에 대해 회고하면서 "(그렇게 됐다면) 우리는 문제를 겪었을 것이다. 하지만 결과는 똑같았을 것이다. 효과적인 공습을 하기에는 전장이 너무 넓었다"라고 말했다.

매우 성공적인 지휘관으로서 잡 장군은 프랑스군의 우위를 부인하는 한편, 디엔비엔푸에 집중한다는 원대한 전략 원칙을 세웠다. 그는 자신의 의도를 부하들에게 효과적으로 ('토론과 설명 없이') 전달했고, 포위를 진행한 중요한 시기에 이를 과감하게 실행했다. 이 상황은 나중에 미국을 상대로 한 거대한 전쟁으로 변모했지만, 다음 장에서 볼 수 있듯이 그는 자신의 전술을 상황에 맞게 정교화했다.

인도차이나에서 프랑스군은 7만 5000명이 전사했다. 그중 28퍼센트는 프랑스 출신이었고, 나머지는 아프리카나 인도차이나 출신이었다. 부상자는 6만 4000명에 달했다.[59] 이러한 손실로 프랑스 국민은 이 전쟁에 등을 돌렸다.[60] 이 패배는 또한 북베트남의 베트민 전선 뒤에서 프랑스를 위해 싸웠던 베트남 군인들인 특수연합부대도 방치하게 만들었다. 1954년 7월 휴전이 합의되었을 때 그들 중 다수는 공산군 점령지에서 수백 킬로미터 떨어진 곳에 발이 묶여 있었다. 안전한 장소로 이동할 능력이 없었던 그들은 이후 2년 동안 호치민 군대에게 추적당했다. 일부 프랑스 장교들도 그들과 함께 남아 있었다. 휴전 2년이 지난 1956년의 어느 날, 라디오 전파를 통해 프랑스어로 외치는 목소리가 흘러나왔다. "이 개자식들아, 우리 좀 도와줘! 우리가 짐승처럼 도살당하지 않고 최소한 싸우다 죽을 수 있도록 탄약이라도 보내달라고!"[61]

프랑스군은 자신들이 수행해야 할 전쟁 유형에 전혀 대비가 되어 있지 않았다. 프랑스군은 경제적으로 기술적으로 한 수 아래인 적군을 제압하는 전통적이고 틀에 박힌 전투를 기대했다. 적군이 몇 달 동안 숨어 있을 수 있는 베트남 정글의 규모로 인해 프랑스군의 통상적으로 우월한 화력이 자산이기보다는 짐으로 작용했다. 역설적이게도 프랑스군은 그들이 원했던 재래식 전투를 치렀지만, 결국 그들을 제압한 것은 베트남군의 화력이었다. 조지 허링George C. Herring의 말에 따르면 디엔비엔푸 전투는 "프랑스군이 보여준 실책의 본보기, (…) 특히 자신의 능력에 대한 고집스러운 과대평가와 적에 대한 반복적인 과소평가의 전형을 보여주었다"라고 지적했다.[62]

디엔비엔푸는 전투가 여전히 중요하다는 것을 보여주었고, 세계를 열광시킬 또 다른 부분도 증명했다. 즉, 재정이 충분하고 좋은 장비를 갖춘 유럽 군대가 재정이 열악하고 장비가 보잘것없는 비유럽 군대에게 야전에서 패할 수도 있다는 것이었다. 이는 당연히 이전에도 일어났던 일이다. 1879년 줄루 전쟁의 이산들와나 전투, 1880년 아프가니스탄의 마이완드 전투, 1905년 대한해협에서 일본군이 러시아군을 상대로 거둔 압도적 승리, 1942년 일본군이 싱가포르에서 영국군의 항복을 받아낸 것 등이 그러하다. 그러나 네 가지 사례 중 세 가지는 제국 열강이 더 강한 전력을 가지고 돌아와 복수했다. 이와 대조적으로 디엔비엔푸에서 도망친 프랑스는 다시는 돌아오지 않았다.

디엔비엔푸에서 분쟁이 진화한 방식은 민족주의 게릴라전이 게릴라의 영역에서 수행될 때 유럽, 더 나아가 미국의 힘을 굴복시킬 수 있다는 점을 의심할 여지없이 증명한 것이었다. 훗날 콜린 파월Colin Powell은 다른 많은 사람과 마찬가지로, 미국이 프랑스의 베트남전 실패에서 더 많은 교훈을 배웠어야 했다고 회고했다. "우리는 이것이 전쟁일 뿐만 아니라 이 나라 내에서 민족주의와 자치의 문제이고, 공산주의 이념 또는 공산주의의 세계적 야욕도 관련이 있다는 것을 진작 깨달았어야 했다."[63]

알제리 전쟁 (1954-1962) : 반군과 싸우지 않은 대반란전 사례

20세기 중반 프랑스령 북아프리카의 종말이 다가오고 있었지만, 나치 독일의 패배와 점령으로 굴욕을 느낀 프랑스는 스스로를 정복자이자 군사 강국으로 다시 자리매김하기로 작정했다. 1940년대 후반에 영국이 가능한 한 최대한의 위엄과 명예를 가지고 제국에서 물러난 것과는 반대로 프랑스는 이를 싸워서 지키려고 했고, 인도차이나와 알제리에서 재앙과 같은 결과를 맞았다. 우리가 종종 보았듯이 2차 세계대전은 긴 그림자를 드리웠다.

말레이반도에서 영국이 한 것과는 다르게, 프랑스 정부는 국내에서 큰 정치적 파장을 일으키지 않고 알제리 지역 주민들에게 독립을 약속할 수는 없었다. 이뿐만 아니라 말레이반도에서 유럽계 주민은 소수에 불과했지만, 알제리의 총 950만 명의 인구 중에 100만 명 이상이 유럽계 주민(소위 피에 누아르pieds noirs 또는 콜론colons)이었다. 피에 누아르('검은 발') 대다수는 프랑스, 스페인, 이탈리아인의 후손이지만 알제리에서 태어났고 여생을 그곳에서 보내고자 했다. 이들 중 많은 수가 알제리인처럼 가난했지만 알제리의 독립은 전적으로 반대했다. 프랑스는 1956년 프랑스계 주민이 많지 않은 모로코와 튀니지의 독립은 수용했지만, 알제리의 독립에는 반대했다.

전쟁의 진화에서 알제리 분쟁이 차지하는 중요성은, 프랑스가 1789년 프랑스 혁명의 가장 인도주의적인 유산인 '인간과 시민의 권리 선언'에서 제시한 공화국의 기본 원칙에 근본적으로 반대되는 방식으로 싸우려고 했다는 점에 있다. 이 전쟁은 고문에 크게 의지해 프랑스의 대다수 국민이 프랑스령 알제리라는 이상이 근본적으로 잘못되었다고 확신하게 만들었다. 이 전쟁은 비프랑스적이었다.[64] 고문은 프랑스인들을 문화적으로, 또한 감정적으로 정체성과 양심의 위기에 봉착하게 만들었고, 법률적으로 따지면 프랑스 형법, 헤이그 규약, 1949년 제네바협약 3조를 위반한 것이었다.

1954년 가을 아흐메드 벤 벨라Ahmed Ben Bella가 이끄는 민족해방전선FLN이 민족주의자들의 무장봉기를 주도했다. 알제리 동부에서 시작된 이 봉기는 2년 안에 알제리의 지중해 연안 전역으로 확산되었다. 알제리는 (사하라를 포함하지 않고) 지중해 연안을 따라 1046킬로미터, 내륙으로 563킬로미터까지 이어져 있었지만, 당시 경찰 인원은 5만 명에 불과했다. 경찰이 확대되는 민족해방전선 반란에 대해 경고했지만, 유혈 사태가 발생하기 전까지 이것은 무시되었다. 궁극적으로 프랑스는 징집병을 포함해 50만 명이나 되는 병력을 알제리에 파견했다. 알제리에서는 일어나지 않았던 비자원병의 전투 파견은 프랑스 사회를 양극단으로 나누고, 전쟁 반대파를 과격하게 만들었다. 그리고 이것은 미국이 베트남에서도 겪게 될 일이었다.

민족해방전선의 반란에 대한 가장 통찰력 있는 분석은 다비드 갈룰라David Galula 대령의 글에서 나왔다. 카사블랑카에서 자란 갈룰라는 1939년 시르의 프랑스 육군사관학교를 졸업한 후 2차 세계대전 중 북아프리카, 이탈리아, 프랑스에서 전투를 치렀다. 이후 중국, 그리스, 인도차이나에서 벌어진 전쟁을 관찰하고, 1956년부터 1958년까지 알제리에서 중대장으로 근무하면서 비정규전에 대한 전문성을 축적했다. 1964년 그는 중령으로 진급했고, 《대게릴라 전쟁술 Counterinsurgency Warfare》이라는 책을 썼다. 이 책은 반식민 반란군의 동기와 전술에 대한 중요한 혜안을 담은 군사 저술의 고전이 되었다.

갈룰라는 지역 주민들을 겁먹게 하여 복종하게 만드는 것을 목표로 한 민족해방전선의 초기 공격은 알제리 경찰로 근무하는 동료 이슬람 신도들에 초점이 맞춰져 있다고 기록했다.[65] 그는 지역 주민들의 수동적 복종을 끌어내는 것은 그들이 성공을 거두는 데 핵심적 요인이라고 지적했다.

이것은 전국 각지에서 경찰, 우체부, 시장, 의원, 교사 등 주민들과 밀접하게 연결되어 일하는 하위직 공무원 일부를 살해하는 방식으로 수행되었다. (…) 주민들을 가담시키기 위해 "담배를 거부하라"와 같은 단순한 명령이 배포되었고, 담배를 피우다가 잡힌 명령 위반자는 처형되었다.* 이러한 암살은 본보기가 될 때만 가치가 있었기 때문에 숨겨지거나 은밀하게 집행되지 않았다. 희생자들의 시신에는 '혁명 법정에서 이러저러한 죄목으로 유죄판결을 받고 처형되었다'라는 꼬리표가 붙었다. 이 모든 것이 달성되면 반군 게릴라가 작전을 펼치고 주민들을 효과적으로 동원할 수 있는 여건이 조성되었다.[66]

공무원들과 이후 프랑스 징집병에 대한 이러한 공격은 피의자 고문에 대한 사실상의 승인이 은밀하고 광범위하게 도입되는 결과를 가져왔다. 이는 앞서 브릭스가 말레이반도에서 완전히 역효과를 낳는다고 생각한 관행이었다. 오늘날까지 치열한 논쟁의 대상인 전시 고문 문제는 알제리 전쟁 중에는 매우 공개적으로 자행되었다. 왜냐하면 프랑

---

* 민족해방전선은 흡연자들의 입술과 코를 베었는데, 흡연이 프랑스 경제에 도움을 주는 것으로 간주되었기 때문이다. 마이클 하워드(Michael Howard), 《전쟁의 법칙(The Laws of War)》, 207쪽.

스군이 고문에 관한 핵심 교훈을 배우지 못했기 때문이다. 고문을 당하는 사람은 고문자가 듣고 싶어 하는 말이라면 무엇이든 말할 것이고, 이것은 적에게는 강력한 선전선동 도구가 된다는 것을 이해하지 못했기 때문에 알제리 전쟁 당시 고문에 크게 의존했다. 불과 10년 전 게슈타포에게 일상적으로 고문받았던 레지스탕스 지도자들이 이 두 가지 중 어느 것도 이해하지 못했다는 사실은 더욱 놀랍다.

1955년 로저 우이요메Roger Wuillaume라는 프랑스 관리는 알제리에서 고문이 너무 많이 자행되기 때문에 이것을 제도화할 필요가 있다고 주장했다. 특히 관을 통해 혐의자의 위장에 물을 채우는 것은 "생명에 아무런 지장을 주지 않기 때문에 이 과정은 수용할 수 있다고 생각한다. (…) 이것은 항상 허용돼온 음식, 음료, 담배를 지급하지 않는 관행보다 잔혹하지 않다"라고 주장했다.[67] 우이요메는 경찰에 대한 신뢰를 회복하는 유일한 방법은 "일부 절차를 인정하고 정당화시켜주는 것이다"라고 결론 내렸다.

장차 대통령이 될 내무장관 프랑수아 미테랑François Mitterrand이 위탁한 우이요메 보고서는 위장에 물 호스를 넣는 과정은 허용 가능하지만, 전기 충격은 허용하면 안 된다고 결론내렸다.[68] 그의 건의는 최종적으로 거부되었지만, 상황은 크게 달라지지 않았다. 프랑스군이 알제리인들을 벌거벗긴 채 손은 등 뒤로 묶고 거꾸로 발을 매달은 상태에서 그들의 머리를 물통에 담그는 방식으로 자백을 강요했다는 증거가 있다.* 프랑스 정부가 위탁한 보고서에는 고문이라는 단어는 단

---

* 9·11 사건 이후 관타나모와 다른 곳에서 자행된 물고문도 이와 유사했다. 그러나 데이비드 퍼트레이어스 장군은 이라크와 아프가니스탄에서 지휘하는 동안 고문은 잘못된 것이고, 제네바협약을 위반하는 것이며, 역사를 보아도 이것은 절대 정확하고 가치 있는 정보를 보장하는 것이 아

한 번도 사용되지 않았고, '학대sérvice', '과정procédures' 같은 은유적 표현이 사용되었다.[69]

　일반적으로 사용된 고문 방법은 전기고문이었다. 작동이 쉽고 아무 흔적도 남기지 않는 군대 신호자석을 이용해 음경을 포함한 피고문자의 신체 여기저기에 전극을 부착했다. 프랑스 공수부대 사령관 자크 마쉬Jacques Massu는 사무실에서 이 기구를 자신에게 부착해보면서—우리는 그가 얼마나 높은 전압을 적용했는지는 알지 못한다—이것이 고문에 해당한다는 것을 부인했다. 그러나 군사사학자 앨리스터 혼Alistair Horne은 "그가 '실험'에서 놓친 것은 전기고문을 오랫동안 가했을 때 누적 효과뿐 아니라 희망의 요소를 완전히 제거하는 것—모든 고문에 반드시 따르는 것—이다"라고 지적했다.[70]

　1956년 11월 알제리 식민구역 사무총장 폴 테이트젠Paul Teitgen은 당황스러운 선택의 순간에 직면했다. 다카우 수용소에서 아홉 번이나 고문을 당한 경험이 있는 가톨릭 레지스탕스 영웅인 그는 가스공장에 폭탄을 설치하다가 현장에서 잡힌 공산주의자 페르낭 이브통Fernand Yveton을 고문할지 말지를 결정해야 했다. 첫 번째 폭탄은 발견되었지만 두 번째 폭탄은 발견되지 않았고, 만약 폭탄이 폭발하면 수천 명이 희생당할 수 있었지만 이브통은 자백하지 않았다. 그럼에도 테이트젠은 경찰이 이브통을 고문하는 것을 허락하지 않았다. 그는

니라고 말했다. 게다가 고문을 행한 국가와 군대가 여론의 법정에서 치러야 할 궁극적인 대가는 고문을 통해 얻을 수 있다고 생각되는 가치보다 훨씬 더 크다고 주장했다. 이라크와 아크가니스탄 수감자들을 상대한 경험을 바탕으로 유추해볼 때 그가 생각하는 수감자로부터 유용한 정보를 얻는 가장 좋은 방법은 인내심을 갖고 통찰력을 바탕으로 적극적으로 수감자와의 관계를 발전시키는 것이었다.

당시에 "오후 내내 얼마나 떨어야 했는지"를 회고했다. 폭탄은 폭발하지 않았다. 테이트젠은 다음과 같이 말했다. "고문에 한번 발을 들여놓으면, 길을 잃게 된다. 소위 문명이라고 하는 것은 광택제로 덮여 있고, 그것을 긁으면 표면 아래에는 공포가 도사리고 있다. 프랑스인, 심지어 독일인조자 천성적으로 고문자는 아니다. 그러나 동지의 목이 베이는 것을 보면 광택제는 사라진다."[71]

이 광택제는 알제리에서는 사라진 것이 분명했다. 남녀 모두에게 성적 폭력과 고문이 자행되었다. 음부에 병 밀어 넣기, 항문에 호스 삽입하기, 집단 질식시키기 등의 고문이 자행되었다. '심문을 피하기 위해' 창문에서 뛰어내린 것으로 보이는 의심스러운 사망 사건이 기록되고, 3000명의 수감자가 실종되었으며, 시신이 헬기를 통해 바다로 던져지곤 했다.[72] 알제리의 오를레앙빌에서는 민족해방전선의 게릴라 시신이 모두 "나는 더 이상 형제들을 죽이지 않겠다. 더 이상 수류탄을 던지지 않겠다"라고 쓰인 팻말을 목에 건 채 24시간 동안 매달려 전시되어야 한다는 명령이 내려졌다.[73] 한 저명한 정보 관련 역사학자의 말에 따르면 이 지역에서 프랑스의 활동에 비하자면 "CIA는 수녀원처럼 보일 정도였다."[74]

1956년 9월부터 1957년 9월까지 지속된 알제리 전투에서 고문에 대한 의존이 점점 커졌고, 마쉬 장군은 이것이 알제리에서의 승리에 필요하다고 생각했다. 전쟁이 끝난 후 마쉬는 고문이 자행되었다는 것을 공개적으로 인정했다. 그는 "그것을 말하는 것이 두렵지 않다"라고 말했지만, 고문이 제도화되거나 문서화되지는 않았다고 주장했다. 그는 다른 많은 사람이 이전에 주장했고, 이 전쟁에서도 주장한 것처럼 당시 상황에서는 포로로부터 필요한 정보를 얻기 위해 다른 선택지가 없었다고 말했다. 이와 대조적으로 자신의 저서에《평화를 위한 야만적 전쟁A Savage War of Peace》이라는 제목을 붙인 앨리스터 혼은 고문은 점점 더 나라의 병폐가 되어서 전쟁이 끝난 후에도 오랫동안 프랑스 체제에 독을 남겼다고 비판했다.[75]

혼은 테러 용의자를 체포한 직후 거칠게 대하는 것과 "대상자가 자백하도록 만들기 위해 명백한 신체적·정신적 고통을 체계적으로 가하는 것"을 구분했다. 그는 "고문은 희생자를 망가뜨리는 것만큼 고문자의 인격도 훼손시킨다"라고 주장했고, 이는 분명 알제리와 프랑스 본토에 있는 프랑스인들뿐만 아니라 국제 여론에서 강력한 반발을 불러일으킬 것이라고 보았다. 이라크 전쟁 중 전기 고문, 아부 그라이브 감옥에서의 잔혹 행위, CIA의 '비밀' 용의자 인도 장소 노출 등이 미국의 입지에 큰 타격을 입힌 것처럼 말이다.[76]

고문은 적에게 선전선동거리를 선물하는 것과 마찬가지이고, 부패와 은폐로 이어지며, 끔찍한 학대와 보복을 유발했다. 민족해방전선 게릴라들은 적의 코, 입술, 음경을 잘랐고, 결국 자신들의 이상을 훼손했다.[77] 프랑스인들은 세일 게르sale guerrs('더러운 전쟁')에 등을 돌렸다. "그렇다, 마쉬는 알제리 전투에서 승리했지만, 그것은 전쟁에서 패했다는 것을 의미했다."[78] 테이트젠의 말이다. 민족해방전선 게릴라들에 대한 수색이 확대될수록 주민들의 소외감도 깊어졌다. 전쟁 후반기에 프랑스군에 대한 알제리 주민들의 지지는 거의 소멸되다시피 했다.[79]

마쉬가 전략적 큰그림을 올바르게 갖지 못한 것은 그의 의사소통 실패, 도덕적 실패와 결합되어 그가 전략적 지도자의 과제를 제대로 수행하지 못했음을 의미했다. 그는 프랑스가 토착 알제리인들에게 어느 정도 지지를 받으며 출발했지만, 민족해방전선이 주민들을 목표로 삼고 프랑스가 패배하는 것처럼 보이기 시작하면 이 지지가 신속히 사라진다는 것을 깨닫지 못했다. 그는 또한 고문으로 인해 공화국의 가장 고고한 원칙들이 훼손당하고 있다는 것을 프랑스인들이 인지하는 순간 국내의 지지도 사라진다는 것과 민족해방전선이 극단적인 테러리스트 집단에서 독립 알제리를 통치할 만한 주요 민족주의 운동 집단으로 변모하고 있다는 것도 깨닫지 못했다.

1958년 5월 13일 피에르 플림링Pierre Pflimlin 프랑스 총리의 방문을 앞두고 알제리 유럽계 주민의 거대한 시위가 일어났다. 그들은 총리가 사실상 알제리 독립을 인정하는 협상을 통해 타협을 꾀하고 있다고 생각했다. 이것은 쿠데타로 바뀌어서 마쉬가 공공안전위원회와 함께 권력을 장악했다. 프랑스 본국에서는 알제리 문제로 인해 4공화국이 붕괴하고, 내전에 가까운 상황이 임박한 가운데 샤를 드골Charles de Gaulle이 국가 구조를 위해 의회 지도자들의 추대를 받으며 권좌에 복귀했다.[80] 그는 1959년 9월 16일 텔레비전 방송에서 "프랑스는 여전히 아주 어렵고 피비린내 나는 문제에 직면해 있다. 바로 알제리다"라고 선언했다. 그는 이 문제가 "공허하고 단순한 구호가 아니라 알제리인들의 자유로운 선택에 의해" 해결되어야 한다고 주장했다.[81] 무척 용감한 발언이었지만, 이로 인해 그는 이후 수년 동안 여러 암살 시도에 시달려야 했다.

알제리는 1962년 7월 독립했다. 전쟁 중 25만 명 이상의 알제리인이 사망해서 최악의 식민주의 이후의 전쟁이 되었다.[82] 프랑스군 전사자는 1만 7000명에 달했다.[83] 알제리에서 일어난 일은 전쟁의 공식, 비공식 법률의 밖에서 자행되었고, 프랑스의 입지를 더욱 유지 불가능하게 만들었다.

보르네오 대결 (1962-1966) : 정글에서의 비밀스러운 승리

영국은 1962년부터 1966년까지 인도네시아를 상대로 완전히 비밀스러운 전쟁을 수행하면서 전쟁술을 예상하지 못한, 다소 반직관적인 방식으로 발전시켰다. 오늘날같이 늘 위성이 보내주는 영상을 볼 수 있고, 전 세계가 모바일로 연결된 고도의 기술이 지배하는 세계에서는 상상할 수 없는 일이지만, 영국, 오스트레일리아, 뉴질랜드, 말레이시아(영국령 말레이반도의 후속 국가)가 파견한 3만 명의 병력이 보르네오 정글 깊숙한 곳에서 은밀하게 전투를 벌였다. 전술 진보의 관점에서 발견된 여러 문제점에도 불구하고, 이 전투는 현지인이 아닌 병력도 정글 전투에서 뛰어난 능력을 발휘할 수 있다는 것을 보여주었다.

인도네시아의 아흐메드 수카르노Ahmed Sukarno 대통령은 말레이시아연방의 탄생을 저지하기를 원했고, 자신의 군대와 인도네시아 공산당에게 이 과제를 맡겼다. 인도네시아군 장교들은 한국전쟁에서 중공군이 했던 것처럼 '자원병'으로 위장하여 칼리만탄에서 사라왁으로 국경을 넘는 게릴라 공격을 이끌었다. 이 공격은 점점 더 빈번해지고, 과감해지고, 광범위해졌으며 1964년 8월부터 1965년 3월까지 말레이반도에 대한 해상 및 공중 공격도 감행되었다. 1963년 9월 28일, 약 200명의 인도네시아 정규군이 롱자와이의 영국군 초소를 공격했다. 또한 인도네시아군은 중국 공산당 테러리스트들이 사라왁과 사바에서 파괴공작을 벌이는 것을 지원했다.

영연방 보르네오 작전 감독관인 월터 워커Walter Walker 소장은 "공개전쟁으로 비화시키지 말고 인도네시아의 공세를 저지하라"는 명령을 받았다.[84] 이것은 아주 어려운 과제였고, 부인이 가능한 은밀한 형태의 전쟁을 수행해야 한다는 것을 의미했다. 그는 단 5개 대대의 병력을 가지고 긴 해안선은 말할 것도 없고 수천 킬로미터에 달하는 육지 전선을 순찰하는 것은 불가능하다는 것을 바로 깨달았다. 그는 "그 병력을 국경을 따라 배치했다면 미친 짓이었을 것이다. 나는 그들을 내보내지 않고, 가장 침투 가능성이 높은 경로에 소규모 수색조를 배치하는 방식을 택했다"라고 후에 회고했다.[85]

말레이 정글 전쟁학교의 전 교장이자 말레이 계엄 참전 용사인 워커는 대게릴라전 전문가였다. 그가 집필한 군사 교본은 공세로 나가야 할 필요성과 지속적인 분대와 중대 단위 수색 및 잠복을 해야 할 필요성을 강조했다. 그는 자서전 《계속 싸우기Fighting On》에서 "공격은 게릴라나 테러 세력을 상대할 때 성공적인 군사작전의 요체가 된다. 봉쇄 정책은 실패로 통하는 지름길이다"라고 썼다.[86]

영국이 인도네시아와 전쟁에 돌입하는 것을 꺼리는 데는 여러 이유가 있었다. 공개된 전쟁을 치르는 데 따르는 대가, 말레이 대게릴라전 전략의 성공, 수에즈운하 동쪽 모든 지역에서 영국군을 철수하는 지정학적 초점 이동이 모두 결합되어 좀 더 은밀한 작전 전개 필요성이 대두되었다. 전 미 국무장관 딘 러스크는 국가보건국 설립과 관련해 "무료 아스피린과 가짜 치아가 세계에서 영국의 역할보다 중요하다"라고 말하며 영국의 정책에 불신을 표시했다.[87] 말레이시아령 보르네오에 대한 공격이 인도네시아의 칼리만탄에서 시작되는 상황에서 워커는 강력한 반격을 취하기로 결정했다. 다만 은밀하고 비밀스러운 반격이어야 했다. 워커는 인도네시아 정부도 영국의 공격으로 발생한 희생자를 공개하는 것을 꺼릴 것이라고 합리적으로 예측했고,[88] 그의 판단은 옳았다. 그 어떤 공개적 반응도 나오지 않았고, 전쟁 규칙은

"비공식적으로, 양방 간의 문제로 국한시키기"로 정해졌다. 수카르노는 자신의 군대가 국경을 넘어갔다고 인정한 적이 없고, 영국 장관들도 마찬가지였다. 영연방은 분쟁을 공개화하지 않음으로써 수카르노에게 공개적 굴욕 없이 분쟁을 끝낼 수 있는, 소위 '출구'를 열어주었다. 기자들은 군사 기지를 벗어나 돌아다닐 수 없었고, 작전에 대한 정보를 얻지 못했다.

'클라렛 작전Operation Claret'이란 화려한 암호명이 붙은 이 작전은 1964년 4월에 시작되었고, 1964년에는 대대가 2주에 한 번, 1965년 중반에는 일주일에 두 번 작전을 수행했는데, 이는 인도네시아의 적수들을 제압하기 위한 의도로 작전 횟수를 4배나 늘린 것이었다. 워커는 단순히 정글에서 일어난 전쟁이 아닌, 진정한 정글 전쟁에 맞서기로 작정했다. 그는 지역 토착주민(주로 이반Iban인)의 민심을 얻는 것의 중요성을 철저히 이해했고, 이를 위해 영연방이 그들을 인도네시아군의 침입으로부터 보호하고 있다는 것을 강조했다.

정글 전투는 다른 여러 현대 전투와 마찬가지로 근거리 전투가 많이 벌어진다. 대결 중 교전자 사이의 평균 접촉 거리는 4~9미터에 불과한 경우가 많았다. 이 작전을 기록한 한 역사가는 "게릴라는 보이지 않는 곳에서 갑자기 소리 소문 없이 나타나는 경우가 많다. 그리고 열대 우림 속으로 사라진다"라고 썼다.[89] 그러나 버마와 말레이 반도에서 많은 정글 작전을 수행한 경험, 수적인 우세, 인도네시아 내부에서도 싸울 준비가 되어 있었던 영연방군은 상대적으로 수월하게 대결에서 승리했다.

워커 장군이 세운 작전의 7개 '황금 규칙'은 군인이자 역사가인 에밀 심슨이 다음과 같이 요약했다.

모든 작전을 워커가 직접 승인하고; 훈련되고 검증된 병력만 사용하며; 침투 깊이를 제한하고, 모든 공격은 적의 공격을 저지하기 위한 것이어야 하며, 아군의 사상자에 대한 보복은 절대 금하고, 민간인 사상자는 위험에 빠뜨리지 않도록 해야 하며; 극단의 비상사태를 제외하고는 항공 지원을 받지 않는다: 작전 진행은 최소 2주 동안 계획하고 연습해야 하며; 모든 작전은 최대한 보안을 유지하면서 계획하고 실행해야 하고, 엄폐 대책을 세우고, 작전마다 암호명을 사용하며, 병사들은 비밀을 지키겠다고 선서해야 하고, 무전이나 전화로 세부 사항을 논해서는 안 되며, 신분증을 착용하거나 식별 가능한 물건을 칼리만탄에 남겨서는 안 된다; 어떤 병사도 살거나 죽어서 적에게 잡히지 말아야 한다[90]

워커는 전략적 지도자의 네 가지 과제를 모두 수행한 대표적 사례이다. 특히 마지막 과제인 전략을 정교화하고 처음 세 과제를 수행할 수 있도록 반복적으로 응용하는 데 뛰어난 능력을 보였다.

연연방군은 작전 후 항상 기지로 복귀했지만, 종종 매복을 위해 정글에 남아 있기도 했다.(한 구르하Gurkha 부대는 테러리스트들이 함정에 빠질 때까지 40일을 매복했다). "그는 자신의 방식으로 게릴라를 제압하기 위해 몇 주를 정글에서 보냈다"라고 워커는 인도네시아 게릴라들에 대해 회고하는 글에서 썼다. "당신은 정글을 자기 것으로 만들어야 하고, 그것을 통제하고 지배해야 한다."[91] 그는 자서전에 쓴 것처럼 "게릴라들을 게릴라식으로 제압했다."[92]

도파르 반란 (1965-1975) : 민간-군사 관계를 완벽하게 이해하기

전쟁의 진화는 10년간 지속된 도파르 반란에서 크게 도약했다. 말레이반도 대게릴라전에서 배운 교훈은 주로 특수부대를 배치하는 방식과 현지 국가의 사회·정치·경제 개혁을 핵심 내용으로 하며 작전에 적용되었다. 이러한 조합은 이전에는 볼 수 없었던 것이고, 이 방식의 성공은 앞으로 대게릴라전의 성공을 보장하는 전범이 되었다. 만약 남베트남의 지엠 대통령이나 아프가니스탄의 하미드 카르자이Hamid Karzai 같은 지도자들이 좀 더 개혁에 신경을 썼다면, 그들의 나라를 휩쓴 비극은 일어나지 않았을 것이다. 도파르 작전과 이라크 전쟁의 차이는 다양하고 분명했지만—적어도 규모의 차이는 분명했다—도파르에서 배운 교훈은 후에 이라크 안정화 작전의 기본이 된 2006년 대반란전 야전교범 FM 3-24의 일부에 적용되었다.

아라비아반도 남동쪽 해안에 자리 잡고 있는 술탄국가 오만은 페르시아만의 입구를 지배하고, 40킬로미터 넓이의 호르무즈해협에 인접한 전략적 요충지이다. 1960년대 서방으로 가는 원유의 3분의 2가 페르시아만을 통과했기 때문에 호르무즈해협 접근권을 지속적으로 보장받던 오만과 우호적 관계를 맺는 것은 아주 중요했다. 그러나 1960년대 중반 계속 확장되는 냉전이 이 관계를 위협하기 시작했다. 소련이 지원하는 공산 게릴라들이 오만의 안정을 위협하는 입지를 구축했고, 서방의 호르무즈해협 접근권도 위협받았다. 오만의 이웃 국가이자 호르무즈해협을 사이에 두고 독자적인 계획을 구축한 예멘 역시 중국과 소련의 지원을 받아 반란이 확산되도록 돕고 있었다.

오만의 술탄 사이드Said bin Taimur는 30년 동안 권좌에 있었고, 오만의 현대화를 극렬히 반대해왔다. 그는 바지 착용, 트랜지스터 라디오, 춤추기, 카메라, 담배, 인형, 가스레인지 사용을 금지하고, 전통적인 베두인 문화 수호를 고집했다.[93] 그는 거의 모든 경제, 의료, 교육, 농업의 진보를 반대했다.

1965년 6월 개발을 지지하는 반정부 세력 도파르해방전선DLF이 무살람 빈 누플Musallam bin Nufl의 지도 아래 정식 설립되었다. 1967년 11월 수에즈 동쪽 지역 아덴에서 영국군이 철수한 이후 도파르해방 전선이 힘을 얻고 급진화되었고, 특히 예멘이 조직에 무기, 식량, 장비를 공급하고 오만 국경의 반대편 지역 하우프에 사령부를 마련해 준 것이 큰 도움이 되었다. 도파르해방전선 게릴라들은 마르크스-레닌주의 이념을 교육받고, 소련과 중국에서 게릴라 전투법을 훈련받았다.

술탄에게 충성하는 오만의 북동부 지역은 도로 없이 965킬로미터 가까이 펼쳐진 사막에 의해 도파르와 단절되었다. 영국의 웨일스 크기만 한 이 지역에는 5만 명의 오만 주민이 거대한 유정 지역에 인접한 해안 마을에 거주하고 있었다. 도파르에서 "정치적 소요는 수백 년간 전통적 오락거리였다."[94]

6월부터 9월까지 오만의 해안에는 몬순이 몰려와서 "춥고, 진흙탕에 해충이 넘치고, 흐릿한 어둠이 몰려와 일부 지역에서는 내륙 48킬로미터까지 그 여파가 미쳤다. 게릴라들이 전투를 하기에는 완벽한 환경이었다."[95] 1970년이 되자 아라비아만인민해방전선PELOAG(이하 '인민전선')으로 이름을 바꾼 도파르해방전선은 도파르의 상당 부분을 장악했고, 공산주의자들이 주도하는 반란은 오만의 여러 지역으로 확산되었다. 반란군이 사용한 방법은 잔혹했다. 반대자들을 절벽에

서 바다로 밀어 떨어뜨렸고, 등과 눈, 음부를 불로 지지며 고문했다.[96]

1970년 7월 23일 술탄 사이드의 29세 외아들이자 샌드허스트 왕립육군사관학교 졸업생인 콰부스 빈 사이드Qaboos bin Said가 궁정 쿠데타를 일으켜 아버지를 축출했다. 실각한 술탄 사이드는 재빨리 비행기를 타고 탈출해 런던의 도체스터호텔에서 여생을 보냈다(그 자신도 쿠데타로 아버지를 축출했기 때문에 불평할 여지는 적었다). 권력을 잡은 술탄 콰부스는 반란군에 대한 사면을 선언하고, 휴전을 제안했으며, 현대식 교육과 의료제도 도입 및 개발 계획을 공표했다. 이러한 일련의 절차는 모두 인민전선의 영향력을 줄이면서 오만을 현대화하는 것을 목표로 했다.

원래 마르크스주의자들보다 개발에 관심이 많았던 도파르해방전선의 소수 병사가 개혁 정책에 고무되고, 이슬람을 거세게 반대하는 공산주의자들에게 실망을 느껴서 인민전선군을 이탈했다. 약 200명의 게릴라가 완전히 전향했고, 피르콰트Firqats라고 불린 이들은 술탄군대의 소중한 자산이 되었다. 오만을 반反공산주의 국가로 유지해야 하는 전략적 중요성이 아주 커져서 후에 술탄군대에는 영국, 요르단, 이란, 인도, 파키스탄에서 온 병사들이 포함되었다.

콰부스는 매년 오만의 석유 수입에서 3억 파운드 이상을 술탄군대에 투자했고, 건설과 농업 분야 개발 계획은 인민전선을 무력화한다는 연성 목표가 되었다. 인민전선군은 절정기에 2000명의 전사와 약 4000명의 민병대, 수천 명의 우호적인 지역 주민을 확보했었다. 러시아인, 중국인, 리비아인, 쿠바인들이 하우프에서 인민전선 게릴라들을 도왔지만, 그들은 오만 국경을 넘어 침투하는 실수를 저지르지는 않았다.

1973년 말레이 계엄 전투 참전 용사인 존 아케허스트John Akehurst 대령(미래에는 장군)이 술탄군대 도파르 여단장으로 임명되었다. 대다수의 전투는 1만 명의 오만인, 발루치인, 이란 병사들이 치렀지만, 영국군 장교들이 도파르 여단의 3군 모두를 지휘했다. 이들의 기여는 기획, 보급, 전투 역할에서 수적 비율을 훨씬 넘어선 것이었다. 그러나 지역 주민들이 항상 무엇보다 중요했다. 아케허스트는 자서전《우리는 전쟁에서 승리했다We Won a War》에서 도파르 주민들이 "공통적으로 뛰어난 정보 능력을 타고났다. 그들은 아주 예민하고, 기지가 있고, 논쟁력이 뛰어났다"라고 서술했다.[97] 인민전선 게릴라에 대해서는 "격렬하고, 공격적이고, 용기가 굳건하고, 오랜 전투 전통에서 태어난 강한 독립성을 지닌 이들이고, 소총류 사격을 아주 즐기는 것으로 보이며, 여건이 대등한 상황에서 가장 뛰어난 결과를 가져온다"라고 썼다. 그는 술탄군대의 공중 지원과 야포와 박격포에서 우세한 화력이 작전에서 가장 성공적인 요소였다고 기술했다. "인민전선군 게릴라는 중요한 전술 기반과 은폐에 대한 뛰어난 인식을 가지고 있었다"라고 썼다.[98]

술탄군대의 가장 큰 문제점은 적군이 이미 익숙한 지형에서 식량, 돈, 정보의 지원을 받으며, 전사들의 가족 관계를 이용한 은닉에 능한 상황에서 활동한다는 것이었다. "적들은 술탄군대가 접근하면 무기를 버리고 바로 민간인이 되는 게 가능했다. 그들은 절대 우리에게 넘겨지지 않았다."[99]

콰부스와 아케허스트는 여러 방법을 동원해 결국 반군을 물리쳤다. 특별한 순서 없이 이 방법들을 나열해보면, 철조망과 지뢰를 이용해 테러집단의 이동을 제한하기, 이란의 샤가 보낸 1500명의 페르시아 군대가 포함된 연합군을 유지하기, 스트라이커매스터 제트기를 이용해 인민전선의 위장된 주간 보급로를 공격하기,* 몬순 기간에 기습 공격하기, 공세적인 순찰, 1400명의 피르콰트 전사 고용, 식수관 시공과 민간인 대상 사업 진행과 같은 충성의 보상금 제공하기 등이 그 예였다. 중심지에 깨끗한 물이 공급되면 민간인들은 그곳으로 모여들게 되어 있고, 정부가 그들에게 더 나은 환경을 제공할 것이라고 설득할 수 있었다.[100] 너무 자주 사용되어 짜증이 난다고 템플러도 생각했지만, 술탄군대는 비우호적인 지역에서 민심을 얻고 충성심을 확보해야 한다는 중요한 교훈을 배웠다. 지역 부족민들은 자신의 지역에서 적군이 활동할 경우 물 공급이 중단될 수 있다는 경고를 받았다.[101]

이뿐 아니라 민간원조국은 보건소와 학교를 건설하고, 보조금이 지급된 식량을 판매하고, 사원을 지었다. 민간인을 치료할 의사들이 비행기로 공수되었다. 술탄의 생일을 맞아 사면 조치와 금전이 피르콰트에게 제공되었다. 군 공병은 위협받는 지역에 병력을 보강하기 위해 매일 몇 킬로미터씩 철로를 깔았고, 보급품을 실은 C-130 수송기가 착륙할 수 있는 활주로를 만들었다. 술탄은 도파르 주민들이 개발사업에 우선적으로 고용되도록 조치를 취했고, 주민들이 최대한 번영하고 일에 몰두할 수 있도록 만들었다. 도파르 라디오 방송국은 〈라디오 아덴〉에서 적의 선전선동에 대응하는 방송을 내보냈다. 적의 무기 은닉 장소를 알려주는 사람에게는 보상금이 수여되었다. 카추샤 122밀리 방사포에는 2000파운드의 포상금이 걸렸고, 경기관

• 이것은 많은 조종사들에게 부담을 주었지만, 낙타는 중요한 목표물이 되었고, (1975년 9월) 이틀 동안 200마리가 넘는 낙타가 공습으로 살해되었다. 아케허스트, 《우리는 전쟁에서 승리했다》, 68쪽.

포에는 450파운드의 포상금이 걸렸다. 장교들은 규율 준수보다는 능력에 따라 배치되었고, 그레이엄 셰웰Graham Sherwell 중령이 중요한 직위에 임명되었다. 그는 군복에 대한 사소한 규율에 별로 신경 쓰지 않았고 퍼시라고 불리는 애완 새끼 돼지를 키웠지만, 아케허스트는 그를 '숨라이트 마을의 문제해결사이자 각광받는 시대의 인물'이라고 회고했다.[102]

과부스와 아케허스트는 모두 뛰어난 전략적 지도자임을 증명했다. 두 사람은 큰그림을 제대로 그렸고, 이것을 효과적으로 전달했으며, 이것이 진행되는 것을 능숙하고 확고하게 감독했고, 큰그림을 기꺼이 정치화하고, 이런 일련의 과정을 계속 반복했다. 이들이 한 일은 대반란전 수행의 교과서가 될 만했다. 아케허스트는 "내 머릿속에는 누가 일을 주도해야 하는지에 대해 일말의 의심도 없었다"라고 겸양을 보이며 술탄의 역할을 강조했다. 그러나 그는 술탄에게 역할을 위임받았고, "모든 군사작전은 임무와 함께 시작되기 때문에 임무를 부여받은 사람은 사령관이 달성하고자 하는 것에 조금도 의심을 가지면 안 된다"라고 썼다.

도파르 여단을 위해 아케허스트는 큰그림에 대한 임무를 정말로 크게 대문자로 다음과 같이 적었다. "TO SECURE HOFAR FOR CIVIL DEVELOPMENT(민간 발전을 위해 도파르를 안전하게 지킨다)".[103] 1974년 8월 그는 앞으로의 작전을 위해 다음 사항을 수첩에 적었다.

1. 술탄군대는 생각보다 빨리 이 전쟁의 승리에 가까이 다가갔다. 우리는 조심하는 경향이 있으며, 위험부담을 감수하고 성취에 자신감을 가져야 한다.

2. 적이 낮은 자세를 취하고 있는 곳에서 그 지역을 억누르고 지배하는 것이 우리의 정책이어야 한다. 이 과제는 피르콰트가 가장 잘 수행할 수 있을 것이다.

3. 처음에 나는 역전이 재앙이 될 수 있다고 생각했지만, 지금은 그렇지 않다.

4. 승리를 거두는 핵심은 다음과 같다.
   a. 적의 보급로를 가능한 한 서쪽에서 차단할 것
   b. 민간 개발, 특히 도로 건설과 정상적 상업활동을 고무할 것[104]

보르네오 작전에서와 마찬가지로 외국 군대가 전쟁에 개입했음을 공표하는 것은 영연방과 오만 정부의 이익에 반하는 것이었다. 기자들은 도파르로 접근하지 못했고, 아케허스트의 말에 따르면 이러한 조치는 "전투원들에게 과거 베트남에서 겪은 것과 같은 어려움을 막아주고 텔레비전 방송의 비인격적인 홍보 공세 속에서 작전을 수행하는 것을 피하게 해주었다."[105] 그래서 영국인들은 오만이 어디에 있는지 잘 알지 못했고, 아케허스트의 동료들은 그가 요르단의 암만에 파견된 것으로 생각했다. 아케허스트는 피르콰트에 대해 "끝없는 노력을 기울였다. 해산되고, 무장해제되고, 방면된 부족민은 잠재적으로 적의 신병이 될 수 있기 때문이다."[106] 이는 중요한 교훈이었지만, 2003년 패배한 이라크군에 대해 연합군이 숙지하지 않은 교훈이기도 했다.

영국의 특수공군부대SAS는 용기와 과감성을 보여준 새로운 접근법으로 이 작전에 공훈을 세웠다. 이를 보여주는 한 가지 사례는 1973년 7월 10명의 특수공군부대 병사들이 일부 오만 헌병, 포병과 함께 몬순을 이용해 침입한 200명의 인민전선 게릴라를 백병전으로 제압한 전투였다.[107] "적들은 많은 사상자를 냈고, 다시는 그런 작전을 시도하지 않았다"라고 아케허스트는 회고했다.[108] 특수공군부대가 수행한 역할은 작전의 성공과 오만 작전의 기밀성 모두에 아주 중요했고, 대게릴라 작전 내내 그랬다.

이 전투의 주목할 만한 점은 적군이 일반적으로 사용한 무기이다. 소련제 칼라시니코프 AK-47 소총은 전 세계 혁명 세력들이 가장 선호하는 무기로 빠르게 자리 잡았다. 값싸고 성능이 좋은 칼라시니코프는 처음 만들어졌을 때부터 20세기 후반과 그 이후 게릴라 투쟁을 상징했으며, 모잠비크 국기에도 그 그림이 들어갔다. 7500만 정 이상의 칼라시니코프가 생산되었고, 이와 유사한 다른 형태의 소총도 2500만 정 이상 생산된 것으로 추정된다.[109] 아케허스트는 전향한 게릴라들도 영국제 반자동 소총이나 미국의 아말라이트 M-16 소총보다 칼라시니코프를 계속 사용하는 것을 선호했다고 회고했다.

인민전선 게릴라들은 다른 소련제나 중국제 무기를 사용하는 데도 능숙했다. 쉽게 휴대할 수 있는 대전차 RPG-7, 5.4킬로미터까지 정확하게 발사되는 무반동 75밀리 또는 82밀리 로켓발사기, 소련제 81밀리 박격포, 중국제 82밀리 박격포, 샤파킨 중기관포가 그들이 사용한 무기였다. 술탄군대는 때로는 사정거리가 9킬로미터나 되는 소련제 122밀리 카추샤 로켓을 상대해야 했다. 소련제 PNM 대인지뢰는 아주 작은 금속 한 조각만 들어 있어서 탐지하기가 매우 어려웠다. 다행스럽게도 인민전선 게릴라는 도파르 지역에서 야포를 전혀 보유하지 못했지만, 야포는 영구적으로 지상을 점령할 수 없었고, 공중에서 야포를 탐지하기는 쉬웠을 것이다. 또한 그들은 술탄군대처럼 효과적인 무선통신 수단을 가지고 있지 못했다.

아케허스트는 대반란전에서 술탄 콰부스라는 더할 나위 없는 현지 지도자를 파트너로 얻는 행운을 누렸다. 그는 아케허스트가 하려는 일 모두를 지원했고, 정치가다운 기질을 발휘하여 조국이 공산주의자들에게 점령당하는 것을 막아냈다. 그는 21세기 이라크의 누리 알 말리키Nuri al-Maliki, 아프가니스탄 대통령 카르자이와 아슈라프 가니 같은 지도자들과 비교해도 상당히 좋은 평가를 받았다. 콰부스가 아케허스트를 초조하게 만든 유일한 일은 때때로 나쁜 징조에 대해 예민한 감정을 터뜨린 것이었다. 콰부스는 점성술사들이 불길하다고 하면 여행이나 사업을 시작하지 않았다. 그럼에도 아케허스트는 "최고사령관의 불길한 예감을 무시하는 것은 어리석은 일이다"라고 결론 내렸다.[110]

존 아케허스트와 술탄 콰부스는 전략적 지도력이 행동으로 실행된 전범으로서, 군인과 정치인의 흔치 않은 결합을 보여주었다. "2차세계대전 이후 전 세계에서 발생한 수많은 소규모 분쟁에서 지도력과 훈련은 전투에서 얻은 기술과 함께 과거에 그랬던 것처럼 승리에 큰기여를 했다."[111]

3장

베트남 전쟁

1964-1975

정치가와 지휘관이 해야 할 가장 우선적이고, 가장 중요하고, 가장 광범위한 판단 행위는 (…) 자신이 시작하려는 전쟁의 성격을 파악하는 것이다. 그 전쟁의 본질을 잘못 판단하거나, 파악한 성격과 다른 전쟁으로 만들어서는 안 된다. 이는 모든 전략적 질문 중에서 가장 중요하고, 또 가장 포괄적인 질문이다.

— 카를 폰 클라우제비츠, 《전쟁론》, 1832[1]

북베트남군이 남베트남의 수도 사이공을 함락하기 하루 전날인 1975년 4월 29일, 미국대사관에서 800미터 떨어진 잘롱거리 아파트 건물 엘리베이터 지붕 위에서 미국 정부 고용인들이 사다리를 타고 에어아메리카 헬기에 올라타는 것을 한 CIA 요원이 돕고 있는 모습이 사진에 찍혔다. 사다리에 매달린 사람들과 헬기의 위태로운 모습, 탈출하려는 난민들이 함께 섞인 혼란스러운 장면은 절망적 상황과 패배에 대한 강렬한 이미지를 만들어냈고, 다음과 같은 질문을 제기했다. 인류 역사상 가장 부유하고, 가장 군사적으로 강력한 민주 국가가 어떻게 작고, 경제적으로 후진적인 독재 국가에 의해 이렇게 수모를 당할 수 있단 말인가?

미국의 베트남전 참전은 막대한 비용 소모와 좌절감을 안겨주었고, 궁극적으로 지속 불가능했으며, 결국에는 실패로 끝났다. 1965년 당시 하버드대학 교수였던 헨리 키신저는 베트남 전쟁을 "내전 중인 분단 사회에서 국가를 건설하려는 시도"라고 표현했다.[2] 20년 후 미국의 군사학자 앤드루 크레피네비치Andrew Krepinevich는 오마르 브래들리 장군의 한국전쟁 회고록을 인용하며 베트남 전쟁은 "잘못된 장소, 잘못된 시기, 잘못된 군대와 함께 치른 잘못된 전쟁"이라고 결론지었다.[3] 미국이 전쟁에 참여한 방식은 어려움을 가중시켰다.

베트남 전쟁은 1960년대 대부분과 1970년대까지 미국을 소진시켰다. 이 전쟁은 린든 존슨Lyndon Johnson 정부를 망가뜨렸고, 리처드 닉슨의 대통령직 수행에 큰 부담을 안겨주었다. 이는 1968년 민권운동가 마틴 루터 킹Martin Luther King 목사와 로버트 케네디Robert F. Kennedy 상원의원 암살 이후 대규모 반전시위로 이어졌고, 미국 도시, 대학 캠퍼스와 위싱턴에서는 폭동을 포함한 미국 기득권층에 반대하는 거센 시위로 발전했다. 당시 미국사회는 베트남 전쟁 반대 운동으로 인해 극심하게 분열되었다.

베트남전의 패배는 미국에 커다란 낭패를 안겨주었다. 이후 30년간 무력 사용에 대한 미군의 생각을 유령처럼 쫓아다닐 "더 이상 베트남은 안 된다"라는 정서가 만들어졌다. 만약 미군이 반란 진압 작전을 수행할 능력을 고양시키지 않는다면 이러한 전쟁에 대한 요구를 받아들이지 말아야 한다는 잘못된 믿음은 베트남 철수 이후 이라크와 아프가니스탄에 개입할 때까지 수십 년간 미군의 그런 능력을 감소시켰다.[4] 그러나 베트남전에 임한 미국의 모든 조치에 대한 철저한 조사는 미군의 많은 부분의 실질적인 개혁으로 이어졌다.

미국의 정책입안자들은 베트남 전쟁은 승리할 수는 없지만, 패배해서도 안 되는 전쟁이었다고 결론 내렸다. 그래서 상황이 어렵게 보일 때마다 미군 병력이 보강되었지만 결국 백악관은 이 전쟁은 이길 수 없을 뿐만 아니라 지속할 수도 없다는 결론에 도달했다. 특히 미국 내의 거대한 반전 분위기 속에서는 더욱 그랬다. 그러나 1973년까지는 미군 철수는 고려할 수 없는 문제였고, 닉슨 대통령의 뛰어나고도 지칠 줄 모르는 국가안보보좌관(후에 국무장관) 헨리 키신저가 미국이 베트남에서 발을 빼는 길을 열었다.

파리 평화협정 체결 2년 후 키신저는 북베트남의 침공으로 남베트남이 무너지는 것을 보고 절망했지만, 그때는 이미 미군이 철수한 후였고 의회의 제약으로 인해 전장에서 남베트남을 도울 수 없었다. 그 결과 미국은 전쟁이 끝날 무렵, 대사관 직원과 미국이나 남베트남 정부를 위해 복무하다 목숨을 잃은 수많은 베트남인 중 일부만 대피시킬 수 있었다. 수십만 명의 베트남인들이 남겨졌고, 이런 결과는 2021년 8월 아프가니스탄에서 철수할 때와 마찬가지로 혼란스럽고 불완전한 철수를 예고했다.

앞으로 살펴보겠지만, 남베트남 지도자, 정부 및 군대의 결함과 문화적 분열, 남베트남의 제도와 사회에 만연한 부패가 승리를 가로막았을 가능성은 충분히 있다. 적군의 능력, 의지, 인접 국가를 통해 남베트남에 접근할 수 있는 능력, 남베트남의 복잡한 지형도 미국의 패배에 아주 중요한 역할을 했다. 그러나 여기에 더해 미국의 전략과 전쟁 수행 방법의 부적절함이 성공 가능성을 극적으로 감소시켰다. 이는 남베트남군의 부족한 전력과 북베트남의 끈기만큼 중요한 요소였다.

미국 군사 지도자들은 클라우제비츠가 말한 대로, "정치가와 지휘관이 해야 할 가장 우선적이고, 가장 중요하고, 가장 광범위한 판단 행위는" "자신이 시작하려는 전쟁의 성격을 파악하는 것"이고 "그 전쟁의 본질을 잘못 파악하거나, 파악한 성격과 다른 전쟁으로 만들어서는 안 되는" 것임을 깨닫는 데 너무 오랜 시간이 걸렸다. 키신저가 베트남 전쟁에 대한 책임을 맡기 2년 전인 1967년 초에 "우리 군부는 이 전쟁이 포트 리벤워스―미군 육군참모대학이 있는 곳―에서 공부한 대로 진행될 것이라고 기대했다. 상대는 전혀 그런 식의 전쟁을 전개하고 있지 않은 상황에서 말이다. 우리가 전통적인 군사 기준을 전쟁에 적용하고 있을 때 베트콩은 정치적·심리적 기준을 사용하고 있었다"라고 지적했다.

키신저는 선견지명을 가지고 "우리는 투우 경기에서 황소와 같은 역할을 하도록 유인되고 있었다. 투우에서 황소는 항상 상대를 굴복시키기 위해 힘을 쓰지만, 그 과정에서 황소의 힘은 서서히 소진된다"라고 말했다.[5] 그는 미국이 "게릴라에 대한 군사작전 수행과 국가건설을 위한 통합적 인식이 결여되었다"라고 판단했다. 뿐만 아니라 남베트남은 심각하게 "분열되고 조직 질서가 파괴되었다." 1969년 초 국가안보보좌관이 되었을 때 그의 관찰은 옳은 것으로 증명되었다. 그가 파악한 현실은 많은 도전과제를 제기했다. 키신저는 닉슨 대통령과 함께 미국의 전쟁 개입이—비록 궁극적으로 지속 불가능한 것으로 판명되기는 했지만—가능한 최선의 결론을 이끌어낼 수 있도록 노력했다.

무대 설정

지금은 아프가니스탄 전쟁을 미국이 가장 오래 치른 전쟁으로 간주하는 것이 일반화되었지만 미국 군부가 아프가니스탄에서 싸운 20년의 기간보다 미군의 베트남전 참전은 몇 년 더 길었다.[6]

프랑스군이 베트민이라고 알려진 공산 반군과 싸우고 있을 때 미국 군사고문단MAAG 요원들이 1950년대 말 프랑스령 인도차이나에 파견되었다. 베트민은 지적인 공산주의 민족주의자인 호치민이 이끌었고, 이것은 서방에 점점 더 경각심을 불러 일으켰다. 이러한 우려는 아시아에서 진행되고 있는 세 가지 사태에 의해 더욱 고조되었다. 첫째는 중국 국공내전에서 마오쩌둥이 승리를 거둔 것이었고, 둘째는

1950년 북한 공산군이 시작한 한국전쟁이었으며, 마지막은 호치민 정권을 중국과 소련이 인정한 것이었다. 이러한 사태의 와중에 워싱턴의 지도자들은 인도차이나에서 벌어진 베트민의 작전을 소련이 지원하는 아시아에서의 공산주의 확산 시도의 증거로 간주했고, 인도차이나를 동남아시아의 핵심 지역으로 지목했다.

사실 베트민은 공산주의자이기는 했지만 이에 못지않은 민족주의자들이었다. 그러나 미국 정부가 아시아와 세계 여러 곳에서 공산 세력의 확장을 점점 더 강하게 봉쇄하면서 이러한 구분은 등한시되었다. 베트민이 중국과 소련으로부터 상당한 지지를 이끌어내면서, 1950년대 중반 아이젠하워 대통령과 다른 미국 지도자들은 공산주의의 점령에 취약한 정부가 붕괴되는 것을 막지 않으면 도미노처럼 줄줄이 무너질 수 있다는 '도미노 이론'에 동의하기 시작했다. 베트남은 사활이 걸린 도미노로 간주되었고, 공산주의 확산이 저지되어야 할 핵심 국가 중 하나로 여겨졌다.

전쟁의 성격

호치민과 그의 탁월한 군 지휘관 보응우옌잡 장군이 수행한 이 전쟁은 중국 내전에서 중국 공산당을 승리로 이끈 마오쩌둥의 지구전 이론을 응용한 것이었다. 마오쩌둥은 기존 정부를 전복하기 위해 반란군이 체계적으로 수행하는 장기적인 투쟁을 가정했다. 이러한 노력은 일반적으로 반란군의 관점에서 3단계로 구성된다. 1단계인 경합 단계는 반란군의 선동, 포섭, 제한적 게릴라 및 테러 공격으로 구성되는데, 이 단계에서는 정부의 병력이 우세하고 반란군은 생존과 대중의 지지 구축에 집중해야 하기 때문이다. 2단계인 균형 단계는 대규모 게릴라전, 노골적 폭력, 반란 근거지 구축에 더욱 집중한다. 3단계인 반격 단계는 반란군이 정부군보다 우월한 전력을 확보하고 기존 정권을 무너뜨릴 수 있을 때 시작된다.[7]

물론 모든 반란 과정이 한 단계에서 다음 단계로 매끄럽게 넘어가는 것은 아니다. 오히려 한 단계에서 다음 단계로 넘어가는 반란 운동의 과정과 발전은 종종 반격을 가하는 정부군에 의해 제지되며, 반란군으로 하여금 다시 조직하고 재시작하게끔 하는 경우가 많다. 반란군은 일부 분야에서 성공을 거두지만, 다른 분야에서는 좌절을 맛보고, 다른 지역에서는 다른 단계가 펼쳐진다. 반란군은 일부 지역에서는 주로 테러 행위를 수행하고, 다른 지역에서는 게릴라 부대 조직에 좀 더 집중하며, 또 다른 지역에서는 더 규모가 큰 정규군과 게릴라 작전을 벌이기도 한다.

이것은 반란 작전의 모든 다른 단계에서, 정치적 과정의 수준에서도 똑같이 적용된다. 베트남과 인도차이나에서 프랑스군과 미군이 벌인 전쟁의 경우도 마찬가지였다(그리고 후에 이라크 전쟁과 아프가니스탄 전쟁에서도 반복되었다). 베트남에서 프랑스와 미국이 벌인 전쟁의 결과는 같았다. 상당한 규모로 조직화된 공산군 지상 병력—남쪽의 게릴라 및 반군과 합세한 북베트남군 부대들도 포함된다—이 우위를 유지했고, 프랑스군과 후에 미군은 후퇴를 하다가 결국은 베트남이 공산 정권 아래 통일되는 결과를 지켜봐야 했다.

대다수의 반란군의 구성은 저항운동 지도자, 전투원(지역군과 주력군 요소로 구성된), 정치 간부, 보조 인원(다양한 봉사와 조력을 제공하는 지원자들), 대중 기반(광범위한 동조 대중) 등으로 되어 있다. 물론 이러한 요소들이 여러 반란군에서 다양한 비율로 구성되고, 독특한 맥락적 상황을 보인다. 발견할 수 있는 모든 요소들이 베트남에 있었다.

반란군을 패배시키려면 포괄적인 민간-군사 대게릴라전 작전을 필요로 하고, 이것은 대부분의 군대가 훈련받고 장비를 갖추는 방식인 재래식 공격, 방어 군사 작전의 영역을 훨씬 뛰어넘는 과제를 포함한 노력이 필요하다. 이뿐 아니라 대게릴라전은 인구가 밀집한 지역에서 일반 주민들 사이에서 수행된다. 주민들의 충성은 위협(반군에게 좀 더 일반적인)과 설득(정부에게 이상적인 수단이지만 반드시 그런 것만은 아닌)을 통해 확보된다. 2007~2008년 이라크 정상화 작전에서 자주 강조되었듯이 '인적 지형이 결정적 지형'이고, 대게릴라전은 이에 대한 깊은 이해를 바탕으로 수행되어야 한다.

대게릴라 작전에서 지리적 환경이 상당히 중요하지만—험한 정글, 논, 산악, 삼각주 지역, 베트남의 도시들—최소한 대규모 재래식 병력이 주력을 담당할 때까지 주민들도 중요한 자원이다.

대게릴라전 작전은 초점 지역의 안전을 확보하는 것을 가장 우선적이고 중요한 과제로 삼아야 한다. 안전은 다른 모든 것을 가능하게 해주는 기초이다. 안전이 없으면 다른 어떤 것도 성취할 수 없다. 그러나 기초적인 안전을 확고하게 만들고, 이미 얻은 것을 계속 증강해 나가는 것은 다른 과제들이고, 최종적인 목표는 정부에 대한 지역 주민들의 지지와 반군에 대한 거부를 달성하는 것이다. 한 지역에서 진전을 이루었으면, 노력을 확산해 안전 지역, 통치, 기본 서비스의 복귀 등이 달성되도록 해야 한다.

이 과정을 '오일 스팟oil spot' 접근법이라고 하는데, 기름방울이 퍼져

나가는 것처럼 인접한 지역에서도 동일한 방식으로 점점 더 넓은 지역을 확보, 점령, 재건할 때까지 한 지점 또는 지역을 소탕, 유지, 재건하고 이것을 확장하는 방식이다. 시간이 지나 현지 경찰과 기타 지역 내 치안 요소가 군 병력을 보강하고 대체함에 따라, 지역 집중 병력이 점차 줄어드는 대신 나머지 병력이 더 멀리 밀고 나가 추가 지역에서 작전을 수행할 수 있으며, 동시에 확보된 지역을 면밀히 주시하여 '점령' 상태를 유지할 수 있도록 한다. 두말할 필요 없이 치안이 유지되지 않으면 미군이 베트남에서, 그리고 2006년과 2007년 이라크에서 가장 힘든 시기를 보내며 반복적으로 경험했던 것처럼 반군 소탕작전을 처음부터 다시 시작해야 한다.

모든 전투 작전은 적과 지형, 주민을 구성하는 다양한 요소와 그 나라가 어떻게 통치되는가에 대한 상세한 정보를 필요로 하지만, 대게릴라전은 이러한 요소들에 대한 특히 세분화된 정보를 필요로 한다. 이러한 작전을 제대로 수행하려면, 문화, 전통, 종교, 사회조직과 구조, 경제, 통치, 법 체제, 보안 세력 등 '인간 환경'에 대한 깊이 있는 평가를 요구한다. 주민들의 '민심'을 얻기를 원한다면 주민들과 형성된 관계만큼 주민들에 대한 깊은 이해가 필수적이다. 앞으로 보게 되겠지만 대게릴라전의 이러한 요소는 미국의 베트남 개입 때 자주 결여되었다.

대게릴라 작전 수행에서 정당성 확보는 특히 중요하다. 이러한 측면에서 정당성의 진전을 나타내는 지표로는 국민에게 안보를 제공할 수 있는 능력, 공정한 방식으로 지도자를 선출하는 것, 정치 과정에 대한 높은 수준의 대중 참여, 문화적으로 용인될 수 있는 부패의 수준, 적절한 정치·경제·사회의 발전, 주요 공공제도에 대한 중앙 정부의 높은 수용도 등을 들 수 있다. 현지 국가 정부가 이러한 정당성을 획득하지 못하는 상태에서 대게릴라전 노력이 지속적인 성공을 거두는 경우는 거의 드물다.[8] 남베트남에서 부패가 정부 최고위층까지 만연한 상태에서 이러한 일을 달성하는 것은 아주 힘들었다.

각각의 대게릴라 작전은 나름대로 고유하지만, 일반적으로 성공을 달성하는 데는 여러 공통적 요소가 필요하다. 여기에는 이미 강조했듯이 적의 성격과 지역 정치체, 사회, 가치, 문화에 대한 상세한 이해가 중요하다. 또 다른 필수 요소는 작전에 개입된 민간, 군사, 안전 요소의 통합성이다. 여기에 추가적으로, 이러한 요소들은 정치, 정치체의 우선권을 인정해야 하고, 매우 확고한 정보를 발전시켜야 하며, 이것을 이용해 작전 수행을 추동하고, 법의 지배에 기반한 안전을 확보하며, 장기적 지원의 필요성을 인정해야 한다.

이러한 핵심 요소 중 많은 것이 남베트남에는 없었다. 존 나글John Nagl의 뛰어난 저작 《칼로 수프 먹는 법 배우기Learning to Eat Soup with a Knife》에서 기술되었듯이 "미국 군대는 유럽에서의 재래식 전쟁에나 맞는 교리를 가지고 베트남 전쟁에 뛰어들었지만, 게릴라전에서 불필요한 것보다 더 나빴던 것은 미군이 직접 싸우려고 했다는 점이다."[9]

그래서 애초부터 작전 개념, 조직 구조, 훈련, 지도자 개발, 남베트남군을 위해 미국이 제안한 군수품 등과 당시 도전을 고려할 때 실제로 필요한 것 사이에 상당한 괴리가 있었다.

눈에 띄는 것은 미국의 접근법은 베트남공화국의 새로운 군대 지도자들이 자신들에게 필요한 것을 옳게 생각한 것과도 거리가 있었다는 점이다. 프랑스군이 전통적인 게릴라전의 3단계를 각각 보여주는 작전으로 인해 패배했음에도 불구하고 미군은 남베트남에서 이미 확연한 게릴라전의 위협에 대응하기보다는, 베트남 동부 해안을 따라 한국전쟁 방식의 재래식 전술로 침공해 북베트남을 격퇴하는 방식으로 남베트남군을 조직하려고 했다.

미국 개입의 시작 단계

디엔비엔푸에서 패배한 프랑스군이 철수한 후 미국 군사고문단은 1950년대 말 워싱턴이 판단하는 핵심 위협, 즉 북베트남군의 공세에 남베트남군이 대항할 수 있도록 구조를 개조하는 계획을 세우기 위해 노력했다. 그 결과 만들어진 군 구조는 당시 미군 사단의 구조에 크게 기반한 것이었다. 베트남공화국 군대ARVN는 최종적으로 7개 사단으로 구성되어 훈련받고, 장비를 갖추었다.

한편 남베트남 정부는 당시 가장 긴급한 안보 위협으로 여겨졌던 민족해방전선(하노이에 기지를 둔 베트콩의 정치적 기구로 북베트남 공산당 정권과 밀접히 관련되었다)의 게릴라 세력이 벌이고 있는 반란에 대처하기 시작했다. 미국의 접근법과 대조적으로 남베트남의 접근법은 민간-군사 대게릴라전 전략의 모든 핵심 요소, 즉 소탕과 유지 작전, 정치적 교리화, 선제적인 민간 행동, 준군사보안군과 경제 개혁을 포함했다.[10] 불행하게도 많은 걸림돌이 남베트남의 전략을 훼손했고, 그중에는 형편없는 지도력, 부패, 무성의한 집행은 물론 남베트남의 접근에 대한 미국의 지원 결여도 있었다.[11] 그리고 이후 15년 동안 변화한 것은 별로 없었다.

남베트남의 대게릴라전 전략은 미국 군사고문단이 독자적으로 새로운 남베트남군 사단 창설과 훈련에 집중하면서 크게 약화되었다. 이러한 노력은 때때로 농촌 지역에서 베트콩의 행동에 대항하는 포위된 준군사 세력을 지원하기 위해 새로운 정규군이 투입될 필요성으로 인해 중단되기는 했지만, 미 군사고문단은 대체로 게릴라들의 활동을 무시했다. 군사고문단은 북베트남의 침공을 격퇴할 능력이 있는 재래식 군대를 만드는 노력을 지속했다. 1959년 말 남베트남군 부대는 더 많이 게릴라 대응 작전에 투입되었지만, 그들은 이런 작전에 맞게 훈련, 장비, 조직이 갖춰지지 못한 상태였다.

미군 특수부대가 특별 작전을 위해 남베트남 병사들을 훈련시킬 때도 초점은 대게릴라전 작전이 아니라 게릴라와 파르티잔을 조직하는 데 맞춰져 있었다. 그러나 주민들의 지지를 얻는 데 필요한 지역 안전이나 다른 요소에 집중함으로써 점점 더 불어나는 적군에 대응하는 것이 적절한 노력이었을 것이다.[12]

미 군사고문단의 장교들이 무능력했던 것은 아니다. 단지 그들에게 대게릴라전 원칙이 생소했을 뿐이었다. 그래서 7개 정규사단이 편성되자 미 군사고문관들은 임무를 완수했다고 생각했다. 그들은 이제 동남아조약기구 군대가 지원 올 때까지 남베트남이 북베트남의 재래식 침공을 막을 수 있을 거라고 판단했다. 그러나 앤드루 크레피네비치가 지적했듯이 "문제는 북베트남이 미국 장군들이 바라는 대로 공개적 침공으로 전쟁을 벌일 마음이 없었다는 것이다."[13]

오랫동안 등한시했던 남베트남 지역 보안군이 공산주의 게릴라들에게 '괴멸된' 후에야 미국은 남베트남이 실제 치르고 있는 전투를 지원하는 계획을 세우기 시작했다. 남베트남 특수부대인 레인저중대와 민간방위대를 훈련시키고 장비를 제공할 준비를 하기 위해 미국 특

수부대가 배치되었다. 그러나 이러한 준비도 필요한 자원을 할당받는데 우선순위를 차지하지 못했다.[14]

1961-1963 : 케네디 정부의 자문 강화

1961년 1월, 존 F. 케네디John F. Kennedy가 대통령으로 취임하면서 미국은 좀 더 활동적인 지도자를 갖게 되었고, 아이젠하워의 '대량 보복' 대신 새로운 '유연한 반응' 전략을 채택했다. 이 새로운 접근법은 대량보복 개념을 뒷받침하는 핵무기 사용 위협이 1950년대의 다양한 공산주의의 행동을 막지 못했으며, 위협의 억제 또는 해결에 더 이상 유효하지 않다는 것을 전제했다. 미국은 공산주의 팽창을 효과적으로 억제할 수 있는 유연한 군사적 선택지를 필요로 했고, 여기에는 대게릴라전, 중강도 재래식 전쟁 등의 비정규전에서부터 핵무기 사용을 포함한 전면전에 대응할 수 있는 군사력을 갖추는 것이 중요했다. 이러한 노력은 소련 지도자 니키타 흐루쇼프Nikita Khrushchev가 케네디 취임 직전에 민족해방전쟁을 지원하겠다고 공표하면서 더욱 긴급한 현안이 되었다. 그러나 케네디와 소위 '가장 뛰어나고 영민한' 참모들은 미국의 이익이 도전을 받는 상황에서 가만히 앉아 시간을 허비하려고 백악관에 들어온 것은 아니었다.[15] 케네디 대통령은 1961년 1월 20일 취임식 연설에서 "우리는 자유의 생존과 성공을 위해 어떠한 대가도 치를 것이고, 어떤 부담도 감내할 것이며, 어떤 고난에도 맞서고, 친구라면 누구든지 지원하며 적이라면 누구든지 반대할 것"이라고 천명했다.[16]

케네디와 그의 참모들은 아이젠하워 정부보다는 훨씬 더 제한적인 전쟁에 뛰어들 준비가 되어 있었고, 이것은 대통령 임기가 시작된 초기에 군부에 분명히 전달되었다.[17] 그럼에도 대게릴라전을 제대로 수행하는 데 필요한 요소들인 교리, 조직구조, 훈련, 지도자 양성, 군 배치를 위한 준비, 정책 등 중요한 제도적 요소에는 변화가 없었다. 베트남과 관련된 상황에서 '대게릴라전'이란 용어는 다양한 문서와 계획에 사용되었지만, 실제 행동에서는 많은 것이 재래식 남베트남 군대를 양성하고, 미군 부대들이 대규모 '수색과 파괴' 작전을 수행하는 데 집중되었고, '소탕, 유지, 재건' 작전과 대게릴라 작전 준비를 갖춘 지역 보안군의 양성은 등한시되었다.

그 결과 베트남 주둔 미군은 초기에 주로 재래식 작전에 집중했다. 일부 지표는 확보한 마을 수 같은 대게릴라전 접근방식의 중요한 요소를 추적했지만, 시간이 지나면서 보고의 진실성 부족으로 그 가치가 훼손되었다. 케네디 행정부와 존슨 행정부 시절의 미군은 대체로 아이젠하워 행정부 시절에 하던 방식을 계속했다. 미군은 남베트남 군을 대부분 기존 미군 부대의 편제에 따라 조직하고 훈련과 장비도 같은 방식으로 제공했다. 일부 예외를 제외하고는 적어도 1968년 크레이튼 에이브럼스Creighton Abrams 장군이 사령관에 취임한 후에는 베트남화Vietnamization 노력이 시작되고 '하나의 전쟁' 접근법으로 전환될 때까지 이런 방식이 지속되었다.

프레드릭 로게발Fredrik Logevall이 그의 탁월한 저서 《전쟁의 불씨: 제국의 몰락과 미국의 베트남 만들기Embers of War: The Fall of an Empire and the Making of America's Vietnam》에서 지적했듯이, 워싱턴에서는 베트남 전쟁의 핵심적 본질은 물론이고, "군사력은 큰 의미가 없으며 전쟁에서 승리하려면 정치적으로 이겨야 한다"는 사실도 이해한 사람이 거의 없었다.[18] 미국 지도자들은 결과가 몇 년이 지나야 평가될 수 있고, 미국 납세자들이 아니라 현지 정부가 궁극적으로 부담을 짊어져야 하며, 대규모 화력을 쏟아붓는 것은 필연적으로 민간인들을 소외시키는 결과를 가져올 것이라는 점을 제대로 이해하지 못했다.

케네디 대통령은 신속하게 베트남 문제에 몰입했고, 특히 그의 보좌관인 월트 로스토우Walt Rostow와 베트남 시찰에서 막 돌아온 에드워드 랜스데일Edward Lansdale 준장이 현지 사정이 위험하고 악화되고 있다는 보고를 공유한 후 즉시 대응에 돌입했다.[19] 케네디는 베트남을 미국 국력의 신뢰성을 보여줄 수 있는 장소로 간주했고, 이런 시각은 국가안보회의의 로버트 코머Robert Komer가 베트남에 미국의 개입을 늘릴 것을 주장하면서 더욱 고무되었다. "나는 베트남 위기가 본격화되기 전 6개월 동안 이 정부가 주도해 주요 반공산주의 승리를 얻는 것이 매우 중요하다고 생각한다"라고 보고했고, 베트남은 "원하는 결과를 얻기에 라오스보다 더 좋은 곳이다"라고 주장했다.[20]

대통령이 취임한 지 네 달이 지난 1961년 5월 11일 케네디는 베트남에서 미국의 목표는 "공산주의자들이 남베트남을 지배하는 것을 막는 것"이라고 규정한 국가안보활동각서를 승인했다. 그는 400명의 특수부대 요원들을 훈련 목적으로 베트남에 파견하는 것을 재가했다.[21] 1961년 가을 베트남의 상황이 점점 악화되자 그는 전 육군참모총장 맥스웰 테일러Maxwell Taylor 장군을 베트남에 파견했다. 현역으로 복귀한 그는 '대통령 군사 보좌관'으로 임명되었다. 테일러는 "나는 이 정책의 목표를 검토하는 것이 아니라 그것을 달성하는 데 필요한 수단을 검토하라는 요청을 받았다. 핵심은 어떻게 지는 경기를 이기

도록 바꾸는가였지, 그것을 어떻게 중단할까는 아니었다"라고 후에 회고했다.[22]

테일러는 베트남이 '국가적 사기가 무너진 나라'라고 판단했다. 1961년 초 1만 명으로 추산되었던 베트콩 전력이 10월에 1만 7000명까지 늘어난 것도 그 요인 중 하나였다. 서쪽에 있는 라오스와 캄보디아의 상황도 악화되었고, 수십 년 만에 최악의 홍수가 베트남을 덮쳤으며, 국제위원회 연락관으로 일하던 저명한 대령이 베트콩에 납치되어 잔인하게 살해되었다. 상황은 암담했다.[23]

테일러와 그의 팀은 이틀 동안 현지 야전부대 답사를 포함하여, 베트남과 미국의 모든 주요 지도자 및 단체와 브리핑, 회의, 방문 등 바쁜 일정을 소화했다. 베트남 대통령 응오딘지엠Ngô Đình Diệm과 가진 핵심 면담에서 지엠은 15만 명의 병력이 적의 세력을 제압할 능력이 없고, 준군사 세력과 경찰 병력도 지방의 안전을 확보할 수 없다고 털어놓았다. 그는 이 병력들이 과거에는 미군의 지원을 받지 못했다는 것을 강조했다. 테일러는 "베트콩을 물리치기 위해 모든 자원을 통합된 프로그램으로 모으는 국가 계획"의 개발을 장려했는데, 이는 과거에 미국이 지엠을 압박했지만 성공하지 못한 것이었다. 당시 지엠은 "그런 계획을 수립하고 실행할 자신이 있다"고 단호하게 말했다.[24]

테일러의 주요 임무 중 하나는 지엠의 정치적 지속 가능성을 평가하는 것이었고, 그에 대한 많은 불만과 잘못된 지도력과 관행에 대해 얘기를 들었다. 지엠은 지엽적인 것에 많이 신경 쓰는 인물이었고, 그의 행동은 통합적인 노력으로 결과를 얻는 것에 방해되었으며, 베트남 야전 사령부 총사령관의 권위를 훼손했다. 지엠의 가족과 비밀스러운 내부조직이 광범위한 부패에 관련되어 있다는 의혹도 널리 퍼져 있었다. 그러나 결론은 결국 그와 계속 함께 가야 한다는 것이었다.

테일러가 귀국하자 케네디 대통령은 그가 건의한 내용 대부분을 승인했지만, 모두를 재가한 것은 아니었다. 특히 홍수 구호와 기지 안전을 지원하는 병참 임무를 가장해 8만 명의 미군 병력을 파견하자는 제안에는 동의하지 않았다. 그는 군사 및 다른 형태의 지원은 계속 늘렸고, 여기에는 남베트남의 관료제에 두루 관여하는 자문단과 민간방위대 및 마을자위대의 훈련 강화, 남베트남군의 기동성을 높이는 헬기 같은 장비를 제공했다.

케네디는 정부를 개혁하겠다는 지엠의 구체적인 약속에 따라 새로운 원조 프로그램을 만들었고, 미국 대사를 통해 베트남 정부의 의사결정과정에 관여가 가능하도록 요구했다. 그러나 이러한 요구가 사이공에서 위기를 초래하자 미국은 한 발 뒤로 물러났고, 좀 더 무난한 조건으로 양측은 상대와 협의 없이 행동을 취하지 않는다는 합의를 했다. 지엠에 대한 이러한 존중은 이후 그의 권력 남용을 부추겼고, 시급히 필요한 개혁을 추진할 기회를 잃게 만들었다.[25]

1962년 미국의 장비와 고문단 지원에 힘입어 남베트남군은 베트콩을 상대로 공세를 가하기 시작했다. 이와 동시에 남부에서 베트콩을 지원의 핵심 근원으로부터 고립시키기 위한 전략촌 건설 프로그램이 진행되었다. 이 사업의 기본 구상은 여러 마을에 분산된 농민들을 해자와 대나무 방책으로 둘러싼 전략촌으로 모아서 베트남 군대의 보호를 받게 만드는 것이었다. 마을 선거, 토지 개혁 실시, 학교 및 의료시설 제공으로 주민들에게 정부 보호 아래 생활하는 것이 공산 게릴라 치하에서 사는 것보다 더 낫다는 것을 설득하려고 했다. 이는 베트콩이 농민들에게 접근하는 것을 막을 수 있는 교과서적인 대게릴라전 구상으로 보였다. 그러나 이것의 집행은 교과서와는 달랐다.

전략촌 계획은 지엠 대통령의 동생이 관장했고, 1962년까지 7000개, 1963년 말까지 1만 2000개 이상의 전략촌을 건설하여 남베트남의 거의 모든 농촌주민들을 통합한다는 계획이 세워졌다.[26] 그러나 이것은 터무니없이 야심 찬 계획임이 드러났고, 곧 부패와 오만한 행정으로 제대로 실행되지 않았다. 1963년 말에 완공된 것으로 보고된 전략촌 중에 20퍼센트만이 건설되었다는 사실이 드러났다.[27]

같은 시기에 미국의 원조 확대의 일환으로 미 군사고문단 규모가 상당히 커지고, 베트남 군사원조사령부MACV로 명칭이 바뀌고, 4성 장군 폴 하킨스Paul Harkins가 새로운 사령관으로 부임했다. 이후 하킨스의 재임 기간에 대한 평가는 매우 비판적인 것부터 그가 부당하게 비방을 받았다는 주장까지 다양했지만, 그의 가장 적극적인 옹호자조차 그가 '창의적이거나 뛰어난 전략가는 아니'라는 점을 인정했다.[28] 1963년까지 전쟁에서 승리할 수 있다는 그의 판단은 과도하게 낙관적이었던 것은 분명했다.

미국 고문단, 무기, 장갑병력 수송차량, 헬기, 근거리 항공 지원이 크게 늘면서 남베트남군은 1962년 봄과 여름에 공세를 가해 베트콩에게 큰 타격을 입히며, 다수의 거점을 탈환해 그들로부터 주도권을 빼앗아오려고 노력했다. 그러나 시간이 지나면서 베트콩은 전술을 조정하고, 울창한 삼림과 정글, 논을 자신들에게 유리하게 이용했다. 이뿐 아니라 '소탕, 유지, 재건' 중 '유지' 요소는 종종 적절히 수행되지 않았다. 남베트남군이 장악한 지역에서 철수하면 베트콩이 어김없이 다시 들어왔다.

1962년 말이 되자 베트콩이 다시 주도권을 잡았다. 남베트남군과 미국 고문단이 적군 부대를 추격하는 동안, 베트콩의 정치적 기구인 민족해방전선은 마을들로 침투해 정교한 정치적 교조화와 선택적 폭력을 사용하며 농민들을 포섭했다. 그 결과 1962년 말까지 베트콩은 30만 명의 활동대원과 100만 명 이상의 수동적 지지자를 확보했다. 게릴라 전쟁에서 아군과 적군을 구분해야 하는 오래된 과제는 점점 더 어려워졌고, 마을에 대한 기총사격과 집중 폭격으로 정부와 미국은 더욱 큰 반대에 직면했다.[29]

이러한 비상 상황으로 인해 남베트남 당국은 이전까지 허용했던 시민 자유를 제한하기 시작했다. 검열을 실시하고 일부 공개 집회를 금지했다. 이로 인해 전쟁 지지자들이 이 전쟁을 민주주의와 독재 사이의 필연적인 투쟁으로 규정하는 것이 더 어려워졌다. 그럼에도 미국 대사관과 원조사령부는 새로운 노력의 진전에 대해 낙관적 태도를 보였고, 이는 늘 그렇듯이 남베트남 정부가 제공하는 우호적인 통계에 바탕을 둔 것이었다. 이 통계 자료들은 나중에 현실을 터무니없이 과대포장한 것으로 드러났다.

1962년 말 베트남을 방문한 마이크 맨스필드Mike Mansfield 상원의원이 아주 비관적인 평가를 내놓자 케네디 대통령은 국무차관보 로저 힐스먼Roger Hilsman을 파견하여 사실을 확인하게 했다.[30] 힐스먼은 남베트남군의 군사작전의 비효율성, 전략촌 프로그램의 진전 속도, 지엠 대통령이 국민들로부터 점점 더 고립되는 현상에 대해 심각한 우려를 가지고 귀환했다. 그럼에도 그는 미국과 베트남이 "아마도 승리할 것이지만" 전쟁은 "우리가 예상한 것보다 더 오래 지속될 수 있고", "인명과 비용 면에서 우리가 예상한 것보다 더 많은 대가를 치를 수 있다"라고 결론 내렸다.[31] 이런 우려에도 불구하고 하킨스 장군은 호놀룰루에 모인 관리들 앞에서 "전쟁은 크리스마스 전에 끝날 수 있다"고 말했고, 이것은 이전의 많은 전쟁에서 낙관주의자들이 그랬던 것처럼 전형적인 근거 없는 희망의 되풀이였다.[32]

돌이켜보면, 남베트남군이 관여한 두 개의 사건은 당시에 미국과 베트남 지도부가 판단했던 것보다 훨씬 더 우려할 만한 일이었다. 첫 번째 사건은 1962년 10월 초, 메콩강 삼각주 지역에서 일상적 소탕 작전을 수행하던 베트남군 제7사단이 평소처럼 도망치지 않고 맞서 싸우기로 결정한 사건이었다. 베트콩 게릴라들은 남베트남군 사단에 상당한 피해를 입혔고, 남베트남군 레인지 소대를 전멸시켰다.[33] 두 번째는 1963년 1월 초, 사이공에서 남서쪽으로 64킬로미터 떨어져 있는 삼각주 지역의 압박 마을에서 베트콩 1개 대대를 소탕하기 위해 보병대대, 민간방위군 2개 대대, 수송 장갑차중대를 파견했고, 포병과 근접 항공 지원을 받았다. 여기에서도 베트콩은 자신들의 거점을 끈질기게 사수하다가 야음을 틈타 철수했다. 그러나 남베트남군 80명이 전사하고 100명 이상이 부상을 입었다. 미 군사고문관도 3명이 사망하고, 8명이 부상을 입었다. 전투에서 헬기 5대가 격추되어 베트콩이 미군 헬기와 장갑차량을 상대할 전술을 개발했다는 것을 보여주었다.

압박 전투 패배는 언론에 크게 보도되었고, 전쟁에서 진전이 없다는 징표로 간주되었다.[34] 그러나 하킨스 장군은 남베트남군이 결국 마을을 장악했다는 것을 근거로 압박 전투의 승리를 선언했다. 그는 비판하는 기자들을 향해 "조국을 방어하는 전투를 훌륭하게 치른 수천 명의 용맹스러운 병사들을 폄하했다"고 비난했다.[35]

1963년 1월 중순 케네디 대통령은 국정 연설에서 "남베트남 공세의 창끝은 무뎌졌다"라고 선언했다.[36] 며칠 후 하킨스 장군은 전쟁에 대한 포괄적 계획을 발표했는데, 현재의 베트남 주둔 미군 수를 1만 6000명에서 1965년 중반까지 1만 2200명으로 줄이고, 1968년 중반에는 1500명만 남기고, 미 군사원조사령부는 1966년 7월에 해체할 것이라는 전망이 담겨 있었다. 그는 또한 같은 기간 동안 남베트남군은 1964년 중반까지 45만 8500명(이상할 정도로 상세한 수)에 이르고, 9개 사단으로 구성되는 정규군은 24만 명에 도달할 것이라고 밝혔다.[37] 이와 유사하게 1963년 1월 말 군 합참의장 얼 휠러Earle Wheeler 장군은 베트남 상황이 "거의 절망적 상황에서 승리가 보이는 희망적인 상황으로 바뀌었다"고 주장했다.[38] 이러한 평가는 치명적인 과도한 낙관주의가 따를 가능성이 크므로, 장군들이 아군의 선전을 받아들일 때는 매우 조심해야 할 필요가 있다.

1963년 봄, 케네디 대통령의 불안이 고조되면서 남베트남 지도부와 미국 정부 사이의 긴장도 강화되었다. 5월에는 남베트남군과 불교 신자들 사이에 대결이 벌어지면서 새로운 도전이 제기되었다. 이 갈등은 불교계 세력이 석가탄신일을 기념하는 깃발을 걸지 말라는 정부의 명령을 어기면서 일어났다. 이어 벌어진 불교 승려의 분신 사진이 전 세계 신문에 보도되었고, 이후 많은 시위와 불교 신자와 정부군 사이의 분쟁이 불거졌다. 불교 신자들은 베트남사회에 불만을 품은 다른 세력들의 지지를 받았고, 시위자들에 대한 지엠 정권의 잔혹한 탄압이 더 거센 저항을 불러일으켰다. 폭력의 소용돌이가 확대되자 가톨릭 신자인 지엠 정권에 큰 문제로 작용했다

1963년 여름이 되자 지엠에 대한 미국의 신뢰는 크게 흔들렸고, 남베트남 장군들과 미국 관리들 사이에 향후 조치에 대한 비밀 논의가

진행되었다. 많은 관리들이 휴가를 떠난 여름 주말, 워싱턴에서 보낸 모호하고 부적절하게 정리된 전문 지시에 따라 베트남 주재 미국 대사 헨리 캐벗 로지Henry Cabot Lodge Jr는 베트남 장군들에게 지엠이 약속한 개혁을 시행하는 데 협조하지 않으면 미국은 지원을 중단할 것임을 분명히 했다. 다음 날 월요일 워싱턴에서 심각한 우려가 제기되었지만, 케네디는 이 지시를 재차 확인했다.

4개월 후 베트남군 고위 지휘부는 군사 쿠데타를 일으켜 핵심 군사시설을 장악하고 정부에 충성하는 특수부대의 항복을 받아내고, 지엠 대통령의 사임을 요구했다. 쿠데타 지도자들은 미국 측에 지엠의 목숨은 보전할 것이라고 약속했다. 그러나 지엠은 동생과 함께 체포되어 수송 장갑차량 뒤에서 살해되었다.[39]

3주 후 존 F. 케네디 대통령이 댈러스에서 암살당하고, 부통령 린든 존슨이 대통령으로 취임했다. 케네디 지지자들은 그가 베트남 상황이 개입을 확대할 가치가 없음을 인정하고 개입을 축소하려 했다고 주장했다. 그의 반대자들은 정확히 반대 의견을 내세웠다. 그들은 베트남에서 미국의 개입은 케네디 재임 시절 확대되었고, 그가 1만 6000명에 달하는 군사고문단의 수를 줄일 계획이 전혀 없었다고 주장했다. 논란을 차치하더라도 조지 헤링George Herring은 케네디가 "아이젠하워로부터 물려받은 것보다 문제를 훨씬 더 위험하게 만들어 물려주었다"라고 평가했다.[40]

1963년 4월 하킨스 장군이 "크리스마스까지 전쟁이 끝날 것"이라고 한 낙관적 예측과는 정반대로 그해 말 현지 상황은 훨씬 악화돼 있었다. 12월 21일 존 매콘John McCone CIA 국장은 존슨 대통령에게 "지난 1년여 동안 [베트남 정부] 관리들로부터 받은 통계 자료와 이를 토대로 전쟁의 추세를 가늠한 미국 공관의 보고에는 명백히 심각한 오류가 있었다. 전쟁의 미래는 여전히 불투명하다"라는 보고를 올렸다.[41]

　미국과 남베트남이 인식하지 못한 가운데 북베트남의 지도부는 "향후 몇 년 안에 결정적 승리를 얻기 위해 병력을 집결해 가장 유리한 기회를 잡는 데" 총력을 기울인다는 결정을 내렸다. 남베트남에서 북베트남 병력의 임무는 "적 정권의 핵심도구인 꼭두각시 군대를 정복하고, 남베트남의 반동정부를 전복하는 총공세/총봉기를 수행할 수 있는 환경을 만드는 것이다"라고 규정했다.[42] 전쟁에서 항상 있는 일처럼 적은 결의를 굳혔고, 북베트남의 결정은 앞으로 힘든 시기가 닥쳐올 것임을 예고했다.

1964-1965 : 존슨의 결정, 웨스트모얼랜드의 지휘, 미국 개입의 강화

지엠과 케네디 대통령 암살은 남베트남 투쟁의 중요한 전환점이었으며, 1964년 봄 남베트남은 게릴라전으로 갈기갈기 찢긴 사회의 혼란을 겪고 있었다. 존슨 대통령은 미군을 철수할 수도 있었지만, 그렇게 했다가는 남베트남이 공산주의 치하에 떨어질 것이 분명했다. 대신에 그는 개입을 강화하기로 결정했고, 북베트남도 바로 그 시점에 공세를 강화하기로 결정했다.[43] 지엠이 강제한 정보 제한이 풀리자 미국이 상상한 것보다 베트콩들이 남베트남의 훨씬 더 많은 지역을 장악한 것이 분명해졌다. 전략촌 프로그램은 지지부진했고, 로버트 맥나마라Robert McNamara 미 국방장관의 말을 빌리자면 상황은 아주 "우려

스러웠다". 이것을 뒤집지 못하면 남베트남을 잃을 수 있었다.[44]

미국이 이제 수십만 명의 병력을 배치하려고 하는 남베트남은 캘리포니아와 길이가 거의 같고 폭은 절반도 되지 않는 길쭉한 나라였고, 제네바협정에서 북위 17도에 설정한 경계선을 따라 5킬로미터에 이르는 요새화된 비무장지대로 북베트남과 분리되어 있었다. 1964년 1600만 명의 남베트남 인구의 약 80퍼센트는 국토의 40퍼센트 지역에 거주했고, 국토의 나머지 40퍼센트는 사람이 거의 살지 않는 울창한 숲과 정글, 까칠한 관목과 풀과 늪에 덮여 있어서 게릴라 전쟁에는 이상적인 지형이었다. 수도 사이공은 남부 지역 해안 가까이에 위치해 있었다. 베트남 지형은 다양한 차이를 보여서 북쪽은 산악지역이고, 해안을 따라 저지대가 이어졌다. 집중적으로 경작이 이루어지는 남서부의 메콩강 삼각주 지역에는 많은 강이 흐르고 있었다. 특히 내륙지역에는 논이 많았다.

베트남에는 베트남인, 중국인, 캄보디아인, 프랑스인 등 다양한 인종이 거주했다. 주민들이 가장 많이 신봉하는 종교는 불교였지만, 상당수의 가톨릭 신도와 다른 종교 신봉자도 있었다. 남베트남을 이끄는 엘리트는 프랑스어를 구사하는 부유한 가톨릭 신자가 많았고, 이들은 불교 신자인 농민들과 제대로 소통하지 않았다.

1964년이 시작되는 시점에 남베트남의 정치 상황은 치안 문제의 심각성이 드러나면서 큰 혼란에 빠져 있었다. 경제 상황도 매우 심각했다. 주민의 대다수는 농업에 종사하고 있었고 가난에서 벗어나지 못했다. 소수의 엘리트 계층과 다수의 농민 사이의 경제적 불평등은 심각했고, 남베트남은 외국 원조에 크게 의존하고 있었을 뿐만 아니라, 높은 인플레이션과 막대한 무역 적자에 시달리고 있었다. 게다가 앞서 이미 언급한 대로 부패가 모든 사회제도와 생활 양상에 뿌리 깊게 자리 잡고 있었다.

1964년 응우옌카인Nguyễn Khánh 장군이 이끄는 일군의 군 장교들이 지엠 사망 이후 남베트남을 통치해온 허약하고 분열된 군벌 세력을 전복했다. 사이공은 혼란에 싸이고, 도시들이 무정부 상태에 방치되고, 파업 노동자와 학생들은 시위를 벌이고, 언론은 새 정부에 매우 비판적인 가운데 상황은 아주 불안했다. 베트콩은 이 상황을 이용하여 점점 더 대담하게 행동했다.[45]

존슨 대통령은 새로 등장한 카인 정부를 강화할 필요성을 인식하고, 공개적으로 이를 지지한다고 발표했다. 1964년 3월 공개적 검토 이후 그는 미국이 지원하는 남베트남군의 대규모 증강을 승인했다. 그는 또한 경제 원조를 확대하고 군사고문단 수를 1만 6300명에서 2만 3300명으로 늘렸다. 또한 6월 20일에는 하킨스 장군을 경질하고 많은 존경을 받는 2차 세계대전 참전 용사이자 한국전쟁 참전 용사인 윌리엄 웨스트모얼랜드William Westmoreland 장군을 미 군사지원사령관으로 임명했다. 이 직후 테일러 장군도 합참의장직에서 물러나 로지 대사의 후임 베트남 대사로 임명되었다.[46]

해가 지나면서 상황은 더욱 악화되었다. 따라서 900명의 고문단이 추가적으로 파견되고 미군은 베트남 총참모부와 공동작전을 전개해 북베트남에서 남쪽의 베트콩에게 연결되는 보급로인 호치민 루트로 우려가 높은 라오스로 월경하도록 지시받았다. 북베트남으로 전쟁을 확대하는 계획도 검토 중이었고, 8월 2일 북베트남 해안에 있는 통킹 만에서 미 구축함이 북베트남 어뢰정의 공격을 받자 계획은 추동력을 얻었다. 사흘 후 존슨은 미 공군으로 하여금 북베트남 순찰선 기지를 공격하라는 명령을 내렸다. 8월 7일 미 의회는 거의 만장일치로 통킹만 결의안을 통과시켜 대통령으로 하여금 "미군에 대한 모든 무장 공격을 격퇴하고, 추가적 공격을 막기 위해 필요한 모든 조치를 취할 권한"을 인정했다.[47]

그러는 동안 카인 장군이 민간의 자유를 심하게 억압하는 조치를 취하자 사이공에서는 일대 소요가 일어났다. 화가 난 폭도들이 거리를 휩쓸고 파괴하며 그의 독재적 행위에 항의했고, 그는 사임할 수밖에 없었다. 다시 한번 정부는 크게 약해졌고, 임시 정부가 조직되어 나라를 이끌었다. 무질서로 인해 새 정부가 들어설 때까지 워싱턴이 지원하는 구상은 추진하기 더욱 어려워졌다.

11월 3일 미국에서 대통령 선거가 예정된 가운데 놀랍게도 군사 상황은 상대적으로 정적인 상태였다. 그러나 11월 1일 베트콩은 비엔호아 비행장에 박격포 공격을 가해 4명의 미군이 사망했고, 여러 대의 항공기가 파손되었다. 국가안보회의의 새로운 실무팀이 설립되어 행동 노선을 검토하는 동안 합참은 강경한 입장을 취했고, 미국이 우유부단하게 행동하는 것으로 보여 미국의 위상이 실추될 수 있다는 점에 집중하고, 전면적으로 연루될 수 있는 문제를 최소화하려고 노력했다.[48] 그러나 아쉽게도 합참(그리고 사이공 최고사령부)은 문제의 핵심 근원은 북부의 침투가 아니라 남쪽에서 베트콩이 거두고 있는 성공이라는 점을 제대로 파악하지 못했다. 이것은 사소한 오판이 아니었다.

합참은 남베트남보다 북베트남에 초점을 맞춘 후 두 단계 폭격 계획을 권고했다. 1단계는 라오스의 침투 경로에 대한 제한적 공습과 북베트남에 대한 보복 공습이었다. 2단계는 사이공 정부가 적절한 안정을 찾으면 2개월에서 6개월간 북베트남에 대한 대규모 공습을 감행하는 것이었다.[49] 12월 초 존슨은 1단계 폭격을 승인했지만, 2단계 폭격은 북베트남의 보복 가능성을 우려해 연기했다. 그러나 베트콩의 추가적인 공격과, 베트남에서 막 돌아온 국가안보보좌관 맥조지 번디McGeorge Bundy의 "미국의 새로운 행동 없는 패배가 불가피할 것"이라는 보고 이후 존슨은 단계적으로 폭격을 강화하는 '롤링선더 작전Operation Rolling Thunder'을 명령했다.[50] 1965년 4월 북베트남 목표물을 타격하기 위해 3500회의 출격이 강행되었다. 이어서 항공기 출격 기지에 대한 공격 가능성에 대비해 웨스트모얼랜드는 미 해병대가 다낭의 주요 기지를 보호할 것을 요청했다. 미군이 정글에서 대게릴라전을 수행할 준비가 되어 있는가에 대한 테일러 대사의 우려와 이러한 미국의 조치로 인해 남베트남군이 안보 책임을 미군에게 넘길 가능성에도 불구하고 요청은 승인되었다.[51]

테일러는 한 번 미군이 배치되면 추가적 배치를 피하기 매우 어려울 것이라는 점을 우려했다. 3월 중순 웨스트모얼랜드가 추가적으로 각각 약 2만 명으로 구성되는 2개 사단 증원을 요청하면서 그 우려는 현실화되었다. 한 사단은 중부의 고지대에 배치되고, 다른 사단은 사이공 지역에 배치할 예정이었다. 합참은 웨스트모얼랜드의 조치를 지지했을 뿐만 아니라 공세 작전 수행을 위해 추가적 사단의 배치를 촉구했다.

존슨 행정부는 웨스트모얼랜드의 요청을 공개적으로 승인하지는 않았지만, 4월 추가적으로 4만 명의 병력이 고지대가 아니라 주요 미군기지 주변에 배치되어 반경 80킬로미터 이내에서 작전을 수행하는 것을 승인했다. 이것은 미군의 대규모 지상전 개입을 향한 중요한 발걸음이 되었다. 또한 미국 내에서 처음으로 전쟁에 대한 비판 여론을 불러일으켜서 존슨이 남베트남의 통합성을 타협하지 않는 범위에서 북베트남과 '조건 없는 논의'를 시작할 용의가 있다고 발표하게 만들었다.[52]

그러는 동안 남베트남에는 지엠 암살 이후 다섯 번째 새 정부가 수립되었다. 새 정부는 경박한 공군 원수 응우옌까오끼Nguyễn Cao Kỳ가 총리를 맡고, 존경받는 장군인 응우옌반티에우Nguyễn Văn Thiệu가 총사령관을 맡았지만, 끼의 음주, 도박, 여성 편력에 대한 평판 때문에 대다수의 사람들이 비판적으로 바라보았다. 이러한 우려에도 불구하고 새 정부는 시간이 지나면서 훨씬 더 내구성 있는 것으로 평가되었고, 지엠 암살 이후 볼 수 없었던 수준의 안정을 가져왔다.[53]

1965년 7월 맥나마라가 베트남을 다시 방문한 후 돌아와 10만 명의 추가 병력을 건의하자 존슨 대통령은 북베트남에 대한 폭격 강화를 명령했고, 웨스트모얼랜드가 건의한 전면적 작전은 아니더라도 5만 명의 병력을 즉각 증원하고, 연말까지 5만 명을 추가하고, 이후에도 필요한 만큼 병력을 증원하는 데 동의했다. 베트남에 파견될 부대에는 몇 년 전에 웨스트모얼랜드가 파견 요청을 한 제1기병사단(공수부대)과 제101공수사단이 포함되었다. 존슨은 또한 미군이 베트남군과 별개로 독자적으로 전투에 참여하게 해달라는 웨스트모얼랜드의 요청을 재가했다. 이는 전쟁의 성격을 근본적으로 변화시키고 향후 7년에 걸친 운명에 영향을 미친 결정이었다. 미국은 단순히 남베트남을 지원하는 것을 넘어 직접 전쟁을 수행하는 부담을 떠맡았다.[54]

이것은 베트남이 게릴라 전쟁의 3단계, 즉 게릴라 전쟁에서 대규모 부대 작전으로 비화된 것을 암묵적으로 인정한 것이었다. 미군 부대의 초점은 베트콩보다는 적군 부대를 찾아 격멸하는 데 맞추어졌고, 이전의 과제와 주민들의 안전을 지키는 중요한 과제는 지역 및 민간 군대에 맡겨졌다. 그러나 이 부대들은 남베트남군과 마찬가지로 제대로 훈련받지 못했고, 적절히 충원되지도 않았다.

로버트 맥나마라 국방장관은 장기적으로 전개되는 고강도 작전은 베트콩과 북베트남의 전투 능력을 고갈시키고, B-52를 비롯한 항공기 공습이 적군의 보급 능력을 파괴할 것이라고 예상했다.[55] 그러나 이러한 예상은 울창한 숲과 정글 지형에서 베트콩과 북베트남군을 정확하게 색출해야 하는 힘든 도전과 무고한 민간인과 기반시설에 피해를 주지 않으면서 고공에서 대형 폭탄을 투하해야 하는 문제를 간과한 것이었다. 또한 적군도 미국의 작전에 대응하여 분산하고 2단계 대규모 게릴라전으로 되돌아가서, 미군과 남베트남군 사상자를 양산하는 게릴라 공격과 여타 반란 활동을 재개할 수 있다는 사실도 간과한 것이었다.

1965년 베트남에 파견된 미군은 함께 훈련받고 부대단위로 파견되었으며, 이것은 앞으로의 상황에 큰 이점으로 작용했다. 이전에는 부대는 계속 유지되지만 개개인의 병사들은 교체되고, 지휘관들은 6개월마다 순환 배치되는(사상자로 인해 좀 더 자주 교체되는) 방식이 적용되고 있었다. 그러나 부대 훈련은 반란군과 게릴라를 상대로 한 전투보다는 대규모 부대 작전을 전제로 시행되었다. 이러한 방식은 북베트남군과 베트콩이 미군의 예상대로 대규모 부대 단위로 전투를 벌인다면 문제될 것이 없었다. 그러나 미국의 재래식 부대는 포괄적인 대게릴라전이 중심이 되어야 하는 지역의 보안 작전 및 기타 임무를 수행하는 훈련을 받지 못했고, 적절하게 배치되지도 않았다.

미국 민간, 군부 관리들은 케네디가 대통령이 된 이후 입버릇처럼 대게릴라 작전의 중요성을 말해왔다. 시간이 지나면서 포괄적 민간-군사 대게릴라전 수행에 필요한 다양한 요소를 확립하기 위한 구상이 시행되었다. 전략촌 프로그램이 그러한 예 중 하나였고, 수많은 지역 안보 구상이 뒤를 이었다. 하지만 이 모두는 대게릴라전이 아니라 재래식 전쟁에 대비한 것이었고, 초점도 후자에 맞춰져 있었다는 사실을 부인할 수 없었다.

궁극적인 미국의 전략 요체는 소모전이었다. 압도적인 미국의 군수품과 자원, 특히 항공 화력이 적을 패배시킨다는 것이었다. 이것은 2차 세계대전 중 추축국을 상대로 성공했고, 한국전쟁에서 북한군과 중공군을 상대로 성공했기 때문에 다시 성공할 것이라고 전제되었다.[56] 1953년 한국전쟁이 교착 상태로 종결된 이후 전쟁술이 진화했다는 사실에 대해서는 거의 주의를 기울이지 않았다. 디엔비엔푸와 알제리에서 프랑스군이 겪은 경험이 이전에 수행된 대규모 재래식 전쟁보다 미국 전략가들에게 시사점이 컸다. 베트남은 미군이 최근의 역사에서 교훈을 배워 참전했어야 할 장소였지만, 오히려 그 역사가 반복되는 저주받은 곳이 되었다.

추가 병력과 막대한 탄약, 군수품, 기술을 제공받은 웨스트모얼랜드 장군은 1967년 말까지 베트콩과 그 기지들을 파괴할 계획을 수립했다. 미군은 1965년 말까지 44개 대대를 배치하고, 1966년 추가적으로 24개 대대를 배치하여 게릴라들을 소탕하는 계획이었다.[57] 웨스트모얼랜드는 미군 부대를 평화와 지역 안전에 집중할 수 있게 좀 더 작은 단위로 나누는 것을 거부하고, 적의 대규모 부대에 초점을 맞추었다. 그의 접근법의 많은 부분은 미 공군의 이동성과 대규모 헬기 선단의 배치와 상당한 지상 및 공중 화력에 의존했지만, 이 모든 것은 상당한 규모의 보급 지원과 탄약, 연료, 부품과 이것들을 보수하고 저장할 시설들을 필요로 했다.

웨스트모얼랜드의 접근법은 적군이 미군 부대와 교전을 피할 가능성을 간과했다. 많은 수의 주민을 확보하기 위해—90퍼센트의 주민은 해안과 메콩강 삼각주 지대에 살고 있었다—적은 미군을 먼 지역으로 유인하려고 하기보다는 주민 거주 지역에서 미군과 교전하도록 유인하려고 했다. 주요 전술로 수색과 파괴 작전을 강조한 것은 또한 과거 남베트남군과 수행한 이러한 작전들이 바람직한 결과를 만들어내지 못했다는 사실도 간과한 조치였다.

1965년 11월 중순 새로 배치된 제1기병사단 부대가 이아드랑 계곡에서 연대 규모의 북베트남군을 발견해 교전을 벌였다. 전투는 격렬했고, 많은 사상자가 발생했다. 북베트남군은 1200명 이상의 병사를 잃었고, 미군도 200명 이상의 사상자가 발생했다. 웨스트모얼랜드는 이 전투를 수색-파괴 작전과 소모 전략의 정당성과 공중 이동성의 중요성을 입증하는 것으로 보았다.[58] 그러나 이 전투에서 핵심 대대를 지휘한 할 무어Hal Moore 퇴역 중장은 "웨스트모얼랜드 장군은 전쟁에서 어떻게 승리할 것인지에 대한 답을 찾았다고 생각했다. 그는 호치민이 항복할 때까지 매일 매일 한 명의 미국 병사 목숨을 10~12명의 북베트남 병사 목숨과 바꾸려고 했다. 웨스트모얼랜드는 자신이 잘못 생각했다는 것을 너무 늦게 깨달았다. 미국인들은 10 대 1 또는 20 대 1의 사망 비율을 거래 대상으로 보지 않았다"라고 지적했다.[59]

무어는 또한 봉손 마을을 해방시키기 위해 여러 대대를 지휘한 작전에서 그의 병력 82명이 사망하고 318명이 부상당했으며, 그의 부대가 남베트남에 통제권을 넘겨준 지 일주일 만에 베트콩 주력부대가 그곳으로 다시 돌아왔다고 말했다. 유사한 결과를 가져온 후속 작전을 보건대, 미군 사령부가 새로 소탕한 지역에서 지속적인 통제권을 확립하고 이를 유지하는 데 미군과 남베트남군의 작전을 베트남 정부의 후속 프로그램과 조율하는 데 실패했음이 분명했다. 무어는 "가장 강력한 미군 사단이 적군을 소탕한 봉손에서도 상황을 유지하지 못했는데, 주둔 미군의 존재감이 훨씬 약한 다른 경합 지역에서 남베트남이 통제권을 재확립할 수 있겠는가?"라고 반문했다.[60] 분명한 것은 '소탕, 유지, 재건'에서 '유지' 측면이 부족했다는 것이다.

무어는 또한 인구가 밀집된 지역에서 작전을 전개할 때 "인구가 없는 이아드랑 계곡에서 병사들의 생명을 구한 막강한 화력—야포, 공습, 헬기 기총사격—은 병력들의 최선의 노력에도 불구하고 무고한 민간인을 살상하고, 불구자를 만들고, 마을을 파괴하고, 농장 가축들을 살육했다"고 회고했다.[61] 그의 반추는 이후 최소 4년간 지속되는 전략의 많은 문제점을 정확하게 짚은 것이다.

그러나 10년 이상 지난 후 다소 역설적으로 웨스트모얼랜드 장군은 이아드랑 계곡 전투를 회고하며 다음과 같이 말했다. "나중에 입수한 적의 문서는 중대한 손실을 인정하면서도 전투의 교훈이 수십만 명의 목숨을 희생할 만큼 가치 있다는 근거로 이를 합리화했다."[62] 그가 인식했든 아니든, 그 관찰은 그의 전술을 무효화시키는 또 다른 현실을 포착한 것이었다. 그것은 북베트남군은 인명 손실을 미군과 같은 관점에서 보지 않는다는 점이었다. 북베트남군과 남베트남의 추종 세력은 독립전쟁을 치르고 있었고, 이 전쟁에서 승리하기 위해 많은 인명을 희생시킬 각오가 되어 있었다.

항상 높은 전사자 수의 국내 정치적 여파를 생각해야 하는 민주 국가의 장군이 소모전을 치르는 것이 더 힘들 것은 의심할 여지가 없다. 반면에 호치민과 마오쩌둥 같은 이념적 독재자들은 (적어도 우리의 관점에서) 인간 생명을 경시하고, '인민 투쟁'의 궁극적 결과와 프롤레타리아 독재의 승리에만 관심을 가진다. 하지만 서방 장군들을 사상자 수를 절대적으로 최소한에 머물도록 주의를 기울이며 전투를 치를 의무가 있다. 이는 인도적 이유 때문이기도 하지만, 의회, 언론, 대중 사이에서 전쟁 반대의 불길이 일어나지 않도록 하기 위해서이기도 하다.

해병대 작전

미 육군 부대가 통상 대규모 기지에서 수색-파괴 작전을 수행하는 동안에도 미 해병대는 남베트남 북부 지역에서 매우 다른 방식으로 작전을 수행했다. 해병대는 1940년으로 거슬러 올라가는 소규모 전쟁에 대한 뛰어난 교본을 바탕으로 자신들만의 작전 개념을 만들었다. "작은 전쟁에서의 목표는 최소한의 전력 사용과 이를 바탕으로 최소한의 인명 손실이라는 결과를 얻는 것이다. 최종 목표는 적 게릴라를 군사적으로 패배시킨 뒤 주민들의 사회적·경제적·정치적 발전을 이루는 것이다. 작은 전쟁에서 관용, 동정, 친절은 다수 주민과 우리 사이의 관계의 핵심이 되어야 한다."[63]

이 교본의 지침에 따라 1965년 6월부터 1967년 6월까지 베트남 해병대 사령관을 맡은 루 월트Lew Walt 중장은 합동행동 프로그램CAP

구상을 만들었다. 이 프로그램에서는 해병대 분대와 해군 의료팀이 남베트남 시민군 분대와 같이 마을과 전략촌에 배치되어 베트콩의 주민 접근을 막았다. 《라이프》 기사가 설명한 대로 그들은 "마을을 보호하고, 주민들을 알고, 지역 공산군 기반시설을 찾아내고, 그것을 쓸모없게 만들었다. (…) 만일 주민들을 찾아가서 마음을 얻을 수 있다면 공산군은 가장 상처가 큰 타격을 입을 것이다." 해병대는 주민들을 보호하기 위해 그들과 함께 생활한다는 개념을 작전화한 것이 핵심이었고, 이것은 40년 후 이라크 안정화 작전의 큰그림에서 가장 중요한 요소 중 하나가 되었다.[64]

마을과 전략촌에 배치된 CAP분대는 베트콩의 활동을 저지하기 위해 주기적으로 시민군 분대와 함께 야간 순찰을 돌고 잠복을 했다. 그들은 헬리콥터로 이동하기보다는 민간인이 사용하는 도로를 이용했다. 언어 장벽이 문제가 되기는 했지만, 이 작전의 결과는 인상적이었다. CAP가 실시되면서 월트 장군이 확보한 '안전한' 마을의 수는 1965년에서 1967년 사이 87개에서 197개로 늘어났고, '안전' 지역에 거주하는 남베트남인은 41만 3000명에서 110만 명으로 늘어났다. 단지 2000명의 해병대 병력이 이룬 성과였다. 특히 괄목할 만한 성과는 해안의 영농 지역에 CAP분대가 골고루 배치되면서 농민들은 베트콩에게 '세금 납부'를 하지 않고 작물을 수확할 수 있게 되었고, 이로써 베트콩의 주요한 수입원이 차단된 것이었다. 이뿐 아니라 인명 사상자도 대규모 작전에 투입된 미 육군이나 해병대의 절반에 불과했다.[65]

CAP 구상의 인상적인 결과에도 불구하고 웨스트모얼랜드 장군은 그것이 자신이 만든 작전 개념에 합치하지 않는다고 생각했고, 해병대도 헬기로 이동하는 더 큰 전력을 만들어 대규모 적 부대를 공격하고, 기지와 보급 창고를 공략하기를 바랐다. 그는 자신의 회고록에서 CAP가 "일부 주목할 만한 결과를 달성했다"고 언급했지만, "모든 마을, 전략촌에 미군 소부대를 배치할" 정도로 충분한 병사를 가지고 있지 못했다고 주장했다.[66] 그러나 국방부 연구에 따르면 CAP 접근법은 단지 16만 7000명의 병력만 필요로 했고, 이것은 웨스트모얼랜드 휘하에 궁극적으로 배치된 55만 명의 병력에 비하면 훨씬 적은 수였다.[67]

1966년의 전쟁 상황

1965년 11월 말, 미 군사지원단은 북베트남군과 베트콩 전력의 증강으로 1966년 말까지 작전 목표를 달성할 수 없다는 것을 인식하기 시작했다. 웨스트모얼랜드는 자신의 소모전 전략이 시간이 걸리고, 적군의 손실이 적의 대체 능력을 초과하는 지점까지 도달하려면 대규모 미군 투입이 필요하다는 것을 깨달았다. 1966년 2월 호놀룰루에서 진행된 고위급 회의에서 맥나마라 국방장관은 미군의 수를 1965년 말 18만 4300명에서 1966년 말까지 42만 9000명으로 증강하고, 작전에 투입되는 대대 수도 35개 대대에서 1967년 6월까지 79개 대대로 늘리는 계획을 승인했다.[68]

웨스트모얼랜드 장군과 고위 장성들은 전쟁이 지리적 영역도 확대하는 방안을 밀어붙여서 미 군사지원단은 라오스와 캄보디아에 있는 적군의 은신처로 전쟁을 확대하는 것이 가능하게 되기를 원했다. 이러한 바람은 부분적으로 북베트남이 라오스와 캄보디아를 경유하는 호치민 루트를 이용해 북베트남 부대와 보급품을 남베트남으로 침투시키는 것에 대한 초조함에서 나온 것이었다. 그러나 베트콩은 남베트남 자체에서 필요한 자원의 대부분을 공급받고 있었다. 이것은 또한 적군을 전투로 유도하지 못해서 생긴 초조함을 반영한 것이기도 했다. 북베트남군과 베트콩은 포착하기가 아주 어려웠고, 그들은 계속 교전을 피하다가 자신들이 원하는 시간과 장소에서만 전투를 벌였다. 궁극적으로는 은신처를 찾아 파괴하는 것이 실행가능하지 않다는 결론이 내려져서 확장 계획은 실현되지 않았다.[69]

이렇게 소모전 전략은 계속되었고, 미국 전투 대대의 95퍼센트는 대게릴라전이 아니라 수색과 파괴 작전을 수행했다. 미군은 북베트남군에 상당한 타격을 입혔지만, 베트콩에 대해서는 큰 전과를 올리지 못했다. 베트콩의 수는 미군 전투 병력이 배치된 첫 해에 오히려 늘어났다.[70] 북베트남은 미군의 증강에 대응하여 매년 징집 연령에 이른 20만 명의 신병을 확보했고, 북베트남 지도자들은 미군에게 더 많은 사상자가 날수록 미국인들이 더 빨리 전쟁에 등을 돌리게 될 것이라고 생각했다.[71]

1966년 3월, 미 육군참모총장 해럴드 존슨Harold K. Johnson이 의뢰한 연구는 수색과 파괴에 집중하는 작전에 따르는 문제들을 보여줬다. 〈베트남의 평정과 장기적 발전을 위한 프로그램PROVN〉이란 명칭이 붙은 이 보고서는 국방부 내 가장 뛰어난 참모 장교들이 작성했고, 베트남에서 수행해야 하는 광범위한 임무를 전달하고, 현재 진행 중인 대부대 위주 작전의 문제점들을 나열하며, 대안적 전략을 제시했다.[72] 보고서는 먼 오지에서 북베트남군과 베트콩을 추적하기보다는 대다수의 남베트남인들이 거주하는 전략촌, 마을, 군에 노력을 집중할 필요가 있다고 주장했다. 물론 일부 경우 먼 오지 작전이 필요하기도 했다. 지역에 초점을 맞추고 노력과 자원을 동원해야 했지만, 민간 요소와 군사적 요소가 같이 움직일 필요가 있었다. 보고서는 다음과 같이 결론을 내렸다. "가장 중요한 행동은 마을, 군, 도 수준에서 일어나야 한다. 이곳이 전쟁을 치러야 할 곳이다. 이곳이 전쟁에 승리하고 전쟁 너머에 있는 목표를 달성해야 하는 곳이다."[73]

웨스트모얼랜드 장군은 이 보고서를 사실상 무시했고, 이 모든 문제는 이미 과거에도 거론되었다고 주장했으며, 이 보고서를 회고록에서 언급도 하지 않았다. 합참의장인 휠러 장군도 같은 행동을 취했고, 동남아에서의 문제는 군사적인 것이 아니라 정치적이고 경제적인 것이라는 보고서의 주장에 동의하지 않았다. "베트남 문제의 핵심은 군사적 문제이다"라고 그는 단호하게 말했다.[74]

1968년에 사령관이 웨스트모얼랜드에서 에이브럼스 장군으로 교체되고 나서야 이 보고서의 사항들이 거의 수용되고 바람직한 효과를 낳는 데 도움을 주었다. 그러나 그때는 이미 중요한 시간을 낭비한 후였다. 웨스트모얼랜드는 단지 일시적 효과만 얻는 대규모 수색과 파괴 작전을 계속했다. 그렇게 한 핵심적 이유는 부대들이 소탕한 지역을 유지하지 못했기 때문이었다. 이뿐만 아니라 웨스트모얼랜드의 접근법은 심지어 인구 밀집 지역에서도 거대한 규모의 비관측 포격과 근접 공중 지원을 광범위하게 사용했고, 이것은 매년 30억 달러의 비용을 소진했다. 이 모든 것은 대규모 기지 설치와 이를 위한 경비의 소요로 충족되어야 했다.[75]

1967년 작전 대대 수를 90개 대대로 늘리고, 총 병력을 54만 명으로 증강시켜달라는 웨스트모얼랜드의 요청이 맥나마라에게 전달되자, 그는 이 병력이 전쟁 계획에 필요하다는 것을 보여주는 상세한 분석을 요구했다. 10월 중순 맥나마라와 휠러 합참의장은 베트남을 방문했다. 맥나마라는 "적은 우리를 분주하게 만들고 우리가 철수하기를 기다리기 때문에 조만간 전쟁을 끝낼 합리적 방법이 없다"라고 결론 내렸다. 평정화는 '큰 실망' 수준이었고, 롤링선더 공습은 별다른 효과가 없었다고 그는 평가했다. 그는 또한 적에게 상당한 인명 손실을 입혔음에도 불구하고, "적의 사기가 무너질 것이라는 신호는 전혀 없고, 적은 북베트남으로부터의 침투와 남베트남에서의 징집으로 손실 병력을 대체할 수 있다"고 분석했다.[76]

그러나 이러한 평가에도 불구하고 맥나마라와 존슨 대통령은 병력을 47만 명으로 증강하고 평정화에 더욱 집중할 것을 지시했다. 맥나마라는 생애 후반부에 전쟁이 얼마나 빨리 끝날 것인가에 대한 자신의 낙관과 오만한 공언에 대해 후회했다. 하지만 그렇다고 해서 당시 미국인을 잘못 인도하고 자신도 공유하지 않은 희망을 심어준 것에 대한 잘못이 용서되지는 않는다.

1967년으로 접어들면서 언론에 보도되는 적의 높은 전사자 수에도 불구하고, 승리는 아직 멀었다는 것이 점점 더 분명해졌다. 기자 말콤 브라운Malcolm Browne은 미군의 공격이 "튀어나온 코르크 마개를 치는 망치와 같고, 코르크는 들어가지 않는다"라고 비유했다.[77]

약 50만 명의 미군 병력이 도착하고, 이러한 증강을 지원하기 위한 막대한 양의 보급품과 군수품은 남베트남 경제에 괴멸적 효과를 초래했다. 항구는 화물로 적체되고, 인플레이션이 고공행진하며, 많은 미국 상품의 유입은 베트남의 얼마 안 되는 토착산업을 파괴했다. 이뿐 아니라 흥청망청하는 분위기 속에 범죄와 부패도 기승을 부렸다.

전쟁의 전면적 미국화로 미군과 남베트남군 사이에는 정보 유출로 인한 불신과 긴장이 팽배했다. 이것은 앞으로 전개되는 작전에서 정보 공유를 축소시켰고, 남베트남 군인들이 미군 기지에 들어오는 것을 제한하는 조치로까지 이어졌다.[78] 이런 상황에서 국가 건설 노력은 전략촌, 마을, 군 단위를 비롯한 모든 단계에서 중단되었다.

그럼에도 1967년 초 웨스트모얼랜드 장군은 1968년 중반까지 병력 수를 최소한 55만 9000명으로 늘리고, 작전 대대 수를 108개로 늘려달라고 요청했고, 그의 '최적안'은 67만 6000명이었다. 이러한 요구에 대해 존슨 대통령은 워싱턴에서 웨스트모얼랜드를 만나 "우리가 사단을 늘리면, 적도 사단을 늘리지 않겠는가?"라고 물으며 회의적 반응을 보였다.

그러는 사이 대규모 수색과 파괴 작전이 계속되었지만, 그 결과는 성공적이지는 않았다. 1966년 말 10주 동안 감행된 '애틀보로 작전 Operation Attleboro'에는 2만 2000명의 미군과 남베트남군이 B-52의 공중 지원과 대규모 화력 지원을 받으며 사이공 북서부의 베트콩 거점으로 진격하는 작전이었다. 적군 1100명을 사살하고 상당한 양의 보급품을 노획했기 때문에 이 전투는 승리한 것으로 선언되었지만, 얼마 지나지 않아 베트콩이 다시 돌아와 거점을 장악했다. "그들은 사상자를 크게 신경 쓰지 않았다"라고 애틀보로 작전에서 제1보병사단을 지휘했던 윌리엄 데푸이William DePuy 중장이 후에 회고했다.

그리고 사상자가 너무 많이 발생하면 (…) 그들은 후퇴하며 기다렸다. 나는 그들이 그런 압박을 받는 상태라면 최소한 잠시 전쟁을 중단하거나, 포기하고 북쪽으로 귀환할 것이라고 생각했다. 그러나 나는 완전히 오판했다. 다소 놀라기도 했다. (…) 우리가 베트콩을 찾는 것이 얼마나 힘든지에 대해 (…) 우리는 생각보다 많이 헛수고를 했다. 그들은 더 잘 숨었다. 그들이 전투를 더 잘 통제했다. 싸울지 말지를 결정한 것은 늘 그들이었다.[79]

이와 유사한 작전들이 1967년 내내 수행되어 유사한 결과를 내었다. 종종 중요한 교전은 베트콩이 시작한 것이었고, 미군은 엄청난 화력을 소모했다. 일례로 도시 연결 작전에서는 베트콩 한 명을 사살하는 데 평균 몇 톤의 군수품이 사용되었다. 그러나 미군은 "여러 사단이 동원된 작전이 현대 대게릴라전에 자리를 잡았다"라고 확인했다.[80] 하지만 노획한 베트콩 문서에서 드러난 것처럼 미군의 접근법은 적의 손에 놀아나고 있었다. 적은 미군과 남베트남군이 인구가 밀집된 해안 평야 지역에 집중하는 것을 막는 데 주력했다.

1967년 말이 되자 미 국방부는 미군 병력을 52만 5000명으로 늘리는 데 동의했고, 추가 부대들이 도착했다. 웨스트모얼랜드 장군은 존슨 대통령의 '성공 공세'의 일환으로 워싱턴에 불려 왔다. 이 행사는 베트남에서 예정된 승리에 집중하여 전쟁을 지지하는 국내 여론을 조성하기 위한 홍보 계획의 일환이었다. "나는 아주, 아주 고무되어 있습니다. 우리는 정말 진전하고 있습니다"라고 웨스트모얼랜드는 도착 일성으로 기자들에게 말했다.[81] 7개월 전 미 의회 연설에서 그는 베트남에서 직면한 도전을 열거했지만, 이와 유사한 들뜬 평가를 했고, 의원들에게 "우리는 베트남에서 공산 침략자를 제압할 것입니다"라고 큰소리쳤다.[82] 11월 베트남으로 돌아가면서 웨스트모얼랜드는 자신의 차석지휘관에게 워싱턴 방문은 미국인들에게 "터널 끝에

비치는 빛"으로 묘사되었다는 전문을 보냈다.[83]

이 일화는 장군들이 자신이 수행하고 있는 전쟁을 선전해서는 안 된다는 점을 다시 일깨워준다. 이것은 그들이 복종하는 정치인들이 할 일이었다. 그러나 베트남 전쟁에서는 군인과 정치인이 함께 과도한 낙관을 표명함으로써 국민들에게 전혀 좋지 않은 영향을 미쳤다. 낙관주의가 잘못된 것이 드러나고, 때로 진실이 아닌 것이 밝혀지면 실망은 더 클 수밖에 없었다.

1968년에 접어들면서 웨스트모얼랜드에 대해 할 수 있는 가장 좋은 말은 그가 자신이 한 말을 진정으로 믿었다는 것이다. 실제로 그는 너무 확신에 차서 베트남의 설날인 뗏Tet 기간에 전개된 적의 가장 큰 공세를 앞두고 2개 여단을 인구 밀집 지역에서 다른 곳으로 이동시켰다. 인구 밀집 지역에 대한 전국적인 공세는 웨스트모얼랜드의 전쟁 전략에 최종적이고 공개적인 도전장을 내민 것이었다.[84]

뗏 공세

일주일간의 설날 축하 행사는 매년 진행되는 가장 큰 민속축제였다. 전쟁 중에도 이 기간 동안에는 전투를 멈추고 명절을 축하했다. 그러나 1968년 공산군은 이 절기를 택해 막대한 군수품을 동원해 남베트남을 기습 공격했다. 그들은 남베트남 전역에 걸친 동시 공격으로 남베트남 주민들도 봉기를 일으키고 반란을 지원할 것으로 기대했다.[85] 웨스트모얼랜드는 북베트남이 뗏 기간을 이용해 공격할 수 있다고 우려하여 일부 미군 부대에 연휴 동안 경계 태세를 유지하도록 명령했지만, 남베트남군은 휴가를 즐겼다.

1968년 1월 30일 저녁, 거의 8만 5000명에 달하는 북베트남군과 베트콩이 남베트남 전역의 목표물을 타격해 수백 개의 소도시와 사이공을 포함한 대도시들과 많은 군사기지, 정부건물, 미국대사관이 공격을 받았다. 베트콩이 미국대사관 담장을 돌파해 대사관 전체를 장악했다는 오보가 나가기도 했지만, 그날 중으로 모든 침입자는 사살되었다. 사이공의 모든 다른 기지들도 통제권을 되찾았고, 일주일 이내에 사이공 시내의 안전은 회복되었지만, 다른 곳에서는 교전이 계속되었다. 특히 후에에서는 격렬한 전투가 벌어져 게릴라들이 도시 대부분을 장악하고 수천 명의 정부 지지자들을 살해했다. 이 도시는 한 달간의 격전 후 해방되었다. 케산 전투는 더 오래 지속되었지만 뛰어난 근접 공중 지원과 공중에서 투하된 보급품 덕분에 미군은 거점을 잘 방어하고 적군을 격퇴했다.

훗날 역사학자 피에르 아셀린Pierre Asselin이 평가한 것처럼, 뗏 공세는 "하노이에 대한 자격 미달의 군사적 재앙"이었다. 북베트남 지도자들이 승리할 것이라고 믿었던 전투는 공산주의자들에게 큰 손실을 가져다주었다. 3월과 5월에 더 강한 공격으로 만회하려는 시도는 더 많은 사상자만 양산했다.[86] 그럼에도 오스트레일리아 기자 데니스 워너Denis Warner는 1972년에 쓴 글에서 이 공세는 "워싱턴에는 심리적으로 디엔비엔푸였다. 이후에 발생한 모든 일은 인도차이나에서 군사적 승리를 거둘 수 있다는 미국인들의 희망을 크게 감소시켰다"라고 지적했다.[87] 그 이유는 이 공세는 존슨 정부와 웨스트모얼랜드 장군의 신뢰성을 크게 훼손했고, 특히 1967년 후반 두 사람이 소위 '성공 분위기'로 베트남에서의 진전을 강조한 상황에서 더욱 그랬다.

뗏 공세는 북베트남군과 베트콩의 정치적 연결 구조에 큰 손실을 입혔고 특히 베트콩 전사들이 크게 줄었지만, 하노이에 막대한 정치적·외교적 배당금을 지불하게 했다. 가장 중요한 것은 이것이 미국 전역과 서방에 반전 감정을 분출시켰고, 공산군들은 예상했던 것보다 훨씬 깊은 곳까지 타격할 수 있다는 것을 보여준 것이다. "심리적 관점에서 보면 이 공세는 하노이에 주요한 전략적 승리를 안겨주었고, 미국에서 이후 일어난 일에 비추어 볼 때 베트남전 역사에서 분수령이 되었다."[88] 일부 현실은 매우 분명해졌다. 바로 승리 가능성이 보이지 않는다는 것이었다.

로버트 케네디는 뗏 공세가 전쟁에 대한 "공적 환상의 가면을 부셔 버렸다"고 말했다.[89] 구정 공세 후 CBS뉴스 앵커인 월터 크롱카이트 Walter Cronkite의 평가는 섬세했지만 정신이 번쩍 들게 하는 것이었다. 특히 3대 뉴스 앵커 중 가장 존경받는 인물이 한 말이라 영향력은 더욱 컸다.

"오늘 우리가 승리에 더 가까워졌다고 말하는 것은 과거에 틀렸던 낙관론자들의 말을 증거가 드러난 상황에서도 믿으라는 것과 같다. 우리가 패배 직전에 와 있다고 하는 것은 비합리적인 비관론일 것이다. 우리가 교착 상태에 빠져 있다고 말하는 것이 만족스럽지는 못하지만 유일하게 현실주의적인 결론일 것이다."[90]

1968년 3월–1973년 3월 : 철수, 에이브럼스 장군의 지휘, 베트남화 및 협상

뗏 공세 파장으로 미국인들이 결정적으로 전쟁에 등을 돌리면서 반전

운동이 거세졌다. 시위가 점점 빈번하게, 여러 곳에서 일어났으며, 이후 일어난 일은 전쟁이 전환점에 처했다는 것을 보여주었다. 이런 상황에서 가장 눈에 띄는 것은 존슨 대통령이 1968년 3월 31일 행한 연설이다. 그는 네 가지 중요한 결정을 발표했다. 그는 웨스트모얼랜드가 요청한 20만 명 추가 병력 파병을 수용하지 않기로 했다. 다음으로 남베트남군의 확장과 개선이 우선순위가 될 것이라고 말했다. 그리고 미국은 평화로 다가가기 위해 북베트남에 대한 폭격을 중단한다고 발표했다. 마지막으로 그는 대통령 재선을 위한 당의 지명을 받아들이지 않을 것이라고 발표했다.[91] 허버트 챈들러가 평가한 것처럼 "미국이 베트남에서 발을 빼는 첫걸음은 1968년 3월 31일 연설이었다."[92]

존슨이 내린 결정 중 몇 가지는 전직 대통령 고문과 퇴역 장군 오마르 브래들리와 매슈 리지웨이로 구성된 9인 그룹 '현인들'의 새로운 협의를 반영한 것이었다. 이 그룹은 3월 25일과 26일에 만나서 존슨 대통령에게 추가적 병력 증강에 반대하고, 전쟁을 종결시킬 협상을 시작할 것을 권고했다. 이 그룹이 이전까지는 '베트남에서 현 노선을 유지하는 것'을 지지한 것을 고려하면 이러한 권고는 시각의 중요한 변화를 의미했다.[93] 존슨의 결정은 또한 새로 국방장관으로 임명된 클라크 클리포드Clark Clifford의 대책팀이 수행한 분석에도 영향을 받았다. 이 분석은 다양한 선택지, 비용, 잠재적 이익을 제시하고, 이에 따를 대중의 반응도 제시했다. 대책팀은 대통령의 베트남에 대한 집중에 초점을 맞추고, 전쟁의 전략과 방향에 대해 의구심의 씨앗을 대통령과 국방장관에게 심어주었다.[94] 이것은 이후 전쟁 방향에 대한 추가적 변화로 이어졌다.

4월 중순 클리포드 국방장관은 병력 한도를 54만 9000명으로 늘린다고 발표했지만, 이것은 웨스트모얼랜드가 요청한 것보다 훨씬 적은 수였고, 국방성의 군 지도자들이 건의한 것보다 적은 수였다. 이로부터 2주도 채 지나지 않아 그는 후에 '베트남화'라고 알려진 정책을 처음으로 발표했다. 이 정책은 남베트남군이 점점 더 많은 전투를 담당하는 것을 의미했다.[95] 이어 백악관은 미 군사원조사령부 부사령관인 크레이톤 에이브럼스 장군이 6월 초 웨스트모얼랜드를 대체하고, 웨스트모얼랜드는 승진으로 보이는 미 육군참모총장에 임명된다고 발표했다.

루이스 솔리Lewis Sorley가 《더 나은 전쟁A Better War》에서 설명한 것처럼 에이브럼스 장군은 "전쟁의 성격, 수행의 개념, (…) 사용하는 수단, 적용될 전술에서 극적인 변화"를 가져올 것으로 보였다.[96] 가장 우선적인 목표는 적의 섬멸이 아니라 주민들의 안전이 되었지만, 이것은 새로운 접근법의 요소 중 하나가 될 터였다. 새로운 큰그림에서 가장 중요한 것은 규모가 큰 대대 전투, 평정화, 지역적 안전보다는 '단일전쟁' 개념이었다. 군사작전과 남베트남군의 강화와 평정에 대해 동일한 주안점을 두고, 이 모든 것이 밀접하게 서로 연결될 것이었다. 이것은 중대한 변화를 의미하지만, 실제 집행을 하는 것은 큰 도전이었다. 에이브럼스의 접근은 몇 년 전 PROVN 연구 집단이 제안한 것과 크게 다르지 않았다. 실제로 에이브럼스는 이 보고서 작성자 중 한 사람을 신속히 참모로 임명했다.[97]

솔리는 이렇게 말했다. "깊은 정글을 헤매는 대신 적을 우리가 선택한 시간과 장소에서 전투에 끌어들이기 위해 (…) 연합군은 이제 침략군으로부터 인구 밀집 지역을 보호할 수 있는 진지를 구축했다. 이로써 아군은 더 유리한 상황에 놓이게 되었고, 적군은 이를 뚫고 주민들에게 접근해야만 했다." 예를 들어, 1968년 8월 초에 제1기병사단 전체가 대대나 여단 편성이 아닌 중대 규모의 부대로 작전을 수행했다. 어느 언론인은 "웨스트모얼랜드가 수색과 파괴, 사살한 시체의 숫자 세기에 능했다면 에이브럼스는 '차단과 쌀 무게 측정an interdict and weigh the rice'*에 능한 사람"이라고 평가했다. 이는 에이브럼스가 시간이 지나면서 특히 주민에 대한 접근성이 줄어든 적의 주요 병참기지 및 재보급 수단을 색출해내는 데 중점을 두었음을 반영한 것이다. 그리고 핵심적 지표는 사살된 적의 수가 아니라 주민 보호였다.[98]

물론 적을 사살하고 생포하는 일은 에이브럼스가 의도한 것보다는 계속 전쟁 노력의 주요 요소가 될 테지만, 이는 부분적으로 전쟁의 관성 탓이기도 했다. 그럼에도 새로운 접근법은 이전에 채택된 전략보다 전통적 대게릴라 작전에 훨씬 잘 맞아 떨어지는 포괄적이고, 통합적인 민간-군사 접근법이었다. 미 군사지원단의 차석 책임자가 후에 서술한 대로 "에이브럼스는 '수색과 파괴' 대신에 '소탕과 유지'를 기본 전술로 택했다."[99] 새로운 접근법에서는 민간인 희생과 재산 파괴를 막기 위해 공중, 포병 지원 자제에 중점을 두었다. 이 접근법을 실행하기 위해 화력 사용에 대한 개정된 교전 수칙이 도입되었다.

에이브럼스는 미 군사지원단의 장기대책팀이 그에게 브리핑을 한 1968년 11월 20일, 단일전쟁 접근법을 강조하고 작전적 접근법에 상당한 변화를 요구했다. "미군 전투의 모든 성과는 농촌 베트남 주민

• 여기서 '차단'이란 적과의 직접적 교전이 아니라, 적의 공급라인·병참선·기반시설의 교란 및 차단을 통해 적을 약화시키는 간접적 방식이며, '쌀 무게 측정'이란 단지 사살한 적군의 시체 숫자를 세는 차원을 넘어, 현지 주민에 대한 영향 및 전쟁 노력의 장기적 지속 가능성과 같은 더 넓은 요소들을 고려했다는 은유적 표현이다.—옮긴이

들에게 의미 있고, 긍정적인 차이를 만들어내지 못했다. 그 이유는 농촌에 진정한 안전이 보장되지 않았기 때문이다"라고 그는 신랄하게 결론 내렸다.

우리의 대규모 작전은 북베트남군과 베트콩 주력 부대들을 남베트남에서 몰아내거나 최소한 주민들에게 위협을 제기하지 못하는 먼 산악이나 정글 지역으로 몰아냄으로써 보호막을 발전시키고자 노력했다. 그러나 이 목표를 추구하면서 우리는 왜 우리가 적을 몰아내고 적의 전투 능력을 파괴하려고 하는지에 대해 잊어버리는 경향이 있었다. '베트콩 사살' 자체가 목적이 되었고, 이 목적은 때로는 자기파괴적이었다. 전쟁의 가장 어려운 임무이자 미국이 베트남에 주둔해야 하는 실질적 이유인 베트남 국민에 대한 치안 제공이라는 임무를 수행하기 위해 우리는 베트남 준군사 및 경찰 부대에 의존해 왔다. 그러나 이들은 숫자는 많지만 효율성이 낮았고, 장비도 부족했고, 지도력에 무관심했다. 베트콩은 불안정한 환경에서 번성했다. 그들에게는 베트남 정부가 시민들에게 안전을 제공할 능력이 없다는 것을 보여주는 것이 중요했다. 그리고 그들은 성공했다.[100]

에이브럼스는 단일전쟁 개념을 강화하기 위해 대책팀이 건의한 조치를 지원했다. 그러나 그것을 진정으로 '작전화'하는 데는 시간이 걸렸고, 완전히 성취되지 않았다. 큰 조직에 늘 일어나는 일이지만 최고위층에서 변화에 대한 지시는 하나의 일이고, 이 변화를 조직의 상하 좌우로 실현하는 것은 별개의 일이었다. 평정화 노력의 요소들과 주민 안전과 소부대 작전에 대한 강조에도 불구하고, 1968년과 1969년 내내 주요 미군 부대들은 이전과 같은 작전을 펼쳤다. 전술 부대에서 적과 아군의 사상자 비율은 여전히 주의 깊게 파악되었고, 화력은 자유롭게 사용되었다. 이뿐 아니라 수색과 파괴 작전을 아직도 많은 부대가 수행하고 있었지만, 미 최고지휘부가 바뀌기 전과 마찬가지로 일시적인 결과만 냈다.

새로운 주안점과 재원이 주어진 한 분야는 존슨 대통령이 1967년 5월에 시작한 '민간 작전과 혁명적 발전 지원cords' 프로그램이었다. 이것은 '용접공 밥'으로 불린 로버트 코머가 시작한 프로그램이었다. CIA 관리였던 그는 존슨 대통령의 특별보좌관이 되었다. 1967년 베트남에 파견된 그는 베트남의 사정을 잘 이해했고, 1968년 에이브럼스 장군이 그를 귀국시킬 때까지 이 프로그램을 베트남에서 시작하고 이끌겠다는 결의에 차 있었다.

대사 직급을 부여받고 웨스트모얼랜드 장군의 부관이 된 그는 준장인 다른 보좌관과 크게 증강되는 병력과 민간인 요원들을 지휘했다.[101] 코머는 고전적인 대게릴라전 개념에 부합하는 접근법을 택했다. 그는 새 프로그램에 세 가지 핵심 과제를 설정하고 평정화 노력에 집중했다. 첫 번째는 주민의 안전이었고, 이것의 목적은 농촌 지역에서도 주민들을 베트콩과 그들의 정치요소와 분리시키는 것이었다. 두 번째는 안전 기초를 강화하고, 남베트남 정부와 그 파트너인 미국인들이 지원하면 더 나은 생활을 할 수 있다는 것을 주민들에게 보여줌으로써 그들의 지지를 확보하는 것이었다. 세 번째는 안전이 확보된 지역과, 분위기를 바꿀 정도로 주민의 지지를 충분히 확보한 지역을 확대하여 전세를 역전시키는 것이었다. 당시까지의 전환은 기껏해야 유동적이었고, 최악의 평가로는 악화되고 있었다.[102]

이 접근법은 근본적으로 '소탕과 유지', 그다음에 '기름방울'을 확대하는 고전적 대게릴라전 개념과 일치했다. 코머가 사이공에 굳건히 자리를 잡고 베트콩 세력이 뗏 공세 이후 크게 감소한 상황에서 에이브럼스는 민간-군사 노력이 추가적 중요성과 늘어난 자원을 부여받고, '단일전쟁' 접근에 좀 더 완전히 통합되도록 노력했다. 그는 베트남 주재 미국 대사 테일러와 긴밀히 협력하고 모든 미군과 연합군의 지휘 통합을 위해 노력했으며, 남베트남군과 신중하게 조율하며 관계의 발전에 주의를 기울였다. 이것은 남베트남군을 기본적으로 무시해왔던 과거의 접근법과는 크게 대조되는 것이었다.

궁극적으로 CORDS는 국무부, CIA, 민간 행동 집단을 주도하는 군부의 노력, 베트남 지역 보안 세력이 수행하는 평정화 노력의 모든 요소를 망라하는 것이었다. 4군의 각각의 작전을 관장하는 미군 3성 장군 아래 이 프로그램을 관리하는 부관들이 배치되었다. 또한 베트남의 44개 도에 자문단이 파견되어 지방 안전, 공동체 발전, 농업, 공공 보건, 교육, 심리전 등을 도왔다. 이와 유사한 요소들이 베트남의 243개 군에 배치되었다. 시간이 지나면서 이 노력에 투입된 자문관의 수는 1966년 수천 명에서, 이 프로그램이 절정에 달했던 1969년 말 7600명으로 늘었고, 이들 중 6400명 이상이 군 출신이었다. 이 프로그램을 위한 재정 지원은 몇 배로 늘었고, 베트남 중앙경찰과 지방 보안군에게 재정과 장비를 지원하고 비용도 크게 늘었다. 평정화 노력에 늘어난 자원과 중요성은 뗏 공세 이후 베트남 시민들의 안전을 크게 향상시켰다.[103]

CORDS에서 특히 중요한 부문은 피닉스 프로그램이었다. 이것은 이전에 남베트남의 베트콩 정치 세력 구성원을 체포하거나 사살하려는 초기 노력의 산물로서 상대적으로 성공하지 못했던 구상이었다. 1967년에 시작된 피닉스 프로그램은 베트콩의 정치요소의 중요성과 이러한 활동에 관여한 많은 요원들의 정체가 드러나서 사살된 뗏 공세로 인해 더욱 추동력을 얻었다. 1968년 평정화의 중요성이 높아진 '뗏 이후'의 노력에서 피닉스 프로그램은 네 가지 과제에 집중했다. 첫째, 각 도와 군에 정보 수집과 심문센터 설립, 둘째, 베트콩 정치 기반과 관련된 의심이 가는 개인에 대한 정보를 수집하여 그들을 체포하거나 전향시키거나 사살하는 것, 셋째, 이러한 혐의자들을 재판에 회부하고 유죄 판결을 받을 경우 감옥에 수감시키는 것, 넷째, 지역 보안군 및 경찰 세력(CIA가 모집, 훈련, 감독하는 특별 훈련을 받은 지방 정찰부대)이 체포 활동을 수행하는 것이었다.[104]

피닉스 프로그램은 암살 작전이라는 논란에 휩싸였지만, 이에 대한 역사적 분석은 다른 결과를 보여준다. 물론 이 프로그램은 분명 여러 문제가 있었다.[105] 하지만 역사학자들은 피닉스 프로그램을 범죄적 작전으로 보지 않고, 혐의가 있는 공산군을 체포하고 처벌하는 것을 허용한 특별법 체제 안에서 진행된 작전으로 본다. 이 프로그램이 개인에 초점을 둔 복수를 추구하는 것이 아니라는 것을 보장하기 위해 개인을 기소하기 위해서는 세 가지 이상 별도의 증거가 필요했다. 1968년부터 1972년까지 소탕된 8만 2000명의 베트콩 중 3분의 2 이상은 사살되지 않고 체포되었다. 피닉스 프로그램을 수행하는 요원들은 더 많은 베트콩을 체포하는 데 필요한 정보를 얻기 위해서는 베트콩의 사살보다 체포가 더 중요하다는 것을 인식하고 있었다. 물론 고문을 포함한 포로 학대가 분명 있었지만, 이 프로그램은 전체적으로 평정화 노력에 큰 기여를 했다.[106]

1968년 여름과 가을, 미 대통령 선거운동이 열기를 더해가면서 더 이상 재선 후보가 아닌 존슨 대통령은 전쟁을 해결하고자 북베트남과 협상을 추진하기 위해 상당한 노력을 기울였다. 이러한 노력은 오랜 협상과 간헐적 북베트남 폭격의 중단에도 불구하고 눈에 띄는 결과를 만들어내지는 못했지만, 1973년 파리에서 마무리될 평화협정의 과정은 시작되었다.

1968년 11월 리처드 닉슨이 미 대통령으로 선출되었고, 그는 신속하게 새로운 국가안보팀을 구성하여 헨리 키신저 박사를 국가안보보좌관에 임명하고, 멜빈 레어드Melvin Laird를 국방장관으로 임명했다. 레어드는 미군 감축과 베트남화 과정의 가속화를 옹호하는 인물이었고, 키신저는 북베트남과의 협상을 적극적으로 추진할 예정이었다.

닉슨이 취임할 당시 베트남전은 건설적인 국내, 대외 정책 수행을 크게 방해하는 분열적 힘이었기 때문에 그는 이 전쟁을 끝내야 한다는 것을 잘 알고 있었다. 조지 헤링은 "닉슨은 미국을 베트남에서 빼내는 것이 정치적 미래와 역사에서 자신의 위치에 결정적 영향을 미칠 것임을 잘 알고 있었다"라고 썼다. 그러나 닉슨과 키신저 모두 이 전쟁은 명예롭게 끝나야 한다고 주장했다. 즉, 미군의 철수는 패배로 비춰져서는 안 되고 모든 합의는 이상적으로는 남베트남이 생존할 수 있는 기회를 만들어야 했다.[107] 뿐만 아니라 키신저는 '북베트남 같은 4류 국가'는 '한계점'을 경험해야 한다고 생각했다.[108] 그리고 전임자들과는 다르게 닉슨과 키신저 모두 자신들이 원하는 평화를 얻기 위해 최대한의 힘을 사용할 준비가 되어 있었다.

그러는 동안 베트남에서 에이브럼스 장군은 단일전쟁 구상을 더욱 적극적으로 추진했다. 베트남의 군대, 경찰, 지역 보안군의 능력을 증강하는 노력은 미군 감축 가능성이 높아지면서 새로운 시급성을 갖게 되었다. 닉슨이 캄보디아의 북베트남군 은신처를 목표로 한 대규모 폭격을 승인한 상태이기는 했다. 1969년 6월 미드웨이에서 남베트남 티에우 대통령과 회담을 가진 닉슨 대통령은 티에우와 에이브럼스의 반대에도 불구하고, 2만 5000명의 미군 병력이 7월과 8월 베트남에서 철수할 것이라고 밝혔다.[109]

미군을 철수하는 문제는 에이브럼스의 권고대로 부대를 미국 본토로 재배치하는 대신, 합참의장 웨스트모얼랜드의 제안에 따라 남베트남에 배치된 모든 부대에서 복무 기간을 기준으로 개별 병사를 귀국시키면서 더욱 복잡해졌다. 이것은 큰 혼란을 일으키고 궁극적으로 베트남전 마지막 기간에 미군 부대의 기강이 해이해지는 등 악영향을 초래했다.[110]

정보에 바탕을 둔 작전을 강력히 옹호한 에이브럼스의 접근법은 호치민 루트를 통한 북베트남군의 보급과 통신에 타격을 가하면서 결과를 내기 시작했다. 실제로 미군의 이런 성취와 기타 안전 증대, 1968년과 1969년의 뗏 공세로 인한 병력 손실 때문에 북베트남은 전력을 보전하는 전략을 택했다. 이것은 1969년 10월에 입수한 하노이 명령서에도 드러났는데, 대규모 북베트남 부대를 작은 부대로 분할하고, 게릴라 작전으로 다시 돌아가서 도시 지역에서 농촌 지역으로 작전 중심지를 옮기는 내용이 포함되어 있었다.[111]

그러나 베트남에서 이런 상대적인 발전도 워싱턴에 제기된 도전의 어려움을 감소시켜주지는 않았다. 미국 내에서는 전쟁 방법과 계속되는 미군의 희생과 재정 낭비에 대한 우려로 전쟁을 지속할 수 없다는 확신과 전쟁 반대 여론이 심화되고 있었다. 이에 대한 대응으로 닉슨은 북베트남에 외교 제안을 하고, 모든 외국 군대는 평화협정 타결 1년 안에 철수할 수 있다는 희망을 전달했다. 그러나 외교적 구상이나 강화된 폭격 작전, 사적으로 전달된 더 강력한 군사적 위협 모두 북베트남 측과 협상에서 진전을 촉진하지 못했다. 북베트남은 닉슨이 물러나기를 기다리는 것처럼 보였고, 미국 여론이 궁극적으로 미군 철수를 가져올 것이라고 확신하는 듯했다.[112]

북베트남에 대한 닉슨의 최후통첩은 별 효과를 가져오지 못했지만, 하노이 당국은 헨리 키신저가 주도하는 비밀 협상에는 동의했다. 그러나 키신저는 비밀 협상에서 북베트남은 "비협조적일 뿐만 아니라 의도적으로 도발적"이라는 인상을 받고 귀국했다고 한 역사학자는 기록했다. 그래서 1969년 가을이 되자 닉슨은 아주 어려운 상황에 처했다. 그는 폭격을 강화할지 수치스러운 패배를 받아들일지를 선택해야 했다. 그는 북폭과 봉쇄를 강화해도 북베트남은 양보를 하지 않을 것이라는 키신저 분석팀의 보고를 받았다. "남베트남은 나날이 강해지고 있고, 미국의 안보 및 경제 원조로 2년 안에 외부 도움 없이도 공산군의 국가 정복 시도에 저항할 수 있을 것이다"라는 영국의 방첩 전문가 로버트 톰슨Robert Thompson의 고무적인 평가 내용도 당시 어려운 상황을 풀어주지는 못했다.[113]

닉슨과 키신저는 북베트남에 대한 대규모 폭격과 존슨 행정부가 시도하지 않은 캄보디아의 은신처를 대상으로 한 집중 작전을 포함한 복합적이고 다양한 전략을 추구하기 시작했다. 이와 동시에 단계적인 미군 철수와 남베트남군의 자국 안보 책임 증대를 위한 역량 강화 노력이 전개되었다. 남베트남 보안군이 전개하는 '가속화된 평정 작전'이 성공을 거두도록 대규모 무기체계, 항공기, 차량, 무기, 탄약과 기타 군수품이 제공되었다. 미군 철수, 베트남화, 협상을 통한 해결 시도를 선전하며 미국 내의 지원을 유지하기 위한 노력도 전개되었다.

그러나 협상이 진행되는 동안 현지 사정과 북베트남의 시간 끌기는 전반적 노력을 극도로 어렵게 만들었다. 이에 대해 닉슨은 자신이 얼마나 강경해질 수 있는지 북베트남과 미국인들에게 보여주기 위해 의회와 국민들의 거센 반대를 불러일으킬 만한 조치를 취할 의사가 있음을 거듭 내비쳤다. 특히 호전적이고 논란이 많았던 조치는 1970년 봄, 북베트남이 남베트남에 주둔한 자국 군대와 베트콩을 지원하기 위해 캄보디아에 설치한 은신처와 기반시설을 표적삼아 미군과 남베트남군을 캄보디아로 진격시킨 것이었다. 이것은 실제로 북베트남의 공급 능력을 잠시 좌절시키기는 했지만, 여러 비극적인 사건들이 캄보디아에서 연이어 일어나도록 만드는 데 일조했다.

닉슨이 축소해가던 전쟁을 극적으로 확전한 것은 국내 비판 여론을 폭발시켰고, 많은 대학에서 시위와 대치가 벌어져서 6명 이상의 대학생이 사망했다. 이러한 유혈 사태는 워싱턴에서 의회의 격노와 대통령의 행동을 억제하려는 분위기를 고조시켰다. 이 모든 사건은 미국 국민들의 반전 여론을 강화시켰다. 캄보디아 침공으로 하노이 당국은 파리 회담의 대표단을 철수시켰다.[114]

1971년 미군 철수 시간표는 가속화되어 10만 명의 병사가 연말까지 귀국하고, 베트남에는 17만 5000명만 남게 되어 있었다. 이 중 전투 병력은 7만 5000명에 불과했다. 닉슨은 '정의로운' 평화를 얻고 점점 더 늘어나는 북베트남군의 침투를 저지한다는 결의를 보여주기 위해 라오스와 캄보디아의 보급선과 공격 거점에 대규모 폭격을 가하며 북베트남에 대한 압박을 가중시켰다. 그는 또한 캄보디아에서와 마찬가지로 라오스의 북베트남 은신처, 기반시설, 통신선을 표적으로 한 침투 공격을 승인했다. 이번 작전에서 미군의 공중 지원을 받는 남베트남군이 현지 작전의 상당 부분을 담당했다.[115]

1972년이 되면서 전장과 협상 테이블에서 극적인 발전이 이루어졌고, 닉슨은 성공적인 재선 운동을 펼쳤다. 이러한 요소들은 궁극적으로 다음 해에 달성되는 타협 가능성을 높였다. 그러나 1972년 3월, 북베트남은 미군이 감축된 상황을 이용해 공세를 펼치는 도박을 벌였다. 이 시도는 베트남화 노력을 좌절시키고, 최종 협상 개시 전에 베트콩이 남베트남 전역에서 거점을 강화하는 것을 돕기 위한 목적도 있었다.

비무장지대와 캄보디아, 라오스로부터 전개된 공세는 초기 기습에서는 성공을 거두었다. 남베트남군은 소련제 탱크로 무장한 북베트남군을 상대해야 했고, 메콩강 삼각주 지역과 사이공 인근에서는 베트콩이 이 공세를 지원하는 공격을 펼쳤다. 이에 대한 대응으로 미군의 공중 화력이 남베트남 공군과 지상군을 지원했고, 닉슨은 바로 비무장지대와 하노이, 하이퐁 인근의 기반시설, 특히 연료 저장소를 폭격하는 거대한 공습을 승인했다. 이와 동시에 소련을 방문한 키신저는 브레즈네프를 만나 베트남 전쟁의 지속은 미소 관계를 훼손하고, 북베트남에도 심각한 결과를 안길 것이라는 점을 상기시켰다. 그는 미국은 휴전협정 체결 이후에도 북베트남군이 남베트남에 남는 것을 허용할 수 있다는 의사를 처음으로 표명했다.[116]

그러나 북베트남은 소련 관리들이 키신저의 메시지를 전달한 후에도 강력히 저항했다. 닉슨은 여기에 강경책으로 대응해 5월 8일에

1968년 이후 가장 강력한 확전 조치인 하이퐁항의 기뢰 설치, 북베트남의 해상 봉쇄, 대규모 폭격을 예고했다. 북베트남의 보급 요소를 목표로 한 마지막 조치는 특히 타격이 커서 북베트남 부대는 재보급을 받는 것이 극히 어려워졌고, 그 결과 남베트남군은 사이공과 인근에 방어선을 설치할 수 있게 되었다. 닉슨의 극적인 대응은 재앙을 막았고, 심지어 남베트남군이 소규모 반격을 할 수 있게 해주었다. 미국인들은 북베트남의 침공에 대한 닉슨의 강경한 대응이 정당하다고 보았기 때문에 그의 조치는 국내에서 광범위한 지지를 받았고, 의회에서도 전혀 반대하지 않았다.

양측 모두 상당한 자원을 소진하고 그만큼 손실을 입었으며, 닉슨이 재선에서 압도적 승리를 거둘 것으로 보이자 북베트남은 다시 협상에 임했다. 뿐만 아니라 미국이 휴전 후 북베트남군이 남베트남에 남는 것을 인정한다는 양보를 하고, 미국의 폭격과 자국군의 공세로 북베트남이 큰 타격을 입은 상황에서 합의 타결과 미군 철수는 좀 더 가능한 일로 보였다. 그해 가을 진지한 논의가 이어졌고, 키신저는 사이공에서 5일간 티에우에게 각 항목을 설명할 때까지만 해도 합의에 거의 가까이 왔다고 생각했다. 그러나 그때 키신저는 자신이 협상 조건을 받아들이려 하지 않을 티에우의 의지와 티에우의 입장을 닉슨이 지지할 가능성을 과소평가한 것을 깨달았다. 10월에 키신저는 "평화가 가까이 왔다"라고 선언하기는 했지만, 북베트남 협상 대표인 레둑토Lê Đức Thọ와 몇 가지 사안을 다시 논의해야 했다. 이 노력은 극심한 난항을 겪었지만 결국은 성공으로 이어졌다.[117]

종결 : 1972년 12월부터 1975년까지

결국 키신저와 레둑토의 4년간의 협상 끝에 1972년 말 양측은 상호 이견을 해결할 수 있었다. 이를 가능하게 한 요인들은 11월 대선에서의 닉슨의 압승과 남베트남 측에 대한 추가적인 무기 및 탄약 보급품 공급이었다. 또한 북베트남이 마지막 순간에 합의 사항에 대한 몇 가지 변경을 요구하자 12월 미국의 대규모 북폭이 한 차례 더 있었다. 닉슨은 티에우가 협상 조건을 받아들이도록 압박을 가했고, 1973년 1월 15일 미군의 작전은 중지되었으며, 12일 후 파리 평화협정이 체결되었다. 평화협정 서명 당사자로는 북베트남 정부, 남베트남 정부와 미국은 물론 남베트남 공산주의자 대표도 포함되었다. 남베트남은 협정 서명에 대한 강한 압박을 받았다. 남베트남 지도자들은 그럴 만한 이유로 이 협정이 자신들의 몰락을 결정할 수 있다고 우려했다.

닉슨 대통령은 평화협정 체결을 '명예로운 평화'라고 선언했다. 그러나 실상을 보면 이 협정은 일부 역사학자들이 주장한 대로 닉슨과 키신저가 의도한 '고상한 유예 기간', 즉 미군 철수와 북베트남의 최종적 승리 사이에 시간을 버는 것에 불과했다.[118]

파리 평화협정의 핵심 요소로 남베트남에서 휴전이 성립되었다. 약 20만 명의 공산군이 남베트남에 남아 있는 것이 허용되었고, 공산주의자, 정부 대표, 중립 대표로 구성된 민족평의회가 남베트남에서 선거를 치르기로 했다. 평화적 방법을 통한 베트남의 통일이 제안되었고, 남베트남에 전쟁 군수품을 지원하는 것이 금지되고(기존 군수품의 대체는 제외), 군사 요원을 남베트남에 파견하는 것도 금지되었다. 60일 동안 미군과 연합군이 철수하고, 전쟁 포로 교환이 규정되

었으며, 라오스와 캄보디아에서의 외국 군대 철수에 합의했다.[119]

미군은 철수하고, 전쟁 포로는 교환되었지만, 파리 평화협정 합의 사항의 극히 일부만 이행되었다. 협정 서명 24시간 안에 휴전은 붕괴되었고, 1973년 3월 주요 전투가 재개되었다. 협정 위반에 대해 미국의 진지한 반응이 없는 상태에서 공산군은 1973년 내내 남베트남에서 장악 지역을 확대해나갔다. 그러는 동안 더 이상 미국 폭격의 위협을 받지 않는 북베트남군은 라오스의 침투 경로를 통해 남베트남의 공산군이 통제하는 지역에 군사 기반시설을 재건해나갔다.[120]

1973년과 1974년 미 의회는 베트남에 대한 재정 지원을 절반 이상 삭감했다. 뿐만 아니라 1973년 8월 15일 이후 인도차이나에서 미군 군사 활동에 대한 모든 지출은 의회의 승인을 받게 만들어서 남베트남에 대한 공중 지원은 사실상 불가능하게 되었다.[121] 워터게이트 사건으로 인한 닉슨의 정치적 위기와 베트남 문제로 인한 닉슨과 의회 사이의 적대적 분위기에도 불구하고 남베트남 지도부는 닉슨이 티에우 대통령에게 한 약속을 믿고 미국의 지원을 확신했다.

1973년 후반 티에우는 공세를 명령해 그해 초 공산군이 점령한 영토의 상당 부분을 탈환했지만, 이는 남베트남군의 마지막 주요 공세가 되었다. 남베트남군의 작전은 단기적으로는 성공적이었지만 인력과 자원의 소비는 매우 컸다. 북베트남군은 반격을 개시해 결국 상실한 영토 대부분을 다시 차지했고, 추가적으로 영토를 점령했다. 그렇게 해서 1974년이 시작되면서 군사적 균형은 북베트남에 유리하게 기울어졌다.[122]

전쟁이 계속되면서 남베트남은 여러 타격을 입었다. 대량 실업, 보안군의 사기 저하, 티에우 대통령에 대한 점증하는 정치적 도전, 사이공에서 점점 더 커지는 패배주의 등이 그러한 결과였다. 8월 워터게이트 사건으로 닉슨이 사임하면서 티에우에게 지원을 약속한 사람도 사라졌고, 군사 지원을 늘려달라는 키신저의 요청을 의회는 들은 척도 하지 않았다. 에드워드 케네디Edward Kennedy 상원의원은 이제 "끝없는 전쟁을 끝없이 지원하는 것"을 끝낼 때가 되었다고 말하며 의회 의원들의 감정을 대변했다. 1974년 9월에 통과된 내년 베트남 지원 예산은 7억 달러로 줄어들었다. 이 금액은 1973년의 지원 예산 23억 달러에서 상당히 삭감된 것이었고, 그나마 그중 절반은 운송비용에 할당되었다.[123]

이러한 상황에서 미국으로부터 훈련받고 장비를 지원받은 남베트남군은 제대로 작전을 펼칠 수 없게 되었다. 연료, 예비 부품, 탄약, 기타 보급품의 부족으로 남베트남군의 작전은 크게 축소되었다. 북베트남군이 남베트남에서 계속 작전을 펼치는 상황에서 사기가 저하된 남베트남군이 1974년 20만 명 이상 군에서 이탈했다.

1975년 초 하노이 당국은 남베트남을 완전히 장악하는 데 필요하다고 판단한 2년간의 작전에 돌입하기로 결정했다. 그러나 남베트남의 상황을 고려하면 2년도 필요하지 않았다.[124]

1975년 3월 북베트남군이 공세를 시작해서 중부 고원지대에서 신속한 승리를 거두었다. 티에우가 현명하지 못하게 적절한 계획 없이 후퇴를 명령하자 남베트남군은 공포에 질려 허겁지겁 달아났다. 북베트남군은 기회를 놓치지 않고, 다낭 같은 해안 도시와 항구를 장악하여 남베트남을 두 부분으로 절단했다. 미국이 아무 도움을 주지 않고, 사이공이 정치적 혼란에 빠지자 티에우 대통령은 사임했다. 남베트남군은 후퇴했고, 사이공 자체가 위협받았다. 4월 말 포드 대통령은 베트남 전쟁은 "미국 입장에서는 끝났다"고 선언했다. 1975년 4월 30일 사이공은 함락되었다. 이 도시는 후에 호치민으로 개명되었다.

결국 남베트남을 점령한 것은 게릴라가 아니었다. 남베트남은 북베트남의 재침공에 의해 정복되었고, 재래식 북베트남 사단들이 1968년 베트콩의 뗏 공세와 1972년 재래식 공세가 이루지 못한 일을 달성했다.[125] 미군이 철수하고 보급품 지원이 끊긴 상황에서 남베트남군은 북베트남군을 저지할 능력이 없었다. 남베트남을 위한 미국의 공중 지원과 다른 지원이 미 의회 입법에서 금지되지 않았다면 그 결과는 달라졌을 것이지만, 이것도 분명 논쟁의 대상이 될 것이다. 어찌되었든 북베트남과 남베트남은 1976년 통일되어 베트남사회주의공화국이 되었다. 캄보디아도 전년도에 캄보디아 공산당의 크메르루주 게릴라에게 점령되었고, 미군이 포기한 라오스의 국왕 군대가 공산군에 패배하면서 동남아시아의 도미노들은 결국 차례로 쓰러졌다.[126]

베트남 전쟁에 대한 고찰

베트남에서 미국이 수행한 군사작전의 특징은 전장에서의 용맹과 전우애, 훌륭한 시민 중심의 계획, 군사적 저력, 기술 혁신 및 기타 인상적인 행동 등이었다. 그러나 비극적으로 그리고 용납할 수 없을 만큼 많은 심각한 실수와 오류를 저질렀고, 민간인 희생이라는 측면에서 막대한 비용을 초래했다. 여기에는 네이팜탄과 고엽제 사용, '매드미닛mad minutes'(모든 무기를 방어선 주변 지역에 동시 발사), 인구 밀집 지역에

대한 관측되지 않은 포병부대의 '괴롭힘 및 차단harassing and interdiction'
사격*과 같은 일반적인 관행이 포함되었다. 1968년 3월 미라이에서
500여명의 주민을 학살하고 1년 넘게 은폐한 비극적 사건과 같은 잔
학 행위도 발생했다. 그리고 너무 많은 작전으로 인해 전장에서 제거
한 적보다 더 많은 적을 만들어냈으며, 이러한 작전에서 '민심'이 중요
하다는 점을 고려할 때 이는 중대한 실패였다.

그러나 가장 중요한 것은 전쟁과 적의 본질을 제대로 이해하지 못
했고, 그로 인해 미국의 전쟁 피로도가 높아지기 전에 올바른 전략
을 세우지 못한 것이 전쟁을 지속할 능력을 약화시켰다는 점이다. 전
통적인 대게릴라전의 요소로 간주할 수 있는 많은 계획들이 수행되
었지만, 적어도 1968년까지 '대규모 전쟁'에 우선순위가 주어졌다. 여
기에는 미군 부대에 의한 대규모 수색과 파괴 작전(적군 사살자 수에 초
점이 맞춰진)과 대규모 작전에 초점을 맞춘 미군 사단을 모델로 한 남
베트남 부대의 발전이 포함되었다. 미군과 남베트남군에서 가장 뛰어
난 군인들은 대규모 부대에서 복무했다. 그러는 동안 중요한 지역 보
안군에 대한 지원은 우선순위에서 밀려났다.

베트남이 주민의 안전과 복지 수립에 적절한 관심을 두기까지 너
무 오랜 시간이 걸렸다. 이러한 접근법은 잘 훈련되고 좋은 장비를 갖
춘 지역 보안군을 양성하고, 이들은 관리가 잘된 민간 행동 프로그

• 베트남 전쟁에서 '괴롭힘 및 차단' 사격은 특정한 형태의 포격을 가리킨다. 이는 대개 '미(未)관
측 포병부대(unobserved artillery)'가 수행했다. '미관측' 사격이란 목표 지역에 적군의 실제 존재
를 확인하지 않고 포를 발사하는 행위를 말한다. '괴롭힘'의 목적은 적의 살상이나 파괴가 아니라,
단지 적이 예측할 수 없는 시간과 장소에 사격하여, 적의 활동, 이동, 사기 등에 지장을 주는 것이
다. '차단'은 적의 병참선, 통신망, 집결지 등을 표적으로 삼아 적의 효과적인 작전 능력을 방해하
는 것이다.─옮긴이

램으로 보완할 수 있었다. 이러한 조치로 베트남 시민들에게, 남베트남 정부와 그 동맹을 지지하는 것이 공산 게릴라를 지지하는 것보다 낫다는 것을 확신시킬 수 있었다. 앞서 설명했듯이 이런 프로그램이 많이 추진되기는 했다. 그러나 이 모든 것은 CORDS가 시작되기 전까지 하나 같이 너무 늦었고, 제대로 시행되지 않았으며, 적절한 우선순위가 부여되지 않았고, 부패가 만연한 가운데 관리되었다. CORDS조차도 뗏 공세와 1968년 에이브럼스 장군이 지휘를 맡기 전까지 제대로 궤도에 올라가지 못했으며 제대로 착수될 때는 이미 미군 감축 압력이 심각해진 다음이었다. 1965년부터 1975년까지 남베트남군 합참의장을 맡은 이는 후에 "남베트남의 방어는 처음부터 잘못된 기초에서 시작되어서, 침략 격퇴에 너무 초점이 맞춰지고, 내부 안전은 등한시되었다"라고 말했다. 그는 또한 적군은 인민 전쟁 혹은 게릴라 전쟁을 벌였다고 첨언했다.[127]

케네디 정부에서 대게릴라전에 주안점을 두기는 했지만, 미군은 대게릴라 작전 수행을 위한 적절한 교리를 만들거나, 남베트남과 함께 일관되고, 포괄적이고, 통합된 작전계획을 만들어내지 못했다. CORDS는 이 문제를 다루기는 했지만, 이 프로그램의 초기 주도자였던 로버트 코머 대사는 후에 이것이 "너무 소극적이고, 너무 늦었다"라고 회고했다.[128] 미군은 또한 이러한 작전을 수행할 지도자들이나 병사들을 제대로 훈련시키거나 준비시키지 못했고, 높은 중요성을 가진 과제의 우선순위(자문관의 의무, 지역 보안군에 대한 지원, 시민행동구상)도 제대로 정하지 않았다. 이 과제들은 사실상 '또 하나의 베트남 전쟁'이었고, 이 임무에 관여한 사람들은 이것이 주요 노력의 일부가 아니었다는 것을 잘 알았다.[129] 에이브럼스 장군이 지휘를 맡은 후 개선이 이루어지고, 단일전쟁 접근법이 시행되었지만 이 시점에는 많은 문제점을 개선하는 것이 어려워진 후였다.[130]

그렇다고 해서 북베트남 부대가 남베트남으로 침투할 때처럼 특정 상황에서도 대규모 작전이 필요하지 않았다고 말하려는 것은 아니다. 그러나 제대로 된 작전은 처음부터 훨씬 더 조율되고 통합된 접근법을 사용하여 다양한 행동들이 일관되고, 포괄적인 대게릴라전 작전이 되게 만들었어야 했고, 지역 안전에 훨씬 중요성이 부과되었어야 했다. 이런 전제 없이 다른 것들은 수행이 불가능했다. 대규모 재래식 부대들은 이 노력을 가장 먼저 지원했어야 하고, 특정 지역에서는 예비 병력으로 사용되었어야 했다. 이곳에서 그들은 먼저 지역에 친숙해지고, 적의 주요 부대가 인구 밀집 지역을 위협하는 경우 투입되었어야 했다.

우리가 이미 서술했듯이 1968년 에이브럼스 장군은 군사적 강조점을 대규모 수색과 파괴 작전에서 인구 밀집 지역을 방어하고, 농촌 지역을 '평정'하며, 베트남화를 통해 군사적 책임을 남베트남에게 꾸준히 넘기는 방향으로 변화를 꾀했다. 그럼에도 이러한 새로운 방향이 부대 수준에서 완전히 작전화되는 데는 시간이 걸렸고, 그 시점에도 오래 지속된 문제점들이 최선의 활동을 방해했다.[131]

베트남은 또한 외국 군대가 주재국 지도자를 꼭 선택할 수는 없다는 것을 상기시켜준다. 미국은 지엠 대통령 사망 이후 남베트남 지도자들을 권좌에 앉히거나 그들을 지원했었다. 최고위층부터 각 지역, 부대 단위까지 많은 남베트남 지도자들의 문제점은 미국이 베트남에 관여하면서 점점 더 악화되었다. 이것은 베트남인들이 항상 틀렸다고 말하는 것은 아니다. 그들은 1950년대 중반부터 후반까지 미국이 구상하고, 재정 지원을 하고, 훈련시키고, 장비를 마련해준 것보다 훨씬 더 지역 안정에 초점을 맞춘 전력을 보유하기를 원했었다. 그럼에도 사이공의 남베트남 엘리트들과 농촌 주민들 사이의 거리와 소통 부재, 부패 수준, 많은 작전의 역기능적 성격, 북베트남군과 베트콩처럼 헌신적인 군대를 만들지 못한 무능력은 결정적 약점이 되었다.

이러한 문제들 외에도 수많은 다른 문제들이 있었다. 장기 복무하는 전문 병력 대신 18개월 또는 24개월 복무 징집병이 부대의 대부분을 차지하는 미군은 베트남 배치를 위해 적절히 훈련된 부대의 순환 배치보다 개별 교체 체계를 이용해 베트남에서의 인적 손실을 대체했다. 이것은 소규모 부대 내의 결집, 신뢰, 관계 같은 핵심 요소들의 형성을 크게 방해했다. 부대 소속원이 베트남에 파견되어 1년 복무기간이 종료되면 개별적으로 교체되는 상황에서 이런 요소는 형성될 수 없었다.

이뿐 아니라 대다수의 분대장과 지도자들은 6개월마다 교체되었다. 그래서 그들이 자신들의 임무, 아군과 적군의 상황, 지형과 기타 역학을 이해할 때가 되면 교체되었고, 나머지 12개월은 참모진이나 기타 후방 보직을 맡아 복무했다. 이러한 인사제도와, 규모가 크고 삼엄한 경비가 이루어지는 기지를 기반으로 작전을 수행한 결과 지역 지도자들과의 관계는 항상 겉돌거나 전혀 형성되지 않았다. 이것은 전투 현장에 있는 미군 병력이 부족한 지식을 가지고 전투를 치르는 결과로 이어졌다. 장교들은 6개월 지휘를 마치고 '표에 도장을 받은' 다음 나머지 1년은 다른 보직으로 이동되었다. 이런 상황을 베트남전 초기에 자문관으로 일하고 나중에 고위 민간보직을 맡았던 존

폴 반John Paul Vann이 잘 표현했다. "미군은 베트남에 9년 동안 있었던 것이 아니라 1년을 아홉 번 보낸 셈이다." 6개월 지휘 보직 순환을 고려하면 '6개월씩 18번'이 더 정확한 표현이었을 것이다.[132]

이 모든 것과 최고 수뇌부의 초점이 된 척도(특히 사살된 적군 수)는 베트남에 파견된 미군과 군 지도자들의 사기를 좀먹는 결과를 가져왔다. 1970년 두 명의 용감한 미 육군대학 학생들이 수행한 군대 전문성에 대한 연구가 밝혀낸 사실은 충격적이다.[133] 제임스 키트필드James Kitfield는 이 연구의 결론을 다음과 같이 서술했다.

군 지도부는 전쟁에서 승리하는 것과 거의 아무 상관이 없는 통계 측정이 장교가 다음 보직으로 승진하는 데 가장 중요한 것이 되도록 만들었거나, 그렇게 되는 것을 허용했다. 숫자 자체가 목적이 되고, 경험이 부족한 장교가 자신과 부하들을 평가하는 데 의지하는 목발이 되었다. 모든 일반 장병rank and file은 숫자점(수를 이용한 점술)의 제단에 희생제물이 되기 위해 아무것도 두려워할 것이 없다는 식이 되었다. 통계는 사살한 적군 숫자, 걸어간 거리, '평정된' 마을 수 또는 재입대한 병사, 무단 이탈자 등을 추적했다. (…) 이로 인한 (베트남 상황에 대한) 압박은 많은 초급 장교들에게 솔직하면 안 된다는 믿음을 심어주었다. 그들은 승진하기 위해 무단 근무 이탈자 수, 재입대자 수, 군법회의에 회부된 병사 수, 사살한 적군 수, 심지어 성병 감염자 수를 속였다.[134]

1970년 당시 육군참모총장이었던 웨스트모얼랜드 장군은 이 연구를 완전히 수용하지는 않았지만, 이를 진지하게 받아들여 육군의 전문성 개발 프로그램, 윤리 기준, 지휘관 선발 과정, 근무 기간, 승진

정책에 혁신적 영향을 미칠 수 있는 과정의 촉매제가 될 수 있도록
했다. 부대의 작전 준비 태세 보고를 포함한 보고의 정직성을 강조하
는 것이 매우 중요하다는 점이 입증되었다. 실제로 정직한 준비 태세
평가의 효과 중 하나는 육군의 훈련센터(예: 모하비 사막의 거대한 국립
훈련센터)를 설립하고 그곳에서 매우 까다롭고 실전적인 '부대 대 부
대' 훈련*을 실시하도록 유도하는 것이었다. 또한 개인별 교체보다는
부대별 교체에 중점을 두고 지도자, 참모, 부대의 준비를 개선하여
미래 전쟁에 병력을 운용하는 정책을 수립하는 데 도움이 되었다.

    베트남은 직책을 이어받은 지도자들이 전략적 지도자의 네 가지
과제―큰그림을 제대로 파악하기, 이것에 대해 효과적으로 소통하
기, 이것의 실행을 감독하기, 이것을 정치화하고 앞의 모든 과정을 반
복적으로 수행하기―를 제대로 수행하지 않은 가장 비극적인 사례
중 하나였다. 최소한 1968년 에이브럼스가 사령관으로 부임할 때까
지는 그러했다.

    뿐만 아니라, 오랫동안 북베트남을 상대로 좀 더 공세적으로 취했
어야 할 행동들도 제대로 이행되지 않았다. 북베트남이 라오스와 캄
보디아를 통해 남베트남으로 병력, 보급물자, 무기를 침투시키기 위
해 사용하는 핵심 통로인 호치민 루트는 적절히 차단된 적이 없었다
(이것은 남베트남 지도자들보다는 워싱턴의 정책 결정자들이 가한 제약의 결과
이기는 했다). 1965년 미국은 북베트남을 침공할 의사가 없다는 것을
알리면서 하노이 당국에 미국이 자국군의 작전에 제약을 가할 것임

• 부대 대 부대(force-to-force) 훈련이란 부대를 적군-아군으로 분류하여, 대항군 훈련을 실시
하는 방식을 말한다. 이는 실전적 훈련, 전투환경 적응, 교전규칙 준수, 민간인 사상 예방, 지도력
향상, 신형 장비 숙달 등에 매우 효과적인 훈련·연습 방식이다.―옮긴이

을 미리 알게 했다. 침공의 득실은 논란의 대상이 될 수 있지만, 미국은 스스로 어떤 제약을 가할지를 적에게 알릴 필요는 없었다. 7장에서도 살펴보겠지만 오바마Barack Obama 대통령도 같은 실수를 반복했다. 그는 아프가니스탄에 3만 명의 미군 증원을 발표하면서, 18개월 후에 이 병력을 철수하겠다는 말도 동시에 했다.

베트남전의 전반적 전략에서 더 중요한 것은 웨스트모얼랜드 장군 밑에서 베트남 미군 부사령관을 지낸 브루스 파머Bruce Palmer 장군이 지적한 대로, 미군 장성들은 "미국의 작전에 너무 매몰되어, 우리는 우리의 첫 번째 임무인 남베트남군이 조국을 평정하고 방어하는 능력을 발전시키는 문제에 충분한 주의를 기울이지 않았다." "미군 병력만으로 적의 정규군을 패퇴시키는 것에 최우선 순위를 부여한 결정은 남베트남군이 북베트남의 국가 전복 시도와 공개적 침공으로부터 자국을 방어할 능력을 발전시키는 핵심 과제에서 미국의 주의, 노력의 우선순위, 소중한 자원을 분산시키는" 치명적인 결과를 가져왔다.[135]

전체를 아우르는 큰그림을 제대로 파악하지 못한 것은 부임한 군 지도자들이 전략적 지도자의 두 번째 과제—무엇이 적절한 큰그림이 되어야 하는가를 소통하는 것—를 제대로 수행할 수 없게 만들었다. 전장에서 대단한 용기를 보여주고, 전체 작전의 여러 부문을 훌륭히 수행했음에도 불구하고, 큰그림의 실행을 간과한 상황에서 전략적 지도자의 세 번째 과제 역시 당연히 제대로 수행될 수 없었다.

마지막으로, 적절한 접근법을 만들고 모든 과제를 제대로 수행하기 위해 큰그림을 반복적으로 변화시키고 정치화해야 하는 전략적 지도자의 네 번째 과제를 수행하는 데도 너무 오랜 시간이 걸렸다.

실행된 큰그림이 문제점이 많아서 이것을 개선해야 한다고 인식하는데 12년 이상의 시간이 걸렸다. 에이브럼스 장군이 이것을 실행할 시점에는 미군 철수 압력이 너무 커서 새로운 큰그림을 적절히 실행할 그의 능력은 점점 더 제약을 받았다. 이뿐 아니라 지휘관 복무 기간, 파견을 위해 지도자와 병력을 준비시키는 것, 윤리적 결점 같은 인력 대체 정책의 문제점 중 일부는 그 시점까지 제대로 개선되지 않았었다. 또한 주재국인 남베트남 파트너들의 문제점도 그간 의미 있는 시도가 있기는 했지만, 그 시점에는 쉽게 시정될 수 없었다.

이후 벌어진 전쟁, 특히 이라크와 아프가니스탄 전쟁을 지켜본 입장에서 볼 때 베트남에서의 도전은 평범하지 않은 것은 분명하다. 미군 지휘관들이 전략적 지도자가 갖춰야 하는 네 가지 임무를 완벽하게 수행했다 하더라도 성공적인 결과를 보장할 수 없었을 것이다. 적의 결단력과 끈기, 그리고 강인한 의지는 인상적이었다.[136] 지형, 주변국이 제공하는 은신처, 러시아와 중국의 지원, 베트남 내의 종파적·인종적 문제 등 많은 어려움이 있었다. 또한 미군이 단기 복무 징집병에 의존하는 것에 따른 제약으로 인해 미국 본토 전선에서는 점점 더 큰 어려움이 발생했다. 그럼에도 불구하고 역대 지도자들이 상기 네 가지 과제를 지금보다 훨씬 더 잘 수행했더라면 성공적인 결과를 얻을 가능성은 훨씬 더 높아졌을 것이다. 군사사학자 앤드루 크레피네비치는 "베트남에서 육군은 결국 파병 목적인 대게릴라전이 아니라, 훈련되고 조직화되고 준비된 (그리고 그들이 원하는 방식의) 재래식 전쟁을 치르는 형국이 되었다"라고 결론지었다.[137]

결론

베트남에서 미국의 노력은 북베트남 병력과 반군과 북베트남이 지원하는 정치 요원들에 대항해 남베트남 주민들이 자신들의 안전을 확보하고 생존할 수 있는 국가를 건설한다는 목표를 달성하는 데 분명히 실패했다. 그러나 지속적인 성취가 없었던 것은 아니다. 브루스 파머 장군은 "만약 우리가 1965년에 지상군을 파견하지 않았다면 당시 남베트남은 붕괴했고, 북베트남에 합병되었을 것이라는 데 의심의 여지가 없다. 1965년부터 1975년까지 10년은 같은 위협에 노출된 다른 비공산 국가들에게 소중한 시간을 벌어주었다"고 주장했다. 그는 "태국은 훌륭한 모습으로 살아남았고, 말레이시아와 싱가포르도 그 시기에 아주 잘 발전했다"고 말했다. 파머는 1965년 인도네시아를 공산주의에서 구한 반쿠데타의 성공은 당시 베트남에 미군이 파견되었기 때문에 가능한 것이었다고 말했다. "우리가 베트남에서 취한 조치로 서태평양의 동맹국들, 오스트레일리아와 뉴질랜드는 말할 필요도 없고, 특히 일본, 한국, 대만이 이 시기 안보 보호막 아래에서 번영하면서 우리의 입지에 크게 기여했다"고 덧붙였다.[138]

이러한 평가의 일부는 남베트남에 대한 지원이 완전히 무용지물은 아니었다는 것을 주장하기 위한 시도일 것이다. 물론 이 평가는 합리적인 것일 수도 있다. 베트남에서의 실패 자체와 그곳에서 작전을 벌인 미군, 연합군, 베트남군의 사상자와 미국사회와 국외에서 미국의 위신에 끼친 막대한 훼손도 같은 선상에서 객관적으로 본다면 말이다.

북베트남과 협상을 주도해서 미군 철수와 미군 포로 석방 합의를 이끌어낸 헨리 키신저는 파머의 평가를 공유했다. 키신저는 1975년 5월 12일 작성한 베트남 전쟁의 교훈에 대한 보고서 초안에서 다음 과 같이 지적했다(이것이 포드 대통령에게 제출되지 않은 이유는 설명하기 어렵다).

나는 오랫동안 (베트남이) 무시되어 왔지만 많은 이익이 있었다고 생각한다. (···) 1965년 남베트남을 구한다는 우리의 결정이 인도네시아가 공산주의 수중에 떨어지는 것을 막았고, 아시아에서 미국의 존재를 유지했다고 항상 믿어왔다. 이것은 우리가 단순히 병력만을 유지했다는 의미가 아니라, 우리의 경제적 존재감과 정치적 영향력을 지켰다는 것을 의미한다. (···) 나는 우리의 군사적·외교적·정치적 노력이 헛되지 않았다고 생각한다. 우리는 큰 대가를 치렀지만 10년의 시간을 벌었고, 당시 엄청난 동력으로 보였던 것을 변화시켰다. 나는 우리 병사들과 우리 국민들이 부끄러워할 필요가 없다고 생각한다.[139]

브루스 파머는 자신의 저서 《25년간의 전쟁The 25-Year War》의 결론에서 "미국 국민이 우리의 경험에서 배우고 이익을 얻을 수 있고, 충분히 그렇게 할 것이라고 믿는다"라고 말했다.[140] 이 판단은 이후 수십 년간 미국이 몰두한 자기성찰과 중요한 개혁을 시작하는 계기를 마련해주면서 옳은 것으로 증명되었다. 미군은 군 병력을 충원하고 조직하는 것, 지도자를 개발하는 것, 미군 부대를 훈련시키고 장비를 제공하는 것, 세계 도처에서 작전을 수행하는 것, 동맹국과 같은 생각을 하는 국가들과 파트너가 되는 것 등 많은 부분에서 개혁을 진행했다.[141] 이 모든 것의 열매는 이라크가 쿠웨이트를 침공하고,

1990년 신속하게 배치된 연합군을 미국이 이끌고, 1991년 쿠웨이트를 해방하면서 가장 잘 드러났다.

그러나 불행하게도 미군의 대게릴라 작전에 대해 베트남에서 배웠어야 할 교훈은 오랜 시간이 지난 후 이라크와 아프가니스탄에서 다시 배워야 했다.

4장

시나이반도에서
포클랜드섬까지

1967-1982

전투는 인간 행위의 극단, 이기적인 비겁함과 이타적인 희생, 잔인성과 인간성,
냉담함과 동정 사이에서의 절묘한 균형이다. 개인과 부대 모두 자부심을 갖고
살아남으려면, 덕성이 불명예를 압도하도록 해야 한다.

— 그레이엄 콜벡 상사, 공수여단 제3대대, 포클랜드섬, 1982[1]

6일 전쟁 (1967) : 고전적인 기습

1949년 5월부터 1956년 수에즈 전쟁 발발 사이에 이스라엘에 인접한 아랍 국가들과 팔레스타인 난민들은 국경을 넘어 이스라엘 정착촌에 수많은 테러와 파괴공작을 일삼았고, 이스라엘은 이에 대한 보복 공격을 감행했다. 특히 1953년 모셰 다얀이 이스라엘 참모총장이 된 후 공격은 거세졌다. 1955년 영국군이 수에즈에서 철수하자, 이집트의 가말 압델 나세르Gamal Abdel Nasser 대통령은 이스라엘과 다시 전쟁을 준비하고 있다는 것이 분명해졌지만, 수에즈운하 국유화에 따른 위기가 그의 계획을 방해했다.[2]

영국군과 프랑스군이 수에즈운하 국유화를 막기 위해 공격하기 며칠 전 이스라엘은 6일간의 작전으로 이집트로부터 시나이반도를 빼앗았고, 이 작전에서 이스라엘 병사 200명이 희생되었다. 영국, 프랑스, 이스라엘이 취한 행동에 대해 미국이 주도한 국제적 반대는 이스라엘로 하여금 1957년 3월 시나이반도를 다시 포기하도록 만들었다. 그러나 10년이 지난 후 나세르는 이제 소련으로부터 훈련받고 장비를 제공받은 자신의 군대가 공격에 나설 만큼 강해졌다고 판단했다.

1967년 5월 나세르가 10년 만에 이스라엘을 상대로 3차 아랍 전쟁을 치를 준비가 되어 있고, 여러 전선에서 싸우려고 한다는 데 의심의 여지가 없었다. 시리아는 이스라엘 북부 국경에서 공격했고, 요르단과 레바논을 통한 침투 공작이 있었으며, 시리아는 1967년 4월 갈릴리해에 이어진 비무장지대의 유대인 농장들을 포격했다. 4월 7일 이스라엘 항공기는 시리아 포병 진지를 공습했고, 이스라엘의 프랑스제 미스테르 전투기와 시리아의 미그기 사이에 공중전이 벌어져서 미그기 6대가 격추되었다. 이스라엘 참모총장 이츠하크 라빈 중장은 시리아에게 추가적 도발은 아무 효과가 없을 것이라고 경고했다.

5월 17일 나세르는 우탄트U Thant 유엔 사무총장에게 유엔비상군을 시나이 전선에서 철수시킬 것을 요구했고, 우탄트는 유엔이나 안보리 협의 없이 이를 실행했다. 나세르는 압델 무르타기Abdel Murtagi 장군 휘하에 7개 사단(5개 보병사단, 1개 기갑사단, 1개 경기갑사단) 10만 병력을 1000대의 탱크, 수백 문의 야포와 함께 이스라엘 남서부 국경으로 이동시켰다. 아랍군은 전부 합산하면 50만 명의 정규군과 900대의 전투기와 5000대의 탱크를 동원했고, 이에 이스라엘은 27만 5000명의 방위군과 250대의 항공기, 1100대의 탱크로 맞섰다.[3] 5월 22일 나세르는 티란해협을 막아 이스라엘의 해상 수송을 차단했고, 이로써 이스라엘의 홍해 항구 에일라트를 봉쇄했다. 이는 이스라엘이 '전쟁 사유'가 된다고 미리 경고한 바 있는 조치였다. 4일 후 나세르는 아랍무역연맹회의에서 공개적으로 이스라엘을 파괴하려는 의도가 있다고 밝혔다.[4]

그러는 동안 석유수출국기구OPEC의 아랍 산유국들은 이스라엘을 지원하는 모든 국가에 대해 아랍 영토에 있는 정유공장들을 국유화하고, 송유관을 파괴하고, 선박의 통행을 금지할 것이라고 위협했다. 지금까지 이스라엘의 강력한 지원국이었던 프랑스는 즉각 뒤로 물러났다. 이라크의 아리프Abdul Rahman Arif 대통령은 "우리의 목표는 분명하다. 이스라엘을 지도에서 지워버리는 것이다. 알라의 뜻에 따라 우리는 텔아비브와 하이파에서 만날 것이다"라고 선언했다.[5] 쿠웨이트와 알제리에서도 군부대들이 전역에 도착하기 시작했다. 요르단의 후세인Hussein bin Talal 국왕은 카이로로 날아가 나세르와 방위협정을 체결했다. 나세르는 3주 전 후세인을 '제국주의자의 하수인이자 노예'라고 비방했었다.[6] 아랍 언론은 이스라엘의 파멸이 임박했다고 보도했다.

이스라엘 총리 레비 에슈콜Levi Eshkol은 이러한 위협에 대응하여 국가통합정부를 구성했고, 여기에는 반대파 지도자인 메나헴 베긴Menachem Begin과 국방장관을 맡은 모셰 다얀 장군이 포함되었다. 돌이켜보면 이집트에 대한 이스라엘의 선제적 기습 공격의 유일하게 놀라운 점은 그것을 누구도, 특히 이집트가 예상하지 못했다는 점이다. 이스라엘은 주로 고수준 정보 수집 장치인 시긴트SIGINT의 도움을 받아 아랍 국가들의 의도를 탐지했지만, 나세르 대통령이 안마사 알리 알-알피Ali Al-Alfi와 볼프강 로츠Wolfgang Lotz 같은 요원들로부터 얻는 정보도 중요했다. 할례를 받지 않은 유대인인 로츠는 과거 자신이 게슈타포 장교였다며 이집트 지도자들을 속였다.

6월 5일 오전 7시 10분, '붉은종이'라는 암호명의 작전이 시작되어 모르데하이 호드Mordechai Hod 소장이 이집트 공군을 상대로 선제 공중 공격을 가했다. 적의 새벽 순찰이 중단되고, 나일 삼각주의 안개가 걷히고, 이집트 조종사들이 집에서 아침 식사를 마치고 기지로 향하고 있을 때였으니 공격시간을 잘 선택한 것이었다. 호드는 조종사들에게 이렇게 명령했다. "날아가 적을 향해 솟구치라. 사막 전역에서 적을 격파하고 흩어지게 만들라. 그리하여 이스라엘이 대대로 그 땅에서 안전하게 살 수 있도록 하라."[7]

이스라엘군은 적의 레이더를 피하기 위해 15미터 이하로 낮게 날았고, 완전한 무전 침묵 속에서 비행했다. 지중해 상공을 비행할 때 소련 함정이 비행기를 탐지하지 못하도록 전자파 방해 장비를 사용했다. 조종사들은 기계적 문제가 발생하면 도움을 요청하지 말고 바다에 추락하라는 명령을 받았다.

모르데하이 호드 장군 휘하의 조종사들은 미라지 65대, 미스테르 70대, 오라간 50대, 바투르 20대, 푸가 45대를 몰고 그날 하루에만 500회 이상 출격하여 이집트 공군기지 19곳을 공격했다. 이스라엘은 3시간 만에 장거리 Tu-16 폭격기 30대, 중거리 일류신 Il-28 폭격기 27대, 수호이 Su-7 전투기 12대, 미그-21 전투기 90대, 미그-19 전투기 20대, 미그-17 전투기 25대 등 이집트의 운용 가능한 전투기 340대 중 309대를 파괴하거나 무력화하는 데 성공했다(또 다른 110대는 사용 불능 상태가 되었다).[8] 이집트군은 콘크리트 격납고를 건설하지 않았고, 보호용 모래주머니도 쌓아두지 않은 채, 공격하기 쉬운 곳에 항공기를 배치해두었다. 당시 이집트 훈련기는 단 4대뿐이었으며 그나마도 무장하지 않은 상태였다. 역사학자 앨리스터 혼의 표현을 빌리자면 '구약성서 수준의 전격전'이었다.[9]

6일 전쟁은 과도하게 낙관적인 선전선동의 위험성에 대한 객관적 교훈을 제공해준다. 공격 첫날 오전 10시 16분 시나이반도 상공에서 완전한 제공권 우위를 차지한 이스라엘군은 시나이반도에서 지상 공격을 시작했다. 이집트군의 패배의 정도를 제대로 파악하지 못한 요르단의 후세인 국왕은 나세르와 합의한 시간표에 맞추어 서둘러 전쟁에 뛰어들었다.

이집트 공군의 승리를 알린 카이로 방송을 믿은 요르단, 시리아, 이라크 공군은 크파르시르킨 인근의 이스라엘 비행장, 하이파만 인근의 정유소, 네타냐 마을을 각각 공습하는 재앙과 같은 결정을 내렸다. 이스라엘 공군의 대응으로 이들 국가들은 엄청난 타격을 입었다. 개전 첫날 요르단 공군은 사실상 존재하지 않게 되었고, 시리아 공군은 72대의 미그기를 포함해 전력의 3분의 2를 상실했으며, 이라크 공군도 큰 손실을 입었다. 전쟁 둘째 날이 끝나갈 무렵 416대의 아랍 공군기들이 파괴되었지만(이 비행기의 94퍼센트는 지상에서 파괴되었다), 이스라엘 공군은 26대를 잃었을 뿐이었다.[10]

시나이의 이스라엘 국경 근처에 주둔한 이집트군은 이스라엘 남부 사령부보다 수적으로 월등히 우세했다. 이집트군은 수적 우세에 따른 안도감에 빠져 이스라엘 공군이 이미 그곳의 방어 토대를 상당 부분 파괴한 후, 삼면에서 정면 공격을 감행할 것이라고는 미처 예상하지 못했다. 이스라엘의 기만 작전에 넘어간 이집트군은 시나이반도 남쪽과 중앙에서 주요 공격이 펼쳐질 것으로 예상했지만, 이스라엘은 엘아리시를 거쳐 지중해를 따라 북쪽에서 공격을 전개했다.

이스라엘군은 아랍인들이 기갑부대가 통과할 수 없다고 여겼던 모래 언덕을 넘어, 나중에 무력화하여 쓸어버릴 수 있는 이집트 거점을 우회했으며, 측면을 공격 및 차단하여 자신들을 포위하려는 시도를 무력화했다. 신속한 진격에서 항상 그렇듯이 전날의 전과를 공고화하는 데 과도한 시간이 낭비된다는 불만이 있었지만, 6일 동안 매일 빠른 속도로 진격했으므로, 이러한 비판의 대부분은 가장 일반적인 군사적 속성으로 알려진 '지나친 방종'으로 치부할 수 있었다.

"전쟁에서 얻는 정보의 상당 부분은 서로 모순된다. 더 많은 부분은 거짓이고, 가장 큰 부분은 불확실하다"라고 카를 폰 클라우제비츠는 《전쟁론On War》에서 지적했다. 전쟁 첫날 이집트와 기타 아랍 방송에서 승리의 선전은 전쟁 3일째인 수요일에 사실이 아닌 것이 분명해졌다. 이 방송들은 "텔아비브가 대규모로 폭격을 당하고 있고, 아랍군이 전장에서 승리하고 있다"고 알렸었다. 진실을 접한 일반 이집트 국민들은 엄중한 현실을 알았을 때보다 더 실망하고 분노했다.

수요일이 되자 이집트군은 시나이반도에서 크게 패배하고 있었고, 군의 사기는 저하됐다. 야전사령관 압델 하킴 아메르Abdel Hakim Amer의 상호 모순되는 명령이 일부 지휘관들을 크게 당황하게 만들었고, 그 중 일부는 수에즈운하를 건너 본국으로 탈출한 후에 군법회의에 회부되었다. 아메르도 3개월 뒤 자살했거나 살해당했을 가능성이 있다.

6월 7일 수요일, 북부 전선의 이스라엘군 사령관 탈Israel Tal 소장은 칸타라에서 수에즈운하에 거의 도달했고, 중부에서 아브라함 요페Avraham Yoffe 장군은 밀타 통로를 거의 공략했고, 아리엘 샤론Ariel Sharon 장군은 남쪽에서 나흘레에 도달했다. 로마니와 비르기프가파에서 탈의 부대가 벌인 전투, 비르라흐판과 예벨리브니에서 요페 부대가 벌인 전투, 나흘레에서 샤론의 부대가 벌인 전투 모두 이스라엘군이 승기를 잡았다. 남아 있는 이집트군은 절망적 항전을 했고, 특히 움카테프에 있던 이집트군은 이스라엘군이 퍼부은 가장 치열한 포격을 받았다.[11]

6월 8일 목요일 아침, 이스라엘군은 수에즈운하에 도달했다. 요페와 탈은 이집트 기갑차량 대다수가 시나이반도 중앙에서 서쪽으로 후퇴할 때 통과할 것이 분명한 밀타 통로에 함정을 놓았다. 이집트군이 이 통로로 몰려들자 이스라엘 공군은 계획 대로 이집트군 차량에 기총소사를 하고 목표물을 폭격해서 수백 대의 이집트군 차량이 파괴되거나 불에 탔다. 이스카 샤드미Yiska Shadmi 대령이 지휘하는 이스라엘군 소규모 탱크 부대가 통로 자체를 봉쇄했고, 이 부대는 전장에 버려진 이집트군 탱크에서 연료와 탄약을 공급할 수 있었다.

목요일 저녁이 되자 이스라엘군은 북쪽의 칸타라 남쪽의 알투르를 포함한 최소 6개 지점에서 수에즈운하와 만에 도달했다. 6일 전쟁에서 전사한 이집트군 수에 대해서는 역사학자들 사이에 논쟁이 있다. 이스라엘 측은 1만 5000명을 주장하고, 이집트군은 1만 명만 인정했다. 그러나 5000명의 이집트군이 이스라엘군의 포로가 되었고, 시나이반도에 있던 800대의 이집트 탱크 중 3분의 2가 파괴되었고, 나머지는 노획되었다. 전역에서 이스라엘군의 손실은 300명 전사와 1000명 부상이 다였다.[12]

요르단 전역에서는 시나이와는 아주 다른 환경에서 전투가 치러졌다. 예루살렘과 서안은 유대인, 이슬람교도, 기독교인들이 섞여 살고 있는 인구 밀도가 높은 도시와 마을이 있었다. 도시 환경과 인근의 언덕과 산등성이는 사막 언덕과는 대조적인 군사작전을 수행하게 만들었다.

1967년 6월 5일 월요일 오전 11시, 요르단군이 이스라엘을 포격하고, 예루살렘 남부에서 1949년에 그어진 휴전선과 비무장지대를 넘어와 구도시 남쪽에 있는 정부 청사를 점령했다. 그날 저녁 이스라엘 공군은 마프라크와 암만에 있는 요르단 공군기지를 폭격해 22대의 호커헌터기를 파괴했다. 이집트군과 마찬가지로 요르단군은 이스라엘 공군이 완전한 공중 우위를 누리는 상태에서 전투를 치러야 했다. 이스라엘 공군은 예루살렘 인근의 아랍 여단을 공격할 수는 없었지만, 예리코에 있는 아랍군 부대들이 이 부대를 보급하고 증강하는 것을 막았다.

6월 6일이 되자 상황은 아랍군에게 절망적으로 바뀌었다. 후세인 국왕은 그때까지 요르단군 지휘권을 이집트군 통제 아래 두었고, 그날 정오 요르단군을 지휘하는 이집트군의 압둘 무님 리아드Abdul Munim Riad 장군은 카이로에 아래와 같이 전황을 보고했다.

서안의 상황은 급격하게 악화되고 있다. 모든 축에서 집중적 공격이 가해졌고, 밤낮으로 포격이 쏟아지고 있다. H3 위치에 있던 요르단, 시리아, 이라크 공군은 사실상 파괴되었다. 나는 후세인 국왕과 상의하여 다음 선택지를 전달한다.

1. 제3자(미국, 소련, 또는 유엔 안보리)가 강요하는 전투 중단에 대한 정치적 결정
2. 오늘 밤 서안 지역에서의 철수
3. 하루 더 전투를 지속해 요르단군 전체가 고립되고 파괴되는 결과를 맞이하는 것[13]

후세인 국왕과 리아드 장군이 세 번째 선택지를 택하지 않을 것은 분명했다.

예루살렘 전투는 6월 5일부터 7일까지 진행되었다. 6월 5일 무인지대를 통과하는 만델바움 관문, 경찰학교, 탄약고 언덕, 셰이크 자라 지구 등에서 격전이 벌어졌다. 다음날 전투는 록펠러박물관, 다마스커스 관문과 헤롯의 관문 지역으로 확산되었다. 유엔의 휴전 압력이

가중되는 상황에서 이스라엘 방어군 지휘관 모르데하이 구르Mordechai Gur 대령은 요충지를 점령할 시간이 얼마 남지 않았음을 깨닫고, 6월 7일 3개 대대와 함께 야포와 전투기 지원을 받으며 아우구스타 빅토리아 힐과 올리브산을 넘어 진격했다. 구르 대령은 성스테판 관문에서 구시가지로 진입했지만, 저항은 거의 받지 않았다. 오전 10시 그는 서쪽 성벽을 확보했다.

국제적 분노와 제재를 우려한 모셰 다얀은 이전에 이스라엘군이 구시가로 진입하는 것에 대해 경고했지만, 유엔이 휴전을 강제할 것이라는 소문이 돌자 자신의 지시를 번복했다.[14] "성전의 산이 우리 손안에 들어왔다"고 구르는 후에 보고했다. 2000년 만에 처음으로 유대인들이 예루살렘을 통치하게 되었다. 6월 7일 오후 8시 이스라엘과 요르단은 유엔의 휴전안을 받아들였고, 이 시점까지 이스라엘군의 서안 점령은 완료되었다. 요르단군은 6000명이 전사하거나 실종되었고, 이스라엘군은 550명이 전사하고 2500명이 부상을 입었다.[15]

전쟁의 세 번째 주요 전선인 이스라엘-시리아 간 지상전투는 이스라엘 북동부를 감제瞰制할 수 있는 전략적 요충지인 72킬로미터 길이의 골란고원에서 벌어졌다. 시리아군은 1949년 휴전선을 따라 골란고원을 요새화했고, 이곳에서 오랜 기간 때때로 아래에 있는 이스라엘 정착촌에 탱크와 야포 공격을 했다. 1967년 전쟁이 발발하자 시리아군은 정착촌을 목표로 한 포격은 강화했지만, 이집트와 요르단에 약속한 대로 공격을 하지는 않고, 키부츠단과 샤르야슈프 마을 방향으로 소규모 공격을 몇 차례 시도했다. 다른 두 전선에서 제대로 된 전황이 보고되자 이러한 자제는 정당한 것처럼 보였다.

전쟁 5일차인 6월 9일 금요일 아침, 다른 2개의 전장에서 승리가 확실시되자 모셰 다얀 국방장관은 에슈콜 총리나 야당 지도자 라빈과 상의도 없이, 이스라엘 북부 사령부의 데이비드 엘라자르 사령관에게 그날 오후 유엔 휴전이 발효되기 전에 최대한 많은 영토를 점령할 수 있도록 대규모 기갑·공수부대 및 보병부대를 동원해 골란고원에서 시리아군을 공격하라고 명령했다. 엘라자르 부대는 시나이반도에서와 마찬가지로 시리아군이 이스라엘 탱크는 횡단할 수 없다고 여겨 방어를 소홀히 한 가파른 경사지대를 올라갔다.

이스라엘군은 휴전이 발효되면 아래 정착촌에 거주하는 이스라엘 주민들을 보호하기 위해 가능한 한 빨리 골란고원 일대를 점령해야 한다는 목표로 공격에 임했다. 이스라엘군 장교들과 부사관들이 전선에서 앞장섰으며, 이들은 이 전쟁에서 발생한 이스라엘군 전사자의 23퍼센트를 차지했다.[16] 시리아군의 저항은 강력해서 이스라엘군은 불도저 개조 장비를 이용해 그들의 저항을 분쇄해야 했다. 시리아군이 보유한 250대의 소련제 탱크와 이와 비슷한 수의 야포는 비교적 신무기였지만 제대로 정비되지 않았다(중동처럼 기후가 열악한 지역에서 벌어지는 전투에서는 무기의 보수 유지가 무기 성능만큼 중요하다).

6월 10일 토요일 서안 전투에서 승리를 거둔 이스라엘군이 증원군으로서 골란고원에 도착했다. 헬기는 장갑부대의 추가적 돌파가 가능한 위치를 점령하는 데 사용되었는데, 헬기가 이런 방식으로 운용된 것은 이번이 처음이었다. 그날 오전 시리아군은 공포에 사로잡혀서 많은 탈영자가 탱크를 버려두고 전장에서 이탈했다. 그렇게 하지 않았다면 시리아군 탱크는 이스라엘 공군의 쉬운 먹잇감이 되었을 것이다(이스라엘 탱크가 파괴되면 생존자들은 도보로 보병대에 합류할 것으로 예상되었다). 그날 오후 6시 30분 기준으로 유엔 휴전이 시작되었을 때 이스라엘군은 다마스커스 평원을 내려다보는 위치를 점령했다. "역사상 처음으로 이스라엘은 종심방어defense in depth의 이점을 갖게 되었다"라고 전 이스라엘 군정보부장 차임 헤르초그가 후에 회고했다.[17] 이스라엘은 예루살렘, 요르단강 서안, 골란고원을 장악했고, 이스라엘 국가가 승인되기 전까지는 이를 반환하는 것을 거부했다. 전체 통계를 보면 이스라엘은 6일 전쟁에서 778명의 군인이 전사하고, 26명의 민간인이 사망했고, 이것은 이집트가 입은 손실의 10분의 1도 되지 않았다.[18]

모셰 다얀은 전략적 지도자의 모든 과제를 훌륭하게 수행했다. 그는 큰그림을 분명히 그렸고, 전쟁 중 시나이반도가 확보될 때까지 서안 지역과 골란고원에 충분한 전력을 투입하지 않은 것에 대해 비판을 받았지만, 그의 전략은 올바른 것으로 판명되었다. 이스라엘의 유일한 실책은 자체적 오만에서 왔다. "이스라엘군 사령부는 일부 경우 이스라엘군의 효력보다는 아랍 측의 태만, 조율 부재, 고위 지휘관들의 형편없는 지휘 덕에 얻은 결과를 모두 자기들의 성취로 치부했다"라고 차임 헤르초그는 지적했다.[19] 1973년 욤키푸르 전쟁에서 싸운 그의 아들 마이클 헤르초그Michael Herzog는 여기서 한 발 더 나아가 이스라엘이 "과거 전쟁의 종결 후 기만, 현실 안주, 침체를 보여주었다"고 비판했다.[20] 1967년 치욕을 당한 아랍 국가들이 보복을 할 기회는 바로 6년 뒤에 왔고, 안와르 사다트Anwar Sadat와 그의 장군들은 나세르가 저지른 많은 실책에서 중요한 교훈 몇 가지를 습득했음을 보여주었다. 그러나 모든 교훈을 배운 것은 아니었다.

욤키푸르 전쟁 (1973) : 파괴적인 반격

"매를 맞은 세대 다음에는 매 맞은 것에 앙갚음하는 세대가 항상 온다"라고 오토 폰 비스마르크Otto von Bismarck가 말했다. 욤키푸르 전쟁이 시작될 때 이집트인과 시리아인은 한 세대도 아닌 단지 6년만 기다린 듯했다. 1973년 10월 6일 토요일 오후 2시, 유대 속죄일인 욤키푸르에 이집트군과 시리아군은 이스라엘에 맞선 전쟁 초기에 전술적 승리를 거두었다. 이집트군 총참모부는 3만 2000명의 보병이 80킬로미터 길이의 전선 다섯 곳에서 수에즈운하를 건너 시나이사막으로 진입하도록 명령했다. 보병은 공격 초기 1만 발 이상의 포탄을 발사한 4000문의 포대(탱크를 포함하여)의 지원을 받았다. 이집트군과 시리아군이 보유한 3000대의 소련제 탱크는 나토가 보유한 탱크 수와 맞먹었고, 이스라엘이 보유한 2000대보다 많았다. 그러나 105밀리 포를 장착한 이스라엘의 센트리온 탱크가 성능은 앞섰다.[21] 이집트와 시리아를 합친 인구 4000만 명은 300만 명에 불과한 이스라엘을 크게 압도했다.

'이스라엘의 진주만'으로 묘사되는 욤키푸르 전쟁만큼 침략자에게 유리하게 시작된 분쟁도 드물 것이다.[22] 야심 찬 이집트의 대통령 안와르 사다트는 잃어버린 영토를 되찾기로 결심했다.[23] 그는 수에즈운하를 건너는 도하 작전에서만 2만 5000명의 병력을 잃을 것을 각오했지만, 실제로는 단지 200명만 잃었다. 운하 동쪽을 도하한 이집트군은 사다리를 이용해 이스라엘의 방어진지를 타고 올라간 후 800미터를 더 전진했다. 1967년 이후 수에즈운하에 설치된 이스라엘의 방어선은 원래 관측 및 조기 경보용이었지만 임무의 점진적 확장('미션 크리프mission creep')을 통해 사실상 고정된 방어선으로 바뀌었다.[24] 만약 이스라엘군이 기동력을 갖추었다면 훨씬 더 좋았을 것이다. 그러나 이스라엘은 6일 전쟁에서 승리한 후 국방비를 삭감했으며, 욤키푸르 전쟁에서 국방비 삭감이 장기적으로 진정한 비용절감 효과를 거두지 못하는 또 다른 사례가 되었다.[25]

욤키푸르 전쟁은 억제력이란 오직 압도적 응징으로 위협할 때에만 발휘된다는 사실을 상기시키는 사례이다. 그러나 이스라엘의 안보 정책은 예산과 지리적 제약을 받았다. 인구가 훨씬 적은 이스라엘은 국경 지역에 대규모 상비군을 주둔시킬 여력이 없었으므로, 여러 전선에서의 동시다발적인 공격에 취약했으며, 미국의 지원 없이는 장기간의 전쟁을 수행할 수 없었다. 따라서 이스라엘의 안보는 억제력, 조기경보, 공군 우위, 신속 배치 가능 예비군, 영토 내에서 적과 싸워 조기에 결정적인 클라우제비츠식 승리를 거두려는 노력의 혼합에 기반을 두고 있었다.

물론 이스라엘의 적국들도 이를 잘 알고 있었고, 이스라엘의 취약점을 강화하고 강점을 무효화하는 계획을 수립했다. 상처를 치유하고 군대를 재건한 아랍 국가들은 기습 공격에 성공하고, 동시다발적 침공으로 이스라엘군의 전력을 분산시켰으며, 1967년과 마찬가지로 석유를 이용해 아랍 국가들의 연대를 강화하고 이스라엘 편에 서는 국가들을 단념시켰다. 이 모든 전략은 작은 이스라엘로부터 최대의 사상자를 이끌어내고, 2차 세계대전 이후 최악의 세계 에너지 위기를 야기하기 위한 것이었다.[26]

이스라엘이 가장 과도한 확신에 찼을 때 이집트는 이스라엘을 공격했다. 이스라엘 정보기관은 이집트군이 공격 전 수에즈운하 인근 지역에서 일주일간 훈련하는 것을 포착했지만, 이를 무시했다. 시리아가 예비군을 동원한 것도 마찬가지로 무시되었다. 그러나 이 공격은 완전히 예상하지 못한 상태에서 시작된 것은 아니었다. CIA는 이집트군의 증강을 인지하지 못했지만, 이스라엘 정보기관은 몇 시간 전에 주요 공세가 시작될 것임을 알았고, 그래서 이스라엘 공군은 10월 6일 정오부터 선제공격을 할 준비가 되어 있었다. 그러나 이스라엘군은 1967년 큰 성공을 거둔 선제공격을 개시하지 않았다. 이스라엘군은 골란고원과 수에즈운하에서 자신들의 방어 능력을 과신했고, 최근 아랍 군대들의 기술 능력의 향상을 과소평가했다.

이집트와 시리아는 공개적인 군사 훈련을 통해 진정한 군사력 증강을 숨기기 위해 자국 군대마저 속였다. 공격이 시작되기 전에 이집트군과 시리아군 병사들은 전쟁터로 향한다는 말을 듣지 못했다. 이스라엘 정보기관을 속이기 위한 다른 책략도 가동되어, 공격 48시간 전에 1만 명의 이집트 병력을 징집 해제하고, 소련이 공급하는 군수물자의 문제점에 대한 소문을 퍼뜨렸다. 이 기만술을 강화하기 위해 이집트의 외무장관은 평화협상을 재개하기 위한 것처럼 1973년 9월 워싱턴을 방문했다. 이것은 이스라엘의 파멸을 떠벌린 나세르의 수사와는 정반대 전략이었다. 새로 국무장관에 임명된 헨리 키신저는 이스라엘 측에 선제공격을 할 경우 미국의 지원이 중단될 것이라고 경고했다. 그는 새로운 전쟁이 일어날 경우의 여파에 대해 우려했다. 이스라엘군은 미국 무기로, 아랍 국가들은 소련제 무기로 무장했을 뿐만 아니라 지중해에서는 미국 함대와 소련 함대의 대치가 동시에 시작되고 있었다. 이것이 잠재적으로 강대국 간의 또 다른 냉전 위기를 가져오는 소련의 대리전쟁이 될 것인가. 키신저는 당시 제대로 판단할 수 없었지만, 실상을 보면 소련은 이 공격의 배후에 있지 않았다. 브레즈네프 자신도 공격 전날에야 이에 대한 통보를 받았다.[27] 이 뿐 아니라 점점 커지는 워터게이트 사태는 닉슨 행정부를 불안정하게 만들어 전쟁에 대한 미국의 대응도 복잡하게 만들었다.

공격이 임박했다는 것이 분명해진 10월 6일 이른 시각, 이스라엘 총참모총장 다비드 엘라자르David Elazar의 시리아에 대한 선제공격 요청은 거부되었고 예비군 총동원령 요구도 거부되었다. 이것은 이스라엘의 정치 및 군사 의사 결정자들에게는 아주 어려운 선택이었다. 이 상황에서 이스라엘 측은 이집트와 시리아에 자신들에 대한 공격 계획을 인지하고 있다고 경고하고, 부분 동원령만 내렸다. 이스라엘 측은 정보 분석이 잘못되는 경우를 우려했다(정보 분석은 확실한 경우가 아주 드물다). 그런 경우 선제공격은 바로 이런 조치로 막으려고 했던 전쟁을 점화할 수 있었다.[28]

1973년 이스라엘 정보 책임자였던 엘리 자이라Eli Zeira 소장은 후에 자신이 이스라엘 지도자들에게 적의 능력과 배치에 대한 정확한 정보를 제공했지만, 그들에게 적의 의도에 대한 암시를 제공하지는 못했다고 회고했다. 이것은 정보에서 가장 어려운 요소이지만 가장 결정적 요소이기도 하다.

이집트와 시리아 참모들은 가을이 공격하기에 가장 좋은 날씨라는 점, 유대인에게 가장 성스러운 날인 욤키푸르에 이스라엘 병사들이 휴가 중이고 이스라엘 기업들이 문을 닫는다는 점, 11월 선거로 이스라엘 정치인들의 주의가 분산될 것이라는 점 등을 예상했다. 그러나 도로가 텅 비어있는 덕분에 위협이 분명해졌을 때 이스라엘이 예비군을 동원하는 것이 더 용이했다.[29] 이스라엘은 인구의 10퍼센트라는 놀라운 수를 동원할 수 있었지만, 전쟁 초기 북부 전선이나 남부 전선에 투입할 예비 병력은 없었다.

이스라엘의 공중 우세가 결정적 역할을 했던 6일 전쟁의 재발을 막기 위해 이집트와 시리아는 방공, 특히 베트남에서 미 공군을 상대로 뛰어난 성능을 발휘했던 소련의 지대공 미사일에 막대한 투자를 했다. SAM-6 및 SAM-7 미사일과 ZS4-23-4 대공포, 새거Sagger 및 스와터Swatter 대전차 미사일과 RPG-7은 개전 초기에 매우 효과적인 것으로 입증되었으며, 새로운 야간 전투 및 교량 건설 장비도 마찬가지였다. 이스라엘 장갑차에 특히 심각한 피해를 입힌 것은 사거리 3.2킬로미터의 매우 치명적인 소련제 대전차 유도 미사일인 새거였으며, 진격하는 지상군을 보호하는 밀집 방공망은 적어도 초기에는 이스라엘 공군의 위력을 크게 떨어뜨렸다.[30]

전술적으로 결정적인 장비 덕분에 아랍군은 수많은 성공을 거둘 수 있었다. 초기 공격에 대한 이스라엘의 신속한 전투기 대응은 이집트 보병이 보유한 열추적 대공무기의 집중포화에 저고도 전투기들이 격추되면서 방해를 받았다. 한편, 수에즈운하 서안에서는 고고도 전투기들이 이집트가 운용하는 레이더 제어식 장거리 대공 미사일과 대치했다. 이집트군은 또한 '실카Shilka'라고 불리는 포신 4개짜리 자주포인 23밀리 ZSU-23-4(레이더 지향 자동대공포)를 배치했다. 어느 이집트 부대 지역에서는 이스라엘 전투기의 80퍼센트 이상이 어떤 형태로든 피해를 입었다.[31] 이스라엘에게 한 가지 다행인 것은 이집트 보병이 장착한 미사일의 소형 탄두가 제트 엔진 배기가스의 뜨거운 가스로 인해 폭발하는 경향이 있어, 이스라엘 항공기에 손상을 입히긴 했지만 완전히 무력화시키지는 못했다는 것이다.

10월 6일 저녁과 다음 날까지 이스라엘군의 반격은 강력한 100밀리 대전차포와 좀 더 작은 대전차 무기를 탑재한 경장갑 차량으로 구성된 이집트의 장갑 전력에 의해 큰 피해를 입었다. 한 이스라엘 부대는 개전 10분 만에 탱크의 90퍼센트를 잃었다. 10월 8일에도 이런 피해가 계속되어 반격을 펼친 한 이스라엘군 사단은 탱크의 절반을 잃었다. 남부의 이스라엘군은 250대의 탱크를 잃은 후 방어 전술로 전환해야 했다. 8일 저녁이 되었을 때 이스라엘군은 50대의 항공기를 잃었는데, 대부분 지대공 미사일에 격추되었다. 이스라엘의 운명은 경각에 달려 있는 것처럼 보였다.

시나이사막은 이스라엘이 3일 연속 패배를 당한 후 숨통을 틔우는 데 필요한 전략적 종심을 제공했고, 이후 반격 과정에서 상당한 기동 공간을 만들어주었다. 그러나 북부 전선의 시리아 탱크는 요르단강과 갈릴리해에서 불과 10분이면 도착할 수 있는 거리에 위치하고 있었다. 시리아 탱크는 예비전력을 신속하게 배치해야만 저지할 수 있었다. 이후 시나이반도와 골란고원에서 벌어진 전투에서는 포병과 공군의 지원을 받는 기갑부대들이 맞붙어 싸우는 역사상 마지막 탱크 전투가 벌어졌다.[32]

이스라엘은 자신들의 전투기와 탱크가 더 뛰어나다는 것을 아랍군이 알기 때문에 공격하지 않을 것이라고 생각했다. 그러나 아랍군은 자신들의 새 기술이 최소한 공격 초기에는 이스라엘군의 공중 전력과 기갑 전력의 우위를 제한할 것이라고 생각했다. 전쟁 발발 후 3일 동안 전황은 그들의 판단이 옳았음을 보여주는 듯했다.

그러나 1944년 1월 연합군의 이탈리아 안지오 상륙작전에서 일어났던 일처럼 이집트군은 첫 기습 공격의 이점을 충분히 이용할 수 있을 정도로 신속하게 초기 교두보를 확대하는 데 실패했다. 이집트군은 이스라엘군의 3개 사단에 대항해 9개 사단을 동원하고, 많은 탱크가 수에즈운하 도하에 성공했지만, 확보한 지역을 강화하기 위해 운하 동쪽에 가깝게 밀집했다. 10월 14일이 되어서야 이집트군은 전체 전선에서 공격을 재개했지만, 이 시점에 이스라엘군은 800대의 탱크와 상대적으로 소수인 보병 병력으로 방어선을 잘 보호하고 은폐했다. 이상적으로는 공격군이 방어군에 비해 3대 1의 수적 우위를 확보한 채 취약 거점에 집중해야 했지만, 이집트군은 두 가지 모두를 제대로 하지 못했고 큰 손실과 함께 격퇴되었다. 특히 이스라엘군 탱크들이 이집트군의 측면을 강습할 때 큰 피해를 입었다.

14일 저녁까지 이집트군은 보유한 1000대의 탱크 중 260대를 잃었고, 이스라엘군은 60대의 탱크가 손상되었지만 많은 수가 신속히 수리되었다.[33] 소련이 이스라엘 사단 전체가 수에즈운하 서안으로 이동하고 있는 것을 보여주는 위성사진을 사다트 대통령에게 제공하면서 이집트군은 긴장했다. 10월 19일 추가적 격전 후 이스라엘군의 진입을 직접 확인하기 위해 수에즈운하 서안에 파견된 이집트 총참모장이 운하 동쪽의 모든 이집트군의 철수를 지시했지만, 이집트군 총사령관은 이를 거부하고, 이러한 지시를 내린 총참모장을 군법회의에 회부한다고 위협했다.[34] 당시 사단장을 맡은 아마드 이스마일 알리 Ahmad Ismail Ali는 유엔이 휴전을 강요하기 전에 최대한 밀어붙여 이스라엘군의 성공을 저지해야 한다고 주장했다.[35]

휴전 달성의 실패는 이집트에 막대한 결과를 초래했다. 10월 21일이 되자 공군의 지원을 받은 이스라엘군은 이집트군 거점을 우회하고 이집트군을 노련하게 압도했다. 이집트군은 그레이트비터호 북쪽을 건너는 이스라엘군의 반격을 저지하는 대신 운하 서안에 있는 부대들을 돕기 위해 탱크부대를 파견하는 실수를 저질렀다. 파견된 탱크 전력은 이스라엘군의 치명적인 야포와 기관포 결합 사격에 의해 큰 피해를 입었다.

6일 동안 이스라엘군은 80킬로미터를 진격해 수에즈운하를 도하했고, 이집트 제3군을 수에즈 남쪽 끝에 고립시켰다. 3군의 많은 부대는 남동쪽 지역에 흩어졌다. 이집트 제2군도 북동쪽에 고립되었다. 이스라엘의 돌파작전과 남쪽으로의 진격은 오늘날까지 2차 세계대전 이후 가장 위대한 기동작전이자 전략적 승리로 평가된다. 승리는 때로는 명령에 대한 용감한 거역에 의해 달성된다. 일례로 아리엘 샤론 장군은 방어에 전념하라는 명령을 명시적으로 받은 후에도 공격을 했지만, 그의 행동은 용서받았다. 다얀은 후에 "나는 각 사단장들의 주저와 변명보다 압박과 주도를 열 배 더 좋아한다. (…) 때려야 말을 듣는 암소보다 고삐를 채워야 하는 고귀한 종마가 훨씬 낫다"라고 말했다.

북부 전역에서 시리아군은 전쟁 발발 초기 이스라엘군 방어를 결정적으로 돌파하는 전과를 이룰 뻔했다. 실제로 시리아군 탱크부대 지휘관 일부는 갈릴리해를 바라보는 위치에 도달했고, 이스라엘군 지휘관들은 요르단강의 교량을 폭파할 준비를 하라는 명령을 내렸다. 이스라엘군은 예비군 부족으로 희생이 크고 결과가 미약한 반격만 전개할 수 있었다. 이스라엘군 제7탱크여단은 10월 6일 눈물의 계곡Valley of Tears에서 지속적인 포격을 받아서 100대의 탱크 중 7대만 남았고, 각 탱크에는 3~4발의 포탄만 남게 되었다. 히말라야에서 신혼여행을 즐기다 급하게 복귀한 요시 중령은 바라크여단으로부터 이미 파손을 당한 13대의 탱크를 얻어 제7여단 탱크들의 포탄이 완전히 소진되기 직전 전장으로 갔다. 제7여단 병사들은 수류탄을 가지고 전투를 계속할 준비를 하고 있었다.

양측 모두 무너지기 직전 상황에서 시리아군이 먼저 퇴각하기 시작했다. 제7여단과 요시의 증원부대는 시리아군을 추격하다가 대전차 도랑에서 멈췄고, 한 증인의 말을 빌리면 "여단은 인간의 한계에 도달했다."[36] 한 장교는 병력 수송 장갑차 옆문을 열고 질문에 답하다가 바로 잠이 들었다. 260대의 시리아군 탱크와 병력 수송 장갑차가 눈물의 계곡에서 파괴되거나 버려졌다. 7여단 무선통신망을 통해 사단장 라파엘 에이탄Raphael Eitan 장군이 "귀관들은 이스라엘 국민을 구했다"라고 격려하는 말이 흘러나왔다.[37]

유엔이 휴전을 강제했을 때 이스라엘의 차임 헤르초그 대통령의 말을 빌리면 이스라엘군은 "다마스쿠스를 포격 사정거리에 두게 되었고, 카이로로 가는 길에 들어섰다."[38] 이스라엘군과 아랍군 사이의 산발적 교전은 욤키푸르 전쟁 이후에도 계속되었지만, 이것은 양측 모두에게 마지막 다전선 전쟁이 되었다.[39] 전쟁 후 사다트가 예루살렘을 방문한 이후 반세기 동안 이스라엘-이집트 국경에서 전사한 병사는 한 명도 없었다.[40] 역사에 종종 나타나는 역설 중 하나로 사다트 대통령은 수에즈운하 도하 8주년 기념식장에서 암살당했다.

로런스 프리드먼은 아랍-이스라엘 전쟁에서 이스라엘이 승리한 것은 서방이 제공한 장비가 바르샤바조약군의 장비보다 전반적으로 우수한 점도 있지만, 이스라엘군의 뛰어난 훈련, 교리, 사기 덕분이라고 지적했다. "이스라엘군의 가장 강력한 전력은 공군이다. 그리고 이것은 모든 작전에서 결정적 차이를 만들어냈다"라고 그는 썼다.[41] 이스라엘은 욤키푸르 전쟁에서 2500명의 병사를 잃었지만, 이것은 6일 전쟁보다 3배 많은 전사자였다. 이집트군과 시리아군 전사자 수는 각각 8000명에 이르렀다. 양측은 보유한 탱크의 절반을 잃었고, 이스라엘은 500대의 군용기 중 115대를 잃었지만, 이것은 이집트와 시리아가 잃은 250대의 절반에도 미치지 못한 수였다.[42]

이 전쟁은 다른 전쟁 유산으로 미국 군사 원칙에 상당한 여파를 미쳤다. "아랍-이스라엘 전쟁에 대한 우리의 관심과 모든 분석, 논의는 단지 지적 연습은 아니었다"라고 미군 훈련·교리 사령부의 윌리엄 데푸이 장군이 썼다. "물론 이것은 병사들의 호기심을 끌었을 것이다. 그러나 이 연구에는 목적이 있었고, 그 목적은 우리가 우리 학교, 우리 전투 연구가들, 훈련에 관여하는 사람들이 이 교훈을 기억하고, 이것을 우리의 개념에 적용하는 것이었다."[43] 미군은 이 전쟁에 대한 상세한 분석을 계속했고, 프레더릭 케이건Frederick Kagan이 말한 대로 이 전쟁은 "미국 국방 조직의 기초까지 흔들었다".[44]

한 군사학자는 "여러 기준에서 보았을 때—할당된 재원, 배치된 인력, 소비된 시간, 생산된 군수품—욤키푸르 전쟁은 미군이 수행한 외국 전쟁에 대한 연구에서 가장 포괄적인 조사였다"라고 말했다.[45] 작은 나라가 몇 개의 큰 나라를 압도한 사례는 미국을 우려하게 만드는 것이 당연했고, 1974년 3월까지 펜타곤은 욤키푸르 전쟁의 다양한 양상에 대해 무려 37건의 연구를 시작했다. 이 중 일부—7권에 달하는 무기 체계에 대한 자료 보고—는 아직도 기밀 자료로 남아 있다. 1974년 미군들은 전쟁에서 싸운 이스라엘 지휘관들을 길잡이 삼아 전장을 살펴보았다.

1973년의 전쟁이 1967년 전쟁보다 훨씬 더 면밀한 조사가 필요한 이유는 군사 전문가들이 유연성, 속도, 분쟁의 격렬한 강도 등으로 인해 기존의 소모전 위주의 전선 유지 개념이 완전히 무용지물로 되었다는 사실을 알게 되었기 때문이다.[46] 향후 전쟁에서는 이란-이라크 전쟁이나 2022년 우크라이나 돈바스 전투와 같이, 어느 쪽도 유연성과 속도를 발휘할 수 없는 전쟁에서만 방어선 유지와 소모전이 다시 등장하게 될 것이다. 또 다른 교훈은 점점 더 커지는 전투의 치명성이다. 전례 없이 강력한 파괴력을 가진 무기, 그리고 특히 전자전, 대전차 유도 미사일, 통합 방공 분야 등에서 전쟁의 복잡성과 정밀성이 증가함에 따라 전투의 치명성이 높아졌다. 이제 미래 전쟁은 짧고 격렬하고 혼란스러운 전쟁이 될 것으로 보인다. 그러므로 이런 전쟁에서 군대는 처음부터 행동에 나설 준비가 되어 있어야 하고, 집중적 훈련을 통해 이스라엘이 그랬던 것처럼 기습과 수적 열세로 인한 불리함을 극복할 수 있어야 할 것이다.[47]

미 육군과 공군은 욤키푸르 전쟁에 대한 상세한 분석을 통해 대전차 유도 미사일과 지대공 미사일의 엄청난 발전에도 불구하고 전차가 미래 전장에서 여전히 중요한 역할을 할 수 있다는 사실을 발견했다. 욤키푸르 전쟁은 또한 촘촘한 방공망을 뚫고 비행하는 공격 헬기의 취약성을 드러냈다. 이것은 전쟁 당시에는 충분히 인지되지 않은 사실이었다.

미국이 욤키푸르 전쟁에서 터득한 교훈의 대부분은 18년 후 걸프전에서 유용하게 활용되었다.[48] 미군이 불연성 유압유 도입, 화학무기 방어 강화, 군수품 비축량 증가, 지상기반 방공의 위험성 인식, 훨씬 더 실전적인 훈련과 시뮬레이터 사용 도입, 전투 전자전 정보대대와 다연장로켓체제 강화, 그리고 M-60 탱크, 사이드와인더 미사일, 전자방해 장비의 기능 향상과 생산 증가(궁극적으로 각 장비를 대체) 등을 단행한 것은 바로 욤키푸르 전쟁 덕분이었다.

욤키푸르 전쟁에서 발휘된 신형 소련제 무기체계의 성능은 미군 내에서 패트리어트 지대공 미사일, 최첨단 F-15 전투기, 신형 탱크와 보병전투차량, 더 많은 지상 및 공중 발사 정밀 탄약, 공중조기경보통제체계를 요구하는 사람들의 입지를 강화시켰다.[49] 그러나 궁극적으로 승리는 장비가 아니라 병사들의 몫이었다. 마이클 헤르초그는 이렇게 썼다. "이 전쟁은 전쟁의 승패를 좌우하는 것이 사람이라는 사실을 극명하게 보여주었다. 병사의 훈련과 기술, 동기부여, 지휘체계의 수준, 솔선수범, 용기, 인내심 등이 그 어떤 무기보다 전쟁의 결과에 큰 영향을 미쳤다. 기술의 시대에도 인간은 여전히 그 중심에 서 있다."[50]

소련의 아프가니스탄 침공 (1979-1989) : 이념 붕괴의 기폭제가 된 패배

1979년 성탄절에 소련은 위험에 처한 카불의 친러시아 정권을 지원하기 위해 7만 5000명의 병력을 동원해 아프가니스탄을 침공했다. 소련군은 바로 이슬람 전사들인 무자헤딘Mujahideen이 벌인 게릴라 작전을 상대해야 했다. 무자헤딘은 이란과 파키스탄의 지원을 받았고, 후에는 미국으로부터도 지원을 받았다. 아프가니스탄 군대는 '순식간에 증발해버렸고', 몇 주 만에 소련군은 중국 내전 시 국민당군과 알제리의 프랑스군처럼 모든 주요 도시를 장악하고 농촌 지역 대부분을 통제한 반군을 상대로 오랜 기간 치른 전투에서 고전했다.[51]

소련군의 침공은 힘을 과시하기보다는 소련이 얼마나 약화되었나를 보여주었다. 정치적 수단을 사용해 반란을 통제하려 하다가 실패한 모스크바 당국은 그 대신에 단조로운 군사작전에 의존했다. 무자헤딘 반군이 북쪽으로 세력을 확장해 소련의 중앙아시아 지역으로 밀려들어올 것을 염려한 소련 지도부는 자신들의 월등한 군사력으로 어떠한 소요도 쉽게 진압할 수 있다고 믿었다. 이것은 최소한 최종적 결과에서 미국의 베트남 침공을 그대로 반복한 침공이 되었다.

미국의 지미 카터Jimmy Carter 행정부는 러시아의 침공에 강력히 대응했다. 미국은 SALT-II 군축 협상을 중단하고, 1980년 모스크바 올림픽을 보이콧하고, 경제 제재를 가했다. 또한 페르시아만에 초점을 맞춘 신속대응군을 창설하고(후에 최종적으로 미국 중부 사령부 설치로 이어졌다), 파키스탄에 대한 군사 지원을 강화하고, 무엇보다도 CIA가 무자헤딘에게 공격 무기를 지원하도록 명령했다. 로널드 레이건 정부 재임 기간인 1986년에 이르러서야 미국은 견착식 대공 스팅어 미사일을 공급하기 시작했다. 이 무기로 인해 소련의 공격 헬기가 공중에서 물러나거나 최소한 고공비행을 하게 만들어서 그 효과는 크게 감소되었다. 이러한 발전과 함께 무자헤딘은 소련군을 공격할 힘을 쌓았고, 때로 고립된 소련군 병영을 제압하고 대량 살상을 할 수 있게 되었다.[52]

러시아 참모부는 다민족, 다종파, 부족적, 산악지대 국가인 아프가니스탄 침공에 회의적이었지만, 침공을 결정한 것은 레오니트 브레즈네프와 정치국이었다. 이 전쟁은 아프가니스탄의 매우 복잡한 상황을 드러냈다. "최소한 900여 개의 게릴라 집단이 있고, 이들 일부는 전통적 지도자가, 다른 일부는 교육받은 중산층 젊은 지휘관이 이끌었다"라고 어느 역사학자가 지적했다.[53] 이 집단들은 종교적·인종적·지리적·이념적으로 분열되어 있었고, 파키스탄이나 이란의 지원을 받는지 아니면 미국의 지원을 받는지로도 나뉘었다. "지원국의 대리 전쟁이라는 표면 아래에는 만화경 같은 현지 투쟁이 있었다"라고 역사학자 데이비드 레이놀즈David Reynolds는 지적했다.

혹독하게 잔인하고, 양측 모두에 동정심이라고는 보이지 않는 이 전쟁은 1989년 2월 소련군이 철수할 때까지 거의 10년간 지속되었고, 그 사이 1만 5000명의 소련군이 전사하고, 기록되지 않은 훨씬 더 많은 아프가니스탄인들이 사망했다. 2차 세계대전 이후 소련군이 정복했던 국가에서 공격을 받고 철수한 첫 사례였다. 1996년 9월 카불을 점령한 무자헤딘은 친러시아 성향의 전 지도자 모하마드 나지불라Mohammad Najibullah(그는 1992년 사임했다)와 그의 동생 샤푸르Shahpur를 유엔 병영에서 체포하여 거세하고, 고문한 후 살해했다. 그들은 두 사람의 시신을 트럭에 싣고 시내를 돌아다닌 다음 대통령궁 앞 가로등에 매달았다. 소련의 아프가니스탄 침공은 두 나라 모두에 괴멸적 영향을 미쳤다. 아프가니스탄 주민 열 명 중 한 명이 소련군 점령 기간 중 사망했다.[54] 소련의 붉은 군대는 전투원과 민간인을 구분하지 못해 다양한 방법으로 무차별 살상을 자행했다. 학살과 인구 감소 계획이 이 지역에 만연하게 적용됐으며, 젊은 여성들은 소련군에 납치되어 성폭행을 당한 후 '불명예' 인식으로 인해 집으로 돌아가지도 못했다. "소련군이 사상자에 대한 보복으로 마을들을 공격해 사라졌다. 또한 지나가는 버스나 민가에 '재미로' 사격을 가하는 경우도 있었다"라고 한 역사학자가 기록했다.[55] 학자들은 소련군이 아프가니스탄 주민들에게 중대한 범죄를 지속적으로 저질렀다는 데 동의했고, 일부는 이것이 전쟁범죄에 해당한다고 주장했다.

1982년까지 아프가니스탄의 1500만 명 주민 중 약 300만 명이 파키스탄과 이란으로 피난을 갔다. 아프가니스탄인들을 대상으로 화학 무기를 사용했다는 소문이 난무했고, 때로 마을들은 하루아침에 먼지로 변하기도 했다. 일부 경우 자신들이 아프가니스탄인들에게 환영받지 못한다는 것을 잘 아는 소련군 병사들은 야밤에 조용히 동맹인 아프간 정부군으로부터 무기를 빼앗기도 했다.[56] 상관에게 학대당하고 아프가니스탄 마을주민과 부족민에게 적대시되고, 외로움과 비참함, 복수심에 젖은 러시아 병사들이 아편을 피웠다.•

아프가니스탄 주민이 크게 감소한 것은 역설적이게도 무자헤딘 집단이 이 지역에서 좀 더 큰 힘을 행사하도록 만들었다. 아프가니스탄의 교육받은 중산층은 주변 지역이 파괴되자 빠르게 외국으로 이주해서, "이슬람 평신도, 지휘관, 이슬람 근본주의 집단 (…) 다른 말로 표현하면, 턱수염을 기른 남자, 히잡을 쓴 여자, 무장한 전사들이 아프가니스탄 사회의 핵심 인물들이 되었다"라고 어느 아프가니스탄 역사학자가 서술했다.[57]

아프가니스탄은 소련의 침공 전까지 수십 년 동안 미국에게 전략적 중요성이 없는 지역으로 간주된 저개발 부족 국가였다. 소련을 포함해 누구도 이곳이 1980년대와, 2001년 9·11 테러 공격 이후 다시 한번 가장 치열한 대리전의 무대가 될 것이라고 예상하지 못했다. 장갑차 행렬이 북쪽으로 향하며 치욕적으로 소련군이 철수했을 때 아

• 아프가니스탄은 세계 최대의 아편 생산국으로 2007년 세계 유통 비약품용 아편의 92퍼센트가 아프가니스탄에서 생산되었다. 아편은 소련 침공 시기 무자헤딘의 주요한 자금 조달원이었다.—옮긴이

프가니스탄의 미래는 바뀌었다.

물론 당시에는 상대적으로 눈에 띄지 않은 지각변동적 여파와 역설적인 순간들이 있었다. 1980년대 말 미 국방장관 도널드 럼스펠드 Donald Rumsfeld는 지하드 전사에게 칼라시니코프 소총을 건네주면서 "알라는 위대하다"라고 말했다. 카터 대통령의 국가안보보좌관인 즈비그뉴 브레진스키Zbigniew Brzezinski는 무자헤딘을 무장시키는 것을 다음과 같은 수사적 질문으로 정당화했다. "세계 역사 관점에서 어느 것이 더 중요한가. (…) 소동을 일으키는 소수의 이슬람교도인가, 중부 유럽의 해방과 냉전의 종식인가?"[58] 당시에는 냉전이 종식된 후 역사에 대한 세계적 관점이 소수의 소동을 일으키는 이슬람교도보다 훨씬 큰 것에 주의를 집중하기까지 짧은 동면만 있을 것이라고 예상한 사람은 거의 없었다.

한편 소련의 침공으로 아프가니스탄인들이 참혹한 전쟁의 긴급 상태에서 다른 신앙 형태로 돌아서면서, 아프가니스탄에서 폭넓게 수행되던 전통적인 수피 신비주의가 강경 이슬람근본주의로 대체되었다. 전쟁에서의 참패로 소련군의 권위는 큰 손상을 입었고, 국가의 내부적 분열로 이어졌다. 소련의 군사력을 이용해 전략적 목표를 달성하고 지정학적 이익을 유지하는 것은 더 이상 합리적으로 보이지 않았고, 심지어 가능해 보이지도 않았다. 개혁 성향의 신임 공산당 서기장인 미하일 고르바초프 입장에서는 이것은 어느 정도의 자유화만이 소련을 구할 수 있다는 추가적인 증거가 되었다.

러시아의 아프가니스탄 침공은 20년 후 이곳에서 진행되는 대테러 전쟁의 수행 방식에 큰 영향을 미쳤다. 견착식 대공 미사일의 중요성이 강조되었는데, 미국은 이 핵심 자산을 무자헤딘에게 제공하면서 소련군은 그들의 핵심적 이점인 회전익 및 고정익 항공기의 근접 공중 지원을 할 수 없게 되었다. 소련의 침공과 실패는 미국의 전쟁 계획자들에게 아프가니스탄에서 반란 진압 작전에 대한 심각한 도전을 제기했다(아마도 충분하지 않았던 듯하다). 힌두쿠시 산맥 같은 지형과 기반시설이 없고, 아주 제한적인 경제와 파키스탄의 반란군 은신처, 문맹률과 인적 자원의 결여, 미국과 사우디아라비아가 반군에 상당한 지원을 제공한 것(이 역학은 20년 후 이란과 파키스탄 정보기관 요소들이 탈레반에게 제공한 지원에 반영되었다) 등이 소련군 패배의 원인이 되었다.

이 작전은 미국이 대리인을 지원함으로써 소련에 맞설 수 있다는 것을 보여주었고, 같은 행위가 다른 지역에서도 수행되었지만, 아프가니스탄에서만큼 성공적이지는 못했다. 소련이 지원하는 아프가니스탄 정권은 마지막 소련 병력이 철수한 뒤 2년을 더 살아남아서 1973년부터 1975년까지의 남베트남 정부의 운명을 거의 그대로 따랐다. 무엇보다도 소수의 미국 인력과—주로 CIA—다량의 무기, 물자, 재정 지원이 소련에 큰 패배를 안길 수 있다는 것이 분명해졌다. 소련은 이후 빠르게 붕괴의 길로 들어섰다.

무자헤딘의 권한을 강화한 것은 훗날 몇 년 동안 심각한 영향을 미치게 되었다. 이유는 탈레반(파슈툰 무자헤딘이 다수 포함)이 카불을 점령하고, 소련 철수 이후 아프가니스탄을 통제하기 위해 싸우던 다른 민족 및 종파 세력보다 우세했기 때문이다. 그리고 1990년대 말 탈레반은 오사마 빈 라덴Osama Bin Laden이 동부 아프가니스탄에 은신처를 만들고 그곳에서 9·11 공격을 기획하고, 공격자들에 대한 초기 훈련을 실시하게 했다. 이로 인해 2001년 말 미국이 아프가니스탄에 개입하고, 이후 20년 동안 전쟁이 지속되었다. 이것은 9·11 이후의 장기 전쟁에서 가장 긴 작전이 되었다.

포클랜드 전쟁 (1982) : 원거리 전쟁

아르헨티나 해병대 대대가 남대서양의 포클랜드제도를 침공한 1982년 4월 2일 다우닝가에 거주했던 영국 총리가 마거릿 대처Margaret Thatcher 가 아닌 다른 인물이었다면, 유엔이나 미국이 중재한 협상이 합의되어 포클랜드제도에 대한 영국의 지배권을 포기하는 대신 그 보상으로 공동주권 합의안이 체결되었을 가능성도 충분히 있었다. 그러나 어중간한 타협책에 대한 대처 총리의 경멸은 아르헨티나에 대한 분노와 결합되어, 부에노스 아이레스(아르헨티나)의 새로운 독재 쿠데타 정권이 포클랜드의 영국 국왕의 신민을 감히 통치하려는 시도를 당연히 '개전 사유'로 볼 수밖에 없었다.

　많은 사람들이 인구 1800명의 포클랜드섬(양은 60만 마리)을 위해 전쟁을 벌여야 하는 이유를 찾지 못했다. 아르헨티나 작가 호르헤 루이스 보르헤스Jorge Luis Borges는 이 전쟁을 "두 명의 대머리가 머리빗을 갖겠다고 싸우는" 것에 비유했다. 그러나 섬에 천연자원이 없다는 것은 전쟁의 원칙에 아무런 차이를 만들어내지 못했다. 어느 전쟁 비평가가 장래 보수당 지도자가 되는 마이클 하워드Michael Howard에게 "그곳에는 아무것도 없다"라고 말하자 하워드는 이렇게 되받아쳤다. "아니다. 그곳에는 유니언잭(영국 국기)이 있다."[59] 마거릿 대처가 후에 회고한 대로 아르헨티나의 공격은 '영국 명예의 위기'였다.[60]

토요일 오후 영국 의회에서 벌어진 긴급 토의에서 대처는 "이 섬이 점령으로부터 자유로워지고, 빠른 시간 안에 영국령으로 돌아오게 하는 것이 정부의 목표"라고 말했다. 그녀의 국방장관 존 노트John Nott가 섬을 탈환하는 것이 불가능할 수도 있다고 우려하는 순간에 "대처는 후퇴할 수 있는 가능성을 없애버림으로써 자신의 의지를 분명히 전달했다"고 헨리 키신저는 평가했다.[61]

영국 군대와 정부는 전혀 대비하지 못한 상태에서 침공을 받았다. 이 전쟁은 역사상 가장 이상한 전쟁으로, 마크 아몬드Mark Almond 박사는 "세계 최초의 포스트모던 전쟁"이라고 표현했다. 이 전쟁은 본토에서 1만 2870킬로미터나 떨어져 있고, 육지 기지가 전혀 없는 곳에서 치러졌다.[62] 이 전쟁은 놀라운 막판 즉흥 대응에 대한 이야기이자, 소련과의 전쟁을 예상하고 있던 영국 군대가 완전히 다른 성격의 전쟁을 치르는 적응력과 유연성에 대한 시험이었다.

영국은 다른 나토 국가들이 사용하는 무기에 대한 특별한 방어책이 없었다. 에컨대 아르헨티나가 구입한 프랑스제 함대함 미사일 엑조세Exocet가 그런 무기였다. 영국 해군은 공중조기경보 체계, 공중 지배, 몇 겹의 대공무기를 보유한 나토의 일원으로 작전을 수행하기를 기대했지만, 이런 무기 중 어떤 것도 포클랜드 원정 작전에 사용할 수 없었다.[63] 그렇기는 하지만 당시 포클랜드를 해방시킨 기동군은 오늘날 영국 해군 전체보다 더 많은 호위함, 구축함, 대잠수함 공격용 잠수함을 보유하고 있었다.[64]

이 책에서 반복적으로 나오는 주제는 억제에 쓰인 돈은 결코 낭비가 아니라는 점이다. 특히 억제가 실패했을 때 발생하는 비용을 고려하면 더욱 그렇다. 1981년 영국 정부의 백서는 남대서양 쇄빙 순찰선인 엔듀어런스와 영국 해군이 보유한 2척의 상륙함인 인트레피드, 피어리스의 철수 의사를 밝혔고, 이것은 아르헨티나 군사정부 지도자 레오폴도 갈티에리와 해군 사령관 호르헤 아얄라 제독으로 하여금 영국이 포클랜드를 지키기 위해 전쟁을 하지 않을 것이라고 믿게 만들었다(아르헨티나는 1833년부터 이 섬의 영유권을 주장하며 '말비나스'라고 불렀다).[65] 이것은 군비축소가 잠재적 공격자에게 잘못된 신호를 보낸 전형적인 사례가 되었다. 백서는 또한 영국의 항공모함 인빈서블을 오스트레일리아에 매각할 것을 제안하고, 영국 해병대의 장래에 대해 의문을 제기했다. 영국 해병대원 68명이 포클랜드 침공 당시 이 섬에 주둔하고 있었지만, 침공 첫날 제압되었다.

"군인의 관점에서 보면 그녀는 이상적인 총리였다"라고 마거릿 대처에 대해 영국 총참모부장인 테런스 르윈Terence Lewin 제독이 후에 말했다. "결정이 필요할 때 그녀는 결정을 내렸다."[66] 급하게 제기된 이 작은 전쟁은 내각의 지원을 받은 이 결정으로 해군 기동부대가 파견되었고, 지브롤터해협에서 훈련 중이던 다른 함정들이 여기에 가담해 최종적으로 44척의 군함과 22척의 해군 보급함, 45척의 상선과 2만 8000명의 병력이 파견되었다.[67] 여기에는 영국 해군헬기 4개 중대와 공군헬기 1개 중대, 해병 1개 여단, 2개의 공수대대와 3개의 보병대대가 포함되었다. 파견된 선박들에는 기뢰제거함으로 용도가 전환된 호화 유람선, 페리, 저인망어선과 해상 병원선으로 개조된 어린이 교육용 크루즈선이 포함되었다.[68]

"시원찮은 재정, 답답한 관료주의, 만성적인 보급 문제에 시달려왔던 장교들은 전쟁을 향해 움직이는 체제의 효과에 놀랐다."《데일리 텔레그래프》에 전쟁 상황을 보도하던 맥스 헤이스팅스의 기록이다.

"남부 사령부 전체가 뒤집어졌고, 거대한 보급품을 항구로 보내는 수송 계획이 세워졌다."[69] 극지 방한복, 새로운 무전기, 레이더 거리측정기가 각 부대에 지급되었다. "그 월요일은 마치 성탄절 같았다"라고 장군의 아들이자 공수부대 제3대대 지휘관이었던 39세의 휴 파이크 Hew Pike 중령은 회고했다.

제3특공여단의 지휘관인 줄리언 톰슨Julian Thompson 준장은 레이피어 대공 미사일의 주문량을 1개 포대에서 12개 포대로 늘리고, 스콜피온과 시미터 장갑정찰차량에 육지 횡단 기능을 갖추도록 했다. 모든 상황, 특히 공중에 대비하기 위해 '모든 것의 모든 것'(모든 능력들을 조금씩 갖춰 다양한 상황에 대비)을 원칙으로 삼았다.[70] 원정을 위해 출항하는 선박에 실린 것은 군사 장비만이 아니었다. 텔레비전 카메라가 지켜보는 가운데, 대대 군악대 소리에 맞춰 SS 캔버라호의 난간에 올라간 그레이엄 콜벡Graham Colbeck 상사는 "저 아래 컨베이어 벨트에 수백 개의 맥주캔이 실려 있는 것을 발견했다".[71] 조직과 파견 준비에서 기세가 오른 작작전팀은 아르헨티나 침공이 시작된 지 사흘 만인 4월 5일에 출항했다.

로널드 레이건 행정부의 캐스퍼 와인버거Caspar Weinberger 국방장관과 존 리먼John Lehman 해군장관 덕분에 영국은 영국 소유의 어센션섬에 소재한 미국 와이드어웨이크 공군기지를 사용할 수 있었고, 미국은 항공 연료와 예비 부품, 공대공 사이드와인더 미사일, 슈라이크 대레이더 미사일, 스팅어 대공 미사일을 제공하기 시작했다.[72] 카버 육군 원수는 나중에 와이드어웨이크가 "공중 주둔기지로서 필수적 역할을 했다"고 말했다.[73] 연료와 사이드와인더를 제외하더라도 미국은 전쟁 기간 영국에 6000만 달러의 원조를 제공했다. 아르헨티나군

에 대한 미국의 중요한 신호 정보도 영국에 제공되었다.[74]

레이건 대통령은 이러한 물자 지원에 대해 알고 있었지만, 공동주권을 기반으로 영국–아르헨티나 분쟁의 평화적 해결을 중재하려던 알렉산더 헤이그Alexander Haig 국무장관은 처음에 이를 알지 못했다. 이 때문에 '알 권리'의 개념이 완전히 다른 차원으로 발전했다. 전쟁이 끝난 후 리먼은 영국 항공모함 중 한 척을 잃은 상황에서 레이건이 영국 해군에 씨해리어 전투기를 수용할 수 있는 공격함 USS 이오지마호를 빌려주기로 합의했다고 폭로했다. 레이건은 와인버거에게 "매기(마거릿 대처)가 전쟁을 수행하는 데 필요한 모든 것을 제공하라"고 지시했다.[75]

작전팀이 출발하기 전날인 4월 4일 월요일, 줄리언 톰슨 여단장은 40명의 지휘관들에게 작전 브리핑을 했다. 브리핑 발표를 맡은 영국 해병대 이웬 사우스비-테일리어Ewen Southby-Tailyour 소령은 포클랜드의 험난하고 늪지가 많은 지형, 혹한의 강풍과 추위, 현지에서의 식량·식수 부족, 야음을 제외하고 엄폐물이 전혀 없는 상황을 강조했다. 맥스 헤이스팅스와 사이먼 젱킨스Simon Jenkins는 "영국의 유럽 전쟁계획은 한 세대의 군인들에게 바다를 건너면, 영국군에 중요한 지원시설을 제공하는 우호적인 정부와 주민들의 환영을 전제하도록 가르침을 받았다. 하지만 포클랜드에는 영국군이 이용할 수 있는 현지 자원이 전혀 없었다"고 지적했다.[76]

대처 총리는 자신이 원정에 대한 정치적 지지를 받고 있는 동안 제3코만도 여단이 선박에 승선하자마자 출발하도록 지시했다. 줄리언 톰슨과 휴 파이크 모두 처음부터 전투가 벌어질 것을 인지했다. 아르헨티나군이 포클랜드섬을 장악한 직후 티드워스에 있는 칸다하르 병영의 체육관에서 자신의 대대를 향해 행한 연설에서 파이크는 위기를 해결하기 위한 외교적 노력이 있고, 상식적인 사람은 이것이 성공하기를 바라겠지만, 그럼에도 실제로 행동을 취할 수 있어 "매우 다행"이라고 말했다.[77] 이 연설을 들은 병사 중 한 명인 그레이엄 콜벡은 후에 "그날 체육관에 상식이 있는 사람이 있었다면, 나는 아니었다. 나는 외교적 해결이 이루어졌다면 크게 실망했을 것이다"라고 말했다.[78] "공수대대에는 자기 확신이 넘쳤다. 사람들은 자신들이 할 수 있는지에 의문을 갖지 않았다"라고도 말했다.[79]

포클랜드로 가는 길에 영국 지상군 사령관 제러미 무어Jeremy Moore 장군은 자신의 아르헨티나 상대인 마리오 벤자민 메넨데즈Mario Benjamin Menéndez 장군의 사진을 가지고 갔다. 이것은 몽고메리Bernard Montgomery 장군이 북아프리카 전투에서 자신의 상대인 에르빈 롬멜Erwin Rommel의 사진을 차량에 가지고 다녔던 것과 같은 행동이었다. 무어는 메넨데즈의 외모에 대해 아무 전제도 하지 않았을지 모르지만, 항복 협상에서 그가 휴대한 사진은 메넨데즈 장군의 사진이 아니었던 것으로 드러났다(이것은 저지르기 쉬운 실수였다. 당시 아르헨티나군에는 같은 성을 가진 장군이 다섯 명이나 있었다).[80]

4월 28일 영국군은 포클랜드섬에서 동쪽으로 1400킬로미터 떨어진 남조지아섬을 탈환했다. 이 섬은 개전 초기 아르헨티나군이 점령했었다. 이틀 후 영국군은 포클랜드섬 주변에 321킬로미터에 이르는 완전차단구역을 설정했다. 이로써 아르헨티나는 포클랜드에 있는 1만 3000명의 자국군에 어떤 보급도 할 수 없게 되었다. 5월 2일 아르헨티나 순양함 제너럴 벨그라노가 이 통제 지역 밖 64킬로미터 지점에서 영국 해군의 핵추진 잠수함 컨커러가 발사한 50년 된 마크 8호 어뢰에 피격되어 침몰했다. 순양함에 승선한 1000명의 장병 중 323명이 사망했다. 이 침몰은 다른 모든 아르헨티나 함정이 항구에서 나오지 못하게 만들어서 궁극적으로 더 이상의 아르헨티나 해군 인명 손실을 막아주었는지도 모른다. 영국 기동대를 상대로 한 해전은 더 많은 희생자를 발생시켰을 가능성이 크다.

포클랜드섬은 아르헨티나 해안에서 402킬로미터 떨어져 있어서 아르헨티나 항공모함 베인티친코드마요에서 발진하는 스카이호크기들은 섬 상공에서 작전을 하는 시간이 크게 줄어들었다.[81] 만일 아르헨티나가 스카이호크기들이 이착륙할 수 있게 스탠리 항구의 활주로를 늘렸으면 영국의 작전은 위험에 처할 수 있었지만 그렇게 하지 않았다. 아르헨티나 조종사들은 본토에서 거의 최대 항속 거리를 날아와야 했다. 5월 초 영국 호커해리어기들이 스탠리 항구의 활주로를 포함한 포클랜드섬의 아르헨티나 진지를 공격했다.

5월 4일, 42형 구축함 HMS 셰필드호는 프랑스제 쉬페르에탕다르 전투기에서 발사된 AM-39 엑조세 미사일에 피격되어 5월 10일 예인 중에 침몰했다.[82] 안타깝게도 이 함정에 장착된 위성통신 장치가 전자 탐지 시스템을 방해하여 자체 방어를 위해 총 한 방도 쏘지 못한 채 침몰했다. 폭발과 화재로 승조원 20명이 사망했다. 엑조세 미사일은 전쟁 중 영국 함정에 입힌 피해로 유명해졌지만, 실제로는 저공 비행하는 항공기에서 투하된 폭탄에 맞아 침몰한 경우가 더 많았다. 전쟁 중에 침몰한 함정 5척과 손상된 함정 13척 중에서 엑조세는 2척 침몰, 1척 손상의 전과를 올렸다.[83] 영국 해군은 손상된 다섯 척의 선박에 떨어진 13발의 폭탄 중 다섯 발이 폭발하지 않는 행운을 누렸다.

5월 19일 휴 파이크는 대양 유람선 캔버라의 라운지에서 제3공수여단 병사들에게 연설을 하며 모든 목표물이 확보되기 전에는 부상자를 돌보느라 진격을 멈추고 작전을 지연시키지 말 것을 지시했다.[84] (북아일랜드에서 전사상자 분류법*은 부상자를 즉각 처리하는 것이었다.) 이틀 후 그는 디데이 전날 6공수사단 여단장 힐이 한 말을 인용했다. "혼란이 일어나더라도 당황하지 말라, 혼란은 꼭 일어난다."[85]

5월 21일 금요일 새벽 2시 50분, 영국군은 산카를로스만에서 상륙작전을 감행했다. 스탠리 항구의 정반대 편인 포클랜드섬 동쪽에 상륙하기로 한 영국군의 결정은 논란의 여지가 많았다. 이 작전 계획의 이점은 이 해안이 아르헨티나 포병 사정거리를 벗어나 있고 적군의 잠수함과 엑조세 미사일이 도달하는 것이 거의 불가능하다는 점이었다. 그러나 스탠리 항구에서 90킬로미터 떨어진 이곳에 지뢰가 매설되었을 수도 있었고(실제로는 그렇지 않았다), 불과 20킬로미터 떨어진 적군 병영에서 쉽게 점령할 수 있는 고지에서 내려다보이는 곳이었다(이 고지는 후에 아르헨티나 공군기들이 만의 목표물을 선택하는 시간을 축소해서 아주 유용한 지형인 것으로 드러났다). 이 경우와 3척의 영국 함정을 아르헨티나 공중 공격으로 상실했음에도 불구하고 기동대 사령관 줄리언 톰슨 여단장과 참모들이 산카를로스만을 상륙지점으로 택한 것은 '뛰어난 판단'으로 서술되었고, "승리에 결정적 기여를 했

• 북아일랜드 특유의 '전사상자 분류법(feature of contact)'은 일반적 방식의 '트리아지(Triage)'와 다르다. 트리아지는 질병이나 부상의 중증도에 따라 치료의 우선순위를 정한다. 그러나 북아일랜드에서는 전투 중에 부상당한 모든 군인을 부상 정도에 무관하게 치료한다. 북아일랜드 군인들은 잠재적으로 다른 목표가 지장을 받더라도 부상당한 동료들에게 즉시 구호를 제공한다. 이는 인구가 많지 않은 상황에서, 전쟁 중에 개인의 생명에 높은 가치를 부여함을 암시한다.―옮긴이

다".[86] 5월 25일, 중요한 상선인 애틀랜틱 컨베이어호가 엑조세 미사일에 피격되어 침몰했다. 이로 인해 영국군은 병력 수송에 필요한 치누크 헬기 대다수를 잃었다. 이 피해로 제3공수 코만도는 상륙지점에서부터 스탠리 항구까지 모든 것을 직접 운송해야만 했다. 이 수송을 마친 제3공수 코만도는 진지를 잘 구축하고 저항하는 수적으로 우월한 방어군을 상대로 3일간 전투를 치러야 했다.[87] 그러나 이 책에서 자주 보았듯이 높은 사기가 핵심적 요소였다. "아르헨티나군의 문제는 보급도 아니고, 그들의 전술적 입지가 아니었다. 그것은 전투현장의 사기였다. 산악 지역에 있던 아르헨티나 병력의 문제는 영국군이 감히 상상하지 못할 정도로 심각했다"고 맥스 헤이스팅스는 회고했다.[88]

헤이스팅스는 전쟁 후 아르헨티나 전쟁포로들을 인터뷰했고, 사기저하의 이유를 분명히 알게 되었다. "아무도 우리가 어디로 가는지 얘기해주지 않았다"라고 7연대 소속 병사 기예르모Guillermo가 말했다. "우리는 심리적으로 준비가 되어 있지 않았다. (…) 최전방에 배치되는 A, B, C 중대에서 내가 대화를 나눠본 병사들 중에는 말비나스가 무엇인지 알지도 못하는 병사들도 있었다."[89] 아르헨티나군은 또한 자국 병사들에게 극도로 잔혹해서 구타를 일삼고, 무단이탈한 병사는 산악의 얼음장 같은 물에 맨발로 몇 시간을 앉아 있게 했다.[90] 중국 국공내전의 국민당 정부군 사례에서 보았듯이 징집병에 대한 가혹한 대우는 사기에 치명적 영향을 미친다. 포클랜드섬 동부 지역으로 진격하는 영국군 부대들은 추위, 설사, 1차 세계대전 때 '참호족'이라고 불린 심각한 발의 부패를 겪었다. 그러나 영국군은 궁극적 승리에 대한 신념이 있었기 때문에 이런 것들은 그들의 사기에 영향을 미치지 못했다. 반면에 아르헨티나군은 그렇지 못했다.

"이 작전은 아르헨티나 지휘부가 전략의 원칙에 대한 이해가 전혀 없었다는 것을 보여주었다. 그들의 공군은 영국군이 두려워한 만큼 효과적인 공격을 하지 못했다. 그들의 육군은 주요 거점을 방어하고, 영국군의 진격을 저지하고, 영국군 해병대나 공수부대가 장악한 거점을 공격하거나 반격하는 데 실패했다. 그들은 자신들이 장악한 것을 지키는 데 모든 희망을 걸었고, 군사적 승리가 아닌 외교적 해결을 기대했다."[91] 5월 28일 밤 구스그린에서 12시간 동안 벌어진 전투에서 아르헨티나군은 참호 거점을 용감하게 방어할 수 있다는 것을 보여주었다. 그러나 690명의 영국군 병력은 1160명의 방어군을 결국 제압했고, 아르헨티나군은 항복했다.

5월 31일, 로널드 레이건은 마거릿 대처에게 전화를 걸어 그녀가 승리에 '관대함'을 갖고 아르헨티나의 체면을 살리는 타협을 하도록 촉구했다.[92] 그러나 그때는 이미 땅과 바다에서 많은 피가 흐른 상태였다. "나는 지금 그 섬을 넘겨줄 수 없습니다. 아르헨티나군이 철수하지 않은 상태에서 휴전협정을 맺고 조용히 떠나기 위해 가장 좋은 함정과 가장 소중한 목숨들을 잃은 것이 아닙니다"라고 답하며,[93] 레이건의 요청을 거부했다. 그녀의 전 연설담당 보좌관 존 오설리번John O'Sullivan은 "위대한 국가적 사명이 된 전쟁의 절정에서 외교적 후퇴를 하는 것은 전후 영국의 쇠퇴에 대한 실망의 신화를 확인하고 영구화하게 된다. (…) 국가 재건이라는 대처의 '프로젝트' 전체가 좌절될 수 있었다"라고 지적했다.[94] 포클랜드에서 싸운 영국군 상사는 "만일 그것이 싸울 가치가 있는 것이라면, 그것은 계속 지켜야 할 가치도 있어야 한다"고 말했다.

6월 4일부터 8일까지 영국군 병력이 증강되었고, 오후 늦게 상륙한 서갈라하드호가 피츠로이에서 포탄에 피격되고 화재가 일어나 48명의 승조원과 병사들이 사망했다. 6월 11일 아침 42코만도, 45코만도, 3공수부대 장교들은 오후 8시 1분에 롱던산의 아르헨티나군 방어 거점을 공격하라는 명령을 내렸다. 그들은 토탄 덩어리, 천 조각, 소총줄과 잔가지들을 이용해 적의 진지 모델을 만들어서 사용했다. "야간에 진행되는 보병 전투에서 각 단계의 모든 지휘관들이 얼마나 많은 정보를 직접 가지고 가는지는 상상하기 어렵다"라고 줄리언 톰슨은 후에 썼다.

작전을 지휘하는 지휘 장교는 밝은 불이 켜진 따뜻한 방에서 참모들에 둘러싸인 채 아군과 적군의 위치를 보여주는 강력한 무전기와 레이더 영상을 보고 있거나, 아니면 상대적으로 따뜻한 기갑 지휘 차량에 앉아 자신의 위치를 계속 알려주는 위성 항법 장치를 보고 있지는 않는다. 그는 출력이 낮은 휴대용 무전기로 내화를 나누거나, 가능하면 직접 가서 상황을 살펴보며 머릿속에 전투의 그림을 계속 새롭게 하기 위해 걸어다니고, 뛰어다니고, 웅크리고, 눕고, 때로는 쏟아지는 빗속에서, 포탄 속에서 그렇게 한다.[95]

톰슨은 의도적으로 자신의 여단이 야간에 싸우도록 결정했다. "어둠 속에서 전투를 하는 혼란은 해병대와 공수부대의 전술, 좋은 지도력, 우리 훌륭한 포병들의 친밀하고 유연한 지원으로 상쇄할 수 있다고 보았다."[96] 이것은 위험부담이 큰 작전이었지만, 충분히 보상을 받았다.

파이크가 산카를로스만에 상륙하기 전 예언한 것과 같이 실제로 혼란이 일어났고, 다른 모든 전투에서와 마찬가지로 비극적인 아군에 대한 오인 사격이 발생해 8명의 영국군이 부상당했다. 이 사건 후 영국군 상사는 "병사들이 실수를 하는 한 위험한 실책은 일어나기 마련이다"라고 말했다.[97] 그는 피로, 열악한 시야, 적과의 교전에 대한 과욕 등을 실수가 일어날 가능성을 높이는 원인으로 꼽았다. 그는 긴 뱀 같은 대열에 전달되는 구두 메시지가 얼마나 쉽게 내용이 바뀌는지를 설명했다. 한 번은 '공습경보 레드Air Raid Warning Red'라는 메시지가 끝에 가서는 '갈티에리 전사Galtieri's dead'로 바뀐 것을 예로 들었다.[98]

제3공수부대는 한 번에 1개 중대를 배치할 수 있는 공간밖에 없는 롱던산의 능선을 따라 싸워야 했다. 이 전쟁의 공식 역사가인 로렌스 프리드먼은 이 상황을 "어둠 속에서 양쪽에서 총격을 받으며 볼링장을 내려가는 것"에 비유했다.[99] 이 책에 소개된 수많은 전투에서와 마찬가지로, 불굴의 용기가 승리에 결정적인 역할을 했다. 포클랜드 전역에서 벌어진 가장 전형적 사례로는 아르헨티나 제7연대와 영국 공수연대 제3대 간의 10시간에 걸친 롱던산 전투에서 수류탄, 소총, 총검을 이용한 근거리 '육박전'으로 진지를 점령한 전투가 꼽힌다. 톰슨은 "하급 장교, 부사관, 사병들이 용기, 끈기, 공격성을 갖고 싸운 전투였다"라고 회상했다.[100]

이언 맥케이Ian McKay 병장은 자신의 분대원들이 전사하고 부상당하자 아르헨티나 기관총을 제압하려고 노력했던 공로로 사후 빅토리아 십자훈장을 받았다. 윌리 매크래컨Willy McCracken 대위는 자신이 위치한 지점에서 45미터 거리 이내로 포격을 유도했다(이런 상황에서도 아무도 전사하지 않을 정도 영국군 사격은 정밀했다). "때때로 포격이 우리에게 너무 가까이 다가와 전함 어벤저의 11센티미터 포탄 발사 전까지 아군의 포탄과 적의 박격포 사격을 구분하는 것이 불가능할 정도였다"라고 그는 회고했다.[101]

그들의 지휘관인 휴 파이크는 1982년 6월 12일 당시 상황에 대해 "그날 아침의 광경을 절대 잊지 못할 것이다. 우리 중대는 총검을 착검한 채 짙은 안개를 헤치고 앞으로 나아갔다"라고 회고했다.[102] 스탠리 항구 외곽의 전략 거점을 장악하기 위한 전투에서 제3공수부대원 23명이 전사하고, 47명이 부상을 입었다. 전사자 중에는 그날 18번째 생일을 맞이한 닐 그로즈 일병도 있었다. 이 책에 나오는 모든 전쟁에 반복될 수 있는 표현으로 한 장교는 이렇게 말했다. "너무나 젊은 친구들이 너무나 아깝게 죽었다."[103]

6월 11일 제3공수부대, 제42코만도, 제45코만도가 각각 롱던산, 해리엇산과 투시스터스에서 동시에 벌인 전투에서 850명의 아르헨티나 방어군 중 50명이 전사하고 420명이 포로가 되었고, 영국군은 모두 합쳐 25명이 전사하고, 65명이 부상당했다.[104] 스탠리 항구에서 10~11킬로미터 넓이로 북쪽에서 남쪽으로 이어지는 이 고지가 점령되면서, 스탠리 항구는 6월 13일에 시작된 직접적인 공격에 무방비로 노출되었고, 6월 14일 저녁 아르헨티나군은 항복했다. 포클랜드섬은 무어 장군의 부대가 상륙한 지 24일 만에 탈환되었다. 아르헨티나의 갈티에리 장군과 군부 지도부 전원은 6월 17일 사임했다.

스탠리 항구가 함락된 후 휴 파이크는 영국에 있는 가족들에게 이렇게 편지를 썼다. "웰링턴 공작은 '승리의 우울한 성격'에 대해 제대로 묘사했다."[105] 이 전쟁에서 255명의 영국군이 전사하고, 777명이 부상당했다. 3명의 포클랜드 주민이 사망했는데, 한 명은 치료를 받다가 사망했다. 6척의 영국 함정이 침몰되고 10척이 파손되었다.[106] 아르헨티나군은 649명이 전사했는데, 그 절반은 제너럴 베가르노호 침몰로 사망했다. 아르헨티나 공군은 91대의 항공기를 지상 사격과 해리어기의 공격으로 잃었다.[107]

영국으로서는 큰 승리였지만, 포클랜드 전쟁은 몇 가지 중요한 문제점을 부각시켰다. 영국 해군은 새로운 미사일 기술의 위력을 전적으로 신뢰하고 있었기 때문에 오래된 무기인 방공포에 집중하지 못했다. 일부 방공포는 2차 세계대전 때부터 사용되던 것이었고, 용감하고 빠르고 정밀한 아르헨티나 공군기의 공격에 효과적으로 대응하지 못했다. 때로 이 무기들은 갑판에 용접된 회전의자처럼 급조된 거치대에 장착된 기관총에 불과했다.[108] 미사일과 탐지 장치가 선박을 보호해주고 비용을 절감해준다는 믿음은 가연성이 크거나 쉽게 조각나는 장치를 사용하게 만들었다. 병원선인 우간다호에 후송된 부상 장병의 70퍼센트는 화상을 입었는데, 이것은 그들의 신형 폴리에스테르 군복이 피부에 달라붙었기 때문이었다. 과거의 면직 군복에서는 그런 일이 일어나지 않았다. 영국 해군의 예산 감축 계획은 단기적으로 취소되었다.

또 다른 교훈은 영국과 미국의 특별한 관계의 중요성이었다. "펜타곤에서는 전쟁 첫날부터 영국에 대한 큰 호의가 있었다"라고 존 리먼이 회고했다.[109] 이것이 레이건 정부의 모든 부문에서 재현된 것은 아니었다. 그 이유는 아르헨티나 군사정부는 중부 아메리카에서 소련, 쿠바, 니카라과의 전복 활동에 대항하는 미국의 반공주의 입장을 지지해오고 있었기 때문이었다. 미영 특별 관계가 가장 큰 효과를 발휘한 곳은 캐스퍼 와인버거가 이끄는 국방부였다. 이곳에서 "미국과 영국 사이의 문화적·사회적·역사적 유대의 깊이와 넓이는 대단했다"라고 레만은 지적했다.

1940년대 이후 처음으로 벌어진 해전을 미국 해군은 면밀히 분석했다.[110] 전쟁이 끝나기도 전에 전문가팀이 구성되어 전쟁의 교훈을 연구했고, 여기서 나온 결론은 "포클랜드 전쟁에서 병력의 질 다음으로 가장 중요한 요인은 정보"라는 것이었다.[111] 미국의 정보를 사용할 수 있었던 영국군은 아르헨티나군 부대들의 위치, 예상되는 의도를 잘 파악할 수 있었던 반면, 아르헨티나군은 이러한 이점을 가지지 못했다. 또 다른 교훈은 함정들은 두꺼운 장갑을 가져야 한다는 것이었다. "영국 함정에 대한 16번의 성공적인 공격이 미 해군의 뉴저지함에 가해졌다면, 그것은 배의 지속적 작동을 저해할 만큼 큰 피해를 입히지는 못했을 것이다"라고 리먼은 주장했다. "셰필드함을 침몰시킨 엑조세 미사일은 전함 뉴저지의 장갑을 관통하지 못했을 것이다"라고 그는 지적했다.[112]

마거릿 대처, 테런스 르윈, 존 필드하우스John Fieldhouse, 제러미 무어, 기동대 사령관 존 '샌디' 우드워드John 'Sandy' Woodward, 줄리언 톰슨, 그리고 기타 고위 지휘관들은 포클랜드 전쟁 중 뛰어난 전략적 지도력을 발휘했다. 타격대를 1만 2870킬로미터나 떨어진 곳으로 파병해 아르헨티나군을 포클랜드섬에서 몰아낸 것은 대담하고도 올바른 결정이었고, 벨그라노호 격침, 산카를로스만을 상륙지점으로 택한 것, 스탠리 항구에 대한 공격계획 등이 모두 뛰어났고 임무가 효과적으로 병력에 전달되었다. 작전계획은 지휘관이 가진 모든 수단과 역량을 이용하여 수행되었다. 공격은 바다와 육지 모두에서 변화하는 전투 상황에 맞추어 조정되었다. 헨리 키신저는 "대처가 국내에서 시작한 결단력 있는 경제 개혁과 함께 포클랜드 전쟁 승리는 세계 무대에서 영국의 입지를 크게 바꾸어놓았다"라고 평가했다.[113]

포클랜드 전쟁은 단편적인 국방 예산 삭감—이 경우 엔듀어런스호의 철수—으로 절약한 돈이 장기적으로 더 큰 비용이 들게 만든다는 오래된 진리를 다시 증명해주었다. 그리고 서방에 전쟁이 전혀 일어날 것 같지 않은 상황에서 갑자기 일어날 수 있다는 것을 상기시켜주었다. 영국이 본토에서 1만 2870킬로미터나 떨어진 곳에서 싸우게 될 것이라고 생각한 사람은 아무도 없었다. 그러나 기습 공격은 아주 다반사로 일어난다. 제국주의 역사의 결과로 광범위한 지역에 책임을 진 국가들은 모든 상황에 대비하고 있어야 한다는 교훈을 값비싼 대가를 치르고 얻은 것이다. 순양함에 대한 잠수함의 위력도 잘 드러났다. 이 책에 서술된 다른 모든 전쟁은 해군 요소가 들어 있기는 했어도 기본적으로 육상 전쟁이었다. 포클랜드 전쟁은 육상 작전이 가미된 해상 작전이었다는 점에서 전쟁의 진보를 보여주는 일면이 있었다. 서방 강대국은 두 종류의 전쟁을 다 잘 치를 수 있다는 것을 증명해야 했다.

5장

냉전 종식

1979-1993

1991년, 이제까지 보지 못한 화력과 운동의 완벽한 결합이 이루어졌다.
— 크리스턴 아처 외,《전쟁의 세계사》, 2002[1]

1945년 이후 40년 동안 전형적인 서구식 군대의 인력은 5배 증가했고, 그에 따른 지휘·통제·컴퓨터 시스템 비용은 훨씬 더 높아졌다.[2] 한때 거대하지만 단순한 단일체였던 군대는 훨씬 더 정교하고 복잡해졌다. 점점 더 발전된 통신시스템으로 인해 처리해야 하는 정보의 양이 급증했고, 마틴 반 크레벨드Martin van Creveld의 말을 빌리자면 "참모 위에 참모, 절차 위에 절차, 기계 위에 기계"가 쌓일 때까지 계속 진화하는 훈련을 필요로 하는 기술자가 급증했다.[3]

공식적이고 조직적이며 자금이 풍부한 군대와 자금이 부족하고 허술한 게릴라 조직, 그리고 종종 적대적인 부대 사이의 기존 경계선은 더욱 벌어졌다. 수십억 달러의 예산을 보유한 군대와 호전적인 노하우를 보유한 군대 사이의 격차가 커지면서 냉전이 마지막 단계에 접어들었다. 관찰자들은 전자가 성공을 보장하지 못할 뿐만 아니라 국가 자체의 생존조차 보장하지 못한다는 것을 배워야 했다.

5장의 전쟁은 미국이 베트남 참사 이후 군사적 자신감을 회복하고 전 세계 어디든 필요한 곳에 효율적으로 전력을 투사하는 최선의 방법을 배웠음을 보여준다. 이 장에서 다루는 성공적인 작전에서도 의심할 여지없이 문제와 좌절을 겪었지만, 이를 통해 다양한 교훈을 얻었기에 전쟁은 진화할 수 있었다. 미국은 1980년대의 작전을 통해 통렬하고 귀중한 교훈을 얻었지만, 대규모 전쟁을 치르지 않았다는 점에서 운이 좋았고, 심지어 정치가다운* 면모를 보였다.

엘살바도르 내전 (1979~1992) : 전형적인 대리전

중미의 작은 열대 국가인 엘살바도르는 19세기 말과 20세기 내내 불안정과 빈곤에 시달렸다. 수십 년에 걸친 쿠데타와 독재자들의 격동으로, 1970년대와 1980년대 미국의 마지막 간접적 군사작전 중 하나가 벌어진 국가로 전락했다. 로버트 맥나마라의 말에 따르자면, 베트남에서 "작고 미개한 국가를 굴복시키는 데" 비참하게 실패한 지 불과 반년 만에, 미군은 다시 한번 수천 킬로미터 떨어진 정글 분쟁에 휘말리게 되었다.[4]

임무는 비록 위험하기는 했지만, 미국을 위한 자문·훈련 노력의 연장선상에서 진행되었다. 또한 궁극적으로는 중요한 임무였고 성공적인 임무이기도 했다. 이 분쟁은 강도의 차이는 있지만 12년 이상 지속되다가 합리적으로 만족스럽게 종결될 때까지 계속되었다.

1979년 10월, 시민의 자유를 제한하고 학생, 농민, 성직자에 대한 학살을 명령한 움베르토 로메로Humberto Romero 엘살바도르 대통령은 군사 쿠데타로 전복되었고, 혁명 정권이 들어서면서 고위층에서 비군사 인원들이 모두 신속하게 숙청되었다.[5] 두 명의 대령이 포함된 쿠데타 지도자들은 민주적 권한은 없었지만, 로메로의 폭압적 탄압으로 인해 핍박받는 사람들이 주도하는 좌파 혁명이 일어날 것을 우려했다. 극심한 경제적 불평등과 마르크스-레닌주의 이상에 대한 동조 분위기가 커지면서 공산주의 반란이 무르익은 것처럼 보였다. 새로운

• 1980년대 미국의 행동을 그렇게 묘사한 것은 군사작전, 외교 정책 등에 대한 접근방식의 특징이 선견지명, 자제력, 신중함, 효과적인 지도력으로 나타난 것을 강조한다.—옮긴이

정권은 급증하는 좌파 혁명 감정을 진압하기 위해 전 산살바도르 시장인 호세 나폴레온 두아르테를 민군 정권의 지도자로 선출했다.

1970년대 후반까지 불완전하고, 결함 있고, 국내적으로 인기가 없었지만, 불안정한 국가 내에서 소련의 지원을 받는 세력을 억압하기 위해 미국의 외교 정책은 다른 경우라면 인정하지 않았을 정권들을 지원했다. 1963년 응오딘지엠 암살 사건 직후, 케네디 대통령이 개입하지 않은 것은 이러한 관계가 엄격하게 전문적인 문제였다는 것을 충분히 증명하는 것이었다.

중미에서의 불안과 불안정이 커지자 가장 비둘기파 성향의 대통령도 걱정했다. 지미 카터 대통령은 임기 말 소련의 아프간 침공에 대응할 때까지만 해도 외교정책에 약하다고 알려져 있었다. 그럼에도 그는 서반구에 또 다른 쿠바식 정권이 들어설 가능성을 우려했다. 따라서 그는 엘살바도르가 '대반란 국가의 모델'이 되면서 시민들에게 점점 더 잔인한 보복을 가하는 정권을 기꺼이 지원했다.[6] 심지어 엘살바도르 군대는 베트콩에 대한 미국의 심리전 전술에서 영감을 얻기도 했다.[7]

미 국무부는 마르크스-레닌주의 파라분도마르티 민족해방전선FMLN이 미국을 다시금 분쟁으로 끌어들이기에 충분할 만큼 안정을 위협하는 존재였다고 판단했다. 카터는 엘살바도르에 570만 달러의 비살상 군사원조를 승인하고, 이후 미 국방부는 엘살바도르군에 헬기를 제공했다.[8] 1980년 엘살바도르 대주교가 미사를 집전하던 중 암살당하고, 미국인 선교사 수녀가 강간과 살해를 당하는 등 엘살바도르 정부가 저지른 끔찍한 잔혹 행위로 인해 미국의 원조가 잠시 중단되었지만 6주 후 재개되었고, 카터의 대통령직은 다른 여러 외교정

책적 좌절에 직면하여 유권자의 손에 의해 신속하고 품위 없는 종말
을 맞이했다.

카터의 후임자인 로널드 레이건 대통령은 더욱 열정적인 냉전주의
자였고 엘살바도르 정부에 대한 원조를 대폭 늘렸다. 그에게 반공주
의는 가장 효과적인 인권운동이었다. 1981년 2월, 취임 1개월 만에
2500만 달러의 군사원조를 승인하고 현지 주둔 미군 병력을 늘렸다.
이후 더 많은 원조가 이어져 1985년에는 1억 2800만 달러에 달했
다. 이 자금으로 엘살바도르 정부는 공식적으로 '고문' 또는 '교관'이
라 불리는 미군 병력의 직접적인 개입 없이도 FMLN과 싸울 수 있었
고, 정부는 베트남과의 부적절한 비교를 피하기 위해 이를 선호했다.
돌격 소총과 권총, 수류탄으로 무장했지만 직접 전투에 투입되지는
않았던 미국인들은 훈련과 조언, 안보 및 경제 지원을 제공하는 간접
적 방법을 통해 전쟁의 흐름에 영향을 미칠 수 있었으며, 본질적으로
'병력보다는 달러를 소비'했다. 전쟁터와 미 의회 모두에서 이러한 계
책은 매우 귀중한 것으로 입증되었다.

미군 교관들은 신중히 선별된 지역 주둔지에서 활동했으며, 영구
적으로 주둔하지 않고, 당일치기 훈련만 수행했다.[9] 베트남전 이후의
높은 긴장감으로 인해 엄격한 제한이 있었고, 시간이 지나면서 결국
완화되었지만, 실제 전투에 참여하지 말라는 명령은 여러 차례 반군
과 격렬한 총격전을 벌이는 등 비현실적인 것으로 드러났음에도 불
구하고 확고하게 유지되었다. 그러나 교관들은 사망 위험에 처한 장
병들에게 지급되는 특별 임금인 '적대 사격' 수당을 받았으며, 몇 년
후 임무가 종료된 후에는 훈장과 '전투 휘장' 착용을 승인하는 등 전
투에 참여한 사실을 공식적으로 인정받기도 했다.

비록 공개적으로는 현장에 55명의 훈련병과 대사관 내 추가 인력으로 주둔 인원이 제한되어 있었지만, 매달 그 이상의 인원을 지상에 배치하기 위해 계산 규칙을 어겼다. 그래도 소규모에 불과했다. 그러나 엘살바도르 주재 미군 고문단이 FMLN의 직접적인 표적이 될 경우 심각한 군사적 확전의 가능성이 있었다. 워싱턴의 정책결정자들은 이러한 불안정한 상황을 우려했고, 이는 펜타곤 내부에 임무에 대한 전반적 불안감을 조성하는 데 기여했다. 엘살바도르에 대한 미국의 개입이 제2의 베트남으로 폭발하지는 않았지만, 전쟁은 12년 동안 지속되었고 미국은 거의 10억 달러의 원조 비용을 지출했다.[10] 1992년 엘살바도르 분쟁을 맞이한 세 번째 대통령 조지 부시George H. W. Bush 대통령에 이르러서야 엘살바도르에 대한 미국의 개입이 끝났다.

미국의 군사 및 경제 지원으로 전쟁에서 승리하지는 못했지만, 그 덕분에 엘살바도르 정부는 권력을 유지하고, 반군에 맞서 중요한 진전을 이뤘을 뿐 아니라 약간의 정부 개혁도 이뤄냈다.[11] 중요한 것은 시간이 지나면서, 특히 중요한 중간 시기에 미국은 뛰어난 파트너를 얻었다는 것이다. 그중에서도 1980년부터 1982년까지 정권을 이끌고, 이후 대통령으로 선출되어 1984년부터 1989년까지 5년간 국가를 이끌며 전략적 리더의 모든 임무를 훌륭하게 수행한 두아르테José Napoleón Duarte가 가장 눈에 띄었다. 그는 인상적인 전략적 판단력을 보였고, 탁월한 의사소통 능력을 발휘했으며, '재건을 위한 연합' 작전 계획(미국의 지원으로 초기부터 개발되어 수년에 걸쳐 반복적으로 개선되었음)을 감독하는 데 상당한 기량을 발휘했고, (문자 그대로뿐만 아니라 비유적으로도) '비판에 침착했으며', 변화하는 상황에 계획을 조정 및 향상시키는 유연한 사고를 반복적으로 과시했다.

두아르테의 고위 군 지도자였던 카를로스 비데스 카사노바_{Carlos Vides Casanova} 장군도 1979년부터 1983년까지 엘살바도르 방위군을 이끌고 국방장관으로 재임한 10년 동안은 매우 효율적으로 임무를 수행했지만, 재임 초기에는 앞서 언급한 끔찍한 잔학행위도 저질러 그에 대한 책임을 져야만 했다. 그럼에도 시간이 지남에 따라 그는 비교적 효과적이고 종합적인 대반란 군사작전을 이끌었고, 군의 운영 방식과 사회 및 정부에서의 역할에 있어서도 개혁을 추구했다. 두 명의 지도자는 매우 잘 협력했고, 단점이 없지는 않았으나 군사 지도자와 외교관들이 그런 상황에서 찾기를 바라지만 거의 찾지 못하는 종류의 동반자임을 입증했다.[12]

본질적으로 엘살바도르에 대한 미국의 군사적·경제적 지원에 힘입어 엘살바도르 군대는 더 작고 지리멸렬한 상대를 무너뜨리고 안보 상황을 크게 개선하여, 다양한 민간 원칙을 통해 안보 면에서 공고한 진전을 이룰 수 있었다. 레이건 대통령의 상당한 국내적 인기―적어도 임기 초 인플레이션이 억제된 이후―는 엘살바도르 정부에 대한 지속적인 지원을 보장했고, 미국은 결연하지만 고군분투하는 적을 상대로 거의 무한의 자원을 계속 투입할 수 있었다.

엘살바도르에서의 전투는 잔인하고 유혈이 낭자했으며, 약 1만 명의 엘살바도르 군인과 훨씬 많은 수의 FMLN 게릴라가 이 전쟁에서 사망했다. 자문 역할이었음에도 불구하고 20명의 미군도 이 과정에서 목숨을 잃었다. 그림자 전쟁을 수행한 교관과 관리들은 위험하고 도덕적으로 모호한 환경에서 자신의 능력에 부담을 주는 불편한 선택을 강요받았다. 이 전쟁은 미국 정부의 가장 중요한 외교정책 목표를 추구하기 위해 수행된 군사 활동이었지만, 앞으로 일어날 일반적

분쟁과는 확연히 달랐다. 엘살바도르는 미국이 포괄적인 '민군 대반
란 작전계획'을 수립하고, 최소한의 병력을 투입해 작전에 대한 자문,
지원, 실행에 도움을 주는 성공적인 모범 사례가 되었다.

이란-이라크 전쟁 (1980-1988) : 진보가 아닌 퇴보한 분쟁

이란과 이라크 사이에는 오랜 세월 앙금이 존재했지만, 1980년대 초
이란의 최고 지도자 아야톨라 호메이니Ayatollah Khomeini가 시아파 혁명
을 전 세계로 확장해야 한다고 촉구하면서 페르시아와 아랍 간의 수
백 년 된 경쟁 관계는 더욱 악화되었다. 이라크가 페르시아만으로 유
일하게 접근할 수 있는 193킬로미터 길이의 샤트알아랍 수로에 대한
접근권을 둘러싸고 분쟁이 벌어졌다. 이라크는 수니파 아랍인 출신
의 사담 후세인Saddam Hussein이 이끌고 있었고, '두 강 사이의 땅' 가운
데 55퍼센트 이상이 시아파 지역이라는 점에서 아야톨라의 혁명 촉
구는 바그다드에 특히 우려를 불러일으켰다. 게다가 1980년 후세인
은 아야톨라의 절친한 친구였던 매우 중요한 시아파 성직자를 처형
했다.[13] 이란의 국왕이 전복된 이후 호메이니 정권의 불안정한 상황
을 이용하고, 이라크에서 잠재적인 시아파 봉기의 흐름을 막기 위해
사담 후세인은 1980년 9월 23일 테헤란의 메라바드 공항을 공격하
고, 이후 강력한 아랍 인구가 주도해 1979년 이슬람 공화국에 반기를
들었던 이란의 부유한 유전지대인 쿠제스탄에 대해서도 공격을 가했
다. 이러한 민족적·종파적 긴장은 전쟁의 명분으로 작용했다. 사담
후세인은 '아랍 세계의 수호자'를 자처하며 표면적으로는 쿠제스탄의

다수의 아랍 인구를 '해방'시키겠다고 말했지만, 실제로는 피에 굶주린 독재정권을 다른 나라로 옮기는 것을 의미했을 뿐이었다.[14]

사담 후세인의 결정으로 인해 양측은 엄청난 대가를 치렀다. 풍부한 고대와 중세의 역사를 간직한 두 나라가 잔인함과 오만함 때문에 20세기에 가장 오래 지속된 재래식 전쟁을 일으킨 것이다.

이라크의 초기 공세는 2개월 만에 동력을 잃었고, 이란의 전면적인 해전술 공격은 이라크에 막대한 손실을 입혔다. 1982년 여름, 이란은 아야톨라 무리들이 지하드(성전)를 벌이고 있다고 국민들을 설득하고, '순교자 재단'을 통해 전사한 군인의 미망인과 고아들에게 관대한 지원을 베풀면서 전세를 역전시켰다. 1986년에만 이란은 이미 65만 명에 달하는 강력한 군대에 합류하려는 수십만 명의 지원자를 모집하는 데 성공했다.[15] 자신들의 노력의 정당성과 신성성, 성공을 확신한 이란은 이라크 침공에 나서기로 결정했다.

양국은 궁극적 전쟁 목표를 달성하기 위해 수단과 방법을 가리지 않고 전면전을 벌였고, 전쟁이 10년을 넘기면서 양측의 사상자도 늘어났다.[16] 사담의 장군들(당시 이라크 지도자에 반란을 일으키기 직전의)은 1987년 1월에만 이란에 200회 이상의 미사일 공격을 가해 이란 민간인 2000여 명이 사망하고 6000여 명이 부상을 당했다. 하지만 이란은 당한 만큼 보복했다. 훗날 맥매스터H.R. McMaster 장군은 다음과 같이 말했다.

아야톨라 호메이니는 비무장 청소년들에게 눈앞에 쓰러진 소년의 소총을 집어 들라는 지시를 내리고 사지로 보냈다. (⋯) 아야톨라는 그들에게 작은 금속 열쇠를 주며, 순교하면 낙원에 들어갈 수 있다고 약속

했다. 많은 이들이 탈영을 막기 위해 밧줄로 묶여 있었다.[17]

이 전쟁에서 미국과 소련은 모두 이라크를 지원했다. 이를 가리켜 로런스 프리드먼은 두 나라가 "보다 정확하게 말하면, 똑같이 이란을 반대하는" 이상한 동반자가 되었다고 말했다.[18] 프랑스, 사우디아라비아, 쿠웨이트에서 이라크에 대한 추가적 병참지원이 대가를 치르고 이루어졌다. 불량국가였던 이란은 외부로부터 정기적인 무기 공급과 지원을 보장받을 수 없었다.[19] 그러나 전쟁에서 이란이 승리할 수 있다는 전망은 군사사학자 리처드 오버리Richard Overy의 말에 따르면, "적에 대한 이해가 부족하고, 이라크 군사력에 대한 환상을 갖고 있으며, 자신이 보기에 실패한 부하 지휘관을 처형(1982년에만 300명)하는 지휘 방식을 가진, 희망 없는 최고사령관"인 사담 후세인의 자만으로 인해 높아졌다.[20]

19세기 초 영국의 휘거리 전성기* 이후, 서방은 인류가 진화하면서 과거로부터 배우고 기술을 완성하는 등 발전과 개선이 긴밀히 얽혀 있다는 일반적 가정 아래 활동해왔다. 이란-이라크 전쟁은 2차 세계대전보다는 1차 세계대전을 연상시키는 전쟁이었으므로, 이 이론의 극명한 반론으로 작용한다. 1차 세계대전에서 독가스, 참호, 철조망, 황량한 무인지대에서의 정면 공격으로 인해 끔찍한 수준의 사상자

• '19세기 초 영국 휘거리 전성기(The heyday of British early nineteenth-century Whiggery)' 는 휘그당의 정치 이념이 영국 정치에서 가장 영향력 있고 지배적이었던 시기를 가리킨다. 특히 1830년대부터 1850년대까지 자유주의 정당인 휘그당이 발전시킨 일련의 신념과 정책이 특징을 이뤘다. 휘거리 전성기에 자유 개혁(선거권 확대), 절대왕정 반대, 경제적 자유주의, 사회 개혁(복지 개선), 종교적 관용 등의 획기적 조치들이 잇따랐다.—옮긴이

가 발생했고, 병사들은 군복 주머니에 종교 지도자의 이미지를 간직한 채 거친 황야에서 느리고 고통스러운 죽음을 맞았다.

오늘날 이란 물라들mullahs의 심리를 이해하려면, 많은 경우 그들의 젊은 시절을 지배한 8년간의 필사적 '국가 대 국가' 투쟁으로 인해 수십만 명의 형제, 아버지, 동포가 죽었다는 사실을 기억해야 한다. 프리드먼은 이렇게 기록했다. "특정 정권이 전쟁에 나설 때 인력을 낭비할 준비가 되어 있었다는 점을 제외하면, 이란-이라크 전쟁의 전술적 수행에서 냉전 시기의 군대가 얻을 수 있는 교훈은 없었다."[21]

1983년 이란군을 상대로 화학무기를 처음 사용한 것은 이라크였고, 이듬해 호르무즈해협에서 이란 유조선을 공격하기 시작한 것도 이라크였다. 1985년 이라크는 이란 국경에서 160킬로미터 이상 떨어진 이란의 마을과 도시에 폭격기와 미사일 공격을 감행했다. 1988년 초 두 달 동안 약 200발의 알후세인 미사일(소련의 스커드를 개량한 것으로 사거리가 약간 더 길다)이 이란의 30개 이상의 도시를 공격했다. 서방 언론은 이를 '스커드 결투Scud duel'라고 불렀다.

1988년은 이란에게 힘든 한 해였다. 라마단 기간 동안 이라크가 화학무기인 사린 가스를 사용해 알포반도를 탈환한 데 이어, 이란의 해군 기뢰 사건으로 USS 사무엘 B. 로버츠호가 손상되자 미국이 이란의 감시 플랫폼과 함정을 공격한 '사마귀 작전Operation Praying Mantis'을 벌였기 때문이다. 이란에게 우방도 동맹도 없던 유엔에서 군사적 제재의 위협이 제기되자, 평화 조약이 체결되지는 않았지만 휴전이 합의되었다.

이 전쟁은 전체주의 독재정권은 대중이 전쟁을 반대할 때 지도자를 축출할 수 있는 민주주의 국가가 벌이는 전쟁보다 '인명 피해와 재정 손실'을 훨씬 더 많이 치르는 전쟁을 벌일 수 있고, 또 실제로도 벌인다는 반복적인 진실을 보여주었다. 독재자들은 국내 언론이나 선출된 의회의 정치적 역풍이나 비판을 두려워하지 않기 때문에, 인명 피해에 관계 없이 대담하게 막대한 비용이 드는 공격을 감행한다. 한국전쟁 당시 중공군의 인해전술 공격, 1970년대 후반 캄보디아의 잔인한 크메르루즈 전술, 블라디미르 푸틴의 우크라이나 침공은 모두 고립된 지도력, 폭력적이고 국민을 위협하는 지도자들이 국내 문제를 걱정하지 않고 대규모 파괴를 일으킬 수 있음을 보여준다(러시아의 경우에는 앞으로 몇 년간 후폭풍이 발생하겠지만).

이라크에 대한 서방의 소극적인 지원은 헨리 키신저가 이란과 이라크를 가리켜 "둘 다 패자로 만들지 못해 유감"이라고 말했을 때 가장 잘 표현되었다. 그러나 어떤 의미에서는 양쪽 모두 실제로 패배한 셈이다. 분쟁으로 인해 경제와 인구가 모두 심각하게 악화되었기 때문이다. 침공 8년 후 이란의 1인당 소득은 45퍼센트나 감소했다.[22] 1988년 8월 휴전이 합의될 당시 총 26만 2000명의 이란인과 10만 5000명의 이라크인이 사망했고(일부 추산에 따르면 그보다 훨씬 많은 수가 사망했다), 10만 명이 넘는 민간인이 사망했다.

미국 주도의 소극적인 친이라크 연합군은 사실상 생명유지 장치에 의존하는 이란에 치명적 타격을 입혔다. 동시에 이란의 반격을 최전선에서 맞이하도록 내몰린 이라크의 국운도 황혼을 맞이할 운명이었다. 연합군 구성원 중에서 어느 누구도 이라크의 강력한 지위가 유지되기를 원하지 않았으므로 이라크도 약화되었다. 1980년대 후반이 되자 사담 후세인은 심각한 전쟁 부채를 떠안게 되었다. 이 장의 뒷부분에서 살펴보겠지만, 후세인은 거칠고 절박한 방식으로 손실을 만회하기로 결심했다.

미국의 그레나다 침공 (1983) : 미국의 뒷마당 지키기

1983년 10월 5일, 미국은 베네수엘라 해안에서 160킬로미터 떨어진 인구 9만 1000명의 작은 섬나라 그레나다를 침공했는데, 이는 냉전 시대 미국이 카리브해에 침투하는 공산주의에 대항하기 위해 단행한 짧지만 중요한 공격이었다. 과거 영국령이었던 그레나다는 1979년 3월 13일 '새 보석 운동New Jewel Movement'•이라는 좌파 단체의 지도자 모리스 비숍Maurice Bishop이 주도한 쿠데타로 공산주의의 지배하에 놓이고, 비숍은 스스로 총리가 되었다. 4년 후 더욱 극단적 성향의 부통령 버나드 코드Bernard Coard가 주도한 쿠데타로 정권이 전복되어, 비숍은 10월 19일 총살형을 당했다(그의 시신은 발견되지 않았다).

당시 그레나다는 여전히 영연방의 일원으로, 미국의 친구이자 동맹인 마거릿 대처의 영향력 아래 있었다. 그래서 외교적 어려움이 있었지만 레이건 대통령은 카리브해에 공산주의가 침투하는 상황을 우려했다. 쿠데타로 촉발된 그레나다의 불안 상황으로 인해 세인트조지대학 의과대학에 인질로 잡혀 있던 미국인 학생 600여 명의 안전을 걱정해야 했다. 불과 4년 전 이란에서 50여 명의 미국인이 인질로 잡힌 사건(전임자인 지미 카터 대통령의 신뢰를 떨어뜨린 요인 중 하나)을 겪

• '새 보석 운동'의 정식 명칭은 '복지·교육·해방을 위한 새로운 공동 노력(New Joint Effort for Welfare, Education, and Liberation)'이다.

은 레이건은 비슷한 참사를 피하기로 결심하고, 참모들에게 이렇게 말했다. "그곳에 있는 미국인들이 위험에 처해 있습니다. 따라서 우리는 가야 합니다."[23]

레이건의 명령에 따라 7300명의 미군 병사, 수병, 해병대가 섬에 상륙했다. 반대편에는 인민혁명군 1500여 명, 쿠바인 784명('공항 건설 노동자'로 위장했지만 완전무장한), 러시아 '고문단' 49명, 무암마르 카다피의 리비아와 동독에서 온 소규모 파견대 등이 있었다. 1983년까지 그레나다는 본질적으로 쿠바의 후원을 받는 '종속국'이었지만 피델 카스트로는 더 많은 병력을 개입시키지 않기로 결정했다. 미국 정부에 자신을 완전히 축출할 구실을 제공하고 싶지 않았고, 소련의 수장 유리 안드로포프의 지지를 얻지 못한 그는 현명하게 거리를 유지했다.

'긴급 분노 작전Operation Urgent Fury'은 C-130 수송기에서 바다로 뛰어들어야 할 시간을 잘못 계산한 네이비실 대원 4명이 사망하면서 비극적으로 시작되었다.[24] 원래 계획에 따라 대낮에 작전을 수행하려 했던 대원들은 화물칸 문이 열린 후 칠흑 같은 어둠에 깜짝 놀랐다. 11명의 네이비실 대원들은 이에 아랑곳하지 않고 어둠 속으로 뛰어들었지만, 불행히도 4명은 무거운 장비를 짊어진 채 낙하산에 엉켜 익사하고 말았다. 그들의 시신은 수습되지 못했다.

이후 레바논에 배치되기 위해 이동하던 해병대가 헬기를 타고 섬을 침공하기 시작했고, 해군 병력 수송선이 갑작스럽게 남쪽으로 방향을 틀었다. 처음에는 미국 학생들을 대피시키는 것이 임무라는 명령을 받았지만, 레이건 대통령은 동카리브해국가기구OECS로부터 그레나다의 정치 상황을 안정시켜달라는 요청(미국의 상당한 지원을 받아 작성된 요청으로, 동료 회원국 중 하나에 대한 개입을 요구하는)을 받은 후 전면적인 침공과 정권 교체를 승인했다.

거친 바다와 산호초로 인해 원래 계획했던 상륙작전이 불가능했기 때문에 해병대는 공항 근처에서 21대의 CH-46 헬기를 이용해 상륙했다. 이들은 베트남전 이후 처음으로 실제 전투에 투입된 미군이었고, 베이루트 공항 막사에서 이란의 지원을 받은 자살폭탄 테러로 전우 220명과 85명의 다른 사람들이 사망한 지 이틀 만에 도착했다. 그레나다에서는 곧 육군 레인저부대와 해군 및 육군 특수작전부대가 뒤따랐다.

치열한 교전 끝에 첫날 공항이 점령되었지만 그것도 잠시였을 뿐이다. 2개 레인저대대 중 하나를 지휘했던 웨슬리 B. 테일러Wesley B. Taylor 중령은 "전투는 적어도 내가 참전했던 베트남 전투만큼 격렬했다"고 회상했다.[25] 세인트조지 해변에 상륙한 네이비실 팀은 정부 청사를 공격하여 폴 스쿤Paul Scoon 총독과 그의 가족 및 보좌관들을 구출했다. 그러나 장갑차로 무장한 그레나다 군대가 청사를 포위하여 계획된 철수 작업을 수행할 수 없었다.

대전차 무기도 없는 경무장 상태의 네이비실 대원들은 '불굴의 영국 왕실의 유화와 은판 사진 속의 빅토리아 여왕 초상화'가 벽에서 무표정하게 그들을 응시하는 가운데 바닥에 누워 있었다.[26] 그레나다군은 중화기를 퍼부으며 격렬히 저항했지만, 북쪽으로 몇 킬로미터 떨어진 그랑말에 상륙한 250명의 해병대원들이 그곳에 도착하여 저항군을 무력화시켰다. 민간인들은 헬기를 타고 '긴급 분노 작전'의 기함인 USS괌으로 철수했고, 수도로 돌아온 스쿤 총독은 선거가 치러질 때까지 임시정부 수반이 되었다.[27]

처음에 약 140명의 미국 의대생들만이 캠퍼스에서 발견되자, 군 지휘관들은 혼란에 빠졌다. 레인저 대원들은 대다수의 학생들이 수용된 두 번째 대규모 캠퍼스의 존재를 알게 되었고, 이전에는 알려지지 않았기 때문에 그곳을 점령할 계획은 없었다. 첫날 그레나다와 쿠바군의 공격은 예상치 못하게 매우 격렬하여 당시 공습을 지휘하던 제82공수사단 사령관 에드워드 L. 트로보Edward L. Trobaugh 장군이 노스캐롤라이나주 포트브래그에 소재한 사단 후방 사령부의 참모들에게 "내가 멈추라고 할 때까지 대대를 보내라"고 위성 무전으로 고함을 칠 정도였다.[28]

침공 둘째 날, 미군은 철조망으로 둘러싸인 일련의 창고에 소련과 쿠바가 공급한 무기가 6개 대대를 무장시킬 수 있을 만큼 충분히 보관되어 있는 건물로 진격했고, 그 근처에는 그레나다 군대가 사용할 수 있는 것보다 훨씬 많은 무기가 보관되어 있었다. 그 후 며칠 동안 그레나다와 쿠바 군인들과의 산발적 교전이 벌어졌고, 미군은 수많은 민간인과 포로들을 처리하는 데 어려움을 겪었다. 한편, 미 국방부는 기자들의 안전에 대한 우려와 작전에 방해가 될 것이라는 두려움 때문에 적어도 처음 며칠 동안은 기자들의 그레나다 접근을 막았다. 그래서 미국 언론은 국방부에 섬에 대한 접근을 허용하라고 요구하고 있었다.

결국 미군이 48시간 만에 승리를 거두었다. 11월 2일 유엔 총회가 이 작전을 108 대 9의 표결로 '국제법에 대한 명백한 위반'이라고 비난한 바로 그날, 전투작전이 공식적으로 종료되었다.[29] 비록 외교적으로는 아니더라도 군사적·정치적으로 이 침공은 큰 성공을 거두었다. 적의 저항을 압도했고, 미국 시민 600명이 구출되었으며, 이듬해 치러진 그레나다 대통령 선거에서 비공산주의 정부가 승리하면서 공산주의 정부가 무너졌다. 오늘날 침공 기념일은 그레나다의 국경일이 되었다.

레이건 대통령은 '긴급 분노 작전' 이후 이렇게 선언했다. "우리의 나약한 시대는 끝났다. 우리 군대가 다시 일어서서 우뚝 섰다."[30] 1832년 카를 폰 클라우제비츠는 "가장 유능한 장군이 자신의 두 배에 달하는 적을 상대로 승리를 거두는 것은 매우 어렵다는 것을 유추할 수 있다"라고 썼다. 공격자 미군은 그레나다 방어군보다 3대 1 이상의 비율로 우세했다.

그러나 그 모든 성공에도 불구하고 원정 작전은 순탄치 않았다. 미군은 원정을 통해 부대 간 의사소통과 조율 분야에서 상당한 결점을 드러냈다. 교전이 벌어진 7일 동안 19명의 미군이 사망하고 116명이 부상당했으며, 우군 총격 사건과 기타 사고가 상당수에 달했다. '긴급 분노 작전'의 급박한 비상 상황으로 인해 병참 체계에 갑작스럽고 심각한 압박이 가해졌고, 계획과 정보 품질이 모두 심각할 정도로 낮았다.[31] 전술적 오류로 인해 정신병원 환자 18명이 해군 A-7 콜세어 항공기의 오인사격을 당하는 등 불필요한 민간인 사상자가 발생했다.

존 W. 베시John W. Vessey Jr 합참의장은 훗날 NBC 〈언론과의 만남〉 방송 프로그램에 출연해 이렇게 말했다. "우리는 약 48시간이라는 매우 짧은 시간 안에 수행되는 작전을 계획했습니다. 우리는 수행하려고 하는 작전 유형에 대한 정보가 불충분한 상태에서 계획을 세웠고, 그 결과 작전에 필요한 것보다 더 많은 병력을 사용했지만 작전은 상당히 잘 진행되었습니다. (…) 실수도 잘못도 있었지만 군대는 매우 잘 해냈습니다."[32] 그럼에도 2년 후 베시가 은퇴하고 윌리엄 크로우William J. Crowe 제독이 그 자리를 대신하면서 1986년 10월 '골드워터-니콜스 국방부 개편법'에 따라 합참의장의 역할이 강화되고, 육·해·공 간 경쟁과 관료주의를 줄이기 위해 미군의 지휘구조가 합리화되는 등 개혁이 시행되었다.

그 후의 조직구조 개편은 1947년 미 국방부 설립 이래 가장 대대적인 구조조정이 될 참이었다. 합참의장실의 위상이 강화되어 각 군 총장이 국방장관에게 직접 보고하지 않고 의장에게 보고하게 되면서, 각 군의 조정이 더욱 원활해졌다. 크로우와 그의 후임 의장들은 공식적으로 '대통령, 국가안보회의, 국방장관의 주요 군사 고문'으로 지정되었다.[33]

그 외에도 개혁은 전 세계 여러 지역을 책임지는 이른바 전투사령관들에게 상당한 권한을 부여했으며, 이들은 앞으로 수십 년 동안 미 특수작전사령부SOCOM를 포함한 작전 지역의 모든 병력을 통제하는 '전쟁 수행 사령관'이 될 것이다. 미군은 베트남전 이후 침체기에서 서서히 벗어나고 있었고, 재정 사정도 나아졌지만 대규모 전쟁을 치를 준비가 완전히 되어 있지는 않았다. 1980년대 레이건 대통령 시절 국내외에서 실시된 소규모 작전은 미군이 후임 대통령 아래서 다가올 훨씬 더 큰 분쟁에 대비하는 데 도움이 되었다. 그레나다 사건이 없었다면 미국이 합동작전 수행에 상당한 개선이 시급하다는 사실을 깨달았을지 의문이다.

미국의 파나마 침공 (1989-1990) : '파인애플 페이스'의 축출

주변 지역에서의 성공적인 작전 수행에 자신감을 가졌지만, 각 군의 협조가 필요하다는 점을 인식한 미국의 다음 주요 군사작전은 1989년 말, 국내외 범죄 행위에 책임이 있는 독재적인 중미 정권을 응징하는 것이 목표였다. 파나마는 대서양과 태평양 사이를 오가는 전 세계 선박의 대부분이 통과하는 운하를 미국이 건설하고 통제하고 지키던 곳이었다.

1983년부터 파나마는 마누엘 '파인애플 페이스' 노리에가Manuel 'Pineapple Face' Noriega 장군이 통치하고 있었는데, 그는 수십 년 동안 CIA와 여러 중미 마약 카르텔의 자금을 동시에 받고 있었다. 노리에가의 이중 거래가 폭로되어 당황한 미국 정부는 그를 마약 밀매 및 기타 범죄 혐의로 기소하려 했다. 이에 맞서 노리에가 정권은 미군에게 총격을 가하고, 현지의 미국 민간인들을 괴롭혔다. 노리에가를 권좌에서 축출하기 위한 지속적인 법률적·외교적 노력 끝에 조지 부시 대통령은 파나마를 침공하여 부패한 지도자를 체포하기로 결심했다.

1989년 12월 20일 시작된 '정당한 이유 작전Operation Just Cause'에서 약 2만 8000명의 미 지상군이 C-130 허큘리스와 C-141 갤럭시 수송기를 통해 파나마에 투입되었다. 원래 작전명은 '블루스푼 작전'이었으나 명칭이 너무 경박해 보여 변경되었다.[34] 콜린 파월 합참의장은 나중에 "우리의 가장 맹렬한 비판자들도 우리를 비난하면서 '정당한 이유'를 말해야 한다"라는 이유로 새로운 작전명을 승인했다고 밝혔다.[35]

이 작전은 베트남전 이후 미 공군에게는 가장 규모가 크고 복잡한 작전이었다.[36] 얼음 폭풍으로 인해 노스캐롤라이나주 포프 공군기지에서 수송기 출동이 지연될 위기에 처했지만 다른 기지에서 제빙 장비를 신속히 공수하여 효과적으로 사용했다.[37] AH-64 공격 헬기,

F-117 스텔스 전투기 및 기타 항공기들이 파나마 방위군 사령부와 기타 시설을 공격했으며, 파나마 방위군은 1만 6000 병력이 동원되어 침공에 저항했다. 고기동성다목적 차륜차량HMMWV(험비)이 전투에 데뷔했고, 얼마지나지 않아 '험비'의 상용판이 미국 도로에 등장했다.

낙하산이 파나마 상공을 가득 메운 육군 제82공수사단에게 이 작전은 2차 세계대전 이후 최초의 전투 투하이자 1944년 9월 네덜란드에서의 '마켓가든 작전' 이후 최대 규모였다.[38] 제82사단 소속 6명은 집으로 돌아오지 못했다. 노리에가를 생포하기 위해 네이비실 대원들이 투입되었고, 그중 4명은 노리에가의 비행기 바퀴를 사격하는 작전을 수행하는 과정에서 사망했다. 노리에가는 체포를 피할 수 없어 보였지만, 그는 양손에 AK-47을 들고 파나마시티에 있는 바티칸 교황청의 외교적 보호구역으로 들어가, 생포를 일주일 이상 지연시킬 수 있었다. 미군은 건물 주변에 진을 치고 며칠 동안 하드록 음악을 크게 틀어 항복하도록 압력을 가했다.

안타깝게도 창문을 부술 듯이 시끄러운 '건즈 앤 로지스'의 노랫소리조차 노리에가를 쫓아내기에 역부족이었지만, 지치고 동정심이 없어진 바티칸 교황청은 결국 1990년 1월 3일 그에게 떠나라고 통보했다. 체포되어 미국으로 압송된 노리에가는 마약 밀매와 공갈 혐의로 재판을 받은 후, 보안 태세가 가장 낮은 플로리다 교도소에서 17년 동안 수감되었다. 미국은 그를 정치범으로 지정해 텔레비전, 전화기, 방 2개, 운동용 자전거 등 특권을 부여했다. 그의 감방에는 '대통령 전용실'이라는 별명이 붙었다.[39]

노리에가가 수갑을 찬 채 파나마를 떠났을 때 파나마에는 새 대통령이 취임하고 민주주의가 회복된 상태였다. 미국은 23명의 군인, 파나마는 314명의 군인을 각각 잃었다. 민간인 사상자 수는 5명에서 200명 사이로 추정치가 다양하다. 미국에게 '정당한 이유 작전'은 각 군 사이의 협력과 신속한 병력 배치 면에서 기간이 짧지만 매우 성공적이고 가치 있는 훈련이었으며, 그 중요성은 불과 9개월 후 더욱 분명하게 드러났다.

파나마는 미 국방부의 사고에서 중요한데, 이유는 그레나다 작전 이후 미국이 합동작전 수행에서 상당한 발전을 이루었음을 보여주었기 때문이다. 이는 매우 복잡한 작전이었다. 그래서 능력이 어느 정도였는지와 무관하게, 실제 적이 있는 훈련은 고사하고 능력에 한계가 있는 훈련으로도 쉽지 않았을 것이다.

걸프전 (1991) : 43일간의 공습, 100시간의 지상전

1990년 봄, 11년간의 악랄한 독재 통치를 해온 이라크의 사담 후세인 대통령은 걱정이 많은 사람이었다. 이란과의 8년에 걸친 장기 전쟁으로 막대한 부채가 쌓였고, 경제적 압박은 그를 독단적 해결책으로 유혹하고 있었다. 이라크의 경제적 생명줄은 석유에 뿌리를 두고 있었고, 그는 높은 유가가 국가 부채의 상환과 권력 유지에 도움이 되기를 바랐다. 하지만 바로 남쪽 국경 너머에 있는 주권국 쿠웨이트는 전 세계 석유 가격을 떨어뜨릴 만큼 막대한 양의 석유를 수출하고 있었다. 1990년 5월 쿠웨이트 국왕을 만나 석유 생산량 감축을 요구했다가 거절당하자 점점 절망에 빠진 사담 후세인은 극단적 방법을 택했다.

이란-이라크 전쟁이 막대한 인명 피해와 함께 끝난 지 2년도 채

되지 않았음에도 이라크는 여전히 100만 대군을 유지하고 있었다. 1990년 여름 사담 후세인이 쿠웨이트 국경을 따라 남부 지역에 3만 명의 동원령을 하달했을 때 워싱턴의 정책결정자들은 우려의 시선을 보냈지만, 조지 부시 대통령 행정부에서는 사담 후세인이 도발 없이 주권국을 감히 침공하지는 못할 것이라는 의견이 지배적이었다.

하지만 1990년 8월 2일, 사담 후세인의 정예 부대인 이라크 공화국수비대는 실제로 쿠웨이트 국경을 넘어 쿠웨이트시티를 공격하기 시작했다. 탱크가 수도의 남쪽과 동쪽 주변을 확보하자, 특수부대가 해변에 상륙했다. 쿠웨이트 국왕의 궁전에서 잠시 저항이 있었지만, 대체로 이라크군은 쿠웨이트의 별다른 군사적 저항에 부딪히지 않았다. 암살 표적인 국왕은 쿠웨이트가 훨씬 강력한 인접국인 이라크에 의해 빠르게 점령되는 와중에 어렵사리 사우디아라비아로 도망칠 수 있었다. 전날까지만 해도 전 세계 석유 공급량의 10분의 1을 차지했던 사담 후세인은 이제 5분의 1을 장악하게 되었다.

이라크 침공은 그릇된 자신감에서 비롯된 것이었다. 사담 후세인은 미국이 개입하지 않을 것으로 확신했던 것이다. 그는 베트남에서의 패배로 미국인들이 큰 충격을 받았기 때문에, 쿠웨이트 합병을 마지못해 받아들일 것이라는 믿음을 심복에게 털어놓은 적이 있었다. 결국 이란-이라크 전쟁 당시 미국은 암묵적으로 그의 정부를 지지했고, 최근 바그다드 주재 미국 대사의 외교적 발언은 '그에게 자유를 줄 것이라는 인상'을 남긴 것으로 보인다.•

• 후세인의 쿠웨이트 침략을 초래한 비극적 대목이다. 애치슨 라인에서 한반도가 제외되어, 김일성과 스탈린에게 침략전쟁이 벌어져도 미국이 개입하지 않을 것이라는 헛된 기대를 갖게 했던 장면이 연상된다. 1990년 이라크의 쿠웨이트 침공 이전, 에이프릴 글래스피 이라크 주재 미국 대사는 7월

실제로 부시 대통령과 마거릿 대처 총리는 사담의 행동에 분노와 경악을 금치 못했고, 이를 좌시하지 않기로 신속하게 결심했다. 냉전 종식 후 '새로운 세계질서'를 구상했던 부시는 중동에서 새로운 질서의 특징이 침략전쟁으로 나타나기를 원치 않았기 때문이다. 그의 참모들도 쿠웨이트를 순식간에 정복한 사담 후세인이 다른 외국의 영토로 쳐들어갈 것을 우려했다. 이라크는 미국의 동맹국이자 세계에서 가장 중요한 산유국 중 하나인 사우디아라비아를 다음 공격 목표로 삼을 가능성이 높았다. 사우디아라비아 동부 지역만 점령해도 세계 석유 생산량의 45~50퍼센트를 통제할 수 있게 된다.[40]

해외에서 문제가 발생하면 관례에 따라 해군이 먼저 파견되었고, 항공모함 USS 아이젠하워호와 항모전단의 전략팀은 지중해 동부로, USS 인디펜던스호와 호위함은 호르무즈해협으로 파견되었다. 8월 6일, 부시 대통령은 122대의 F-15와 F-16을 중동에 배치하라는 명령에 서명했고, 미군의 신속배치군인 제82공수사단의 선두 부대도 일주일 만에 도착하여, "총검과 경전차로 모래사장에 선을 그었다."• 5주 후, 700대 이상의 전투기들이 작전 지역에 투입되었고 육군부대도 추가적 파병 절차를 밟고 있었다. 사담 후세인은 자신의 입장을 고수할 것인지, 아니면 패배를 인정할 것인지 선택의 기로에 놓였지만, 점

25일 사담 후세인을 만나, "우리는 쿠웨이트와의 국경 분쟁 같은 아랍-아랍 갈등에 대해 의견이 없다"고 말했다. 이 발언은 미국은 중립적 입장을 강조하려는 것이었지만, 후세인은 미국이 군사적 침공에 반대하지 않는 메시지로 해석(결국에는 오판)했다.—옮긴이

• "모래 사장에 선을 그었다(draw line in the sand)"라는 표현은 '한계를 정한다'라는 뜻을 지녔다. "총검·경전차로 모래사장에 선 긋기"는 미국이 후세인의 쿠웨이트 침공에 대하여, 미 82공수사단을 파견했음을 나타내는 비유적 표현이다. 즉, 후세인이 쿠웨이트에서 물러나지 않으면 전쟁을 불사할 것이라는 명확한 의지를 상징한다.—옮긴이

령한 쿠웨이트를 반환하고 배상금을 지불하는 대신, '석유에 목마른' 침략을 재개하는 쪽을 선택했다. 독재정권은 공개적 굴욕을 견디지 못하는 부실한 거대 조직이기 때문이다.

부시는 딕 체니Dick Cheney 국방장관이 이끄는 대표단을 사우디아라비아로 파견해 파드 국왕과 임박한 위험에 대해 논의했다. 8월 7일 제다에 위치한 사우디아라비아 여름 궁전에서 파드 국왕과 만난 자리에서 체니는 이라크가 사우디 유전을 점령하기 전에 침공을 저지해야 한다고 직설적으로 말했다. 사우디에서 이라크를 축출하기 위한 전쟁은 미군의 선제적 군사력 배치보다 경제적·인명적 측면에서 훨씬 더 많은 비용이 들 것이었다. 체니는 국왕에게 이렇게 말했다. "당신이 요청하면 우리는 갈 것이다. 그리고 당신이 돌아가라고 하면 우리는 떠날 것이다."[41] 다른 어느 때라도 주권국에 대규모 미군이 주둔하는 것은, 무슬림 영토에 '기독교' 군대는 말할 것도 없고, 불안정을 초래하는 존재로 간주되어 저항을 받았겠지만, 사담의 거대한 군대가 국경에 드리운 그림자 때문에 체니의 제안을 거절할 수 없었다. 사우디아라비아는 미국에게 군대의 파병을 요청했다.

이라크 군대 파병에서 핵심적 역할을 수행한 인물은 합참의장으로서 높은 평가를 받았던 콜린 파월 장군이었다. 뉴욕의 자메이카 이민자 가정에서 태어난 그는 뉴욕시립대학 재학 중 ROTC에 지원했다. 1968년 소령으로 베트남에 두 차례 파병되었고, 이 기간 다른 병사의 생명을 구한 공로로 군인 훈장과 퍼플 하트 훈장을 받았다. 워싱턴과 유럽에서 여러 고위직을 역임한 후, 1987년 레이건 대통령에 의해 국가안보보좌관에 임명되었다. 2년 후 부시 대통령은 그를 4성 장군이자 합참의장으로 임명했다. 파월은 베트남 전쟁 당시 미국이 저지른 실수를 뼈저리게 인식하고 있었기 때문에 중동에서 비슷한 실수를 저지르지 않기로 결심했다.

파월은 회고록에서 자신이 '소극적 전사'라는 비난에 대해 이렇게 항변했다. "그 말이 맞다. 전쟁은 죽음의 게임이다. 나는 미국인의 목숨을 가볍게 여길 수 있다는 주장을 믿지 않는다." 사려 깊고, 텔레비전 화면을 잘 받고, 인격적이고, 언론 친화적인 파월은 기자들에게 미국이 군사 행동을 취하기 전에 정책결정자들이 다음과 같은 질문에 답해야 한다고 주장하면서, 훗날 '파월 독트린'으로 알려진 몇 가지 원칙들을 선포했다.

1. 사활적인 국가안보 이익이 위협받는가?
2. 명확하고 달성 가능한 목표가 있는가?
3. 위험과 비용을 완전하고 솔직하게 분석했는가?
4. 다른 모든 비폭력 정책 수단을 완전히 소진했는가?
5. 끝없는 얽힘을 피할 수 있는 그럴듯한 출구전략이 있는가?
6. 우리의 행동으로 초래되는 결과를 충분히 고려했는가?
7. 미국 국민의 지지를 받고 있는가?
8. 진정으로 광범위한 국제적 지지를 받고 있는가?[42]

파월에게 가장 중요한 것은 최종적으로 배치되는 미군 병력이 거대하고 압도적 규모가 되어야 한다는 것이었다. 미국의 베트남 개입을 상징하는 점진적 파병과 축차적 확전은 피해야 했다. 대규모 파병이 사담으로 하여금 쿠웨이트를 포기하도록 협박하는 데 실패했다면, 그것은 분명 최대한의 군사력을 투입하여 신속한 승리를 거두는 데 도움이 될 것이다. 3개 사단과 기갑 기병 연대, 그리고 제13공수군단의 다른 부대들이 배치된 후, 파월은 부시 대통령에게 이 지역에 대한 미군 파병 계획을 2배로 늘려 50만 명 이상으로 확대할 것을 촉구했다. 이는 불과 몇 주일 전에 구상했던 것보다 훨씬 큰 규모이며, 광범위한 동맹국 연합의 대규모 병력 투입이 있어야만 가능한 일이었다.

파월은 나중에 백악관 상황실에 있던 대통령 참모들이 그의 조언에 비명을 질렀지만, 부시 자신은 "눈 하나 깜빡이지 않았다"고 회고했다.[43] 대다수의 병력은 민간예비항공단 덕분에 상용 항공기로 수송이 가능하지만 차량, 주요 장비, 헬기, 예비 부품 및 기타 군사 장비는 대규모 상선 함대를 통해 수송해야 했다. 미국의 전쟁 노력이 실패했다면 그것은 지상의 인력이나 장비 부족 때문은 아니었을 것이다.

전반적 지휘권은 파월보다 훨씬 더 대담한 인물에게 넘어갔다. 플로리다주 탬파에 본부를 둔 중부사령부의 사령관 노먼 슈워츠코프Norman Schwarzkopf 장군이었다. 많은 부하들을 불안에 떨게 할 정도로 성정이 사나운 '풍운아 노먼'은 수십 년의 경험과 두뇌, 대단히 단도직입적인 능력, 베트남 전쟁에서 입은 상처를 전장에 가져온 '우뚝 솟은 곰'처럼 무시무시한 인물이었다. 최근에는 그레나다 연안에서 USS 괌의 지휘 공백을 메웠다. 그는 현재 사우디아라비아의 수도 리야드에 설치된 사령부에서 '사막의 방패 작전Operation Desert Shield'으로 명명된 연합군 증강을 지휘하고 있었다.

파월의 포부를 실행하는 데 있어 물류 문제는 매우 큰 도전과제였다. 마이클 고든Michael Gordon과 버나드 트레이너Bernard Trainor 장군은 저서 《장군들의 전쟁The Generals' War》에서 "미국은 싸울 수 있을 만큼 신속하고도, 생존할 수 있을 만큼 충분한 병력이 필요했다"라고 썼다.[44] 로널드 레이건의 군비 증강으로 새로운 무기를 확보할 수 있었지만, 이를 해외 원정 작전에 배치할 수 있을지는 확실하지 않았다. 이에 대해 고든과 트레이너는 다음과 같이 극적으로 표현했다. "펜타곤은 포르쉐를 소유하고도 전기요금 납부를 까먹은 독신남처럼 행동했다."[45]

군용 화물기만으로는 방대한 군대와 장비를 장거리 수송하기에 역부족이었다. 그래서 대부분 낡고 삐걱거리는 선박들을 급히 투입하고, 수송을 위해 상선 선원들과 전역한 수병들을 소집하여 승무원으로 고용했다. 펜타곤이 징발한 상업용 항공기가 많은 병력을 수송했다. 사우디아라비아의 비행장과 기지는 거대한 지상군과 공군의 도착으로 인해 거의 기능이 마비될 지경에 이르렀다.

그럼에도 고위 장교들은 쿠웨이트의 남쪽 국경에 대규모 병력을 집결시킴으로써 사담 후세인(여전히 충돌 없이 항복하기를 바랐던)에게 더 큰 인상을 줄 수 있을 것으로 믿었다. 그러나 이러한 논리는 후세인 같은 독재자에게는 먹혀들 리 없었다. 국가적 규모의 선전선동을 통해 국민에게 끊임없이 전달해온 자신의 무오류성과 강인함이 훼손되는 상황을 후세인으로서는 용납할 수 없기 때문이다. 미군이 쿠웨이트에 계속 투입되고 사담 후세인이 물러날 것이라는 희망이 사라지기 시작하자, 슈워츠코프와 그의 팀은 그를 쿠웨이트에서 몰아낼 수 있는 최선의 방법을 고심했다. 3만 명의 병력으로 위기를 촉발한 이라크군은 이제 50만 명 병력을 쿠웨이트와 그 주변에 배치했고, 남쪽 진입로가 지뢰밭과 참호로 요새화되어 있었기 때문에 이는 매우 어려운 임무처럼 보였다. 미국의 기획가들은 광범위한 측방 기동을 고려했지만, 당시에는 가용 병력보다 더 많은 병력이 필요한 것으로 판단되었다.[46] 따라서 슈워츠코프는 '나폴레옹 전쟁 이후 가장 정교한 정치적·군사적 연합'을 구성하는 데 몰두하고 있던 대통령에게 이런 사항을 탄원하라고 파월 장군을 압박했다.[47]

결국 외로운 이라크에 맞선 미국 주도의 대규모 연합군은 싱가포르에서 시에라리온까지 35개 이상의 국가로 구성되었다. 전통적 적대국들과 이질적 동맹국들이 한데 뭉쳤다. 영국이 16척의 함정과 58대의 항공기를 지원한 가운데, 아르헨티나는 프리깃함을 파견했다. 아프간은 사우디가 10만 명의 병력을 지원하자 300명이 넘는 무자헤딘을 파견했다.

유엔 안보리 결의안 678호는 11월 29일 이라크에 대한 단호한 규탄 문구를 채택했고, 압도적 지지를 받아 통과되었다. 이 결의안은 1991년 1월 15일까지 쿠웨이트에서 이라크가 완전히 철수해야 하는 기한을 설정하고, 이를 이행하기 위한 '모든 필요한 수단'*이 승인되었다. 이전 결의안인 660호에서는 이미 "이라크가 1990년 8월 1일에 모든 병력을 즉시, 무조건 주둔지로 철수할 것"을 요구했지만, 이제 전쟁 카운트다운이 공식적으로 시작된 것이다. 사담 후세인은 쿠웨이트에 추가 병력을 파견하는 것으로 대응했고, 쿠웨이트를 장악한 이라크 점령군은 끔찍한 폭력과 탄압 정책을 펼치고 있었다.

부시 대통령은 이라크의 즉결 처형과 '일상적 고문' 관행을 비난했다. 그에게 사담 후세인은 단순히 수단·방법을 가리지 않고 유가油價

• 유엔 결의안에서 '모든 필요한 수단(all necessary means)'은 단일의 주권국 또는 주권국들의 연합에 의한 군사력 사용을 승인한다는 의미로 사용된다.―옮긴이

를 올리려는 욕망을 가진 부도덕한 독재자가 아니라, '재림한 히틀러'였다.

미국은 가만히 있지 않을 것이다. 세계는 강자가 약자를 삼키는 것을 허용하지 않을 것이다. (…) 이번 전쟁에는 경제나 석유 문제 그 이상의 것들이 걸려 있다. 세계 각국이 침략에 맞서 공동의 입장을 취할 수 있는지, 아니면 이라크의 침략이 아무런 벌을 받지 않을지, 우리가 인간의 법이 지배하는 세상에 살고 있는지, 정글의 법칙이 지배하는 세상에 살고 있는지 여부가 걸려 있다.[48]

이는 포클랜드 전쟁 당시 마거릿 대처가 취했던 것과 거의 동일한 입장이었다.

여러 가지 우여곡절이 있었지만 '사막의 방패 작전'은 성공의 신호탄이었다. 대규모 연합군이 매우 먼 거리의 작전 지역을 향해 인상적일 만큼 빠른 속도로 이동했다. 사담 후세인이 병력 증강 초기에 적을 향해 군대를 배치했다면 결과는 유혈과 혼란으로 이어졌을지도 모른다(이라크군의 사우디 침공이 한 차례 있었지만 사우디군이 이를 격퇴했다). 잠재적인 병참 문제는 미군 작전의 오랜 골칫거리인 각 군 간 경쟁으로 인해 더욱 악화되었다. 육군과 해병대는 이라크군의 공격 방향에 대해 의견이 달랐고, 현장 지휘관들이 독립성과 유연성을 유지하기를 바랐던 슈워츠코프 장군은 개입을 꺼렸다.[49]

걸프 전쟁의 전투 단계인 '사막의 폭풍 작전Operation Desert Storm'은 공중에서 유례없는 성공을 거두었으며, 그 주역은 노련한 조종사이자 베트남에서 수많은 전투 임무를 수행한 베테랑 찰스 A. 호너Charles

A. Horner 중장이었다. 호너는 다른 많은 동료들과 마찬가지로 베트남에서 패전한 지 16년이 지난 후에도 여전히 정신적 고통을 받고 있었다. 군사작전에 대한 문민 지도부의 간섭으로 공군의 효율성이 제한되고 조종사들의 위험이 증가했던 기억에 괴로워하던 그는 슈워츠코프에게서 '행동의 자유를 보장'하겠다는 약속을 받아냈다. 호너는 전략 폭격으로 적의 사기를 꺾어 지상군이 교전할 필요 없이 포기하게 만들 수 있다는 일부 공군 애호가들의 환상에 사로잡히지 않았다. 이것은 합참의장 예하의 다른 항공 기획가들이 떠올린 현란한 포부였지만 파월도 이 임무가 그렇게 쉽게 달성될 수 없다는 것을 알고 있었고, 통신 센터, 발전소, 석유 저장고 같은 목표물에 집중하는 작전에 대해 우려를 표명했다. 그는 사담의 침략군이 전투력으로 기능하지 못할 정도로 파괴되기를 원했고, 이에 따라 공습 범위를 확대할 것을 명령했다.[50] 호너는 그렇게 하기로 결심했다.

1991년 1월 16일 수요일 오후 7시(현지 시간 새벽 2시), 이라크에 대한 맹렬한 공습으로 전쟁이 시작되었다. '긴급 천둥 작전Operation Instant Thunder'에 따라 제101공수사단 소속 아파치 헬기 8대가 연합군을 위협하는 레이더 시설을 파괴했고, 정밀 유도 토마호크 순항 미사일이 해군 함정에서 날아오른 후 하늘에서 급강하하여, 바그다드 거리를 좌우로 누비면서 놀라운 기술력을 과시했다. 결정적으로, 이라크 수도에 대한 상세한 지식을 가진 사업가, 언론인 및 기타 외국인들에게 도움을 받아 정교한 정보수집 노력을 기울인 덕분에 이러한 정밀한 표적 조준이 가능했다.[51]

10대의 F-117 나이트호크 스텔스 전투기가 사우디에서 밤새도록 거의 눈에 띄지 않게 비행했다. 이 전투기의 형태와 구조는 레이더에서 발사되는 전자파를 특이한 각도로 반사하도록 설계되어 기존의 방공 체계를 무용지물로 만들었다. 페르시아만 지역의 상공은 F-117이 처음 배치된 파나마에서 매우 먼 곳이었지만, 전투기의 효율성은 변하지 않았다. 적의 경계를 뚫고 들어온 나이트호크는 사담 후세인의 대통령궁을 비롯한 바그다드의 여러 목표물을 공격했다. 다른 스텔스 전투기들도 뒤따랐다. 대공포가 발사되었지만 모두 무사히 기지로 귀환했다.

  적에 대한 가장 강력한 공격 중 일부는 훨씬 더 먼 곳에서 이루어졌다. '크고 못생긴 뚱보BUFFs'라는 애칭으로 알려진 7대의 B-52 스트래토포트리스 폭격기가 그 주인공이다. 1954년에 최초 배치되고, 그 이후 주기적으로 기능이 향상된 이 비행기는 루이지애나주 바크데일 공군기지에서 이륙하여 1만 1265킬로미터 이상을 비행하며, 여러 차례 공중 급유를 통해 거대하고 치명적인 탑재물을 수송했다. 이는 미 공군의 세계적인 영향력을 보여주는 인상적 장면이었으며, 미국의 적들에게 '공군력에 의한 파괴는 어디서나 일어날 수 있음'을 상기시켜주었다.[52] 같은 유형의 항공기가 한 번의 작전으로 베트남에 1만 5237톤의 폭탄을 투하한 적이 있다. 전쟁사학자인 짐 코리건Jim Corrigan은 이렇게 말한다. "젊은 노먼 슈워츠코프는 그 전쟁에서 B-52의 심리적 영향을 목격했다. 그는 이번 전쟁에서 공화국수비대가 같은 공포를 경험하길 원했다."[53]

  850회의 출격과 단 2대의 비행기 손실로 개시된 공습은 놀라운 시작이었다.[54] 전 세계 시청자들은 밤하늘을 수놓은 녹색 예광탄과 빛나는 조명탄으로 군사력의 경이로운 위용을 텔레비전 화면으로 감상했다. 코리건의 표현을 빌리자면 "공습은 정확하고 수월하며 거의 위험이 없는 (…) 신비한 스텔스 전투기와 토마호크 순항 미사일이 펼치는 첨단기술의 게임처럼 보였다."[55] 이라크 공군은 미국보다 기술 수준이 낮았지만, 사담의 공군력에서 소련제 미그기가 큰 비중을 차지했기 때문에 상당한 피해를 입힐 수 있는 규모와 능력을 갖추고 있었다. 그럼에도 미국 주도의 공군에는 거의 대응하지 못했다.

캐나다의 석학이자 정치인 출신인 마이클 이그나티에프Michael Ignatieff에 따르면, 정밀 무기의 기원은 1972년 4월 27일 미 공군이 팬텀 8대의 레이저 유도폭탄으로 베트남의 탄호아 교량을 파괴한 사건으로 거슬러 올라간다. 1980년대 후반에 이르러 미국은 소련이 거의 경쟁할 수 없을 정도로 군사 기술의 선두에 올라섰고, 소련은 10년을 버티지 못할 것으로 예상되었다. 이그나티에프는 이러한 상황의 전개를 다음과 같이 언급했다.

유도 및 조준을 개선한 레이저, 위성 위치추적 시스템과 연결되어 정확한 조준이 가능해진 컴퓨터, 기존 로켓의 사거리를 늘린 추진 시스템, 민간인 피해를 줄인 폭발물 기술의 개선, 비행사의 위험을 제거한 무인 및 로봇화된 감시 드론 등이 있다.[56]

소련 기술에 의존하던 이라크 군대가 미국 군대에 신속히 압도되는 모습은 동구권 국가들의 기술 열세를 명확하고 빠르게 보여주었다.

이라크의 무기체계는 상대국에 비해 열세였지만, 여전히 전장과 외교 전선에서 혼란을 야기할 수 있는 수단을 가지고 있었다. 이라크의 가장 강력한 무기는 구식이지만 치명적인 소련제 단거리 탄도 미사일인 스커드였다. 이 미사일은 의도한 표적을 명중시키는 경우는 거의 없었지만, 특히 연약한 민간인 표적에 대해서는 상당한 부수적 피해를 입힐 수 있었다. 그리고 사담 후세인은 부시 대통령이 구성한 거대한 연합 외교의 약점, 즉 이스라엘이 이라크를 공격할 경우 아랍국들이 동맹을 유지하지 않을 것이라는 점을 간파하고 있었다. 따라서 미국 관리들은 이스라엘에게 사담 후세인의 공격을 받더라도 '가만히 있으라'고 요청했다. 이스라엘은 이렇게 답변했다. "스커드가 빈 주차장을 공격하느냐, 아니면 텔아비브의 혼잡한 지역을 공격하느냐, 그리고 미국이 이를 막기 위해 가능한 모든 조치를 취했다고 우리가 여길 수 있느냐, 그렇지 않느냐에 따라 달라질 것이다."[57]

이스라엘 참모총장 에후드 바라크Ehud Barak는 파월과의 사적인 대화에서 이렇게 경고했다. "스커드를 제거하지 않으면 사담은 지상 공격을 개시할 때 화학탄두를 사용할 수 있다. 그들은 우리 도시에 신경가스나 생물학 탄두를 발사할 수도 있다. 그런 일이 발생하면 우리가 어떻게 해야 할지 알지 않는가?"[58] 이스라엘의 인내심은 극심한 시험대에 오르게 될 것이다. 이라크군은 전쟁 중 이스라엘 인구 밀집 지역을 향해 40발 이상의 스커드 미사일을 발사했고, 1991년 1월 17일 텔아비브와 하이파에 8발이 떨어진 것을 시작으로 수십 명의 민간인이 사망했다.[59] 상대적으로 원시적인 미사일의 특성으로 인해 이러한 목표물에 대한 효과는 그다지 높지 않았다.

부시 대통령과 콜린 파월 합참의장의 능숙한 외교와 미국·영국 특수부대의 스커드 사냥 임무에 힘입은 이스라엘의 자제력은 연합전선의 유지에 도움이 되었다. 이라크군은 사우디에 46발의 스커드를 발사했는데, 그중 한 발은 다란의 어느 막사에 떨어져 펜실베이니아주 방위군 28명이 사망하고 여러 명이 부상을 입었으며, 다른 스커드도 여러 민간 시설에 떨어졌다. 외교와 국민 사기를 위해 연합군은 스커드 위협에 단호히 대응하는 것이 중요했기 때문에 발사 기지와 생산 시설을 공중에서 표적으로 삼아 공격했지만 성공을 거두지 못했다. 그러나 대중에게(이스라엘은 말할 것도 없고) 사담 후세인이 선호하는 무기를 색출하기 위한 노력을 아끼지 않고 있음을 보여주는 것이 중요했다.

스커드 미사일 위협에 대한 대응은 완벽하지는 않았지만, 시청자들의 상상력을 사로잡고 이스라엘과 사우디 국민을 환호하게 만든 것은 미국이 만든 패트리어트(목표물 요격 위상배열 추적 레이더) 미사일 방어 체계로, 처음에는 적 항공기를 겨냥하도록 설계되었다. 트럭이 견인하는 발사대에서 미사일 4발을 발사할 수 있는 패트리어트는 걸프전 동안 주로 공중에서 스커드 미사일을 공격하는 것으로 용도가 변경되었는데, 이는 매우 복잡한 작업이었다. 육군은 수십 년 동안 이 문제를 해결하기 위해 노력해왔고, 드와이트 아이젠하워 장군은 이를 "총알을 다른 총알로 맞추는 것"에 비유했다.[60] 그러나 패트리어트의 모든 약속에도 불구하고 스커드 미사일에 대한 효과는 완벽하지 못했다. 슈워츠코프를 비롯한 군 지휘관들은 패트리어트의 성능을 극찬했지만, 전후 분석 과정에서 완전히 검증되지 않은 정보에 근거한 찬사가 나오기도 했다. 패트리어트가 스커드를 격추하는 데 처음으로 성공했다고 선언한 것은 1월 18일이었지만, 나중에 그날 스커드는 발사되지 않았다는 사실이 밝혀졌다. 스커드 미사일의 이동 속도 때문에 요격 여부를 확인하기가 어려웠기 때문이다.

패트리어트 미사일이 얼마나 많은 스커드를 요격했는지는 정확히 밝혀지지 않았다. 패트리어트 미사일을 옹호하는 쪽에서는 약 40기를 요격했다고 주장하지만, 비판론자들은 그중 일부만 인정한다. 하지만 로런스 프리드먼과 에프라임 카쉬Efraim Karsh는 다음과 같이 기록했다. "패트리어트의 실제 전투 성능보다 심리적 영향이 더 중요했다. 즉, 미사일에 공격당할 가능성이 있는 사람들은 미사일을 요격할 수 있다는 합리적 희망을 갖게 되었고, 이는 결국 테러 무기로서 스커드의 위상을 무디게 하는 데 도움이 되었다."[61] 심리전의 영역에서 패트리어트는 매우 중요했으며, 전후 워싱턴 DC를 통과하는 승전 퍼레이드에 등장했을 때 큰 박수를 받으면서 오랫동안 전쟁의 위대한 기술적 성공 중 하나로 여겨져 그 가치를 인정받았다.

전체적으로 연합군의 공군은 10만 9500회 전투 출격에서 8만 8500톤의 폭탄을 투하했지만 공중 공격으로 달성할 수 있는 것에는 한계가 있었다.[62] 파월은 앞서 공군력만으로 충분하다는 희망을 보였던 부시 대통령에게 "폭탄이 떨어지기 시작할 때 이라크군이 꼬리를 내린다면 나는 육군에서 가장 행복한 군인이 될 것"이라고 말했다.[63] 그러나 아무리 공중 공격으로 적이 약화되더라도, 공군력에만 의존하는 것은 "충분한 처벌을 했는지 여부의 결정을 방어자에게 맡기는 꼴"이었다.* 지상 작전만이 쿠웨이트에서 적을 강제로 몰아낼 수 있다는 점이 분명해지고 있었다.

사담 후세인은 공개 성명에서 지상전을 기대하고 있다고 말했다. 그는 '몇 방울의 피'가 아니라, '강물처럼 피가 흐르게 될 것'이라고 예언

---

* 공군력에만 의존하는 것의 근본적 한계를 강조하는 표현이다. 공습으로 상당한 피해를 입었더라도, 전투를 계속할지 아니면 항복할지에 대한 최종 결정은 적(방어자)에게 달려 있음을 시사한다.—옮긴이

했다.[64] 부시 대통령과 그의 팀은 이라크군이 오래 저항할 수 없을 정도로 막강한 연합군 전력을 걸프 지역에 집결시켰다고 확신했다. 연합군의 총 지상군 병력은 약 70만 명에 달했지만, 부시 대통령과 체니 장관, 파월 의장의 놀라움과 좌절 속에서 슈워츠코프는 에이브러햄 링컨Abraham Lincoln 대통령이 조지 매클렐런George McClellan 장군에 불만을 터뜨리며 '느림보'*라고 불렀던 상황을 반복하는 것처럼 보였다. 이는 역설적인 일이었다. 슈워츠코프가 이전에 윌리엄 테컴세 셔먼William Tecumseh Sherman 장군의 회고록에 나오는 "전쟁은 적들이 선택한 구제책이다. 그래서 나는 그들이 원하는 것을 주려고 한다"**라는 인용문을 자신의 책상에 붙인 적이 있었기 때문이다.[65]

불리한 기상 예보로 인해 슈워츠코프는 1991년 2월 24일로 예정된 지상전 개시를 이틀 연기할 것을 요청했고, 이에 격분한 콜린 파월과 긴장감 넘치는 전화 통화를 하게 된다. 파월은 슈워츠코프에게 이렇게 말했다. "이미 24일로 대통령께 보고드렸소. 이제 와서 어떻게 다시 대통령에게 공격이 26일 시작된다고 보고할 수 있겠소? 내가 얼마나 큰 압박을 받고 있는지 당신은 이해하지 못하는군요." 그러면서 파월은 "우리 대통령은 이 일을 하고 싶어 하십니다"라고 덧

• 이 용어는 미국 남북전쟁에서 유래되었다. 당시 에이브러햄 링컨 대통령은 조지 매클렐런 장군에게 큰 불만을 품었다. 이유는 전투에서 이길 수 있는 기회가 있고, 상황이 유리했음에도 불구하고, 부대를 전진시키거나 전투에 참여하지 않고 주저했기 때문이다. 조지 부시 대통령, 딕 체니 국방장관과 같은 고위 인사들은 슈워츠코프 사령관이 우왕좌왕 주저하며, 신속히 전진하지 않는 모습에 분노와 좌절감을 드러냈다.—옮긴이

•• 슈워츠코프의 소극적 행보가 자신이 책상에 붙인 셔먼의 인용문과 대조적이라는 점을 꼬집은 대목이다. 원문은 다음과 같다. "War is the remedy our enemies have chosen. And I say let us give them all they want." 다시 말해, "전쟁은 적들이 먼저 시작했다. 그래서 나는 모든 수단을 쏟아부어 그들이 시작한 전쟁을 끝장내겠다"라는 말이다.—옮긴이

붙였다. 논쟁에서 물러설 줄 모르는 슈워츠코프는 다음과 같이 대꾸했다. "그럼 정치적 이유 때문에 대통령에게 군사적으로 불합리한 일을 해서는 안 된다고 말하고 싶지 않다는 거요? 콜린, 내가 무슨 말을 하는지 모르시오? 해병대 사령관이 내게 와서 기다리자고 했소. 해병대원들의 목숨이 달린 문제란 말이오!" 그러자 파월은 "사람 목숨에 대한 이야기로 나를 우롱하지 마시오!"라고 고함을 치며 전화를 끊었다.[66]

논쟁의 열기가 식고 날씨가 맑아졌다. 2월 24일, 대통령은 슈워츠코프에게 "지상군을 포함한 모든 가용 병력을 동원해 쿠웨이트에서 이라크군을 격퇴시키라"고 지시했다.[67] 'G-Day'(지상군 침공 개시일)가 다가온 것이다. 사담 후세인이 '모든 전투의 어머니'가 될 것이라고 예측했던 전투는 미군 3개 사단(2개 해병대 사단과 1개 육군 사단)이 사우디 국경을 넘어 쿠웨이트 수도로 진입하면서 시작되었다. 소규모 아랍 부대가 미군 측면을 지키고 있었다. 파월은 "주공격에서 시속 160킬로미터로 날아가는 헬기나 시속 30~50킬로미터로 움직이는 탱크를 탄 사람들은 덜 위험하기 때문에 2차 공격이 주공격보다 훨씬 더 많은 사상자를 낼 수 있다"고 우려했다. 보병들이 2차 공격에 나섰기 때문이다.[68]

파월의 관찰에서 알 수 있듯이, 쿠웨이트 국경 통과는 그 대담함과 직진성에도 불구하고 연합군 계획의 주요 요소에서 벗어난 우회로에 불과했다. 슈워츠코프는 '사막의 방패 작전'을 준비하는 몇 달 동안 기획가들에게 "공습에 이어 지상 공격이 있을 것으로 가정하라"고 지시하며 행동의 자유를 주었다. "적의 성향과 지형을 연구하고 우리가 보유한 병력을 고려하여, 이라크를 쿠웨이트에서 몰아낼 수 있는 최선의 방법을 고안하라"는 것이다.[69] 그들이 제시한 계획은 우아하고 기막힐 정도로 단순했다. '서쪽 사막에서 공격'하는 좌익이 주공부대가 되어, '거대한 낫처럼 휘두를' 것이기 때문이다.[70] 이 계획의 명백하고도 유일한 결점은 비밀이 보장되지 않았다는 점인데, 《뉴욕 타임스》에 따르면 "미군과 영국군이 쿠웨이트를 우회하여, 이라크 남부를 가로질러 바스라로 향하는 시나리오가 유력하다는 것은 누구나 알고 있는 사실"이었다.[71]

"적과의 전투에서 살아남는 계획은 없다"고 흔히들 말하지만, 이 작전은 그 어느 작전보다 성공적이었다. 작전의 성공 이유는 초기 육군 정보기관의 예측을 따랐기 때문이었다. 육군 정보기관은 다음과 같이 예측했다. "이라크가 병력을 고정시켜 놓았으므로, 병력을 크게 증강하거나 재배치하지 않을 것이다. 이라크의 방어는 전술적이지 않고 공화국수비대가 반격할 가능성을 유지하려는 진지방어에 그칠 것이다. 이라크군은 쿠웨이트시티와 바스라 방어에 집착하여 방어장벽을 개선하거나 병력을 서쪽으로 이동하지 않을 것이다."[72]

저항을 거의 받지 않은 해병대가 먼저 빠르게 진격하자 슈워츠코프는 주공격에 박차를 가할 수 있었다. 그는 나중에 이렇게 회고했다. "우리가 빨리 움직이면 적들이 매우 불리한 상황에서 싸울 수밖에 없었고, 원래의 시간표를 고수하면 적들이 비교적 무사히 탈출할 수 있었다."[73] 그는 연합군 사상자가 상대적으로 적었던 것에 흥분하여 지휘관들에게 "이라크 군대에 최대의 파괴, 최대의 파괴를 가하라!"라고 명령하면서 가능한 한 빨리 전진하라고 다그쳤다.[74]

좌익의 외곽 부대인 제8공수군단은 프랑스 기갑사단이 왼쪽 측면을 지키고 있는 가운데 광활한 사막을 가로질러 이라크로 진격했다.

제101공수사단은 헬기 편대에 탑승해 적진 깊숙한 곳에서 공습을 감행했다. 그 임무의 목적은 전투 지역으로 증원군을 보내는 이라크 군을 차단하고, 이미 그곳에 위치해 있던 이라크군이 유프라테스강을 따라 쿠웨이트로 이어지는 8번 고속도로를 통해 탈출하지 못하도록 막는 것이었다. 그리고 군단의 중기갑사단인 제24기계화보병사단이 군단의 우측에서 신속하게 공격했고, 제3기갑기병연대가 우측 측면을 방어했다.[75]

제8공수군단의 빠른 속도와는 대조적으로, 1500대의 전차를 보유한 프레더릭 M. 프랭크스Frederick M. Franks 중장의 제7군단은 왼쪽의 제8공수군단과 오른쪽의 해병 및 아랍군 사이에서 '낮의 핵심 역할'을 하며 더디게 진격하고 있었다. 제7군단의 오른쪽 측면을 영국 제1군단이 지키고 있었기 때문에 슈워츠코프는 더욱 좌절할 수밖에 없었다. 부하들의 의사결정에 개입하지 않으려는 슈워츠코프는 프랭크스가 자신의 진격 명령을 제대로 이해하지 못한다고 생각했다. 그래서 프랭크스가 임무 수행에 속도를 내지 않았더라면, 그보다 더욱 패기 있는 지휘관으로 교체될 뻔했다. 결국 이라크 내륙 깊숙이 위치한 사막을 가로지르는 대대적인 작전을 전개하면서 연합군은 전차를 단 한 대도 잃지 않으면서, 많은 이라크 전차들을 파괴했다.

2월 26일 밤, 쿠웨이트시티에서 이라크 바스라까지 북쪽으로 이어지는 6차선 80번 고속도로를 따라 후퇴하는 이라크 차량 행렬은 연합군 지휘관들에게 거부할 수 없는 목표물이 되었다. 공군·해군·해병대 항공기는 호송대의 양쪽 끝단을 폭격하여 움직이지 못하게 한 다음, 호송대 전체를 표적으로 삼아 맹공을 퍼부었다. 이 공격으로 약 2000대의 차량이 파괴되거나 버려지고, 200~1000명의 이라크인이 사망했다. 이 도로는 곧 '죽음의 고속도로'로 불리며 연합군의 압도적인 기술 우위를 상징하는 장소가 되었다. 군사사가 스털링 마이클 파벨렉은 "모든 전쟁은 비대칭적"이라고 말했다.[76]

일부 조종사들은 80번 고속도로에서의 공격을 '칠면조 사격'이라고 불렀다. 이는 명백히 패배한 적을 겨냥하여 파괴적 공격을 계속하는 것이 정당화될 수 있는지 의문을 품기 시작한 부시 대통령과 콜린 파월을 비롯한 다른 사람들의 양심을 찔렀다. 2월 27일, 파월은 대통령에게 현장의 군인들이 '죽음의 고속도로'에서 벌어지는 학살의 엄청난 규모에 불안해한다고 보고했다.[77] 워싱턴의 의사결정자들은 미국 국민들이 학살에 반발할지 궁금해했지만, 릭 앳킨슨Rick Atkinson은 다음과 같이 예리하게 관찰했다. "미국인들이 '죽음의 고속도로'에 반발할 것이라는 믿음은 폭력에 찌든 문화를 오독한 것일 수 있다. (…) 베트남 전쟁 중에 형성된 군대에 대한 국민적 경멸은 몇 년에 걸쳐 이뤄진 것이고 (…) 그 결과, 적의 사상자보다 미국의 사상자가 더 많았다."[78]

슈워츠코프는 이라크 호송대에 가해진 처참한 징벌에 대해 불만이 거의 없었다고 회고했다.

쿠웨이트에서 북쪽으로 연결되는 고속도로를 폭격한 이유는 첫째, 그 도로에 막대한 규모의 군사 장비가 있었고, 내가 모든 지휘관들에게 가능한 한 모든 이라크 장비를 파괴하라는 명령을 내렸기 때문이다. 둘째, 이들은 국경을 넘어 이라크로 돌아가려는 무고한 사람들이 아니었다. 쿠웨이트 시내를 약탈한 후 체포되기 전에 나라를 빠져나가려는 강간범, 살인범, 깡패들이었다.[79]

적의 손실 규모에 대한 우려는 1990년대 들어 전쟁에 대한 고려 사항에 비교적 새롭게 등장한 특징이다. 물론 이전에도 독일 민간인 손실에 대한 우려는 있었지만—예를 들어 2차 세계대전 당시 영국 교회와 하원에서 연합폭격 공세에 대한 비판적인 목소리가 높았으나—작전 차원의 의사결정에 큰 영향을 미치지는 않았다. 역사적으로 적의 손실을 무시하는 경우가 훨씬 더 흔했다. 그러나 1898년 옴두르만 전투에서 1만 1000명의 데르비시인을 사살한 후 '끔찍한 탄약 낭비'를 후회한 허버트 키치너 장군의 사례를 능가하는 경우는 거의 없다.[80] 그럼에도 1982년 벨그라노호 침몰, 1999년 '죽음의 고속도로'에서 사담 후세인의 기갑부대 궤멸, 세르비아 군인과 민간인 희생에 대한 국내 비판이 거세지면서 20세기와 21세기의 군 지휘관들은—적어도 민주주의 국가에서는—이제 새로운 요소, 즉 '수용 가능한 적의 사망자 수'에 집중해야 했다. 80번 고속도로에서의 학살을 의식한 부시 대통령은 정복한 적을 계속 공격하는 것이 잔인하고 과도하게 보일 수 있다고 우려하며 이렇게 말했다. "우리에게는 결말이 필요하다. 사람들은 그것을 원한다. 그들은 우리가 전쟁에서 이기고, 장병들이 집으로 돌아갈 수 있다는 사실을 알고 싶어 할 것이다. 우리는 엉성하고 너절한 결말로 이 일을 망치고 싶지 않다."[81]

쿠웨이트군은 1991년 2월 26일 이라크 탱크부대가 재빨리 퇴각하자, 수도를 공식적으로 탈환하는 영예를 누렸다. "오늘 밤, 자유롭고 주권적인 국가의 수도 위에 쿠웨이트 국기가 휘날린다"라고 부시는 곧바로 선언했다. 지상 작전은 개시된 지 고작 100시간이 지난 2월 28일 오전 8시에 휴전으로 끝났다. 이는 가장 낙관적인 예측을 뛰어넘는 속도였다(비록 숫자의 반올림은 군사적 현실보다는 대중적 홍보와 관련이 더 컸지만). 슈워츠코프와 그의 참모들은 많은 공화국수비대 예하의 부대가 여전히 건재했고, 제7군단과 F-117 전투기가 이라크에 '최후의 일격'을 날릴 준비가 되어 있었기 때문에, 전쟁이 너무 빨리 종결된 것에 약간의 불안감을 느꼈다.

그렇지만 미국은 교훈을 얻었다. 부시 대통령은 "우리는 베트남 증후군을 완전히 극복했다"고 말했다.[82] 전쟁이 시작된 지 43일 만에, 패배한 이라크군이 후퇴하기 직전에 불을 지른 쿠웨이트 유전에 매캐한 연기가 피어오르면서, 걸프전은 연합군의 완전한 승리로 막을 내렸다. 척박한 지역에서 더 큰 규모의 적군을 상대로 목표를 달성했지만, 연합군은 292명의 목숨을 잃고 그중 219명이 미국인이었다. 슈워츠코프 등은 당초 5000명의 전사상자가 발생할 것으로 우려했지만, 실제 피해 규모는 당초 예상의 일부에 그쳤다. 전체 미군 사상자의 거의 4분의 1이 '우군 사격'으로 인한 것이었다.[83] 반면 이라크군 사망자는 2만~3만 명이었다.

여러 측면에서 걸프전은 미 육군에게 '핵심 캐스팅'의 현장이었다.* 미 육군은 모하비 사막의 국립훈련센터에서 파병될 부대들에게 고도로 숙련된 대항군OPFOR을 상대로 고된 훈련을 실시했다. 또한 대다수의 부대는 지형을 숙지하고, 순환 훈련을 실시하며 강도 높은 교훈을 얻었다. 반면에 이 전쟁은 수개월 동안 사막의 방어진지에 배치된 후에 43일 동안 연합군의 공중 공격에 시달리느라 지칠 대로 지

• 여기서 캐스팅(casting)은 영화 촬영과 관련이 있다. 캐스팅 담당자는 영화 작품이 결정되면 영화감독과 함께 배역을 분석하여, 각 배역에 알맞은 이미지와 연기력을 가진 배우를 캐스팅하는 역할을 담당한다. 요컨대, 이 문장은 미 육군에게 걸프전은 캐스팅 디렉터가 맞춤형으로 제작·선택한 것처럼 미군에게 이상적이거나 완벽한 시나리오였음을 암시하는 은유적 표현이다.—옮긴이

친 적군을 상대로 벌인 전투였다. 치열한 전투가 많이 벌어졌지만 미군과 연합군은 '공정한 전투'가 되지 않도록 하기 위해 가능한 모든 조치를 취했다. 그 결과 이라크군은 완전히 압도당했다.

마키아벨리는 승자가 "(패배한) 공후의 가족을 몰살시키는 것만으로는 충분하지 않다. 왜냐하면 살아남은 군주들이 당신에게 대항하는 새로운 전투의 우두머리가 될 것이기 때문이다"라고 썼다. 1991년 미국은 사담 후세인과 그의 가족을 권좌에 남겨둘 뿐만 아니라, 공화국 수비대의 대부분을 그대로 남겨두기로 결정했는데, 이는 당시에도 논란이 많았고 앞으로도 계속 논란이 될 수 있는 결정이었다.

사담 후세인의 정예부대나 최고 권력을 차지한 그의 지위를 모욕하되 전멸시키기를 거부함으로써 중동에서 유혈 사태를 막으려는 부시 대통령의 이해할 만한 인도적 욕구는 역설적이게도 몇 년 후 심각한 분쟁으로 이어졌다. 사담은 예하의 장군들이 항복 문서에 서명하도록 하여 불명예를 면했다. 딕 체니는 훗날 이렇게 회고했다. "우리 정보기관과 아랍 동맹국들로부터 연합군이 가한 타격 이후에, 사담이 절대 살아남지 못할 것이라는 말을 반복해서 들었다. 하지만 그는 대규모 공격에서 일어나, 살아남았다는 사실을 개인적 승리로 바꿀 수 있었다."[84]

걸프전은 지난 수십 년 동안 막대한 자금과 연구가 투입된 것을 정당화할 만큼 극도로 첨단기술이 동원된 전쟁이었다. 배리 매카프리Barry McCaffrey 장군은 전후 상원 청문회에서 "이 전쟁에서 승리하는 데 100시간이 걸리지 않았다"고 말하며 베트남전 이후 '형해화된 군대Hollow Army'•를 매우 잘 훈련되고, 잘 정비되고, 잘 지휘되는 군대로 변화시켜, 사담 후세인 군대를 압도하는 데 "15년이 걸렸다"고 강조했다.[85] 미 육군의 5대 무기체계(M1 전차, M2 보병전투차량, 블랙호크 헬기, 아파치 공격헬기, 패트리어트 대공 및 탄도미사일 방어체계)와 공대지 전투교리는 놀랍도록 빠른 지상군의 진격을 뒷받침하면서, 적의 방공망 제압과 정밀탄약 수송에서 획기적인 기술 발전의 결실을 맺었다.

하지만 미국의 베트남전 경험에서 알 수 있듯이 기술 우위만으로는 충분하지 않았다. 지난 15년 동안 전략과 전술적 사고의 발전은 물론이고 전문적 지도자 양성을 위한 엄청난 훈련과 투자가 필요했다. 전장에 민간인이 거의 없는 사막 환경과 재래식 전투작전은 미군에게 겹겹의 밀림을 헤치고, 주민들 속에 뒤섞인 게릴라와 반군을 상대하는 내전보다 훨씬 유리하다는 사실도 입증되었다.

걸프전은 미국이 마지막 대규모 사막 전쟁인 욤키푸르 전투에서 몇 가지 중요한 교훈을 얻었음을 보여주었다. 군사학자이자 예비역 대장인 돈 스타리Donn Starry는 통합 감시·목표공격 레이더 체계와 육군 전술 미사일 체계같이 개발 기간이 오래 걸리는 고가의 새로운 체계를 논의하면서 "1973년 전쟁에서 비롯된 생각의 흐름에서 나온 모든 것들이 걸프전의 맨 앞으로 들어갔고, 맨 뒤에서 성공으로 나왔다"고 언급했다.[86] 1986년 '사막의 폭풍 작전'에서 공습을 조율한 척 호너Chuck Horner 중장은 항공참모부 소속으로 욤키푸르 전쟁의 사후 평가에 참여하면서, 이집트군이 시나이강 공격의 초기 단계에 사용한 것과 같은 고밀도 통합 방공 체계의 위험성을 인식했다. 당시 '사

• '형해화된 군대'란 베트남전 패배 이후, 미군 규모가 1969년 350만 명에서 1975년 80만 명 수준으로 급격히 감소하고, 기타 국방비 삭감, 훈련 부족, 첨단무기 현대화 지연 등으로 미국 군대의 전투력과 준비 태세가 형편없이 하락했던 상태를 가리킨다.—옮긴이

막의 폭풍 작전'의 전자전 부문을 총괄했던 래리 헨리Larry Henry 대령
도 1973년과 1982년 이스라엘의 경험이 자신의 작전개념 수립에 영
감을 주었다는 점을 인정했다.[87]

　4일간의 지상 작전 성공으로 미국의 길고, 굴욕적이며, 갈등이 고
조되던 시대가 마침내 끝나는 것처럼 보였다. 걸프전은 속도, 훈련,
우세한 기술, 전문 지식, 그리고 미국의 압도적인 세계적 지배력을 과
시한 명백한 승리였다. 그러나 말할 필요도 없이 미래의 적들도 이를
주목하고 있었다. 재래식 군사력으로 광활한 사막에서 미군과 정면
으로 맞서면 분명히 패배할 가능성이 높았다. 그래서 그들은 다른 방
법을 모색하기 시작했다.

소말리아 사태 (1991-) : 위험한 선례 만들기

22년 동안 시아드 바레Siad Barre 장군은 독재적이고 억압적인 권력으
로 동아프리카 소말리아의 대부분을 지배했다. 그는 명확한 후계자
를 남기지 않았고, 1991년 그의 권력이 전복되었을 때 소말리아 땅
은 율리우스 카이사르의 땅처럼 가장 강한 자에게 넘어갔다. 바레
축출 이후 권력 공백이 발생하자 모하메드 파라 아이디드Mohamed
Farrah Aidid 장군이 당시 황폐화된 소말리아를 이끄는 군벌로 부상했
다. 내전으로 인한 기근이 절정에 달했을 때 매달 약 3만 명의 소말리
아인이 죽어가고 있었다. 1992년 말에는 그 해에만 약 30만 명이 굶
어 죽었다.

　아칸소 주지사인 빌 클린턴Bill Clinton에게 재선 선거에서 패배한 조

지 부시 대통령은 정권 말기, CNN과 다른 텔레비전 방송에서 끔찍한 기아와 인도주의적 위기 장면이 방영되는 가운데, 소말리아의 유엔 작전에 2만 5000명의 미군을 파병했다. 당시 소말리아는 혼란에 빠졌고 시민들은 잔인한 군벌들 간에 벌어지는 교전의 한가운데에 갇혀 있었다. 유엔군이 총격, 공격, 약탈의 대상이 되어 식량 공급이 중단되자, 국민들은 대량으로 굶주림에 시달렸다. 1992년 12월 3일 유엔 안보리 결의안은 인도주의적 구호를 제공하기 위한 통합 작전팀 수립을 승인했다.

미국은 미군이 유엔의 지휘를 받지 않는다는 조건으로 작전팀 병력 3만 8000명 중 대다수를 제공하기로 동의했다. 이 임무의 암호명은 '희망 회복 작전Operation Restore Hope'이었고 캘리포니아주 캠프 펜들턴의 제1해병 원정대가 주도적 역할을 맡게 되었다. 네이비실과 육군 제10산악사단 소속 병사들이 그 뒤를 따랐다. 12월 9일, 헬기가 1300명의 해병대를 모가디슈 공항으로 수송하고 네이비실 대원들이 소말리아 수도 모가디슈 앞바다에서 모습을 드러냈다.[88] 일부 유엔 부대는 모가디슈로 진입했고 다른 부대는 다른 지역으로 바로 이동했다. 재래식 부대가 주요 도시에 집중하는 동안, 미군 특수작전부대는 나머지 시골 지역에 빠르게 이동하여 입지를 구축했다.[89]

미군은 엄격한 교전규칙에 따라 거의 1년 동안 소말리아의 도시와 시골을 순찰하며, 주민들에게 식량과 기타 물자를 배급하고, 정보를 수집했다. 상황은 크게 개선되었고, 국가건설에 관여하고 싶지 않은 미국은 유엔에 더 많은 부담을 떠넘겼지만, 미국이 주둔군을 감축하기 시작하면서 약간의 성공만 거두는 데 그쳤다.[90]

그러나 미 해병대가 소말리아에서 철수한 직후 아이디드 장군은 남아 있는 유엔 평화유지군을 공격하기 시작했고, 클린턴 행정부는 1993년 8월 '희망 회복 작전'을 실시하게 되었다. '희망 회복 작전'은 1991년 4월부터 쿠르드족Kurds에게 인도적 지원을 제공했던 '위로 제공 작전'과 1992년 2월 구소련 공화국에 인도적 지원을 제공했던 '희망 제공 작전'의 성공에 힘입어 자연스럽게 이어졌다. 미국 대사의 고문이자 미군 사령관인 존 허쉬는 이렇게 주장했다. "처음 5개월 동안은 상당히 효과가 있었다. 사람들은 굶주린 이들을 먹이고 기근을 해소하기 위한 '희망 회복 작전'의 초기 성공을 잊고 있다."[91]

1993년 10월 3일, 미군 레인저와 특수부대가 모가디슈의 바카라 시장을 급습해 아이디드의 부관 2명을 생포하면서 모든 것이 바뀌었다. 블랙호크 헬기가 근처에서 소말리아의 RPG-7에 격추되어 조종사 2명이 사망하고 생존자 5명이 고립되었다. 살아남은 2명의 특수작전 저격수가 현장을 방어하기 시작했다. 기밀 해제된 미국 문서에 따르면, 이 시점에서 임무는 "아이디드의 지지자 생포에서 미국인 사상자 보호 및 복귀로 돌이킬 수 없이 변경"되었다.[92] 두 번째 헬기가 인근에 착륙해 2명의 저격수를 구출했고, 다니엘 부쉬Daniel Busch 하사는 추락 현장을 방어하다가 4발의 총알을 맞고 사망했다. 나머지 3명은 고립된 채로 남아 있었다.

약 90명의 돌격대원들이 구조작전을 수행하기 위해 추락 현장으로 이동했다. 특수부대 요원들은 추락한 헬기 주변에 방어선을 형성하고 소말리아 민병대와 격렬한 총격전을 벌였고, 소말리아 민병대는 근처에 있던 두 번째 헬기를 추락시켰다. 두 번째 추락 현장에서는 저격수 게리 고든Gary Gordon 원사와 랜디 슈하트Randy Shughart 상사가 공격해 들어오는 소말리아 군중을 막기 위해 노력했다. 두 사람 모두 수천 명에 달하는 민병대원들에게 살해당했고, 민병대원들은 현장으로 달려가 남은 생존자들을 모두 구타하고 죽였다. 조종사 마이클 듀란트Michael Durant만 살아남았는데, 이는 아이디드의 부하들이 그를 포로로 잡으라고 명령했기 때문이었다.[93]

모가디슈 전투는 18시간 동안 지속되었다. 전투가 끝났을 때 미국인 18명이 사망하고 73명이 부상당했으며 수백 명의 소말리아 민간인이 사망했다. 듀란트는 감금 11일 만에 아이디드에 의해 석방되었고, 고든과 슈하트는 베트남전 종전 이후 처음으로 사후에 명예훈장을 수여받았다. 모가디슈 거리는 거의 20년 만에 미군이 경험한 가장 치열한 시가전이 벌어진 곳이 되었다.

전임 대통령으로부터 작전을 물려받은 클린턴 대통령은 사태의 심각성에 불안감을 감추지 못했다. 죽은 미국인이 모가디슈 거리로 끌려가는 모습과 부상당한 포로가 된 또 다른 미국인의 모습은 작전이 왜 계속되고 있는지, 과연 병사들에게 충분한 보급이 이루어졌는지에 대한 의문과 함께, 국민들의 분노를 불러일으켰다. 이러한 비판은 결국 레스 아스핀Les Aspin 국방장관의 사임으로 이어졌다. 얼마 지나지 않아 대통령은 1994년 3월 31일까지 소말리아에 대한 미국의 군사적 개입이 종료될 것이라고 발표했다.

순수 인도주의적 임무였던 '희망 회복 작전'은 많은 희생을 치렀다. 30명 이상의 미군이 목숨을 잃고 172명이 부상을 입었다. 아프리카에서의 경험이 풍부한 케냐 주재 미국 대사였던 스미스 헴스톤Smith Hempstone은 작전이 시작되기 전 마치 이러한 사고를 사전에 예견한 듯이, 국무부에 다음과 같이 경고했다. "이런 상황은 들어가는 것보다 빠져나오는 것이 더 어렵다는 것, 어떤 선행도 처벌을 피할 수 없다*는 것을 지금쯤은 깨달았어야 한다."94

명확하고 제한적인 목표를 달성하기 위해 대규모 미군이 투입되어 압도적 승리를 거둔 '사막의 폭풍 작전' 이후, '희망 회복 작전'은 뒷걸음질을 쳤다. 역설적이게도 이 작전은 파월 장군이 합참의장으로 재직 중일 때, 그리고 그가 미군 투입을 위해 설정한 조건과는 다른 방식으로 수행되었다. 워싱턴의 어느 칼럼니스트가 '미션 크리프'(임무의 점진적 확장)라는 신조어를 만들어낸 것도 소말리아 참사를 계기로 목표와 상황이 모호하고 범위가 쉽게 확대될 수 있는 군사작전을 설명하기 위해서였다. 어느 예비역 장군은 이를 '외상 후 스트레스 장애에 해당하는 정책'이라고 표현하기도 했다.95 모호하고, 혼란스럽고, 인기 없는 소말리아 개입은 미군이 인도주의적 구호보다는 전쟁을 위해 설계되었다는 사실을 상기시켜주었다.

스탠리 매크리스털Stanley McChrystal 장군은 다음과 같이 썼다.

모가디슈에서의 전투는 미국과 특수작전부대, 그리고 앞으로 몇 년 동안 나의 경험에 오래도록 영향을 미칠 것이다. 그레나다, 파나마, 1차 걸프전이 베트남전의 좌절을 지우는 데 많은 기여를 했던 것처럼, 모가디슈는 13년 전 '독수리 발톱' 작전Operation Eagle Claw'의 실패(테헤란에서 인질로 잡혀 있던 미 대사관 직원들을 구출하려다 사막에서 실패하고 돌아선 사건) 이후 우리가 이룬 진전에도 불구하고, 죽음과 패배의 가능성이 항상 가까이 있음을 상기시키는 실패의 그림자를 드리웠다.96

• 선의의 행동이라도 예상치 못한 부정적 결과를 초래할 수 있다는 말이다. 미국은 선한 의도를 갖고 소말리아에 들어갔다. 그러나 결국에는 현지 게릴라들에 의해 사망자가 발생했다. 요컨대 선행과 선의가 항상 긍정적인 결과를 가져오는 것은 아니라는 의미이다. —옮긴이

6개월 후, 소말리아의 모가디슈에서 2414킬로미터 떨어진 르완다에서는 주베날 하비야리마나Juvenal Habyarimana 대통령의 비행기가 추락하면서 수십만 명의 무고한 사람들을 대상으로 한 르완다 대량 학살이 촉발되었다. 소말리아 사태가 미국의 르완다 불개입의 명분으로 명시적으로 언급되지는 않았지만, 가장 중요한 원인으로 널리 알려져 있다.

6장

새로운 세계 무질서

1991-1999

냉전이 진정으로 지나갔다면, 과거 45년의 안정은 앞으로 수십 년 동안 다시
보기 어려울 것이다.

— 존 미어샤이머, 《국제 안보》, 1990[1]

남오세티아 전쟁 (1991-1992) : 캅카스의 지저분한 소규모 민족주의 분쟁

1990년대 초 소련의 붕괴는 전 세계에 큰 반향을 불러일으키며 지정학적 질서를 재편했다. 소련을 구성했던 옛 공화국들만큼 붕괴의 여파를 더 강하게 느낀 국가는 없었으며, 그중 몇몇 국가는 곧 내부적 반목과 불안한 민족주의에 몸살을 앓았다. 특히 러시아 남부 국경에 위치한 조지아가 그러했다. 산악지대인 캅카스 지역의 인접국들처럼* 소련 시기 이후 신생 공화국에서도 복잡한 내부 민족 갈등과 경제 문제가 발생했다.

조지아는 수세기 동안 여러 제국의 영토였으며, 러시아 혁명 직후 잠시 독립을 누렸지만, 1922년 볼셰비키의 침략을 받고 신생 소련에 흡수되었다. 조지아 출신 중에서 가장 악명 높은 이오시프 베사리오니스 주가쉬빌리Iosif Besarionis Jughashvili는 신학생이었지만 훗날 은행 강도가 되고, 결국 혁명가 가명인 이오시프 스탈린이라는 이름으로 소련을 지배하게 된다. 러시아와의 역사에서 조지아는 항상 권위자에게

---

* 캅카스 지역은 대캅카스산맥을 경계로 남캅카스와 북캅카스로 나뉜다. 남캅카스에는 조지아, 아르메니아, 아제르바이잔과 분리주의 지역인 압하지아와 남오세티아가 있다. 북캅카스에는 러시아 연방의 자치공화국인 다게스탄, 체첸-잉구쉬, 카바르디아-발카르, 북오세티아와 자치주인 아디게이, 차라차이-체르케스, 변강주인 크라스노다르, 스타브로폴이 있다. 허승철, 《캅카스 3국의 역사와 문화》, 고려대학교출판문화원, 2019, 23쪽.―옮긴이

훈육을 받는, 전적으로 복종하지 않는 떨떠름한 의붓자식 같은 존재였다. 1980년대 후반 소련 제국이 흔들리기 시작하자 조지아인들은 러시아 지배의 멍에를 벗어던질 수 있는 기회를 포착했다.

조지아 최고회의 의장인 즈비아드 감사후르디아Zviad Gamsakhurdia는 시인이자 문학가로, 과거 소련의 탄압에도 구금과 포로 생활에서 살아남은 용감한 반체제 인사로 서방에서 주목받았다. 그의 민족주의적 반러시아 수사는 한동안 국제적 동정심을 불러일으켰다. 기회주의적 민족주의 열정이 폭발했던 탓인지 몰라도, 감사후르디아는 인구가 10만 명도 안 되는 중북부 지역의 반半자치주인 남오세티아에 대한 오랜 정치적·수사적 공격을 강화했다. 그 지역 인구의 3분의 2 이상은 인접한 러시아와 문화적·역사적 친밀감이 강하고, 이란계 페르시아어를 사용하는 소수민족인 오세티아인이었다.[2] 감사후르디아와 그의 지지자들은 이러한 친러시아 소수민족을 조지아 독립을 방해하기 위해 모스크바에 의해 착취당하고 있는 제5열로 묘사했다.[3]

남오세티아 자치권이 폐지되면서 정부의 수사적 공세는 더욱 강해졌고, 1991년 1월 5일 전투가 발발했다. 소규모 교전은 곧 사망, 난민 발생, 극심한 폭력 사태로 확대되었다. 조지아군은 주도州都인 츠힌발리에서 오세티아군을 공격했지만, 오세티아군이 격렬하게 저항하자 조지아군의 부실한 훈련 상태가 곧 드러났다.[4] 오세티아군이 츠힌발리 인근에 주둔한 헬기 연대에서 가져온 공대지 유도 미사일을 시가전에서 사용하기 위해 즉석에서 견착식 바주카포로 개조하면서 조지아군에게 위험한 순간이 찾아왔다.[5]

미하일 고르바초프 러시아 대통령은 남오세티아 당국의 요청에 따라 군대를 파견했고, 조지아 군대는 이들과 치열한 전투를 벌였다.

조지아 당국은 러시아가 이전에 오세티아인들에게 비밀리에 무기를 공급했다고 비난했고, 전투가 진행되면서 츠힌발리 전역에 광범위한 파괴가 일어났다. 이 도시는 2개의 전쟁 지역으로 나뉘었다. 두 지역 모두 휴전협정을 무시하는 경향이 있었는데, 이는 이스라엘 독립 전쟁에서 이미 살펴보았고, 9장에서 러시아-우크라이나 전쟁의 러시아 측에서 반복적으로 볼 수 있는 현상이다. 남오세티아 전투가 확산되면서 러시아인의 지원을 받은 오세티아인들은 소수민족인 조지아인들을 고향에서 몰아냈다.

이러한 전투를 배경으로 1991년 3월 31일, 조지아 국민들은 쇠락한 소련으로부터 독립하기 위해 투표를 실시해 압도적인 차로 독립 찬성에 표를 던졌다. 감사후르디아는 2주 후 조지아 대통령으로 임명되었고, 그다음 달 선거에서도 압도적 승리를 거두었다. 서방의 사랑을 받던 국가가 러시아의 악몽이 되려는 순간이었다.

캅카스를 중심으로 굵직한 국가들이 탄생하는 동안에도 남오세티아와 같은 소규모 분쟁은 계속되었고, 끔찍한 고통과 인명 손실이 발생했다. 조지아군은 1만 7000명이 넘는 병력으로 츠힌발리를 봉쇄하고, 탱크로 도시를 포위하고, 식량과 의료 지원의 유입을 막았다.[6] 1000명에 달하는 사람들이 사망했고, 방치된 화재로 도시의 많은 건물이 소실되었다.[7]

감사후르디아의 민족주의적 승리주의는 그의 집권에는 도움이 되었지만, 권력을 유지하려는 그의 시도를 약화시켰다. 인권운동과 정치적 반목으로 수감된 한 남성에 대한 히스테리적인 민족주의적 수사와 권위주의적 탄압은 국가 내부에서 인종 갈등을 심화시켰고, 1991년 크리스마스 직전에 그의 정부에 대한 유혈 쿠데타가 일어났다.[8] 감사후르디아는 몇 주일 후 강제로 조지아를 떠나야 했고, 고르바초프 치하에서 소련 외무장관을 지냈던 부패한 에두아르트 셰바르드나제Eduard Shevardnadze가 그 자리를 대신했다. 남오세티아 전쟁과 별개로 조지아 내의 폭력과 불안은 몇 달 동안 지속되었고, 1993년 12월 31일 감사후르디아가 폭력적으로 사망하고 나서 그 배경에 의혹이 제기되었다. 당시 그가 자살했다는 보도는 보통 자살의 경우 두개골에서 총알 구멍이 1개가 발견되는 것과 달리 그의 두개골에서는 2개가 발견되었다는 사실로 인해 그 신빙성이 훼손되었다.

남오세티아 전쟁에서 가장 폭력적인 행위 일부는 전쟁이 끝나기 직전에 일어났다. 조지아 군대는 1992년 5월 20일 수도를 탈출하려던 남오세티아인 여성과 어린이를 포함해 30명을 사살했다. 모스크바의 강경파들은 이 사건을 조지아의 대량 학살로 비난했고, 러시아 국기가 달린 헬기들이 조지아가 통제하는 마을을 폭격했다.[9]

6월 24일, 셰바르드나제와 러시아의 신임 대통령 보리스 옐친Boris Yeltsin이 휴전협정에 서명함으로써, 마침내 조지아의 새로운 지도자가 '무의미하고 무가치한' 분쟁을 종식시켰다. 법적으로는 여전히 조지아의 일부인 남오세티아가 사실상 자치권을 부여받았지만, 이 불편한 균형은 앞으로 몇 년 동안 이 지역에서 러시아의 군사행동이 끝나지 않은 상태에서 지속적인 분쟁을 불러일으켰다.

남오세티아 투쟁은 특히 2012년 블라디미르 푸틴이 대통령으로 재집권한 이후 러시아 전쟁 특유의 형태와 전술을 보여주었다는 점에서 교훈적이다. 1990년대 초 조지아에서 드러난 맹목적 민족주의, 인종청소, 휴전 무시, 고의적인 민간인 공격 등의 특징은 푸틴이 러시아를 다시 위대하게 만들기 위한 작전에 착수하자마자 재발했으며,

남오세티아 전투 이후 30년 만에 감행된 우크라이나 침공으로 점정을 찍게 되었다.

구유고슬라비아 사태 (1991-1995) : 발칸반도의 인종 혐오는 공중 폭격으로 해결되었는가?

유고슬라비아로 알려진 느슨하면서도 말썽 많은 공화국들의 연합은 1차 세계대전 이후 유럽이 거의 전멸할 뻔했던 지역을 통일 및 안정화하려는 시도로 탄생했다. 1914년 6월 28일 사라예보의 한 시가지 골목에서 세르비아 정부의 비밀 조직에 포섭된 젊은 테러리스트 가브릴로 프린치프Gavrilo Princip가 오스트리아-헝가리 왕위 계승자인 프란츠 페르디난트Franz Ferdinand 대공을 암살하면서 외교적 위기가 촉발되었다. 이는 다음 유럽 대전이 "발칸반도의 어떤 어리석은 일에서 비롯될 것"이라는 오토 폰 비스마르크의 (출처가 의심되는) 예측을 불과 5주 만에 실현하는 계기가 되었다.

페르디난트 암살이 1389년 세르비아군이 오스만제국의 침략군과 싸웠던 코소보 전투 기념일에 일어났다는 것은 역사의 작은 아이러니 중 하나였다. 세르비아는 패배했지만 6월 28일은 세르비아의 역사 속에서 민족주의 저항의 강력한 상징이자 그 후 반세기 동안 중독성이 더욱 커진 전설로 남아 있었다.

오스트리아-헝가리 제국은 1918년 11월 1차 세계대전이 끝난 지 몇 시간 만에 붕괴되었고, 이듬해 베르사유조약이 체결된 후 남부 영토 중 일부가 세르비아에 편입되어 새로운 유고슬라비아 왕국이 탄생했다. 폭력으로 탄생한 이 신생국은 1934년 국왕 알렉산더 1세Alexander I가 암살당하는 등 내분으로 분열되었고, 1941년에는 추축국이 침공해왔다. 이후 독일의 점령 아래 약 400만 명의 유고슬라비아 국민이 사망했다. 공산주의자 요시프 브로즈 티토Josip Broz Tito의 지휘 아래 유고슬라비아 빨치산들이 주도한 격렬한 저항으로 그는 유고슬라비아 사회주의 연방공화국의 독재자가 되었다. 폭압적이었지만 정치적으로 뛰어난 능력을 발휘한 그는 연방을 구성한 공화국들 간의 불안한 균형을 유지하며 35년 동안 상대적 안정을 이끌었다.

1980년 5월 티토의 죽음은 유고슬라비아 종말의 시작을 알렸다. 미국과 소련 어느 쪽에도 굴복하지 않았던 공산주의 지도자 티토는 발칸반도의 안정을 유지할 수 있는 유일한 인물이었기 때문이다. 역사학자 팀 유다Tim Judah는 그의 죽음 이후 "공산주의 권력이 물러나기 시작했거나 오히려 공산주의에 대한 공포가 사라졌다"고 말한다.[10] 냉전 종식과 소련 붕괴는 통일 유고슬라비아의 지속적 존속을 위한 이념적 기반을 사실상 하루아침에 무너뜨렸다.

1991년 12월 소련이 붕괴하기 전부터 약 2400만 명의 인구가 살았던 유고슬라비아는 분열되기 시작했고, 처음에는 균열이 일다가 갑자기 붕괴했다. 민족주의와 경제적 혼란이 고조되는 가운데 1991년 6월 25일, 6개 공화국 중 2개 공화국 슬로베니아와 크로아티아가 독립을 선언했다. 이후 유고슬라비아가 해체되면서 수십만 명이 사망하고 국제 전범 재판이 열렸으며 400만 명의 난민이 발생했다.

1992년 2월 29일, 보스니아-헤르체고비나 사회주의 공화국 국민들도 유고슬라비아로부터 독립하기 위해 투표에 참여했다. 대다수의 보스니아인은 오스만제국의 후손인 무슬림이었지만 정통 기독교 세르비아인과 가톨릭 크로아티아인도 상당수 존재했다. 이들 3개 집단은 티토 치하에서 비교적 조화롭게 살아왔지만, 중앙 권력의 붕괴와 지역 정치인들의 냉소적 계략으로 인해 격세유전적 증오심*이 촉발되었다. 언론인 조지 패커George Packer의 표현을 빌리자면, "고대 원한의 침전물이 가미된 거부할 수 없는 쓴맛이 정화와 복수의 환각을 불러일으키는 위험한 효능으로 증류된" 초국가주의가 새로운 신조로 떠올랐다.[11]

세르비아는 유고슬라비아의 지배 세력이었고, 수도 베오그라드는 연방공화국의 수도이기도 했다. 표면상 공산주의자였던 슬로보단 밀로셰비치Slobodan Milošević 세르비아 대통령은 실제로는 포퓰리스트이자 민족주의자였으며, 무너져 가는 유고슬라비아 전역에서 자신을 세르비아인의 수호자로 선포하고, 무기를 들어 저항할 것을 촉구했다. 보스니아에서 그의 동맹 세력이자 세르비아계 소수민족의 지도자이고 전직 정신과 의사였던 라도반 카라지치Radovan Karadžić는 그와 똑같이 악랄한 측근이었다.

• 보스니아-헤르체고비나의 상황에서 '격세유전적 증오심'은 각별히 중요한 의미를 갖는다. 이 용어는 역사적 불만이나 집단 간 이질감에 기초한 뿌리 깊고 원시적 형태의 적대감을 말한다. 유고슬라비아의 해체와 보스니아 전쟁의 맥락에서 세르비아인, 크로아티아인, 보스니아인 간의 폭력·증오는 단순한 최근의 정치적 계략의 산물이 아니라 오래된 역사적 적대감과 문화적 편견에서 비롯되었음을 암시한다. 일례로 이 지역은 15세기 오스만제국의 발칸반도 정복 당시부터 종교적·민족적 갈등의 오랜 역사를 갖고 있었다. 이로 인해 각각 고유한 정체성·역사를 지닌 다양한 집단의 복잡한 구도가 형성되었다. 이러한 분열상은 요시프 브로즈 티토의 강력한 지도력과 철권통치하에 다민족 통일국가인 유고슬라비아가 탄생함에 따라 더욱 악화되었다. 그러나 1980년 티토가 사망한 이후 유고슬라비아가 해체되기 시작하면서 다양한 민족집단 간 민족주의 정서가 고조되었고, 오랜 경쟁관계가 다시금 표면화되었다. 이로 인해 폭력이 발생할 수 있는 환경이 조성되었고, 실제 1992년에 전쟁이 발발했다. 전쟁은 순식간에 잔인하고 종파적인 성격을 띠게 되었다. '격세유전적 증오심'은 오늘날에도 이 지역의 불안과 갈등, 나아가 무력 충돌의 가능성을 상징하는 핵심적 키워드이다.—옮긴이

밀로셰비치와 카라지치는 상상할 수 없는 규모의 대학살을 자행했다. 이는 2차 세계대전 종전 이후 유럽에서 발생한 가장 끔찍한 유혈 사태였다. 이들의 상대는 1990년대 내내 크로아티아 대통령을 지낸 프라뇨 투지만Franjo Tudjman이었다. 역사학자 니얼 퍼거슨Niall Ferguson은 보스니아를 분할하려는 두 나라의 공동 계획을 가리켜 "그 의도는 인종학살이었다"라고 평가했다.[12] 투지만은 무슬림이 인구의 거의 40퍼센트를 차지했음에도 불구하고 구유고슬라비아에 "무슬림 지역은 없을 것"이라고 공언했다.[13]

1차 세계대전의 불길한 메아리처럼 보스니아 분쟁은 사라예보 거리에서 울려 퍼진 총성과 함께 시작되었다. 1992년 4월 6일, 세르비아군은 독립을 선포한 신생 공화국을 지지하며 행진하던 11명의 보스니아인을 사살했는데, 이들은 결국 10만 명 이상의 목숨을 앗아간 분쟁의 첫 희생자였다.[14] 이미 역사의 상처를 입은 사라예보는 거대한 인명 피해를 초래할 포위 공격을 다시 겪게 되었다. 1992년 10월 3일부터 1200일 동안 지속된 공격으로 하루 평균 10명이 사망했다. 포위된 도시에 파견된 어느 외신 기자에 따르면, "가장 지배적인 두 가지 소리는 아이들이 노는 소리와 총알이 날아가는 소리였다."[15] 도시 내 모든 어린이의 절반이 적어도 한 번 이상 살인을 목격했다. 한때 시 당국은 시체를 묻을 공간을 마련하기 위해 축구 경기장을 파헤쳐야 했다.[16] 특히 세르비아 저격수들이 추운 겨울에 물을 구하기 위해 줄을 선 민간인에게 총격을 가한 사건은 당시에 벌어진 최악의 사건이었다.

1992년 봄, 세르비아 준군사조직 암살단은 무슬림이 다수인 보스니아 동부로 이동하여 지역 주민들이 집을 떠나도록 겁을 주기 위해

산 채로 불태우고, 다리 위에서 참수하고, 시신을 강물에 집어던지는 등 끔찍한 방법으로 무슬림을 살해하기 시작했다.[17] 유엔 인권위원회의 표현에 따르면 강간은 "전체 민족을 모욕하고, 수치심을 주고, 비하하고, 공포에 떨게 하기 위해 (…) 대규모로, 조직적으로, 체계적으로" 자행되었다.[18] 유럽연합EU은 약 2만 명의 보스니아 여성이 강간을 당했다고 추정했지만, 다른 소식통은 그보다 2배 이상 많을 것으로 추정한다. 제러미 블랙은 이렇게 기록한다. "강간과 납치 형태의 성폭력은 지배하고 굴욕감을 주고 고통을 주려는 욕구와 매우 밀접하게 연관되어 있다. 구유고슬라비아, 르완다, 콩고, 캅카스, 사헬, 수단에서 발생한 분쟁은 모두 1990년대와 그 이후에 이러한 형태를 띠었다."[19] 2022년 러시아군은 정확히 같은 목적으로 우크라이나 여성들을 상대로 성폭력을 자행했다.

인접국에 대한 세르비아와 크로아티아의 잔혹한 행위는 1945년 유럽의 피비린내 나는 전쟁터의 시간이 끝나기를 바랐던 사람들을 경악시켰다. 이들이 저지른 만행은 현대사에서 가장 끔찍한 인종청소 중 하나였다. 그 폭력은 너무나 끔찍했고, 그 희생자들은 완전히 인종적 표적이었으므로 공격의 지시자들은 대량학살죄를 선고받게 된다. '인종청소'라는 소름 끼치는 문구가 세르비아에서 벌어진 군사작전에 대한 표현으로 등장했다.

미국은 보스니아 세르비아군이 사라예보 공항을 점령할 무렵, 신생국 보스니아를 국가로 승인하고 보급품을 사라예보로 공수했다. 유엔의 기치 아래 진행된 미국의 '미래 제공 작전Operation Provide Promise'에서, 독일과 이탈리아에서 날아온 제37공수비행대대 소속 C-130 수송기가 하루 평균 세 차례에 걸쳐 물자를 수송했다. 이러한 구호 임무는

1993년 초 적군에 둘러싸인 보스니아 무슬림 지역에 필수 물자를 공수하면서 확대되었는데, 적의 포격을 피하기 위해 C-130 수송기는 야간에 고공 비행을 했다.[20] 거대한 C-5 화물기는 텍사스에서 크로아티아로 18톤짜리 정수 시스템 2대를 수송하는 데 사용되었고, 이후 사라예보까지 개별적으로 이동시켰다.[21]

이 임무는 부상당한 보스니아인들을 안전한 곳으로 옮기고 크리스마스 전날에는 장난감과 기타 선물을 배달하는 업무까지 계속되었다. 이런 인도주의적 임무에서 미국인 사상자는 없었지만, 여러 대의 C-130기가 포격과 기타 사격으로 피해를 입었고 몇몇 조종사가 간신히 부상이나 사망을 모면했다.[22] 이 작전은 21개국에서 약 16만 톤의 물자를 수송한 후 1996년 1월 9일 공식적으로 종료되었다. 그중에서 미 공군은 3년 반 동안 6만 3000톤의 물자를 수송했다.[23]

'미래 제공 작전'이 전개되는 와중에도 나토의 후원으로 '비행 거부 작전Operation Peng Flight'이라는 이름의 또 다른 공수 작전이 시작되었다. 보스니아 지역에 '비행 금지 구역'을 설정한 유엔 결의안 816호를 실행하려 고안된 '비행 거부 작전'의 임무는 1993년 4월 독일 비트부르크에 주둔한 제36공군비행단이 수행했으며, 지중해에 주둔한 항모에서 발진한 해군 항공기의 지원으로 강화되었다. 공군 F-16 전투기는 2월 28일 보스니아 세르비아 항공기 4대를 격추했고, 이후 몇 달 동안 이 작전은 지상의 수많은 군사 목표물을 파괴했다.[24] 그러나 엄격한 교전규칙과 유엔과 나토 지도자들의 중복되고 때로는 상충되는 권한으로 인해 '비행 거부 작전'이 전쟁의 흐름을 결정적으로 바꾸지는 못했다.

보스니아의 비극이 유럽에서 벌어지고 있었지만, 미국은 소말리아

사태의 여파로 국제사회에의 개입을 극도로 꺼렸다. 그러나 서방이 보스니아 무슬림의 학살을 막는 데 필요한 지도력과 군사력을 제공하기 위해 미국에 의지한 것은 냉전 이후 유일하게 남은 초강대국의 역할을 보여주는 신호였다.

'미래 제공 작전'과 '비행 거부 작전'이 진행되는 동안 미국의 정치, 외교, 군사 지도자들은 보스니아인 무장을 포함한 보다 광범위한 정책을 고려하고 있었다. 그러나 미국의 명백한 이익이 걸려 있지 않은 '증오의 용광로'에 뛰어드는 것은 당연히 조심스러웠다. 러시아는 역사적으로 세르비아계의 후견인 역할을 해왔기 때문에 비스마르크의 예측이 한 세기 만에 다시금 재현되는 것을 보고 싶어하는 사람은 아무도 없었다.*

콜린 파월 장군은 이전 장에서 나열한 여러 기준을 충족하지 못하는 곳에 대한 개입을 거부했다. 그는 회고록에서 "보스니아에 관한 모든 회의에서 내가 일관되게 주장한, 환영받지 못한 메시지는 분명한 정치적 목표가 없으면 군사력을 투입할 수 없다는 것이었다"고 말했다.[25] 어느 역사가가 표현한 것처럼 파월은 "사막의 폭풍과 같은 다음 재래식 전쟁을 위해 군의 전비태세를 유지하기를 원했고, 그 외의 모든 것은 미션 크리프, 수렁, 제2의 베트남이 될 것"이라고 완벽하게

---

* 보스니아 전쟁에 대한 국제적 대응과 관련된 복잡성과 위험, 특히 분쟁에 대한 직접적 개입을 꺼리는 미국의 입장을 말한다. "역사적으로 러시아가 세르비아계의 후견인 역할을 해왔다"라는 대목은 러시아-세르비아 사이의 오랜 문화적·종교적·정치적 유대를 암시한다. 미국이나 나토가 보스니아인을 직접 지원하면 잠재적으로 세르비아 방어를 위해 러시아가 개입하게 되어, 더 큰 국제 분쟁으로 확대될 수 있었다. 미국과 서방국들은 인종적 갈등이 중층적·다원적으로 얽힌 발칸반도의 갈등이 반복될 가능성, 특히 러시아와 관련된 보다 광범위한 국제적 충돌이 벌어질 가능성을 경계했다.—옮긴이

이성적으로 판단했다.[26] 유엔 주재 미국 대사인 매들린 올브라이트 Madeleine Albright가 "우리가 사용할 수 없다면 당신이 항상 말하는 그 훌륭한 군대가 무슨 의미가 있는가?"라고 일갈하자, 파월은 부르르 떨었다.[27]

그러나 훗날 웨슬리 클라크Wesley Clark 장군이 다음과 같이 회고했 듯이, "사라예보의 보스니아 무슬림이 스스로를 방어할 무기를 획득 하도록 허용하는 원칙조차도 중립 유지, 분쟁 억제, 인도주의적 효과 개선이라는 원칙과 정면으로 충돌했다."[28] 양측에 대한 서방의 무기 금수조치는 더글러스 허드Douglas Hurd 영국 외무장관의 말처럼 '평평 한 운동장'을 만든다고 선전되었지만, 보스니아 세르비아는 무기에 접근할 수 있는 반면 보스니아 무슬림은 그렇지 못했기 때문에 오히 려 '공평한 살육장'을 만든 꼴이 되었다. 하지만 허드는 이를 인정하 지 않으려 했다.[29]

이에 클린턴 행정부는 마지못해 보스니아에 대한 무기 금수조치를 해제하고 세르비아군에 대한 제한적인 공습을 감행하는 '해제 후 공 습'이라는 반쪽짜리 제안을 내놓았다. 이 제안에 유럽에서 냉담하게 반응했다. 그러나 유럽 지도자들은 미국의 소심한 태도에 점점 더 격 분하고 있었음에도, 별다른 조치를 취하지 않았다.

세르비아가 사라예보 공격을 강화하고 유엔 평화유지군 300명을 생포해 '인간 방패'로 삼은 후에야 영국과 프랑스는 대포와 탱크로 무 장한 신속대응군으로 대응했다.[30] 식량과 물자를 수송하던 공군 화 물기들이 일시적으로 병력을 수송하는 임무에 투입되면서, 나토와 미국은 결정적 개입에 바짝 다가서게 되었다.

그러나 이는 보스니아 세르비아가 벌이고 있던 대량 살육전을 저지하는 데는 별 도움이 되지 못했다. 유고슬라비아의 잔해 속에서 밀로셰비치와 카라지치가 일으킨 공포의 절정은 1992년부터 유엔 안전지대였음에도 불구하고 보스니아 세르비아군이 포위하고 있던 보스니아 스레브레니차에서 일어난 학살 사건이다. 1995년 7월 11일, 보스니아 세르비아 군대가 마을에 진입하여 네덜란드 주도의 유엔군이 지켜보는 가운데 8000명의 무슬림 남성과 소년을 마을에서 분리시킨 다음, 며칠에 걸쳐 학살하는 잔혹한 만행을 저질렀다. 공동묘지에 묻힌 유해는 30년이 지난 지금까지도 신원이 확인되는 중이다. 이러한 끔찍한 학살에 유엔 평화유지군이 개입하지 못한 것은 "보스니아에 대한 국제사회의 개입에서 가장 암울한 순간", "국제적 굴욕의 극치"로 불리는 국제적·도덕적 재앙이었다.[31]

1995년 8월 28일, 보스니아 세르비아는 사라예보의 어느 시장을 박격포로 공격하여 민간인 43명을 살해했다. 끔찍한 장면이 담긴 영상이 전 세계로 방출되자 서방 지도자들은 마침내 세르비아의 학살 행위를 단호히 중단시킬 때가 되었음을 인정했다. 워런 크리스토퍼 Warren Christopher 국무장관은 "한두 발, 하루 이틀이 아닌, 필요한 만큼" 대응할 것이라고 발표했다.[32] 걸프전 성공 이후 불과 4년이 지난 시점에서 서방 지도자들에게는 그들을 결집시킬 또 하나의 분명한 대의명분이 생긴 셈이다.

시장 폭격으로 분노가 폭발한 지 불과 이틀 후인 8월 30일, 나토는 대부분 이탈리아 공군기지에서 출격한 350대의 항공기를 동원하여 '딜리버레이트포스 작전Operation Deliberate Force'이란 명칭의 치열한 폭격작전을 개시했다. 출격 부대의 4분의 3은 미 공군, 나머지는 7개 나토 동맹국이 맡았다.[33] '딜리버레이트포스 작전' 첫날 300회 출격으로 탄약고, 레이더 시설, 지휘소, 통신 중계소, 지대공 미사일 기지, 대공포 부대 등 방공 목표물을 파괴했다. 그러나 유엔군 사령관 베르나르 얀비에르Bernard Janvier 중장이 보스니아 세르비아군 지도자와 회담을 가진 후 임시 휴전을 요청하면서 유엔과 나토의 견고한 연합군은 불과 이틀 만에 삐걱거리기 시작했다.

보스니아 세르비아군이 사라예보의 포위 공격을 포기할 것이라는 확신은 나토보다 유엔이 훨씬 더 열광적으로 (그리고 어리석을 정도로 쉽게) 받아들였다. 유엔 사령관들은 보스니아 세르비아군이 배제구역에서 중화기를 철수하겠다는 약속을 지킬 수 있도록 시간을 주기를 원했지만, 나토 지도자들은 브루킹스 연구소의 보고서를 근거로 "보스니아 세르비아가 더 많은 보장, 반쪽짜리 진실, 기만, 노골적 거짓의 대가로 공습을 중단하도록 속였다"라고 주장하며 폭격 중단에 분노를 터뜨렸다.[34]

보스니아 세르비아는 심각하게 불리한 상황에 처해 있었지만 그렇다고 무력한 상태는 아니었다. 나토 기획가들은 최근 경험을 통해 적절히 배치된 지대공 미사일 한 발로 F-16기를 파괴할 수 있다는 사실을 알게 되었고, 적군은 이러한 미사일과 함께 수천 발의 대공포와 수를 가늠할 수 없는 SA-7 휴대용 방공 체계를 다수 보유하고 있었다.[35] 또한 보스니아 세르비아군은 학교나 병원에 폭탄이 떨어지면 나토가 보스니아 무슬림의 구세주처럼 보이지 않을 거라는 사실을 잘 알고 있었다.

거짓과 속임수에 대한 보스니아 세르비아의 열정은 일부 유엔 지도자들의 순진함과 함께 그들의 무기고에 저장된 강력한 무기였다. 1995년 '대량학살·반인도범죄 및 전쟁범죄 방지 국제협회'가 "스레

브레니차의 안전한 지역과 그곳에 거주하는 주민들을 보호하기 위해 필요한 지원을 반복적이고 체계적으로 방해했다"는 이유로 얀비에르 장군을 기소했지만, 그는 이듬해 레지옹 도뇌르 훈장을 수여받았다.

어린이, 난민, 세계 보건 분야에서 성공적인 성과를 거둔 유엔이 국가 간 분쟁의 철폐라는 본연의 핵심 과제에 반복적이고 비극적인 실패를 거듭하고 있는 것은 슬프게도 역사의 흐름과도 일치한다. 한국전쟁의 결정적 교착상태는 20세기 수많은 국제 분쟁에서 평화유지군을 제공하려는 유엔의 의지와 그에 수반되는 무력함의 시작을 알린 사건이었고, 이를 정당화하거나 설명하려는 노력도 많이 시도되었다. 이는 80년 동안의 세계적 변화에도 불구하고 유엔 안보리 상임이사국 5개국이 변하지 않은 것에 어느 정도 책임이 있지만, 궁극적인 결론은 분명하다. 1990년대 중반까지만 해도 많은 사람들은 유엔이 구유고슬라비아의 평화 노력을 촉진하기는커녕 오히려 방해하고 있다고 의심했다. 1999년 9월 나토가 유엔으로부터 코소보 작전을 인수한 것은 두 조직의 역사에서 중요한 순간이 되었다.

보스니아 세르비아가 폭격에서 벗어난 것은 잠시뿐이었다. 사라예보의 사정거리 밖으로 중화기를 이동시키겠다는 약속을 보스니아 세르비아가 지키지 않았다는 사실이 유엔에 알려지면서 나토의 공격이 9월 5일부터 재개되었다. 나토의 초점은 여전히 군사적 목표물이었고, 이는 지상에서 포위된 군대를 격퇴하는 것만큼이나 연합군의 단결을 유지하기 위해 고안된 온건한 접근방식이었다. 미국은 또한 USS 노르망디호에서 보스니아 세르비아의 목표물을 향해 토마호크 지상 공격 순항 미사일을 12발 이상 발사했다. 이러한 추가적 화력은 군사 목표물에 집중되었지만, 클린턴 행정부의 증가하는 공격성과 결단력

을 보여주었다.[36]

총 3400회의 출격과 56개 지상 목표물에 대한 750회의 공격 임무를 포함한 딜리버레이트포스 작전은 무기한 지속될 수 없었다.[37] 그러나 엄격한 교전규칙과 제한된 목표물 목록으로 인해 나토는 곧 폭격 대상으로 삼을 수 있는 시설이 부족해졌다. 다행히도 전세는 보스니아 세르비아에게 불리하게 돌아가기 시작했다. 상공에서 나토의 폭격을 받은 세르비아군은 지상에서 보스니아군의 새로운 공격을 견디지 못했고, 특히 미국의 지원을 받고 있던 크로아티아군이 전투에 가세한 이후에는 더 이상 버틸 수 없었다.

물론 모든 전투기가 투하하는 폭탄만으로는 영토의 소유권을 바꿀 수 없고, 오직 지상의 군인들만이 그렇게 할 수 있지만 효과적인 지상작전은 공중에서의 성과를 기반으로 삼을 수 있다. 1995년 늦여름과 초가을에 보스니아군과 크로아티아군이 보스니아 서부의 마을을 휩쓸며 세르비아군은 격파할 때도 마찬가지였다.[38] 외교적 협상이 계속되는 2주 동안 하늘에서는 맹렬한 폭격이 이뤄졌고, 지상에서는 공중 폭격의 효과를 이용했다.

여기서 전쟁의 진화를 가장 극명하게 보여주는 사례가 발견된다. 보스니아 작전은 처음으로 정밀유도탄이 재래식 폭탄과 미사일보다 더 중요하게 대두되면서 공군 역량의 성장을 보여주었다.[39] 어느 미 국방부 고위 관리는 다음과 같이 전했다. "'사막의 폭풍 작전'에서는 공중전에서 사용된 무기의 2퍼센트만이 정밀유도탄이었다. 보스니아에서는 미군이 사용한 모든 무기의 90퍼센트 이상을 차지했다. (…) 보스니아의 폭탄 피해 평가 사진은 종종 손상되지 않은 목표물이 폭탄의 분화구로 둘러싸여 있는 과거 사진과 전혀 달랐다. 보스니아에서 찍은 사진에는 보통 목표물이 있던 자리에 분화구 하나만 있고 부수적 피해(민간인 피해)는 거의 없었다."[40]

보스니아 세르비아군이 마침내 사라예보 주변 언덕에서 중화기를 철수하고 도시에 대한 길고 끔찍한 포위 공격을 해제하자, 1995년 9월 15일 작전은 중단되었지만, 세르비아군에 대한 신뢰도 부족으로 21일까지 공식적으로 종료가 선언되지 않았고 보스니아와 크로아티아군은 서쪽에서 공세를 이어갔다.

안타깝게도 서방 지도자들은 딜리버레이트포스 작전에서 잘못된 교훈을 얻었다. 언론인 미샤 글렌니Misha Glenny는 이렇게 지적했다. "밀로셰비치는 폭격을 묵인한 것이 아니라 보스니아 세르비아인들을 굴복시켜야 하는 명분에서 벗어나기 위해 폭격이 계속되기를 원했던 것이다. 짧은 폭격으로 세르비아가 무너졌다는 환상은 4년 후 보스니아에서 그릇된 교훈을 도출한 코소보 정치인들의 무리한 기대로 이어졌다."[41]

그렇지만 나토의 폭격 작전이 세르비아를 평화 협상 테이블로 끌어낸 것은 사실이다. 미 국무부 유럽 담당 차관보 리처드 홀브룩Richard Holbrooke 대사는 오하이오주 데이턴 근처의 라이트패터슨 공군기지라는 다소 의외의 장소에서 회의를 소집했다. 세르비아, 크로아티아, 보스니아 대통령이 참여한 3주간의 외교 마라톤이 이어졌고, 1995년 11월 21일 협상 대표들은 합의에 도달하여 12월 14일 파리에서 '데이턴 평화협정'에 서명했다.

수세기에 걸친 분쟁으로 민족과 종파의 단층선이 관통하는 '국가'였던 구유고슬라비아의 다양한 실체들은 민족과 종교를 따라 새로운 국가로 분열되었고, 향후 몇 년 동안 더 분열될 것이 분명했다. 반세기 동안 평화롭고 가깝게 지내던 사람들이 갑자기 대량 학살과 끔찍한 잔혹행위를 저지른 것은 비슷한 시기에 르완다에서도 벌어진 일이다. 보스니아는 분할 점령되어 무슬림(크로아티아계도 포함)과 세르비아 정교회 기독교인이 별도의 영토를 갖게 되었다. 그러나 발칸반도의 평화는 반세기도 채 지속되지 못했다. 홀브룩을 도와 평화협정 체결을 위해 노력했던 웨슬리 클라크 장군은 곧 나토의 유럽 최고연합군 사령관으로 복귀해 이 지역에서 벌어지는 또 다른 전쟁을 감독하게 된다.

옛 유고슬라비아 전쟁 이후 전쟁이 너무나 빠르고 너무나 광범위하게 진보했으므로, 어느 일방이 완전한 공군력의 우세를 차지하면, 그것으로 미래전의 승패가 갈릴 것처럼 보였다. 지상군이 할 수 있는 일은 우세한 공군의 공중 폭격으로 이미 승리를 거둔 영토를 점령하는 것뿐이었다. 그러나 7장과 8장에서도 살펴볼 것이고 베트남의 경우에서 이미 보았듯이 그렇게 간단한 일이 아니었다.

르완다 내전 (1990-1994) : 마체테 전쟁

1993년 10월, 소말리아에서 미군의 참사가 벌어진 지 이틀 만에 불과 1600여 킬로미터 떨어진 르완다에 유엔 평화유지군이 창설되었다. 유엔 르완다지원단UNAMIR은 내부 인종 갈등에 시달리던 르완다의 평화를 감독하는 임무를 맡았다. UNAMIR는 벨기에, 방글라데시, 튀니지, 가나의 파견대로 구성되었지만, 이전 제국주의 세력은 옛 식민지에서 평화유지군으로 활동할 수 없다는 유엔 원칙에도 불구하고 이를 무시한 채 파견이 이루어졌다.

1차 세계대전 당시 벨기에는 르완다를 장악하고 있었고, 벨기에 식민지 개척자들은 투치족Tutsi이 인종과 성격 면에서 유럽인에 더 가깝다고 여겨서 후투족Hutu보다 더 호의적으로 대했다. 1930년대에 강제 신분증이 도입되면서 공식적인 계급 제도가 생겨서 후투족의 사회적 이동이 막혔다. 게다가 두 부족은 외모도 달랐는데, 투치족은 키가 크고 날씬하며 에티오피아적인 이목구비를 가진 반면 후투족은 키가 작고 뚱뚱하며 피부색이 더 짙었다.

1990년대 초, 벨기에인들은 이미 30년 동안의 지배에서 물러났지만 그들의 통치는 막대한 피해를 남겼다. 1990년 르완다에서 내전이 벌어졌고, 1993년 불안한 평화협정이 체결되었다. 소말리아에서 활동했던 유엔 평화유지군과 달리 르완다에 도착한 UNAMIR의 유엔군 병력은 후투족과 투치족 모두가 합의를 준수하는지 여부와 그 과정을 확인했다. 이 임무는 오로지 평화를 유지하기 위한 것이었으며, 누구도 전투에 참여하는 것이 허용되지 않았다. 그러나 르완다 전역에 폭력이 만연하고 있었을 뿐 아니라, 르완다 정부와 관련된 라디오 방송은 후투족에게 투치족 이웃을 참수하라고 적극적으로 부추기는 등 유엔군이 맞이한 현실은 냉정한 평화 관리라는 온건한 목표를 무색하게 만들었다.[42]

UNAMIR의 벨기에 평화유지군은 두 가지 측면에서 주목할 만했다. UNAMIR 군대 중 최고의 장비와 훈련을 받은 이들은 후투족 주민들에게 심각한 의심을 불러일으켰고, 주민들은 이들이 과거의 친투치족 편향성을 갖고 있다고 비난했다. 1994년 1월, 유엔 평화유지군 사령관인 로메오 달라이레Roméo Dallaire 캐나다 준장은 반은 후투족 반은 투치족인 정보원으로부터 후투족 민병대가 투치족, 온건파 후투족, 앞의 두 집단에 우호적인 벨기에 평화유지군을 살해할 목적으로 훈련과 무장을 하고 있다는 정보를 입수했다.[43] 달라이레는 이 정보를 유엔 본부에 전달했지만 무시당했다. 유엔 평화유지군은 그가 자신의 임무 범위를 벗어났다고 생각했고, UNAMIR에 훈련 진지를 급습하라고 명령하는 대신 달라이레를 '통제'하려고 노력했다.[44]

1994년 4월 6일 수요일 저녁, 르완다의 쥐베날 하브야리마나 대통령과 그의 동료 후투족인 부룬디의 시프리엥 은타리야미라Cyprien Ntaryamira 대통령을 태운 제트기가 르완다의 수도 키갈리에 착륙하려던 중 격추당하는 사건이 발생했다. 이 암살 사건이 마침내 불을 지폈다. 몇 시간 만에 투치족의 도주를 막기 위해 후투족이 도로를 차단했고, 온건파 후투족 정치인들이 쫓겨나 살해당했다. 이후 100일 동안 80만 명이 사망했고, 그중 상당수는 마체테machete(날이 긴 칼)로 난도질당했다.[45]

폭력 사태의 효율성과 범위는 놀라울 정도였다. 대통령 전용기가 격추된 지 14시간 후, 임시 국가원수였던 아가테 우윌링기이마나Agathe Uwilingiyimana는 성폭행을 당한 다음에 살해되었다. 그녀의 벨기에 평화유지군 경호원 10명도 피살되었다. 이들의 시신에서 고문의 흔적이 발견되었다. 초기 보도에서는 병사들의 생식기가 절단되어 입 안에 들어 있었다고 잘못 알려졌다. 실제로 이들은 마체테로 찔리고 소총 개머리판으로 구타를 당한 후에 사망한 것으로 밝혀졌다.

달라이레는 질서 회복을 위해 유엔에 무력 사용 허가를 요청했지만, 소말리아의 대규모 학살이 재현되는 것을 두려워한 유엔은 이를 거부했다. 대량 학살을 막아달라는 요청이 계속 거부된 것은 달라이레만의 문제가 아니었다. 그는 르완다에 주둔한 유엔군의 능력이 극도로 제한적이었고 식량, 탄약, 연료가 모두 부족하다는 사실도 인식하고 있었다. 튀니지와 가나 평화유지군은 방탄복조차 갖추지 못했다.[46] 게다가 평화유지군 사이에서도 긴장이 고조되고 있었다. 10명의 평화유지군이 살해된 후 벨기에는 임무에서 철수하겠다고 발표했다.

대통령 전용기가 격추된 지 일주일이 채 지나지 않은 4월 중순, 미국은 르완다에 대한 새로운 공식 정책을 발표하며 유엔 사절단 전원이 르완다에서 철수해야 한다고 주장했다.[47] 클린턴 행정부가 모가디슈 사태에서 얻은 교훈은 아프리카 내전에 대한 지상 개입을 최소화해야 한다는 것이었다. 4월의 마지막 열흘 동안 사망자 수는 50만 명으로 늘어났다. 폭력 사태가 끝나기 몇 주일 전, 프랑스와 세네갈 군대로 구성된 다국적군이 '터키석 작전Operation Turquoise'을 개시하여 난민들이 인근 자이르(오늘날 콩고민주공화국)로 탈출할 수 있는 길을 열어주었다. 미국은 대량 학살이 발생한 후인 7월 말에야 난민을 돕기 위해 군대를 파견했다.

이들 다국적군의 임무는 80만 명의 사망자 발생, 대규모 성폭행과 정치적 테러, 인종 간 폭력 사태의 와중에 자이르 난민들에게 오직 의료 서비스만을 제공하는 것이었다. 3개월이 조금 넘는 기간 동안 르완다 인구의 10퍼센트가 사망한 것과 비교하면, 국제사회의 무대책은 비양심적으로 보인다.

이런 참상이 널리 알려졌음에도 불구하고 지구상 어느 나라도 내전을 막기 위해 르완다에 군대를 파견하겠다고 나서지 않았다.[48] 명확하고 달성 가능한 목표와 안전보장이 제시되지 않은 것은 유엔의 잘못이지만, 이 참상은 패권적 전성기를 누리고 있던 미국을 포함한 어느 일국의 능력으로는 막을 수 없는 것이었을지도 모른다. 자국의 국익이 직접적으로 위협받지 않더라도 강대국이라는 이유로 어느 정도까지 책임을 져야 하는가 하는 도덕적 난제가 여기에 있었다.

후투족 학살자들은 이제 후투족이 피신한 수용소를 장악할 수 있게 되었고, 자이르의 투치족에 대한 새로운 군사작전을 시작하기 위해 외국인 수용소에 침투했다. 워싱턴도 이런 사실을 인지했다. 비록 난민 수용소가 클린턴 대통령의 표현을 빌리자면 '살인자들의 피난처'가 되었지만, 그는 난민 수용소에 대해 미국이 책임질 일이 없다고 생각했다. 순전히 현실정치의 관점에서 보면 그가 옳았을 것이다.[49] 그러나 미국과 같은 위대하고 문명화된 자유민주주의 국가는 결코 현실정치만으로 작동한 적이 없다.

'터키석 작전'은 그 의도가 무엇이든 간에 대량 학살자들을 보호했다. 어느 르완다 외교관의 말에 따르면, "터키석 작전 지역 내에서도 학살은 계속되었다"고 한다.[50] 따라서 유엔의 인도주의적 임무는 25만 명이 사망한 1996년부터 1997년까지의 1차 콩고 전쟁의 씨앗을 뿌린 셈이다. 르완다에 남겨진 생존자들을 괴롭힌 것은 죽음만이 아니었다. 투치족과 온건파 후투족 여성에 대한 집단 강간(어느 추산에 따르면 3개월 동안 50만 명)은 분열된 국가에 더 긴 그림자를 드리웠다.[51] 일부 여성은 자진 낙태를 했지만, 집단 강간의 여파로 약 1만 5000명의 '나쁜 기억의 아이들children of bad memories'이 태어났다. 사람면역결핍바이러스HIV 감염과 후천성면역결핍증AIDS으로 인한 사망자도 급증했다. 분쟁 와중에 에이즈에 걸린 환자들은 병원에서 풀려나 '강간 부대'에 포착되어 집단 학살에서 살아남은 투치족 여성들은 '느

리고 냉혹한 죽음'을 겪었다.[52]

　미국의 사고에 큰 영향을 미친 소말리아와 르완다의 비교는 '그릇된 등가성'에 근거한 것이었다. 매들린 올브라이트는 거의 10년 지난 후 다음과 같이 인정했다. "우리가 소말리아에서 배웠다고 생각했던 교훈이 르완다에는 적용되지 않았다. 소말리아는 무정부 상태에 가까웠지만, 르완다는 계획된 대량 학살이었다."[53] 국가안보회의에서 일했던 리처드 클라크Richard Clarke는 르완다에 보호구역을 설정할 것을 제안한 작전팀을 지휘했는데, 유엔은 이를 거부했다. 그는 나중에 "유엔이 미국의 제안을 채택했더라면 많은 생명을 구할 수 있었을 것"이라고 말했다. "다른 나라들의 기록과 비교했을 때 미국의 기록은 우리가 얼굴을 들지 못할 수준은 아니다. (…) 우리를 비롯해 다른 모든 사람들이 자신이 한 일 또는 하지 않은 일에 대해 부끄러워해야 한다고 생각한다."[54] 르완다 대학살의 이야기에는 충분히 부끄러워할 만한 일들이 많이 있었다.

　이 사례에서 전쟁의 진화는 더 끔찍한 퇴보를 보여주었다. 대량 학살에 압도적으로 많이 사용된 무기가 단순하고 조잡한 장비였다는 사실은 그로 인한 사망자 수를 훨씬 더 끔찍하게 만들었다. 후투족 극단주의자들은 집단수용소나 기관총, 가스실을 통해 적을 박멸하는 대신 수십만 명(종종 지인과 이웃)을 마체테로 도살했다. 르완다 대학살은 거의 선사시대 쯤으로 퇴행한 전쟁이 현대의 대량 학살로 이어진 기이하고 끔찍한 혼합물이었다. 분쟁은 끊임없이 진화하고 있지만 반드시 더 나은 방향으로 발전하는 것은 아니다.

코소보 전쟁 (1998-1999) : 한쪽만 사상자가 없는 전쟁

유고슬라비아의 종말은 발칸반도에서 또 다른 피비린내 나는 학살로 이어졌다. 1995년 데이턴협정 이후 불과 3년 만에, 2차 세계대전과 러시아의 우크라이나 침공 사이에 코소보에서는 유럽에서 가장 치열하고 지속적인 군사작전이 벌어졌다.[55] 나토는 코소보 작전에서 사상자 없이 전투를 치렀고 르완다에서 벌어진 일과는 확실히 달랐지만, 블라디미르 푸틴은 여기에서 긍정적인 교훈을 얻지 못했다.

코소보는 알바니아계가 다수인 세르비아 내 무슬림 영토로, 로마시대부터 오스만제국이 붕괴한 후 1차 세계대전까지 줄곧 제국의 영토였다. 1918년 세르비아에 부여된 이 영토는 티토 원수 치하에서 유고슬라비아의 일부로서 어느 정도 정치적·사회적 자율성을 누렸다. 티토가 사망한 후 세르비아의 슬로보단 밀로셰비치 대통령은 이슬람계 알바니아인이 다수를 차지하고 있는 상황에 불만을 품은 코소보 내 소수 정교회 세르비아인들의 불만을 악용했다. 1989년 그는 코소보의 상대적 자치권을 폐지하고 베오그라드에서 직접 통치를 실시했으며 알바니아의 영향을 받은 코소보의 문화, 교육, 언론 기관을 숙청했다.

세르비아 당국의 괴롭힘을 받은 코소보 무슬림들은 도덕적 압력이 세르비아 독재자를 흔들 수 있다는 헛된 희망으로 세계 여론에 호소하며 비폭력 시민 불복종 운동을 시작했다. 밀로셰비치는 이를 단호하게 무시했다. 데이턴협정이 그들의 우려를 해결하지 못하자 많은 코소보인들은 세르비아로부터의 독립을 위해서는 무력만이 유일한 수단이라고 확신하게 되었고, 유럽 전역의 코소보 난민들은 함께 뭉쳐 코소보해방군KLA을 창설했다. 그 결과 세르비아군의 목표물에 대한 공격은 민간인에 대한 악랄한 보복으로 이어졌다.[56] 코소보 주변의 도시와 마을에서 세르비아군의 로켓 공격과 대량 처형으로 수백 명의 민간인이 목숨을 잃었다.

잠재적인 전략적 결과는 서방 지도자들이 멀리 떨어진 르완다에서는 불필요했던 방식으로 주의를 기울이게 할 만큼 심각했다. 마이클 이그나티에프는 "코소보가 폭발하면 다른 나라들도 함께 불길에 휩싸일 수 있다. 코소보는 이탈리아에서 그리스를 거쳐 지중해 동부를 가로질러 튀르키예와 이라크 국경에 이르는 화약고 같은 지역의 중심에 있다"고 지적했다.[57] 르완다에서의 무능과 보스니아에서의 유혈 사태를 의식한 미국은 또 다른 대량 학살을 가만히 지켜보고 싶지 않았다.

1998년 9월 23일, 유엔 안보리는 코소보에 '임박한 인도주의적 재앙'을 경고하고 모든 당사국이 '적대 행위를 즉각 중단하고 휴전을 유지할 것'을 요구하는 결의안 1199호를 통과시켰지만 베오그라드는 이를 무시했다. 최근 몇 년간 유엔의 미온적 조치는 자국민을 상대로 범죄를 저지르려는 자들을 저지하는 데 아무런 도움이 되지 못했다. 클린턴 행정부는 데이턴 평화협정의 핵심 설계자인 리처드 홀브룩을 밀로셰비치와의 협상을 위해 파견했다. 그러나 밀로셰비치는 모든 간섭을 물리치고 그에게 이렇게 일갈했다. "코소보는 세르비아의 일부다. 이는 국내 문제다."[58]

1999년 1월 15일, 여성과 어린이를 포함한 민간인 45명이 KLA의 공격에 대한 보복으로 처형되면서 라차크 마을은 밀로셰비치가 어떤 방식으로 국내 문제를 해결하려 하는지를 뼈저리게 느꼈다. 특히 팀

유다의 기록에 따르면, 시체를 조사한 결과 "피투성이 의복에 총알이 들어가고 나간 자리에 구멍이 뚫려 있었고 베인 자국이 있었다"는 사실이 드러나면서 총격 사건을 부인하는 세르비아의 주장이 공허하게 들렸다. 이는 희생자들이 살해된 후 민간인 복장으로 갈아입힌 KLA 군인이라는 정부 주장을 반박하는 증거가 되었다. 희생자들은 모두 군화가 아닌 코소보 농부들이 주로 신는 고무장화를 신고 있었다.[59]

이러한 잔혹한 행위에도 불구하고 1월 31일 나토는 밀로셰비치가 파리 인근의 랑부예 성에서 열리는 협상에 동의하면 세르비아에 대한 공습을 취소하겠다고 제안했다. 일주일 후 회담은 시작되었지만 곧 실패로 끝났다. 세르비아 외무장관은 불길한 현대적 메아리를 남기며 회담을 이렇게 일축해다. "인권이나 소수자 권리가 아닌 지정학에 관한 것 (⋯)나토와 미국의 존재를 남동부 유럽으로 확장하기 위한 구실이다." 나중에 그는 다음과 같이 반항적으로 선언했다. "우리나라는 모든 역사에서 항복한 적이 없다. 어떤 사람들은 역사를 짐이라고 생각하지만 우리는 역사가 스승이라고 생각한다."[60]

홀브룩은 한 번 더 인내하며 3월 22일 밀로셰비치에게 나토의 공격이 임박했음을 경고했다. 세르비아 지도자는 코소보에서 계속되는 인종청소 작전이 어떤 결과를 초래할지 알고 있다고 인정하며 "그래, 우리를 폭격하겠지"라고 간단히 대답했다. 홀브룩은 훗날 이렇게 회고했다. "그 방에는 긴 침묵이 흘렀다. (⋯) 나는 '분명히 말하지만, 그렇게 될 것이다'라고 말했다." 그는 미군과 함께 신중하게 준비한 세 단어를 말했다고 한다. "공격은 '신속하고, 가혹하고, 지속적일 것'이라고 경고했다."[61]

3월 24일 저녁 나토의 연합군 작전이 시작되었을 때, 연합군은 250여 대의 미군 항공기와 다른 회원국들의 막강한 전력을 자랑했다. 그날 밤, B-52 폭격기가 치명적인 AGM-86C 순항 미사일을 투하했다. 곧이어 아드리아해에 위치한 미 해군 함정에서 토마호크 미사일이 발사되었다. 초기 전략은, 48시간 동안 전면적인 공격을 가한 뒤 잠시 멈춰 밀로셰비치가 항복할 때까지 기다린다는 것이었다. 그러나 세르비아의 완강한 입장을 고려해 '점진적·축차적·단계적' 접근법을 포기했다.[62] 특히 미국인들은 나토의 맹공격에 밀로셰비치가 금방 굴복할 것으로 확신했다. 매들린 올브라이트는 어느 인터뷰에서 "나는 이 작전이 장기적인 작전으로 보이지 않는다"고 태연하게 말했다.[63]

그러나 나토는 베오그라드 지역의 세르비아 지휘통제 체계에 집중할 것인지, 아니면 웨슬리 클라크 유럽 연합군 최고사령관이 원했던 대로 전쟁범죄와 코소보인 추방에 책임이 있는 세르비아 야전군에 집중할 것인지 선택하지 못해 공습을 2개월 이상 계속해야 했다.[64] 서유럽 전역에서 레이더 시설과 기타 군사 목표물을 공격하기 위해 비행기가 출격하면서 공습이 더 이어졌다.

안개에 뒤덮인 세르비아와 코소보의 녹색 계곡은 마지막 대규모 공습이 벌어졌던 중동 지역과는 거리가 멀어 보였다. 걸프전 때와 마찬가지로 세르비아는 공격하는 공군을 혼란에 빠뜨릴 수 있는 지대공 미사일 포대를 대량으로 보유하고 있었다. 나토 공습이 시작되기 1개월 전, 세르비아의 방어 전문가들은 바그다드로 가서 이라크 측과 방어 방안을 논의했다.[65] 나토 조종사들은 비행기를 공격으로부터 보호하기 위해 상공 4572미터 이하로 비행하지 말라는 명령을 받았다(모든 조종사가 이를 준수한 것은 아니다). 이 작전에서 나토는 사상자를 거의 용납하지 않았고, 고도가 높을수록 지상의 부수적인 민간인 사상자의 위험도 커졌다.[66]

세르비아의 군사적 위협은 지상 체계에만 국한된 것이 아니었다. 밀로셰비치는 걸프전에서 이라크군이 그랬던 것처럼 소련에서 구입한 미그 전투기를 포함하여 다소 구식이기는 했지만 상당수의 공군 병력을 거느리고 있었다. 하지만 이 전투기들은 후세인의 공군보다 서방의 공습을 차단하는 데 더 나은 능력을 보여주지 못했다.

로널드 레이건이 1980년대에 미국 군사력을 증강했지만, 베를린 장벽이 무너지면서 정치인들은 근시안적으로 '평화 배당금'이라고 불리는 것을 신속하게 이용했다. 1989년 이후 10년 동안 미군 병력의 36퍼센트가 줄었고, 국방비에 지출되는 GDP 비율은 6퍼센트에서 3퍼센트로 떨어졌다.[67] 이그나티에프는 이것이 적어도 부분적으로는 나토가 상대적으로 안전한 공중에서만 세르비아와 교전하는 이유를 설명해준다고 믿는다. "지상군이 코소보에 투입되지 않은 이유 중 하나는 미국이 이 임무에 필요한 기동성 있고 신속하게 배치할 수 있는 합동 원정군을 보유하지 못했기 때문"이라고 그는 말했다. "설령 그런 병력이 있었다고 해도 서방국들이 전쟁을 벌이는 새로운 정치 환경에서는 지상 작전의 군사적 비용이 엄청나게 높았을 것이다. 미국과 나토 동맹국들은 실제 전쟁을 치를 준비도, 의지도 없었기 때문에 어느 정도는 가상전쟁을 치른 셈이다."[68]

이 작전 수행은 웨스트포인트사관학교를 수석으로 졸업하고 옥스퍼드대학에서 로즈 장학금을 받은 두뇌가 뛰어난 군인인 웨슬리 클라크 장군이 이끌었다. 그는 직설적으로 말하는 데 익숙했다. 아칸소 출신인 클라크 장군은 전쟁이 벌어지기 전, 어느 회의에서 밀로셰비치에게 "만약 그들이 내게 폭격을 하라고 한다면, 나는 당신을 제대로 폭격할 것이오"라고 말했다.[69] 미국 장교이자 미 유럽사령부 사령관인 클라크는 총사령관으로서 클린턴 대통령의 휘하에 있었지만, 나토 최고사령관으로서 나토 사무총장과 회원국 지도자들에게도 책임이 있었다. 작전의 전략적 의사결정을 내리는 데 있어 과중한 업무가 때때로 그를 방해했다.

예를 들어, 베오그라드에서 지상군 투입을 위협하는 것만으로도 밀로셰비치의 마음을 바꿀 수 있다고 믿었던 클라크는 정치적 고려로 인해 지상군 투입 가능성을 완전히 배제당했다. 그러나 클린턴 행정부가 인기도 없고 비용도 많이 들 수 있는 확전을 기꺼이 고려했다 하더라도, 3대 1에 이르는 우세한 전투력을 투입하기 위해, '사막의 폭풍 작전' 수준의 침공군을 수송 및 집결하려면 상당한 시간이 걸렸을 것이다. 세르비아에게 그 시간은 코소보인에 대한 인종청소 작전을 완료하기에 충분했을 것이다. 따라서 클라크가 이전에 분명히 위협했던 집중적이고 단호한 공격이 약화될 수 있었다. 문제를 더욱 복잡하게 만드는 것은 한국전쟁과 걸프전을 연상시키는 대규모의 다루기 힘든 동맹국 연합의 단결을 유지하기 위해 이 작전을 매우 신중하게 수행해야 한다는 사실이었다.

연합군의 단결력을 유지하기 위해서는 두 가지 주요 요인을 고려해야 했다. 민간인 사상자를 최소화하기 위해 더 작은 폭탄을 사용했고, 제네바협약에 부합되는 파괴가 이루어지도록 잠재적 목표물을 검토하기 위해 '법무관'('사법옹호관'으로 알려진)을 고용했다.[70] 이 두 가지 요인과 가용 항공기 수의 감소로 인해, 조종사와 지휘관의 임무는 평소보다 훨씬 더 어려워졌다. 나토는 '사막의 폭풍 작전'의 첫 12시간 동안 수행했던 것과 동일한 횟수의 공격 출격을 완료하는 데 12일이 걸렸다.[71] 1990년대를 통틀어 서류 작업의 증가, 신중함, '법률전쟁'으로 알려진 법적 문제, 연합관계의 취약성 등으로 인해 작전 수행 방식이 극적으로 변화했다.

이 공격에 대한 밀로셰비치의 특징적인 잔인한 대응은 거의 200만 명의 코소보인을 자국에서 추방하여 2차 세계대전의 마지막 장면을 연상시키는 규모의 난민 위기를 조성하는 것이었다. 이는 향후 수십 년 동안 유럽 전역에서 점점 더 자주 사용되는 전술이 되었다. 그의 목표는 나토 국가들에게 인도주의적 재앙을 일으켜 병참에 영향을 미치고 KLA에게 피난처와 지원을 제공하는 민간인을 제거하는 것이었다.[72] 동시에 베오그라드에서 발생한 세르비아 민간인 사상자를 강조하여 세르비아에 대한 동정심을 불러일으키려 했다. 마이클 이그나티에프는 "나토와 공중에서 싸우는 대신 공중파air-waves에서 싸웠다"고 표현했다.[73]

그럼에도 나토는 세르비아 목표물에 대한 공격 강도를 높였고, 코소보에서 알바니아인을 몰아내려는 세르비아군과 이를 막으려는 나토군 사이에 교전이 벌어졌다.[74] 어느 미군 조종사는 나중에 "실제로 그들이 집을 불태우는 것을 볼 수 있었다. 정말 놀랍고 끔찍한 광경이었다"고 회고했다.[75] 게다가 대부분의 전쟁에서처럼 전선이 정해져 있지 않았기 때문에 특정 민족이 어느 마을을 공격하거나 방어하느냐에 따라 전선이 정해졌다.[76]

작전에서 지상군 부대가 없다는 것은 목표를 식별하고 공습을 요청하기가 더 어렵다는 것을 의미했다. 세르비아 군대는 위장과 기타 수법을 사용하여 능숙하게 인원과 차량을 분산 및 은폐했다. 나토 조종사들은 공중에서 탱크처럼 보이는 물체를 공격했지만, '공기를 주입하는 고무 미끼'가 '바람 빠진 풍선집'처럼 무너지는 것을 지켜봐야 했다.[77]

공습 초기 단계에 비해 성과가 거의 없었고 알바니아계 코소보군의 상황이 크게 악화되자 클라크 장군은 전투기 수를 대폭 늘렸다. 모두 1000대에 가까운 항공기가 작전에 투입되었는데, 그중 약 600대가 미 공군 또는 해군 소속이었다.[78] 그는 또한 인근 알바니아에 아파치 공격헬기의 배치를 요청했지만, 세르비아의 지대공 미사일에 대한 취약성과 지상전과의 연관성, 그리고 그 자체가 정치적 상관들에게 여전히 혐오감을 불러일으켰기 때문에 마지못해 승인되었다.[79]

베오그라드의 연방조달보급국 본부로 오판한 건물에 나토 B-52가 합동직격탄 3발을 투하하는 심각한 실수를 범하여 외교적 위기가 발생했다. 실제로 사용된 지도는 구식이었고, 파괴된 건물은 중국 대사관으로 4명이 사망했다.[80] 중국은 정밀탄약이 대사관 사무실, 정보부 사무실, 무관부 사무실에 떨어졌다고 밝혔다. 이 책에서 살펴보았듯이 모든 전쟁은 심오하게 정치적이지만, 이 전쟁은 어느 전쟁보다 그 정도가 더욱 심했다. 강력한 중립국의 대사관을 폭격한 것은 나토에게 굴욕적인 일이었고 이를 계기로 미국은 향후 몇 년 동안 중국과 심각한 문제를 일으켰다.

세르비아의 비타협적 태도가 계속되자 폭격은 더욱 강화되었고, 클라크는 마침내 정보의 출처에 따라 그가 처음부터 공격하고 싶었다고 주장한 목표물을 공격하도록 허용받거나 지시받았다. 그러나 이러한 목표들은 처음부터 제시되지 않았고, 합참의장이었던 휴 셸턴

Hugh Shelton 장군은 후에 클라크가 처음에 수립한 전투계획을 "전략계획과 그에 상응하는 목표가 없는 매우 취약한 계획"이라고 묘사했는데, 셸턴은 이러한 우려 때문에 미 공군총장뿐만 아니라 영국, 프랑스, 독일, 이탈리아 같은 상대국들로부터도 "걱정스러운 전화가 걸려왔다"고 기록했다.[81]

클라크가 회고록 《현대전의 수행Waging Modern War》에서 묘사했듯이, 그는 "전쟁을 이해한다고 생각하는 워싱턴 사람들과 밀로셰비치의 권력의 주축인 유럽 사람들 사이의 분열, 그리고 이 대륙에서 싸우는 방법"에 대해 고민하고 있었다.[82] 그러나 워싱턴의 일부 인사들은 이를 다르게 기억한다. 셸턴 장군은 클라크에게 폭격 작전의 윤곽을 제시해야 할 필요성을 느꼈다. 그래서 벨기에 카스토에 위치한 클라크의 사령부로 날아가 나토 회원국 중에서 4개국 참모총장, 그리고 미 공군총장과 함께 수정된 작전개념을 검토했다고 한다. 셸턴에 따르면, 클라크는 워싱턴에서 보내온 내용을 자신의 작전에 훌륭하게 적용한 것으로 알려진다.[83]

어떻게 전개되었건, 폭격 계획은 이제 일관성과 목적을 갖게 되었고, 군사 시설과 세르비아 공장뿐 아니라 교량, 텔레비전 방송국, 경제적 목표물도 나토의 공격 대상이 되었다. 비행장과 기타 세르비아 군사 시설을 무력화할 수 있는 더욱 강력한 탄약이 사용되었다. 세르비아 전력망도 지속적 공격을 받아 세르비아의 많은 지역이 암흑에 빠졌다. 지상군 투입에 반대하던 클린턴 행정부의 확고한 입장도 토니 블레어Tony Blair 영국 총리의 권고에 영향을 받아 흔들렸고, 추가 병력이 알바니아에 파병되기 시작했다. 이러한 결의를 더 일찍 보여주었다면 더 적은 사상자를 내고 더 많은 코소보인들이 고향에 남을 수 있었을 것이며 전쟁이 더 빨리 마무리되었을 것이다.

6월 초, 셸턴은 클린턴 대통령에게 베오그라드 인근의 전략 목표물 폭격에 대한 프랑스 측의 반대를 철회할 것을 설득하도록 할 수 있었다. 셸턴은 "48시간도 지나지 않아 밀로셰비치는 백기를 들었고, 전쟁은 끝났다. 역사상 처음으로 공군력만으로 전쟁에서 승리했다"고 회상했다.[84] 클라크가 아쉬워하듯, 그전까지는 "연인들이 어스름한 강변을 거닐며 야외 카페에서 식사를 하고 불꽃놀이를 관람하던 역사상 유일한 공습"이었다.[85]

6월 3일, 밀로셰비치의 군대는 비록 병력이 많이 줄었지만 여전히 전장에 투입되어 있었음에도 평화 협상을 논의할 의사가 있다는 신호를 보냈다. 밀로셰비치는 자국에 대한 공습 증가와 지상 작전 가능성의 위협으로 인해 다른 대안이 거의 없다고 확신했다. 전후 민간인에 대한 잔인한 공격에 동요하지 않던 러시아도 마침내 오랜 동맹국에 대한 암묵적 지지를 철회하기에 이르렀다. 협상 내내 나토의 폭격이 계속되자 세르비아 정부는 코소보에서 모든 병력을 철수하고 난민 귀환을 돕기 위해 나토 평화유지군을 수용하기로 합의했다.

1999년 6월 10일 오후 3시 36분, 78일 동안 1500명의 나토 공군이 3만 4000회 출격했지만 나토군 사상자는 발생하지 않은 채 작전은 중단되었다. 정확한 민간인 사상자 수는 알 수 없지만 약 500명으로 추정되었다. 비극적이게도 이들 중 상당수는 알바니아계 코소보 난민으로, 세르비아계가 이들의 움직임을 감시하는 데 이용당했을 가능성이 높다.

나토 사상자가 전혀 발생하지 않은 것은 비록 승리이긴 하지만 일부 관찰자들의 머릿속에는 골치 아픈 의문을 불러일으켰다. 마이클 이그나티에프가 말했듯, 이 전쟁은 "고대의 유령, 즉 자신을 정의라고 도덕적으로 포장하며 결과에 구애받지 않는 폭력을 현대적 형태로 부활시켰다. (…) 미래 분쟁의 어느 한쪽이 전쟁의 현실과 그 결과로부터 보호받는다면 자제력을 발휘할 필요가 있는가?"[86]

그 직후에 일어난 한 가지 사건은 언급할 가치가 있다. 1999년 6월 12일, 러시아군은 예고도 없이 갑자기 착륙하여 코소보의 프리슈티나 공항을 점령했는데, 이는 나토에 대한 경고이자 이 지역에 대한 전략적 관심을 드러낸 것이기도 했다. 클라크 장군과 러시아군뿐만 아니라 클라크와 나토 코소보군 영국 사령관 마이크 잭슨Mike Jackson 중장 사이에도 긴장감이 감돌았는데, 이유는 잭슨 중장은 이 행동을 "러시아가 여전히 세계 무대의 참가자로서 존중받아야 한다는 사실을 상기시키는 것"으로 여겼기 때문이다. 더 큰 불길한 일이 벌어질 것을 우려한 클라크는 러시아의 추가 침공을 막기 위해 잭슨이 활주로를 차단하기를 원했지만, 잭슨은 "장군, 저는 당신을 위해 3차 세계대전을 일으키지 않을 것입니다"라고 말하며 이를 거부했다. 잭슨과 영국 국방 참모총장 찰스 거스리Charles Guthrie 장군, 국방부 셸턴 장군, 미국 국가안보보좌관 사이에 긴박한 통화가 이어진 끝에 잭슨은 러시아에 맞서지 말라는 지시를 받았다. 이후 상황이 전개되면서 잭슨의 판단이 옳았다는 것이 입증되었는데, 러시아군이 비행장을 떠나고 나토군이 신속히 이 비행장을 사용할 수 있었기 때문이다.[87]

코소보에서 공군력을 신봉하는 사도들은 전투기와 폭격기가 하늘에서 승리를 거둘 수 있는 능력을 보여줄 또 다른 중요한 기회를 가졌다. 클린턴 대통령의 신중함(그리고 미국 유권자들이 용인할 수 있는 범위에 대한 예리한 정치적 감각)으로 인해 지상 작전은 불가능하게 되었다.

그 결과, 적어도 조준선 밖에 있는 사람들에게는 "거의 임상적이고 무균적인 전투의 증류된 버전이 실행"되었다. 나토의 개입으로 인해 미국 단독으로 수행했을 때보다 공격 작전이 더 취약해졌지만, 대부분의 출격을 수행하고 전투 수색 및 구조를 포함하여 가장 까다로운 기능을 제공한 것은 미국인이었다.

코소보에서의 작전은 성공적이었고 세르비아군의 알바니아계 코소보인 대량 학살을 중단시켰다. 실제로 알바니아 난민들은 자발적으로 고향으로 돌아왔는데, 이는 2차 세계대전 이후 유럽에서 최대 규모의 난민 귀환이었다.[88] 그러나 클라크는 "코소보 공습을 미래의 성공 사례로 찬양하는 것에 대해 우리는 조심해야 한다"고 기록했다. 알바니아에서 코소보 남부로 공격해오는 코소보계 지상군의 위협 때문에 세르비아군이 공습 작전 마지막 날에 대거 투입되었고, 이 시기에 공군력이 최대의 파괴력을 발휘했기 때문에 그의 신중한 발언은 특히 적절했다.

그 후 몇 년이 지나서 정권에서 쫓겨난 밀로셰비치는 36시간의 대치 끝에 베오그라드의 별장에서 체포되었다. 라도반 카라지치는 13년 동안 쫓기다가 드라간 다비치Dragan Dabić라는 이름의 심령술 치료사로 신분을 위장하고 긴 머리로 원래 모습을 감췄지만 결국에는 체포되었다. 당시 그는 침술을 시술하거나 공기 중 유해 방사능으로부터 보호해준다는 메달을 팔고 있었다. '다비치'는 남성 불임을 치료하려면 병든 맹장 근처에 자신이 손만 갖다 대면 된다고 주장했다.[89] 그는 10년 전 술집에서 자신의 공식 초상화 아래 앉아 있는 등 존재감을 과시하던 끝에 2008년 체포되었다. 그도 밀로셰비치가 그랬던 것처럼 헤이그로 끌려가 국제형사재판소에 기소되었고, 두 사람은 종신형을 선고받았다.

물론 2차 세계대전 당시 독일 공군이 디데이에 노르망디 상공에서 연합군의 1만 3368회에 비해 319회 출격밖에 하지 못한 '오버로드 작전'과 같은 전투를 통해 공중 우세를 차지하고 이를 유지하는 것이 얼마나 중요한지는 이미 입증된 바 있다. 이후 정글에서 벌어진 전투를 제외한 거의 모든 전투에서 공중전의 중요성은 더욱 강조되었다. 그러나 공중 우세를 차지했다고 해서 지상군 병력의 필요성이 사라지는 것은 아니다. 2001년 아프가니스탄에서 코소보인들이 세르비아군 병력이 대규모로 집결하도록 강요하여 파괴적 공습에 취약하게 만들었던 것처럼, '통일전선'도 탈레반의 집결을 강요하여 비슷한 성과를 거두었다. 전쟁에서 공중 우세의 중요성은 의심의 여지가 없으며, 코소보 전쟁과 같은 일부 전투에서는 공중 우세가 승리를 가져올 수도 있다.

공중 우세는 공군력이 더 큰 쪽이 아니라 더 우수한(그리고 더 빠른) 전투기와 더 잘 훈련되고 동기부여가 된 조종사 및 지상 승무원을 보유한 쪽이 차지한다. 이러한 현상은 1945년 이후 분쟁에서 여러 차례 나타났지만, 특히 아랍-이스라엘 전쟁(1982년 어느 교전에서 이스라엘 공군이 시리아 전투기 90대를 격추하고 자국 전투기 2대를 잃은 사건)과 1965년 인도-파키스탄 전쟁에서 파키스탄 공군이 4대 1의 열세에도 불구하고 승리한 것(전체 승리를 거두기에는 충분하지 않았지만), 포클랜드에서 영국 해리어 전투기의 활약 등에서 확인할 수 있다.[90]

여기서 얻을 수 있는 교훈은 공중에서는 양보다 질이 더 중요하며, 최첨단 전투기와 중요한 예비 부품을 생산할 수 있는 국가나 동맹이 중요한 경쟁 우위를 점할 수 있다는 것이다. 조종사가 F-35를 몰고 '전투 수준의 효율성'을 거두려면 적어도 2년 이상의 훈련이 필요한데, 이는 전 세계 공군 중 극소수만 제공할 수 있는 능력이다. 미국은 세계 최고의 전투기를 대규모로 제작할 수 있는 능력을 유지해야 하며, 이를 조종할 수 있는 최고의 조종사(또는 원격 및 알고리즘 조종 시스템)를 양성할 수 있어야 한다. 서구 문명의 미래는 여러 요인에 따라 달라지겠지만, 의심할 여지 없이 공군력이 그중 하나이다.

7장

아프가니스탄 전쟁

2001-2021

어떤 전쟁도 순조롭고 쉬울 것이라거나, 낯선 항해를 떠나는 사람이 마주칠 파도와 허리케인을 예측할 수 있다고 믿어서는 절대 안 된다. 전쟁 열기에 굴복하는 정치가는 일단 신호가 떨어지면 더 이상 자신이 정책의 주인이 아니라, 예측할 수도 통제할 수도 없는 사건의 노예가 된다는 점을 깨달아야 한다. 낡은 전쟁 사무소, 나약하고 무능하고 오만한 지휘관, 신뢰할 수 없는 동맹국, 적대적인 중립국, 악의적인 불운, 추악한 돌발 상황, 끔찍한 오산 등 모든 것이 전쟁 선전포고 다음 날 이사회에 들어앉는다.

— 윈스턴 처칠, 《나의 어린 시절》, 1930[1]

2001년 9월 11일 화창한 늦여름 아침, 테러 단체 알카에다 소속 남성 19명이 미국 공항에서 출발하는 민간 여객기 4대를 납치했다. 두 대는 뉴욕의 세계무역센터 빌딩으로, 세 번째 비행기는 버지니아주 알링턴에 소재한 펜타곤으로 날아갔다. 미 의사당 건물로 향하던 네 번째 항공기에 탑승한 승객들은 반격에 나섰고, 비행기를 조종하던 납치범은 펜실베이니아주 섕크스빌 인근 지상에 비행기를 추락시켰다.

이 사건은 1942년 6월 일본군이 알래스카를 침공한 이후 미국 본토나 영토에 대한 최초의 공격으로 기록되었다. 이 대담한 공격으로 거의 3000명이 사망했고, 큰 충격을 받은 미국 국민은 복수에 대한 열망으로 불타올랐다. 이에 조지 W. 부시George W. Bush 행정부는 아프간을 통치하는 탈레반 정권에게 알카에다 지도자 오사마 빈 라덴을 넘겨줄 것을 요구했다. 당시 그는 아프가니스탄을 은신처로 삼고 있었다. 탈레반 지도자들이 빈 라덴의 미국 재판을 위한 신병 인도를 거부하자 부시 대통령은 CIA와 국방부에 알카에다 지도자들을 법의 심판을 받게 하고, 아프간에서 그들의 성역을 제거하기 위해 침공 계획을 세우도록 명령했다. 당시에는 미국에 대한 테러 공격이 미국

• 이 장은 앤드루 로버츠의 의견을 참고해 주로 데이비드 퍼트레이어스 장군이 집필했다. 퍼트레이어스 장군은 아프가니스탄 전쟁사에서 핵심 인물이었기 때문에 그가 참여한 사건은 1인칭 시점으로 서술된다.

역사상 가장 장기간의 전쟁이 되어 20년간 이어질 것으로 예상한 사람은 아무도 없었다.[2]

침공 계획[3]

미국인들이 알았건 몰랐건 간에, 미국은 적어도 1996년 오사마 빈 라덴이 '두 성지(메카와 메디나)의 땅을 점령한 미국인들'을 상대로 전쟁을 선포하는 파트와fatwa[•]를 발표한 이래로 알카에다와 전쟁 중이었다.[4] 1990년대 초부터 이 테러 조직과 '유령 전쟁'을 벌여온 CIA는 이를 분명히 인식하고 있었다.[5]

1979년 말 소련의 아프간 침공 이후 파키스탄과 긴밀히 협력하여 무자헤딘(이 조직원 중 일부가 훗날 알카에다를 설립)을 무장시켰지만, 탈레반, 알카에다, 파키스탄정보국이 긴밀히 연계되어 있었기 때문에 빈 라덴을 법의 심판에 세우기 위한 다른 동맹이 필요했다. 1999년 우즈베키스탄 정부가 CIA 대테러 훈련팀과 통신감시국 설립의 허용을 합의하면서 미국과 우즈베키스탄의 동맹이 형성되었다. 그리고 아프가니스탄의 카불 북동쪽 판지시르 계곡에서 아흐메드 샤 마수드Ahmed Shah Massoud라는 또 다른 동맹을 발견했다. 마수드는 타지크족Tajiks, 우즈베크족Uzbeks, 하자라족Hazaras, 심지어 탈레반과 싸우

• '파트와'란 샤리아(Shariah)로 알려진 이슬람 율법과 관련된 문제에 대해 자격을 갖춘 이슬람 학자들(무프티Mufti)이 발표하는 법적 의견 또는 판결을 말한다. 비록 파트와가 법률적 구속력을 갖지 않지만, 특정 사안에 대한 권위 있는 유권해석으로 간주된다. 상기 맥락에서, 미국인에 대한 전쟁 선포를 알린 파트와는 일종의 '사형선고' 같은 성격을 갖는다.—옮긴이

는 일부 파슈툰Pashtun 부족으로 구성된 '아프간 구원을 위한 연합 이슬람 민족전선(일명 '북부동맹'으로 알려진 연합전선)'의 유력한 지도자였던 강력한 군벌이었다.[6] 연합전선에 대한 클린턴 행정부의 지원은 미약했고 미 의회는 소련군 철수 이후 1990년대 아프간 사태에 관심이 없었지만, 9·11 이후 CIA가 연합전선과 맺은 관계는 중요해졌다. 한편, CIA 대테러센터는 미국의 정치적 지원이 이루어지면 연합전선에 탈레반과 싸울 수 있는 장비를 제공할 계획을 세웠다.

2001년 9월 12일, 조지 테닛George Tenet CIA 국장과 J. 코퍼 블랙 J. Cofer Black 대테러센터 소장은 탈레반이 오사마 빈 라덴의 인도를 거부할 경우 CIA 준군사조직과 특수부대를 아프간 비정규군과 협력하는 방안에 대해 국가안보회의NSC에서 브리핑했다. 그 주말, 조지 W. 부시 대통령은 대통령 휴양지인 캠프 데이비드에서 국가안보회의 임시회의를 소집했다. 테닛은 자신이 팀과 함께 마련한 계획에 대해 자세히 설명했다. 9·11 테러가 발생하기 몇 년 전부터 CIA가 마수드와 비밀리에 접촉하고 그 기간 동안 상당한 예비 계획을 세우면서 이미 토대가 마련되어 있었지만, 합참의장 휴 셸턴 장군(나는 1997년부터 1999년까지 셸턴 합참의장의 보좌관을 역임했다)은 미 지상군의 투입 계획이 빠져 있기 때문에 처음부터 다시 수립해야 한다고 회신했다. 다음 날 대통령은 셸턴 의장의 견해에 아랑곳하지 않고, CIA와 국방부에 침공 준비를 시작하라고 명령했다.[7]

'항구적 자유 작전Operation Enduring Freedom'으로 명명된 이 작전의 단기적 목표는 탈레반 붕괴와 알카에다 파괴였다. 이러한 목표가 달성된 후, 부시 행정부는 아프간을 안정시키고, 민주적으로 선출된 정부가 통치하는 자유로운 사회를 만드는 데 집중하려고 했다. 그러나 역대 미국 행정부가 아프간 임무에 부과한 제약을 고려할 때 첫 번째 목표만 달성할 수 있을 것으로 보였다. 두 번째 목표는 파키스탄의 협력이 제한적이어서 달성하기 어려웠고, 세 번째 목표는 대통령과 그 측근들이 취임 전에 포기하고 꺼려했던 일종의 국가건설을 수반하는 것이었다. 게다가 '항구적 자유 작전'은 전 세계에 영향력을 행사하는 테러 조직과 그 국가 후원자들에 대한 '장기적인 국제 분쟁의 시작을 알리는 작전'이 될 것이었고, 이는 국방부가 아프간에 투입할 수 있는 자원을 제한하게 될 것이었다.[8]

아프간 사회의 지리적·종파적 구성 또한 미국의 아프간 작전 계획에 심각한 장애가 될 것이었다. 남쪽과 동쪽에 위치한 수니파 파슈툰족이 지배적 민족이었으며 탈레반에 대한 지원의 대부분을 제공했다. 수니파 우즈베크족과 타지크족은 북쪽 산악지대를 지배했고, 시아파 하자라족은 아프간 중부에 거주했다. 그 외 여러 민족이 전국에 흩어져 있었다. 연합전선은 아프간의 파슈툰족이 지배하는 지역에는 거의 존재하지 않았기 때문에 그곳에서의 작전이 어려웠다. 또한 처음에는 파키스탄을 통과하는 두 개의 주요 병참선, 즉 아프간 동부(카이베르 고개)와 아프간 남부를 통해 아프간에 접근할 수 있었다. 당시 유일한 다른 수단은 공중 수송을 통해 우즈베키스탄의 카르시 카나바드 공군기지로 이동한 후 그곳에서 지상 또는 헬기를 이용해 카불과 남쪽으로 힌두쿠시 산맥으로 분리된 아프간 북부로 이동하는 것이었다. 따라서 파키스탄의 지원이 필수적이었고, 부시는 페르베즈 무샤라프Pervez Musharraf 파키스탄 대통령에게 아프간에서 미국의 작전을 지원하도록 압력을 가했고, 무샤라프는 적어도 초기에는 그렇게 했다. 그러나 시간이 지나면서 파키스탄 지도자들이 인도가 서쪽 인접국인 자국 영토에 침투할지도 모른다는 터무니 없이 과장된 두려움이 커지면서 미국과 파키스탄의 관계는 복잡하고 어려워졌으며, 때로는 상당히 불만스럽고 좌절감을 안겨주기도 했다. 그들은 카불에서 탈레반의 통치를 통해 얻을 수 있다고 믿었던 전략적 종심을 소중히 여겼고, 그런 이유로 탈레반과 관련 반군 단체에게 파키스탄 영토에 그들의 안식처를 허용했던 것이다.[9]

　재래식 지상군 투입과 중앙아시아 및 남아시아로의 수송을 계획하는 데 필요한 시간을 고려할 때, '항구적 자유 작전'은 9월 말 CIA 준군사조직과 특수부대 팀을 소규모로 파병해 북부 전선 전투원들과 연결하고, 상당한 공군력을 지원하는 것으로 시작될 것이었다. 그러나 다가오는 겨울이 되면 전투가 대부분 중단되고 2002년 봄까지 아프간에서 필요한 경우 보다 강력한 작전을 수행할 수 있을 만큼 충분한 재래식 전력이 배치될 것이라는 가정이 있었다. 그때쯤이면 미국과 연합전선은 아프간 남부의 파슈툰 부족들 사이에서 반反탈레반 파트너를 찾아낼 수 있을 것이고, 탈레반을 격파한 후 미 중부사령부CENTCOM는 아프간을 안정시키고 재건하는 데 3~5년이 걸릴 것으로 예상했다. 그럼에도 도널드 럼스펠드 국방장관과 중부사령부 사령관인 토미 프랭크스Tommy Franks 장군은 아프간에 대규모 병력을 배치할 경우 1980년대 소련군을 방해했던 토착민들의 반발을 촉발할 수 있다고 판단하여 정권 붕괴 후 카불에 소규모의 병력만 잔류시킬 계획이었다.[10]

연합전선의 승리

은퇴를 앞둔 전설적인 CIA 장교 게리 슈로엔Gary C. Schroen이 이끄는 첫 번째 CIA 팀은 9월 26일 아프간 지상에 도착하여 카불 북동쪽 산악지대에서 작전 중인 연합전선 사령관 모하메드 카심 파힘 Mohammed Qasim Fahim과 합류했다.[11] 10월 7일, 미국과 영국의 항공기와 함정이 아프간 근해에서 작전 중인 4개의 항공모함 전투단의 지원을 받아 아프간 내 목표물에 대한 공습과 순항 미사일 공격을 개시했다. 10월 19~20일 밤, 첫 번째 특수부대 팀이 아프간 북부로 날아갔다. 한 팀은 판지시르 계곡에서 슈로엔 및 연합전선 부대에 합류했고, 다른 팀은 연합전선 민병대 지도자 압둘 라시드(일명 '도스툼')와 접촉한 CIA 팀에 합류했다.[12] 특수부대와 이들의 침투를 지원한 제160특수 작전항공연대 소속 부대원들은 유능한 존 P. 멀홀랜드John P. Mulholland 대령이 지휘하는 제5특수전단 사령부를 중심으로 편성된 연합합동 특수작전부대CJSOTF의 단검Dagger대대 산하에 배치되었다.[13]

미 육군, 해병대, 특수작전 부대가 중앙아시아와 아프간에 도착했지만, 카르시 카나바드 기지와 이 지역의 다른 기지에서 건축물과 구조물의 완공이 지연되어 부대 배치가 늦어졌다. 10월 19일, 파키스탄 남쪽 아라비아해에서 헬기로 출동한 미 육군 레인저는 아프간 남부의 탈레반 거점인 칸다하르 인근의 목표물 2개소를 급습했다. 3일 후, 특수부대가 바그람 공군기지에 위치한 탈레반 진지에 대한 대대적 공습을 감행하여 미 공군력의 위력을 과시했다. 10월 21일부터 25일 사이에 도스툼의 기마병들이 탈레반 진지에 돌격하는 동안, 다른 탈레반 진지도 공습을 받았다.[14] 이 작전은 연합전선 민병대가 탈레반으로 하여금 병력을 집중하도록 강요하는 지상군 부대를 제공하고, 특수부대가 지휘하는 미 공군이 탈레반 진지를 섬멸한 후 연합전선이 새로 획득한 진지를 점령한 몇 주간의 작전은 군사 작전의 모범이 되었다.

11월 9~10일, 대규모 공습으로 아프간 북부의 탈레반 진지가 초토화된 후 도스툼의 경쟁자 족장 모하메드 아타 누르가 이끄는 군대가 연합군에 함락된 첫 번째 주요 도시인 마자르이샤리프를 점령했다. 이 도시는 미국과 다른 서방 국가들로부터 아프간 북부로 유입되는 인도주의적 지원을 분배하는 중심이 되었다. 마자르이샤리프가 함락되면서 연합전선 협력의 문이 열렸고, 거의 모든 다양한 단체들이 미군 특수부대와 공군 지원을 요청했다. 이제 북부 지역의 모든 주요 도시가 연합전선에 빠르게 함락되면서 상황은 급박하게 돌아갔다. 이후 작전의 초점은 카불 북동쪽에 위치한 주요 공군기지와 아프간 수도로 통하는 관문인 바그람으로 옮겨졌다. 24시간 동안의 집중 공습으로 탱크 29대를 파괴하고 탈레반에 수천 명의 사상자를 낸 연합전선 민병대는 수도에서 몇 킬로미터 이내로 진격했다. 부시 행정부는 국제 평화유지군이 도착할 때까지 카불 점령을 연기하기를 원했지만, 그러한 소망은 현지에서 벌어진 사건들로 인해 무산되었다. 11월 12~13일 밤, 탈레반은 전투 없이 카불을 포기하고 남부 칸다하르의 심장부를 향해 철수를 시작했다. 북부에 남아 있던 탈레반 조직은 카불 북쪽의 쿤두즈에 국한되어 있었는데, 11월 24일 파키스탄 항공기가 탈레반 고위 지도자와 수백 명의 파키스탄 시민을 이 지역 밖으로 철수시킨 후 연합전선에게 함락되었다.[15]

아프간 남부에서 탈레반의 존재를 제거하는 것은 연합전선이 이 지역에서 확고한 입지를 확보하지 못했기 때문에 더 어려운 일이었다. 그럼에도 이 지역의 반反탈레반 민병대는 미 특수부대, 해병대, 공군부대가 결합하면 충분하다는 것이 입증되었다. 11월 14일, 미군과 소규모 CIA 파견대는 남쪽으로 날아가 포팔자이 파슈툰 부족의 지도자이자 부친이 탈레반에게 암살당한 하미드 카르자이가 조직한 칸다하르 북쪽의 반탈레반 전사들에 합류했다. 이들은 타린코트 마을에 진입한 3일 후 아라비아해에서 시어도어 루스벨트호에서 발사한 집중 공습의 도움으로 탈레반 전사 300명을 사살하는 반격을 감행했다. 그 후 미군은 칸다하르를 향해 서서히 진격하면서 도중에 마주친 탈레반에 대한 공습을 요청했다. 11월 19일 파키스탄 국경 근처 칸다하르 남동쪽 지역에 투입된 또 다른 미군과 CIA 요원들은 탈레반에 의해 축출되기 전까지 칸다하르주의 주지사였던 굴 아그하 셰르자이Gul Agha Sherzai와 그가 거느린 800명의 전사들과 결합해 칸다하르를 향해 북서쪽으로 이동했고, 일주일간의 공습으로 탈레반의 상당한 저항이 제거된 후에 통로를 확보했다.[16]

아프간에서 증가하는 병력을 지휘하는 것은 상당한 도전이었다. 11월 20일 쿠웨이트의 진지 도하에서 폴 미콜라셰크Paul T. Mikolashek 중장이 지휘하는 연합군 지상구성군사령부CFLCC 본부가 활동을 개시했지만, 전쟁을 치르기에 충분한 인원이 배치되지 않았고, 아프간에서 너무 멀리 떨어져 있었으며, 미 중부사령부 관할 지역 전체에 걸쳐 더욱 광범위한 책임을 맡게 되었다. 따라서 프랭크스는 11월 23일 미 육군 제10산악사단 사령부의 일부를 카르시 카나바드 비행장에 배치해 전진 본부를 설치한다는 미콜라셰크의 계획을 승인했다. 프랭클린 '버스터' 하겐베크Franklin 'Buster' Hagenbeck 소장이 유능하게 지휘했지만, 이 소규모 본부(제10산악사단 병력의 대부분이 코소보 작전에 배치되어 있었다)는 아프간으로 이동한 후 몇 달 동안 나타나게 될 여러 지휘통제 문제를 처리하기에 충분하지 않았고, 특히 다양한 특수작전 부대의 통제에 필요한 권한이 부여되지 않았다.

11월 25일, 제임스 매티스James Mattis 준장이 지휘하는 제1해병 원정여단 소속 제15해병 원정대MEU는 한 달 전 미 육군 레인저가 공수 작전으로 점령한 후 미 네이비실 대원들의 감시를 받고 있던 칸다하르 남서쪽의 비포장 활주로인 목표물 '라이노'로 비행했다. CH-53 헬기가 아라비아만의 USS 펠렐리우호에서 해병대원들과 장비를 수송했고, 며칠 후 시비Seabee 해군 건설부대가 비행장을 전진작전기지로 개조했다. 이후 기마 순찰대가 탈레반과 알카에다의 거점을 정찰하고 지역 부족과 접촉하기 위해 곳곳에 배치되었다. 12월 둘째 주에 제26기동대대는 USS 바탄호에서 새로 건설된 라이노 전진기지로 이동하여 칸다하르 공항을 점령하고 현지에 두 번째 전진기지를 건설하기 위해 이동했다.[17]

12월 초가 되자 탈레반은 완전히 후퇴했다. 탈레반 정권의 붕괴가 예상보다 빠르게 다가오자 미 국무부는 신속히 독일 본에서 연합전선 대표와 3개의 영향력 있는 아프간 외국인 조직(로마, 키프로스, 페샤와르 조직)이 참여하는 회의를 구성했다. 외국 대표로는 인도, 파키스탄, 이란, 러시아 및 여러 유럽국 대표들이 참석했다. 미국은 제임스 도빈스James Dobbins 특사, 윌리엄 J. 루티William J. Luti 국방부 근동·남아시아 담당 부차관보, 잘메이 할릴자드Zalmay Khalilzad 국가안보회의 선임 보좌관이 대표로 참석했다. 이들은 모두 아프간의 안정화를 위해 (적어도 당분간은) 협력할 의향이 있었다. 패배한 탈레반 대표들은 초대 받지 못했는데, 이들 중 일부는 협상에 응할 의사가 있는 것으로 보였다.[18] 탈레반이 무기를 내려놓고 아프간 통치에 참여하도록 설득하는 것이 향후 20년간 아프간 신정부와 이를 지원하는 연합 세력(미국의 지원을 받는)이 직면한 핵심 과제가 될 것이므로, 돌이켜보면 탈레반의 불참은 실수였던 것 같다.[19] 이 회의에서는 카르자이가 이끄는 임시정부가 6개월 이내에 '로야 지르가loya jirga(아프간 지도자 대의회)'를 소집해 과도정부를 구성하고 헌법을 제정하며, 이후 또 다른 '로야 지르가'가 이를 승인할 것을 결정했다. 마지막 단계는 대통령과 의회를 선출하는 선거다. 전체 과정은 2년이 조금 넘게 걸릴 것으로 예상되었다.[20] 12월 6일, 본 회의는 임시정부에 대한 합의에 도달하고 얼마 지나지 않아 종료되었다.

자신이 임시정부 수반으로 선출되었다는 소식을 들은 카르자이는 칸다하르에서 탈레반의 항복을 받아내기 위해 협상을 벌였다. 12월 7일, 탈레반 고위 지도자들과 빈 라덴의 나머지 아랍 추종자들은 도망쳤고 도시의 반대 세력은 무너졌다. 굴 아그하 셰르자이가 주도권을 잡고 민병대 500명을 도시로 이동시켜 주지사의 궁전을 점령했다. 미군 특수부대원들은 파벌 간 내분을 막기 위해 도시로 진입했고, 그들의 도착을 환영하는 지역 주민들의 환호 속에 도시로 이동했다. 카르자이는 마지못해 셰르자이를 칸다하르 주지사에 임명하여 평화를 유지하도록 했다. 칸다하르가 안정되자 카르자이는 카불로 이동해 임시정부의 수장으로서 새로운 임무를 수행할 준비를 했다. 12월 22일 카르자이 정부가 출범하면 아프간의 모든 무장 단체가 카르자이 정부에 충성을 바칠 것으로 예상되었다.

탈레반이 패배함에 따라 아프간 동부 주요 도시인 잘랄라바드의 남쪽에 있는 스핀가르 산맥(카불과 파키스탄의 국경인 카이버 고개의 중간 지점)으로 이동한 것으로 알려진 오사마 빈 라덴과 그의 최고위 간부들을 생포하고 알카에다 잔당을 소탕하는 데 초점이 맞춰졌다. 11월 30일, CIA가 후원하는 아프간 민병대('줄리엣 팀')가 파키스탄 국경 근처 잘랄라바드에서 남쪽으로 45킬로미터 떨어진 밀라와 계곡에 있는 알카에다 진지를 공격했다. 공습으로 알카에다의 통신장비와 중화기가 제거되었고, 남은 전투원들은 소련-아프간 전쟁 당시 건설된 해발 3000~3600미터의 산악 동굴 단지인 토라보라로 철수할 수밖에 없었다. 팀 줄리엣은 곧 미 특수부대와 소드의 작전팀의 다른 특수요원들로 보강되었다.[21]

알카에다 소탕이 아프간에서 미국의 가장 중요한 국가적 우선순위였음을 감안할 때, 이를 달성하기 위한 계획은 적어도 지금 생각해보면 부적절하게 수립되었고 자원도 부족했다. 라마단 기간의 제한을 준수하는 상호 적대적인 아프간 정파들은 공습만으로는 임무를 완수할 수 없었고, 적과 접전하여 파괴할 동기가 없었다. 알카에다와 싸우기 위해 아프간 3개 단체와 조율했던 게리 번첸Gary Berntsen CIA 장교는 이제 한계를 깨닫고 전투를 마무리하기 위해 레인저대대의 투입을 요청했다. 매티스 준장은 파키스탄 국경을 봉쇄하기 위해 해병대를 파병하는 방안도 제안했다. 그러나 중부사령부는 특수부대와 공군의 지원을 받는 아프간 민병대라는, 지금까지 효과가 있었던 방식을 계속 사용하기로 결정했다. 하지만 토라보라에서는 이 방식이 통하지 않았다. 12월 7일부터 17일까지 열흘 동안의 공습 끝에 빈 라덴과 그의 추종자들은 국경을 넘어 파키스탄 남쪽으로 탈출했다.[22] 이 결과는 2011년 빈 라덴이 최후를 맞을 때까지 이라크와 예멘은 물론 아프간과 그 밖의 지역에서 알카에다의 활동을 (정도의 차이는 있지만) 계속 고무하고 지도하면서 향후 10년 이상 미국을 괴롭혔다.

2001년 12월 20일, 유엔 안보리는 탈레반 붕괴 이후 카불을 지키기 위해 국제안보지원군ISAF을 창설하는 결의안 1386호를 통과시켰다. 하지만 미 중부사령부는 그 이후에 무엇을 해야 할지에 대한 실질적인 계획이 부족했다. 럼스펠드는 아프가니스탄에 미군이 대규모로 투입되는 것을 원치 않았지만, 그런 지원이 없다면 카르자이 임시 행정부는 어려움을 겪을 것이었다. 어쨌든 미군이 주둔하려면 튼튼한 기지 구조물이 필요했고, 미 중부사령부는 바그람과 칸다하르 비행장을 주요 병참 중심지로 전환하는 것부터 시작했다. 그러나 여러 제약이 있었기 때문에 재래식 부대는 아프간 내 특수부대를 보강하기 위해 서서히 배치될 수밖에 없었다.

한편, 카르자이는 공석이 된 지방 및 지역 행정직을 채우기 위해 노력했지만, 다양한 후보자들의 충성도를 가늠하는 것이 어려웠다. 이 과정에서 카르자이와 미군은 전통적으로 아프간 동부에서 영향력을 행사하던 잘랄루딘 하카니Jalaluddin Haqqani와 그의 파슈툰 부족 조직 '하카니 네트워크'를 소외시켰고, 이로써 화해의 기회를 놓쳤다. 실제로 하카니 네트워크는 시간이 지남에 따라 탈레반만큼이나 문제를 많이 일으켰으며, 심지어 탈레반과 함께 연합군과 아프간군에 대항하는 작전을 수행하고, 고위급에서 이들의 활동을 조정하는 공동 총괄 조직인 슈라Shura를 설립하기도 했다. 슈라는 모든 민족, 종파, 부족 및 기타 사회 요소를 대표하는 지역, 국가 및 종교 지도자들이 모인 전국적인 모임이었다.

2002년 3월 초, 아프간 동부 코스트 서쪽의 샤이콧 계곡에서 '항구적 자유 작전' 개전 단계의 마지막 주요 전투 작전인 아나콘다 작전이 실시되었다. 이 작전은 처음에는 특수부대 및 기타 특수작전부대SOF가 지역 민병대와 협력하여 적 밀집 지역을 목표로 공습하는 이전 작전을 차용해 계획되었다. 우즈베키스탄이슬람운동IMU과 알카에다 전사들이 대규모로 집결해 있다는 첩보가 입수되자 하겐베크 소장 지휘하에 이들을 소탕하기 위한 부대가 편성되었다.[23] 이 부대는 "8개국, 미군 2개 사단, 특수부대 2개 조직, 기타 특수작전부대, 잡다한 항공부대, 다양한 비밀 조직에서 파견된 구성원과 급하게 훈련된 아프간인 수백 명이 주축이 된 부대"였다.[24] 하겐베크의 바그람 기지에 위치한 통신 및 지휘통제 시설이 제대로 갖춰지지 않았고, 연합군 항공작전사령부 대표들이 바그람에 부재한 것은 말할 것도 없이 다양한 특수작전 부대와 CIA 요원들에 대한 권한이 충분하지 않아 상황이 더욱 악화되었다.[25] 그러나 지휘관이나 기획관 중 걱정하는 사람은 거의 없었는데, 그들은 적들이 우세한 화력에 맞닥뜨리면 항복할 것으로 생각했기 때문이다.

그 가정은 틀렸다는 것이 증명되었다. IMU와 알카에다 전사들은 계곡이 내려다보이는 고지대에 자리를 잡고 전투를 준비했다. 3월 2일 작전이 시작되자 제10산악사단과 제101공수사단 소속 제87보병 제1대대와 제187보병 제2대대 등 공습부대와 아프간 민병대가 살상지역으로 출동했다. 전투 첫날은 정보 실패, 아군 사격 문제, 고공 기동의 어려움, 제대로 조율되지 않은 근접 항공 지원, 그리고 지상군의 포화 속에서도 뛰어난 용기를 보인 대원들의 활약으로 특징지어졌다. 그럼에도 아프간 민병대는 적에게 접근하여 괴멸할 능력은 없다는 것이 입증되었고, 그 임무는 제대로 배치되지 않은 미국의 재래식 군대에 맡겨졌다. 며칠간의 혼란스러운 전투 끝에 하겐베크는 병력을 재편성하고, 재래식 부대를 추가 투입하고, 전장 상공을 선회하는 수많은 근접 항공 지원기를 통제하기 위한 항공조정센터를 설립할 수 있었다. 하지만 이 무렵 눈보라로 인해 작전은 중단되었고, 남은 적군은 이 지역에서 철수할 수 있었다. 아나콘다 작전을 통해 3월 18일 전장을 샅샅이 수색하여 버려진 무기와 장비를 찾아냈지만, 적의 전사자는 거의 발생하지 않은 채 마무리되었다. 이 작전으로 '항구적 자유 작전'의 주요 전투 작전 단계는 끝났지만, 기대했던 것만큼 결정적인 성과를 거두지는 못했다. 이제 관심은 아프간에서 연합군이 직면한 명백한 도전과제, 즉 점점 더 정치적으로 변해가는 문제를 해결하는 데로 돌아갔다.[26]

2002-2005: 답답한 제자리걸음[27]

탈레반을 권좌에서 몰아내고 알카에다를 약화시킨 군사 작전은 전광석화처럼 이뤄졌지만 2002년 봄, 대규모 전투 작전 이후 아프간을 어떻게 할 것인가에 대한 질문은 더 이상 무시할 수 없는 문제가 되었다. 전쟁의 속도가 정책의 속도를 앞질렀기 때문에 침공이 성공하면 어떤 일이 벌어질지에 대한 고민은 거의 없었다. 2001년 9월 말 전쟁 내각 회의에서 부시 대통령이 "그럼 누가 그 나라(아프가니스탄)를 운영할 것인가?" 하고 묻자 침묵이 흘렀다고 한다.[28] 본 회의 이후 이 문제에 대해 더 많은 고민이 있었지만, 여전히 많은 분야에서 정책 공백이 존재했다. 비정부 및 국제 구호단체들이 인도주의적 지원과 재건 지원을 위해 도착했지만, 이들의 노력은 조율되지 않았다. 아프간 군사협력처는 자금 부족, 자원봉사자 부족, 시설 미비에도 불구하고 새로운 아프간 정규군ANA을 훈련하기 시작했다. 댄 맥닐Dan McNeill 중장과 제8공수군단 사령부가 5월에 아프간에 사령부를 설치하기 위해 바그람으로 날아갔을 때, 사령부는 병력을 400명으로 제한했고 사령부 내에 영구적 시설을 건설하지 말라는 지시를 받았다.[29]

6월, 로야 지르가는 2004년 대선이 실시될 때까지 아프간을 통치할 과도정부 수반으로 카르자이를 선출했다. 부시 행정부는 탈레반이 패배한 상황에서 '항구적 자유 작전'이 이라크에 초점을 맞추면서 병력 절약을 위한 노력이 될 수 있겠다고 판단했다.[30] 이 결정은 탈레반이 파괴된 것이 아니라 탈레반 지도자들과 많은 전사들이 인근 파키스탄의 보호구역으로 피신하여 부서진 군대를 재건하고 있다는 사실을 간과한 것이었다. 그럼에도 아프간은 정책 논의의 변방으로 밀려났고, 2002년 10월 부시 대통령은 아프간의 지휘관이 누구인지 잊어버릴 정도였다.[31]

역설적이게도 이라크 전쟁 준비와 수행에 자원이 집중되는 동안에도 부시 행정부의 아프간 목표가 확대되었다. 탈레반 격퇴와 알카에다 격멸이라는 초기 목표는 아프간의 국가건설과 민주주의 확립으로 바뀌었다. 그 당시로서는 피할 수 없는 일이었다. 그 무렵 부시는 이러한 임무 수행의 필요성을 인식하게 되었고, 나중에 이렇게 기록했다. "아프간은 궁극적으로 국가건설 임무였다. 우리는 이 나라를 원시적 독재로부터 해방시켰고, 더 나은 것을 남겨줄 도덕적 의무가 있었다."[32] 아프간은 결국 2008년 이라크의 '병력 증파' 작전이 완료된 후에야 비로소 '스테로이드를 맞은 국가건설 프로젝트'*가 되었다. 미국이 이후 20년간 아프간 재건과 군사지원에 지출한 1430억 달러는 1948년부터 1951년까지 인플레이션을 조정하기 위한 마셜 플랜을 통해 유럽 전체에 지원한 금액과 거의 맞먹는 수준이었다.[33]

2003년 재건과 인도주의적 지원을 조정하는 지방재건조직이 창설된 것도 이러한 노력의 일환이었지만, 대다수 군인으로 구성된 이 조직들은 수년간의 노력에도 불구하고 작전을 지속하는 데 필요한 민간 전문성이 부족했다.[34] 게다가 새로운 최대주의적 목표는 임무 자원에 대한 최소주의적 접근법과 일치하지 않았고, 이러한 접근법은 종종 아프간 국민의 역사, 정치, 문화에 대한 부적절한 인식을 반영하는 경우가 많았다. 미군의 공식 아프간 전쟁사에는 "부시 행정부가 카불 정부 내 다수의 저명한 아프간인들이 민주적이고 완전한 대표성을 갖춘 중앙 정부의 구성보다 개인적, 부족적, 민족적 목표를 우선시한다는 사실을 깨닫기까지 수년이 걸렸다"고 기록되어 있다.[35]

실제로 1989년 소련군이 철수하고 1991년 소련의 지원을 받던 아프간 정권이 붕괴한 직후의 주요 문제 중 하나는 아프간 내전을 일으켰던 군벌들이 다시 세력을 회복한 것이었다. 아프간 국민들은 과거의 전쟁범죄에 대한 책임을 묻기를 원했지만, 미국의 정책은 군벌들에게 무기한 유예를 허용했다. 전직 군벌들은 전체의 60퍼센트에 가까운 20개 주에서 정권을 잡았다. 아프간 국민은 진실과 화해가 아

• '스테로이드 사용(on steroids)'은 관용적 표현으로 어떤 일이 평소보다 훨씬 더 크고, 더 강력하거나, 더 극단적인 수준으로 이루어지고 있음을 암시하는 데 사용된다. 스테로이드가 부작용 가능성에도 불구하고 운동선수의 근력과 능력을 향상시키는 것처럼 아프간의 국가건설 프로젝트에 대한 노력, 자원 및 규모가 크게 증폭되었음을 시사한다.—옮긴이

닌, 어떤 경우에는 그들이 대체한 탈레반 통치자보다 더 폭력적인 남성들의 통치를 받게 되었다.[36]

한편 ISAF는 영국, 튀르키예, 독일/네덜란드가 처음 3개의 본부를 제공하는 6개월 단위의 교대 사령부를 설립했다. 2003년 8월 8일 나토가 ISAF를 장악했을 당시 카불에는 30개국에서 온 5000명의 병력이, 아프간의 다른 지역에는 약 1만 3000명의 미군이 주둔하고 있었다. 아프간 주둔 미군 사령부는 3성에서 2성으로 축소되었고, 소규모 인력으로는 직면한 난제를 해결할 능력이 부족했다. 부시 대통령에게는 이 수가 합리적으로 보였지만, 훗날 럼스펠드 국방장관은 "돌이켜보면, 적은 병력으로 빠른 성공을 거둔 것은 잘못된 안도감을 불러일으켰고, 소규모 군사력을 유지하려는 욕망은 필요한 자원을 부족하게 만들었다"고 평가했다.[37] 2003년 10월, 뛰어난 보병 장교이자 전 미 육군 레인저연대 사령관이었던 데이비드 바노David Barno 중장이 지휘하는 3성 사령부가 다시 투입되었고, 미 대사 잘메이 할릴자드와 함께 시행한 대테러 접근법이 군사작전의 초점을 대테러로 바꾸면서 병력 수가 서서히 증가했지만 여전히 턱없이 부족했다.

2004년 또 다른 아프간의 로야 지르가는 여성의 권리를 인정하는 등 좋은 점도 많지만 아프간 통치 역사에 반하는 지나치게 중앙집권적인 아프간 정부를 규정하는 신헌법을 승인했다.[38] 2004년 10월 9일 카르자이는 대통령으로 선출되어 상당한 카리스마와 인상적인 존재감, 높은 위상을 보여주었지만 시간이 지나면서 '지극히 변덕스러운' 지도자라는 점이 드러났다.[39] 이듬해 9월 아프간 국민은 국회 대표를 뽑았고 12월에 처음으로 국회가 열렸을 때 아프간의 미래는 밝아보였다. 경제가 성장하고 있었고, 탈레반 치하와 달리 남자아이들뿐만 아니라 여자아이들도 학교에 다니고 있었으며, 재건은 빠르게 진행되고 있었고, 파키스탄과 주변 국가에서 아프간 난민들이 집으로 돌아오고 있었다.

하지만 수면 아래에는 문제가 숨어 있었다. 탈레반은 이미 아프간 남부와 동부의 치안을 장악하기 시작했고, 다른 지역으로 세력을 확장하고 있었다. 탈레반 치하에서 금지되었던 아편을 공급하는 양귀비 생산량은 탈레반 패배 후 1년 만에 9배나 증가하여 농촌 경제를 개혁하려는 시도를 약화시켰다(나중에 나는 아프간 사령관으로 근무하면서 "주요 수출 작물이 불법인 경우 그 나라에서 법치를 확립하는 것은 매우 어렵다"는 것을 깨달았다). 경찰과 사법 개혁에 자금을 지원하고 아프간에 고문단을 파견하겠다는 독일과 이탈리아의 약속은 대부분 이행되지 않았다. 더 이상 필요하지 않은 민병대를 무장 해제, 동원 해제 및 재통합하는 프로그램을 완료하는 데는 너무 오랜 시간이 걸렸다. 또한 연합군이 수감자들로부터 정보를 수집하고 안보에 위협이 되지 않는 수감자들의 석방을 준비하기 위한 통역과 심문관이 충분히 확보되지 않은 가운데 수감자 수는 늘어났다.

한편 미 의회는 2001년부터 2009년까지 아프간에 380억 달러 이상의 인도적 지원 및 재건 지원금을 배정했는데, 이는 상당한 성과를 거두었지만 아프간 정부가 소화할 수 있는 능력을 초과하는 금액이었기에 아프간 관료 사회 전반에 부패를 초래하기도 했다.[40] 미군 지휘관과 정보 참모들은 아프간 사회의 복잡한 역학관계를 이해하는 데 어려움을 겪었고, 이들을 지원할 민간 전문가가 충분하지 않았다. 탈레반의 몰락으로 위상이 높아진 군벌들이 권력과 자원을 차지하기 위해 중앙 정부와 적극적으로 경쟁하거나 협력하면서 아프간 사회의 구조를 갉아먹는 부패를 더욱 심화시켰기 때문에 카르자이 정부는 허약하고 비효율적이었다.

2006년 10월, 나토가 아프간 전역을 책임지게 되면서 ISAF는 아프간에 37개국 3만 1000명의 병력을 배치하고, 미군 2만 명이 별도의 사령부에서 대테러 및 치안군 훈련 임무를 수행했다. 당시 매우 존경받았던 ISAF 사령관 데이비드 리처드David Richards 영국 장군은 ISAF의 임무 확장을 인정받아 별 4개를 달고 지휘권을 몇 달 더 연장했다. 그러나 병력의 증가와 지휘부의 이질적인 요소들을 하나로 묶어내는 리처드 사령관의 인상적인 노력에도 불구하고, 탈레반 세력이 크게 반등하고, 치열한 전투 작전에 참여하지 않은 많은 나토 파견대의 효용성과 성과를 제한하는 국가 차원에서의 조심성으로 인해 ISAF는 국가 전체의 안보를 유지하기가 어려웠다.[41] 2007년 2월, 리처드 사령관의 후임으로 2002년 아프간 최초의 3성 사령관이었던 댄 맥닐 미 육군 장군이 임명되었지만, 아프간 주둔 미군은 여전히 별도의 지휘 체계하에 있었다. 따라서 전쟁이 시작된 지 6년이 지났지만, 인상적인 지휘관들이 연이어 부임했음에도 불구하고 여전히 자원이 부족하고 전략에 대한 명확성이 결여되었으며, 전략 추진에 필요한 조직 체계도 여전히 불분명했다.[42]

아킬레스건 : 아프간 치안군의 훈련과 장비 문제

가장 큰 군사적 결함은 아프간 치안군을 구축하기 위한 프로그램이 미흡하다는 것이었다. 2005년 가을, 이라크 다국적안보전환사령부MSTC-I

사령관으로서 내 두 번째 임무가 끝나갈 무렵, 럼스펠드 장관은 귀국길에 아프간을 경유해 아프간 국가안보군ANSF 구축 프로그램의 진행 상황을 평가해보라고 지시했다. 내가 발견한 것은 '정신이 번쩍 들게 하는' 내용이었다. 이라크와 비교했을 때 아프간은 폭력 수준이 상당히 낮았음에도 불구하고(불길하게도 폭력 수준이 증가하고 있긴 했지만) 훨씬 더 어려운 상황이었다. 가장 중요한 것은 아프간의 적들이 이웃 파키스탄에서 안식을 누리고 있는 상황에 직면했다는 점이다. 게다가 아프간은 이라크처럼 천연자원과 수입이 풍부하지 않았고, 인구의 4분의 3이 문맹인 데다 전망이 암울한 빈약한 경제, 고질적 부패, 미숙하거나 고장난 기반시설을 가지고 있었다. 게다가 원거리, 힌두쿠시 산맥, 혹독한 동계의 날씨, 견고한 도로망 부재로 인해 아프간에서 활동하기가 매우 어려웠다. 이 모든 것을 고려할 때, 나는 럼스펠드 장관에게 이라크가 아닌 아프간이 가장 긴 전쟁이 될 것이라고 보고했다.

　그 외에도 이라크에서 본격적인 작전이 시작되기 약 2년 전에 시작된 아프간에서의 훈련 및 장비 지원 임무는 자원과 관심, 우선순위가 이라크에 집중되면서 실패로 돌아갔다. 또한 현장에 투입된 아프간 여단에 조언과 지원을 제공할 훈련팀도 부족했다. 이러한 부족함 외에도 아프간의 훈련 프로그램에는 다른 주요 결함이 있었다. 예를 들어, 대테러 작전에 투입되어 계약업체로부터 훈련을 받던 경찰들은 8주간의 훈련 프로그램에서 단 한 번도 무기를 발사하지 않았다. 하지만 오전에 1시간, 저녁에 1시간 동안 행군을 하기는 했다(후자는 체력단련과 규율을 위한 것으로 알려졌지만, 이러한 목표를 달성할 수 있는 더 적절한 임무가 있다는 점을 지적했다). 게다가 사용된 지표는 훈련받은 치안 요원의 수에 초점을 맞춘 것이며, 실제로 배치된 요원의 수는 놀랍게도 사상자와 탈영병으로 인해 줄어들고 있었다. 요컨대, 훈련과 장비에 대한 노력은 실제로 상황을 개선시키는 것이 아니라 악화시키고 있었다. 나의 보고서에도 불구하고 몇 년 동안 이러한 단점들은 완전히 해결되지 않았고, 2008년 말까지 아프간 국군은 서류상으로는 7만 명의 병력을 보유하고 있었지만 원거리에서의 전투능력을 갖춘 부대는 40퍼센트에 불과했다.[43] 또한 어느 정도 능력을 갖춘 부대도 항공 지원과 의료 후송 등 아프간군이 충분히 보유할 수 없는 능력들을 미국의 지원에 크게 의존하고 있었다.

탈레반의 반격

탈레반과 하카니 네트워크가 패배한 세력으로 남아 있었다면 장기적으로는 이 모든 것이 중요하지 않았겠지만, 파키스탄에 은신처가 있고 파악하기 어려운 다양한 외부 세력(아마도 걸프국가와 파키스탄)의 지원이 있었기 때문에 그들은 재건하여 아프간 정부, 치안군 및 연합군을 상대로 반격할 수 있었다. 불만스럽게도 파키스탄 군대와 정보기관은 탈레반과 하카니 네트워크를 용인했고, 이 단체들이 아프간 남서부 지역에 안전한 피난처를 마련할 수 있도록 허용했다. 탈레반은 외부 후원자들의 자금 지원 외에도 마약 거래(아프간은 아편용 양귀비의 주요 재배국이었으며 지금도 마찬가지다)를 통해 운영 자금을 조달했다. 따라서 2006년 여름부터 탈레반은 공격에 나섰고, 2008년 말에는 아프간 정부와 경제를 마비시킬 정도의 타격을 입혔다. 그 이후에는 반군이 압박을 받으면 파키스탄에 은신처를 마련할 수 있기 때문에 그들을 물리치는 것이 쉽지 않았다.

탈레반(및 하카니 계열)의 귀환 조짐은 점점 더 우려스러운 상황으로 치닫고 있었다. 2008년 7월 13일 아프간 북동부 와나트의 미군 초소를 공격한 탈레반 병력 300여 명은 지역 주민의 도움을 받아 외곽 경계선을 뚫고 들어와 미군 9명을 살해하고 27명을 다치게 한 후, 아파치 공격 헬기와 근접 공중 지원의 공격을 피해 달아났다.[44] 헬만드강 유역의 영국군과 칸다하르의 캐나다군도 마찬가지로 탈레반의 공격으로 압박을 받고 있었으며, 진지를 고수하기 위해서는 미군의 지원이 필요했다. 이라크 전쟁에 대한 미국의 관심과 우선순위가 높아지면서 합참의장 마이클 멀린Michael Mullen 제독은 하원 군사위원회 위원들에게 "아프간에서는 우리가 할 수 있는 일을 하고 있다. 이라크에서는 우리가 해야 할 일을 한다"고 말했다.[45]

2008년 가을, 아프간 작전은 자원이 부족하고 전략적 실패의 위험에 처해 있었으며, 최고지휘관들도 이를 알고 있었다. 아프간 사령관인 데이비드 매키어넌David McKiernan 장군은 2009년 8월로 예정된 아프간 선거를 앞두고 아프간 남부 파슈툰 지역을 확보하기 위해 추가 병력을 요청했고, 이에 필요한 기지 건설에 착수했다. 이에 따라 부시 행정부는 임기 마지막 달에 지상군 여단 몇 개와 제2항공여단(총 2만 1000명 규모)의 추가 파병을 승인했지만, 다른 몇 가지 요청은 버락 오바마 차기 행정부로 떠넘겼다. 한편, 영국, 캐나다, 네덜란드의 유능한 지휘관들이 순환 지휘하는 남부 지역 사령부에서는 나토군의 단점이 분명해졌지만, 이들 국가는 더 이상 국내 청중에게 정치적 입맛에 맞지 않았기 때문에 실제로 대반란 작전을 수행하고 있다는 사실을 인정하기가 점점 더 어려워졌다.[46]

2009~2011 : 아프간의 병력 증파[47]

버락 오바마 대통령은 2009년 1월 이라크 전쟁을 종결하고 자신과 지지자들이 '좋은 전쟁'으로 인식하는 아프간 전쟁을 지원하겠다는 의도로 취임했다. 이라크에서 '병력 증파' 작전의 성공으로 그곳에 병력 투입의 필요성이 줄어들면서, 아프간에 집중하여 자원을 투입할 수 있게 되었다. 이에 따라 대통령은 존경받는 전직 CIA 고위 관리였던 브루스 리델Bruce O. Riedel에게 전략 검토를 맡겼다. 그러나 검토가 끝나기도 전에 국방부는 다가오는 대선의 안전을 보장하기 위해 아프간에 3만 명의 병력을 추가 파병해달라고 요청했다. 약간의 논쟁과 검토 끝에 파병 규모는 1만 7000명으로 축소되었고 오바마는 이 요청을 승인했다.

3월에 대통령에게 전달된 리델의 검토 보고서는 "파키스탄과 아프간에서 알카에다를 교란, 해체, 격퇴하고 향후 두 나라로 복귀하는 것을 막는 것"으로 임무를 제한할 것과 다음 사항들을 요구했다. 행정부는 파키스탄을 이 문제의 필수적인 부분으로 취급해야 한다. 파키스탄이 '국경을 가로지르는 은신처'를 폐쇄할 가능성이 낮다는 점을 인식한 연합군은 대신 탈레반의 승리를 막을 수 있도록 ANSF를 강화해야 한다. 그런 다음에야 연합군은 아프간에서 군대를 철수하고 떠날 수 있다. 그러나 먼저 탈레반을 약화시켜 전략을 실행할 수 있는 기회를 제공해야 한다.

이 목표를 달성하기 위해서는 통합된 대테러 전략의 실행이 필요했다. 아프간 육군의 병력은 2년 동안 13만 4000명으로, 아프간 경찰의 병력은 8만 2000명으로 증원될 것이다. 미국은 이미 승인된 병력 증원에 더해 4000명의 훈련병을 아프간에 추가로 파견할 것이다.

증원 병력이 모두 아프간에 도착하면 아프간 주둔 미군 병력은 6만 8000명으로 늘어나게 되는데, 이는 몇 달이 소요될 것이다. 또한 수많은 국가재건 작업을 처리하기 위해 민간인들도 대거 투입될 것이다.[48]

오바마 대통령은 전세를 뒤집는 데 필요한 노력의 규모를 잘 알고 있었다. 그는 나중에 "분명한 것은 리델 보고서가 요구한 미국의 헌신은 단순한 대테러 전략을 넘어 국가건설을 지향한 것이었다. 탈레반을 카불에서 몰아낸 7년 전에 시작했더라면 의미가 있었을 것이다"라고 썼다.[49] 이는 틀린 말이 아니었다.

공화당 출신 전임자가 발탁했음에도 오바마 대통령이 그를 유임시킬 정도로 높은 평가를 받았던 로버트 게이츠Robert Gates 국방장관이 보기에 새로운 전략은 다른 사령관이 실행해야 했다. 이라크 침공 당시 지상군을 지휘하고 이후 유럽 주둔 미군을 지휘했던 매키어넌 장군은 2008년 6월부터 ISAF를 지휘했지만, 게이츠와 다른 고위 관리들의 견해에 따르면 그는 아프간의 비전통적이고 복잡한 상황에 충분히 적응하지 못했다고 한다. 5월, 게이츠는 그를 ISAF 사령관에서 해임하고 1개월 뒤 전쟁 지역에서 5년 동안 특수작전부대를 훌륭하게 지휘해 높은 평가를 받고, 미 합동참모부 본부장을 역임한 스탠리 매크리스털 장군으로 교체했다.[50] 게이츠는 또한 매크리스털에게 아프간에 3성 사령부를 만들어 작전 및 일상 업무를 처리하도록 지시하여 이라크의 지휘 체계를 복제하고, 4성 ISAF 본부는 중요한 전략적 노력에 집중할 수 있게 했다. 5개월 뒤에는 이라크의 훈련 및 장비 조직을 모방한 3성 미군 장군이 이끄는 나토 아프간 훈련단NTM-A이 창설되었다. 이 모든 조직 변화는 이미 오래전부터 예고된 것이었다.

매크리스털에게 60일 동안 아프간의 상황을 전략적으로 평가하고 게이츠를 통해 대통령에게 보고할 시간이 주어졌다. 안타깝게도 미국 대사관은 평가 과정에 직접 참여하지 않았고, 이는 워싱턴에서 논의된 결과에 부정적 영향을 미칠 수 있는 단점이었다. 작전 지역을 둘러본 후 매크리스털은 거버넌스가 개선되어야만 반군을 물리칠 수 있으며, 이를 위해서는 치안을 개선하고 주민들을 협박과 폭력으로부터 보호해야 한다는 결론을 내렸다. 이를 위해 한 번에 한 지역씩 전통적인 '오일 스팟' 접근방식을 사용하여 주민 중심의 대반군 작전을 수행하고, 그 결과 확보된 치안을 확대하는 방식으로 작전을 수행하기로 했다. 남부가 주요 타깃이 될 예정이었다. 실제로 이는 이미 주둔하던 미 해병대와 영국군이 전투를 벌이고 있는 헬만드강 계곡에서 작전을 시작한 다음, 탈레반 지도자와 탈레반 운동의 발상지인 동쪽의 험준한 칸다하르주까지 작전을 확장하는 것을 의미했다. 다른 사령부들은 각 지역의 현지 상황에 맞게 조정된 동일한 대반란 작전의 교본에 따라 작전을 수행하게 되었다. 그리고 매크리스털은 카르자이와 아프간 국민들이 연합군에 등을 돌리게 만든 민간인 사상자를 줄이기 위해 무력 사용에 있어 '용기 있는 절제'를 강조했다.[51]

아프간에 민간 및 군사 자원을 지원하려면 아프간 현지에서 의지와 능력을 갖춘 파트너가 필요했다. 그러나 오바마 행정부는 아프간 정부가 절망적으로 부패했다고 보고, 파키스탄과 아프간의 미국 특별 대표인 리처드 홀브룩 대사(보스니아 내전을 종식시킨 1995년 데이턴협정을 총괄한 인물)는 다가오는 대선에서 카르자이의 입지를 약화시키기 위해 노력하기도 했다. 결선 선거에서 문제가 되는 상황을 피하기 위해 카르자이는 50퍼센트 이상의 득표율을 얻어야 했고, 이를 위해 일부 지지자들은 투표함에 투표용지를 채워 넣는 방법을 사용했다.

2009년 8월 선거는 결국 결선투표로 이어졌지만, 카르자이는 11월 2일 상대 후보였던 압둘라 압둘라Abdullah Abdullah가 미국 정부의 회유로 선거에서 사퇴하면서 무난히 승리했다. 게이츠 국방장관은 "우리 파트너인 아프간 대통령이 오염되었고, 우리 손도 더러워진 추악한 선거였다"고 말했다. 게이츠의 평가에 따르면, 이 선거는 '서툴고 실패한 쿠데타'였다.[52] 또한 홀브룩과 카르자이와의 관계, 그리고 칼 아이켄베리Karl Eikenberry 미국 대사(3성 장군으로 아프간 주둔 미군 사령관을 지냈음)와의 관계도 크게 훼손되었다.

전투력을 인구 밀집 지역에 집중하기 위해 지휘관들은 이제 거의 제 기능을 하지 못하는 외딴 전투 전초기지에서 병력을 철수시켰다. 2009년 10월 3일, 300명의 탈레반 전사들이 아프간 북동부 누리스탄주에 위치한 키팅 전초기지를 공격했을 때 이 과정은 아직 완료되지 않았다. 탈레반은 9시간에 걸친 전투에서 지형적으로 열악한 이 진지를 거의 점령할 뻔했지만, 적시에 이루어진 공중 지원과 아파치 공격헬기의 출격, 그리고 지상에 있던 병사들의 용감한 행동으로 탈레반을 몰아낼 수 있었다. 공격자들은 미군 8명과 아프간 군인 3명을 죽이고 27명을 다치게 했으며, 자신들도 수십 명의 사상자를 냈다.[53]

한편 8월 말 게이츠에게 전달된 매크리스털의 냉정한 평가는 아무 것도 바뀌지 않는다면 아프간에서 전략적 실패를 맞이할 것임을 경고했다. 안타깝지만 놀랍지는 않게도 매크리스털의 평가는 워싱턴에 도착한 지 2주 만에 《워싱턴 포스트》에 유출되었다. 그 후 얼마 지나지 않아 매크리스털은 부분적으로 자원이 확보된 대테러 전략을 위해 병력 4만 명을 증파하고, 아프간 치안군을 군인 24만 명과 경찰 16만 명으로 2배로 늘릴 것을 권고했는데, 나는 중부사령부 사령관

으로서 합참의장 멀린 제독과 마찬가지로 강력하게 지지했다.[54]

　오바마 대통령은 이제 곤경에 처했다. 현지 사령관의 '병력 증파' 요청을 지지하거나 아프간 전쟁에 자원이 부족하다는 비난을 받아 잠재적 패배의 부담을 짊어지게 될 수도 있었다. 패전 전략과 증원 전략 모두 조 바이든Joe Biden 부통령, 대통령의 정치 고문, 일부 국가 안보회의 참모진, 칼 아이켄베리 아프간 주재 미국 대사의 회의론에 부딪혔다. 이들은 오바마 대통령이 주재하는 최종 전략검토회의 직전 인 11월 6일에 장문의 전보를 보내, 대반란 전략을 비판하고 카르자 이가 적절한 전략적 파트너가 아니라고 주장했다.[55] 이 정보도 유출 되어 아이켄베리와 카르자이 대통령 사이의 중요한 관계가 대사로서 남은 임기 동안에 악화되었다. 9월 13일부터 11월 말까지 아홉 차례 에 걸친 국가안보회의에서 대통령과 국가안보팀은 아프간의 현안과 매크리스털의 '병력 증파' 요청이 미칠 영향에 대해 고심했다. 대통령 과 바이든 부통령, 참모들은 군이 자신들의 행동방침을 받아들이도 록 강요하기 위해 대통령을 압박하고 있다고 여겼다.[56] 이 문제는 게 이츠가 보기에 "너무 오래 진행된 과정"을 통해 세부 사항들이 해부 수준으로 "낱낱이 까발려졌다."[57] 부통령을 비롯한 일부 인사들이 선 호하는 알카에다 격퇴에 초점을 맞춘 강화된 대테러 전략은 아프간 현지에서 의지와 능력을 갖춘 파트너가 없다면, 특히 주요 위협이 테 러리스트가 아니라 탈레반과 하카니 반군이라는 점을 고려할 때, 적 어도 향후 2~3년 동안 연합군이 주도해야 할 대규모 대반란 작전으 로만 대처할 수 있다는 점을 고려할 때, 효과가 없을 것이다. 다른 한 편으로, 상상할 수 있는 정도의 국가건설로는 합리적인 비용이나 수 용 가능한 기간 내에 아프간을 서구식 민주주의 국가로 전환시킬 수 없을 것이다.

본질적으로 행정부는 차이점을 절충하려고 했다. 선택된 항목은 알카에다를 격퇴하고, 인구 밀집 지역을 보호하고, 탈레반을 약화시키고, 아프간 정부의 주요 부처를 안정시키고, ISAF가 치안 기능을 이양할 수 있을 정도로 아프간 치안군을 구축하기 위해 부분적으로 자원을 지원하는 대반란 작전(대통령과 그의 참모들은 그렇게 부르지는 않지만)이었다. 오바마 대통령은 미군 3만 명의 증파를 승인했으며, 나토 동맹국으로부터 1만 명을 추가 파병하기로 했다. 아프간 치안군이 증원되기는 했지만 매크리스털이 제안한 40만 명까지는 아니었다.[58]

11월 29일 일요일, 나는 탬파에서 오후 5시에 대통령, 부통령, 람 이매뉴얼Rahm Emanuel 백악관 비서실장, 게이츠 장관, 멀린 합참의장, 제임스 카트라이트James Cartwright 합참의장, 짐 존스Jim Jones 국가안보 보좌관 등이 참석한 가운데 백악관에서 소집되는 긴급회의에 참석하라는 전화를 받았다. 대통령은 전략과 추가 병력 수에 대한 결정을 설명한 후, 대중에게 병력 증강을 발표하면서 18개월 후에는 추가 병력을 철수하기 시작할 것이라는 점도 함께 알릴 예정이었다. 이 결정은 나를 비롯하여 회의장에 있던 다른 군인들에게도 완전히 놀라운 일이었기 때문에 우리는 동의를 표시하기 전에 그 의미를 생각할 시간이 없었다.

이틀 후, 웨스트포인트사관학교 생도들 앞에서 대통령은 2011년 7월 1일까지 아프간에 증원되는 병력의 재파병 종료일이 포함된 내용의 연설을 했다. 돌이켜보면 실제 정책 검토 과정에서 논의되지 않았던 이 결정은 잘못된 결정이었으며 새로운 전략의 효과를 희석시킬 수 있었다. 계획 수립의 도구로서 잠정 철수 일정을 설정하는 것은 잘못된 것이 아니었지만, 이를 공개적으로 발표함으로써 탈레반은 현지 상황과 무관하게 병력 증파가 일시적으로만 이뤄질 것이고, 그 부대가 18개월 이내에 철수할 것이므로, 몸을 움츠리고 미군이 물러갈 때까지 그저 기다리기만 하면 된다는 신호를 보냈다.

———

'병력 증파 작전'은 2010년 1월 헬만드강 계곡에서 '모슈타락 작전('함께'를 뜻하는 다리Dari어)' 개시와 함께 시작되었다. 이후 작전은 동쪽으로 칸다하르주까지 확대되었다. 초기 작전은 경로 확보에 중점을 두었지만, 2월의 2단계 작전부터는 영국과 미 해병대 부대가 공중으로 기동하여 마르자를 시작으로 일부 마을을 확보하고 지역 정부를 활성화하여 지역 자원과 국가 자원을 연계하는 작업을 수행했다. 이러한 노력은 '상자 속의 정부'*라는 유감스러운 선전 문구로 불렸고, 이것이 기대에 미치지 못하자 널리 조롱의 대상이 되었다. 그러나 헬만드의 여러 마을을 점령하는 전술적 성공에도 불구하고 탈레반은 완전히 사라지지 않았다. 많은 대원들이 곳곳에 흩어져 숨고, 다른 대원들은 헬만드주의 다른 지역이나 파키스탄으로 도망쳐, 미국과 나토 파트너들이 떠날 날을 기다렸다.

　　새로운 전략의 일환으로 CIA와 군대는 아프간과 파키스탄에서 드론 공격과 대테러 공습 횟수도 늘렸다. 파키스탄 영토에 대한 공습은

———

* 마치 상자 속에 넣은 필수품을 널리 분배하듯, 정부의 기능 발휘에 필요한 인원·물자·예산·인프라·경찰·사법·행정 등의 기능을 신속히 현지에 전파하기 위한 접근방식을 말한다.—옮긴이

이슬람 극단주의자 및 하카니 조직이 있는 서부 부족 지역으로 제한되어 발루치스탄의 탈레반 은신처에는 영향을 미치지 않았다.(단, 탈레반이 철수한 후 한 차례 예외가 있었다). 그러나 아프간에서는 제한이 적었고, 아프간에서 활동하는 특수작전사령부SOCOM의 일원인 작전팀 714는 탈레반 지도자와 테러 요원을 사살하거나 생포하는 작전을 가속화했다.[59] 불행하게도 폭격과 야간 공습이 증가하면서 아프간 국민과 공습을 과도하고 '억압적'으로 여기는 카르자이 대통령과의 긴장을 고조시키기도 했다.[60]

4월의 주요 작전은 칸다하르주로 전환되었지만, 안타깝게도 매크리스털 장군은 나머지 급습 작전을 지휘할 수 없었다. 6월 22일, 마이클 헤이스팅스Michael Hastings 기자는 타블로이드지 《롤링스톤》에 '고삐 풀린 장군'이라는 제목의 기사를 실었는데, 유럽을 방문 중인 매크리스털과 그의 직속 참모 몇 명이 부통령과 다른 고위 관리들을 비방하는 발언을 했다는 내용이 담겨 있었다.[61] 대통령이 이전에 매크리스털이 자신의 권위에 도전하는 것으로 간주했던 두 사건 이후에 이런 기사가 나온 것이어서, 이는 불행한 일 이상의 의미를 지녔다. 그날 저녁, 매크리스털은 워싱턴으로 날아갔고, 오바마 대통령은 그의 사표를 수리했다.

미 중부사령부 사령관으로서 아프간 정책 검토에 참여했고, 이라크에서 3개 직책을 맡아 4년간 복무했으며, 2007~2008년 '병력 증파' 당시 이라크에서 지휘를 맡았던 내가 매크리스털의 후임으로 오바마와 게이츠의 선택을 받았다. 나는 제안을 수락했고(대통령이 어려운 임무를 맡아달라고 요청하면 '네!'라고 대답할 수밖에 없다), 매크리스털의 사임을 수락한 지 불과 몇 시간 만에 오바마는 나의 지명을 상원에 제출하여 인준을 받겠다고 발표했다.[62] 매우 신속한 인준 절차를 거쳐 나는 일주일 만에 비행기를 타고 나토 본부를 거쳐 카불로 향했다.

아프간에 병력을 배치하려면 엄청난 병참 확보가 필요했다. 불행하게도 파키스탄을 거쳐 아프간으로 향하는 보급로에는 군벌과 범죄 조직 두목, 부패한 정부 관리들의 비호와 갈취가 난무했다.[63] 한 가지 다행스러운 소식은 내가 미 중부사령부 사령관으로 재직할 때 조율했던 러시아(당장은 이 작전에 협조했다), 캅카스, 중앙아시아를 거쳐 아프간으로 향하는 일련의 상업적 보급로인 북부 유통망NDN이 몇 달 전에 구축되었다는 점이다. NDN은 아프간 북부로 향하는 물류 처리량을 증가시켰을 뿐만 아니라 파키스탄 영토를 통과하지 않는 대체 공급 경로가 존재했기 때문에 연합군에 대한 파키스탄의 영향력을 감소시켰다. 그러나 북부 루트는 전투 차량, 무기, 군수품이 자국 영토를 통과하는 것을 허용하지 않으려는 특정 국가들과 힌두쿠시산맥을 통과하거나 그 주변을 지나 아프간 중부와 남부로 이동하는 데 따르는 어려움으로 인해 한계가 있었다.[64]

2008년부터 2011년까지 아프간 주둔 미군은 2만 8000명에서 10만 명을 약간 상회하는 병력까지 증가했고, 나토군은 3만 2000명에서 5만 명 이상으로 증가했다.[65] 마침내 모든 증원 병력이 배치되면서 칸다하르 주변 지역은 안정되기 시작했고, 특히 2010년 가을에 훈장을 받은 뛰어난 전투 지휘관인 아서 캔더리언Arthur Kandarian 대령이 지휘하는 제101공수사단 제2여단(타격 전략팀)이 일련의 공격 작전으로 칸다하르 서쪽의 문제가 되었던 아르간답강 계곡을 점령하고 다른 부대들이 도시 남쪽의 문제 지역을 점령하면서 안정화되기 시작했다. 또한 특수부대의 야간 공습으로 수백 명의 탈레반 전사들을 전장에서 몰아냈다. 2011년 3월이 되자 탈레반은 더 이상 칸다하르와 외곽 지역을 점령할 수 없게 되어, 이 중추적 지역에서 대규모 기동 작전이 종결되었다. 아프간 치안군은 이제 26만 명으로 늘어났고, 양적 증가가 질적 증가로 이어지지는 않았지만 대부분 연합군과 협력하여 더 효과적으로 활동할 수 있게 되었다. 이러한 진전에도 불구하고 아프간 군대와 경찰의 수는 여전히 국가 전체의 치안을 확립하기에는 너무 부족했다. 나는 아프간 지역 주민들이 스스로 지역사회를 보호할 수 있도록 장려하는 혁신적 프로그램을 지원함으로써 이러한 부족함을 보완하고자 했다.

이 중 하나가 중요한 역할을 했다. 2009년 10월 온라인에 게재된 '최고의 대반란군'으로 평가받는 특수부대원 짐 간트 소령의 논문에서 영감을 얻은 마을안정작전VSO은 12명으로 구성된 특수부대 팀을 아프간 지역사회에 투입하고 통역사, 군탐지견팀, 의료팀, 민사팀, 심리작전팀, 정보분석가 및 문화지원팀 등의 지원을 받는 방식으로 이루어졌다. 특수작전팀은 최소한의 훈련과 무장을 갖춘 지역 부족 지도자들이 선발한 지역 기반 보안부대인 아프간 지역 경찰ALP의 모집을 지원한다.[66] 또한 특수작전팀은 해당 지역의 아프간 육군 및 경찰, 연합군 및 아프간 특공대와 함께 치안을 조율한다. 팀장들은 지방 정부 및 부족 당국과 협력하고 국제, 비정부, 국가 기관 및 단체가 관리하는 개발 사업과도 연계했다. 나는 이 프로그램의 성공에 결정적인 역할을 할 카르자이 대통령이 이를 지지하도록 설득하기 위해 열심히 노력했다.[67] VSO와 ALP는 아프간인들이 농촌 지역을 정리하고 탈레반의 재침에 대비할 수 있게 해주었으며, 본질적으로 치안이 확립된 지역을 대대적으로 늘릴 수 있게 해주었다. 나는 이 프로그램이 매우 중요하다고 생각했기 때문에 궁극적으로 보병 2개 대대를 배치해 특수부대를 보강하고, 프로그램이 절정에 달했을 때 3만 명의 ALP를 고용해 2배나 많은 마을안정작전 지역을 담당할 수 있도록 했다.

이 프로그램의 '산업화'를 겨냥한 비판이 있었지만, 특히 급증세가 꺾이기 시작하면서 VSO와 ALP는 매우 성공적이었고, 나중에 파키스탄 아보타바드에 숨어 있던 오사마 빈 라덴의 은신처에서 압수된 문서에서 간트 소령을 암살하라는 지시와 함께 여백에 표기된 간트의 논문 사본이 발견될 정도였다.[68]

나는 또한 '병력 증파'의 군사적 측면을 보완하기 위해 여러 가지 특별 계획을 도입했는데, 그중 일부는 이라크의 '증파' 작전에서 차용하고 아프간의 상황에 맞게 수정했다. 카르자이가 궁극적으로 지지하는 재통합 개념과 과정은 탈레반의 화해 가능한 요소들을 카불의 아프간 정부와 조화시키려는 시도였다(이라크에서 시행된 증파 작전의 성공적인 화해 노력과 유사하다). 이 계획은 궁극적으로 약 2만 5000명의 탈레반 대원을(이라크에서 화해한 수는 10만 3000명) 설득했지만, 파키스탄에서 국경을 넘나드는 은신처의 유혹과 시간이 지나도 안보상의 이득을 지속하기 어렵다는 점을 고려할 때, 많은 경우의 개종은 일시적인 것으로 판명되었다.* 또한 아편 시장의 강세와 성공적인 작물 대체 프로그램 구축의 어려움으로 인해 마약과의 전쟁은 '시시포스적인 노력'(끝없이 반복되는 고행)이었지만, 대마약 전략팀도 설립했다. 그

---

* 여기서 말하는 '개종'이란 탈레반 전투원들이 반란군으로서의 생활을 청산하고, 카불 정부가 노력하는 '재통합' 캠페인에 동화되어, 탈레반-아프간 정부 사이의 적대관계를 청산하고, 책임 있는 사회의 일원이 되려는 노력을 종합적으로 지칭하는 용어다. 그러나 '개종'한 것처럼 보이는 탈레반들이 다시 과거의 모습으로 돌아가는 사례가 많았다.─옮긴이

리고 나는 이라크 '증파 작전' 당시에 유사한 노력을 이끌었던 탁월하고 이타적인 법무관 마크 마틴스Mark Martins 준장 산하에 법치주의 전략팀을 설치하여 아프간 사법 및 교도소 체제를 개선하고 아프간의 전통적인 정의의 개념을 국가의 중요한 법적 구조와 통합하는 데 중점을 두었다.

아프간 정부의 부패와 싸우는 것은 특별한 도전이었으며, 나는 이라크 '증파 작전'과 내가 중부사령관이었을 당시에 여러 차례 중요한 전략평가를 지휘하는 등 이라크에서 여러 전투를 치르며 능력을 입증한 탁월한 장교인 맥매스터 준장 산하에 반부패 전략팀을 설치하여 이를 해결하려고 노력했다. 이를 통해 아프간 공군 참모총장(카불 공항의 램프 공간을 개인적으로 임대), 외과의사(의약품 절도·판매), 카불군 병원장(고가의 진단 장비에 전력을 공급하는 발전기의 연료 절도 등 여러 범죄)을 강제 해임하는 등 주목할 만한 성과를 거두기도 했다. 그러나 아프간 사회에 만연한 부패와 이 기간 동안 아프간에 쏟아진 원조의 쓰나미를 고려할 때 이러한 노력은 부족할 수밖에 없었다.[69] 국제 원조는 책임감과 충분한 자제력이 부족한 고위층들 사이에서 부패의 기회를 너무 많이 만들어냈다. 2004년 새로 선출된 아프간 정부가 집권하면서 설립된 카불은행보다 더 좋은, 혹은 더 나쁜 사례는 없을 것이다. 2010년까지 미국은 아프간 군대와 경찰의 급여를 지급하기 위해 이 은행에 10억 달러에 가까운 돈을 예치했다. 그러나 그해 이 은행은 수억 달러가 계좌에서 사라지고 두바이의 수상한 부동산 투자가 아프간 고위 관리의 가족과 연관된 것으로 드러나는 등 광범위한 횡령과 사기로 인해 거의 파산에 이르렀다.[70]

하지만 아프간 침공 9년 후인 2010년 말, 군인, 외교관, CIA 요원,

개발 인력, 기타 민간 인력 및 자금이 추가로 투입되면서 아프간에서의 노력은 마침내 처음으로 '투입'을 제대로 할 수 있게 되었다. 수년간의 불충분한 관심과 자원 지원 끝에, 연합군의 노력은 (매크리스털 장군이 시작하여 나의 재임 기간 동안 나토 및 미국 민간 전문가들과 함께 완성한) 올바른 전략 개념, 올바른 조직 구조, 올바른 수준의 인력, 군대와 지도자의 올바른 준비, 상당히 개선된 군사 장비와 자산을 개발했다. 이 모든 것이 병력 감축으로 인해 더 이상의 진전이 제한되기 전까지 2년여 동안 상당한 진전을 이룰 수 있었다. 그러나 아프간에서의 첫 9년을 적절히 활용하지 못한 것은 2021년 최종 철수 때까지 임무를 괴롭힐 것이었다.

탈레반이 압력을 받고 있는 상황에서 홀브룩 대사는 그들을 협상 테이블로 끌어낼 수 있는 가능성을 모색했다. 카르자이는 2010년 여름 부족 원로회의의 지지를 받아 협상을 위한 고위평화위원회를 설립했다. 그러나 이 과정에서 이해당사자들을 달래는 것은 어려운 일이었다. 파키스탄은 자국의 이익이 고려될 수 있도록 협상에서 역할을 요구했다. 타지크족, 우즈벡족, 하자라족은 파슈툰족 다수에게 지나치게 많은 권한을 부여하는 협정을 우려했다. 그리고 아프간의 많은 미국 정책 입안자들과 지도자들은 특히 탈레반이 미국인들이 떠나기를 원하고 2011년 여름에 떠날 계획이라는 것을 알고 있었기 때문에 탈레반과 의미 있는 합의를 이루는 것이 불가능하다고 믿었다. 안타깝게도 첫 번째 탐색전 직후에 홀브룩은 대동맥 파열로 사망했다.[71]

2011년 5월 중순, 탈레반과의 회담에 반대하는 아프간 관리들이 예비협상이 이뤄지고 있다는 사실을 언론에 유출했다. 예상대로 파키스탄 관리들은 이 과정에서 자신들이 배제되었다는 사실에 분노했고, 탈레반은 회담을 중단했다. 열기가 식은 후 8월 카타르 도하에서 회담이 재개되었다. 협상가들은 그곳에 탈레반 외교 사무소를 개설하는 방안을 논의했지만, 카르자이는 향후 협상에서 자리를 요구하며 이 기획에 찬물을 끼얹었다. 2013년 6월, 탈레반은 마침내 카타르에 사무소를 열었지만, 개소식에서 탈레반 대표들이 아프간 국기를 받아들이지 않겠다는 뜻으로 '아프간 이슬람 에미리트' 깃발을 공개하자 다시 한번 감정이 격해져 사무소가 폐쇄되었다.[72] 회의론자들은 미국과 연합군 파트너가 철수 계획을 철회하지 않는 한 탈레반과 합의가 이루어질 경우 그들의 조건대로 이루어질 가능성이 높다는 것을 증명했다.

전쟁이 타당한 결론에 도달할 수 있는 유일한 방법은 시간이 지남에 따라 탈레반에 대항할 수 있는 아프간 치안군을 구축하는 것이었다. 2010년 11월 리스본에서 열린 나토 정상회의에서 동맹국들은 ISAF의 임무를 연장하는 것 외에도 2014년 말까지 모든 지역을 아프간 통제권으로 전환하기로 결정했기 때문에 이 문제는 시급한 과제였다. 그러나 이러한 전환을 위한 여건을 조성하는 임무의 중요성에도 불구하고, 나토 아프간 훈련단NTM-A은 여전히 고문과 훈련관이 매우 부족한 상태에서 운영되고 있었다. 또한 아프간 신병의 86퍼센트가 문맹이었기 때문에 실무 교육이 필수적이었다.[73] 이러한 현실에 대처하기 위해 아프간 훈련단 사령관 윌리엄 콜드웰William Caldwell 중장은 아프간 신병들에게 기본적인 군사 및 경찰 업무를 소개하면서 읽고 쓰는 방법을 가르치는 문해력 교육 프로그램을 마련했다. 그는 또한 아프간 군인과 부대가 연합군이 시행 중인 대테러 교리에 따라 작전을 수행할 수 있도록 훈련 프로그램을 만들었다.

2011년 여름, 수천 명의 병력이 처음으로 철수하는 시기가 다가오면서 아프간 치안군은 육군 및 공군 17만 명, 경찰 13만 6000여 명 등 총 30만 명을 넘어섰다. 아프간 훈련단은 정권 이양 시기가 임박해짐에 따라 아프간 치안군을 계속 증강했다. 2012년 여름, 아프간 치안군이 35만 명의 군인과 경찰에 육박하자 카불은 이 병력 수준을 유지하기 위해 국제사회의 재정적 지원을 계속 필요로 할 것이 분명해졌다. 그러나 탈레반을 물리칠 수 있을 뿐만 아니라 최소한 대적할 수 있는 군대를 만들고, 나중에 카불이 지원할 수 있는 수준으로 규모를 축소하는 것이 필수적이었다. 일부 아프간 부대, 특히 미군 특수부대원들이 훈련시킨 특공대는 장비가 잘 갖춰져 있고 유능했지만 대다수 부대는 기강 해이, 사기 저하, 탈영 등으로 어려움을 겪었고 많은 사상자를 냈다. 또한 아프간군은 일부 지역에서 보안 임무의 첫 전환 날짜가 다가왔음에도 불구하고 근접 항공 지원, 전술 공수, 의료 후송과 같은 미국의 지원에 여전히 불길하게 의존하고 있었다.

철수 개시 시점이 2개월 앞으로 다가온 2011년 5월 2일, 미국 특수작전부대는 파키스탄에 헬기 기습 공격을 감행하여 아보타바드 인근의 은신처에서 오사마 빈 라덴을 찾아내 사살함으로써 전쟁의 주요 목표를 달성했다. 빈 라덴을 죽인 '넵튠의 창 작전Operation Neptune Spear'은 10년이 넘는 정보 활동의 정점으로, 마침내 그의 위치를 정확히 찾아낸 작전이었다. 네이비실 대원들은 특수장비를 갖춘 육군 헬기 2대에 탑승하여 파키스탄으로 날아갔고, CH-47 헬기 1대와 귀환을 위한 연료를 적재한 또 다른 CH-47 헬기의 지원을 받아 신속 대응부대가 뒤를 따랐다. 육군 항공기 1대가 착륙 중 추락했지만 탑승자는 다치지 않고 부서진 헬기 잔해에서 빠져나왔다. 이후 작전 요원들은 오사마 빈 라덴과 그의 아들 칼리드Khalid, 2명의 공범인 아흐메드 알 쿠웨이트Ahmed al-Kuwaiti와 아브라르 알 쿠웨이트Abrar al-Kuwaiti, 그리고 남편을 총격으로부터 보호하려 했던 아브라르의 아내 부슈라Bushra를 사살하고 건물 안으로 들어가 방을 하나씩 소탕했다. 공격팀은 방대한 양의 문서, 컴퓨터 하드 드라이브, CD, DVD, 메모리 카드, 썸드라이브, 비디오 및 알카에다의 과거 작전과 향후 수개월 및 수년 동안 수행하도록 계획된 작전을 자세히 살펴볼 수 있는 자료를 회수했다. 빈 라덴의 시신은 잘랄라바드의 특수부대 기지로 옮겨져 신체적 특징과 안면인식 분석을 통해 신원이 확인되었다.[74] 이후 시신은 바그람으로 이송된 후 해병대 수직이착륙기인 오스프리에 실어, 아라비아해에 위치한 USS 칼빈슨호로 옮겨져 이슬람 장례식을 치른 후 심해에 안치되었다.[75]

파키스탄 관리들이 주권 침해에 분노하며 미국 당국이 빈 라덴의 위치를 알려주었더라면 그를 체포해 법의 심판을 받게 했을 것이라는 항의는 신빙성이 떨어지는 속 보이는 변명이었다. 파키스탄 당국이 빈 라덴의 위치를 알고 있었다는 증거가 전혀 없음에도 불구하고 빈 라덴이 파키스탄 사관학교에서 1.6킬로미터도 채 떨어지지 않은 곳에 파키스탄정보국의 통보 없이도 거주할 수 있었다는 점도 상상의 나래를 펼쳐야만 이해할 수 있는 포인트였다.[76]

2011년 6월 22일, 오바마 대통령은 아프간에서 병력 철수를 시작한다고 발표했다. 연말까지 약 1만 명의 병력이 아프간에서 철수하고, 이듬해 여름까지 2만 3000명의 병력이 추가로 철수할 것이라는 발표였다. 병력 증파는 탈레반을 약화 및 격퇴시키며, 아프간 정부군의 규모와 역량을 키우고, 아프간 주요 정부 기관을 더욱 발전시키며, 일부 지역에서 아프간군에게 치안 업무를 이양하는 데 필요한 시간을 벌어주려는 목표를 달성했다. 그러나 2014년 말로 예정된 치안 책임의 완전한 이양 이후에도 아프간 정부와 치안군이 탈레반을 상대할 수 있을지는 여전히 불투명했다. 당시 미국의 아프간 개입이 10년째에 접어들면서 이제 겨우 중간 지점에 도달했다는 사실을 누구도 깨닫지 못했다.

2012-2014 : 주도권을 잡은 아프간인들[77]

2010년과 2011년의 '병력 증파'는 전술적·작전적으로 성공적이었고 ANSF가 성장 및 성숙할 수 있는 시간을 벌어주었지만 아프간 전쟁의 근본적인 정치적·전략적 역학관계를 바꾸지는 못했다. 아프간 국민들은 부패하고 비효율적인 정부에 대한 불신이 여전했고, 특히 농촌 지역에서는 일상생활을 개선하는 데 거의 도움이 되지 않는 것처럼 보였다. 파키스탄은 '연합부족자치지역'의 일부 반군 단체를 표적으로 삼았지만, 아프간의 주요 적대 세력이었던 탈레반과 하카니 네트워크보다는 주로 파키스탄 내부에서 활동하며 파키스탄에 대항하는 단체를 표적으로 삼았다. 이 단체들은 파키스탄 내부의 은신처나 아프간의 외딴 지역을 이용하여 아프간에서 받은 타격을 딛고 재결집할 수 있었다.

주정부 통제가 아프간 정부의 소관으로 넘어가면서 주정부 재건팀도 철수하여 아프간 정부의 통치권 인수와 재건 활동에 길을 터주었다. 불가피한 선택이었지만, 아프간 정부가 이러한 책임을 떠맡음으로써 만연한 부정부패가 발생할 가능성이 높아졌다.

2012년 봄 아프간 주둔 미군 사령부가 구금 시설과 특전사 공습 통제권을 아프간 정부로 이양한 후, 오바마 대통령과 카르자이 대통령은 미군이 아프간에 자문 및 지원 역할로 잔류할 수 있는 권한을 부여하는 '지속적 전략 동반자 협정'을 위한 논쟁적인 협상을 시작했다.[78] 오바마는 또한 아프간을 비#나토 주요 동맹국으로 지정하여 치안군 지원의 우선순위를 부여했다. 오바마 대통령은 당초 아프간에 9800명의 병력을 주둔시키기로 약속했지만, 2014년 5월 27일 소규모 치안군 지원부대를 제외한 대다수의 미군을 2017년 초 두 번째 임기가 끝날 때까지 철수하겠다고 발표했다. 2014년 12월 31일 비전투 나토 훈련 임무가 ISAF를 대체하고, 아프간군이 자국의 안보를 완전히 장악함에 따라 '항구적 자유 작전'은 아프간군의 훈련, 장비, 자문에 중점을 둔 '자유의 파수꾼 작전Operation Freedom's Sentinel'으로 전환되었다.

철군 기간 동안 아프간에서 대규모의 연합군 장비를 철수하면서 파키스탄을 통과하는 병참 경로가 압박을 받았고, 2011년 11월 말 미국 특수부대의 지원을 받은 아프간 특수부대 중대가 야간에 아프간 동부의 마야 마을을 급습했다가, 국경 바로 건너 고지대에 배치된 인근 파키스탄군의 공격을 받은 사건으로 상황이 더욱 악화되었다. 저공으로 비행한 F-15E 스트라이크 이글이 포격을 막지 못하자 현장의 미군 사령관은 공습을 요청했고, 파키스탄 군인 20여 명이 사망하고 10여 명이 부상당했다.[79] 이 사건으로 파키스탄 정부는 아프간과의 공식 국경 두 곳을 통과해 카라치 항구로 통하는 경로를 약 7개월 동안 폐쇄했다. 철수 일정을 맞추기 위해 많은 장비가 공중 수송을 통해 아프간을 떠났고, 일부는 ANSF로 이송되었으며, 일부는 운송 비용이 효율적이지 않다고 판단되어 철수하지 않았다. 4000대의 차량, 그중 1000대는 지뢰방호장갑차량이었으며, 그 자리에서 모두 파괴되었다.[80]

　동맹국 군대가 ANSF에 치안 책임을 인계하는 기간 동안 미군 특수부대는 탈레반의 균형을 유지하고 지도자를 생포 또는 사살하며 탈레반의 역량을 약화시키기 위해 강력한 대테러 작전을 계속 수행했다. 그러나 오바마 행정부는 드론 공습으로 인한 민간인 사상자 발생을 비난하는 단체의 공격을 받자 파키스탄에서의 드론 공습 횟수를 절반으로 줄였다(2012년 약 50회에서 2014년 25회로). 탈레반은 연합군의 병력 감축과 치안군 지원으로의 전환에 대응하여 연합군 훈련관과 고문들을 표적으로 삼아 아프간과 연합군 간의 신뢰를 무너뜨리는 '그린 온 블루green on blue' 내부자 공격을 감행했다. 2008년에는 2건, 2009년과 2010년에는 10건, 2011년에는 15건, 2012년에는 42건의 내부자 공격이 발생했다.[81] 탈레반과 하카니 네트워크는 미군 기지에 대한 대대적인 공격도 감행했다. 살레르노 기지(2012년 6월 1일), 펜티 기지(2012년 12월 2일), 캠프 배스티온(2012년 9월 14일)이 공격을 당했다. 캠프 배스티온 공격으로 6대의 해병 AV-8B 해리어기, 1대의 C-12 수송기, 3대의 해병 MV-22 오스프레이기, 1대의 C-130 수송기, 1대의 영국군 시킹 헬기가 파괴되고, 15명의 기습군 중 14명이 사살되었다.

　2012년 가을이 되어 급습 병력이 철수하고 나머지 ISAF와 미군 전투 병력이 아프간을 떠나는 과정에서 탈레반은 공격의 강도를 높이고 남쪽과 동쪽에서 아프간의 다른 지역으로 공격 작전을 확대하기 시작했다. 지역 안보 노력의 중요성을 인식한 탈레반은 당분간은 공격자들에 대항할 수 있는 ALP를 공격하는 데 집중했다. 그러나 2014년 말, 미군 특수부대도 철수하면서 VSO 현장과 관련 ALP에 대한 감독을 아프간 측에 맡겨야 했다. 2개 프로그램 모두 전환 과정에서 살아남지 못했다. 프로그램을 통합하고 참여자에 대한 책임을 확립하는 감독을 제공하던 미군 특수부대가 철수하면서 ALP도 지역 강자들의 학대에 취약해졌고, 많은 경우 보호해야 할 주민들을 희생양으로 삼게 되었다. 이러한 프로그램이 없다면 아프간 정부는 농촌 지역을 통제할 수 있는 가능성이 거의 없게 된다.[82]

2014년 ISAF가 철수할 때까지 대부분의 정보, 감시, 정찰, 화력 지원, 공병 작업, 군수 지원은 연합군에서 제공되었다. 이러한 역량을 대체하는 것은 엄청난 도전이었다. 연간 약 30퍼센트의 병력 감소율을 감안할 때 ANSF는 35만 명 이상의 군인과 경찰을 확보해야 했지만, 이는 쉽지 않은 목표였다. ANSF의 병력 증강은 중요했지만, 서구의 기술을 도입하면서 해결되지 않은 지속 가능성 문제가 발생했다. 예를 들어, 미 의회 의원들은 아프간군이 민간 계약업체의 지원 없이는 유지할 수 없을 정도로 정교한 헬기, 수송기, 근접 항공 지원기를 '미국산'으로 구매해야 한다고 주장했고, 이 항공기들은 전체 방위 개념의 핵심이 되었다.

아프간 방어를 위한 전체 개념은 적당히 훈련되고 장비를 갖춘 아프간군이 주요 인구 밀집 지역과 주요 기반시설을 보호하고, 약 3만 5000명의 잘 훈련되고 장비를 갖춘 특공대가 전국 각지에서 공격에 대응하는 예비군 역할을 하며, 미국이 제공한 C-130 허큘리스 수송기와 아프간인이 조종하는 UH-60 블랙호크 헬기를 이용해 이들을 수송하고 긴급 보급 및 의료 대피 지원을 제공한다는 구상이었다. 이러한 병력은 근접 항공 지원기와 탈레반의 공격에 신속하게 대응할 수 있는 미군 드론의 지원을 받게 된다. 이러한 체계는 유지 보수를 포함한 서방의 지원이 견고하게 유지되는 한은 잘 작동했지만, 미국과 나토 동맹국의 국내 정치 상황에 따라 달라질 수 있었다.

ANSF는 2014년 4월 5일, 카르자이가 임기 제한으로 인해 출마할 수 없었던 첫 번째 전국선거를 성공적으로 지켜냈다. 확실한 과반수를 얻은 후보가 없었기 때문에 6월 14일 결선투표가 실시되었고, 아슈라프 가니Ashraf Ghani가 상대 후보 압둘라 압둘라를 상대로 55퍼센트의 득표율을 얻었지만, 이 선거는 또다시 부정과 사기로 얼룩졌다. 9월 19일, 카불에서 상당한 진통 끝에 가니는 신임 대통령에 취임했다. 대신에 권력 공유 협상을 통해 압둘라를 아프간의 최고행정관, 즉 권한의 경계가 불분명한 준총리로 만들어야 했다. 이 협정은 평화를 유지했지만 정부의 기능 장애를 더욱 심화시켰다.

2015-2021: 철수와 종전

카불에 신정부가 들어서고 대다수의 서방군이 아프간에서 철수하면서 전쟁은 새로운 국면으로 접어들었고, 아프간 스스로가 영토와 국민을 보호할 수 있는 능력에 크게 의존하게 되었다. 결국 아프간은 이를 해내지 못했다. 탈레반은 아프간군이 외부의 도움 없이는 많은 지역을 점령할 수 없다는 것이 입증되자 미군과 나토군이 철수한 지역을 중심으로 꾸준히 재진입했다. 아프간 군대의 용감성은 의심할 여지가 없다. 전쟁 중에 사망한 6만 6000명의 아프간 군인이 이를 증명한다. 그러나 그들은 기껏해야 역사적으로 아프간 내에서 세력균형을 좌우한 지역사회의 신뢰와 믿음을 얻지 못한 부패하고 무능한 정부를 위해 싸웠을 뿐이다. 오바마 행정부는 탈레반에 대항하는 ANSF를 지원하기 위한 공습의 실질적인 운용을 거부했다. 이러한 공습이 탈레반의 성장세를 막고 심지어 반격할 수 있는 유일한 조치였는데도 말이다.[83] 아프간의 안보에 가장 큰 위협은 알카에다가 아니라 탈레반과 하카니 반군이라는 것이 분명해졌음에도 불구하고 미국의 근접 항공 지원은 명백하게 식별된 알카에다 요원들에 대한 표적 살해, 그리고 신변에 위협받고 있는 미국인들의 보호로 점점 더 제한되었다.

연합군의 완전한 군사적 승리가 이뤄지지 않은 상황에서 오바마 행정부와 이후 트럼프 행정부 모두 탈레반과의 협상 재개를 시도했지만 아무 소용이 없었다. 아프간에서 대부분의 서방 군대가 철수한 상황에서 어느 행정부도 탈레반이 카불 정부의 권력을 유지할 수 있는 조건에 합의하도록 설득하는 데 필요한 영향력을 갖지 못했다. 이러한 역학관계를 바꾸려는 시도가 한 차례 있기는 했었다. 2017년 8월 21일, 도널드 트럼프Donald Trump 대통령은 아프간 정책에 관한 대국민 연설을 통해 아프간 주둔 미군을 1만 5000명으로 증파하고, 장기 주둔을 보장하며, 조건에 따라 잔류 미군을 철수하겠다고 약속했다. 그러나 이 발표는 탈레반 협상가들의 마음을 움직이지 못했고, 이러한 정책은 주된 주창자였지만 2018년 4월 해임된 H.R. 맥매스터 미국 국가안보보좌관의 임기와 함께 폐기되었다.

이후 트럼프 행정부가 대통령 임기 종료 이전에 탈레반과 협상 타결을 시도하면서 상황이 급박하게 돌아갔다. 2018년 12월 아부다비에서 협상이 시작되었는데, 중요한 핵심은 아프간 정부가 협상의 당사자가 아니었다는 점이고, 이는 탈레반에 대한 이례적인 양보였다. 오랜 진통 끝에 2020년 2월 29일 미국과 탈레반 협상단은 2021년 5월 1일까지 미군을 철수하고 아프간이 억류 중인 탈레반 수감자 5000여 명을 즉시 석방한다는 내용의 협상안에 서명했다. 그 대가로 탈레반은 미군이 철수하는 동안 미군을 공격하지 않고 아프간이 테러리스트의 성지가 되는 것을 허용하지 않겠다고 약속했다. 전자의 약속은 대체로 지켜졌지만(미군은 더 이상 최전방에 있지 않았지만), 후자의 약속은 공허한 것으로 판명되었다.

2020년 9월 12일 도하에서 아프간 내 협상이 시작되었지만, 탈레반은 이미 아프간에서 미군 철수라는 가장 중요한 것을 얻었으므로 협상의 여지가 부족하고 양보할 의향이 없었기 때문에 회담은 아무 성과도 거두지 못했다. 아프간 정부는 미국의 압력에 못 이겨 탈레반 포로 5000명을 마지못해 석방했다. 그들이 곧 다시 전장으로 돌아갈 것을 뻔히 알면서도 말이다. 아프간 정부는 권력 공유 협정을 논의할 의향이 있었지만, 탈레반은 협상을 통해 달성할 수 없는 정권 교체를 무력으로 달성하려는 의도가 분명했다. 탈레반 지도자들은 미국을 물리쳤으니 다음은 아프간 정부가 될 것이라고 생각했다. 어느 아프간 협상가는 훗날 이렇게 회고했다. "그들은 너무 오만했다. 그들은 단지 (우리의) 항복 조건을 논하기 위해 그곳에 있다고 생각했다."[84]

2021년 새로 취임한 바이든 행정부는 파리기후협정 및 세계보건기구 탈퇴와 같은 트럼프 행정부의 여러 국제적 결정을 단숨에 뒤집었으나, 트럼프 행정부가 탈레반과 체결한 협정 조건은 약간만 수정하고 존중하기로 결정했다. 바이든은 미군의 완전한 철수를 행정부에 약속한 기한을 2021년 9월 11일로 연장했다. 이 날짜는 명백한 상징적 의미가 있었다. 하지만 탈레반의 하계 공세가 절정에 달했을 때 미국은 일부 예외를 제외하고는 아프간 군대를 돕기보다 미군 병력 철수에 초점을 맞추면서 탈레반이 ANSF에 최대한의 압력을 가할 수 있게 되었다.

나머지 3500명의 미군 철수도 중요했지만, 그보다 더 중요한 것은 아프간을 위해 정교한 미국 항공기를 유지 보수하던 1만 7000명의 서방 계약업체 직원들이 철수했다는 사실이다. 계약업자들은 미 육군과 공군이 제공하는 치안, 의료, 신속대응 능력 없이는 남아 있을 수 없었다. 이러한 유지 보수 인력이 철수하자, 아프간 재건군의 기능을 가능하게 했던 복잡한 항공 및 화력 지원 체계는 빠르게 악화되었고, 결국 포위된 아프간 군대에 적절한 지원을 제공할 수 없는 것으로 판명되었다. 2021년 봄과 여름에 미군이 아프간을 떠나면서 탈레반 공세가 시작되었다. 탈레반은 공격의 기세를 모아 순식간에 ANSF를 압도하기 시작했다. 이에 ANSF는 항공 준비태세가 저하된 상태에서 증원, 재보급, 근접 항공 지원이 불가능하다는 사실을 깨닫게 되었다. 탈레반의 압박에 눌린 아프간군이 전국 각지에서 항복하거나 후퇴하는 상황에서, 가니 대통령과 최측근 참모들이 헬기를 타고 아프간을 빠져나가 도망치자, 아프간 정부는 놀라울 정도로 빠르게 붕괴했다.[85]

미국이 모든 자국민을 대피시키기도 전인 8월 15일 카불은 함락되었고, 미군과 대사관에서 다양한 역할을 맡아 일하던 수만 명의 아프간 국민은 말할 것도 없이 보복의 위험에 노출되었다. 탈레반이 진격하자 서양인과 아프간 국민들은 카불의 하미드 카르자이 국제공항으로 달려가 가능한 모든 비행기를 타고 국외로 빠져나갔다. 절망에 빠진 아프간인들이 공항을 가득 메운 가운데, 뛰어난 능력을 갖춘 전직 특수부대 사령관 크리스토퍼 도나휴Christopher Donahue 소장이 지휘하는 제82공수사단 특수부대가 황급히 카불로 출동해 비행장 주변 경비를 맡았고, 탈레반이 자체 병력을 배치하여 비행장 주변에 외곽 경비를 강화하는 등 공조 작전을 펼쳤다. 그럼에도 8월 26일 1명의 자살 폭탄 테러범이 경계선을 뚫고 들어와 폭탄 벨트를 터뜨려 아프간 민간인 170명과 미군 13명이 사망했다. 사흘 후 미국의 드론 공격은 분석가들이 차량 폭탄으로 추정하는 대상을 목표로 삼았지만 대신에 무고한 민간인 10명이 사망했다.

8월 30일 자정 도나휴가 카불을 떠나는 마지막 C-17에 탑승한 마지막 군인이 되면서 철수는 마무리되었다. 이 공수작전은 총 12만 2000명을 철수시켜 역사상 최대 규모의 공수작전 중 하나로 기록되었다. 그러나 시행 과정에서 혼란이 빚어졌고 미군과 연합군 또는 아프간 부대와 기관에서 복무하여 특별이민비자 자격을 갖춘 15만 명 이상의 전직 아프간 전장 통역사와 그 가족을 남겨둔 채로 진행되었다.[86]

윈스턴 처칠의 유명한 말처럼 전쟁은 철수한다고 해서 승리하는 것이 아니다. 서방군이 철수한 후 탈레반이 다시 아프간에서 권력을 장악했고, 1990년대의 잔혹한 통치 시절과는 달라졌다고 변명했지만 그들의 행동은 그런 생각을 금방 잠재웠다. 정권은 즉시 여학생의 고등학교와 젊은 여성의 대학 진학 등 여성의 기본권을 부정하는 가혹한 버전의 샤리아법을 복원했고,[87] 언론과 집회의 자유를 억압했으며, 알카에다 지도자들을 비공개로 국내로 초청했다(실제로 2011년 빈 라덴 사망 후 알카에다를 장악한 지도자 아이만 알 자와히리가 카불에서 미국의 드론 공격으로 사망한 것은 2022년 7월 31일이었다).

가난에 허덕이고 많은 경우 아사 직전까지 몰린 아프간 국민은 오늘날 탈레반 군벌의 통제 아래 암울한 미래를 향해 나아가고 있다. 다양한 저항세력과 이슬람국가 극단주의자들이 치안을 약화시키고, 서방의 지원이 급격히 감소함에 따라 반군보다 대반란군이 되는 것이 더 쉽다고 여기게 될지도 모른다.

평가

"성공에는 천 명의 아버지가 있지만 실패는 고아다"라는 속담이 있다. 아프간에서 미국이 실패한 데는 여러 원인이 있지만, 그 원인은 아버지의 몫보다 더 많다. 패배한 전쟁에서 흔히 그렇듯이 가장 중요한 실패는 정책과 전략의 실패였다. 3장 서두에서 언급했듯이 카를 폰 클라우제비츠는 "정치가와 지휘관이 해야 할 가장 우선적이고, 가장 중요하고, 가장 광범위한 판단 행위는 (…) 자신이 시작하려는 전쟁의 성격을 파악하는 것이다. 그 전쟁의 본질을 잘못 판단하거나, 파악한 성격과 다른 전쟁으로 만들어서는 안 된다"라고 말했다.[88] 부시 행정부는 알카에다를 소탕하기 위해 아프간을 침공했지만, 알카에다 잔당이 국경을 넘어 파키스탄으로 도망치자 부시 대통령은 아프간의 국가건설과 초기 정부 지원으로 임무를 변경했다. 이 임무는 불가피하고 필요했지만, 특히 2003년 3월 미국이 이라크를 침공한 이후에는 제대로 분석되거나 자원을 확보하지 못했다. 2002년부터 2006년 사이는 부활한 탈레반에 대항할 수 있는 충분한 치안군을 갖춘, 회복력 있는 아프간 국가를 만들 수 있는 최고의 기회였다. 그러나 집중력, 자원, 전략의 부재로 인해 그 기회는 낭비되었다.[89] 그 결과 탈레반은 군대를 재편성하여 미국과 연합군의 자원이 철수한 후 국가를 보호할 수 있는 병력과 역량이 부족한 아프간 치안군을 상대로 다시 전투를 벌일 수 있었다.

아프간 전쟁은 네 차례의 미국 행정부에 걸쳐 진행되었지만, 부시 대통령이 처음에 세운 전략적 공약은 자신의 행정부에서도 지켜지지 않았다. 이후 각 행정부는 재임 기간 내내 일관되고 통일된 노력을 기울이지 않았다. 어느 행정부도 전략적 목표를 달성하는 데 필요한 자원을 기꺼이 제공하지 않았다. 저명한 미 육군 장교이자 나중에 베트남에서 민간 고문으로 활동한 존 폴 반*은 이렇게 말했다. "치안은 문제의 10퍼센트일 수도 있고 90퍼센트일 수도 있지만, 그것이 무엇이든 처음의 10퍼센트이거나 처음의 90퍼센트다. 치안 없이는 그 어떤 것도 지속될 수 없다."[90] 잔혹한 반란에 직면하지 않고도 국가건설은 충분히 어려웠고, 강인하고 탄력적인 탈레반에 맞서면서 현대 아프간 국가를 건설하려는 시도는 불가능한 것으로 판명되었다. 탈레반은 이를 잘 알고 있었고, 무자헤딘이 소련을 상대했던 것처럼 미국과 그 동맹국들이 지칠 때까지 기다리며 장기전을 벌이려 했다.

---

* 존 폴 반은 많은 미군 장교 및 민간 고문과 달리 베트남에서의 미국 군사 전략에서 드러난 결함과 문제점에 대해 매우 직설적으로 비판한 독특한 인물이다. 그는 전통적 군사력과 화력에 의존하기보다는 베트남 국민의 '민심'을 얻는 것을 중시하는 대반란 접근방식을 주장했다. 당시 그의 통찰력과 비판에는 많은 사람들이 귀를 기울이지는 않았지만 베트남에서 미국의 전략을 형성하는 데 많은 영향을 미쳤다.—옮긴이

아프간 분쟁에 휘말렸던 미국 정부와 군은 전문성이 턱없이 부족하다는 사실을 깨달았다. 아프간과 이 지역의 역사, 문화, 정치, 종교, 부족의 역학 관계를 충분히 이해하지 못했기 때문에 정부 구성, 경제 개발, 군사 전략 및 작전에서 수많은 실수를 저질렀다. 그 결과 아프간의 역사와 문화에 반하는 지나치게 중앙집권적인 아프간 정부가 탄생했고, 단기간에 막대한 자금을 흡수할 능력이 부족한 국가가 수백억 달러 규모의 개발 사업을 추진하면서 대규모 부정부패가 발생했다. 또한 미국이 미국 항공기와 무기 제공을 고집하고 아프간이 자체적으로 유지할 수 있는 소련/러시아의 개조 항공기에 대한 지속적 자금 지원을 거부하자, 이를 지원할 계약업체 없이는 지속 불가능한 항공 지원, 화력 및 중앙 집중식 물류에 크게 의존하는 군사력을 개발하는 결과를 초래했다.[91]

미국과 나토 동맹국은 또한 파키스탄이 자국 영토에서 탈레반과 하카니 은신처를 제거하도록 설득하지 못했다. 미국 지도자들은 미군과 나토군이 파키스탄을 통해 아프간으로 들어가는 병참선에 의존하고 있었고, 파키스탄 정부가 붕괴할 경우 파키스탄 핵무기의 안전에 대해서도 우려하고 있다는 사실을 알고 있었기 때문에 파키스탄을 강하게 압박하지 않았다. 파키스탄은 자국의 의지에 굴복하는 아프간이 실존적 적대국인 인도에 대항할 수 있는 전략적 요충지라고 생각했다(특히 탈레반 지도자들이 아프간 내 파키스탄 탈레반 은신처를 허용하는 것처럼 보임에 따라 이러한 개념이 지금도 유효한 것인지는 불확실하다). 파키스탄 정보기관과 하카니 네트워크, 탈레반 간의 오랜 유대 관계와 파키스탄 군 역량의 한계로 인해 파키스탄에서 이들의 은신처를 제거하는 것은 언제나 어려운 일이었다. 그러나 그렇게 하지 못하면 분쟁이 장기화되어 탈레반이 서방을 상대로 소모전을 벌일 수도 있다.

아프간 정부도 국가 붕괴에 대한 책임의 상당 부분을 공유해야 한다. 선거는 국가에 필요한 기반을 구축하거나, 능력에 따라 직책을 배치하도록 보장하지 못한다. 카불의 관리들, 그리고 지방과 일부 주州의 관리들이 직접 선발하는 하급자들은 아프간 국민들에게 탈레반이 집권했을 때보다 자신들이 통치할 때 더 나은 삶을 살 수 있다는 점을 충분히 설득하지 못했다. 게다가 탈레반은 자신들이 이슬람과 외국 점령자들에 맞서 싸우고 있다고 주장할 수 있는 반면, 아프간 정부는 카불과 주요 도시 외에는 정당성을 확보하는 데 한계가 있었다. 탈레반 반군 못지않게 약탈적인 아프간 정부군도 큰 도전과제였다.

아프간에서의 임무가 끝날 무렵, VSO의 창안으로 이어진 논문을 저술하고 여러 면에서 아프간의 '존 폴 반'으로 불렸던 뛰어난 특수부대 장교로서, 결국 비극적 죽음을 맞이한 짐 간트Jim Gant 소령은 자신이 있던 지역에서 이 작전의 목표를 다시 한번 생각했다. 간트는 아프간 동부의 망왈에서 내게 이메일을 보내 "이곳에는 아프간 정부가 없다는 사실을 말씀드리고 싶습니다"라고 말했다. "지역 센터는 7킬로미터 떨어져 있지만 7000킬로미터처럼 멀 수 있습니다." 우리는 부족들을 정부 및 ANSF와 연결하려고 했지만, 후자는 간트가 보기에 무능하고 절망적으로 부패한 조직이었다. 내가 간트에게 '부족과 정부를 연결하는 방법을 논의하기 위해' 그의 논문에 대한 후속 논문을 써달라고 촉구했지만, 며칠 후 간트는 "그것은 불가능하다"고 간단히 답장을 보내왔다.[92]

미국이 베트남 전쟁과 아프간 전쟁이라는 가장 오랫동안 치른 2개의 전쟁에서 패배한 것은 결코 우연이 아니다. 두 나라 모두에서 미국은 인기 없고 부패한 정권을 지원했고, 결국 반란에 대한 대중의 지지를 방해하기 위해 다양한 대반란 기술을 사용했으며(베트남에서는 그다지 능숙하지도 않았다), 국경을 넘나들며 미국 국민을 지치게 하고 분쟁에서 미군을 철수시키기 위해 싸운 적들에게 패배했다. 그러나 베트남 전쟁은 미국이 원해서 뛰어든 '선택에 의한 전쟁'이었으며, 미군 철수는 미국 국내 정치의 심각한 균열을 치유하기 위한 불가피한 선택이었다. 결국 베트남은 지속 불가능한 전쟁이었다. 하지만 아프간은 그렇지 않았다. 반대로 미국은 잔인하고 계획적인 본토 공격 이후, 필요에 의해 아프간에 참전했다. 그리고 비록 좌절과 불만족이 있고 오랜 시간을 끌었어도, 감내할 수 있는 인명 희생과 비용을 치르고 결국은 약속을 달성하는 것이 가능한 시점에 자발적으로 전쟁에서 철군했다. '영원한 전쟁'에 대한 이야기에 지친 대다수 미국 국민은 인구의 2퍼센트에도 미치지 못하는 자원병들이 참전한 아프간 전쟁이 20년 동안 지속되는 동안 큰 희생을 치르지 않았다는 사실에 주목했다. 이는 동남아에 파병된 막대한 병력을 충원하기 위해 점점 더 인기 없는 징병제에 의존해야 했던 베트남 전쟁과는 극명한 대조를 이뤘다.

미국이 아프간에서 철수한 2021년까지 미국인 사상자는 거의 없었고, 아프간에 대한 미국의 군사 원조는 연간 30억 달러가 조금 넘었으며, 전체 전쟁 비용은 약 250억~300억 달러로 그해 전체 국방 예산이 7500억 달러가 넘는 초강대국으로서 큰 부담이 되지 않았다.[93] 미국의 지속적인 지원으로 아프간 정부는 주요 도시 중심지를 계속 통제할 수 있었고, ANSF는 미국과 나토 고문들의 지도 아래 성장하거나 최소한 생존할 수 있었다.

　아프간은 분명 어렵고 답답한 상황이었지만, 완전히 해결되지는 않았더라도 분쟁을 관리할 수 있었고, 아프간이 붕괴될 필요는 없었다. 미국은 아프간에서 완전히 철수함으로써 ANSF의 기반을 약화시켰고, 탈레반과의 협상에서 가질 수 있었던 지렛대마저 포기했다. 결국 미국은 아프간에서의 '영원한 전쟁'에서 철수할 수 있었지만, 전쟁 자체에서는 패배했다. 그 결과, 아프간은 다시 한번 극단주의자들의 안전한 피난처가 되고 약 4000만 명의 아프간인들은 억압과 박탈, 극도로 제한된 기회, 그리고 지속적인 폭력의 미래로 내몰릴 수밖에 없었다.

8장

이라크 전쟁

2003-2011

나는 낙관주의자도 비관주의자도 아니다. 나는 현실주의자이다. 그리고 현실은
이라크가 항상 힘들다는 것이다. 그러나 절망적인 것은 아니다.

— 데이비드 퍼트레이어스 장군, 이라크 '병력 증파' 당시

2001년 9월 11일 미국에 대한 테러 공격은 아프간 침공과 이슬람 극단주의자들과의 국제 전쟁으로 이어졌을 뿐만 아니라 사담 후세인의 이라크 문제도 해결되지 않은 채로 다시금 주목받게 되었다. 2003년 3월에 시작된 이라크 침공과 그에 따른 분쟁은 미국과 연합군 파트너들에게 탈냉전 시대 이후 가장 큰 도전이 될 것이다.

미 육군과 해병대의 관점에서, 원래 부시 행정부가 첨단 기술과 신속하고 단호한 작전을 보여주기 위해 시작한 이라크 침공은 초반에 지적·조직적으로 준비되지 않은 치열한 대반란 작전으로 빠르게 진화했다. 역사상 모든 분쟁이 그러하듯이, 전장의 역학관계에 적응하는 양측의 능력은 어느 쪽이 승리하느냐를 결정하는 데 큰 영향을 미쳤다.

이 글을 쓰고 있는 지금 이 순간에도 우리는 군사 교리를 점검하고 대반란에 대한 연구와 훈련을 새롭게 해야 했고, 새로운 전장 능력(특히 드론, 대테러 부대 능력, 정보 융합)의 출현을 목격했으며, 정권 교체 작전에 대한 중요한 교훈을 얻었고(다양한 아랍의 봄 봉기의 결과로 강화되었다), 지역 및 세계적 역학관계에 중대한 변화를 가져온 전쟁의 영향과 여전히 씨름하고 있다. 특히 이라크의 바트당 수니파 정권을 무너뜨

• 이 장은 앤드루 로버츠의 의견을 참고해 주로 데이비드 퍼트레이어스 장군이 집필했다. 퍼트레이어스 장군은 이라크 전쟁에서 핵심 인물이었기 때문에 그가 참여한 사건은 1인칭으로 서술된다.

린 전략적 효과는 시간이 지남에 따라 더욱 대담하고 강력해 친시아파 이란의 형태로 지속될 것이다. 또한 이란에서 이라크와 시리아를 거쳐 레바논 남부에 이르는 이른바 '시아파 초승달 지대'를 지배하기 위해 중동 전역에 '혼합 군대'(하마스, 헤즈볼라 같은 친이란 테러집단들)를 투입하여 이스라엘과 이 지역의 많은 수니파 아랍 국가들에게도 더 큰 문제를 야기할 것으로 예상된다.

배경

부시 행정부는 여러 이유로 거의 24년간 이라크를 잔인하게 통치해온 사담 후세인과 바트당 정권을 무너뜨리기로 결심했다. 그러나 무엇보다 미국은 이라크 정권이 대량살상무기와 이를 운반할 수단을 은닉하고 있으며, 더 많은 무기를 생산할 능력이 있다는 잘못된 정보 평가에 근거하여 전쟁의 명분을 내세웠다.[1] 조지 W. 부시 대통령은 또한 1980년 이란과 1990년 쿠웨이트를 침공하고 쿠웨이트는 물론 이라크 쿠르드족과 시아파 아랍인들을 계속 위협했던 독재자의 통치를 종식시키는 것이 중요하다는 것을 강조했다. 쿠웨이트의 사담 후세인 군대가 1991년 사막의 폭풍 작전으로 미국 주도 연합군에 의해 격파되었음에도 불구하고 그러했다.[2] 9·11 테러 이후 이슬람 테러에 대한 광범위한 대응의 일환으로 아랍-이슬람 세계에 민주주의를 도입하는 것도 부시에게는 중요한 일이었다.

그러나 사담 후세인 정권을 무너뜨리기 위한 군사작전을 계획하는 과정에서 부시 행정부는 근거 없는 것으로 판명되어 성공 가능성을 낮춘 몇 가지 가정을 세웠다. 그중에서 가장 중요한 것은 이라크 국민들이 미군을 해방자로 환영할 것이며 그 이후에도 한동안은 미국인을 계속 그렇게 생각할 것이라는 믿음이었다. 이라크 국민 대다수가 사담 후세인 정권을 적대시하는 상황에서 이는 비합리적 가정은 아니었고, 작전 초기에 실제로 이라크 국민 상당수가 그렇게 생각했다. 그러나 많은 사람들, 특히 수니파 아랍 지역에서 미국의 이라크 문제에 대한 간섭과 그에 따른 혼란, 그리고 이로 인해 이라크의 다수파인 시아파가 이라크를 장악할 수 있는 여건이 조성된 것에 분노했다. 게다가 미국의 침공을 지지하는 이라크인들 중에도 미국 의도에 회의적인 시각을 가진 이들이 많았고, 외국군이 자국을 점령하는 것을 원치 않는 이들도 적지 않았다.

초기부터 미국 정책 결정자들은 이라크의 병폐를 치유하기 위해 자유민주주의와 시장경제를 확립하려는 계획에 의존했다. 그러나 아프간에서와 마찬가지로 그들은 이라크 국민의 문화와 역사, 통치, 정의, 경제의 전통을 무시했다. 그러한 변화가 얼마나 중대한지를 과소평가한 것은 말할 것도 없다.[3] 이러한 근거 없는 가정으로 인해 발생한 문제는 전쟁 2개월 후 미국이 수립한 연합임시행정처CPA가 내린 결정으로 인해 걷잡을 수 없이 악화되었다.

무대

여기서 이라크의 역사를 간략히 돌아보는 것이 유용하다. 이 나라는 1차 세계대전 이후 오스만제국이 해체되면서 국가가 되었다. 오스만

제국의 모술, 바그다드, 바스라 지방에서 형성된 이라크의 고대 역사는 이라크의 북쪽과 서쪽에서 남쪽으로 각각 종횡으로 가로지르는 티그리스와 유프라테스 사이에 형성된 '두 강 사이의 땅'인 메소포타미아에서 시작되었으며, 이 두 강을 따라, 그리고 그 사이로 이 지역의 광범위한 농업이 발달했다.

이라크의 북쪽 3분의 1은 모술, 아르빌, 석유가 풍부히 매장된 키르쿠크가 중심이며, 산악지대인 북부에는 세계에서 국가를 갖지 못한 최대 민족 중 하나인 쿠르드족이 거주하고 있다. 나머지 지역은 주로 수니파 아랍인이 많지만 시아파 아랍인, 투르크멘인, 다양한 교파의 기독교인, 야지디족Yazidis 및 기타 종족과 종파가 상당수 포함되어 있다. 이라크 쿠르드족은 1991년 걸프전 이후 미국이 쿠르드족 봉기를 지원하고 이라크 군대가 북부 지역에 접근하지 못하도록 막으면서 대부분 스스로 통치해왔다(특히 1991년 미국 주도의 공군이 비행금지구역을 설정했는데, 이는 유사한 비행금지구역을 설정하여 이라크 항공기가 남부의 시아파를 공격하지 못하도록 막은 것과 동일한 방식이었다).[4]

수니파 아랍인들은 인구 밀집 지역인 티그리스강과 유프라테스강 계곡 외곽의 사막인 이라크 서부와 중북부 지역에 주로 거주하고 있었다. 시아파 아랍인들은 페르시아/아라비아만 북단의 석유가 풍부한 바스라 주변 지역을 포함한 이라크 남부와 동부에 주로 거주하고 있었다. 이라크의 중앙에는 2003년 기준 약 600만 명의 인구가 거주하는 수도 바그다드가 있으며, 대부분의 주민들은 시아파와 수니파 아랍인이지만 소수의 아시리아 기독교인, 파일리Faili 쿠르드족 등도 거주하고 있었다.

1979년에 집권한 사담 후세인은 이란에 대한 이라크의 공격으로 시작된 피비린내 나는 8년간의 전쟁, 1990년 8월 이라크의 쿠웨이트 침공과 점령, 그리고 약 8개월 후 미국 주도의 연합군에 패배를 당한 것으로 끝난 걸프전 기간 내내 이라크의 다종교 인구를 철권통치로 다스렸다. 2003년 3월 말 미국 주도의 침공으로 사담 후세인 정권이 3주 만에 무너진 이라크는 자국의 역학관계를 근본적으로 바꾸고 사담 후세인의 잔인한 통치로 오랫동안 억눌려 있던 종파, 민족, 부족 간 긴장을 촉발시켰다. 부시 행정부의 지도자들은 초기에 이라크 사회의 역학관계나 이라크의 전통을 충분히 이해하지 못했고, 이로 인해 정권 교체가 초래하게 될 여파에 제대로 대비하지 못했다.

계획

'이라크 자유 작전Operation Iraq Freedom'으로 명명된 이라크 침공 계획은 이라크 정부 전복을 위하여, 신속한 병력 증강과 공세적 작전의 재빠른 실행이라는 원칙에 크게 의존하고 있었다. 이는 미군이 1991년 2월 쿠웨이트 해방을 위해 지상군을 투입하기 전까지 1990년에 사우디에서 6개월간 병력을 증강하고 5주간 공습 작전을 펼친 것과는 상당히 대조적인 모습이었다. 이전의 전쟁 계획에서 구상했던 3개 군단과 38만 명의 병력 구조는 사라졌다. 대신 토미 프랭크스 장군은 2001년 말 아프가니스탄 침공의 신속한 성공과 도널드 럼스펠드 국방장관의 병력 감축 압박에 영향을 받아 이라크 전쟁에서 '주둔군 최소화 접근방식'을 채택했다.

럼스펠드는 자신의 트레이드마크가 된 '눈송이'(직원들에게 눈송이처럼 지시를 쏟아내고, 신속한 답변을 요구하는 방식)를 무수히 뿌렸고, 전쟁 계획을 여섯 번이나 수정하도록 강요했다. 그 과정에서 프랭크스는 지상군 병력 규모를 약 13만 명으로 줄였다. 여기에는 미 육군 기계화보병 2개 사단으로 구성된 육군 군단(이 중 1개 사단은 결국 전장 도착이 지연되어 바그다드 전투에 참여하지 못한다), 해병원정군MEF의 대다수, 해병 1개 사단 및 항공단, 공수보병 1개 사단, 공수보병사단의 3분의 1, 독립 공수보병여단 및 공격헬기 연대, 그리고 추가적인 다양한 항공, 포병, 방공, 공병, 통신, 정보 및 군수 부대 등이 포함되었다. 이들 부대에 주로 영국 기갑사단과 관련 지원 부대, 오스트레일리아와 폴란드에서 파견된 소규모 병력 등 약 3만 명의 연합군이 추가되었다.[5]

럼스펠드는 이러한 복잡한 작전과 관련된 내재적 마찰에 더해 내가 지휘하는 제101공수사단(공중강습단)을 비롯한 일부 병력에 대한 승인을 지연시켰다. 실제로 나는 사단의 차량 5500대, 컨테이너 수천 개, 헬기 254대를 쿠웨이트로 향하는 선박의 도착 시간에 맞춰 제때 항구로 이동시키기 위해 '긴급 파병준비훈련'을 선포해야 했다. 럼스펠드는 또한 핵심 기능 수행에 필수적인 제101사단의 일부 병참 부대를 파병 과정의 후반까지 승인하지 않아 침공 당시에는 차량과 장비가 쿠웨이트에 도착하지 못했다.[6]

이 계획과 관련된 병력 구조의 결점은 작전 초기에 이라크 정권이 전복된 후 질서가 붕괴되면서 분명해졌지만, 일찍부터 '지상군 주둔' 규모가 부족하다는 경고가 있었다. 예를 들어, 미군이 침공 준비를 위해 쿠웨이트에 도착할 무렵인 2003년 2월 25일 에릭 신세키Eric Shinseki 미 육군총장은 보스니아 평화유지군 사령관으로서의 경험을 바탕으로 상원 군사위원회 증언에서 정권 교체 후 이라크 안정화를 위해 수십만 명의 병력이 필요할 것이라는 견해를 제시했다. 그러나 이틀 후 폴 월포비츠 국방차관은 하원 예산위원회에서 다음과 같이 이러한 경고를 일축했다. "최근 사담 후세인 이후 이라크의 안정을 위해 수십만 명의 미군이 필요하다는 등 일부 고위급 인사들의 예측은 크게 빗나간 것이다. 사담 후세인 이후의 이라크에 안정을 제공하는 데 전쟁 수행에 필요한 병력보다 더 많은 병력이 필요하다는 것은 상상하기 어렵다."[7] 만약 이라크인들이 해방 전쟁을 지지하고 사담 후세인과 그의 고위 관리들이 무너진 후에도 이라크의 기관(특히 지방 경찰과 지방 정부)이 그대로 유지될 것이라는 가정이 타당한 것으로 판명되었다면 울포위츠의 주장은 사실이었을지도 모를 일이다. 그러나 이는 사실이 아니었다.

1991년 걸프전 당시 지상작전에 앞서 38일간의 공습이 진행되었던 것과는 달리, 이라크에서의 공습과 지상 작전은 거의 동시에 시작되었고, 침공 직전에 이라크에 특수작전 부대가 먼저 투입되었다.[8] '충격과 공포'가 대규모 병력 투입을 대신한 것이다. 이 계획에 따르면 미 제5군단과 제1기갑사단은 각각 쿠웨이트에서 유프라테스강 서쪽과 티그리스강 동쪽을 공격해 바그다드 정권의 중심부를 파괴하고, 튀르키예에서 남하하는 제4기계화보병사단과 쿠웨이트에서 북상하는 영국 제1기갑사단의 지원을 받아 이라크 남부의 주요 도시인 바스라를 점령하는 것이 목표였다.

그러나 마지막 순간에 튀르키예 의회가 미군 사단의 자국 영토 통과를 허가하지 않았기 때문에, 제4보병사단의 장갑차, 탱크, 헬기, 차량 및 컨테이너를 운반하는 선박은 해상에서 쿠웨이트로 방향을 돌렸다. 따라서 북쪽과 남쪽의 양면 공격은 서쪽은 버포드 '버프' 블런트Buford 'Buff' Blount 소장이 지휘하는 미 육군 제3기계화보병사단, 남쪽은 내가 지휘하는 제101공수사단, 동쪽은 제임스 매티스 소장이 지휘하는 제1해병사단 등의 부대가 주도하는 단일 작전으로 축소되었다. 척 스와넥 소장이 지휘하는 제82공수사단의 전투 부대는 쿠웨이트의 어느 비행장에 전구 예비대로 배치되어 바그다드 서쪽의 주요 공항을 점령하기 위한 공수작전 가능성을 염두에 두어야 했다. 파병부터 침공, 정권 교체에 이르는 전체 작전은 6개월도 채 걸리지 않을 것으로 예상되었다.

전투 작전계획의 수립에는 상당한 노력을 기울였지만, 정권 교체 이후 국가를 안정시키기 위한 작전계획에는 훨씬 적은 노력을 기울였기 때문에 시간이 지날수록 연합군 지도자들은 거대한 공백에 시달려야 했다. 행정부 관리들과 군사 기획가들은 모두 이라크 국민과 지역 관리들이 정부와 경제를 재건하려는 노력에 대체로 협조할 것이며, 국제사회와 비정부기구가 상당한 지원을 제공할 것이라고 가정했다. 특히 첫 번째 가정은 부시 행정부가 전쟁을 서두르면서 초래한 이라크 국민들의 악감정이 얼마나 심각한지를 간과한 것이었다.

이처럼 처음부터 여러 문제가 많았지만, 그나마 이라크 침공 개시 두 달 전에 제이 가너Jay Garner 미 육군 중장이 이끄는 재건및인도적지원국ORHA이 설립되고 나서야, 이러한 임무에 대한 계획 수립이 느즈막히 시작되었다. 그러나 걸프전 이후 이라크 북부 쿠르드 지역에서 작전을 지휘했던 가너는 팀을 구성하고, 인도주의적 재난을 완화하고, 이라크 정부를 안정시키고, 필수 기반시설 재건을 감독하기 위한 계획을 준비할 시간이 거의 없었다. 결국 럼스펠드 장관은 이 조직에 좌절감을 느끼고 다른 조직인 연합임시행정처로 대체하기로 결정하면서 그의 조직은 적대 행위가 시작된 지 한 달 만에 해체되었고, 바그다드 정권이 무너진 후 더 큰 혼란을 초래했다.[9] 지금에 와서야 확실히 알게 된 사실이지만, 당시에도 우려를 제기하는 목소리가 있었고, 나도 그중 한 사람이었다. 침공 전 지휘관들이 모인 마지막 회의에서 내가 오하이오 주둔군 지도자들에게 바그다드에 도착해 정권을 무너뜨린 후 벌어질 일에 대해 추가 정보를 제공할 수 있는지 물었을 때, 이런 대답을 들었다. "바그다드까지만 데려다주십시오. 그 이후는 우리가 알아서 하겠습니다."

침공 이전에 사담 후세인은 침공이 일어나지 않으리라 믿었거나, 침공이 일어나더라도 국제사회가 휴전을 강제하기 위해 개입하면서 바그다드에서 멈출 것이라고 생각했을 것이다. 그래서 이라크 군대를 침공에 대비시키기보다는 무질서한 주민들의 봉기를 막게 하는데 더 관심이 있었던 것 같다.[10] 게다가 이라크 군대는 수년간의 자원 부족과 부적절한 훈련, 부족한 인력으로 인해 심각하게 약화된 상태였다. 그러나 사담이 취한 두 가지 조치는 침공 이후 오랫동안 미군을 괴롭혔는데, 바로 전국 도시 지역과 그 주변에 무기와 탄약을 비축하고, 사담에게 충성스럽고 사담의 아들 중 한 명에게 직접 보고하는 3만 명 이상의 경무장 자원병들로 구성된 '사담 페다인the Saddam Fedayeen' 같은 준군사조직을 강화한 것이었다. 페다인 부대는 쿠웨이트 국경에서 바그다드까지(약 563킬로미터) 미군 병참선이 신장되고, 분산된 무기 은닉처가 바그다드 정권이 붕괴된 후 초기 반란군을 무장시키는 역할을 했기 때문에 미군 지휘관들에게 독특한 도전 과제를 제시했다.

침공

2003년 3월 19일 이라크에 대한 공습이 시작되었고, 24시간이 채 지나지 않은 20일에 지상 침공이 개시되었다. 거대한 먼지 폭풍으로 인해, 바그다드 절반 이상의 지역에 대한 진격이 며칠 동안 중단되고 병참 문제로 인해 추가 지연이 발생하는 등 모든 측면이 계획대로 진행된 것은 아니었지만, 작전은 연합군 지휘관들의 가장 낙관적 기대를 훨씬 뛰어넘는 대성공을 거두었다. 유프라테스강에서 바그다드 서쪽을 향해 진격하던 제3기계화보병사단과 쿠웨이트에서 북동쪽으로 진격해 티그리스강 동쪽을 횡단한 제1해병사단은 장기간의 공습 부재에 방심하고, 대부분 전투력도 열세였던 이라크군을 기습하여 빠르게 진격했다. 제101공중돌격공수사단의 지상 호송대가 제3보병사단을 뒤따랐고, 제101공수사단 역시 대규모 공중강습 작전을 수행하여 보병 병력과 250여 대 헬기로 구성된 우리 사단 병력 대부분을 제3보병사단 부대 바로 남쪽에 배치했다. 한편 영국 제1기갑사단은 이라크 남부를 통해 알포반도, 움카스르 항구, 바스라, 루마일라 유전을 향해 진격했으나 산발적 저항에만 부딪혔을 뿐이었다.

이라크의 첫 번째 주요 저항은 중남부의 나시리야에서 일어났다. 이곳에서 이라크 정규군과 페다인 민병대는 유프라테스강을 가로지르는 중요한 교량을 확보하기 위해 미 해병대의 공격으로부터 도시를 방어하려 했다.[11] 제2해병원정여단('타라와 특무부대')은 치열한 전투 끝에 교량을 점령했고, 해병대 서쪽의 제3보병사단은 이라크 정예 공화국수비대로 구성된 메디나 기갑사단이 방어하고 있는 카르발라Karbala 협곡을 향해 북쪽으로 진군했다. 이 전투를 개시하기 위해

제5군단장 윌리엄 S. 윌리스William S. Wallace 중장은 제11공격헬기연대의 아파치 공격헬기 32대로 메디나 사단에 대한 종심 공격을 명령했다. 3월 23~24일 밤, 아파치 헬기는 카르발라 동쪽의 목표물을 공격하기 위해 기동했지만, 민간인 거주 지역 상공을 지나면서 대공포와 기관총, 소형 무기로부터 집중포화를 받았다. 이 공격으로 방공 체계와 포탑 트럭 몇 대를 파괴한 것 외에는 별다른 성과를 거두지 못했는데, 공격헬기들이 당한 피해를 고려하면 용납할 수 없는 수준이었다. 헬기 1대는 이륙 중 추락했고, 다른 1대는 격추되었으며, 나머지 1대를 제외한 모든 헬기는 여러 차례 공격으로 피해를 입어, 사실상 남은 공격 기간 동안 작전을 수행하지 못했다.[12]

미군 부대들이 북쪽으로 진격하면서 계속 페다인 준군사조직의 예상치 못한 저항에 부딪혔다. 검은색 복장이나 민간인 복장을 한 이들 민병대원은 RPG, 박격포, 소형 무기를 이용해 수많은 매복지점을 구축했다. 첨단 정보·감시·정찰 시스템에 탐지되지 않은 페다인 준군사조직은 미군 전투 및 병참 부대를 곤경에 빠뜨렸다. 윌리스 중장은 제101공수사단 본부를 방문한 기자에게 다음과 같이 실토할 수밖에 없었다. "우리가 싸우고 있는 적은 준군사조직이기 때문에 우리가 전쟁게임war game〔전쟁이 일어난 상황을 가정한 시뮬레이션〕에서 예상했던 적과는 조금 다르다. 우리는 그들이 여기에 있다는 것은 알았지만 그들이 싸우는 방식을 몰랐다."[13] 럼스펠드 장관은 모든 것이 계획대로 진행되지 않았다는 사실을 솔직히 인정한 윌리스 중장의 발언에 불만을 품었다. 그러나 윌리스의 발언은 정확한 상황 판단을 반영한 것이었다. 이는 6월에 제5군단 사령관 임기가 끝났을 때 윌리스 중장의 이라크 지휘권 연장을 막는 요인이 되었을 수도 있다. 그 결과 유능하고 경험이 풍부한 군단장이 미국으로 돌아가게 되었고, 이라크에서 소장에서 중장으로 진급한 장군이 그 자리를 대신했다. 따라서 미국의 가장 중요한 작전은 3성 장군으로 진급한 하급 장군이 지휘하게 되었다.

작전 개시 며칠 전부터 이라크의 장거리 스커드 미사일을 사냥하기 위해 특수작전부대가 이라크 서부와 북부에 투입되었다. 다른 특수작전부대는 이라크 북부의 쿠르드 자치지역에서 활동할 6만 5000명의 강력한 쿠르드 페시메르가 민병대와 군사작전을 조율하고 쿠르드 지역 동부의 이란 국경 근처에 위치한 테러 단체 '안사르 알 이슬람Ansar Al-Islam'을 공격하기 위해 북부에 미리 배치되어 있었다. 한편, 이라크 북부에 미군이 주둔하게 되자, 미국은 튀르키예가 최소한 미국 항공기에 영공을 개방하도록 설득할 수 있는 명분이 생겼다. 덕분에 3월 26일 이탈리아에 주둔한 제173공수여단 소속 병력 1000여 명이 아르빌 북동쪽에 있는 바슈르 비행장에 낙하산으로 착륙할 수 있었다. 3일 만에 여단의 나머지 병력과 차량이 지상에 도착했고, 공수병이 비행장을 확보한 후 제63기갑연대 제1대대의 탱크와 보병 전투 차량이 뒤를 이었다. 공수부대 병력과 기갑 병력은 키르쿠크로 진격하여 이라크 보병 4개 사단 전력을 격파하고 4월 10일에 키르쿠크를 장악했다.

3월 24일 이라크 남부에 불어닥친 거대한 모래 폭풍으로 인해 지상작전 전체를 가리키는 명칭인 '코브라 2'를 수행하기 위해 북쪽으로 진격하던 병력이 며칠 동안 작전을 중단해야 했다. 미군은 작전이 중단된 틈을 이용하여 병참선을 확보하고, 차후 단계의 작전을 위한 연료, 탄약 및 기타 보급품을 보충하는 한편, 침공 초기에 480킬로미터 가까이 진격했던 병력을 쉬게 했다. 윌리스 중장은 또한 취약한 병참선을 쿠웨이트까지 연장하기 위해서는 초기에 우회한 주요 도시 지역을 확보해야 한다고 판단했다. 그래서 제82공수사단에게 사마와를 확보하고, 증강된 해병 타라와 특무부대에게 나사리야를 점령하는 임무를 맡겼다. 인구 50만 명이 넘는 주요 도심이자 시아파 이슬람의 가장 성스러운 성지가 위치한 나자프에서 이라크군이 제5군단의 병참선을 위협하고 있었기 때문에, 내가 지휘하는 제101공수사단은 이 지역을 점령하는 임무를 맡았다. 이 작전은 매우 취약했던 쿠웨이트에 이르는 병참선이 신장되어 문제를 해결하는 데 큰 역할을 했다.

3월 27일 모래 폭풍이 잦아들자 해병 제1사단 본대는 디와니야와 쿠트 인근 티그리스강을 도하하여 북동쪽으로 향했고, 보병 제3사단은 나자프 서쪽의 카르발라 협곡과 유프라테스강을 건너는 중요 교차로(목표 '피치Peach')를 향해 진격했고, 이라크군이 강을 가로지르는 다리를 완전히 파괴하는 데 실패한 덕분에 치열한 전투 끝에 이곳을 점령했다.[14]

한편, 우리 부대는 제101공수사단의 공격헬기를 이용해 제3보병사단보다 앞서 적군과 교전하며 심야 공격을 감행하고 있었다. 또한 제101보병사단의 3개 보병여단에게 나자프 서쪽과 북쪽 사막에 배치한 후 나자프를 점령하라는 명령을 하달했다. 며칠에 걸친 나자프 전투가 끝난 4월 3일, 나는 상관인 윌리스 중장에게 좋은 소식과 나쁜 소식이 있다고 무전으로 보고했다. "좋은 소식은 우리가 나자프를 장악했다는 것입니다"라고 보고했다. 그가 물었다. "나쁜 소식은 무엇인가?" 나는 다음과 같이 답변했다. "나쁜 소식은 우리가 나자프를 장악했다는 것입니다. 그걸로 뭘 하길 바라십니까?"

윌리스는 쿠웨이트에서 막바지 준비를 하고 있던 재건및인도적지원국 지휘관들에게 연락해 도움을 요청하라고 제안했다. 이후에 전화를 걸었지만 아무 도움도 받지 못했다. 그 시점에서 지원국은 해방된 쿠웨이트 지역을 관리하는 데 즉각적인 도움이 되지 못할 것이라는 것이 분명해졌다. 역사적으로 종종 그랬던 것처럼, 미 육군과 해병대는 치안과 질서 유지를 위해 점령한 주요 도시 지역에 병력을 남겨두는 방식으로 공백을 메워야 했다.[15] 그 후 나자프와 그 북쪽에 점령한 지역을 확보하기 위해 여단을 남겨두어야 했다. 또한 40만 명이 넘는 인구가 살고 있고 매우 중요한 시아파 성지 두 곳이 있는 카르발라를 확보하기 위한 전투가 끝난 후, 카르발라 동쪽에 있는 또 다른 중요한 도시이자 고대 바빌론의 유적지인 힐라를 점령한 후, 다시 병력을 투입해 카르발라를 안정화시켜야 했다.

4월 3일, 미군이 바그다드 남쪽의 마지막 저항 세력을 격파하고 이라크 수도로 진격하면서 전투의 막바지가 시작되었다. 제5군단이 보병 중심의 제101공수사단과 250여 대의 헬기를 바그다드 국제공항 점령에 투입해야 할지 고민하던 중, 제3보병사단장 블런트Blount 소장은 윌리스 중장에게 "군단장님, 우리는 이 작전을 위해 훈련했습니다… 우리는 준비했습니다… 우리는 지금 가야 합니다"라고 무전을 보냈다. 잠시 멈칫하던 윌리스는 이렇게 대답했다. "건투를 빕니다. 승리 6, 이상."[16] 윌 그림슬리Will Grimsley 대령이 지휘하는 제3보병사단 제1여단은 바그다드 국제공항(목표 '라이온스Lions')에 포격을 가한 후 산발적인 적의 저항을 뚫고 기갑 및 기계화 병력을 기동시켜, 밤 11시까지 바그다드 서쪽 가장자리에 위치한 시설에 도착했다. 그림슬리의 부대는 이틀 동안의 치열한 전투 끝에 공항을 방어하고 있던 공화국 특수부대를 소탕했다.[17] 이라크 남부에서 영국군은 4월 7일까지 거의 저항을 받지 않고 바스라를 점령했다.

도시 전투에 휘말릴 것을 우려한 월리스는 제3보병사단이 30일 이내에 사담 후세인 정권을 붕괴시킨다는 목표로 바그다드 중심부에 대한 일련의 기갑 강습 작전인 '선더런thunder runs'을 실시해 사담 후세인의 도시 장악력을 약화시키려고 계획했다. 결국 시간이 그렇게 오래 걸리지도 않았다.

4월 5일, 릭 슈워츠Rick Schwartz 중령이 지휘하는 제64기갑사단 제1대대는 바그다드 남쪽에 위치한 진지에서 바그다드 중심부로 번개처럼 달려들어 집중포화와 치열한 전투를 벌였으나 조직적인 저항은 거의 없었다. 약간의 손실에도 불구하고 작전팀은 북쪽으로 공격한 후 서쪽으로 방향을 틀어 공항 도로로 향했고, 해질 무렵 공항에 집결한 다른 부대와 합류했다. 한편 대니얼 B. 앨린Daniel B. Allyn 대령이 지휘하는 제3여단은 바그다드 서쪽 외곽을 따라 공격하여 4월 6일 저녁에 마침내 바그다드를 북쪽으로부터 고립시켰다. 그 후 60시간 동안 이라크군은 제3여단 진지를 공격하여 '침공 중 가장 격렬한 전투'를 벌였다.[18]

바그다드 중심부에 대한 첫 번째 공습이 비교적 수월하게 진행되자 블런트 사령관은 제2여단장 데이비드 퍼킨스David G. Perkins 대령에게 이번에는 여단의 전력을 총동원해 다시 공격할 것을 명령했다. 퍼킨스 대령은 4월 7일 여단을 이끌고 바그다드로 진격했고, 거센 저항을 뚫고 이라크 정부의 중심부('그린존'이 될 지역)에 도착했다. 이번에는 철수하는 대신 블런트 소장과 함께 중요한 결정을 내리고 그곳에 남았다. 윌리스는 군단이 바그다드를 완전히 점령할 준비가 되지 않았다고 우려했지만, 퍼킨스의 여단이 어렵게 점령한 지역을 포기하기 싫어서인지 철수 명령을 내리지 않았다.

한편 바그다드 동쪽에 있던 해병 제1사단은 티그리스강을 건너 도시 동부로 서쪽을 공격해 중앙에 있던 퍼킨스 대령의 여단과 합류했다. 4월 10일, 바그다드 북쪽에 있던 앨린의 여단이 남쪽으로 공격하여 퍼킨스의 여단에도 합류했다. 2개 사단의 전투력 중 상당 부분이 이라크 수도의 중심부를 점령하자 이라크 정권은 무너졌다. 남은 이라크 병사들은 군복을 벗어 던지고 집으로 돌아갔고(대다수는 무기를 휴대한 상태로), 사담 후세인과 바트당 고위급 지도자들은 도망쳤다.

강화

이라크 정권이 무너지고 연합군이 이라크 3대 도시 중 두 곳을 점령했지만, 인구가 가장 많은 수니파 지역과 모술을 포함한 북부 지역은 여전히 확보해야 할 지역으로 남아 있었다. 해병 제1사단은 쿠웨이트에 상륙하여 해병대에 도움을 주기 위해 북상 중인 제4기계화보병사단이 도착하기 전까지 디얄라와 살라하딘주로 계속 북진해 바쿠바, 사마라, 티크리트, 베이지 도시를 확보했다. 한편, 미 특수작전부대는 상당한 공군력의 지원을 받아 북쪽에서 방어 중이던 이라크 제5군단 부대를 대파하고 4월 11일 모술에 입성했다. 그 후 지중해를 건너 공중 수송된, 대다수가 하차 보병인 제26해병원정대 1000여 명이 침투해 도시를 장악하려 했지만 수적으로 역부족이란 것이 드러났다. 당시 모술에서는 자신을 시장으로 선언한 바트당 충성파에 대한 대규모 시위가 벌어져, 도시 중심부의 통치센터를 지키고 있던 해병대를 위협했다. 시위 사태로 인해 모술에서 17명의 민간인이 사망하자 상황은 더욱 격렬해졌고 해병대는 도시 외곽으로 철수할 수밖에 없었다.

모술 동쪽에서는 페슈메르가 부대가 미 특수작전부대보다 먼저 키르쿠크에 진입했지만, 제173공수여단이 도착할 때까지 상황은 위태로웠다. 동시에 다른 특수작전부대들도 이라크 서부 국경에 검문소와 도로 장애물을 설치하기 시작했다. 바그다드 서쪽 알안바르주의 대부분은 제82공수사단 여단과 4월 말 미 육군 제3기갑기병연대가 도착할 때까지 여전히 미통치 지역으로 남아 있었다. 어느 부대도 그 넓은 지역을 통제하기에 충분한 전투력을 보유하지 못했다.

4월 중순이 되자 이라크 북부에서 점점 커지는 시위와 약탈, 무법 행위를 진압하고, 니네베주를 침범한 쿠르드 페시메르가를 제압하는 한편, 이라크의 광활한 지역에서 치안을 확립하고, 필수 서비스를 복구하고, 통치 체제를 확립하려면 훨씬 더 많은 병력이 필요하다는 사실이 현지에 위치한 부대에게는 점점 더 분명해졌다. 이에 따라 월리스 중장은 수도 모술을 시작으로 대규모 병력을 신속하게 공습하는 데 필요한 헬기를 보유한 제101공수사단을 니네베주에 배치하기로 결정했다. 이 결정으로 바그다드에는 제3보병사단(6월에 제1기갑사단으로 대체될 예정)만 남게 되어 향후 몇 달 동안 이라크 수도에서의 작전에 영향을 미칠 것으로 예상되었다. 그럼에도 제101공수부대의 '독수리 부대'는 4월 22일부터 북상하여 모술과 니네베주 전역에서 빠르게 자리를 잡았고, 쿠르드 지역의 주요 3개 도시에 소규모 부대를 배치했다.

제101공수사단을 이끌고 이라크에 투입되어 전쟁이 시작되기 전의 많은 가정이 무효화되는 것을 지켜보면서, 나는 함께 동행한 군사학자 릭 앳킨슨 기자에게 "이 전쟁이 어떻게 끝날까요?"라고 물었다.[19] 이제 우리 사단과 나는 그토록 중요한 질문에 대한 해답을 제공해야 할 책임이 있으며, 이후 7년간 이라크와 중동 지역에서 계속 반복해서 이런 질문을 받게 될 운명이었다.

전투가 대부분 종료된 지금, 미국과 영국의 지휘관들은 침공 전 전쟁계획에서 미처 예측하지 못한 문제와 씨름하고 있었다. 계획을 세울 당시에는 이라크 현지의 점령군 협력과 지원을 광범위하게 가정한 상태에서, 필요한 추가적 재건 및 통치활동을 국방부 외부기관과 국제기구에 넘기는 것으로 되어 있었다. 그러나 정권 교체 이후 이라크 안정화를 위한 이른바 '4단계' 작전계획에 충분한 노력을 기울이지 않았다는 것이 점점 더 분명해졌다. 당시에 수립된 계획은 인도주의적 작전에 압도적으로 집중되어 있었다. 그 결과, 고위급 기획가와 지도자들은 광활한 지역에 대한 치안 확립, 주요 기반시설 복구, 기본 서비스 재건, 통치체제 구축 등에 충분히 관심을 기울이지 않았다.

그중에서도 치안이 가장 중요한 문제였다. 후세인 정권이 붕괴되면서 모든 질서가 무너지고 파괴적인 약탈이 이어졌다. 이라크인들은 바트당 정권과 정부 시설, 거주지를 파괴하고 공공건물을 약탈하여, 콘크리트 껍데기만 남기고 기와와 배관 설비를 가져가고, 벽에서 구리선을 뜯어내기도 했다. 한편, 바트당 요원들은 이란-이라크 전쟁과 걸프전 이후 사담 후세인이 이라크 전역에 흩어놓은 수많은 무기고를 약탈하여 향후 반란을 일으킬 수 있는 자산(총기, 탄약, 폭발물 등)들을 마련했다. 이러한 상황을 고려할 때, 연합군은 필요한 병사의 수뿐만 아니라 혼란을 막을 수 있는 교전 규칙, 장비 및 훈련이 부족하다는 점이 금방 분명해졌다. 이유는 파괴적인 기물 파손과 절도를 저지할 수 있는 이라크 경찰이 충분하지 않았기 때문이다. 럼스펠드 국방장관은 "자유는 어수선하다"는 말로 이 문제를 일축했다.[20] 특히 럼스펠드가 침공에 앞서 차량과 장비를 휴대하고 이제 막 합류한 핵심 병참 부대들의 배치를 지연시켜 계획수립 과정에 지장을 초래했던 점을 고려하면, 이런 언사는 현장에 있던 우리로서는 다소 경솔한 태도로 보였다.

자신이 처한 상황에 대한 종합적 계획이 없고 바그다드 사령부로부터 최소한의 지침도 받지 못한 채, 각 사단장들은 다양한 방법을 동원해 앞으로 전진하는 방안을 모색했다. 니네베주에서 제101공수사단은 신속하게 치안을 확립하고, 주 및 지역 간부회의와 선거를 실시하며, 다민족·다종교 통치위원회를 구성하고, 시리아와의 국경을 다시 개방하며, 경찰과 기타 지역 치안군을 훈련하기 시작했고, 몰수한 이라크 자금을 사용하여 경제 활성화, 사업거래 촉진, 지역 기반시설 복구에 사용했는데, 후자는 나중에 미 의회가 지휘관 긴급대응 프로그램CERP으로 자금을 지원하게 되는 노력들이었다. 다른 부서들도 마찬가지였지만, 일부 부대는 의심할 여지 없이 가장 중요한 임무이자 다른 모든 임무의 기반이 되는 치안에 더 집중했다. 그럼에도 일반적으로 치안은 다른 비군사적 임무에 의해 공고화된다. 안정화 작전의 규모가 커지면서 민사, 군사경찰, 공병, 의료 부대의 필요성이 커진 반면, 미군의 역량과 가용 병력 구조는 빠르게 축소되었다. 상당수의 민간 계약업체가 이러한 공백을 메우기 위해 투입되었지만, 상이한 교전수칙, 능력 부족, 기강 해이 및 책임감 결여 같은 추가적인 과제를 안고 있었다.

　돌이켜보면, 분쟁 이후의 단계에 대한 계획, 필요한 임무를 수행하기 위해 설립된 조직, 이라크 지원에 대한 가정 등이 부적절하고 결함이 있었다는 것은 분명하다. 그리고 이러한 결점은 2003년 5월에 내려진 후속 결정들로 인해 더 악화되었다.

평화 상실

5월 초, 진전이 없는 상황에 좌절감을 느낀 부시 행정부는 비효율적인 재건및인도적지원국을 L. 폴 '제리' 브레머 3세L. Paul 'Jerry' Bremer III 전 이라크 주재 미국 대사가 이끄는 연합임시행정처로 대체하기로 결정했다.[21] 브레머는 분명 매우 영민했지만, 이라크나 중동 지역에 대한 지식이 부족했고, 이 일을 맡기에 부적절한 선택이었다는 것이 증명되었다. 이라크에 도착한 후 그가 내린 세 가지 중요한 결정은 이미 두 달 동안 현지에 파견되어 있던 직원들과 상의 없이 내린 것이었기 때문에 앞으로 몇 달 안에 격렬한 반란이 일어날 수밖에 없었다.

　브레머가 내린 첫 번째 결정은 이라크 사회 구조에 너무 깊숙이 파고든 이라크 사회의 대대적인 탈바트화를 명령하는 것이었다. 이 명령은 집권 바트당의 상위 2개 계층, 즉 사담 후세인 정권과 그의 최측근 6000여 명을 공적 생활에서 배제하는 대신 상위 4개 계층을 도려내어 대다수 고용의 전제조건 때문에 바트당에 가입해 거의 자동적으로 승진한 이라크인 8만 5000~10만 명을 그 자리에서 쫓아냈다.* 여기에는 공무원, 의사, 엔지니어, 대학교수, 학교교사 및 기타 전문가들이 포함되었는데, 미국의 전쟁계획에 따르면 이들은 정부의 연속성을 유지하고 이라크의 기본 서비스 복구와 재건을 위해 그 자리에 남아 있을 것으로 예상했던 바로 그 사람들이었다. 명령에 따라 이들은 정부 고용, 연금, 그리고 많은 경우 정부가 제공한 주택과 자동차를 박탈당하는 것은 물론 시민 생활에 의미 있는 참여를 할 수 없게 되었다. 이처럼 가혹한 과정은 아메드 찰라비Ahmed Chalabi가 위원장을 맡은 탈바트화 위원회가 통제하는 경우는 예외였다. 이라크 국외 거주자였다가 침공 이후 이라크로 귀국한 찰라비는 부시 행정부의 유력 인사들과 긴밀히 연결되어 있었고, 종파적 성향이 강한 시아파 지도자였다.[22] CIA 지부장은 브레머에게 명령을 이행할 경우 "밤이 되면 3만~5만 명의 바트당원들을 지하로 몰아넣게 될 것이다. 그리고 6개월 후에는 정말 후회하게 될 것이다"라고 경고했다.[23] 그의 추정치도 훨씬 더 많은 숫자를 과소평가한 것이었다.

두 번째의 운명적 결정은 이라크 육군을 포함한 모든 이라크 치안 조직을 해체한 것이었다. 브레머는 이라크인들이 이러한 정권의 통제 수단을 경멸하고 있으며, 대다수의 군인들이 군복을 벗어버리고 집으로 돌아갔기 때문에 자신은 당연한 사실을 인정한 것뿐이라고 주장했다.[24] 그러나 공화국수비대와 정권 충성 조직에 대한 증오는 많은 이라크인들에게 유일한 국가기관으로 간주되는 대규모 이라크군

• 이처럼 과격하고 급진적인 탈바트화 정책이 훗날 적대세력의 대량 출현을 초래한 결정적 원인이 되었다. 만일 브레머가 집권 바트당의 2개 상위 계층(후세인 정권과 그의 핵심 측근들을 포함한 6000~7000명 정도)만 제거하는 데 그쳤더라면, 반란군들로 인한 재앙을 당하지 않았을 가능성이 높다. 그러나 숙청 대상을 상위 4개 계층으로 확대함으로써, 쫓겨난 10만여 명의 고급 인력(공무원, 의사, 교수, 전문가 등)을 적대세력으로 돌려놓은 치명적 과오를 범했다.—옮긴이

을 향한 것이 아니었다. 실제로 연합군 지도자들은 정권 붕괴 후 이라크 육군을 이용해 국내 치안을 도모할 계획이었다. 이라크 군인들은 결국 전투에서 풍비박산이 났지만, 정권 붕괴 후 많은 지도자들이 다시 등장했고, 올바른 계획만 있었다면 상당수 군인을 쉽게 군으로 복귀시킬 수 있었을 것이다. 이렇게 했더라면 질서가 무너졌을 때 현장에서의 '심각한 지상군 부족' 사태를 완화할 수 있었을 것이다. 대신 이라크 장교와 병사들은 모두 해임되어 직위와 연금, 사회지위를 박탈당했다. 브레머 총리가 침공 당시 압수한 돈으로 전직 군인들에게 급여와 밀린 임금을 지급하기로 합의하기까지 5주 동안 격렬한 시위가 이어졌다. 군대가 해산된 지 5주째 되던 날 모술에서 무기를 든 수천 명의 전직 군인들이 통치센터 주변 광장에 모여 극도로 긴장되고 위험한 시위를 벌였다. 당시 나는 확성기를 이용해 시위대와 소통하면서 그들이 평화적으로 해산하면 즉시 바그다드로 날아가 그들의 우려를 전달하겠다고 약속했고, 그들은 실제로 해산했다. 그 후 나는 바그다드로 날아가 브레머 대사 휘하의 치안 부문 개혁 담당자를 찾아 퉁명스럽게 말했다. "당신의 정책이 우리 군인들을 죽이고 있소. 퇴역한 이라크 군인들이 가족을 돌볼 수 있도록 봉급을 지급해야 합니다." 브레머 대사는 일주일 만에 이 제안을 승인했고, 곧바로 시행되어 큰 위기를 모면할 수 있었다. 안타깝게도 급여 지급이 발표되었을 때는 이미 막대한 피해가 발생한 후였고, 많은 전직 이라크 군인들이 무기를 손에 쥐고 초기 반란군의 대열에 합류하기 시작한 다음이었다.

이 두 가지 결정으로 브레머는 정권 교체를 넘어 이라크 국가를 파괴하고 반군의 정치적·군사적 기반을 구축하는 데 기여한 꼴이 되었다. 불행하게도 부시 대통령과 국가안보회의는 이러한 결정의 잠재적 영향에 대해 논의하거나 고려하지 않았다.[25]

브레머가 내린 세 번째 결정은 이미 자신이 책임지고 있는 지역에서 일부 사람들이 해왔던 것처럼 지방선거를 실시하여 임시 통치체제를 구축하는 대신, 이라크 통치위원회IGC를 통해 총독으로서 통치하는 것이었다. 전국적으로 자유롭고 공정한 선거를 치를 수 있는 여건을 조성하고 선거를 제대로 치르는 데 상당한 시간이 걸렸기 때문에 이는 훨씬 더 논쟁의 여지가 있는 결정이었다. 그럼에도 브레머의 결정은 필연적으로 거대한 도전과제를 안겨주었다. 통치위원회는 대체로 주요 종족 및 종파 대표와 기존 이라크 정당(일부는 사담 후세인 치하에서 비밀리에 활동하거나 망명 중이었다)을 포함했지만, 시아파 지도자 무크타다 알 사드르Muqtada al-Sadr와 그의 지지자들, 수니파 공동체의 영향력 있는 대표 등 중요한 인물은 제외되었다. 기본적으로 통치위원회는 이라크 정부 내에 파벌을 만들어 지지자들에게 일자리를 제공함으로써 새로운 이라크에서 승자와 패자를 자동적으로 만들고 있었다. 이 체제에서 소외된 사람들은 이 체제를 외세에 의해 강요되고 부패한 것으로 여겼다. 불같은 성격의 무슬림 성직자 사드르에 충성하는 시아파 민병대가 곧 수니파 반란세력의 성장만큼이나 이라크의 안정에 큰 도전이 된 것은 결코 우연이 아니었다. 게다가 브레머는 나와 다른 사람들이 추진하던 지역 단위의 민주주의 계획에 제동을 걸기 시작했고, 대신 '과도 행정법'을 제정하여 위에서 아래로 새로운 이라크 정부를 세우는 데 집중했다. 이로 인해 새로운 정부를 중심으로 이라크 국민을 통합하는 데 필요한 상향식 정당성과 대표성이 결여될 수밖에 없었다. 또한 브레머는 이라크 사회의 핵심 요소인 부족 지도자들을 새로운 이라크에는 필요가 없는 과거의 유물이라고 판단하여 소외시켰는데, 이는 2006년 중반 '안바르 대각성Anbar Awakening' 사태와 2007년 '병력 증파'가 시작될 때까지 되돌리지 못할 행동이었다. 브레머의 결정은 정책(및 작전)을 실행할 때 전장에서 제거한 적보다 더 많은 적을 만들어내지 않는 것이 중요하다는 사실을 일깨워주었다.

4월에 미군을 겨냥한 최초의 노변폭탄, 즉 급조폭발물이 터졌고, 얼마 후 건물 외벽을 무너뜨릴 수 있는 최초의 차량 및 트럭 폭탄이 등장했다. 미국인을 죽일 수 있는 기회를 포착한 외국 전사들과 테러리스트들이 점점 더 많이 이라크로 몰려들기 시작했다. 미군과 다른 연합군은 폭력의 확산을 막기 위해 분투했지만, 국민을 보호하고, 증가하는 반군 조직원들을 뿌리 뽑을 수 있을 정도로 치안군이 충분하지 않았다. 침략군을 억누르던 강력하고 노련한 지상군 사령부는 6월에 이라크를 떠났고, 6월 14일 바그다드에서 진급한 리카르도 산체스Ricardo Sanchez 중장이 월리스 중장으로부터 제5군단(연합합동전략팀의 핵심을 이루는 군단) 지휘를 인수받은 연합합동전략팀CJTF-7으로 대체되었다.[26] 그와 그의 사령부 모두 국가 안정화와 관련된 많은 임무를 관리하는 데 필요한 관료적 무게감이 부족했으며, 불명확한 권한체계, 그의 사령부와 브레머의 긴장 관계로 인해 상황이 더욱 악화되었다. CJTF-7은 존속 기간 내내 수니파 반란과 극단주의 단체, 시아파 민병대의 사악한 활동으로 인해 점점 더 많은 도전에 직면하면서, 이를 해결하기 위한 전략과 관련 작전 개념을 개발하는 데 어려움을 겪었다. 미군과 연합군 수가 충분하지 않은 상황에서 이라크 군대와 경찰을 재구성해야 한다는 사실도 점점 더 분명해졌다. 이 과제를 해결하기 위해 미 육군 보병훈련센터에서 폴 D. 이튼Paul D. Eaton 소장을 이라크에 파견하여 동맹군사지원훈련팀을 설립했지만, 이 팀과 산하 조직인 민간경찰지원훈련팀(영국 민간인 관리가 팀장을 담당)은 자원이 턱없이 부족했다. 게다가 2년 동안 9개 여단(총 27개 보병대)을 창설한다는 목표는 미군이 철수한 후 반군을 격퇴하고 이라크의 치안 임무를 인수하는 데 필요한 규모와는 거리가 멀었다.

　이러한 단점들에도 불구하고 몇 가지 성과가 있었다. 7월 22일, 제 101공수사단 제2여단과 특수작전부대 병사들이 모술에서 사담 후세인의 아들 우다이Uday와 쿠사이Qusay를 사살했다. 제1기갑사단은 10월과 11월에 바그다드에서 반군의 첫 번째 라마단 공세를 격퇴했다. 그리고 가장 중요한 것은 제4보병사단과 협력한 특수작전부대가 12월 13일 티크리트 남쪽의 거미굴에서 사담 후세인을 생포했다는 점이다. 이러한 성과는 수니파 반란의 기세를 일시적으로 약화시켰다. 만일 브레머와 통치위원회가 하위 계층인 구바트당과 화해하고 이라크군을 보다 적극적으로 재건하기 위한 국가적 절차를 수립하여 수니파 공동체를 달래기 위해 노력했더라면 수니파 반란은 완전히 위축되었을 수도 있지만, 안타깝게도 그러지 못했다.[27]

4월 봉기

한편 럼스펠드는 상대적으로 평온한 시기를 틈타 2004년 춘계 순환 배치에서 이라크 주둔 미군 병력을 12만 5000명에서 9만 5000명으로, 미군이 아닌 연합군은 3만 5000명에서 2만 5000명으로 감축하기 시작했다.[28] 그러나 이라크 군대가 해체되고 경찰이 여전히 크게 부족한 상황에서 이라크 국민을 보호하고, 증가하는 반군, 시아파 민병대의 도전, 늘어나는 범죄에 대처할 병력이 충분하지 못했다. 본질적으로 병력을 늘려야 할 시기에 오히려 병력을 감축하고 있었다. 이라크 북부의 경우, 2004년 2월 초 제101공수사단의 3개 보병여단과 250대의 헬기가 훨씬 능력이 떨어지는 스트라이커 보병여단과 준장이 지휘하는 소규모 항공부대로 대체되었다. 전체 부대의 규모가 정상적 수준의 3분의 1에도 미치지 못하는 상황이 되면서 특히 문제가 심각해졌다. 2004년 2월 초 모술을 떠난 직후, 이라크 탈바트화위원회 위원장인 아메드 찰라비가 니네베주에서 국방부, 병원, 대학 및 기타 정부 기관을 운영하기 위해 필요했던 수천 명의 전직 바트당원들과의 화해를 위한 나의 오랜 권고안을 승인하지 않으면서 상황은 더욱 악화되었다. 찰라비의 행동으로 바그다드는 우리가 해야 할 일과 정반대의 일을 하고 있었고, 상황 악화에 더욱 불을 지피고 있었다.

한편 이라크와 중동 지역 작전을 총괄하는 미 중부사령부 사령관 존 아비자이드John Abizaid 장군은 미군이 해결책의 일부가 아니라 문제의 일부가 되고 있다고 평가했다. 미군이 이라크 국민들 사이에 오래 주둔할수록 반군은 더욱 힘을 얻게 될 것이라고 판단한 것이다. "모든 해방군은 점령군이 되기까지 반감기가 있다"는 말을 자주 언급했기에 이는 비합리적인 우려가 아니었다. 그러나 문제는 다양한 영역에서의 적기, 그리고 미군으로부터 치안 임무를 인수할 수 있는 충분한 이라크군이 존재하는지 여부였다. 그럼에도 2004년 이른 봄, 미군은 향후 2년에 걸쳐 이라크 도시 내 수많은 주둔지를 축소하고 주로 외곽의 대규모 전진작전기지로 통합하는 작업을 서서히 진행하기 시작했다.[29] 폭력이 상대적으로 낮게 유지되는 한 이러한 견해에 일리가 있었을 것이나, 시간이 지나면서 (특히 2006년 종파 간 폭력이 격화되면서) 여전히 능력이 제한된 이라크군에게 치안 임무를 재배치 및 인계하면 이라크 도시 내 치안 공백이 생길 것이었다. 그리고 그 공백은 점점 더 수니파 반군, 시아파 민병대(일부는 이란의 지원을 받았다), 그리고 점점 더 치명적인 이라크 알카에다AQI의 테러리스트들이 채우게 될 것이었다.

이라크의 기만적 평온은 2004년 3월 31일 끝이 났다. 그날 미국인 민간 계약업자 네 명이 바그다드 서쪽의 수니파 거점인 팔루자로 차를 몰고 가다가 길을 잘못 들어섰다. 무장 괴한들이 이들을 죽이고, 불에 탄 시체를 도시 중심부의 다리 위에 매달았다. 이 잔인한 행동에 분노한 부시와 럼스펠드는 범인을 체포하기 위한 작전을 요구했다. 해병대 사령관인 제임스 콘웨이James Conway 중장은 전면적 공격은 역효과가 날 것이라며 인내심을 발휘할 것을 주장했다. 그럼에도 공격 명령을 받은 해병대는 도시를 공격하기 시작했다. 그러나 이 작전은 아랍 언론이 미군의 전쟁범죄를 비난하고, 일부 통치위원회 구성원들이 공격을 중단하지 않으면 사퇴하겠다고 위협하는 등 여론은 악몽처럼 악화되었다. 브레머는 겁을 먹고 해병대가 도시를 확보하기 직전에 휴전을 명령했다. 산체스는 해병대에게 철수 명령을 내릴 수밖에 없었다. 도시를 사실상 장악한 수니파 반군은 승리를 만끽했다. 이후 몇 달 동안 요르단 출신의 유능하고 잔인한 지하디스트이자 지도자인 아부 무사브 알 자르카위Abu Musab al-Zarqawi가 이끄는 알카에다 전사들은 팔루자를 폭탄 공장과 고문실을 갖춘 테러리스트들의 안식처로 만들었다.[30]

설상가상으로, 전쟁 중 처음이자 유일하게 수니파와 시아파 무장 세력이 연합군에 대한 공격을 조직적으로 감행했다. 사드르를 추종하는 시아파 민병대인 자이시 알 마흐디Jaish al-Mahdi는 4월 초 바그다드 북동부의 시아파 인구 밀집 지역인 사드르시티에서 미군을 공격하고 바그다드에서 쿠웨이트로 이어지는 연합군 보급로를 차단하기 위해 교량을 파괴하고 수송대를 매복하는 등 공격에 나섰다. 연합군 전략에 점점 더 의존하게 된 이라크 치안군의 몇 개 대대는 전적으로 무능한 것으로 판명되었다. 연합군이 사마라, 바쿠바, 바그다드, 라마디, 팔루자는 물론 이라크 중남부 전역에서 수백 건의 반군 및 민병대 공격을 방어하는 동안 식량, 연료, 탄약의 재고는 위험할 정도로 줄어들었다. 1년간의 파병이 끝나고 재배치 중이던 제1기갑사단은 상황 복구를 지원하라는 명령을 받았다. 파병 기간이 12개월에서 15개월로 연장된 사단은 대대급 특수부대를 파견해 나자프, 카르발라, 쿠트의 민병대 집결지를 파괴하고 쿠웨이트로 향하는 주요 보급로를 재개했다.[31] 미군은 수니파 반군과 시아파 민병대를 격파하고 포위된 다른 이라크 도시를 탈환하기 위해 반격에 나섰다. 그러나 사드르는 자신의 민병대가 파괴되기 직전에 휴전 협상을 통해 전투를 일시적으로 종식시켰고, 이 결정은 사드르가 승리를 거둘 수 있게 해주었으며, 향후 몇 년 동안 연합군을 괴롭히는 요인으로 작용했다.

수니파 반군과 시아파 지하디스트는 이전에는 평온했던 지역에서 연합군의 다른 구성원들도 표적으로 삼았다. 2003년 11월 12일 이라크 남부 나시리야에 위치한 이탈리아군 사령부에 대한 공격과 4개월 후 2004년 3월 11일 마드리드의 통근 열차에 대한 알카에다 자살폭탄 테러로 인해 결국 이탈리아와 스페인은 전장에서 군대를 철수했다. 온두라스와 도미니카공화국도 이라크 중남부의 다국적군 사단에서 병력을 철수했다. 4월 이라크 전역으로 폭력이 확산되자 다른 국가의 파견부대들도 기지로 철수하여 해당 지역에 효과적인 치안군이 사라졌다.[32] 이러한 공격은 이라크에서 미군이 국제 평화유지군으로 대체될 수 있는 모든 기회를 종식시켜버렸다.

전투가 격화되면서 CJTF-7을 해체하고 조지 W. 케이시George W. Casey 장군이 사령관을 맡게 될 4성급 전략사령부인 '이라크 다국적군사령부MNF-I'로 대체하는 계획이 확정되었다. 케이시 장군이 지휘하는 4성급 사령부는 정치-군사 문제와 전쟁의 전반적 전략에 중점을 두었다. 그리고 토머스 F. 메츠Thomas F. Metz 중장이 지휘하는 3성급 사령부인 '이라크 다국적군군단MNC-I'은 지상 작전에 중점을 두고, 반란 진압 및 국가 안정화에 주력했다. 5월 중순에 상기 두 개의 사령부가 신설되었고 6월 28일 아야드 알라위Ayad Allawi 총리가 이끄는 새로 수립된 이라크 임시 정부에 주권이 이양되는 시기에 맞춰 질서가 회복된 후 연합임시행정처는 노련하고 존경받는 외교관인 존 네그로폰테John Negroponte 대사가 이끄는 미국대사관으로 대체되었다.

연합임시행정처는 존속 기간 내내 일관성 없는 지속적인 직원 교체와 역량 부족으로 어려움을 겪었다. 돌이켜보면, 이라크 주재 미국대사관은 럼스펠드 국방장관이 미국대사관을 설립하는 대신 국방부에 보고하는 임시 조직을 통해 전후 이라크 전쟁을 통제하려는 욕구 때문에 설립된 것으로 보인다. 이는 새로운 미국 대사가 당연히 보고하게 될 콜린 파월 국무장관과 전쟁 통제를 공유해야 한다는 의미였다.[33] 이는 현명하지 못한 결정이었다. 경험이 풍부한 외교관과 개발분야 인력으로 구성된 바그다드 주재 미국대사관을 신속하게 설립하는 것이 연합임시행정처라는 임시기구보다 훨씬 더 나은 선택이었을 것이다.

2004년 봄, 바그다드 서쪽의 옛 이라크 교도소인 아부 그라이브에서 미군이 찍은 수감자 학대 사진이 언론에 공개되면서 미국의 신뢰도는 더욱 추락했다. 제800군사경찰여단 대원들의 범죄 행위가 폭로되자 전 세계가 충격을 받았고, 수많은 이라크인과 다른 사람들이 반란에 가담하게 되었다. 이후 미군의 조사 결과 이 시설에서 광범위하고 조직적인 포로 고문과 학대가 이뤄졌다는 사실이 입증되었고, 11명의 군인이 군법회의에 회부되어 유죄 판결을 받았다.[34] 이 스캔들의 여파로 미국과 연합군 파트너들 사이에서 전쟁에 대한 대중적 지지가 급락했고, 온라인에 공개된 학대 사진은 미국이 이라크에 머무는 동안 그리고 그 이후에도 영향을 미치며 지울 수 없는 미국의 그림자로 남게 되었다.

도시 전투

당시까지만 해도 단기전 사고방식에 갇혀 있던 미국은 반군을 물리치고 분쟁에서 철수하기 위한 진정한 의미에서의 실행 가능한 전략도 없이 이라크의 수렁에 빠져 있었다. 신속하고 결정적인 작전에 집중한 결과, 적은 비용으로 적은 희생을 치르며 정권을 교체할 수 있었지만, 미국의 정책 결정자들과 군대는 지저분한 후폭풍에 대비하지 못하고 있었다. 당시 군 지도자들은 이라크를 안정시키고 국민을 보호하는 데 무엇이 필요한지 확신하지 못한 채 전술을 조정했다. 새로운 이라크 군대가 창설될 때까지 임시방편으로 급조된 이라크 민방위단은 응집력이 부족했고, 급하게 훈련과 장비를 갖춘 이라크군 초기 대대도 4월 봉기 당시 공격을 받자 일거에 무너져 내렸다. 미군 지휘관들은 사담 후세인의 '구정권 분자들'을 뿌리 뽑고 체포하는 데 주력했지만, 수니파 외국 전사들의 유입과 자생적 반군 및 민병대의 성장, 종족 및 종파 내 긴장의 고조 등으로 분쟁의 성격이 바뀌고 있다는 사실이 점점 더 분명해지고 있었다.

새로운 집단 가운데 가장 강력한 조직 중 하나는 아부 무사브 알자르카위가 이끄는 테러 조직인 타우히드 왈 지하드Tawhid wal-Jihad로, 이 조직은 훗날 이라크 알카에다로 진화했다. 자르카위의 전략은 시아파와 시아파의 종교적 성지를 공격하여 종파 내전을 일으켜 수니파 아랍인들이 최후의 보루로서 알카에다를 지지하도록 유도하는 것이었다. 이는 대체로 성공적이었다. 2003년 8월, 요르단 대사관, 바그다드의 유엔 본부, 나자프의 이맘알리 사원이 알카에다의 트럭 및 차량 폭탄 공격의 표적이 되었다. 이 공격으로 수백 명이 사망하고 세르지우 비에이라 지멜루Sergio Vieira de Mello 유엔 이라크 특별대표와 저명한 시아파 성직자이자 정치가인 모하메드 바크르 알 하킴Mohammed Baqr al-Hakim이 사망했다. 2007년 초부터 2008년 여름까지 이른바 '이라크 병력 증파'가 이뤄졌다. 그 시점부터 알카에다가 사멸할 때까지 자르카위와 그 추종자들이 이라크 사회의 근간을 뒤흔들고, 이라크가 수니파–시아파 내전으로 치닫는 등 극도의 혼란이 벌어졌다. 이라크의 안보 위협이 너무도 심각한 상황에 이르자, 국제기구의 이라크 개입을 허용할 수 없는 지경이 되었다. 2003년 8월 끔찍한 공격 이후 바그다드에 있는 유엔 본부도 한동안 폐쇄되었다.[35]

2004년 이라크의 수렁에서 빠져나오기 위한 연합군의 희망은 2005년 초에 예정된 새로운 정부를 세우기 위한 전국선거에 달려 있었다. 그 결과가 모든 이라크인을 대표할 수 있는, 그래서 그들이 보기에 더 합법적인 것으로 보일 수 있기를 바랐다. 이 전략은 이라크의 모든 집단이 선거를 합법적인 것으로 간주하고 선거에 참여하며 그 결과를 존중할 것이라는 가정에 기초한 것이었다. 안타깝게도 대다수의 수니파 아랍인들은 그렇지 않았다. 상당수의 수니파는 필연적으로 시아파 다수에게 권력을 넘겨줄 수밖에 없는 선거 과정에 참여하기보다, 투표를 거부하고 대신 수니파가 주도하는 사담 후세인 정권을 몰아낸 '외국이 강요한 질서'에 대한 정당한 저항으로 간주되는 반란을 지지하기로 했다. 또한 개별 의석을 놓고 경쟁하는 개별 정치인을 선출하는 것이 아니라 정당 득표율에 따라 의회 의석을 배분하는 방식은 이라크인들이 주로 종파적 노선을 따라 투표하기 때문에 내전을 악화시킬 수 있었다.

유능한 군대와 경찰의 창설 또한 연합군의 이라크 철수를 위한 중요한 전제 조건으로 여겨졌다. 이러한 노력을 감독하기 위해 연합군 지도자들은 2004년 여름에 이라크 다국적안보전환사령부MNSTC-1를 설립했다. 나는 중장으로 진급한 후 이 사령부를 지휘하기 위해 이라크로 돌아왔고, 그해 4월 폭력 사태와 이라크군의 전반적인 실패 이후에 수행된 이라크 평가에서 아비자이드 장군과 럼스펠드 장관에게 제공했던 권고 사항을 이행해야 하는 임무를 맡았다. 이제 이라크의 모든 치안군이 하나의 사령부로 집중되었지만, 이라크 군대와 경찰을 통합할 자금과 자문관의 부족, 이라크 내무부와 국방부, 수십만 명의 군인, 경찰 및 기타 보안군의 재건을 지원하는 임무를 감독하기 위해 사령부와 여러 개의 예하 사령부들을 창설해야 하는 등 중대한 과제가 남아 있었다. 미 육군은 결국 2005년 캔자스주 포트라일리에 자문센터를 설립하여 이라크 파병을 위한 자문팀을 준비했다. 그러나 초기에 자문 활동을 위한 제도적 지원은 시기적으로 늦고 불충분했다. 미 육군 예비군 훈련 부대의 요원들이 이라크 부대에 작전 자문을 하도록 배정되었지만, 자문 팀장들 중 아무리 활기차고 결단력 있는 사람도 평시에는 물론 전투에서 지휘해본 적이 거의 없었던 것으로 알려졌다.

MNSTC-I는 증가하는 반군에 대처하기 위해 전투 능력을 신속하게 높이는 데 집중했기 때문에 이라크의 물류 능력과 군대를 감독하고 관리할 수 있는 제도적 역량은 반군의 성장세에 비해 훨씬 뒤처졌다. 그동안 이라크 부대는 대다수의 보급품을 계약업체, 고정 기지 물류, 이라크 현지 민간인 역량, 연합군에 의존해야 했다. 또한 2005년 초 선출된 이라크 정부로 주권이 이양된 후 MNSTC-I는 승진 및 해임 권한을 상실했다. 불행하게도 이라크 정치인들이 장교단 구성에 간섭하여 자신이 속한 민족, 종파, 부족, 정치집단 출신을 선호하면서 장교단 내부에 종파주의가 교묘하게 고개를 들었다.

한편, 성스러운 시아파의 도시 나자프에 무크타다 알 사드르를 추종하는 '사드리스트Sadrist'가 존재하고, 주로 수니파 아랍계 사마라(바그다드 북쪽)를 연합군이 통제하지 못하고, 수니파 반군/극단주의자들이 장악한 팔루자는 여전히 해결해야 할 위협으로 남아 있었다. 2004년 8월 초 나자프에서 벌어진 해병 순찰대와 자이시 알 마흐디 전투원들 간의 총격전은 해병원정대와 제1기병사단 2개 대대가 참여한 대규모 작전으로 이어져 도시를 탈환하는 데 성공했다. 나자프,

특히 이맘 알리 사원 근처의 거대한 공동묘지에서 벌어진 전투로 인해 자이시 알 마흐디는 크게 약화되었고 이라크의 시아파 최고 종교 지도자인 아야톨라 알리 알 시스타니Ayatollah Ali al-Sistani가 중재한 휴전으로 사드르는 다시 한번 후퇴할 수밖에 없었다. 바그다드 북쪽과 서쪽의 사마라와 팔루자에서 각각 대치 중이던 아야드 알라위 임시 총리가 이 작전을 지지한 것은 반가운 일이었다. 그의 지원 아래 제1보병사단은 10월에 여러 대대가 투입된 작전으로 사마라를 탈환했다.

4월부터 반군의 통제하에서 곪아 터진 팔루자는 훨씬 더 큰 규모의 작전이 필요했고, 가장 어려운 작전이 될 것으로 예상되었다. 2004년 가을까지 4000명이 넘는 수니파 반군, 극단주의자, 외국인 전사들이 팔루자에서 연합군의 주둔이 무너지자 샤리아 법의 시행을 선언하고 시아파 이라크인들을 강제로 내쫓았다. 4월 전투의 담론 싸움에서 승리하지 못한 것을 의식한 미국 지도자들은 전투 부대에 언론 기자들을 투입하고, 민간인 사상자에 대한 허위 정보의 확산을 막기 위해 팔루자 병원을 조기에 점령하도록 명령하는 등 공세 작전에서 정확한 정보를 확보하는 데 주력했다. 그 후 군사적 여건조성 작전을 통해 도시를 고립시키고, 주요 반군 지도자를 사살하고, 대다수 민간인들에게 작전이 완료될 때까지 대피하도록 설득하여 민간인 사상자를 크게 줄였다.[36]

11월 8일 저녁, 미 육군 기계화보병 2개 연대와 새로 훈련받은 이라크 육군 및 경찰 6개 대대로 증원된 해병 2개 연대가 팔루자를 공격했다.[37] 해병대와 병사들은 힘과 인내심을 시험하는 시가지 전투를 벌이며 골목에서 골목, 건물에서 건물로 이동했다. 해병대는 5일 만에 조직적 저항세력을 제거했지만, 이후 몇 주 동안 소규모 저항세력을 계속 소탕해야 했다. 그러나 전투로 인해 도시의 건물과 기반시설 대부분이 파괴되어 많은 지역 주민들이 돌아오지 못했다. 그리고 실망스럽게도 제36특공대대를 제외한 이라크 부대는 근접 전투에서 상대적으로 무능한 것으로 드러났다. 신설된 부대에 더욱 엄격한 훈련이 필요하다는 것이 분명해졌다. 팔루자 전투에서 해병대원 57명과 병사 6명이 전사하고 600명이 부상을 입었다. 이라크 전쟁 중 가장 큰 전투였던 이 싸움에서 반군은 약 2200명이 전사하고 2000명 이상이 생포되는 손실을 입었다.

팔루자 전투가 격화되는 동안 자르카위의 전투원들과 지역 반군들은 니네베주에서 연합군이 상대적으로 부족한 틈을 노려, 11월 10일 모술과 탈아파르를 점령했다. 그곳에 주둔한 이라크군은 반군들의 압박에 대부분 무너졌고, 이 지역에 남은 미군 1개 여단도 심각한 타격을 입었다. 상황을 제대로 인식한 후, 니네베주를 담당하는 작전팀 올림피아대대는 스트라이커 대대와 바그다드에서 새로 창설된 이라크 특수경찰 특공대 2개 대대로 증원되어 반격에 나섬으로써 치열한 전투 끝에 모술을 되찾았다. 그러나 4000명에 달하는 모술의 경찰 병력은 전투로 인해 큰 피해를 입었고 대부분 재건해야 했다.

그럼에도 2004년 8월부터 11월까지 이라크 전역에서 진행된 작전은 연합군의 전략 계획의 운명이 걸린 2005년 초 총선을 치르기 위한 전제조건을 마련했다. 그리고 이라크 국방부와 내무부 요원들을 모집, 훈련, 장비, 조직화하기 위한 자원이 아직 부족한 MNSTC-I의 노력에 자금을 지원하기 위해 다른 우선순위에서 18억 달러를 과감하게 전환한 유능한 존 네그로폰테 미 대사의 결정은 선거를 위한 치안을 제공하는 데 결정적으로 중요한 이라크 군대의 병력 증원과 지원 기반시설 제공을 가능하게 했다.

소탕-유지-재건

2005년 1월 30일에 실시된 선거는 순조롭게 진행되었지만 일부 사람들이 기대했던 '마법의 탄환'은 아니었다. 이러한 생각은 이라크의 모든 집단이 선거를 합법적인 것으로 간주하고 선거에 참여하며 그 결과를 존중할 것이라는 가정에 기초한 것이었다. 유감스럽게도 대다수의 수니파 아랍인은 그렇게 하지 않았다.

시아파 이슬람 정당과 쿠르드족 정당의 연합이 가장 많은 표를 얻었지만 가장 중요한 총리직 후보에 합의하지 못했다. 어려운 상황에서도 인상적인 성과를 거둔 아야드 알라위 임시 총리는 후임자 이브라힘 알 자파리Ibrahim al-Jaafari가 선출될 때까지 4개월 동안 레임덕 상태로 임기를 이어갔다. 예상대로 정치적 승자(주로 시아파와 쿠르드족)는 정적(주로 수니파 아랍인)이 새로운 이라크 국가의 권력과 자원을 공유하지 못하도록 배제하기 위해 정부의 지렛대를 사용할 것이다. 그리고 국방부와 내무부에 대한 시아파의 상당한 통제권(수니파가 국방장관이 되더라도)은 수니파 공동체를 고의적으로 표적으로 삼는 국가후원 반군 세력의 탄생으로 이어질 것이다. 그래서 분쟁은 거의 줄어들지 않고 계속되었다.

전쟁이 계속되면서 케이시 장군은 MNF-I의 전략을 조정하기 시작했다.[38] 그는 MNF-I의 임무 선언문에 '대반란'이라는 용어를 포함시키고, 2005년 봄에는 대반란 담당 고문인 칼레브 셉Kalev Sepp과 빌 힉스Bill Hix를 이라크에 데려와 대반란 아카데미를 설립했지만, 케이시 장군은 이 투쟁이 근본적으로 다양한 이라크 정파 간의 권력 및 자원 경쟁으로 바뀌었다는 결론을 내리기 시작했다. 케이시는 전쟁이 이라크 정부에 대한 반란을 넘어선 것으로 판단했기 때문에 반란에 대한 원칙이 작전의 중심이 될 수 없다는 결론을 내렸다. 따라서 그는 이라크 군대와 경찰을 구축하고 치안 책임을 이들에게 이양하는 데 초점을 맞추는 MNF-I를 강조했다. 이 전략은 6월 28일 부시 대통령이 장병들을 대상으로 한 연설에서 "이라크인들이 일어서면 우리는 물러날 것"이라는 말로 깔끔하게 요약되었다.³⁹ 그러나 돌이켜보면 이러한 전환은 시기상조였다. 특히 이듬해 시아파 성지 공격 이후 폭력이 급격히 격화되고, 아직 창설된 지 얼마 되지 않은 신생 이라크 군대가 이러한 격화로 인해 점차 쇠약해졌기 때문에 더욱 그러했다.

이라크 치안군의 수를 늘리는 것은 분명 도움이 되었지만, 단기적으로는 이라크에 거주하는 더 많고 유능한 반군과 민병대에 대항할 수 있는 충분한 능력을 갖추지 못했다. 2004년 수많은 패배로 풀이 죽은 시아파 자이시 알 마흐디의 지도자들은 사악하지만 유능한 이란혁명수비대IRGC 쿠드스군 사령관 콰셈 솔레이마니Qasem Soleimani에게 훈련과 무기를 지원받기 위해 연락을 취했다. 한편, 수니파 반군은 이슬람에 대한 극단적 견해를 품고 이라크에 들어온 지하디스트와 자살 폭탄 테러범이 상당수 포함된 아랍-이슬람 세계 전역의 외국인 전사들에게 더 많이 의존했다. 이란은 이라크의 프락치들에게 소형 무기, 탄약, 폭약, RPG 뿐만 아니라 가장 우려스러운 것은 주전차의 장갑을 뚫을 수 있는 매우 치명적 형태의 즉석 폭발장치인 폭발형발사체EFP를 공급했다는 점이다. 결국 EFP로 인해 이라크에서

600명 이상의 미군이 사망했다. 한편 수니파 지하디스트들은 폭발물 조끼를 입은 개인 자살폭탄 테러범이나 폭발물을 가득 실은 자동차나 트럭을 몰아 돌진하는 자살 공격에 크게 의존했다. 둘 다 가능한 한 많은 연합군과 시아파 이라크인을 죽이려는 의도가 있었다. 이에 대한 보복으로 자이시 알 마흐디와 같은 시아파 민병대 단체는 수니파 지역을 표적으로 삼아 종파적 이주를 강요하고 내전의 불씨를 더욱 부채질하는 작전을 수행했다.

전쟁의 가장 암울한 시기에 앞으로 나아갈 길을 제시하는 계획이 있었다. 2005년 5월, 미 육군 제3기갑기병연대는 외국 전사들과 지하디스트의 이라크 유입을 차단하기 위해 니네베주 서부와 이라크의 시리아 서부 국경을 장악하기 위한 작전의 일환으로 탈아파르 북부로 배치되었다. 유능한 연대장 H.R. 맥매스터 대령은 유능한 경찰서장인(전 이라크 육군 고위 장교 출신) 나짐 아베드 자부리Najim Abed Jabouri와 협력하여 나짐을 시장에 임명했다. 이후 9개월 동안 맥매스터 대령과 그의 부대는 탈아파르를 고립시키고 극단주의자들을 제거하며 도시 내에 수많은 전투 전초기지를 설치한 후, 손상된 기반시설을 복구하고 기본 서비스를 복원하며 지역 경제를 되살리기 위한 종합적인 대반란 작전을 수행했다.

전통적인 대반란 작전에 정통한 데일 앨퍼드Dale Alford 해병 중령은 안바르주 이라크-시리아 국경의 알카임에서 해병대 6연대 3대대와 비슷한 접근방식을 사용했다. 이 작전의 핵심 개념인 '소탕, 유지, 재건'은 이후 콘돌리자 라이스Condoleezza Rice 국무장관의 주요 연설에서 지지를 받았다. 이는 이라크군에게 임무를 넘기는 전략이 여전히 유효하다고 믿었던 럼스펠드 국방장관을 매우 당황케 했다. 맥매스터가 탈아파르에서 검토한 것과 같은 전폭적인 대반란 전략을 채택하려면 훨씬 더 많은 자원이 필요했고, 럼스펠드는 미군이 근본적으로 이길 수 없다고 판단한 분쟁에 증원군을 보내는 것에 찬성할 수 없었다.

2005년 가을 이라크의 신헌법이 공포되고 새로운 의회 선거가 실시되면서 이라크의 새로운 기본법에 압도적 반대표를 던졌던 수니파 공동체는 더욱 소외되었다. 2006년 5월, 오랜 정치적 혼란 끝에 누리 알 말리키가 총리로 선출되면서 문제는 더욱 심각해졌다. 말리키는 시아파 성향으로 알려진 다와당(특히 이라크에 이란의 꼭두각시 정권을 세우려는 음모론적 성향으로 유명한)의 후보였으며, 처음에는 무크타다 알 사드르의 지지를 받았다. 의회가 그를 타협적 후보로 결정했을 때만 해도 그는 많은 사람들의 눈에는 '강점이라고 내세울 게 약점뿐인' 인물로 비쳤다. 그러나 시간이 지남에 따라 베트남, 아프간 및 기타 국가에서 드러난 양상을 반복하면서 말리키는 중동의 수많은 종족, 종파, 부족의 단층선을 통과하는 나라에서 절실히 필요한 통합적 지도자가 아닌 점점 더 독재적이고 변덕스러운 인물로 변모해갔다. 선거 이후 케이시 장군은 이라크 전역의 기반시설, 통치기구, 기본 서비스, 경제를 개선하는 데 도움이 될 민간 주도의 지방재건팀을 추가하는 등 MNF-I의 전환 전략을 이어갔다. 이라크군이 점진적으로 치안을 장악함에 따라 연합군은 점차 축소될 계획이었으며, 2006년 초에 2개 여단 전투팀과 기타 부대의 감축이 계획되어 있었다.

2006년 선거는 투표율 상승을 바탕으로 외부에서 희망을 품게 하는 계기가 되었다. 그러나 사회 및 안보 역학 관계에 대한 완전한 가시성과 이해의 부족은 이라크 사회가 '폭발할 준비가 되어 있는 화약고'라는 어두운 진실을 숨기고 있었다.

내전

2006년 2월 22일, 바그다드 북쪽의 수니파 도시 사마라에 소재한
시아파의 주요 성지인 알아스카리 사원이 알카에다에 의해 파괴되
면서 연합군이 이라크 내에서 진전을 이룰 수 있을 것이라는 기대가
무너졌다. 수니파 테러리스트들이 이처럼 중요한 시아파 성지를 파괴
한 행위는 전쟁 초기부터 자르카위가 노렸던 반격에 마침내 불을 붙
였다. 이라크 전역에서 시아파 아랍인들이 거리로 나와 보복을 요구
하며 수십 개의 수니파 사원에 불을 지르고 수니파를 납치, 고문, 살
해하는 등 스스로 문제를 해결하고자 했다. 학살 이후에는 종파를
따라 여러 지역의 주민들을 이주시키려는 의도적인 노력이 이어졌다.
이는 특정 지역에서는 종파 청산으로 이어졌다.

수니파와 시아파 지역 모두에서 권력은 총기를 가장 많이 보유한
민병대, 반군, 테러리스트 단체에 넘어갔다. 수백만 명의 이라크인이
고향을 떠나 이라크 내 또는 주변국으로 난민 신세가 되었다. 종파
간 내전이 격화되면서 대규모 기지에 병력을 통합하고 이라크군·경
찰에 치안 임무를 넘기면서 거리에서 벌어지는 사태에 대한 상황 인
식을 대부분 상실한 MNF-I는 이라크를 뒤덮고 있는 혼란의 규모를
즉시 인식하지 못했다. 중요한 것은 MNF-I가 분쟁에 대한 전략적 접
근방식을 바꾸거나 연말까지 15개 여단에서 10개 여단으로 줄어들
것으로 예상되는 여단 수의 감축 결정을 즉시 번복하지 않았다는 점
이다.

2005년 6월 7일 미군 특수작전부대의 공습으로 알카에다 지도자
자르카위가 사살되면서 연합군 지도자들은 일시적으로 사기가 올랐

지만, 자르카위의 죽음은 아무리 유능했더라도 한 사람의 죽음만으로는 견고한 조직에 치명적인 타격을 주지 못했다. 이 사건은 반군 지도자를 죽이거나 생포하면 조직이 붕괴될 것이라는 믿음을 버려야 한다는 사실을 일깨워주었다. 이는 소규모의 미성숙 집단에서만 해당되는 이야기였다. 알카에다 같은 대규모 조직에서는 조직의 우두머리가 최후를 맞이하면, 그 공백을 메울 준비가 된 부하 지도자가 항상 존재했다.

종파 갈등이 이라크 전역을 뒤흔들자 MNF-I는 2006년 여름과 가을에 바그다드에서 폭력 사태의 확산을 막기 위해 '동반 전진' 작전 1, 2로 대응했다. 수만 명의 병력이 투입된 이 작전으로 인해 핵심 지역에서 일시적으로 폭력이 감소했지만, 미군이 치안 책임을 이양하고 바그다드 외곽의 대규모 미군기지로 복귀한 후 이라크군, 경찰이 미군이 소탕해놓은 지역을 장악하지 못해 결국 실패로 끝났다. 게다가 이라크 경찰과 같은 일부 이라크 치안군이 수니파 주민들을 표적으로 삼아 위협하고, 수니파 극단주의자 및 반군의 공격에 대한 보복을 시도하면서 문제의 일부가 되었다. 갈수록 더 시아파 아랍인으로 구성된 이라크 군대와 경찰은 수니파 지역을 보호하려는 동기를 거의 갖지 못했다. 또한 시아파 지역에서는 치안군이 작전을 거의 펼치지 않았다. 그래서 시아파 민병대는 지역 주민들을 계속 위협하고 인근 수니파 지역을 멋대로 약탈할 수 있었다. 2006년 가을이 되자 제복을 입은 시아파 암살단이 바그다드 거리를 활보했고, 살해된 시신들이 티그리스강을 따라 떠내려와 바그다드 영안실에 쌓여갔다. 한편, 자살 폭탄 테러범들은 시아파 사원과 시장을 표적으로 삼아 대학살을 저질렀다. 6월 한 달 동안 매일 100명 이상의 민간인이 사망했으

며, 해가 갈수록 그 수는 더욱 늘어났다.[40]

이러한 폭력 사태에 대응하여 케이시 장군은 럼스펠드와 미 중부 사령관 존 아비자이드 장군의 지원을 받아 이라크에서 연합군 철수와 전환 전략에 전념했다. 7월 둘째 주에 '동반 전진' 작전이 시작되었지만, MNF-I 참모들은 연말까지 3개 여단을 감축할 계획을 세웠다. 케이시는 이라크의 문제가 정치적인 문제라고 확신했다. 이는 절대적으로 옳은 판단이었다. 하지만 연합군이 이라크의 권력과 자원을 둘러싼 투쟁의 결과에 거의 기여할 수 없다고 믿었다.[41] 한편, 병력 부족으로 인해 전반적인 전략에 따라 미군이 인근 지역에서 철수했음에도 불구하고, 작전 예비대를 마련하지 못했고, 이라크 여러 지역은 병력 부족의 결과로 반군 및 민병대의 피난처가 되었다.

이라크의 상황이 악화되면서 부시 대통령은 국방장관과 현지 사령관을 전폭적으로 지지했지만, 전환 전략이 효과가 없다는 것을 깨닫게 되었다. 이라크가 집단적 폭력으로 치닫자 MNF-I 작전계획의 기반이 되었던 가정이 계속 무효화되었다. 자르카위와 다른 반군 지도자들을 사살하고, 이라크인들이 정부 선거에 대거 참여하고, 연합군을 철수시켜 지역 주민들 사이에 생길 수 있는 '항체antibodies'를 줄이고, 치안 작전을 이라크인 통제하에 두는 것만으로는 분쟁의 근간이 되는 문제를 해결하거나 치안 상태를 개선할 수 없었다. 대안적 접근법을 모색하던 부시는 전략적 담론에 훨씬 더 많이 관여하게 되었고, 국가안보보좌관인 스티븐 해들리Stephen Hadley에게 정보 수집과 대안 개발을 맡겼다. 2006년 말이 다가올 무렵, 종파적 동기에 의한 폭력으로 매달 3000명 이상의 이라크인이 죽어가고 있었다. 치안이 개선되고 폭력 수준이 낮아지기 전까지는 이라크에서 권력과 자원을 배분하는 주요 동력으로서 정치가 작동하지 않을 것이었다.

라마디 : 대각성

2006년 8월 중순, 서부 다국적군MNF-W의 정보 책임자인 피터 H. 데블린 대령은 공식적 평가에서 연합군이 바그다드 서쪽에서 시리아, 요르단, 사우디와의 이라크 국경에 걸쳐 있는 수니파 아랍 지역인 안바르주를 더 이상 통제할 수 없다는 결론을 내렸다. 이는 매우 충격적인 결론이었고, 한 달도 채 되지 않아 언론에 보도되었다. 그러나 비슷한 시기에 안바르에 작은 희망의 빛이 보이기 시작했다. 알카에다의 극심한 폭력과 약탈로 인해 특히 라마디에 거주하던 부족들 중 일부가 폭동을 일으켰다. 션 맥팔런드Sean MacFarland 대령이 지휘하는 제1기갑사단 제1여단이 탈아파르에 잠시 주둔했다가 6월 들어 이곳에 도착했다.[42] 맥팔런드 대령은 탈아파르에서 맥매스터 대령이 사용했던 것과 동일한 기법을 많이 사용했던 유능한 지휘관으로, 병력을 대규모 전진 작전 기지에서 벗어나 지역사회로 이동시켜 상호보완적인 소규모 전투전초기지에 배치했다. 그곳에서 그들은 이라크 현지 치안군과 협력하여 통제권을 이양하고 지역을 넘겨주기보다는 현지 치안군들과 손잡고 협력했다. 무엇보다 자신의 아버지와 두 형제를 죽인 테러리스트들과 싸우기 위해 미국인들과 힘을 합치고 싶다는 현지 족장인 압둘 사타르 아부 리샤 알 리샤위Abdul Sattar Abu Risha al-Rishawi의 제안을 받은 맥팔런드와 그의 핵심 부하 앤서니 딘Anthony Deane 중령과 트래비스 패트리퀸Travis Patriquin 대위는 이 기회를 흔쾌히 받아들였다. 여단은 신속하게 수백 명의 부족민을 현지 경찰로 등록시켰고, 다른 부족장들도 미국과의 동맹이 주는 이점을 보고 동맹을 맺자는 미군의 제안을 받아들였다.

안바르주에 대한 정보 보고서가 언론에 보도된 지 나흘 후, 사타르 족장은 부족 연합을 모아 안바르주의 세력 균형을 서서히 바꾸고 결국에는 알카에다에 대항하는 싸움에서 전세를 뒤집는 데 도움이 될 '안바르 대각성' 운동을 시작했다.[43] 알카에다의 지속적 공격에 시달리던 17개 부족의 원로 41명이 9월 라마디 주변에서 연합군과 동맹을 맺고 알카에다와의 전쟁에 나섰다. 맥팔런드는 이 연합군을 적극 지원했다. 현지 부족들은 뛰어난 첩보 정보를 제공하고, 현지 경찰들은 고향을 지키려는 강력한 동기를 가졌으며, 연합군은 화력, 경제 지원 및 기타 지원을 제공했다. 이로써 연합군에게 꼭 필요한 동맹이 되었다. 11월 말, 짧고 치열한 전투를 통해 라마디 동쪽 외곽에서 알카에다의 존재가 제거되었다. 그리고 2007년 2월과 3월, '이라크 병력 증파'가 시작된 직후, 맥팔런드 대령 예하 부대와 맥팔런드 여단을 대체한 제3보병사단 제1여단은 라마디의 모든 지역과 건물을 힘겹게 소탕한 뒤, 현지 치안군의 도움을 받아 이를 점령했다.

처음에 맥팔런드는 서부 다국적군사령부의 상관들이 대각성 운동을 지지하도록 설득하는 데 어려움을 겪었다. 그 이유는 상급 사령부의 상관들은 라마디에 남아 전투를 벌이다 죽어가는 사람들보다 요르단 암만으로 피신한 더 중요해 보이는 고위급 원로들을 끌어들이려 했기 때문이다. 이 두 가지 접근방식 사이의 긴장은 이듬해 2월, MNF-I의 신임 사령관에 취임한 내가 대각성 운동을 전폭적으로 지원하도록 지시하여, 안바르 전역과 바그다드를 포함한 이라크의 다른 수니파 지역으로 확대할 때까지 해결되지 않았다. 시간이 지나면서 연합군의 지원을 받아 대각성 운동이 안바르 전역에서 서쪽과 동쪽으로, 그리고 동쪽과 북쪽으로 인접한 지방으로, 궁극적으로는 북쪽의 모술까지 확장되어 알카에다와 반군과의 싸움에서 역학관계를 근본적으로 변화시킬 수 있었다. 또한 특정 반군 그룹의 중간급 지도자들과 상당수 일반 대원들이 MNF-I가 마련한 과정을 통해 '화해'하고 대각성 운동을 지지하게 된 것은 극적이면서도 매우 환영할 만한 정치적 상황 진전이었다.[44]

대각성 운동에 대응해 알카에다 지도자들은 아부 오마르 알 바그다디Abu Omar al-Baghdadi('하미드 다우드 무하마드 칼릴 알 자위'의 가명)가 이끄는 이라크이슬람국가ISI를 결성하고 라마디를 새로운 칼리프의 수도로 선포했다. 알카에다의 일부가 ISI로 진화한 것은 당시에는 즉각적 영향을 미치지 않았지만, 장기적으로는 중요한 변화가 되었다. 2007년과 2008년의 '병력 증파'로 알카에다가 패배한 지 7년 후, ISI와 그 후신인 ISIS, 즉 이라크·알샴al-Sham(아랍어로 레반트를 의미) 이슬람국가는 중동의 지배적인 지하드 세력으로 변모해 알카에다를 제치고 가장 강력한 국제 테러 단체의 상징으로 자리잡게 되었다.

병력 증파

한편 미국에서는 2006년 11월 중간선거에서 이라크 전쟁이 매우 중요한 쟁점이 되었다. 전쟁이 점점 무의미해졌다는 미국 국민들의 인식을 반영하듯 투표에서 부시 대통령의 공화당이 대패하고, 민주당

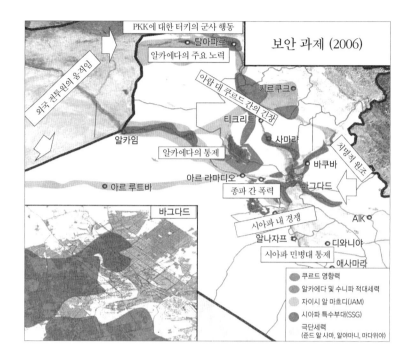

이 12년 만에 처음으로 상하 양원을 장악했다.

　미국 국민들의 압도적인 철군 요구에도 불구하고 여전히 전쟁에서 승리하겠다는 의지가 강했던 부시 대통령은 럼스펠드 국방장관을 로버트 게이츠 전 CIA 국장으로 전격 교체하며 사태 수습에 나섰다. 2개월 후, 그는 새로운 MNF-I 사령관, 새로운 대사, 새로운 미 중부 사령부 사령관과 새로운 전략을 발표했다.

　이라크에 대한 새로운 계획으로 알려진 '병력 증파'의 핵심은 미 육군 5개 여단과 해병대 2개 대대, 항공, 공병, 헌병 부대 등 수천 명의 지원 병력과 사단 사령부를 추가하는 등의 연합군 증원이다. 시간이 지남에 따라 대통령이 발표한 2만 명이 총 3만 명에 가까운 병력으로 늘어나 이라크에 주둔하는 연합군 병력은 초기 지상 침공군의 병력보다 약간 많은 18만 명(이 중 16만 5000명은 미군)에 육박했다. 더 중요한 것은 이 병력과 이미 이라크에 주둔하고 있는 병력이 주민 통제와 보호가 대반란 투쟁에서 승리하는 열쇠라는 새로운 대반란 교리에 따라 다르게 사용될 것이라는 점이다. 그 일환으로 시아파 민병대를 격퇴하는 것이 알카에다와 수니파 주도 반군을 격퇴하는 것만큼이나 중요한 목표가 되고, 이는 이라크에서 공동체 간 폭력의 악순환을 끊기 위한 중요한 임무가 될 것이었다.

향후 1년 반 동안 벌어진 일련의 사건들은 이라크의 전략적 상승 지표를 변화시켜 알카에다, 수니파 반군, 시아파 민병대의 패배와 폭력의 대폭 감소로 이어졌다.[45] 그 결과 이라크와 이라크 지도자들은 직면한 문제를 해결할 수 있는 완전히 새로운 기회를 갖게 되었다.

'병력 증파'는 이라크 내 폭력 사태의 증가를 막지 못한 전환 전략에 대한 부시 대통령의 좌절감이 커진 결과였다. 이러한 좌절감에 힘입어 2006년 말, 부시 대통령은 사담 후세인 정권을 무너뜨리기로 처음 결정하고, 이후 전쟁 수행을 국방장관에게 '위탁'한 이후, 대통령 권한을 행사하는 데 있어 많은 진전을 이루었다. 이라크 상황에 대한 불만으로 2006년 가을 국가안보회의 참모진, 합동참모본부가 소집한 대령협의회, 국무부 산하 소규모 그룹이 기존 전략에 대한 대안을 검토하는 세 차례 전략 검토를 진행했다. 이 중 국가안보보좌관 스티븐 해들리가 감독한 검토는 전략 변경에 결정적 역할을 했다. 정부 내부뿐만 아니라 외부 전문가들의 의견을 활용하고(해들리의 이라크 담당 차관보였던 메건 오설리번Meghan O'Sullivan이 내게 여러 차례 도움을 준 것을 포함), 충분한 자원을 갖춘 대반격에 투입된 증원군이 이라크 전쟁의 흐름을 어떻게 바꿀 수 있는지에 대한 시의적절하고 영향력 있는 정책연구소의 연구를 바탕으로, 해들리 팀은 전쟁의 흐름을 결정적으로 뒤집겠다는 대통령의 목표를 달성할 수 있는 최상의 기회를 제공하는 계획을 제시했다.[46] 대통령은 이에 동의했고, 합참의장 케이시(합참의장은 이라크에 대규모 병력을 지원하면 군이 와해될 것이라고 우려했지만, 이에 대해 부시 대통령은 "군이 와해되는 것에 대한 우려는 나도 공감한다. 군대를 해체하는 가장 확실한 방법은 이라크에서 패배하는 것이다"라고 답변했다), 신임 국방장관과 부시 대통령은 2007년 1월 10일 미국 국민들 앞에서 이라크 전략 변경과 2만 명의 병력 증파를 발표했다.[47] 1월 말 첫 번째 '증파' 여단이 이라크에 도착한 후 매달 1개 여단씩 추가되어 5월 말에는 모든 여단이 이라크에 도착할 예정이었다.

이라크 침공 당시 사단장으로, 이라크 주둔 첫해에는 MNSTC-I의 초대 군단장으로 이라크에서 2년 3개월 이상 복무한 나는 MNF-I 사령관에 지명되었다. 그리고 2005년 9월 말 미국으로 돌아온 후 해병대 동격 직책인 제임스 매티스 중장과 함께 육군 및 해병대를 위한 새로운 대테러 교리를 만들었고, 2006년 12월에 이를 발표했다.[48]

캔자스주 포트리븐워스에 소재한 미 육군 제병연합센터 지휘관으로서, 대부분의 육군 소속 학교와 훈련소를 감독하던 나는 새로운 직책을 맡기 전에, 미 육군총장 피터 J. 슈메이커Peter J. Schoomaker, 장군이 내게 지시한 대로 '육군 개혁'을 추진했다. 이후 15개월 동안 나는 슈메이커 장군과 스콧 월리스Scott Wallace 장군(현 미 육군 훈련교리 사령관)의 전폭적 지원을 받아 참모대학, 육군 리더십센터, 전투지휘훈련 프로그램, 전투병과학교 및 각종 훈련센터의 지도자들과 협력하여 이라크와 아프간에 파병하기 위해 지휘관, 참모, 부대 및 병사를 준비시키는 다양한 조치로, 1년간 진행되는 '파병 준비' 과정의 모든 요소를 점검했다. 본질적으로 이러한 계획을 통해 전문성 개발 과정에 있는 장교, 준사관, 부사관들의 교육 과정과 부대가 중요한 파병 전 훈련을 실시하는 주요 전투훈련센터에서 대테러 교리와 작전에 대한 집중도가 상당히 높아졌다.

이라크 사령부의 지휘를 준비하면서 나는 이라크에서의 새로운 접근법을 구성하는 주요 개념인 '전략 급증'이 병력의 급증보다 훨씬 더 중요할 것이라고 확신했다. 이 중 가장 중요한 것은 이전 전략과는 매우 다르다는 점이었다. 무엇보다도 미군은 일반적으로 이라크 치안군과 협력하여 이라크 지역으로 돌아가 '주민들과 함께 생활'할 것이다. 그것이 주민들을 보호할 수 있는 유일한 방법이기 때문이다. 또한 미군은 이라크군으로부터 치안 통제권을 되찾을 것이다.

나아가, 안바르 대각성 운동은 시간이 지남에 따라 반군 및 민병대원들과의 공식적인 화해 과정을 거쳐 전국적으로 확대 및 재현되었다. 이는 매우 중요한 일이었는데, 우리가 자주 언급했듯이 다음과 같은 이유 때문이다. "산업화된 반란군을 죽이거나 생포할 수는 없다. 따라서 가능한 한 많은 장병들과 화해해야 한다." 시아파가 주도하는 이라크 정부가 반군을 암묵적 또는 적극적으로 지원했던 수니파 아랍인들과의 화해를 위해 지지를 얻는 것은 쉽지 않았지만, 결국 화해는 이루어졌다(물론 화해한 사람들 중 상당수는 이라크 정부가 수년 전에 화해 단계를 구축했다면 화해할 수 있었던 전직 바트당원들이었다). 동시에 스탠리 매크리스털 중장과 나중에 빌 맥레이븐Bill McRaven 부사령관이 이끄는 뛰어난 특수작전 요원들은 '화해 불가'로 평가된 주요 수니파 반군 단체와 시아파 민병대의 지도자들, 즉 알카에다와 ISI의 강경파들을 생포하거나 필요시 사살했다.

수감자 작전도 결코 사소한 일이 아니며(수감자 급증 당시 이라크인 수감자가 2만 7000명이었다), 수감자들이 강경 극단주의자들에 의해 더욱 급진화되는 '테러리스트 양성대학' 역할에서 벗어나 젊은 이라크인들이 부족으로 돌아갈 수 있도록 재활과 훈련에 초점을 맞춘 노력으로 완전히 전환해야 했다. 이 모든 것은 일반 수감자 중에서 심각한 극단주의자들을 가려내어 우리가 건설한 최고 수준의 보안시설로 이송하고, 일반 수감자들의 재범률을 낮추기 위한 교육 및 훈련 프로그램을 구축함으로써 가능해질 것이었다.

마지막으로, MNF-I와 미 대사관팀 간의 통합을 이전보다 훨씬 더 강조할 것이며, MNF-I와 대사관 참모들이 개발하고 크로커Ryan Crocker 대사와 내가 공동으로 서명한 민군 통합작전 계획을 대폭 개편하여 시행할 예정이었다.

나와 참모들은 '전투 주기'에 맞춘 엄격한 활동 일정을 통해 예하 지휘관들이 새로운 개념을 이해하고 실행할 수 있도록 열심히 노력했다. 여기에는 매일 아침 작전 갱신, 치안 작전을 수행하는 전술부대를 주 2회 방문 및 순찰, 부시 대통령 및 전체 국가 안보팀과 매주 화상회의, 게이츠 국방장관 및 주요 참모들과 매주 화상회의, 말리키 총리와 매주 회의(대사와 함께), 말리키 국가안보위원회 모임에 매주 참석, MNF-I 산하 다양한 노력 및 본부 책임자들과의 정기회의, 주요 군 지휘관들의 주간 및 월간 회의, 크로커 대사와 각 군 및 외교 참모진, 개발 담당자, 정보 책임자 및 주요 참모들과 함께 주최하는 철저한 분기별 작전계획 검토 등이 포함되었다. 나는 또한 다국적군의 모든 구성원들에게 정기적으로 서한과 대반란 지침을 발표했다.[49]

경험이 풍부하고 재능이 뛰어난 라이언 크로커 신임 미국 대사는 어떤 사령관도 가질 수 없는 최고의 외교적 파트너였다. 그와 함께 근무한 것은 엄청난 특권이었다. 초기에 우리는 새로운 종합 민군 대반란 작전계획의 개발과 실행을 감독하는 데 집중했다. 이 계획은 광범위한 영역에 걸친 모든 연합군 활동의 동기화를 보장하기 위한 것으로, 이라크 국민을 위한 치안 개선에 주안점을 둔 다음, 다양한 민군 조치를 통해 안보적 이득을 공고히 하여 일상생활을 개선하고, 현지 민간인들에게 반군이나 반군에 맞서 싸우는 사람들을 지원하는 대신 새로운 이라크를 지지하면 삶이 더 나아질 것이라는 점을 보여 주기 위한 것이었다.

크로커 대사와 나는 또한 '병력 증파' 기간 동안 미군과 연합군이 해야 할 일에 대해 처음에는 매우 다른 전망을 가지고 있던 말리키 총리와 긴밀히 협력하고자 노력했다. 실제로 2007년 2월 초 내가 MNF-I 사령관에 취임하고 크로커 대사가 도착하기 며칠 전, 말리키 총리의 국가안보보좌관 모와팍 알루바이 박사는 당시 잘메이 할릴자드 대사와 나에게 총리를 대신하여, 이라크 치안군에 대한 보다 신속한 안보 권한 이양, 미군 작전에 대한 이라크의 거부권 행사, 이라크 지역에서 연합군의 추가 철수 등 우리가 추구하고자 했던 접근 방식과는 완전히 반대되는 요구 목록을 제시했다. 당황한 나는 그러한 조치들이 실패한 전략의 실행을 가속화할 것이며, 본질적으로 전반적 노력이 실제로 '더 빨리 실패'하도록 보장할 것이라고 대답했다. 말리키 총리가 진정으로 자신의 요구를 관철시킬 의지가 있다면, 나는 다음날 예정된 총리와의 주간 화상회의를 통해 부시 대통령에게 그 명단을 제시하고 대사와 내가 참석할 것을 제안했다. 그러나 나는 알루바이에게 말리키가 그렇게 한다면 나는 다음 비행기로 워싱턴으로 돌아갈 것이며, 부시 대통령에게 이라크에서 행정부의 목표를 달성할 수 없음을 알리는 '정책 포기를 선언'할 것이라고 경고했다. 신임 사령관으로 부임한 첫 주에 사퇴하겠다고 내 입으로 위협했으므로, 그날 밤 잠을 잘 수 없었던 것은 말할 필요도 없다.

다행히 말리키는 물러섰고 나는 그의 요구를 더 이상 듣지 못했지만, 이 이야기는 연합군 고위 지도자와 이라크 총리 간의 관계가 얼마나 취약한지를 보여주었다. 나는 또한 크로커 대사가 도착하면 바그다드에서 미국의 외교적·군사적 통합 전선이 필수적이라는 것을 인식했고, 우리는 상대방도 함께 있을 때에만 말리키를 만나기로 합의했다. 이는 우리가 접수공간을 공유할 정도로 미국대사관 내 사무실을 가깝게 유지하면서도, 끈질기고 엄격하게 지켜온 관행이었다.[50]

'병력 증파'가 시작되자 부시 대통령은 직접 이라크 전쟁의 워싱턴 전선을 지휘하면서 매주 월요일 아침 7시 30분 백악관 상황실에서 1시간 동안 국가안보회의 회의를 주재했다. 크로커 대사와 나는 보안 화상회의를 통해 참여했고, 신임 미 중부사령관 윌리엄 '폭스' 팰런William 'Fox' Fallon 제독도 참여함으로써 이라크 전쟁의 우선순위가 얼마나 높은지를 보여주었다. 이는 (워싱턴에서 월요일 아침이라는 전례 없는 시간에) 대통령의 극적인 계획이었다. 18개월에 걸친 '병력 증파' 기간 동안 대통령과 이라크 주둔 사령관 및 대사가 직접 접촉한 것은 전례가 없는 일이었다.

상원의 인준을 받고 이라크로 향하기 전, 나는 백악관에서 부시 대통령과 일대일로 독대했다. 논의한 주제 중 나는 우리 군이 이라크에 '전념'하려 하며, 나머지 미국 정부도 그렇게 하길 바란다는 점을 언급했다. 부시는 그렇게 하겠다고 약속했고, 실제로 그렇게 했다. 월요일 이른 회의는 부시의 의지를 강력하게 보여주는 자리였고, 크로커와 나는 이 회의에서 우리가 우려하는 문제에 대해 대통령과 정기적으로 직접 이야기할 수 있었다. 이것은 월요일 아침 회의에 앞서 매주 일요일 저녁(워싱턴 시간) 국방장관, 합참의장, 중부사령관에게 보내는 주간 메모에서 내가 제기했던 문제들에 추가되었다. 크로커 대사와 나는 필요하다고 판단되면 부시 대통령에게 직접 문제를 제기하는 것을 주저하지 않을 것임을 일찍이 분명히 밝혔기 때문에 월요일 회의는 대통령의 전략을 훼손하거나 방해하려는 군과 행정부 인사들에게 강력한 신호를 보냈다.[51]

이라크에서 작전을 지휘하는 나의 핵심 수하 지휘관은 레이먼드 오디에르노Raymond Odierno 중장이었다. 그는 이라크에서 사단장으로 복무한 경험이 있는 훌륭한 군인이자 지휘관으로, 12월 중순 MNC-I 사령관에 부임했다. 그는 무엇이 필요한지에 대해 나와 생각이 같았고, 이미 '병력 증파' 부대의 도착과 함께 취할 행동을 계획하기 시작했다. 레이와 나는 반군이 안전한 피난처로 사용하는 바그다드 지역과 주변 지역을 확보하는 동시에, 시아파 민병대와 수니파 반군 및 테러리스트 단체를 모두 공격하여, 내전의 불길을 잠재우는 것이 최우선이라는 데 의견을 같이했다. 나중에 언급하겠지만, 내가 '병력 증파' 작전의 전략 설계자라면 'O 장군'은 작전 설계자였고, 나는 그와의 관계, 그리고 그가 제공한 지도력을 소중히 여겼다.

'병력 증파'에 추가 병력이 투입된 것도 중요했지만, 병력을 어떻게 사용하고 배치하는지가 더욱 중요했다. 2007년 2월 13일 바그다드에서 시작된 '파르드알카눈 작전Operation Fardh al-Qanoon', 또는 '사법집행

작전Operation Enforcing the Law'을 시작으로 '전략 급증'에 따라, 군사작전의 목표는 종파 간 폭력으로부터 국민을 보호하는 것이었다. 이를 통해 이라크의 다양한 종파와 파벌 간에 권력과 자원을 보다 공정하게 배분하는 정치적 진전을 이룰 수 있을 것이다. 따라서 지난 몇 년간 미군이 주둔해온 대규모 기지에서 지역, 특히 수니파-시아파 내전의 진원지인 바그다드 지역으로 복귀해야 할 필요성이 대두되었다.

바그다드 치안 계획의 일환으로 스티븐 타운센드Stephen J. Townsend 대령이 지휘하는 보병 중심의 기동성이 뛰어난 제3스트라이커여단(스트라이커 차륜형 장갑차)과 전구 예비대는 수도의 다른 미군 부대와 함께 바그다드 주요 지역에서 반군, 테러리스트, 민병대를 차례로 제압했다. 타운센드 역시 뛰어난 지도자였으며, 그의 부대는 극도로 험난한 지역을 소탕하는 데 탁월한 성과를 거두었다. 그러나 과거에는 점령이 불가능한 것으로 판명된 지역을 이라크 육군과 경찰 부대에 넘겨주는 대신 미군 부대가 그 지역을 점령하고, 이라크군과 협력하며, 반군과 민병대의 이동을 막기 위해 높은 콘크리트 장벽으로 인근 지역을 차단했다(우리는 이라크 시민들에게 미국에서는 '게이트 커뮤니티gated communities', 즉 부유한 주택가가 매우 비싼데, 이라크인들을 위해 무료로 건설하고 있다고 농담 삼아 말하곤 했다). 검문소에는 주민들을 선별하고 차량 탑승자를 악의적 행위자로 알려진 기초정보와 대조하는 데 사용되는 생체인식장치가 설치될 예정이었다. 미군은 대규모 기지에서 작전 지역을 순찰하는 대신 바그다드 전역에 전투전초 기지와 합동경비소를 설치하여, 총 77개에 달하는 작전 지역을 순찰하고 그곳에서 작전을 수행할 예정이었다. 미군은 이라크 육군 및 경찰과 함께 생활하고 순찰하면서 미군의 전문성이 이라크군에게 전수되고, 현지 주민들로부터 민간 정보를 수집할 수 있도록 했다. 치안 상황과 이라크군의 준비 태세가 특정 조건을 충족할 때만 미군 병력이 줄어들고 이라크군에게 임무가 이양되기 시작했다. 이때에도 미군은 상황 인식을 보장하기 위해 병력의 주둔을 유지했다.

나와 예하 지휘관들은 말리키 총리와 국방부 및 내무부 장관들과 함께 이라크군과 경찰에서 최악의 종파적 지휘관들을 제거하기 위해 노력했다. 시간이 지남에 따라 경찰의 모든 일반 장교를 교체하고 각 경찰 여단은 군의 전문성을 회복하고 종파적 행위자를 제거하기 위해 집중적인 재교육 훈련을 받았으며, 이 과정에는 부대를 훈련센터로 이동시켜 30일 동안 대체 인력을 받아 재교육하고 장비를 다시 갖추는 것이 포함되었다. 이 과정이 완벽하지는 않았고 수니파는 여전히 국가경찰을 시아파 민병대의 연장선으로 간주했지만, 새로운 지휘관, 더 나은 훈련, 미군 및 군사 및 경찰 고문과의 긴밀한 파트너십이 결합되면서 현장의 역학관계가 바뀌기 시작했다.

오디에르노 중장은 또한 바그다드를 확보하기 위해서는 바그다드 주변 지역을 장악 및 통제해야 한다는 사실을 인식했으며, 이는 알카에다의 바그다드 점령 계획이 담긴 문서가 압수되면서 더욱 분명해졌다.[52] 그는 바그다드 외곽 사단에 차량폭탄, 무기, 기타 폭력의 촉진제들이 수도로 진입하기 전에 차단하는 데 주력할 것을 명령했다. 바그다드 남쪽에 새로운 사단 본부를 배치해 그 방향과 동쪽에서 도시로 진입하는 경로를 장악하는 부대를 감독하도록 했다. 또한 MNC-I은 바그다드, 타지, 타르하르 호수, 카르마 지역 등 수도 외곽의 반군 및 테러리스트 은신처를 소탕하는 작전을 지휘했다.

이에 따라 '병력 증파' 여단 중 2개 여단만 바그다드에 투입되었고,

나머지 3개 여단과 안바르주에 투입된 2개 해병대대 및 제13해병 원정대는 도시 외곽의 알카에다 은신처를 파괴하는 데 집중할 수 있는 지역에 배치되었다. 그럼에도 바그다드는 여전히 우선순위가 높았으며, 필요에 따라 바그다드 외곽 여단의 추가 대대가 바그다드 다국적 사단MND-B에 소속되어 작전 수행능력을 강화했다. '병력 증파'가 절정에 달했을 때 MND-B는 25개 기동대대를 통제했는데, 이는 전년도보다 두 배나 많은 수로 수도의 거리들을 순찰했다.

스탠리 매크리스털 중장(유례없이 무려 5년에 걸쳐 대테러 특수부대를 지휘하며 밤낮으로 고가치 표적을 집요하게 노렸던 뛰어난 지도자)이 지휘하는 대테러 작전팀도 주요 수니파 및 시아파 극단주의 지도자들을 찾아 생포하거나 필요한 경우 사살하는 노력을 크게 강화했다. 매크리스털이 지휘하는 작전팀에는 육군 특수작전부대와 네이비실, 레인저연대, 영국 공수특전단SAS, 제160특수작전항공연대 및 기타 미국 특수임무부대가 포함되었다. 공수 보병대대인 작전팀 팔콘도 함께 투입되어 반군 은신처가 있는 일부 지역에서 작전을 수행함으로써 반군과 민병대 지도자들이 이동하고 통신하도록 유도하여, 작전팀 요원들의 표적이 되도록 했다. 강력한 정보 체계가 작전팀을 지원했고, 모든 형태의 정보를 통합하여 고가치 표적의 생활 양상과 위치에 대한 구체적이고 실행 가능한 정보를 제공했다. 그런 다음 작전팀 요원들은 이들을 표적으로 삼아 작전을 수행했으며, 현장에서 수집한 첩보가 신속하게 처리되어 표적 정보로 전환됨에 따라, 종종 같은 날 밤에 후속 작전이 이어졌다. 작전팀은 수니파 극단주의자 및 반군, 시아파 민병대 지도자('병력 증파' 중반에 추가 작전팀이 설립되었다)를 상대로 수많은 성공을 거두었으며, 자이시 알 마흐디 및 기타 민병대의 특수부대를 테헤란에 충성하는 헤즈볼라와 유사한 민병대로 만들려던 이란 혁명수비대 쿠드스군의 작전 요원들을 잡아들였다.

MNC-I와 매크리스털의 특수작전 요원들이 수행한 작전은 모두 내가 '아나콘다 전략'이라고 명명한 광범위한 총체적 전략의 일부였다.[53] 이 계획은 가능한 모든 군사 및 민간 역량을 동원하여 반군, 극단주의자, 민병대원들이 필요로 하는 자산을 거부하고, 본질적으로 그들의 '활력·자산·생명을 박탈하는' 방안들을 구상했다. 여기에는 크게 6개 사항들이 포함된다. 살상작전(연합군의 재래식 작전 및 특수작전, 현지 치안을 위해 이라크군과의 연계 활용), 정치적 참여(대각성 운동 지원, 반군·민병대에 대한 회유, 화해 계획 및 이라크 입법), 정보 활동(무인항공기, 신호 및 기타 형태의 정보, 정보융합센터의 활용 확대), 기관 간 행동(전략적 의사소통, 정보 작전, 인터넷 전쟁에서의 승리, 자살폭탄 테러범 유입과 다른 국가로부터의 대이라크 원조를 차단하기 위한 노력), 비살상작전(종교적 참여, 기본 서비스 제공, 교육 및 경제 계획), 구금작전 개혁 등이 그것이다. 일부 비평가들은 이 계획을 무장국가 건설이라고 조롱했지만, 이 계획의 가장 중요한 목표는 오히려 그 기반 없이는 아무것도 할 수 없는 인구를 확보하는 것이었으며, 이를 통해 안보상 이득을 강화 및 공고히 하는 다른 계획을 추진할 수 있었다. 시간이 지남에 따라 치안을 이라크가 통제할 수 있도록 신중하게 전환하는 것은 이라크 치안군의 역량 향상과 치안 상황 개선에 따른 조건부 기반이 될 것이며, 이라크 치안군이 감당할 수 있는 것보다 더 많은 도전을 감당하도록 강요하는 지렛대가 되지는 않을 것이다. 목표는 단기적으로 지속 가능한 치안과 안정을 제공하고, 장기적으로는 안전하고 안정적이며, 자유롭고 민주적인 이라크를 만드는 것이었다.

초기에 나는 오디에르노 장군, 매크리스털 중장, 그리고 나의 탁월한 부관인 영국 중장 그레이엄 램Graeme Lamb 경(이전에 보스니아, 이라크, 그리고 각자의 고국에서 함께 근무했던 오랜 친구)과 함께 우리 예하 지휘관들이 '대각성'을 전폭적으로 지지하도록 설득하는 과정을 이끌었고, 시간이 지나면서 그 위에 구축된 화해 계획을 대대적으로 지지하도록 설득했다. 일부 대대 및 여단 지휘관들은 미군의 피를 손에 묻힌 이라크인들과 마주 앉는 것을 꺼려했지만, 이라크 정권에서 도망친 망명객들은 결국 우리에 대항하여 계속 싸우기보다는 공동의 적에 맞서 연합군과 동맹을 맺으려는 사람들이었고, 우리는 그들과 화해할 필요가 있었다. 안바르주의 진전은 놀라웠는데, 특히 1년 전만해도 MNF-W의 정보 책임자가 안바르주의 상황을 통제 불능으로 평가했던 것을 생각하면 더욱 그러했다. '대각성'의 중요성이 점점 더커지고 있었다. 라마디에서 시작된 이 운동은 시간이 지나면서 안바르 전역으로 퍼져나갔고, 바그다드 교외 지역까지 확산되어 알카에다의 병력과 차량 폭탄 및 기타 무기를 바그다드에 투입할 수 있는 능력을 감소시켰다. 램 중장이 주도한 전략적 포용 노력으로 반군 대열에서 이탈이 더욱 촉진되었다(사실 나는 북아일랜드에서의 경험을 고려할 때 램 중장이 화해를 촉진하는 노력에 매우 중요한 역할을 할 것이라는 것을 알고 있었기 때문에, 이라크로 가는 길에 런던에 들렀을 때, 토니 블레어 총리에게 요청한 주요 요청 사항 중 하나가 램 중장의 이라크 다국적군 부사령관 임기를 연장해달라는 것이었다. '람보Lambo'의 공헌은 그 요청이 현명했음을 입증하는 것 이상이었다). 여기에는 과거의 적들과 화해를 촉진하는 일이 포함되었고, 그 성공으로 MNF-I는 시아파 민병대뿐만 아니라 반군과 알카에다의 화해할 수 없는 요소들에 점점 더 자원을 집중할 수 있었다.

6월, 수니파 극단주의자 및 반군의 폭력으로 황폐화된 바그다드 서부 지역인 아메리야의 어느 반군 집단이 해당 지역에 주둔 중인 미군과 협력하여 알카에다와 싸우겠다는 의사를 밝히면서 새로운 기회가 찾아왔다. 오디에르노 중장과 나는 이러한 상황을 활용하여 '이라크의 아들들'로 불리게 된 현지 치안군을 모집하여 수니파 테러리스트와 시아파 민병대 모두의 공격으로부터 지역을 방어하는 데 도움을 주었다. 시간이 지남에 따라 나는 미국 자금을 사용하여 현지의 치안 계약자인 이라크인에게 임금을 지급하는 방안에 대하여 워싱턴의 승인을 얻었으며, '이라크의 아들들'이 현지 미국 지휘계통 아래 일하게 되면서 그들의 행동에 대한 감독과 책임을 강화할 수 있었다. 안바르와 다른 지역에서 연합군 활동에 참여했던 사람들도 이 프로그램에 빠르게 추가되었다. 2007년 가을, MNF-I는 시아파 민병대원들을 위한 유사한 계획을 수립했다. 결국 이 프로그램이 한창 진행 중일 때 경보병 180개 대대 규모에 해당하는 10만 3000명 이상의 이라크 남성들이 급여를 받고 지역사회를 지키며 연합군의 전투력을 크게 강화했다. 그러나 '이라크의 아들들' 대부분이 수니파이기 때문에 말리키 총리는 이 계획을 지지하는 것을 달가워하지 않았다. 그럼에도 그는 '병력 증파' 작전이 완료되고 이라크 치안군이 확장 및 전문화되면서 적어도 단기적으로는 그 중요성이 줄어들 때까지 이 프로그램을 축소하지 않았다.[54]

2007년의 첫 5개월은 연합군에게 매우 어려운 시기였다. 군 사상자가 증가하고 반군, 극단주의자, 민병대가 미군이 복귀하는 지역을 장악하기 위해 치열하게 싸우고 있었기 때문이다. 나는 1월 워싱턴에서 열린 상원 인준 청문회에서 "상황이 나아지기 전에 더 어려워질

것"이라고 경고했고, 민간인 사상자, 자살 폭탄 테러, 종파적 폭력 등
의 주요 지표가 감소하기 시작하면서 그 경고가 현실화되고 있었다.
그러나 2007년 여름이 되자 MNC-I 부대는 전략적 계획을 확보했고,
'병력 증파' 기간 동안 이를 포기하지 않았다.

6월까지 모든 '병력 증파' 부대가 이라크에 주둔한 가운데 오디에
르노는 안바르, 디얄라, 살라하딘, 바빌, 와싯 지역의 바그다드 벨트
에서 극단주의자들을 겨냥한 본격적 공세인 '유령 천둥 작전Operation
Phantom Thunder'을 개시했다. 특히 라마디 함락 이후에 수도를 이전한
알카에다의 성지 바쿠바를 탈환하기 위한 전투가 치열하게 전개되었
다. 이 전투는 알카에다의 성역과 안전한 피난처를 제거하기 위한 작
전 중 첫 번째 작전이었다. 작전이 완료된 후에도 MNC-I는 작전을
멈추지 않고, 알카에다가 후퇴할 가능성이 있는 더 먼 지역으로 진격
하여 이들을 계속 압박했으며, 항상 매크리스털의 대테러 작전팀과
긴밀히 협조하여 주요 지도자들을 동시에 노리는 작전을 펼쳤다. 알
카에다의 나머지 조직원들은 점차 북쪽으로 철수하여 향후 연합군
과의 대결을 앞두고 있는 모술 지역으로 이동했다.

지금까지는 알카에다가 '병력 증파' 기간 동안 연합군의 공격을 주
도했지만, 이제 상황이 바뀌는 순간을 맞이했다. 자이시 알 마흐디에
대한 압력이 증가하자 사드르는 이란으로 도주했고, 조직은 여러 개
의 '특수 그룹'으로 분열되었다. 이들은 이란혁명수비대 쿠드스군 요
원들로부터 보급, 무장, 훈련 및 지휘를 받았지만, 주류 자이시 알 마
흐디는 여전히 사드르와 그 대표들의 명령에 따랐다. 8월 27일 바그
다드 남부의 시아파 성지 카르발라에서 자이시 알 마흐디 대원과 성
지 경비대 간의 총격전으로 52명이 사망하고 279명이 부상을 입는

사건이 벌어졌다. 이로 인해 아야톨라 시스타니는 이슬람 명절인 미드샤반Mid-Sha'ban 기간에 예정된 대규모 카르발라 성지 순례를 취소했다. 말리키 총리는 격분하여 권총을 차고 52대의 차량 행렬을 직접 이끌고 카르발라로 향했고, 경호원들과 함께 구경꾼들의 환호 속에 자이시 알 마흐디 전사들을 체포하는 등 공격적으로 대응했다. 사드르는 수세에 몰리자 6개월 휴전을 선언했고, 주류 자이시 알 마흐디 조직이 무릎을 꿇고 작전을 중단하면서 이라크 전역에서 폭력이 더욱 감소했다.

'병력 증파'는 또한 드론, 광학 장비, 특수 신호정보 능력, 급조폭발물 대응용 차륜형 장갑차, 대로켓체계 등 미국의 기술력이 크게 증가한 것도 큰 도움이 되었다. 또한 점점 더 잘 준비된 연합군 및 경찰 전환팀의 꾸준한 배치에 힘입어 이라크 치안군이 양적·질적으로 크게 증가했다. 연합군, 민간 보안업체, '이라크의 아들들'이 합쳐진 이라크 치안군의 수는 '병력 증파'가 끝날 무렵 이라크 인구 대비 치안군의 비율이 대략 1대 50에 이르렀다. 이는 2006년 말 발표된 대반란전 교리에 따라 반란을 물리치는 데 필요한 최소한의 비율로 간주되는 수치였다. 게이츠 장관은 미군과 방산업체가 이라크 반군의 대표적 무기인 도로변 폭탄의 폭발을 더 잘 견딜 수 있는 무장 드론과 신형 지뢰방호장갑차를 추가로 생산하도록 유도했다. 특히 지뢰방호장갑차는 이라크와 이후 아프간에서 수많은 생명을 구했다.[55] 2007년 초가을 게이츠와 합참의장에 취임한 마이클 멀린 제독은 탁월한 팀이었으며, 전투 중인 우리 장병들에게 인간적으로 가능한 모든 것을 제공하기 위해 끊임없이 노력했다. 특히 내가 '삼총사'라고 부르는 존 매케인John McCain, 조 리버먼Joe Lieberman, 린지 그레이엄Lindsey Graham 의

원같이 헌신적이고 끈질긴 의원들이 미 의회에서 엄청난 도움을 주었다. 의회의 그 누구도 우리 병사들을 그들보다 더 많이 지지하지 않았다.

기사단 돌격 작전

오디에르노 중장이 미국으로 복귀하기 직전인 2008년 초, 나와 오디에르노 중장은 알카에다의 마지막 거점인 이라크 북부 지역을 소탕해야 한다고 판단하여, 이를 위해 대대적인 공세를 계획했다. 하지만 작전은 예정대로 진행되지 않았다. 대신 2008년 봄 바스라와 바그다드에서 시아파 종파들 간에 내전이 발발했고, 말리키 총리는 이라크 군대를 동원해 사드르 집단과의 전쟁에 나섰으며, 연합군은 이라크 파트너들과 함께 상황이 가장 심각할 때 그곳에 투입되었다.

이러한 사태의 서막은 '북아일랜드 분쟁'(북아일랜드가 영국에서 분리 독립할 당시에 벌어진 민족주의 분쟁)을 겪은 노련한 영국 지휘관들이 이끄는 동남부 다국적군사단MND-SE이 바스라를 암묵적으로 자이시 알 마흐디의 통제하에 넘겨주고, 런던의 정책 입안자들이 미군의 '병력 증파'에도 불구하고 사상자를 줄이고 철수 조건을 마련하라는 압력을 가한 데서 비롯되었다. 그러나 2007년 말 바스라는 북아일랜드가 아니었고, 바스라를 이라크가 장악하기 위해 영국 지휘관들이 자이시 알 마흐디 지도자들과 맺은 거래는 결국 이라크 남부의 가장 중요한 도시에서 자이시 알 마흐디에 의한 폭력과 범죄를 증가시키는 결과를 초래했다. 2008년 초, 바스라는 민병대가 거리를 점령하고 거의 아무런 제지도 없이 범죄행위를 벌이면서 혼돈상태에 빠졌다.

이에 바스라 주둔 이라크 사령관 모한 알 프레이지Mohan al-Freiji 중장 과 그의 영국인 고문인 리처드 아이언Richard Iron 대령은 바스라의 통 제권을 되찾기 위한 계획을 수립하여 3월 초에 나와 바그다드에 있는 이라크 측 관계자들에게 설명했다. 나는 이 계획을 뒷받침하는 가정 이 다소 지나치게 낙관적이라고 생각했다. 그래서 계획 실행을 시작 하기 전에 몇 달 동안 여건을 조성하고, 남부의 시아파 내부 분쟁을 해결하기 전에 이라크 북부의 알카에다를 먼저 소탕하는 데 연합군 자원을 집중하는 방안을 선호했다. 그러나 말리키 총리의 우선순위 는 달랐다. 바그다드의 치안이 개선되자, 그는 정치적 경쟁자인 사드 르와 사드르의 민병대, 특히 석유가 풍부한 남부의 가장 중요한 도시 인 바스라에 집중할 수 있게 되었다.

3월 22일, 말리키는 사단 사령부와 이라크군 몇 개 여단을 바스라 에 배치하고 지난 8월 카르발라에서 그랬던 것처럼 자신이 직접 작전 을 지휘할 것이라고 알려왔다. 이 결정에 놀랐지만 나는 작전지원을 위해 최선을 다할 것을 다짐했다. '사울랏 알 푸르산Saulat al-Fursan', 또 는 '기사단 돌격Charge of the Knights'으로 명명된 이 작전은 재앙에 가까 웠다. 이라크 제14사단이 바스라로 이동하면서 말리키가 약속한 대 로 외곽에 연합군 자산을 재배치해 이라크군을 지원할 수 있는 '여건 조성'을 며칠 동안 할 수 없었기 때문이다. 오히려 이 부대는 곧바로 대규모 전투에 휘말렸다. 자이시 알 마흐디 부대는 여러 차례 매복 공격을 가했고, 말리키가 도시 중심부에 위치한 바스라 궁전에 급히 설치한 본부에도 간접 공격이 쏟아졌다. 현장에 연합군 자문단이 없 는 상황에서 바스라로 급히 이동한 F-16 전투기와 드론은 밀집된 도시 환경에서 이라크 치안군과 구분이 어려운 자이시 알 마흐디 진지에 무기를 사용할 수 없었다. 보급품 부족으로 이라크군의 대형이 무력화되기 시작하면서 상황은 더욱 악화되었다. 실제로 이라크군은 본거지로부터 떨어진 곳에서 병력을 유지할 수 있는 병참 능력이 부족했고, 이라크의 다른 지역에서 종종 그랬던 것처럼 바스라의 현지 시장에서 충분한 보급품을 확보할 수도 없었다.

작전 실패는 말리키 정권의 종말을 예고했다. 물속에서 피 냄새를 맡은 정치 상어(경쟁자, 정적 등)들이 바그다드를 맴돌고 있을 때, 내가 이전에 이라크에서 근무하면서 알게 되고 존경하게 된 이라크 쿠르드족 출신의 고학력자이자 매우 유능한 바르함 살리흐Barham Salih 부총리가 바그다드에 있는 자신의 관저로 이라크의 종족, 종파, 정치, 종교 지도자들을 불러 모아 전장 상황이 위태로운 바스라에서 집중포화를 받고 있는 총리를 지지하도록 결집시켰다. 우리가 '바르함 박사'라고 불렀던 그는 훗날 쿠르드 지방 정부의 총리를 거쳐 이라크의 대통령으로 취임했다. 그리고 바스라 전투에서 그의 지도력은 여러 정파의 지도자들이 '두 강 사이의 땅'에서 중요한 순간에 이라크와 그들이 선출한 총리를 우선시하도록 영감을 주었다. 때때로 종파적 성향이 강한 총리와 이해할 수 있는 차이를 보였지만, 바르함 박사는 가장 중요한 순간에 말리키의 편에 섰다. 그는 탁월한 성과를 보였다.

2개월 전 오디에르노 중장을 대신해 MNC-I 사령관으로 부임한 유능한 지휘관 로이드 오스틴Lloyd James Austin 중장*과 나는 이라크군의

---

* 로이드 오스틴(1953~): 미 육군사관학교를 졸업한 그는 2016년 군에서 은퇴할 때까지 흑인 최초 사단장, 군단장, 군사령관을 지냈고, 중부 군사령관을 거쳐 합참차장을 역임했다. 2021년 1월 21일 바이든 대통령은 그를 28대 미 국방장관으로 임명했다.—옮긴이

패배를 막아야 한다고 결심했다. 오스틴은 재빨리 바스라로 날아가 드론에서 보내온 영상 목록을 표시하고 전투를 조율하는 데 필요한 지휘통제 체계를 갖춘 군단의 이동식 전술지휘소를 즉시 배치했다. 영국 사령부 옆에 설치된 미국과 영국 본부는 사드르시티와 이라크 남부 전역에서 자이시 알 마흐디 요원들이 등장하는 와중에도, 바스라에서 이라크군을 지원하기 위해 신속하게 추가 자산을 투입했다. (상관은 알프스에 스키를 타러 간 휴가 중에) 영국군 사령관 대행이던 용맹스러운 영국인 준장 줄리언 프리는 런던의 허락을 구하지 않고 스스로 영국 자문단을 파견해 바스라에서 싸우는 이라크 부대를 돕기로 결정했다. 나는 그 용감한 결정에 대해 지금도 감사하고 있다.

추가적 미군 자문단이 바스라의 다른 이라크 부대에 신속히 배치 및 편입되어 필요한 근접 항공 지원을 제공할 수 있게 되었다. F-16 전투기, 아파치 공격헬기, 무장 드론의 공격이 자이시 알 마흐디의 진지를 강타하면서 전세가 역전되었다. 연합군 참모들은 재보급 및 군수 관련 요구사항들을 분류하고, '증파'된 긴급 지원군과 이라크 지원군을 최전방 부대에 급파했다. 시아파 민병대를 공격 및 파괴하는 데 문제가 없는, 수니파 안바르주에서 잘 훈련받은 1사단과 7사단 여단 등의 이라크 부대와 파견된 미 육군 및 해병대 전환팀이 추가로 도착했다. 미국의 지원을 받아 집결된 이라크군은 이제 바스라를 점령하고, 무기고를 탈취하고, 자이시 알 마흐디 전사들을 사살하여 사드르의 명성에 다시 한번 심대한 타격을 입혔다.

가장 치열한 전투가 벌어진 곳은 바그다드 동부의 시아파 인구 밀집 지역으로 인구가 150만 명이 넘는 사드르이다. 이곳은 자이시 알 마흐디 민병대원들이 남부의 형제들과 함께 봉기한 곳이다. 자이시 알 마흐디 세력은 사드르를 둘러싸고 있는 이라크군과 경찰 검문소를 공격하고, 바그다드의 그린존에 로켓과 박격포를 끝없이 발사하여 이라크 정부 시설과 미국 대사관을 위협했다. 전투가 계속되면서 전투는 쿠드스 거리(연합군 지도상 '황금 경로')를 따라 콘크리트 장벽을 건설하는 데 집중되었다. 이를 통해 미군과 이라크군은 사드르의 남서쪽 3분의 1을 통제하고 자이시 알 마흐디 로켓팀을 그린존의 사정거리 밖으로 밀어낼 수 있었다. 또한 이 장벽은 주요 지점인 자밀라 시장(자이시 알 마흐디의 주요 약탈 수입원)에 대한 자이시 알 마흐디의 접근을 위협했고, 자이시 알 마흐디 전투원들은 이들 장벽의 설치를 막기 위해 공공장소로 나와야 했다. 존 호트 대령의 제4보병사단 예하 3여단은 연합군(실제로는 국가군)의 주력이 되었고, 그의 여단은 고정익 및 회전익 항공 지원, 정밀 탄약을 탑재한 다중발사로켓시스템MLRS, 드론, 엔지니어, 심지어 특수부대 저격팀까지 대대적으로 보강되었다.[56] 평소에는 부대 기지에 보관되어 바그다드 거리에 투입되지 않던 호르트Hort의 기계화보병여단 소속 탱크와 보병전투차량이 전투에 동원되어, 사드르와 인근 지역의 민병대를 공격하는 데 매우 효과적으로 사용되었다.[57]

사드르의 남서쪽 3분의 1과 그 주변 지역을 차지하기 위한 45일간의 전투는 '병력 증파' 초기의 힘든 몇 달 이후 바그다드에서 가장 격렬한 전투였으며, 지상의 호르트 부대 병사들과 공중의 정밀 자산은 끈질기게 싸워 마침내 70개 이상의 로켓 팀이 파괴되고 주요 민병대 지도자들이 사망하거나 이란으로 망명하는 등 자이시 알 마흐디의 등뼈를 부러뜨렸다.[58] 5월 말리키는 이라크군에 사드르의 나머지 지역, 그리고 한 달 뒤에는 이라크 남부 바스라 인근의 아마라를 점령하라고 명령했는데, 이는 시아파 남부의 다른 소도시를 점령할 때와 마찬가지로 별다른 저항 없이 쉽게 완수할 수 있는 작업이었다. 이제 자이시 알 마흐디 민병대는 수니파 반군 및 알카에다의 대다수 조직과 함께 패배했다. 미군과 연합군은 '병력 증파' 작전의 마지막 몇 달 동안 이라크 전역에 남아 있는 반군 및 민병대 잔당들을 소탕하고, 2007년 초 증파 작전 개시 이후 얻은 성과를 공고히 하는 이라크 치안군의 발전과 다양한 시민적 노력에 집중할 것이다.

여파

이라크 주둔 미군의 철수는 2007년 12월에 시작되었고, 마지막 '병력 증파' 여단이 2008년 7월에 철수했다. 지난 18개월 동안 종족·종파 간 폭력은 85퍼센트 이상 감소했으며, 이후 3년 동안 공격 횟수 및 기타 치안 지표는 완만하게 감소할 것으로 예상되었다. 2007년 초에 이라크를 분열시키려던 종족, 종파, 부족, 정치적 원심력이 통제되었고, 중앙 정부의 막대한 석유 수입 분배라는 주요 구심력이 다시 한번 이라크를 하나로 묶는 데 도움을 주고 있었다. 바그다드를 비롯한 이라크 전역의 치안이 극적으로 개선되면서 권력과 자원을 배분하기 위한 경쟁의 초점은 폭력이 아닌 정치가 되었다.

이라크 북부의 알카에다 잔당과의 마지막 대결은 2010년 봄(오디에르노 장군이 진급하여 이라크로 돌아와 다국적군-이라크의 지휘를 맡게 되었다)이 되어서야 연합군의 작전으로 북부 거점에서 알카에다 잔당을 격퇴할 수 있었다. 국경을 넘어 시리아로 밀려난 알카에다의 잔존

세력은 시리아 및 외국 지하디스트들과 힘을 합쳐 ISIS로 이름을 바꿨다. ISIS는 시리아에 남아 시리아 내전이 발발하면서 수니파의 불만이 폭발하는 상황을 교묘히 이용했다. 결국 ISIS는 시리아에서 상당한 세력을 구축하여 2013년 말부터 이라크로 돌아와 안바르와 니네베주에서 이라크 치안군을 격파하고 시리아 북동부와 이라크 북부를 아우르는 칼리프 국가(수도는 모술)를 수립할 수 있게 되었다. 2019년 최종적으로 패배할 때까지 ISIS는 세계에서 가장 위험한 이슬람 극단주의 단체였으며, 수만 명의 지하디스트 지망자를 시리아와 이라크로 끌어들여 서유럽과 미국에서 선정적 테러 공격을 고무, 지시, 지원하려고 했다.

한편, 이라크 전쟁이 끝난 지 1년이 지난 2009년 1월 지방선거에서 높은 투표율을 기록하면서 지역 단위의 대표성이 강화된 통치기구가 집권하게 되었다. 추세는 긍정적으로 보였다. 그러나 2010년 3월에 실시된 의회 선거 결과는 아야드 알라위 전 총리의 연립정부가 말리키 총리의 연립정부보다 2석 더 많은 의석을 차지하면서 훨씬 더 논쟁적인 것으로 판명되었다. 그러나 알라위가 사법부의 판결로 정부 구성이 좌절되고 말리키가 득표에 성공하면서(흥미롭게도 미국과 이란이 모두 그의 후보를 지지하면서) 말리키는 직위를 유지할 수 있었다.[59] 말리키는 계략을 써서 총리직에 복귀할 수 있었지만, 상황이 불투명했다. 그럼에도 이라크 국민(또는 우리)이 기대했던 수준의 통치의 질과 기본 서비스 제공에 도달하지 못했지만 '병력 증파'의 성과는 대체로 지속되었다.

안타깝게도 2011년 말, 2008년 말리키와 부시 대통령 간의 합의에 따라 미군이 이라크를 떠날 시기가 다가오면서 복잡한 문제가 발생했다. 말리키는 이라크 의회의 승인을 받은 주둔군지위협정SOFA을 제시하지 않았고, 이는 미군 주둔의 완만한 지속을 위해 이라크에 지원을 요청할지 여부를 고민하던 미국의 정치 및 군사 지도자들을 좌절시켰다. 버락 오바마 대통령은 2011년 말 이후에도 미군 전투병력이 잔류해야 한다는 요건을 불필요하게 설정했었다. 그 결과 2011년 12월 중순에 잔류 미군 전투병력과 미국의 마지막 4성 사령관인 로이드 오스틴 장군이 철수했다.

미군이 철수한 지 48시간도 채 지나지 않아 말리키 정부는 자신의 정치적 기반인 시아파의 지지를 강화하기 위해 여러 파괴적이고 매우 종파적인 방안 중에서 첫 번째 조치를 취했다. 첫째 조치로 이라크 사법위원회는 이라크 정부의 고위 수니파 아랍인인 타리크 알 하셰미Tariq al-Hashemi 부통령과 그의 경호부대를 불법 살인혐의로 기소했다. 말리키는 몇 달 후 정부 내 계획 서열 2위와 저명한 수니파 국회의원에 대한 기소를 이어갔다. 비극적이게도 이런 조치로 인해 '병력 증파'와 그 이후 수년간의 계획, 특히 이라크 사회의 구조를 재건하는 데 있어 달성한 많은 성과가 무너지기 시작했다. 이런 행동은 수니파의 박탈감에 불을 붙였고, 대규모 시위로 이어졌으며(주로 시아파 치안 부대에 의해 폭력적으로 진압되었다), 2003년 침공 직후부터 안바르 대각성 운동의 확산, 화해 계획의 개시, '이라크의 아들들' 프로그램 설립에 이르기까지 이라크에 충만했던 수니파의 분노와 소외감을 다시금 자극했다. 말리키는 정적을 공격하고, 반대파를 잔인하게 탄압하고, 중요한 '병력 증편' 계획을 무산시켰다. 이처럼 행정부의 지렛대를 반복적으로 사용하여 이라크의 수니파 아랍인들을 다시 한번 저항으로 몰아넣었고, 이로써 2006년과 2007년 상반기에 이라크를 거

의 파괴했던 종파 내전의 남은 불씨에 기름을 붓는 꼴이 되었다.[60]

이라크가 다시 내전에 가까운 상황으로 치달았을 때 말리키를 불구덩이에서 구해줄 미군은 존재하지 않았다. 한때 인상적이었던 이라크 치안군도 마찬가지였다. 말리키는 쿠데타로부터 행정부를 안전하게 지키기 위해 정치적으로는 신뢰할 수 있지만 군사적으로는 무능하고 종종 학대를 일삼는 장교들(이들 중 상당수가 '병력 증파' 기간 동안 해고된 적이 있었다)을 치안군 지휘관으로 임명하여 치안군을 껍데기로 만들었기 때문이다. 그는 2007년 이후 폭력 사태가 줄어들었기 때문에 치안 상황을 위태롭게 하지 않고도 이 일을 할 수 있다고 생각했지만, 그러한 평온은 환상이었다. 수니파의 분노가 커지면서 일부 지역에서는 시아파가 지배하는 이라크 보안군보다 ISIS가 더 낫다고 생각하는 사람들이 많아졌다.

팔루자는 2014년 1월 ISIS에 의해 최초로 함락된 도시다. 5개월 후 이라크 북부에 주둔한 이라크군 4개 사단은 트럭을 앞세운 ISIS 전사들의 침공에 직면하자, 수치스러울 정도로 빨리 붕괴되었다. 이라크 정부는 수도를 방어하기 위해 황급히 육성된 시아파 민병대에 의지할 수밖에 없었다. 그러자 2008년 패배한 시아파 민병대가 이번에는 국가의 지원을 받아 제복을 입고 당당히 거리로 복귀할 수 있는 권한을 부여받게 되었다. 이들 중 상당수가 이란의 앞잡이가 된 '인민동원군'의 창설은 이라크 정부에 장기적인 문제를 야기할 것이며, 이 문제는 오늘날까지도 이라크에 엄청난 도전 과제가 되고 있다.

한편, 2014년 이라크 북부의 야지디족에 대한 ISIS의 대량 학살 위협으로 인해 오바마 행정부는 미군을 이라크에 복귀시키고, 권리를 박탈당한 수니파 아랍인들이 시리아에서 '아랍의 봄' 봉기를 일으켜 독재자 바샤르 알 아사드Bashar al-Assad 정부를 위협한 이후, 내전으로 무너진 시리아에도 미군을 파병했다.

그러나 이슬람국가와의 궁극적인 전쟁은 대부분 이라크군과 시리아 현지 군대가 미국의 공군력, 특수작전부대, 자문팀과 함께 치르게 될 것이며, 미국은 이라크군과 시리아군이 ISIS를 격퇴하고 칼리프를 제거할 수 있도록 공중정찰 및 정밀타격 자산을 조정할 것이다. 결국 이러한 성과를 거두기 위해서는 5년의 전투 작전이 더 필요했고, 비극적이게도 2011년 미군이 이라크에서 철수한 후에도 전쟁이 끝나지 않은 채 연장되었다.

이라크 전쟁의 교훈

이라크 전쟁은 베트남 전쟁 종전 이후 미국이 가장 많은 비용을 치른 분쟁이었다. 부시 행정부는 여러 이유로 이라크 정권 교체에 착수했지만, 돌이켜보면 특히 대량살상무기에 대한 정보 실패를 고려할 때 그러한 이유가 미국과 미국의 중요한 국익에 대한 실존적 위협이었는지 의문이 제기될 수 있다. 군사작전을 통해 이라크 군대를 신속하게 격파하고 사담 후세인을 권좌에서 축출했지만, 예상치 못한 반란이 발생하고 다양한 종파와 파벌이 권력과 자원을 놓고 폭력적 경쟁을 시작하면서 분쟁은 계속되었다.

이 경험에서 얻은 교훈은 새롭지는 않지만 분명하다. 클라우제비츠가 《전쟁론》에서 지적했듯이, 전쟁의 정치적 토대는 능숙한 군사작전 수행보다 훨씬 더 중요하다. 부시 행정부는 사담 후세인과 바트당이 권좌에서 물러난 후 이라크 국가를 어떻게 안정시키고 재건할지 결정하는 것보다 전쟁 계획을 세우는 데 훨씬 더 많은 지적 노력을 기울였다.

윈스턴 처칠이 1차 세계대전의 역사에서 관찰했듯이, 정책 결정자들은 전쟁의 수행과 그 여파가 쉬울 것으로 가정해서는 안 된다. 그러나 이라크 전쟁을 앞두고 고위 정치 및 군사 지도자들은 이라크 국민들이 연합군의 존재와 목표를 언제까지 받아들일 수 있을지에 대해 지나치게 낙관적으로 가정했다. 미국 지도자들은 이러한 가정이 타당하지 않다는 것을 깨닫고 우리가 처한 상황을 보완하기 위해 자원, 교리, 전략을 재조정하는 데 너무 오랜 시간이 걸렸다.

소련 해체 이후 10년 동안 미군은 전투의 안개와 마찰을 제거할 수 있는 첨단 정보·감시·정찰 체계와 결합된 유도탄을 중심으로 하는 소위 '군사혁신RMA'에 매료되어 있었다. 이 개념은 전쟁을 치르는 측면에서는 많은 의미가 있지만, 군사작전이 종료된 후 국가를 안정시키는 데 있어서 군대의 역할이 똑같이 중요하다는 점을 간과하는 경향이 있었다. 이라크에서 우리는 첨단 군사력을 바탕으로 한 충격과 공포가 대반란 작전에서 병력 수나 병력의 적절한 운용을 대체할 수 없다는 것을 배웠거나 오히려 다시 배웠다. 이라크는 MNF-I와 그 부대원 및 부족 동맹군이 60만 명(앞서 언급했듯이 이라크 민간인 50명당 치안 요원 1명을 의미)에 달할 때까지 안정화되지 않았고, 이러한 병력이 적절히 운용되지도 못했다. 대반란 작전에서는 병력 운용의 기준이 되는 '거시적 전략적 구상' 못지않게 병력 수도 역시 중요하다.

최대의 전략적 구상은 치안이 대반란 작전에서 최우선 과제라는 것이다. 인구를 통제하고 보호할 수 없다면 다른 모든 계획은 물거품이 될 것이다. 인구 치안을 위해서는 훈련되고 유능한 군대와 경찰이 과도한 폭력으로부터 주민을 보호하는 동시에, 치안 임무를 완수할 수 있도록 세심하게 작성된 교전규칙에 따라 작전을 수행해야 한다. 이는 쉬운 균형이 아니지만, 이러한 유형의 분쟁을 성공적으로 해결하기 위해서는 치안과 폭력 간에 신중한 균형을 취하는 것이 필수적이다.

이라크는 또한 우리가 군사작전을 수행하려는 국가를 매우 세밀하게 이해해야 한다는 사실을 일깨워주었다. 민족적·종파적·부족적·정치적 요소는 물론 국가가 어떻게 기능해야 하고, 실제로 어떻게 기능하고 있는지에 대한 깊은 이해가 없으면 국가를 통치하기가 매우 어렵다. 여기서 한 가지 기억해야 할 것은 점령군 지도자로서 군 지휘관들은 첫 1년 정도의 기간 동안 자신이 관할하는 지역의 행정, 입법, 사법 당국의 권한을 행사했다는 사실이다. 바그다드의 전반적인 권한도 마찬가지였다. 그리고 이라크에 대한 우리의 이해가 충분하지 않다는 것이 초기에 매우 분명해졌다.

그 외에도 첫 18개월의 경험에 의하면, 교대 근무자들로 구성된 임시 조직(연합임시행정처와 비상근 엔지니어 및 계약자들)보다는 기존 조직과 기관(예: 국무부 대사관, 미 육군 공병단, 방위계약청 등)을 활용하는 것이 중요하다. 또한 1년 차와 그 이후의 경험에 의하면 합의된 화해 과정 없이 지나치게 광범위한 탈바트화, 합의된 지원 계획 없이 이라크 군대 해산 같은 정책이나 작전을 시행할 경우, 거리에서 사라지는 악당보다 더 많은 악당들이 양산될 수 있다. 그러므로 이런 정책을 승인하지 않는 것이 중요하다는 점을 강조했다. 이러한 정책은 매우 비생산적이었고 이라크에서의 우리 노력을 수년 동안 후퇴시켰다.

부시 대통령은 이라크가 민주 정부와 강력한 자유시장경제를 갖춘 중동의 한국, 즉 미국의 지역 동맹국이 되기를 바랐다. 그는 이러한 전환을 위해서는 1950년 미군이 한반도에 처음 파병된 이래로 미군이 장기적으로 이라크에 주둔해야 할 가능성이 높다는 것을 잘 알고 있었다. 이라크 주둔 미군은 외교를 뒷받침하고 경제 성장의 토대가 되는 안정을 도모하는 데 필요한 지렛대를 제공한다. 미군 사상자가 발생하지 않는다면, 미국 국민은 미국의 국가안보를 위해 장기적인 해외 파병을 흔쾌히 감수할 의사가 있음을 입증했다. 부시 전 대통령은 이러한 약속을 기꺼이 받아들였지만, 그 뒤를 이은 오바마 행정부는 그렇지 않았다. 전쟁의 자연스러운 종전 상태가 분쟁 지역으로부터 미군의 신속한 재배치(본국으로의 철수)를 가져올 것이라고 가정하기보다, "이러한 중대한 국가안보 문제에 대해 어떻게 초당적 합의를 도출할 것인가?"는 전쟁을 앞둔 시점에서 고려할 가치가 있는 질문이다.

마지막으로, 역사가 우리에게 보여준 것이 있다면 앞으로 미군이 개입하게 될 또 다른 대반란 분쟁이 벌어질 수 있다는 점이다. 미군은 대반란 작전을 준비하거나 수행하기를 원치 않을 수도 있지만, 불가피하게 다시 그러한 분쟁에 직면했을 때 실패할 위험을 감수할 준비가 되어 있어야 한다. 미군은 베트남전 종전 후 현명하지 못하게 폐기한 역량을 회복하는 데 이라크에서 3년 이상의 시간을 허비했다. 대반란 교리를 최신 상태로 유지하고 중견 및 고위 지도자들에게 이에 대한 교육을 실시하는 것은 (물론 지난 10년간의 발전을 고려할 때 주요 전투 작전에 더 집중하는 것은 이해하지만) 미국이 다시 지저분하고 비정규적인 분쟁에 직면했을 때 군 지도자들이 이에 대처할 수 있도록 지적으로 준비되도록 하기 위해 지불해야 할 작은 비용일 것이다.

이라크에서 일어난 치안 사고

2004년 1월~2008년 8월

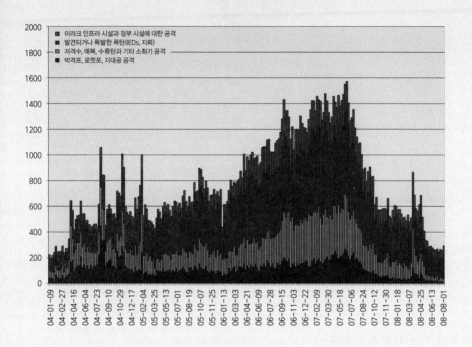

범례:
- 이라크 인프라 시설과 정부 시설에 대한 공격
- 발견되거나 폭발한 폭탄(IEDs, 지뢰)
- 저격수, 매복, 수류탄과 기타 소화기 공격
- 박격포, 로켓포, 지대공 공격

사령부

이라크·바그다드 다국적군, 이라크
APO AE 09342-1400
2008년 7월 15일

MNF-I 사령관의 대반란 교리

- 주민을 보호하고 주민에 봉사하라. 이라크 국민은 결정적인 '지형'이다. 이라크 파트너와 함께 국민에게 안전을 제공하고, 이들을 존중하며, 이들의 지지를 얻고, 지역 통치기구 구축, 기본 서비스 복구, 지역 경제 부흥 등을 촉진하기 위해 노력하라.

- 주민과 함께 동고동락하라. 이 싸움에 출퇴근은 없다. 우리가 확보하고자 하는 지역에 합동 경비소, 전투 전초기지, 순찰기지를 배치하라. 주민들과 함께 생활하는 것은 주민들을 보호하고 반란군을 물리치는 데 필수적이다.

- 확보한 지역을 사수하라. 지역을 확보한 후에는 반드시 그 지역을 유지해야 한다. 지역 점령을 시작하기 전에 지역 점령 계획을 수립하라.

주민들은 우리와 이라크 파트너들이 그들을 버리지 않는다는 것을 알아야 한다. 병력을 감축할 때는 모든 책임을 완전히 이양하거나 병력을 철수하기보다는 점진적으로 이양하고 병력을 줄여야 한다. 이라크군에 책임을 이양한 후에도 상황 인식을 보장해야 한다.

- 적을 끈질기게 추적하라. 이라크 알카에다 및 기타 극단주의 요소를 끈질기게 식별하고 추적하라. 그들이 보급 지역이나 은신처를 유지하지 못하게 하라. 적이 우리에게 대응하도록 강제하라. 적이 의도적인 작전을 계획하고 수행할 수 있는 능력을 박탈해야 한다.

- 모든 자산을 동원해 테러리스트와 반란군을 고립시키고 격퇴하라. 대테러 병력만으로는 알카에다와 다른 극단주의자들을 물리칠 수 없다. 공격에 성공하려면 모든 힘과 모든 수단을 동원하는 포괄적인 접근 방식이 필요하며, 여기에는 살상 수단뿐만 아니라 비살상 수단도 포함해야 한다. '아나콘다 전략'에 따라 연합군과 이라크 재래식 부대 및 특수작전 부대, '이라크의 아들들', 기타 모든 가용한 비군사적 증원 병력을 투입하라.

- 단합된 노력을 창출하라. 우리 대사관 및 기관 간 파트너, 이라크 파트너, 지역 정부 지도자, 비정부기구와 함께 작전 및 계획을 조정하여 모두가 공동의 목적을 달성하기 위해 노력할 수 있도록 해야 한다.

- 화해를 촉진하라. 우리가 모든 적대세력과 테러범들을 괴멸하는 것만으로 이러한 노력에서 성공할 수 없다. 우리와 이라크 파트너들은

철저한 정보활동, 주민통제 조치, 정보작전, 기동작전, 정치적 구상 등을 통해 '화해할 수 없는 자'와 '화해할 수 있는 자'를 식별하고 분리해야 한다. 화해 불가능한 자들을 식별하고 추적하여 사살, 생포 또는 몰아내면서 화해 가능한 자들도 해결책의 일부로 만들기 위해 노력해야 한다.

- 물리적 공격뿐만 아니라 네트워크를 무력화하라. 폭발의 '왼쪽'에 집중하라.* 정보 자산을 활용해 공격의 배후에 있는 네트워크를 파악하고 그 지도자, 폭발물 전문가, 금융가, 공급업체, 운영자를 추적하라.

- 이라크의 정당성을 강화하라. 이라크의 지도력과 주도권을 장려하고 그들의 성공이 곧 우리의 성공임을 인식하라. 우리가 하는 모든 일에 협력을 구하고 안보, 통치기구, 경제 부흥, 기본 서비스 제공에 대한 현지의 참여를 지원하라. 연합군의 주도와 이라크인들의 지도력과 주도권 행사 사이에서 적절한 균형을 찾고, 후자를 장려하라. 이라크 국민의 눈에 이라크군의 행동에 대한 정당성을 확보하는 것이 전반적인 성공에 필수적이다.

- 자신의 체급을 뛰어넘어라. "가진 역량보다 더 큰 사람"이 되기 위해 노력하라. 이라크 부대 및 경찰과 작전에 협력하고 '이라크의 아들들', 계약자, 현지 이라크인을 고용하여 전진작전 기지, 순찰기지, 합동 보안 기지 안팎에서 일상적인 임무를 수행함으로써 우리 병력이

• 폭발이 일어나기 전에 예방하라는 의미.—옮긴이

'기지 밖' 임무에 집중할 수 있도록 하라.

- 돈을 무기처럼 활용하라. 치안 상황이 개선되면 돈은 '탄약'이 될 수 있다. '표적 선정 위원회 과정a targeting board process'과 같은 방식을 사용하여 지출된 각 '탄약'의 효과를 극대화하고, 돈을 사용한 각각의 전투가 부대의 전체 목표 달성에 기여할 수 있도록 하라. 가능한 한 현지인을 고용하여 계약 활동이 치안 노력을 지원하도록 한다. 이라크의 참여와 헌신을 보장하기 위해 가능하면 '매칭 펀드' 개념을 활용하라.

- 정보 확보를 위해 싸우라. 상황에 대한 미묘한 이해가 가장 중요하다. 수집한 정보를 분석하고, 공유하고, 더 많은 정보를 얻기 위해 싸워야 한다. 모든 순찰대에는 작전 지역과 적에 대한 이해를 높이기 위해 고안된 임무가 있어야 한다. '알아야 할 필요성'이 아닌 '공유해야 할 필요성'을 기준으로 작전을 수행해야 한다. 정보로부터 혜택을 받을 수 있는 모든 사람에게 가능한 한 빨리 정보를 전파해야 한다.

- 발로 걸어라. 차량으로 이동하되, 활동할 때는 차에서 내려야 한다. 차를 타고 지나치지 말고, 차를 세우고 발로 돌아보라. 도보로 순찰하고 주민들과 소통하라. 상황 인식은 방탄유리로 분리된 공간이 아니라 사람들과 얼굴을 맞대고 상호작용해야만 얻을 수 있다.

- 이웃을 이해하라. 인간 지형을 지도화하고 자세히 연구하라. 현지 문화

와 역사를 이해하라. 부족, 공식 및 비공식 지도자, 정부 구조, 종교적 요소, 지역 치안군에 대해 알아보라. 통치기구, 기본 서비스 제공, 기반시설 유지 관리, 경제 요소 등 지역 체계와 구조가 어떻게 작동해야 하는지, 그리고 실제로 어떻게 작동하는지 이해해야 한다.

● 관계를 구축하라. 관계는 대반란 작전에서 매우 중요한 요소이다. 이라크 현지 직원들과 함께 지역 지도자, 부족장, 정부 관리, 종교 지도자, 기관 간 파트너와 생산적 관계를 구축하기 위해 노력하라.

● 지속 가능한 해결책을 모색하라. 이라크 치안군, 이라크 지역사회 지도자, 정부기관의 통제하에 있는 현지 이라크인들이 연합군의 주둔이 축소되어도 계속해서 지역을 지키고 지역사회에서 통치기구와 경제적 이득을 유지할 수 있는 작동구조를 구축해야 한다. 이라크의 체계를 파악하고 이라크인들이 이를 작동시킬 수 있도록 지원해야 한다.

● 전환기(인수인계 시기)를 통해 연속성과 속도를 유지하라. 인수인계 시점에 후임자에게 제공할 정보를 구축하기 시작하라. 여러분의 후임자들은 본부에 있는 동안에도 '어깨 넘어 가상으로' 여러분의 일일 임무 갱신과 내부 전산망의 기타 항목에 접근할 수 있도록 하라. 계획 수립 및 정보 분석을 담당할 실무자들을 미리 배치하라. 인수인계 기간 동안 지상에서 더 많은 시간을 보내도록 장려하고, 적에게 휴식 시간을 주지 않도록 작전 속도와 현지 관계를 유지하기 위해 노력하라.

- 기대치를 관리하라. 진전 상황을 발표할 때는 신중하고 절제된 태도를 취해야 한다. 달성한 성과에 주목하되, 아직 해야 할 일이 무엇인지도 인정해야 한다. 섣부른 '성공 선언'을 회피하라. 대테러 작전에는 수많은 도전 과제가 있고, '적들이 표를 얻을 수'* 있으며, 진전이 늦어질 수 있다는 점을 병력과 파트너들이 인지하고 있는지 확인해야 한다.

- 진실을 선점하라. 중요한 활동에 대한 정확한 정보를 지휘계통, 이라크 지도자, 언론에 가능한 한 빨리 전달하라. 반란군, 극단주의자, 범죄자보다 먼저 헤드라인을 장식하고 유언비어를 선점하라. 이 싸움에서 가장 중요한 것은 정직성이다. 은폐나 치장으로 본질을 숨길 수 없다. 좌절과 실패를 인정한 다음, 우리가 무엇을 배웠고 어떻게 대응할 것인지 밝히라. 언론과 우리 자신에게 정확성, 특성, 맥락에 대한 책임을 져야 한다. 왜곡을 회피하고 사실이 스스로 말하게 하라. 적의 허위 정보에 도전하라. 적의 엉터리 메시지, 극단주의 이념, 억압적 관행, 무차별적 폭력에 맞서 싸우라.

- 정보 전쟁에 끊임없이 나서라. 우리는 이라크 국민들이 어떻게 인식하는지에 따라 승패가 좌우되는, '정당성의 투쟁'을 벌이고 있다는 사실을 직시하라. 적군과 아군이 취하는 모든 행동은 대중의 인식에 영

---

* '적들이 표를 얻다'는 독특한 군사적 표현으로, 군사적·전략적 맥락에서 적들은 항상 나의 계획·행동에 대응하고, 결과에 영향을 미칠 수 있음을 강조하는 말이다. 요컨대, "주도권은 적이 갖고 있다"라는 뜻이다. 따라서, '빠르고 쉬운 승리'를 바라지 말고, 적응력과 유연성을 유지하면서, 예상치 못한 상황·결과에 대비해야 한다.—옮긴이

향을 미친다. 설득력 있는 서사를 개발 및 유지하며 모든 형태의 미디어를 통해 지속적으로 주제를 전달해야 한다.

- 우리의 가치를 실천하라. 적을 죽이거나 생포하는 데 주저하지 말고 우리가 소중히 여기는 가치에 충실하라. 우리의 가치를 실천하는 행위가 적과 우리를 구별하는 기준이다. 우리의 싸움보다 더 힘든 고난은 없다. 그것은 종종 잔인하고, 육체적으로 힘들고, 좌절감을 안겨준다. 우리 모두는 분노의 순간을 경험하지만, 어두운 충동에 굴복하거나 타인의 용납 불가한 행동을 허용할 수 없다.

- 주도권을 행사하라. 지침이나 명령이 없는 경우, 자신이 해야 할 일을 결정하고 이를 적극적으로 실행하라. 고위급 지도자는 광범위한 전망을 제시하고 '도로 위에 흰색 선'을 그리지만, '큰그림'을 구체적인 행동으로 전환하는 것은 전술적 수준의 사람들에게 달려 있다.●

- 부하 직원에게 권한을 부여하라. 분권적 행동이 이뤄질 수 있도록 자원을 제공하라. 자산과 권한을 가장 필요로 하고 실제로 사용할 수 있는 사람들에게 내려보내라. 보고계통을 간소화하라. 자연스럽게 계획하고 자원을 투입할 수 있는 수준을 파악하고, 일반적으로 주요 전투 작전에서는 2단계 아래를 내려다 보지만, 이라크에서는 3단계 아래로 한 단계 더 내려가야 한다.

● '도로 위의 흰색 선'은 리더가 제공하는 광범위한 개요 또는 계획을 상징한다. 원하는 결과에 대한 일반적인 의미를 제공하지만 구체적인 세부 사항은 제공하지 않는다. '큰그림'은 전략 개념을 말한다. 그래서 이를 실행에 옮기는 것은 전술적 차원의 구체적 행동이다.—옮긴이

- 기회를 준비 및 활용하라. "행운이란 준비와 기회가 만날 때 생기는 것이다." 가능한 기회를 예상하여 '화해 가능'과 '화해 불가능' 같은 개념을 개발하고, 그 기회를 활용하기 위해 필요한 경우 위험을 감수할 준비를 하라.

- 학습하고 적응하라. 지속적으로 상황을 평가하고 필요에 따라 전술, 정책, 프로그램을 조정하라. 좋은 아이디어를 공유하라. 정신적 또는 육체적 안일함을 피하라. 오늘 어느 지역에서 효과가 있는 것이 내일은 효과가 없을 수도 있고, 어느 지역에서 효과가 있는 것이 다른 지역에서는 효과가 없을 수도 있다는 사실을 잊지 말라. 부대가 학습하는 조직이 되도록 노력하라. 대반란전에서는 가장 빨리 배우고 적응하는 쪽이 중요한 이점을 얻는다.

아나콘다 전략 대 이라크 알카에다

2008년 9월

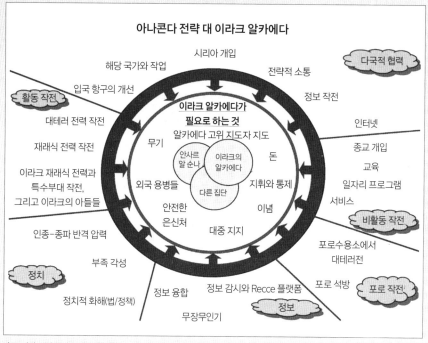

자료: 이라크 다국적군, 2008년 9월

464

사드르시티 전투, 2008년 3-4월

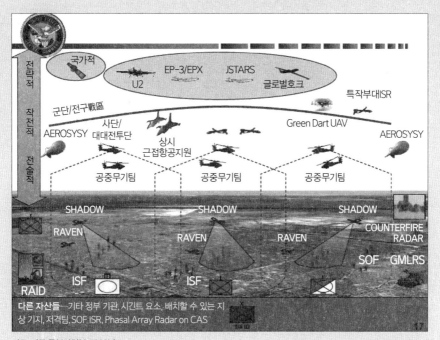

자료: 미국 중부사령부, 2009년

9장

푸틴과 우크라이나의 생존 전쟁

2022-

> 세상의 다른 어떤 일보다 전쟁에서는 우리가 예상했던 것과 다르게 상황이 벌어지고, 가까이 갈수록 멀리서 보던 것과 다르게 보인다.
>
> — 카를 폰 클라우제비츠, 《전쟁론》, 1832[1]

2013년 1월, 러시아 총참모장 발레리 게라시모프Valery Gerasimov 장군
은 모스크바 군사학아카데미에서 '비선형' 분쟁의 진화에 대해 연설
했다. 그는 이렇게 주장했다. "21세기 들어 전쟁과 평화의 경계가 모
호해지는 경향을 보이고 있다. 전쟁은 더 이상 선포되지 않으며, 일단
시작되면 익숙하지 않은 템플릿에 따라 진행된다."² 그는 이어서 "완
벽하게 번창하던 국가가 몇 달, 심지어 며칠 만에 혼돈과 인도주의적
재앙, 내전의 거미줄 속으로 빠져들 수 있다"라고 설명했다. 이 새로운
형태의 전쟁은 더 이상 '대규모 병력의 정면 전투'가 아니라, 정보 활
동, 장치 및 수단, '특수부대와 제5열 요원들에 의존'하는 전쟁이다.

당시 대다수의 사람들은 이 발언을 블라디미르 푸틴 대통령이 지
배하는 러시아가 남오세티아와 압하지야 등 이전에 공격했던 지역의
분쟁과 관련된 것으로 해석했지만, 돌이켜보면 게라시모프는 텍사
스 크기의 국가이자 인구 4400만 명이 거주하는 우크라이나를 염두
에 둔 것일 수도 있다는 생각이 든다(우크라이나의 수도 키이우의 면적은
835제곱킬로미터 이상으로 뉴욕보다 넓지만, 인구는 절반도 되지 않는다).

2014년 3월 18일, 푸틴은 러시아군에게 크림반도를 장악하라고 명
령했고, 우크라이나 정부는 군사적으로 저항하지 않기로 결정했다.
크림반도는 1954년부터 우크라이나의 일부였지만, 역사적으로 많은
주민들이 친러시아 성향이었다. 푸틴은 미묘하지 않은 분명한 말로
서방의 개입을 저지했다. "다행히 아무도 러시아와 대규모 분쟁을 일

으킬 생각은 하지 않는 것 같다. 러시아는 주요 핵보유국 중 하나라는 점을 상기시키고 싶다."[3]

특수부대와 제5열에 대한 게라시모프의 발언에 따르면, 쿠데타는 러시아 정규군이 아니라 군복에 아무 표식이나 표시가 없는, 마치 화성에서 온 것 같은 '작은 녹색 군인'이라는 별명의 요원들이 수행했다. 같은 달에 러시아가 통제하는 프락치 군대가 우크라이나 남동부를 점령하려고 시도했다. 이들은 행정부 건물을 점령하고 루한스크주와 도네츠크주에 두 개의 '인민공화국'을 세웠다. 곧이어 그곳에서 휴가를 보내러 온, '행락객'으로 위장한 수천 명의 러시아 군인이 투입되었다.[4] 이처럼 정치적 부인 가능성을 위해 익명성을 이용하는 것은 한국전쟁에서 러시아의 미그기 조종사가 군복에 휘장을 달지 않고 몰래 비행했던 것과 같은 방식이고, 전쟁의 진화가 아니라 과거로의 퇴보에 가깝다. 또한 이것은 우크라이나 동부에서 정규군과 러시아가 지원하는 분리주의 세력 사이에 벌어지는 전투의 성격을 고려할 때 전혀 혁신적인 것도 아니었다. 이 전쟁은 곧 1차 세계대전 때와 같은 참호전으로 바뀌어서 소위 '동결된 분쟁frozen conflict'이 되었지만, 그럼에도 수천 명이 전사했다.

우크라이나, 미국, 서유럽은 크림반도에서 벌어진 사태에 소극적 반응을 보였다. 서방은 러시아 정치인들에 제재를 가하기는 했지만 그 효과는 제한적이었다.[5] 2015년에 전개된 사태는 모호한 회색지대 작전에 대한 푸틴의 자신감을 한층 드높였다. 러시아는 공군, 특수작전부대, 용병을 동원하여 시리아에 개입해 바샤르 알 아사드 정권을 지원하여 장기간 지속된 내전의 균형을 아사드에게 유리한 쪽으로 기울게 만들었다.

이를 통해 러시아는 이전에는 중요한 지역 분쟁으로 존재했던 시리아 내전을 지정학적으로 큰 함의를 미치는 전략적 분쟁으로 전환시켰다. 시리아의 라타키아 공군기지와 타르투스 해군기지에 S-300 및 S-400 미사일을 기반으로 하는 첨단 방공체계를 신속하게 구축했다.[6] 러시아군은 귀중한 전투 경험을 쌓았고, 푸틴은 전쟁에 휘말려 있지만 지중해에 공군 및 해군기지를 보유한 사활적 이해관계 지역에서 유용한 동맹국에 대한 영향력을 더욱 강화할 수 있게 되었다.

다시 한번, 러시아의 개입은 '익명화된' 러시아 및 친러시아 군인들을 활용했는데, 이들은 식별 가능한 군복을 착용하지 않았기 때문에 실패할 경우에도 신원을 숨길 수 있었다. 이들 중 일부는 러시아 국가의 한 지부처럼 운영되던 그림자 사설 군대인 바그너그룹Wagner Group 소속이었다. 바그너그룹은 한때 '푸틴의 요리사'로 알려진 과두제 정치인이자, 적어도 초기에는 푸틴의 최측근 중 한 명이었던 예브게니 프리고진Yevgeny Prigozhin이 소유한 용병부대이다. 바그너 용병들은 공인된 배지나 휘장을 달지는 않지만, "죽음은 우리의 사업이고 사업은 좋은 것이다", "나는 아무것도 믿지 않는다. 나는 폭력을 위해 여기 있다" 같은 슬로건이 적힌 '저승사자' 배지를 가끔씩 달고 다닌다.[7]

바그너그룹 용병들은 아무것도 믿지 않는 허무주의적 태도를 보였지만, 그들의 최종 고용주인 블라디미르 푸틴은 러시아가 강대국으로 거듭날 수 있다고 믿었다. 그는 시리아에서 바그너그룹을 무더기로 고용했지만, 때때로 큰 좌절을 겪기도 했다. 예를 들어 2018년 2월 7일, 바그너그룹이 시리아의 데이르에즈조르주에 위치한 친서방 반군 진지를 공격하자 미국은 침입자들에게 로켓포를 발사했을 뿐만 아니라, B-52 폭격기, AC-130 건쉽, F-22 랩터 스텔스 전투기, AH-64 아파치 공격헬기를 출격시켜 약 200명의 바그너 용병을 사살하면서도 미국인 사상자는 발생하지 않았다.[8] 러시아는 대응하지 않기로 결정했는데, 대응한다면 바그너그룹을 크렘린과 연계된 조직으로 인정하는 것이나 다름없었기 때문이다. 따라서 바그너 같은 단체의 비공식적 지위는 양날의 검이었다.

2014년 크림반도 쿠데타 당시 우크라이나군이 크림반도에서 소극적 태도를 보이자(다른 곳에서는 저항했지만) 키이우에서 비슷한 쿠데타가 일어날 경우 같은 일이 벌어질 것이라는 기대가 커졌지만, 이후 8년 동안의 상황은 모든 것을 바꿔놓았다. 크림반도 상실로 인한 우크라이나의 굴욕감, 돈바스 전투, 이후 나토에 의한 우크라이나군의 광범위한 훈련과 전문화, 볼로디미르 젤렌스키Volodymyr Zelensky 대통령의 고무적 지도력, 우크라이나 국민이 고향과 국가 독립을 지키려 나설 것이라는 사실 등은 2022년에 러시아의 기획가들이 충분히 고려하지 못한 요소들이었다.

따라서 2022년 2월 24일 목요일, 푸틴의 엄청난 오판이 시작되었다. 러시아 대통령은 우크라이나 침공이 취약한 우크라이나 정부와 제대로 무장하지 못한 우크라이나 군대를 상대로 특수부대, 정규군, 제5열의 신속하고 압도적이고 전격적인 공격으로 이루어지기를 바랐다. 서방의 개입을 막기 위한 핵 위협과 반러시아 세력을 무력화하기 위한 억압적 조치가 뒤따랐다. 침공 1년 후 영국 왕립합동군사연구소RUSI는 러시아가 열흘에 걸쳐 우크라이나를 침공한 다음, 2022년 8월까지 우크라이나를 점령하여 완전히 합병할 계획이었다는 연구 결과를 발표했다.[9] 그러나 과거에도 종종 그랬듯이 푸틴은 전격전 시대 이후 전쟁이 어떻게 진화했는지, 최근 몇 년간 어떻게 전세가 공격에서 방어로 결정적으로 이동했는지 파악하지 못했다.

'의도하지 않은 결과가 발생한다는 역사의 철칙'에 따라 2014년 푸틴의 행동은 우크라이나 정부를 약화시키는 대신 정반대의 효과를 가져왔다. 주권국으로 존재한 지 30년밖에 되지 않았지만 독립 국가로서의 존립을 끝내 포기할 생각이 없던 우크라이나에 새로운 애국주의 정신이 불타오른 것이다. 그리고 젤렌스키는 그 순간 진정한 처칠 같은 지도자임을 증명하며 전략적 지도자로서 주요 과제를 훌륭하게 수행했다(언론인 조나단 프리들런드Jonathan Freedland는 젤렌스키를 '아이폰을 든 처칠'이라고 묘사했다).[10]

———

러시아는 지난 120년 동안 러시아어권 국경 너머에서 싸울 때 별다른 성공을 거두지 못했는데, 이는 정치를 초월하여 차르, 볼셰비키, 소비에트 이후에도 마찬가지였다. 1904~1905년에는 일본, 1914~1917년 프로이센과 오스트리아, 1918~1920년 발트해 연안국들, 1920~1922년 폴란드, 1939~1940년 핀란드, 1979~1989년에는 아프가니스탄을 공격했다. 매번 피비린내 나는 대가를 치렀는데, 지금까지 우크라이나에서 겪었던 것과 거의 동일한 이유, 즉 열악한 병참, 각 군종들 간의 통합 실패, 낮은 사기 등이 원인이었다.[11] 때때로 값비싼 자살적 인해전술 공격으로 지상전의 손실을 만회하기도 했다. 2차 세계대전에서 적군赤軍은 베를린을 점령하고 나치즘을 파괴했지만, 그 작전에서만 80만 명이 사망하고 부상당하는 막대한 대가를 치렀다. 그 전쟁에서 소련 해군은 항구 밖으로 나간 적이 거의 없었다.

저명한 군사사학자 마이클 하워드 경은 2009년에 "지난 반세기 동안 유럽 국가들은 서로 싸우지 않았고 앞으로도 그럴 가능성이 매우 낮다"고 지적했다.[12] 유고슬라비아 내전에서도 '국가 대 국가' 전쟁이 아니라 '국가 대 고립영토' 간 전쟁이 벌어졌을 뿐이다.• 따라서 푸틴의 우크라이나 침공은 전후 유럽 질서에서 놀라운 예외라고 해도 과언이 아니다. 다행히 서방은 '심원한 원칙'(주권 존중, 민족자결, 인권 등)이 위협받고 있다는 사실을 재빨리 인식했다. 역사학자 티머시 스나이더Timothy Snyder가 쓴 것처럼, 우크라이나 사태는 본질적으로 민주주의와 허무주의 사이의 투쟁이었으며, "민주주의를 자처하는 폭정이 승리하여 논리적·윤리적 공백을 확산시킬 수 있는지를 시험한 사건이었다. 민주주의를 당연하게 여기는 사람들은 폭정을 향해 몽유병 환자처럼 나아가고 있었다. 우크라이나의 저항은 이들을 잠에서 깨우는 경종이다."[13]

2021년 가을 러시아가 우크라이나 북부와 동부 국경의 벨라루스에서 대규모 군사 작전을 개시했을 때부터 CIA와 영국 정보기관 MI6는 푸틴이 우크라이나를 침공할 것이라고 강력하게 의심했다. 토니 블링컨Tony Blinken 미 국무장관은 11월에 "우리는 모스크바의 의도

• '고립영토(Enclave)'는 영토 내의 영토, 특히 주권국 영토에 둘러싸여 고립된 소수민족 거주지역을 말한다. 국가 대 국가 전쟁과 달리 국가 대 고립영토는 유고 내전의 특징인 보스니아·헤르체고비나, 크로아티아, 마케도니아, 몬테네그로, 슬로베니아, 세르비아 같은 6개 공화국으로 구성된 구유고 민족들 간에 벌어진 일련의 민족 갈등, 분리독립 운동, 내전 등이다. 그런데 상기 국가들 내부에 소수민족이 거주하는 고립영토가 존재하고, 이들과의 인종, 자치, 독립 등을 둘러싸고 갈등과 분쟁, 나아가 전쟁까지 벌어진 사례가 '국가 대 고립영토' 전쟁이다. 보스니아·헤르체고비나 분쟁(1992~1995)은 대표적인 사례다.—옮긴이

를 명확히 알지는 못하지만 그들의 전략은 알고 있다"고 말했다.[14] 두 정보기관은 러시아가 분리주의공화국(루한스크, 도네츠크 등)을 침공의 구실로 삼는 수법을 포함하여, 임박한 공격에 대한 대량의 기밀정보(정보 출처와 방법에 대한 세부정보는 삭제)를 다른 국가와 공유했는데, 이는 이례적이지만 칭찬할 만한 결정이었다.

전쟁은 이전에 거의 볼 수 없던 방식으로 진화하고 있었다. 정보원이 노출될 수 있다는 우려 때문에 이러한 정보 공유는 논란의 여지가 있었지만, 곧 정당한 조치임이 밝혀졌다. 2022년 1월 26일 웬디 셔먼Wendy Sherman 미 국무부 차관보는 '2월 중순'에 공격이 있을 것이라고 공개적으로 예측하기도 했다.[15] 공개된 정보에는 병력, 기갑, 포병, 장비 등의 이동을 보여주는 위성사진뿐만 아니라 러시아가 전쟁에 대비하여 부족한 혈장을 야전병원에 배치한 것과 같은 무수히 많은 세부정보가 포함되어 있었다. CIA와 MI6는 이것이 정상적인 야전 훈련이 아니라는 사실을 점점 더 분명하게 깨달았다.

이에 대응하여 우크라이나는 방공체계를 재배치하고 키이우 보리스필 공항에 영국과 미국의 첨단 대전차 및 대공무기를 대량으로 들여왔다. 미국의 저명한 러시아 전문가인 스티븐 코트킨Stephen Kotkin 교수는 나중에 이렇게 썼다. "푸틴이 주사위를 던졌다. 어쨌거나 광범위하게 언론에 보도된 러시아 대통령의 침공은 거의 모든 서방국과 아시아의 수도, 미국 정치권, 러시아 충성파의 많은 구성원 등을 두루 놀라게 했다."[16] 물론 러시아는 벨라루스-우크라이나 국경에 병력을 증강한 것은 정상적인 군사작전의 일환이었다고 주장하며 CIA와 MI6의 '도발'을 비난했다.

미국 주도의 연합군은 걸프전과 이라크전 이전에 이라크 국경에 대규모 군대를 주둔시킨 적이 있지만, 이는 사담 후세인이 성실하게 협상에 임하도록 하기 위한 시도였다. 따라서 러시아가 2022년 우크라이나 침공에 앞서 몇 주일 동안 우크라이나 국경에 19만 명의 병력을 배치하기로 결정한 것은 다소 이례적인 일이었다. 앞서 한국전쟁, 6일 전쟁, 뗏 공세, 포클랜드 전쟁, 사담 후세인의 쿠웨이트 침공, 9·11 테러에서 보았듯이 침공자들은 기습이라는 요소를 활용하는 경우가 많다. 그러나 이번 경우는 그렇지 않았다.

2월 21일 푸틴은 도네츠크인민공화국과 루한스크인민공화국을 러시아가 '평화유지군'을 파견할 독립 국가로 인정함으로써 자신의 의도를 더욱 분명히 드러냈다.[17] 이틀 후, 44세의 볼로디미르 젤렌스키 우크라이나 대통령은 키이우를 방문한 안제이 두다Andrzej Duda 폴란드 대통령에게 러시아가 몇 시간 내에 침공할 것이라고 말하며, "러시아는 우리가 반격하지 않을 것이라고 생각하지만, 그들은 심각하게 착각하고 있소. 안제이, 우리가 만나는 것은 이번이 마지막일지도 모르오"라고 덧붙였다.[18]

게라시모프 장군의 비선형 전쟁 강의에서 중요한 측면은 사이버 전쟁이었다. 2014년 크림반도를 점령하기 전 러시아가 우크라이나에 감행한 악성코드 공격은 전 세계 해상운송 능력의 5분의 1을 마비시켰으며, 미국의 존 앨런John Allen 장군과 벤 호지스Ben Hodges 장군은 이것이 향후 나토와의 전쟁에서 발생할 수 있는 파괴적인 사이버 공격의 시험 무대였을 수도 있다고 생각한다.[19] 2022년 2월 23일 러시아군이 우크라이나 국경으로 이동하기 시작하자마자 우크라이나 국방부, 외교부, 내무부 일부가 대규모 사이버 공격을 받았는데 이는 일주일 만에 두 번째로 벌어진 공격이었다.

2월 24일 새벽, 우크라이나의 방공 레이더는 모든 주파수 대역에서 전파 교란을 받았다. 우크라이나의 전자전 부대 사령관은 "키이우 주변의 모든 전자기 스펙트럼이 차단될 줄 알고 있었다"고 말했다.[20] 금융 공황을 유발하려는 명백한 시도에 따라, 프리바트방크 같은 우크라이나 은행 웹사이트가 일시적으로 오프라인 상태가 되었다.[21] 러시아는 자신들이 관여하지 않았다고 부인했지만 우크라이나군 해커들은 크렘린 웹사이트를 잠시 다운시키는 것으로 대응했고, 어나니머스 같은 해킹 그룹은 우크라이나 측에 큰 힘을 보태주었다.[22]

23일 자정, 우크라이나 의회는 비상사태를 선포하고 젤렌스키에게 다가오는 공격에 맞서 싸울 수 있는 전권을 부여했다. 민간인에게 총기를 소지할 수 있는 합법적 권한이 부여되었고 20만 명의 예비군이 동원되었다. 국가안보회의 의장인 올렉시 다닐로프Olesiy Danilov는 "우리 군대는 준비되었다"라고 선언했다.[23]

러시아 총참모부는 새벽에 반코바 거리의 대통령궁에서 북동쪽으로 28킬로미터 떨어진 수도 교외에 위치한 키이우의 호스토멜 공항을 공습하면 증원군이 유입되어 도시를 점령할 수 있는 길이 열릴 것이라고 생각했던 것 같다. 동시에 벨라루스에서 대규모 기갑부대가 수도를 3일 만에 점령하기 위해 이동했다. 젤렌스키와 그의 정부 인사들은 침공 전날 키이우에 침투해 있던 러시아 특수부대, 바그너그룹 요원, 제5열로 잠복한 300여 명의 군인들이 납치하거나 암살할 계획이었다. 우크라이나 국가 지도부가 제거되고 젤렌스키가 친러시아 성향의 꼭두각시로 교체된 후, 억압적인 내부 조치에 따라 1945년 나치 독일 패전 기념일이자 러시아 승전 기념일인 5월 9일까지 우크라이나

의 나머지 지역에 대한 통제권을 확보할 예정이었다.[24]

침공의 선봉에 서게 될 러시아 공수부대는 연방보안국FSB 제9총국 예하의 제5국과 함께, 12월 초부터 작전계획을 수립했다. 그러나 불행히도 공수부대 장교들은 우크라이나 비밀정보국이 도청한 전화선을 통해 72시간 이상 작전명령을 논의했고, 호스토멜 공항에 도착했을 때 우크라이나 군대가 포병과 함께 대기하고 있었다.

호스토멜 국제공항은 대규모 항공 무역의 중심지이자 세계에서 가장 큰 비행기*를 보관하고, 우크라이나의 공군기지로 운영되고 있다. 따라서 호스토멜을 점령하면 우크라이나 수도에서 불과 9.6킬로미터 떨어진 곳에 러시아 후속 병력과 무기 체계를 공수할 수 있을 것이므로, 전략적으로 중요한 의미를 지닌다. 2022년 2월 24일 새벽, 러시아 헬기 34대가 수백 명의 병사를 태우고 그곳으로 날아갔지만, 우크라이나의 거센 저항에 부딪혔다. 전투가 진행되는 동안 공항의 주인이 여러 차례 바뀌었고, 우크라이나군은 이 공항을 대규모 착륙에 쓸모없게 만들어 중무장 장갑부대로 구성된 후속 지원부대를 적재한 러시아 수송기 편대들이 착륙하지 못하고 회항해야 했다.

러시아 전투계획의 순전한 오만함은 2022년 12월, 그 사본을 입수한 《뉴욕 타임스》에 의해 폭로되었다. 공수부대는 2월 24일 새벽 1시 33분에 벨라루스를 출발해, 같은 날 오후 2시 55분에 225킬로미터 떨어진 키이우 외곽으로 가라는 명령을 받았다. 제26전차연대에 소속된 어느 부대는 24시간 이내에 402킬로미터 떨어진 드니프로

---

* 안토노프An-225 화물기(Antonov An-225 Mriya). 전 세계 항공기 중에서 가장 큰 항공기로 2004년 기네스북에 등재되었다. 1988년에 생산된 이래 단 1대밖에 제작되지 않았다. 2022년 2월에 벌어진 우크라이나·러시아 전쟁의 와중에 파괴된 것으로 알려졌다.—옮긴이

강 반대편 지점에 도착할 예정이었다. 명령지에는 "공항에 (우크라이나군의) 증원 병력이나 장비가 없다"는 내용이 포함되었다.[25] 키이우가 함락된 후 러시아 국가방위군은 군중 통제를 위해 일반 경찰 트럭에 탑승한 상태로 파견되었고, 병사들은 5일분의 식량만 지급받았으며, 승전 시가행진에 필요한 제복을 챙기라는 명령을 받았다.*[26]

예비역 미군 소령 존 스펜서John Spencer는 이렇게 설명했다. "러시아군은 가능한 한 신속하게 키이우 한복판에 쳐들어가 정부 건물 위에 러시아 국기를 게양해야만 했다. 그 순간 러시아는 승리를 거둔 것이고, 이로 인해 역사상 가장 거대한 반란을 촉발시킬 수도 있지만, 어째거나 승리한 것이기 때문이다."[27] 러시아가 신속하게 목표를 달성하지 못한 것은 러시아군에게 재앙이었고, 호스토멜 공항에서의 허술한 통제는 모스크바 지도자들의 신뢰를 뒤흔들었다. 러시아군이 마침내 공항을 점령했을 때, 갑작스러운 '전략적 기습'의 가능성은 이미 사라진 뒤였다. 그럼에도 일부 러시아인들은 젤렌스키를 색출하기 위해 소규모 암살단을 꾸려 키이우 도심으로 향했다.

불과 몇 달 전에, 아프간 대통령은 탈레반이 카불을 점령하기 전에 달러 뭉치를 가득 채운 가방을 들고 조국을 떠나 도망친 것으로 알려졌다. 그러나 볼로디미르 젤렌스키는 그보다 훨씬 용감한 인물이란

• 러시아 총참모부가 전쟁계획을 수립하면서 예상되는 우크라이나 상황을 얼마나 오판했는지를 단적으로 보여주는 장면이다. 우크라이나 군대와 국민의 결사항전 의지를 미처 예상하지 못한 채, 러시아군에게 '군중 통제'를 주요 임무로 하달하고, 키이우 시민들이 꽃다발을 들고 러시아 군대의 입성을 대대적으로 환영할 것으로 착각하여, 시가행진을 위한 예복을 휴대하라는 명령을 내렸다. 이는 마치 럼스펠드 전 국방장관이 이라크 수도 바그다드를 점령한 다음, 이라크 시민들이 대대적으로 환영할 것으로 지레짐작하여 시가행진용 복장을 준비하라고 미군들에게 지시했던 장면을 연상시킨다.—옮긴이

것이 곧 분명해졌다. 젤렌스키는 워싱턴과 런던으로부터 첩보와 피신 제안을 받던 중, 다음과 같이 자신이 어떤 지도자인지를 분명하게 보여주는 발언을 했다. "싸움은 여기에 있다. 나는 탈 것이 아니라 탄약이 필요하다."[28] 이 말을 할 때만 해도 그는 이것이 21세기를 향한 자유의 함성으로 울려 퍼질 줄은 몰랐다.

반코바 거리 주변에서 무력 충돌이 발생했고, 대통령궁은 임시 방벽으로 창문과 문을 가리고 조명을 끄고 남녀 직원들(대다수 AK-47을 본 적도 없는)을 무장시켜, 건물을 점령하려 러시아군이 시도한 최소 두 차례의 공격을 막아냈다. 젤렌스키가 키이우를 탈출하려다가 실종되었다는 러시아의 허위 정보도 있었지만, 젤렌스키가 대통령궁을 비롯한 키이우의 유명 상징물 앞에 정기적으로 모습을 드러내고, 우크라이나 국민에게 침략에 저항할 것을 촉구하는 전화 연결 방송을 매일 시작하면서 이러한 보도는 곧 거짓으로 판명되었다. 무엇보다도 순수한 개인적 용기에서 우러나온 젤렌스키의 지도력은 베를린 장벽이 무너진 날과 9·11 테러가 일어난 날처럼 전 세계 사람들이 역사적으로 중요한 사건이 벌어지고 있다는 사실을 깨닫게 했다.

일부 관리와 정부 인사들은 공격이 시작되자마자 키이우에서 도망쳤고, 1년 후 젤렌스키는 이렇게 경멸적으로 말했다. "누가 나를 실망시켰는가? 그것은 키이우를 떠난 사람 모두이다. 조국을 위해 싸워야 하지만 떠난 사람들 모두."[29]

2019년 4월, 거의 4분의 3의 득표율로 당선되었지만 대통령 이전 젤렌스키의 경력은 텔레비전에서 우크라이나 대통령 역할을 맡았던 배우이자 코미디언이었다. 푸틴이 그를 치명적으로 과소평가한 것은 바로 그러한 이유 때문이다. 2019년 4월, 푸틴은 이름을 한 번도 공개적으로 언급한 적이 없는 젤렌스키에 대해 "내가 말하고 싶은 것은 그는 자기 일을 멋지게 하고 있다는 것이다. 그는 대단한 배우이다. 그러나 진지하게 말한다면 한 사람을 연기하는 것과 그 사람이 되는 것은 완전히 별개의 일이다"라며 조롱했다.[30] 젤렌스키의 임기 3년이 채 되기 전에 푸틴은 그가 단순히 연기를 하는 것이 아니라 전쟁이 아무리 기술적으로 발전하더라도 지도력은 언제나 결정적 역할을 한다는 사실을 증명하고 있음을 알게 되었다.

침략전쟁에 뛰어든 러시아 군대가 공격을 시작한 당일 오전 12시 30분, 젤렌스키는 자신의 휴대전화로 동영상 메시지를 촬영하여 페이스북과 기타 소셜미디어에 게시했다. 그는 우크라이나 국민에게 국가비상사태를 선포한다고 말하고는 어조를 극적으로 바꾸어 러시아를 겨냥해 다음과 같이 말했다.

우리는 이곳이 우리 나라이기 때문에 싸운다. 이곳은 우리의 역사이다. 당신은 무엇을 위해 싸우는가? (…) 우리 말을 들어보라. 우크라이나 국민들은 평화를 원한다. 우크라이나 당국도 평화를 원한다. 우리는 그것을 원하고 그것을 구축하기 위해 모든 일을 할 것이다. 우리는 외롭지 않다. 많은 나라가 우크라이나를 지원한다. 왜 그런가? 그것은 무조건 평화만을 말하지 않기 때문이다. 우리는 평화와 원칙 모두에 대해 말하고 있다. 우리는 정의와 국제법에 대해 말하고 있다. 우리는 자결권, 즉 우리의 미래를 결정할 권리, 안보의 권리, 즉 위협을 받지 않고 살 권리를 말하고 있다. (…) 만일 누군가가 우리의 나라, 우리의 자유, 우리의 생명과 우리 자녀들의 생명을 탈취하려고 하면 우리는 우리 스스로를 지킬 것이다. 당신들이 우리를 공격하면 당신들은 우리

의 등이 아니라 우리의 얼굴을 정면으로 보게 될 것이다.[31]

젤렌스키의 연설은 전쟁에 대한 우크라이나인들의 강고한 결의를 다지는 데 핵심적인 역할을 했다.

같은 날 아침 젤렌스키는 대통령궁의 연단에서 공식 연설을 했다. "러시아는 나치 독일처럼 비겁하고 자살적인 방식으로 우크라이나를 공격했다. 우크라이나 국민은 1991년부터 우리의 미래를 스스로 결정해왔다. 그러나 우리가 지금 결정하고 있는 것은 우리나라의 미래뿐만이 아니다. 우리의 결정으로 앞으로 유럽이 어떻게 살아갈 것인지가 좌우될 것이다."[32] 젤렌스키는 전쟁이 시작될 무렵에 언제 살해되거나 체포될지 모르는 위기에 처해 있었다. 대통령궁에 대한 두 차례의 무장 공격이 진압된 후, 가장 먼저 한 일은 우크라이나 군인들에게 우크라이나를 떠나서는 안 된다고 발표하는 것이었다. 이에 대한 반응으로 국민들은 압도적 지지를 보냈다. 그는 또한 세계 지도자들에게 냉전 기간 우크라이나에 배치되었던 핵무기를 자발적으로 포기하고 우크라이나의 안보를 지키겠다고 약속한 1994년의 부다페스트 의정서를 존중할 것을 촉구했다.

한편 푸틴도 러시아 국민에게 연설을 했다. 돈바스에서 벌어진 전투로 인해 자신은 우크라이나를 "탈군사화하고, 탈나치화하고" 범죄자인 우크라이나 군사지휘부를 "정의로 심판하기 위해" "특별 군사작전"을 시작하게 되었다고 강조했다.[33] 모든 세계가 전쟁이라고 말하는 것을 '특별 군사작전'이라고 우회적으로 표현한 것은 우크라이나와 서방에서 조롱을 받았고, 젤렌스키 정부를 신나치주의자라고 하는 주장도 전혀 설득력이 없었다. 이는 젤렌스키와 우크라이나 총리가 모두 유대인이었기 때문만은 아니었다. 러시아에서 언론은 러시아-우크라이나 전쟁에 대해 '전쟁', '침공'이라는 용어를 사용하는 것이 금지되었고, 이를 위반할 경우 15년형에 처해질 수도 있었다.

침공 첫날 아침, 러시아 미사일은 키이우와 동쪽의 하르키우부터 폴란드 국경 근처의 이바노-프랑키우스크까지 우크라이나 전역의 도시를 강타했다. 그러나 역사학자 아담 투즈Adam Tooze가 지적했듯이 "민족해방전쟁을 제외하면 1914년 이후 침략전쟁 중에서 선제공격을 감행한 자에게 명백히 긍정적 결과를 가져다준 전쟁은 하나도 없다."[34] 게다가 이미 여러 차례 살펴본 것처럼, 자신의 집과 가족을 지키는 군인들은 침략자보다 훨씬 동기부여가 잘 되어 있다. 러시아가 승리한 두 차례의 전쟁, 즉 나폴레옹 전쟁과 히틀러와의 전쟁에서 러시아는 침략자가 아닌 조국의 수호자로서 싸웠다.[35]

러시아 침공은 세계 경제에 즉각적이고 심각한 영향을 미쳤다. 예컨대, 첫날 오후 6시가 되자 유럽 증시는 폭락하고 유가는 거의 8년 만에 처음으로 배럴당 105달러를 넘어섰다. 2월 24일 저녁 브뤼셀에서 열린 긴급 정상회의에서 유럽연합 지도자들은 러시아 은행, 올리가르히, 첨단기술 수출, 항공 및 석유 부문을 겨냥하여 전례 없는 경제제재 조치를 마련했다. 단기적으로 가장 심각한 것은 금융기관에 예치된 6500억 달러 상당의 러시아 자산이 즉시 동결되었다는 점이다. 러시아는 무기제조 산업의 성공에 필수적인 마이크로칩에 대한 접근을 부분적으로 차단하는 수출통제로 인해 이란에서 드론과 북한에서 포탄을 구입해야 했고, 이미 해외에 판매한 무기·탄약을 다시 사들여야[36] 했다(이란의 샤헤드-136 드론은 대당 가격이 2만 달러에 불과하지만 대량생산이 가능하고 상당한 피해를 입힐 수 있다).

그러나 2차 세계대전 이후 가장 강력한 제재임에도 불구하고 중국과 인도 등 전 세계 인구의 76퍼센트를 차지하는 국가들은 제재에 동참하지 않았다. 게다가 4월 6일 EU의 외교정책 책임자인 조셉 보렐Josep Borrell은 EU 국가들이 우크라이나에 10억 유로에 해당하는 무기와 탄약을 지원했지만, 전쟁 발발 이후 러시아로부터의 에너지 구입에 350억 유로를 지불하여, 대러시아 제재를 스스로 약화시켰음을 인정했다. 서방 지도자들은 러시아 인구가 우크라이나의 3배가 넘고 영토가 28배 이상인 것에 대해서는 할 수 있는 일이 없었겠지만, 우크라이나의 거의 10배에 달하는 러시아의 GDP 감소를 시도할 수 있는 위치에 있었다.[37] 르노, 맥도날드, 포뮬러원, 존슨앤존슨 등 1200개가 넘는 서방 기업들이 제재안이 요구한 것 이상으로 러시아에서 활동을 폐쇄하거나 축소했다.[38]

　경제가 군사 분쟁에서 오랫동안 중요한 역할을 해왔지만, 그럼에도 이러한 조치는 점점 더 세계화되는 세계 경제에서 전쟁의 진화에 중대한 변화를 가져왔다. 우크라이나 전쟁은 남미의 정치적 불안, 유럽의 높은 연료비와 인플레이션, 아프리카 일부 지역에 기아와 유사한 상황을 직접적으로 초래했다. 그러나 이러한 도전과제들이 2023년에는 줄어들고, 에너지 가격이 상승한 덕분에 2022년에 러시아 GDP는 약 3퍼센트 감소하는 데 그쳤다. 초기에 제재가 러시아 경제에 큰 타격을 준 이유 가운데 하나는 푸틴이 내각에 침공 사실을 알리지 않았기 때문에 고위급 장관들이 제재에 어떻게 대처할지 전혀 준비되지 않았기 때문이다.

　러시아-우크라이나 전쟁에서 전쟁술의 성격이 변화한 또 다른 분야는 소비자 행동주의로, 주로 서구 소비자들이 이기적으로 행동하거나 러시아를 지지하는 방식으로 행동한다고 생각되는 브랜드에 불매운동을 벌였다. 예컨대, 애주가들은 러시아 보드카 불매운동을 벌였다. 3월 초에는 의류 소매업체 유니클로가 "의복은 생활필수품이다. 러시아 국민도 우리와 똑같이 옷을 구매할 권리가 있다"는 이유를 앞세워 유니클로가 러시아에 남아 있어야 한다고 주장했지만, 해시태그 보이콧유니클로#BoycottUniqlo 소셜미디어 캠페인의 결과로 며칠 만에 결정을 번복해야만 했다. 네슬레도 비슷한 처벌을 받았다. 이를 가리켜, 미국기업연구소의 엘리자베스 브로우Elisabeth Braw 는 "상업이 누리던 중립성 황금기는 지났다"고 말했다. 1980년대 반인종차별 운동 이후 주주 정치 행동주의 같은 운동이 존재했지만, 러시아의 우크라이나 침공 이후 폭발적으로 증가했다. 이에 대해 브로우는 이렇게 지적했다. "사람들은 정부의 결정을 반드시 바꿀 수는 없지만, 기업을 압박함으로써 국제 문제에 영향을 미칠 수 있는 힘을 가지고 있다고 생각한다."[39]

러시아를 응징하려는 열망은 시민과 문화로까지 확대되었다. 푸틴의 측근이자 뮌헨 필하모닉 오케스트라의 수석 지휘자였던 발레리 게르기예프Valery Gergiev 는 침략을 비난하지 않았다는 이유로 해고되었고, 영화제에서는 러시아 영화 상영을 거부했으며, 영국인의 저녁 식사 메뉴인 '치킨 키예프' 요리는 슈퍼마켓에서 '치킨 키이우'로 이름이 바뀌었다. 이런 모든 상황으로 인해 틀림없이 러시아가 놀랐을 것이라는 관찰이 매우 흥미롭다. 이유는 발레리 게라시모프 장군 자신이 "정치적·전략적 목표를 달성하는 데 있어 비군사적 수단의 역할이 커졌고, 많은 경우 그 효과 면에서 비군사적 수단이 군사적 수단의 힘을 능가하고 있다"고 주장했기 때문이다.[40]

앞서 살펴보았듯이 전략적 지도자의 첫 번째 과제는 전체적 전략을 올바르게 수립하는 것이다. 그러나 푸틴과 게라시모프, 세르게이 쇼이구Sergei Shoigu 국방장관과 참모들은 우크라이나 공격과 관련하여, 양동작전을 감행한 후에, 결정적이고 주된 노력인 키이우 점령을 위해 군사력을 집중하는 대신에 무려 7개 이상의 상이한 축선들로 전투력을 분산시키는 작전계획을 승인함으로써 이 부분에서 모두 비참한 실패를 맛보았다. 전쟁을 신속하고 단호하게 끝내려 했지만, 여러 축선들로 전력이 너무 분산되었고, 그중에서 어느 축도 역사상 공격작전의 성공에 필요한 '3 대 1'의 비율로 병력을 배치하지 않았다(키이우 외곽의 거대한 대도시 주변처럼 도시 지역에서 방어가 이루어졌다면, 이 비율은 훨씬 더 높아야 한다).

러시아군은 또한 침공 초기에 여러 가지 초보적인 전술적 오류를 범하여 공격의 성공 가능성을 심각하게 훼손시켰다. 이는 러시아군이 전년 가을부터 본격적인 군사 기동을 시작하고, 정확히 이런 공격작전을 위해 조직 및 훈련했다는 점을 고려할 때 이례적인 일이었다. 2월 24일 벨라루스에서 2개의 대규모 대열이 남하했지만, 24시간 전에야 통보를 받았기 때문에 대규모 작전에 필요한 충분한 포병 지원을 받지 못했다. 우크라이나 부대는 어렵사리 러시아 기관총 부대와 준군사 보안군인 로스그바르디아Rosgvardia 부대의 이동을 심각하게 방해했다. 대다수의 차량이 우크라이나 전역으로 이동할 수 없었으므로, 러시아군은 도로를 따라서만 이동해야 했다. 반면 우크라이나 특수부대는 러시아군 대열의 측방을 따라 전천후 차량을 타고 이동할 수 있었다.

주 보급로가 울창한 산림과 습지로 둘러싸여 있어 역사적으로 기갑 공격에 거의 난공불락이었던 지형도 문제가 되었다. '홈그라운드 이점'을 이용해 싸우는 용감하고 숙달된 우크라이나 군인들의 매복 공격이 빈번하게 이뤄졌고, 지역 주민들은 휴대전화를 이용해 러시아군의 행방을 신고했다. 우크라이나 특수부대는 도로의 혼잡한 지점을 정확히 찾아내 포병으로 러시아군의 장갑부대를 격파했다. 우크라이나 총사령관 발레리 잘루즈니Valeriy Zaluzhnyi 장군은 나중에 이렇게 말했다. "대전차 미사일이 러시아군의 속도를 늦췄지만, 그들을 죽인 것은 우리 포병이었다. 포병이 그들의 부대를 무너뜨렸다."[41]

우크라이나는 항공기, 함정, 전투 차량의 숫자 면에서 러시아를 결코 따라잡을 수 없다는 것을 알았기 때문에, 대신 단거리 및 장거리 정밀 화력을 집요하게 대규모로 투입하여 러시아 침략군과 취약한 보급선을 파괴했다. 여기에는 대전차 유도 미사일 체계, 유도형 다연장로켓시스템MLRS 탄약, 정밀포병 탄약, 자살 드론, 유도 대공 미사일, 넵튠 순항 미사일 같은 대함 미사일이 포함된다.[42] 역사를 통틀어 군사적 투쟁은 물질적 자원의 균형보다는 창의성과 결단력에 의해 결정되었다. 우크라이나는 부대가 분산되어 있고 기동성이 뛰어나, 포탄 발사 이후에 신속히 위치를 변경함으로써 대포병 사격을 피하면서 러시아 목표물에 대하여 격파될 때까지 끈질기게 공격을 가했다.[43]

역사학자 니얼 퍼거슨은 "20세기식 침공이 21세기식 방어로 저지되었다"고 평가했다.[44] 데이터 분석기업 팔란티어는 위성, 드론, 첩자가 휴대한 스마트폰, 센서에서 얻은 최신 정보를 매우 정확한 로켓과 포격을 가능하게 하는 모델로 변환시켜주는 소프트웨어를 제공했다. 우크라이나군은 최첨단 야간 투시경, 목표물을 고정하고 탱크의 가장 취약한 상단에서 공격하는 최첨단 대전차 유도 미사일, 날아오는 포탄을 감지하고 발사 위치를 즉시 찾아내는 대포병 레이더를 보유하고 있었다.

한편, 우크라이나의 정보기관인 SBU는 '러시아 전쟁 중단'이라는 챗봇을 만들어 텔레그램의 소셜미디어 앱 사용자가 러시아 차량의 위치를 동영상과 사진으로 실시간 업로드할 수 있도록 했고, 또 다른 챗봇이 정부의 공식 포털사이트인 디아Diia에 추가되었다.[45] 드론이 이렇게 클라우드 소스에 기반한 정보를 확인하면, 좌표가 우크라이나 공군이나 포병 부대에 전달되었다. 우크라이나의 혁신, 결단력, 민첩성, 순수한 용기는 전 국민이 러시아군 방어에 참여하면서 매우 뚜렷하게 드러났다. 우크라이나군은 미그-29 전투기에 사용할 수 있도록 서방 미사일을 개조하거나 러시아군이 전장에 버려둔 손상된 전투장갑차를 ('트랙터 부대'가 견인한 다음) 수리하거나 러시아 통신망을 교란하는 등 다양한 문제에 대한 해결책을 찾는 데 탁월한 혁신 역량을 보여주었다.[46]

곧 러시아의 정밀 탄약이 특별히 정밀하지 않다는 것이 밝혀졌고, 이것이 2003년 미국 주도의 연합군이 이라크에서 그랬던 것처럼, 전쟁 초기에 우크라이나 공군의 활주로를 작동하지 못하게 만들지 못한 이유 중 하나였다.[47] 러시아는 또한 미국과 영국이 제공한 휴대용 견착식 대공 미사일의 치명성 때문에 최전방의 러시아 지상군에게 근접 항공 지원을 제공하지 못했다.

2월 25일 푸틴은 우크라이나군에게 다음과 같이 선언했다. "신나치가 당신들의 자녀, 여성, 노인들을 인간 방패로 사용하도록 허용하지 말라. 모든 일을 스스로 감당하라. 나는 우리가 키이우를 통제하고, 우크라이나 국민 전체를 인질로 잡고 있는 마약쟁이와 신나치 도당보다 당신들과 더 쉽게 합의에 이를 수 있다고 생각한다."[48] 젤렌스키는 그날 저녁 이와 대조되는 연설을 했다. 그는 앞으로 그의 대표 상징이 될 군용 녹색 티셔츠를 입고 키이우 한복판에 있는 대통령궁 외부에서 장관들과 고위급 장군들에 둘러싸인 채 화상전화로 연설했다. "여러분, 좋은 저녁입니다. 대통령은 여기 있습니다. 우리의 군대도 여기 있습니다. 우리 사회 전체와 함께 있습니다. 우리는 우리의 독립, 우리의 국가를 지킬 것입니다. 우크라이나 만세!"[49] 거리에 바그너그룹 암살자들이 얼마나 있는지 아무도 모르는 상태에서 젤렌스키가 길거리에서 이런 연설을 한 것은 그의 용기를 한껏 부각시켰다. 러시아 침공 이후 우크라이나인들 사이에서 젤렌스키 지지율은 90퍼센트 이상을 계속 유지했다.[50]

2월 25일, 반역 혐의로 가택연금 중이던 야당 지도자이자 젤렌스키의 전임 대통령인 페트로 포로셴코가 대통령궁을 방문해 전폭적 지지를 표명하고 과거의 앙금*을 묻어버렸다. 모든 생존적 투쟁에서 국민적 단결은 중요하다. 우크라이나 국민들은 미국인들이 1776년 전쟁을, 이스라엘인들이 1948년 전쟁을 바라보는 것과 마찬가지로 이 투쟁을 독립 전쟁으로 인식하기 시작했다. 한편, 우크라이나 전역에서 조국을 지킬 준비가 된 일반 시민들에게 수만 자루의 AK-47 소총을 지급하는 긴 줄이 형성되었고, 마을과 마을에 방벽이 세워지고, 지역 주민들이 병, 휘발유, 헝겊으로 화염병을 만들기 시작했다.

• 포로셴코 기소: 포로셴코는 2021년 12월 친러시아 반군이 점령하고 있는 동부 지역에서 석탄을 구입해 테러 집단을 도운 죄로 국가 반역죄로 기소되어 해외로 도피했으나, 전쟁 발발 약 한 달 전인 2022년 1월 17일 우크라이나로 돌아왔다.—옮긴이

러시아는 침공 후에도 몇 달 동안 사이버 전쟁을 계속했고, 간혹 성공을 거두기도 했지만 우크라이나의 사이버 보안이 개선된 것은 분명했다(미국 및 기타 서방 기관의 도움을 받은 것으로 알려졌다). 게다가 러시아가 통신 시스템을 부분적으로 파괴하고 전파 교란을 일으킨 후에도 우크라이나는 사업가 일론 머스크Elon Musk의 회사인 스페이스-X가 제공하고, 미국 정부가 비용을 지불한 스타링크 휴대용 위성 단말기 덕분에 인터넷 연결을 유지할 수 있었다.[51] 이 단말기에 접속할 수 있는 모든 우크라이나 군부대는 실시간으로 지상 상황을 완벽하게 파악할 수 있었다. 이전 분쟁보다 약 10배 더 빠르게, 그리고 더 정확하게 표적 처리를 완료할 수 있었다. 전쟁은 시시각각 빠르게 진화하고 있었다.

역사상 한 명의 사업가가 이런 식으로 분쟁에 큰 영향을 미친 것은 드문 일이다. 보불전쟁 당시에 알프레드 크루프Alfred Krupp가 제작한 강철 대포가 프랑스 청동 화포보다 뛰어난 성능을 발휘한 것이 그 예이다. 머스크의 위성 인터넷 서비스는 젤렌스키가 외국 의회와 화상통화를 하고 소셜미디어를 통해 성명을 발표하는 것부터 군의 포격 임무와 공습을 조율하는 것까지 모든 면에서 우크라이나를 지원하면서 스타링크는 우크라이나의 생명줄이 되었다.[52] 그러나 크루프와 달리 머스크는 크림반도에서 스타링크를 사용할 수 없도록 명령하고, 나중에 젤렌스키가 비난한 미래 평화조약에 대한 추측성 내용을 트위터에 올리는 등 카이저도 놀랄 만한 방식으로 개입했다.[53] 일론 머스크, 마크 저커버그Mark Zuckerberg, 제프 베조스Jeff Bezos 같은 개별 거물들이 막강한 힘을 휘두르는 상황에서 미래의 전쟁은 그들의 영향력을 고려해야 할 것이다.

—

러시아 장교들은 병사들에게 자신들이 해방 임무를 수행 중이며 많은 평범한 우크라이나인들이 그들을 환영할 것이라고 말했지만, 곧 사실이 아니라는 것이 분명해졌다. 침공 당일 오전 10시, 순항 미사일로 무장한 러시아 함정 모스크바호는 흑해의 스네이크섬을 지키고 있던 80명의 우크라이나 수비대원들에게 상대방을 회유할 수 있다는 믿음을 갖고, 무기를 내려놓으라고 명령했다. 보단 호츠키Bohdan Hotskyi 소령은 이렇게 회고했다. "그들은 우리에게 일자리와 돈, 러시아에서의 경력을 약속했다. 아무도 그들의 제안을 받아들일 준비가 되어 있지 않았다." 그 후의 무선 통신 내용은 기념우표의 소재가 될 만큼 유명해졌다.

러시아 군함　　　　　스네이크섬 들어라. 난 러시아 군함이다. 다시 제안한다. 무기를 내려놓고 항복하지 않으면 포격할 것이다. 알아들었나? 내 말 들리나?

우크라이나 국경수비대　러시아 군함, 지옥에나 가라.[*][54]

　러시아가 그날 저녁 섬을 전격적으로 공격해 우크라이나 수비대를 생포했지만 반항의 메시지는 널리 퍼졌다(우크라이나군은 후에 이 섬을 탈환했다). 이 사건은 우크라이나 군대와 주민들의 태도를 상징적으로

• 후에 언론에서는 이러한 대화는 과장된 것이었다고 보도했고, 우크라이나 수비대원 전원은 항복하지 않고 러시아군의 포로가 되었다가 후에 포로 교환 과정에서 석방되어 우크라이나로 귀환했다.—옮긴이

보여주었다. 시간이 지남에 따라 1991년 우크라이나 독립 이후 우크라이나 정치 지도자 중 침공을 감행한 푸틴만큼 우크라이나 민족주의를 고취하는 데 크게 기여한 지도자가 없다는 것이 분명해졌다.

전쟁이 시작된 지 이틀 만에 우크라이나 국민들의 격렬한 저항으로 통행금지령이 내려진 키이우로 향하던 러시아군의 진격이 늦춰졌다는 사실이 분명해졌다.[55] 다음 날 러시아군은 우크라이나에서 두 번째로 큰 도시인 하르키우를 급습하려 했지만 시민들이 예비군과 정규군에 합류해 공격을 격퇴하는 치열한 시가전 끝에 하루 만에 교외로 밀려났다. 하르키우 주지사인 올레흐 시니예부호프Oleh Synyebuhov는 얼마 지나지 않아 이렇게 발표했다. "도시가 적들을 완전하게 몰아냈다. 하르키우에 대한 통제권은 온전히 우리의 것이다!"[56] 이 승리에는 중요한 정치적 요소가 있었다. 2014년에는 하르키우에서 친러시아 분리주의 시위가 벌어졌지만, 이제는 거의 만장일치로 침략자에 맞서 싸우고 있었다. 잘못 계획되고 비참하게 실행된 침공은 지금까지 우크라이나-러시아 정체성에 동조했던 사람들마저도 소외시켰다.

2월 27일, 올라프 숄츠Olaf Scholz 신임 독일 총리는 '새 시대'를 열겠다며 1100억 달러를 긴급 국방비로 지출하고, 일반 국방비를 늘려 나토의 목표인 GDP 대비 2퍼센트를 달성하겠다고 발표했다. 16년간의 총리직을 마치고 막 퇴임한 앙겔라 메르켈 총리는 독일의 국방비 지출을 GDP의 1.5퍼센트 수준으로 겨우 끌어올린 상태였다. 숄츠는 "푸틴의 침략에 대한 다른 해답은 있을 수 없다"고 말했다.[57] 게다가 독일은 결국 미국과 영국이 이미 몇 달 전부터 그러했던 것과 마찬가지로, 일부 치명적인 시스템을 포함한 군사지원을 우크라이나에 보냈는데, 이는 2차 세계대전 이후 독일에 전례가 없는 일이었다.

오랜 기간 '평화주의에 가까운 입장'을 견지해온 독일의 태도는 푸틴이 침공에 대한 계산에서 거의 고려하지 않았던 또 다른 타격을 입혔다. 그날 백악관은 "러시아를 국제 금융 체계와 경제에서 더욱 고립시킨다"는 명분으로 일부 러시아 은행을 스위프트SWIFT 국제 결제 시스템에서 퇴출하겠다고 발표했다.[58] 시간이 지나면서 푸틴은 '러시아를 다시 위대하게'라는 목표를 세웠지만, 실제로는 '나토를 다시 위대하게'에 기여하는 꼴이 되었다. 그의 침략 행위가 냉전 종식 이후 가장 포괄적인 단결을 촉진하고 역사적으로 중립적인 핀란드와 스웨덴의 나토 가입을 자극하고 있다는 점이 점점 더 분명해졌다.

전투가 벌어진 첫 4일 동안 50만 명이 넘는 우크라이나 국민이 서쪽 이웃 국가로 건너갔는데, 이는 전쟁으로 인해 쫓겨난 약 600만 명의 난민 중 첫 번째 대열이었다. 우크라이나 정부가 여성, 어린이, 노약자의 대피를 독려했기 때문에, 우크라이나 난민들이 쉽게 이동할 수 있도록 허용한 서방 국가들의 도움을 받아 놀랄 정도로 큰 혼란 없이 대피가 이루어졌다. 우크라이나 남성들은 아내와 가족이 안전하다는 사실을 알면 더 잘 싸울 수 있다고 믿었고, 징병 소집을 회피하는 사례는 거의 없었다. 전국의 기차역에서 가족들을 배웅한 남성들은 대다수 비참한 상황을 초래한 러시아를 응징하겠다는 결연한 의지를 갖고 전선으로 향했다.

고금을 막론하고 전쟁의 모든 법률과 관습에 어긋나게 러시아군이 의도적으로 민간인을 표적으로 삼아 최대의 공포를 조성하고 있다는 사실이 명백해지자 우크라이나의 결심은 두 배로 커졌다. 2월 28일, 우크라이나 군대와 멀리 떨어진 하르키우의 주거 지역을 향해 일련의 그라드Grad 로켓이 발사되었는데, 이러한 양상은 향후 몇 주, 몇 달 동안 끔찍한 수준으로 확대되었다.[59] 고폭탄과 집속탄을 발사하는 탄두로 구성된 300밀리 스머치 다연장 로켓이 민간인 지역을 향해 여러 발 발사되었다. 이는 전쟁범죄에 해당하며, 10월까지 1400건 이상 스머치 로켓의 공격이 이어졌다. 오늘날 정밀 무기가 건물의 정확한 창문을 타격하도록 프로그래밍할 수 있다는 사실은 러시아가 민간인 주거용 건물, 병원, 시민센터, 시장, 변전소, 박물관, 미술관 등 완전히 비군사적 표적을 선택했음을 명백히 보여준다.

우크라이나에 대한 러시아의 테러 폭격은 1945년 이후 대대적인 기술혁신에도 불구하고 전쟁이 진화하지 못한 분야 중 하나이다. 보리스 존슨Boris Johnson 영국 총리는 우크라이나 침공 이전부터 우크라이나에 대한 지지를 확고히 해왔다. 2월 28일, 그는 '어린이를 포함한 무고한 민간인에 대한 러시아의 야만적 공습'을 비난하고 더 많은 군사 지원을 약속했다.[60] 3월 초 국제형사재판소는 러시아군이 저지른 여러 전쟁범죄에 대한 조사를 시작했으며, 대다수의 전쟁범죄가 크렘린의 방조로 자행된 것으로 추정되었다.[61] 3월 초 러시아의 지상진격이 주춤하면서 '소프트' 표적과 무고한 민간인에 대한 로켓과 포격 공격이 늘어났다.

3월 1일, 젤렌스키는 EU 의회에서 동영상으로 연결된 강력한 연설을 통해 기립 박수를 받았다. 그는 정치인들에게 이렇게 호소했다. "우리는 우리의 힘을 증명했으니 당신들도 우리와 함께 한다는 것을 증명하십시오. 우리를 버리지 않겠다는 것을 증명하십시오. 여러분이 진정한 유럽인임을 증명하십시오. 그러면 삶이 죽음을 이기고 빛이 어둠을 이길 것입니다."[62] 순수한 카리스마와 웅변으로 전쟁을 이길 수 있다면 젤렌스키는 며칠 만에 푸틴을 물리쳤을 것이다. EU는 난민 위기 해결을 위해 5억 유로를 지원하기로 약속했고, 군용기와 무기에 4억 5000만 유로를 지원하기로 한 것은 EU의 새로운 출발을 의미했다.

　다음 날 유엔 총회에서는 러시아, 시리아, 벨라루스, 북한, 에리트 레아 등 독재국가들이 참여한 가운데 러시아 침공을 규탄하고 러시 아의 즉각적인 철수를 요구하는 결의안을 141 대 5로 가결했다. 중국, 인도, 파키스탄을 포함한 31개국이 기권했으며, 중국은 결의안이 "역사와 현재 위기의 복잡성을 고려하지 않았다"는 입장을 밝혔다.[63] 영국과 다른 국가들이 푸틴의 자금줄을 끊기 위해 러시아의 석탄, 석유, 석유 제품, 가스 수입을 중단한 반면, 인도는 2022년 11월까지 러시아로부터 하루 90만 8000배럴의 석유를 대폭 할인된 가격으로 수입하고 있었다.[64]

　3월 초 키이우로 향하던 러시아 기갑호송대가 멈춰 64킬로미터에 이르는 교통 체증을 일으켰고, 그 병력은 1만 5000명으로 추산되었다. 그러나 잘못된 계획에서 비롯된 물류 및 통신 문제는 키이우주에 도착하기 훨씬 전부터 병력들을 괴롭히기 시작했다. 더 심각한 공격은 전파방해가 불가능한 드론과 미국산 재블린, 영국제 차세대 경대전차무기NLAW로 밝혀졌다. 사거리가 최대 5킬로미터에 달하는 재블린은 '발사 후 잊어버리는' 무기로, 미사일을 발사한 군인이 방아쇠를 당긴 다음에 그 지역을 벗어날 수 있는 미사일이다. 따라서 미사일이 폭발할 때까지 보병이 표적에 조준경을 고정하고 노출된 상태를 유지해야 하는 욤키푸르 전쟁 당시에 등장했던 유선유도 대전차 무기인 새거Sagger와는 차원이 다른 무기이다.[65] 1973년 이스라엘군은 탱크에 대인용 포탄을 장착하고 전방 포격으로 보병을 제압하여 전차를 보호할 수 있었지만, 2022년에는 러시아군조차 재블린을 막을 충분한 수량의 포탄을 보유하지 못했다.

러시아군의 조달과 보급에 만연한 부패도 우크라이나에서 러시아 육군의 성과를 심각하게 훼손했다. 중국 국공내전의 국민당, 쿠바 혁명의 풀헨시오 바티스타의 반공 세력, 베트남 전쟁의 남베트남군 등에서 볼 수 있듯이 고질적인 부패만큼 정권에 대한 신뢰를 부식시키는 것은 없다. 러시아의 정치 및 군사 지도층에 만연한 부패로 인해 군사학자 랠프 피터스Ralph Peters가 "우크라이나에서의 전투는 고사하고 모스크바에서 열린 시가행진에 탱크 몇 대를 동원하는 것조차 어려웠다. 군 개혁에 투입된 대부분의 자금은 다른 곳으로 흘러 들어가 계약업체와 장군들의 주머니를 채웠다"라고 말할 정도였다.[66]

러시아군에는 횡령, 뇌물 수수, 불량 장비 구매가 만연했고, 이는 정비 및 보급 물류에 영향을 미쳤으며, 어느 전문가의 설명에 따르면 정비에 배정된 자금이 "트럭 정비 담당 병사의 모집을 맡은 장교들의 주머니를 채우는 데 쓰였다."[67] 러시아군의 비전문적 행동은 징집병에 대한 적절하고 엄격한 훈련의 부족으로 더욱 악화되었는데, 징집병의 4분의 1을 차지하고 1년 동안만 복무한 이들은 의미 있는 기술을 거의 습득하지 못한 상태에서 부실한 파병으로 인해 더욱 악화되었다.[68]

앞에서 살펴보았듯이 공군력의 우위는 1945년 이후 분쟁의 핵심 요소였다. 공군력이 있으면 모든 것이 가능하지만 공군력이 없으면 모든 것이 위험하다. 때로는 코소보에서와 마찬가지로 하늘을 장악하면 거의 피 한 방울 흘리지 않고 승리할 수도 있다. 푸틴이 선택한 우크라이나 전쟁이 시작되었을 때 러시아는 Su-35S 플랭커 97대를 포함하여, 1172대의 전투 가능 항공기를 보유한 반면에, 우크라이나는 미그-29 펄크럼 36대를 포함한 124대에 불과했다.[69] 그러나 이러한 수적 차이에도 불구하고 우크라이나 공군은 러시아가 공중 우세권을 차지하지 못하도록 막고, 지상전투에서 승리를 거둘 수 있도록 했다. 이는 부분적으로는 러시아 공군의 일부가 시리아와 러시아 북서부에 머물러야 했기 때문이기도 했지만, 적어도 우크라이나의 추산에 따르면 전쟁 첫 주에만 러시아 헬기 121대와 고정익 항공기 97대가 격추되었기 때문이기도 했다.[70] 며칠 만에 러시아는 추가적인 손실을 줄이기 위해 야간 작전으로 전환해야 했다.

첫날 약 400발의 순항 미사일과 탄도 미사일을 발사해 우크라이나 공군과 방공 자산을 약화 또는 파괴하려는 러시아의 시도도 대부분 실패로 돌아갔고, 러시아 전투기는 노후화된 우크라이나 항공기와 방공 체계에 취약한 상태로 남았다.[71] 우크라이나가 전투기를 임의의 장소로 이동시키는 관행도 6일 전쟁 스타일의 승리에 대한 러시아의 희망을 꺾어버렸다. 우크라이나의 가장 큰 문제는 많은 항공기가 러시아제였기 때문에 예비부품을 구할 수 없어 공군 전투력이 약 3분의 1로 감소했다는 점이다. 우크라이나 국방부는 3월 3일 "현재까지는 적군이 항공기와 무기의 수량과 품질에서는 우세하지만 기술에서는 우세하지 않다"고 밝혔다.[72] 두 달 후 서방 항공 전문가들은 우크라이나의 작전 가능 전투기가 20여 대에 불과한 반면, 러시아는 200대의 요격기 및 타격기를 보유하고 있는 것으로 추정했다.[73] 그럼에도 우크라이나는 러시아가 공중 우세권을 공중 지배권으로 바꾸지 못하도록 막을 수 있었다.

러시아군의 무능력은 부분적으로 훈련 부족과 비행시간 부족 때문이기도 했지만, 나토가 우크라이나군과 정보를 공유함에 따라, 우크라이나가 러시아 항공기를 효과적으로 표적으로 삼을 수 있었던 결과이기도 했다.[74] 우크라이나 조종사들은 상대적 열세였지만 때때로 뛰어난 기량, 상황인식, 전술을 과시했다. '주스Juice'라는 콜사인을 가진 29세의 우크라이나 미그-29 조종사는 5월 초 《타임스》와의 인터뷰에서 러시아 적에 대해 이렇게 말했다.

> 그들은 범죄자다. 특히 폭격기 조종사들은 우리 국민을 폭격하고, 평화로운 도시를 폭격하고, 군사시설과 무관한 목표물을 폭격하고, 병원을 폭격했다. 그들은 임무 수행 전에 지도에서 목표물의 좌표를 확인하고 무엇을 폭격할 것인지 분명히 인식하고 있었다. 나는 그들을 전혀 존경하지 않는다.[75]

'주스'와 같은 조종사들이 보여준 결연한 동기는 2차 세계대전 당시 영국 공군에서 싸웠던 용감한 폴란드와 체코슬로바키아 조종사들, 그리고 나치가 조국을 침공할 때 저지른 만행으로 인해 상대에 대한 증오심을 키웠던 조종사들을 연상시킨다.

1991년 이라크 일부 지역, 1992년 보스니아, 2011년 리비아 상공에 설정된 것과 같이 우크라이나 상공에 비행금지구역을 설정해달라는 바딤 프리스타이코Vadym Prystaiko 영국 주재 우크라이나 대사의 탄원은 거부당했다. 서방 지도자들은 나토 전투기가 러시아 전투기를 격추하거나 러시아 방공망을 제거해야 할 경우, 지역 분쟁이 세계대전으로 확대될 수 있다고 판단했기 때문이다. 벤 월리스Ben Wallace 영국 국방장관은 이렇게 지적했다. "비행금지구역이 설정되면 대규모 군대를 보유한 러시아에 유리하게 작용할 것이다. 러시아는 어떤 상황에서도 비행을 계속할 수 있기 때문이다. 그들은 또한 많은 장거리 미사일을 보유하고 있다. 따라서 공습을 미사일 공격으로 대체할 수 있다. 결론적으로, 군사적 관점에서 볼 때 비행금지구역이 우크라이나에 도움이 되지 않을 것이다."[76]

우크라이나가 키이우로 향하는 러시아 기갑부대 대열을 공격하는데 특히 가장 중요한 역할을 한 것은 드론이었다. 러시아-우크라이나 전쟁이 처음으로 드론이 사용된 분쟁은 아니지만, 우크라이나에서의 드론 활용은 드론이 지상작전에서 중심적 역할을 한 최초의 분쟁이라는 점에서 전쟁의 또 다른 중요한 진화를 의미하며, 미래에 대한 여러 중요한 시사점을 제공한다. 이번 전쟁은 역사상 최초의 본격적인 드론 전쟁이 될 수도 있다. 튀르키예에서 제작한 바이락타르 TB2 드론은 나고르노-카라바흐 상공 같은 분쟁에서 이미 성공적으로 배치되었지만, 우크라이나에서 제대로 그 진가를 발휘했다. 바이락타르는 시속 218킬로미터로 비행하고 최대 고도는 5486미터이며 4개의 공대지 미사일로 무장할 수 있다. 러시아의 지대공 미사일 시스템과 연료 저장소, 탱크를 파괴하는 영상은 곧 전 세계로 퍼져나갔다. 우크라이나는 제한된 수의 미사일만 보유하고 있었지만, 러시아가 하늘을 장악하지 못하도록 하고[77] 러시아가 훨씬 더 조심스럽게 움직이도록 만들었다.

바이락타르보다 작고 3킬로그램의 폭발물만 탑재할 수 있는 퍼니셔 드론은 날개 길이가 2미터이고 396미터 상공에서 몇 시간 동안 배회하다가 공격할 수 있는 능력을 갖춘 드론이었다. 대당 가격이 10만 달러에 미달되는 이 드론은 연료 및 탄약 저장소, 전자전 및 대전자전 기지, 대공체계 등 러시아의 고가치 고정 표적을 제거하는 데 효율적 방법임이 입증되었다. 분쟁 기간 동안 다양한 종류의 드론이 크게 늘어났다. 미군은 배낭에 휴대할 수 있고, 땅에 꽂은 휴대용 튜브에서 발사할 수 있는 스위치블레이드 드론을 제공했다. 이 드론은 어느 지역 상공을 최장 40분 동안 배회하다가 조종사가 목표물을 지정하면 시속 185킬로미터의 속도로 발사된 장갑관통 탄두로 공격하여 탱크를 파괴한다. 이 외에도 올란, 가미카제, 피닉스 고스트, 코요테 인터셉터 등 다양한 드론이 있다.[78] 몇몇 우크라이나 여단에는 아마존에서 구입할 수 있는 저렴한 사진사용 드론인 매빅 3가 보급되었고, 많은 여단에는 사거리와 내구성이 훨씬 개선된 A1-CM 퓨리아 군용 드론도 있다.[79] 이러한 무기를 보면 앞으로 전쟁이 어떻게 진화할지 쉽게 알 수 있다.

언론에 정통한 우크라이나 정보부와 최전방 군인들이 러시아의 잔학 행위와 우크라이나의 드론 공격 성공 영상을 빠르게 퍼뜨릴 수 있었던 덕분에 틱톡 세대들이 전쟁을 바라보는 시각에 큰 변화를 가져왔고, 외국 관찰자들의 높은 공감을 이끌어낼 수 있었다. 트위터의 등장으로 이전에는 폭력적 분쟁과 21세기형 반란의 이미지가 언론인과 전문가 모두가 제공하는 피드에 올라왔지만, 우크라이나 부대와 시민, 키이우 국방부가 비교적 전쟁 초기에 틱톡에 올린 신속하고 세련된 동영상은 완전히 새로운 세대의 효과적인 참여를 이끌었다.

이전 분쟁에서는 동영상이 널리 퍼지는 데 몇 시간 또는 며칠이 걸리는 경우가 많았지만, 우크라이나 전쟁에서 자체 제작한 틱톡 동영상이 불과 몇 초 만에 전 세계 스크린에 도달했다. 영국인 3명 중 1명이 틱톡을 사용하고, 미국에서는 매달 틱톡 사용자가 8000만 명에 달하는 상황에서 평범한 우크라이나인들에게 벌어지고 있는 끔찍한 상황과 그들이 보여준 용기 있는 저항은 전쟁을 바라보는 시각에 지대한 영향을 미쳤다. 이처럼 전염성 강한 동영상은 이 책의 이전 장에 등장한 템플러 육군 원수나 월터 워커 장군이라면 도저히 이해할 수 없었을 방식으로 우크라이나 사람들의 민심을 사로잡았으며, 전쟁이 진화함에 따라 그 중요성이 점점 더 커지고 있다.

전 세계의 선량한 사람들이 우크라이나 난민을 돕고, 러시아 대사관 앞에서 시위를 벌이고, 건물과 사람에 우크라이나 국기를 매달고, 트위터에 해시태그를 붙일 수는 있지만, 키이우를 포위하고 우크라이나를 구하려는 젤렌스키의 희망을 무너뜨리겠다고 위협하며 여전히 키이우를 향해 돌진하는 거대한 기갑부대 종대를 되돌리기 위해 세계 여론이 할 수 있는 일은 거의 없었다. 어느 국방 전문가는 이를 현대전에서 인정받는 전술이라기보다는 '중세의 공성 전차'에 가깝다고 묘사했다.[80] 러시아군의 기갑종대는 미국의 공공 및 민간 위성에 의해 추적되었으며, 3월 1일에 호스토멜 공항에 도착한 것으로 확인되었다.

이 기갑 종대에는 1개 사단 규모의 병력, 견인포 및 자주포, 주전장전차, BMP3 장갑차뿐만 아니라 푸틴이 승리를 거두면 키이우에 설치할 것으로 예상되는 친러 꼭두각시 정부도 포함되어 있었다. 침공 6일째가 되던 날에도 하르키우, 마리우폴, 헤르손의 3개 주요 도시는 여전히 우크라이나의 수중에 있었지만, 이들 모두 포위당하고 있었다(러시아에게 헤르손의 전략적 중요성은 크림반도의 물 공급을 통제하는 것이었고, 마리우폴은 크림반도와 도네츠크 남동부 지역 및 아조우해를 연결하기 위해 필요했다). 기갑종대가 키이우 외곽에서 불과 27킬로미터 떨어진 곳에 있었음에도 젤렌스키는 도시를 떠나지 않을 것이며, 필요하다면 죽을 때까지 수도에서 싸울 것이라고 말했다. 키이우 외곽에 자리를 잡으면 무차별 포격으로 도시를 초토화할 수 있다는 사실은 이미 다른 여러 도시에서 확인된 바 있었다. 젤렌스키의 보좌관인 올렉시 아레스토비치Oleksiy Arestovich는 "오늘날의 하르키우는 21세기의 스탈린그라드"라고 말했다.[81]

전쟁의 공식적 역사가 쓰일 때가 되면 러시아군의 진격을 저지하는 데 도움을 준 영웅적인 파르티잔들에게 경의를 표할 것이다. 이들의 정확한 정보에 힘입어 드론 공격과 공습으로 러시아 기갑 종대의 차량이 파괴되었다. 압도적인 수적 열세와 화력 열세에도 불구하고 잘 숨어 있던 우크라이나 탱크와 특히 포병은 호송대를 매복 공격하여, 키이우를 포위하려는 러시아군의 진격 속도를 늦췄다. 우크라이나군은 교량을 폭파하여 병목 현상을 일으키고 교통 혼잡을 조성했다. 러시아군은 연료와 식량 부족으로 물류 문제를 겪었다. 탱크가 도시 동쪽의 비포장도로에 배치되자 진흙 때문에 속도가 심하게 느려졌다.[82] 결국 러시아 장갑부대는 키이우 도심에서 54킬로미터 떨어진 마카리우에 주저앉았다.

러시아군이 키이우를 포위하지 못하고 결국 벨라루스로 철수해야 했던 이유는 여러 가지가 있는데, 그중 일부는 미국인 전문가 마크 헬프린Mark Helprin이 설명한 다음과 같은 장면 때문이다. "1열 종대로 한데 묶여 우크라이나군으로부터 전방과 후방에서 공격을 당하고, 중간에 있던 차량들도 왼쪽이나 오른쪽으로 꼼짝달싹하지 못했다. 이유는 장애물, 진흙, 연료 부족, 차고에 처박혀 있는 찢어진 타이어, 할당된 돈을 떼어먹고 형편없는 부품들로 바꿔치기한 장교들의 부패 때문이다."[83]

전쟁이 시작된 지 2주도 채 지나지 않은 3월 3일, 푸틴이 특수 작전이 계획대로 진행되고 있다는 연설을 했지만, 그 시점에 이미 전쟁이 계획대로 진행되고 있지 않다는 것이 분명해졌다. 그 시점까지 약 480발의 러시아 미사일이 우크라이나 도시를 공격하여 수백 명의 민간인이 사망하고 기반시설이 파괴되었으며 수도, 전기, 가스 공급이 중단되고, 고층 건물군과 정부 건물이 파괴되었다. 우크라이나군은 국경에 주둔하고 있던 1000명 이상의 병력으로 구성된 117개 러시아 대대 전술단 중에서 6개를 제외한 모든 전술단이 우크라이나에 진입했다고 밝혔다.[84] 러시아군은 헤르손을 점령했고 마리우폴은 36시간 동안 포위와 포격을 받았다. 그럼에도 가장 중요한 기갑부대는 키이우에서 27킬로미터나 떨어진 지점에서 3일 동안 거의 이동하지 못한 채 심각한 어려움을 겪고 있었다.[85] 러시아 고위 지휘부는 공역을 통제하기 전에 대규모 병력을 투입하는 것에 대한 불안감이 있었지만, 어쨌거나 그들은 그런 결정을 내렸다.

공중에서의 어려움 외에도 러시아 병사들이 전선으로 끌려가지 않기 위해 자신이 몰던 차량의 휘발유 탱크를 파괴했다는 이야기도 있었다. 이는 우크라이나 주민들로부터 해방군으로 환영받을 것이라는 이야기를 들었지만, 정반대로 거의 보편적인 적대감과 혐오감을 경험한 젊은 징집병들의 사기가 저하된 전형적인 예이다. 클라우제비츠가 "전쟁에서 가장 중요한 것은 정신적 힘"이라고 말한 것은 옳다.[86] 사기는 한 번 약해지면 회복하기 어렵다. 일부 러시아군은 단지 훈련에 참가한다는 말을 들었고, 다른 러시아군은 특수작전의 제한된 목표가 우크라이나의 나치 동조자라는 말을 들었다. 출동할 때 본격적인 전쟁을 치르게 될 것이라는 사실을 깨달은 사람은 거의 없었다. 벤 월리스는 3월 2일 BBC와의 인터뷰에서 이렇게 말했다. "우리는 러시아군이 매우 빠르게 항복하는 사례를 분명히 보았다. 막대한 장비를 버리는 것도 많이 보았다. 이는 군 지도자들이 준비하지 않고, 거짓말하고, 속이고, 자신들이 해방자라는 오만한 가정하에 군사작전 계획을 세울 때 일어나는 일이다."[87]

침공 일주일 만에 러시아 군대의 광범위한 사기 저하가 초래한 부정적 영향은 분명했다. 우크라이나 농부들이 버려진 BMD-4M 수륙양용 보병전투차량과 2500만 달러 상당의 Tor-M2 지대공 미사일 체계를 견인하는 트랙터를 운전하는 장면이 촬영되었다. 북쪽의 체르니하우로 이동하는 도중에 몇몇 러시아 부대는 차량을 포기하고 러시아로 도망쳤다. 우크라이나 비밀경호국은 병사들이 고향에 있는 가족들에게 자신들의 운명을 한탄하며 보낸 수많은 메시지를 감청했다. 유엔 주재 우크라이나 대사 세르히 키슬리차Sergiy Kyslytsya는 어느 러시아 병사가 모친에게 보낸 문자 메시지를 읽어주었다. "우리는 우크라이나인들이 두 팔을 활짝 벌려 환영해줄 것이라고 들었지만, 그들은 우리를 파시스트라고 부른다"라고 적혀 있었다. 이 여성은 아들에게 아직도 군사훈련 중이냐고 물었고, 아들은 "지금 내가 원하는 것은 자살하는 것뿐"이라고 대답했다.[88]

12월, 러시아 제155 분리수비해병여단의 부대원들은 연해주 주지사 올레그 코제먀코Oleg Kozhemyako에게 서명하지 않은 공개서한을 보내 자신들이 가담한 공격을 비난했다. "'위대한 장군들'이 '신중하게' 계획한 공격의 결과로 '우리는 나흘 동안 약 300명의 사망자, 부상자, 실종자와 장비의 절반을 잃었다'"는 글을 온라인에 올렸다.[89] 그런 서한을 보내는 것조차 반란에 해당한다. 전쟁이 한창일 무렵, 우크라이나군은 아군이 등에 총을 쏜 러시아 장교들의 시신을 발견했다. 이는 베트남 주둔 미군의 (고립된) '프래깅fragging'* 사건과 마찬가지로 사기가 저하되었다는 명확한 증거가 되었다. 그럼에도 3월 2일 푸틴은 프랑스 마크롱Emmanuel Macron 대통령에게—마크롱은 마침내 자신의 중재가 소용없다는 것을 인정하기 전까지 17번 이상 통화했다—러시아는 우크라이나 영토 전체를 손에 넣을 때까지 계속 싸울 것이라고 말했다.[90]

3월 4일, 우크라이나가 자국을 방어하기 위해 기함인 크리박 3급 호위함 헤트만 사하이다치니를 미콜라이우항에 정박시켜 나포를 막기로 결정한 것은 우크라이나의 의지가 어느 정도였는지를 단적으로 보여주는 사례이다. 우크라이나 국방장관 올렉시 레즈니코프Oleksiy Reznikov는 페이스북에 "용감한 전사와 팀 전체에게 이보다 더 어려운 결정은 상상하기 어렵다. 하지만 우리는 새로운 함대를 구축하고 있다. 이제 가장 중요한 것은 다시 일어서는 것이다"라고 올렸다.[91]

3월 3일, 러시아는 특수부대 사령관이자 제41합동군 부사령관인 안드레이 수코베츠키Andrei Sukhovetsky 소장이 최전선에서 사망했다고 인정했는데, 이는 지금까지 사망한 장교 중 최고위급이었다.[92] 우크라이나 특수부대 작전을 경계한 러시아는 고가의 전자전 및 방공 시스템이 포획될 것을 우려해 우크라이나 깊숙이 배치하지 않았고, 전선의 무능과 사기 저하로 인해 7개 러시아의 침공 축선 가운데 5개에서 공격이 중단된 상태였다. 게다가 러시아 통신체계(암호화되지 않은 단일 채널)는 우크라이나의 도청과 전파방해에 취약하고 안전하지 않

• '프래깅'이란 미국 군대에서 같은 부대의 구성원이나 상관을 살상하는 행위를 가리키는 은어이다.—옮긴이

은 것으로 판명되었다. 장군들은 지연의 원인을 파악하고 현지 지휘
관들을 문책하기 위해 직접 전선에 나가야 했다. 이렇게 최전선 근처
에 노출된 장군들은 우크라이나 저격수, 드론, 포병의 표적이 되었다.
전쟁이 진행되면서 러시아 장군들의 사망자 수는 점점 늘어났고, 이
는 모스크바의 러시아 최고사령부에 충격을 안겨주었다.[93] 8월 9일
비탈리 치쿨Vitaly Tsikul 중령은 '특수작전'으로 사망한 100번째 러시아
대령 또는 중령이 되었다.

　우크라이나가 러시아 고위 장교들의 위치를 파악할 수 있었던 한
가지 방법은 자체적으로 정보를 수집하는 것이었다. 우크라이나에
있는 러시아 휴대전화가 우크라이나의 이동통신망에 연결되는 로밍
신호를 내보냈고, 정보기관은 가장 가까운 기지국 3곳을 이용해 이
들의 위치를 각각 측량할 수 있었다. 전 미 육군 유럽 사령관 벤 호지
스 장군은 《뉴욕 타임스》와의 인터뷰에서 "전화로 통화하는 사람의
위치를 파악하는 것은 어렵지 않다"고 말했다.[94] 러시아군은 훔친 우
크라이나 아이폰을 사용할 때도 위치가 노출되었다. 우크라이나 정
보기관이 휴대전화 전원이 꺼진 상태에서도 작동하는 '내 아이폰 찾
기' 기능을 사용했기 때문이다. 러시아군이 우크라이나 통신망을 파
괴하지 않은 이유는 자체 통신을 위해 3G와 4G가 필요했고, 특수부
대는 통신을 암호화했지만 일반 러시아군은 암호화하지 않았기 때
문이다. 상기 사항과 전장에서 스마트폰과 소셜미디어 게시물이 등
장했다는 면에서, 이 전쟁은 '최초의 오픈소스 전쟁'으로 묘사되고
있다.

　미국은 베트남전을 통틀어 12명의 장군을 잃었지만, 러시아는 우
크라이나 침공 한 달 만에 15명의 장군과 대령을 잃었다.[*95] 러시아와

구성이 다른 군대였다면 그렇게 많은 지휘관의 사망이 심각하지 않았을 수도 있다. 그러나 오랫동안 '상부 비대' 조직이었던 러시아 육군은 장교가 거의 모든 것을 통제하고 부사관에게 권한과 책임을 거의 부여하지 않았다. 게다가 러시아의 부사관들은 대다수 서방 군대에 비해 전문성이나 권한 측면에서 상대가 되지 않았다.

전술적 목표를 달성하기 위한 수단과 방법의 통제권은 전적으로 러시아 군대의 장교들이 장악하고 있으며, 이는 우크라이나에서 러시아군의 전투력을 심각하게 저해했다. 군사학자 캐서린 베이퍼드 Katherine Bayford는 이렇게 기록했다. "러시아 부사관들은 부대의 전술적 결정을 지시하지 않으며, 병사들을 처벌하거나 동기부여도 하지 않는다. 대신 고위급 장교가 모든 것을 통제한다. 그 결과 부대는 융통성이 없고, 지휘 체계는 취약하며, 병사들의 사기는 낮다."[96]

3월 4일, 러시아 포병이 유럽에서 가장 큰 6개의 원자로를 보유한 자포리자 원자력발전소를 포격해 방사능 누출이 우려되는 상황에서 전쟁의 새로운 국면이 열렸다. 발전소 건물 중 한 곳에서 화재가 일어났지만 누출은 발생하지 않았다. 그해 말, 포격으로 원자로 중 한 곳의 전력이 차단되어 엔지니어들은 예비발전기를 사용해야 했고, 우크라이나 당국은 방사능 누출에 대비해 지역 주민들에게 요오드 정제를 지급했다.**[97] 핵 재앙이 일어날 수 있는 곳 근처에서 포격을 가

• 베트남 전쟁은 1960년부터 1975년까지 16년간 지속되었고, 미군 5만 8220명이 전사했다.—옮긴이

•• 과거 일본 원전의 방사능 누출이 화제였던 때, 많은 사람들이 피폭 예방을 위해 요오드를 미리 복용한 것으로 알려진다. 방사선 피폭 시, 방사성 요오드는 공기로 방출되어 호흡, 음식물, 음료 등을 통해 체내에 들어와 갑상선에 의해 빠르게 흡수되어 갑상선을 파괴한다. 이때 요오드 정제(요오드화 칼륨, KI)를 복용하면 방사성 요오드 대신 비방사성 요오드가 갑상선에 축적됨으로써 방사

하는 무책임한 행동에 대해 유엔의 로즈마리 디카를로Rosemary Dicarlo
는 안보리 긴급회의에서 국제 인도법에 위배된다고 비난했지만 소용
이 없었다.[98] 러시아가 처음으로 집속탄을 사용했고, 우크라이나는
훨씬 후에 집속탄 사용으로 보복했다.[99]

　러시아는 또한 국제협약에 따라 건물 밀집지역에서는 사용이 금지
된 백린탄, 그리고 낙하산으로 투하된 다음 접근하는 발자국을 감
지하여 반경 14미터 내의 모든 것을 파괴하도록 설계된 불법 대인지
뢰인 POM-3 메달리온 지뢰를 사용했다.[100] 러시아는 우크라이나에
서 열압무기를 사용했다고 인정하기도 했다. 진공 폭탄인 TOS-1 알
파에는 두 개의 장약이 들어 있다. 첫 번째는 연료를 공기 중에 분산
시키고, 두 번째는 연료를 점화하여 사람들의 폐에서 모든 산소를 빨
아들인다. T-72 전차 섀시에 장착된 다연장로켓 시스템은 6초 만에
24발의 유도 로켓을 발사할 수 있으며 사거리는 3.2킬로미터이다. 이
로켓의 사용이 특별히 불법적인 것은 아니었지만, 그럼에도 러시아
의 야만성, 특히 밀폐된 공간에 갇힌 민간인에 대한 야만성이 크게
부각되었다.[101]

　2022년까지 전 세계 곳곳에서 전쟁이 크게 진화했다. 그래서 스마
트 무기를 사용하여 민간인 사상자와 기반 시설의 부수적 피해를 최
소화해야만 했다. 이라크와 아프간 전쟁에서 미국 주도의 연합군은
지휘관이 무고한 민간인의 과도한 희생이 우려되는 것으로 판단되면
군사작전을 정기적으로 취소했다. 이와는 대조적으로, 러시아는 자

성 요오드의 흡수를 억제하고, 결과적으로 소변으로 배설된다. 따라서 방사선 노출 전, 후 1~2시
간 이내 KI를 권장 용량으로 복용하면, 방사성 요오드 노출에 의한 갑상선 암 발생 위험성을 감소
시키거나 예방하는 효과가 있다.―옮긴이

신들을 해방군으로 환영하지 않는 평범한 우크라이나 국민을 처벌하고 공포를 조성하기 위해 의도적으로 민간인을 표적으로 삼았다. 푸틴은 역사상 훨씬 덜 정교하고 훨씬 더 잔인했던 초창기 방법을 사용하여 전쟁을 치르기로 결정했다.[102]

1945년 이후 전쟁범죄에 대한 일련의 국제법과 국제협약이 제정되었지만, 러시아는 이를 대수롭지 않게 무시했다. 이에 대해 국제사회의 비난을 받으면 러시아는 자신들이 하고 있거나 하려는 계획이 무엇이 되었건 간에, 상대방을 비난하는 옛 소련식 허위 정보 전술을 채택했다. 3월 4일 러시아는 불과 몇 시간 전 휴전의 일환으로 자신들도 동의했던 마리우폴과 볼노바카의 적십자 대피로를 폭격하면서 가장 악질적 수준의 야만성을 드러냈다.[103] 크렘린은 나중에 증거를 제시하지 않은 채 주민들의 도시 탈출을 막은 것은 우크라이나 민족주의자들이라고 주장했다.

마리우폴 포위 공격의 역사가 쓰일 때, 그것은 지브롤터*와 레닌그라드** 포위 공격과 같은 역사상 위대한 포위 공격과 함께 방어자들의 용기에 대한 평가로 기록될 것이다. 마리우폴은 전쟁 초기에 키이우가 함락되어서는 안 된다는 우크라이나 참모부의 결정으로 인해 포병, 방공, 예비군, 대전차 무기를 모두 박탈당했다. 전략적으로 아조우해 연안에 위치한 마리우폴은 돈바스의 러시아군과 크림반

• 지브롤터 공방전: 미국 독립 전쟁 당시 프랑스-스페인 연합군이 영국에게서 지브롤터를 되찾기 위해 벌인 전투에서 영국군이 지키던 지브롤터 진지는 1779년 6월 24일부터 1783년 2월까지 봉쇄되었다.—옮긴이

•• 레닌그라드 봉쇄: 1943년 1월 18일부터 1944년 1월 27일까지 872일간 독일군이 봉쇄한 이 도시에서 65만 명에서 최대 100만 명의 주민이 사망했다. 레닌그라드(현 상트페테르부르크) 봉쇄는 역사상 가장 긴 도시 봉쇄로 기록되었다.—옮긴이

도 북쪽의 러시아군을 분리하는 위치에 있었기 때문에 러시아군은 두 지역을 연결하는 육교를 완성하기 위해 마리우폴을 점령할 필요가 있었다. 그러나 마리우폴은 냉전 시대에 만들어진 거대한 터널과 벙커, 특히 거대한 아조우스탈 제철소 아래에 있는 벙커로 인해 방어에 매우 유리했다. 러시아의 대응은 기본적으로 '마리우폴을 평평하게 만들기'였지만 스탈린그라드,* 몬테 카시노,** 캉*** 및 기타 2차 세계대전 도심지 전장에서와 마찬가지로 손상되지 않은 건물보다 부서진 잔해를 방어하는 것이 더 쉬운 경우가 많다.

전쟁 전 45만 명이 거주했던 마리우폴은 우크라이나의 놀라운 결단력, 기술, 지략, 용기를 상징하는 최고의 도시가 되었다. 또한 이라크의 라마디, 팔루자, 바쿠바, 모술, 바그다드의 많은 지역에서 볼 수 있듯이 도심지 지역을 소탕하는 데 얼마나 많은 대가를 치러야 하는지를 잘 보여주었다. 물과 전기가 끊긴 마리우폴에는 의료품, 특히 부상자의 통증을 완화하는 데 매우 중요한 모르핀이 부족했다. 게다가 사전에 합의된 기한 내에 도시를 탈출하려는 난민들을 향한 포격은 죽음과 공포를 낳았다.[104] 러시아는 또한 자국 영토로 향하는 '안전 통로'만 제공함으로써 우크라이나 시민들을 사실상 러시아 포로로

• 스탈린그라드 전투: 1942년 8월 21일부터 1943년 2월 2일까지 6개월 가까이 진행된 공방전으로 약 200만 명의 소련군, 독일군 병사, 민간인이 사망했다.—옮긴이

•• 몬테 카시노 전투: 로마를 점령하려는 연합군이 로마 남쪽 전략 요충 고지대인 몬테 카시노에서 벌인 전투로, 1944년 1월 17일부터 시작된 네 차례의 전투에서 연합군은 5만 5000명의 사상자가 발생했고, 독일군은 약 2만 명의 사상자가 발생했다. 재미교포로 2차 세계대전 영웅인 김영옥 대령도 이 전투에 참전했다.—옮긴이

••• 캉 전투: 노르망디 상륙작전 후 내륙 지역에 있는 교통 요지인 캉을 장악하기 위해 영국군 3군과 독일 펜저 전차사단이 치열한 전투를 벌였고, 약 한 달간의 전투 끝에 연합군이 이 지역을 장악했다.—옮긴이

만들었는데, 이는 영국의 제임스 클레버리James Cleverly가 '믿을 수 없을 정도로 냉소적'이라고 묘사한 계략이었다.[105]

마리우폴이 계속 영웅적으로 버티며 우크라이나군이 돈바스에서 병력을 재정비할 시간을 벌어주는 동안 키이우 외곽 호스토멜에 도달한 기갑부대 대열의 주변에서 치열한 전투가 벌어졌고, 러시아군은 잠시 정지하는 순간에 부대가 산개하여 엄폐물을 찾는 것과 같은 가장 기본적인 임무 수행에도 어려움을 겪었다. 기갑부대 대열이 드론에 포착되거나 포격에 맞을 수 있는 주요 고속도로에서 노출된 상태로 정지해서는 안 되지만, 길이가 64킬로미터에 이르는 대열이 교통 체증을 일으켰고, 이러한 과오는 반복적으로 대가를 치렀다.[106]

가장 큰 문제는 알렉산드르 드보르니코프Alexandr Dvornikov 장군이 명목상 침공의 지휘를 맡고 있었지만, 침공의 모든 측면을 통제하는 것은 모스크바라는 점이었다. 이는 현장의 의사결정에 나쁜 결과를 초래할 것으로 예상되는 문제였다. 드보르니코프의 작전 명령서에는 7개의 공격 축선이 모두 포함되지도 않았다. 지휘의 통일성은 전쟁의 필수 원칙이다.[107] 전투를 조정하고, 병참을 지휘하고, 예비대를 투입하고, 여러 축선에 대한 집중도를 조정하는 등 지휘관이 전반적으로 책임을 져야 하기 때문이다. 이러한 성격의 전면전을 위한 당연한 전제 조건처럼 보일 수 있지만 푸틴과 그의 국방장관 세르게이 쇼이구는 이를 이해하지 못했다. 러시아 지도부는 우크라이나에서 목표를 달성하기 위한 적절한 공격작전을 설계하는 데 실패했을 뿐만 아니라, 탈레반이 무너진 후 아프가니스탄에서 연합군이 초기 몇 달, 혹은 몇 년 동안 겪었던 시행착오와 마찬가지로, 적절한 조직 구조와 권한을 확립하는 데도 실패했다.

3월 8일, 젤렌스키 대통령은 키이우에서 화상 연결을 통해 영국 의회에서 연설했다. 그는 연설에서 내면에 간직했던 윈스턴 처칠을 인용하며, 회의장을 꽉 채운 의원들에게 러시아 침략자를 추방하기 위해 우크라이나 국민은 "숲에서, 들판에서, 해안에서, 거리에서 끝까지 싸울 것이다. 바다에서 싸우고, 공중에서 싸울 것이다. 어떤 대가를 치르더라도 우리의 국토를 지키기 위해 계속 싸울 것이다"라고 말했다.[108] 물론 이것은 덩케르크 철수 후 1940년 6월 4일 처칠이 영국 국민에게 나치 침략자를 어떻게 추방할 것인지를 설명한 위대한 연설을 의도적으로 인용한 것이었다. 젤렌스키의 지도력은 전 세계에서 '처칠 같은'이란 형용사를 만들어냈고, 이는 젤렌스키가 얼마나 용감하고 웅변에 뛰어났는지, 그리고 어떻게 윈스턴 처칠이 사후 반세기가 지난 지금까지도 영감을 주는 전시 지도력의 기준으로 남아 있는지를 강조하는 것이기도 했다.

젤렌스키는 미국의 조 바이든 대통령과 영국의 보리스 존슨 총리의 전폭적인 지지를 받았지만, 무조건적 지지는 아니었다. 지난 3월, 미국은 독일의 람슈타인 미 공군기지를 통해 미그-29 전투기를 보내겠다는 폴란드의 제안을 거부했다. 바이든 행정부는 '나토 동맹 전체에 대한 심각한 우려'를 언급하며, 푸틴에게 우크라이나 공군에 대한 강력한 전투력 추가가 일종의 '침략 행위'로 해석되어, 우크라이나 외부로 분쟁이 확대될 가능성을 우려했다.[109] 캐나다와 독일도 폴란드의 제안에 반대하자 젤렌스키는 동영상에서 이렇게 항변했다. "들어보세요, 우리는 전쟁을 치르고 있습니다. 우리는 이 모든 신호에 응할 시간이 없습니다. 이건 탁구가 아니라 사람의 목숨입니다. 다시한번 요청합니다. 더 빨리 해결해주십시오."[110] 나중에 바이든 행정부는 중국 시진핑 주석이 우크라이나에 전술 핵무기를 사용하지 않겠다고 푸틴에게 압력을 가하겠다는 약속을 받는 대가로 우크라이나에 대한 폴란드의 항공기 지원을 거부한 것으로 밝혀졌다.[111]

3월 10일, 벤 월리스 장관은 영국이 러시아 헬기와 전투기를 격추하기 위해 우크라이나에 휴대용 레이저 유도 미사일 체계인 스타스트릭 미사일을 제공할 것이라고 밝혔다.[112] 3개의 화살모양 발사체 시스템을 사용하는 고속 무기인 스타스트릭은 저공비행하는 전투기와 헬기를 여러 차례 타격할 수 있는 무기이다. 운용자가 레이저를 표적에 조준하면 미사일이 빔을 따라 날아가므로, 항공기 조종사가 방어 조치를 취할 시간이 거의 없다. 영국은 또한 스타스트릭과 비슷한 경량의 다목적 레이저 유도 미사일인 마트렛을 보냈다. 미국은 앞서 지상군이 3352미터 이하의 모든 비행체에 신속하게 발사할 수 있는 경량의 독립형 대공방어 체계인 스팅어 대공 미사일을 보냈다. 스팅어는 적의 배기가스에서 나오는 열을 포착하는 적외선 탐지기 덕분에 정확도가 높다. 이 전쟁은 냉전 시대에 흔히 볼 수 있었던 러시아와 서방 간의 대리전으로 변모하고 있었지만, 그 규모는 이전의 대리전보다 훨씬 더 커졌다.

또한 러시아 전투기를 격추한 것은 '키이우의 유령'으로 불리는 익명의 우크라이나 전투기 조종 능력자였는데, 그는 10대 이상의 적기를 격추한 것으로 알려져 있다. 유령은 러시아 조종사들에게 "안녕, 점령군, 네 영혼을 가져가마!"라고 말한 것으로 알려졌다.[113] 그가 실존한 인물이든, 도시의 전설이든, 우크라이나 선전의 산물이든, 그는 우크라이나의 사기를 크게 진작시켰다. 길이 아무리 멀고 험해도 궁극적으로 승리할 수 있다는 믿음에서 비롯되는 높은 사기는 전쟁의 핵심 요소이자 승리의 필수 전제조건이며, 러시아 같은 침략자가 벌이는 점령 전쟁보다 독립 전쟁에서 더 쉽게 조성된다. 사기가 높은 병사들은 높은 위험과 불이익을 감수할 의향이 있지만, 사기가 떨어진 병사들은 그렇지 못하다.

당시 키이우에서는 벙커와 참호, 방벽을 세우며, 도시를 지키기 위해 거리마다 방어선을 구축하는 등 사기가 높았음이 분명했다. 러시아 탱크는 북서쪽으로 19킬로미터 떨어진 이르핀과 드니프로강 동쪽 기슭의 브로바리에 도달했지만 수도를 포위할 수는 없었고 전격전은 실패로 돌아갔다. 푸틴은 러시아가 나폴레옹과 히틀러의 침략을 이겨냈던 것처럼 우크라이나, 유럽, 미국을 '이겨낼' 수 있다고 생각했을 것이고, 지금도 그렇게 믿고 있는 것 같다. 그러나 그가 놓친 중요한 차이점은 나폴레옹과 나치가 모국 러시아를 침략한 침략자였다면 이번 침략자는 러시아 자신이라는 점이다.

키이우 외곽과 돈바스 등지에서 깊고 양호하게 설치된 참호는 쥐, 빗물, 박격포 사격 등 1차 세계대전과 같은 문제를 겪었지만 그 효용성을 입증했다. 참호는 최대 1.6킬로미터 거리에서 1분에 최대 1000발까지 발사할 수 있는 기관총의 직격탄으로부터 병사들을 보호할 수 있는 엄청난 이점을 제공한다. 마찬가지로 참호는 24킬로미터 거리에서 발사된 치명적 포탄으로부터 견고한 방어를 제공한다. 초속 914미터의 속도로 날아가는 포탄 파편은 폭발 지점에서 45미터 이내에 있는 사람에게 치명적 피해를 입힌다. 이러한 포 6문에서 발사되는 포탄은 축구장 크기의 면적을 모두 뒤덮을 수 있기 때문에 콘크리트 요새나 장갑차 밖에 있는 사람에게는 참호가 필수적이다.[114] 전쟁은 끊임없이 진화하고 있지만, 어떤 측면에서는 놀랍도록 정태적인 모습을 유지하고 있다.

전쟁 첫 주가 끝날 무렵 우크라이나에서 러시아의 초기 실패가 명백해지자 러시아 총참모부와 연방보안국FSB은 서로를 비난하기 시작했다. 전자는 우크라이나 저항군에 대한 정보 부족이 문제라고 주장한 반면, 후자는 총참모부가 러시아 전투부대의 능력을 과대평가하여 실패했다고 지적했다. 궁극적으로 자신의 실책에 대한 희생양을 찾던 푸틴은 정보기관을 지목했고, 3월 11일 FSB의 세르게이 베세다 장군과 그의 부관 아나톨리 볼류크가 가택연금에 처해졌다.

물론 침략에 대한 우크라이나의 대응 가능성에 관한 정보는 치명적으로 부실했지만, 전직 KGB 요원이었던 푸틴은 그보다 훨씬 더 회의적인 시각으로 정보를 바라보았어야 했다. 로런스 프리드먼은 그의 저서 《우크라이나와 전략의 기술Ukraine and the Art of Strategy》에서 이렇게 지적했다. "러시아의 전략적 사고는 종종 상대보다 몇 수 앞서 생각해야 하는 게임인 체스의 영향을 받은 것으로 생각되지만, 푸틴의 경우 그의 전략적 사고는 그가 (검은띠를 딴) 유도의 영향을 더 많이 받은 것으로 보인다."[115] 유도는 장기적인 전략이 아니라 속도와 교활함을 통해 상대의 균형을 잠시 무너뜨려 최후의 승자가 되려는 운동이다. 2022년 3월 중순이 되자 푸틴은 젤렌스키를 매트 위에 올려놓지 못했고, 전쟁이 유도보다는 체스에 훨씬 더 가까워질 것이 분명해졌다.

스페인 내전 당시 파시즘에 맞서 싸우기 위해 외국인 전사들이 몰려들어 국제여단에 합류했던 것처럼, 우크라이나를 점령하려는 푸틴의 야망을 좌절시키기 위해 52개국에서 2만여 명의 자원자들이 우크라이나 국제여단에 합류했다.[116] 미국인이 단일 부대로는 가장 큰 규모였지만 전 세계에서 자원자들이 몰려들었다. 실제 전사들과 함께 국경을 넘어 의료물자를 운반하고 의료질서 유지 요원으로 활동한 외국인들도 있었다. 우크라이나 안팎의 온라인 기부자들은 의료물품과 무기를 제공했다. 전 세계 사람들이 자원봉사자들에게 저격용 소총, 방탄복, 필수 장비를 제공하기 위해 기금을 모금하고 있었다. 이는 '최초의 크라우드 펀딩 전쟁'이었고, 전쟁은 푸틴과 게라시모프가 전혀 예상하지 못한 방식으로 진화하고 있었다.

게다가 나토는 이미 우크라이나에 정보 평가와 실시간 정보를 제공하는 데 큰 도움을 주고 있었고, 전쟁이 진행됨에 따라 이러한 노력은 계속 확대될 것이다. 우크라이나 영공을 침범하지 말라는 엄중한 경고를 받았지만, 우크라이나 인접 국가 상공의 MQ-9 리퍼 드론은 우크라이나 내의 러시아 활동을 감시했고, 러시아 통신은 보잉 RC-135 및 공중 조기경보 통제시스템AWACS 비행기에 의해 도청되었지만, 미국이 우크라이나를 표적으로 삼고 있다는 러시아의 주장을 막기 위해 정보가 실시간으로 우크라이나 정보기관에 전달되지는 않은 것으로 알려졌다.[117]

3월 16일 오전 10시가 조금 지난 시각 문명 세계의 눈은 마리우폴에 있는 도네츠크 아카데미 드라마 극장에 초점이 맞추어졌다. 특히 수백 명의 민간인들이 가옥이 파괴된 후 피난 가 있는 방공호에 관심이 모아졌다. '어린이'를 의미하는 러시아 단어 'Дети' 글자가 거대한 키릴 문자로 이 건물의 양쪽 면에 새겨져서 러시아 조종사들은 물론 위성사진에서도 이를 분명히 볼 수 있었다. 그러나 러시아 전투기 2대가 이 극장에 500킬로그램 폭탄 두 발을 투하했다. 국제앰네스티가 조사 후 내린 결론에 따르면, 이 극장은 "의약품, 식량, 식수 배급을 위한 중심지이자 인도주의 통로를 통해 대피를 희망하는 사람들이 모이는 장소였다. 아마도 (조종사들은) 도시의 다른 어떤 장소보다 표적이 민간인이라는 점을 명확하게 인식할 수 있었을 것이다."[118]

이 끔찍한 전쟁범죄로 희생된 민간인의 정확한 수는 아무도 알 수 없지만, AP통신은 약 600명으로 추정했다. 러시아 정부는 처음에 마리우폴 극장이 군사적 표적이었다고 주장했으나, 이 주장이 전면적으로 반박된 후에는 마리우폴을 방어하는 우크라이나의 초국가주의자로 알려진 아조우 대대가 고의로 파괴했다고 주장했는데, 이 역시 터무니없는 거짓말이었다. 이 분쟁의 수많은 전쟁범죄 중에서 마리우폴 극장은 의심할 여지 없이 최악의 전쟁범죄 중 하나였다. 적어도 지금까지는 그렇다.

어린이들이 있었기 때문에 마리우폴 극장의 잔혹 행위를 막을 수 있었을 것이라는 생각은 4월 8일 크라마토르스크 기차역에서 난민들을 겨냥한 토치카-U 미사일 공격으로 52명이 사망하고 수십 명이 부상당한 후 폭탄 측면에 '어린이를 위하여'라는 문구가 스프레이로 그려진 것이 발견되면서 냉정하게 수정되었다.[119] 공군과 포병들이 포탄에 '카이저 빌을 위하여', '아돌프를 위하여' 같은 유머러스한 문구를 새기는 오랜 전통이 있지만, 민간인 표적을 겨냥한 미사일에 '어린이를 위하여'라고 쓰고 실제로 5명의 어린이가 사망한 것은 진정으로 타락한 심리상태를 드러내는 것이다.

3월 19일, 우크라이나 총참모부는 아조우해에 대한 모든 접근권을 상실했다고 발표했다. 마리우폴은 민간인 수천 명이 사망했음에도 불구하고 어떻게든 버티고 있었다. 몇몇 우크라이나 부대는 여전히 도심과 아조우스탈 제철소를 방어하고 있었다. 아조우스탈 제철소는 유럽에서 가장 큰 제철소 중 하나였으며, 제철소 지하에는 냉전 시대의 거대한 벙커가 깊숙이 자리 잡고 있었다. 약 4만 명의 민간인이 대피했지만 약 30만 명이 남아 인도주의적 재앙에 직면했다.[120] 나중에 다시 매장할 수 있도록 시신을 자동차 번호판과 함께 묻어야 하는 경우도 있었다.

3월 중순이 되자 러시아군은 민간인 공격으로 우크라이나 국민의 민심 이반을 초래하고, 기갑, 보병, 공병, 포병, 박격포 등의 병과를 운용하는 기본적 과업도 제대로 수행하지 못하고, 차량과 무기체계를 제대로 정비하지 못하는 등 또 다른 심각한 약점을 가지고 있다는 것이 명백해졌다.[121] 러시아군의 4분의 1 이상이 1년 단위로 징집되어 주로 트럭, 연료탱크, 정비차량 운전 등의 군수 업무를 수행했다. 이들은 가혹하고 제한적인 훈련을 받았기 때문에 사기가 저하되고 지도력이나 기술적 자질이 부족했다.[122] 무자비한 구타, 고문, 심지어 장교에 의한 병사 매춘 등 소련 시대 직후 러시아 군대를 괴롭혔던 잔인한 가혹행위가 완전히 근절되지 않았다. 2019년에 어느 징집병이 자신을 강간하려 했다고 주장하는 동료 병사 8명을 총으로 난사한 사건도 발생했다.[123]

3월 23일, 우크라이나 정보기관이 러시아 장교가 작성한 보고서를 감청한 사실이 보도되면서 러시아의 낮은 사기가 부각되었다. 이러한 선전선동은 진짜인 것처럼 보일 때 더욱 위력을 발휘한다. 러시아 군대의 일부 장교들은 휴대전화와 아날로그 무전기에 의존했기 때문에 도청에 매우 취약했다. 미콜라이우를 포위하고 있던 장교는 방탄복이 부족하고 텐트와 난로가 부족해 부하 절반이 동상에 걸렸으며, 아군 총격 사건이 반복적으로 일어난다고 불평했다. "한마디로 여기는 엉망진창이다"라고 그는 말하며 전날만 해도 자신의 부대에 러시아제

그라드 로켓이 발사된 적이 있다고 보고했다. "우리는 그것이 우리 것이냐고 물었지만, 아무도 대답하지 못했다."[124] 보급품 부족은 제49합동군 사령관 야코프 레잔체프Yakov Rezantsev 중장이 전쟁 4일째에 승리가 '몇 시간' 남지 않았다고 잘못 예측했기 때문일 수 있다(레잔체프는 3월 25일 헤르손 근처에서 전사했다).

벨라루스 마지르의 영안실이 러시아인으로 가득 차 있지만 크렘린궁에서 믿을 만한 사상자 수를 발표하지 않았다. 이런 상황에서 러시아 남부 크라스노다르의 일부 젊은이들이 조국 밖에서 근무하라는 명령을 받으면 국가방위군에 입대하기를 거부하는 등 낮은 사기가 신병 모집에 영향을 미치고 있었다. 키이우 외곽에서 전투를 벌이던 러시아 제37기관총여단 사령관 유리 메드베데프Yury Medvedev 대령이 여단의 절반을 잃은 후 아군에 의해 고의로 차량에 치여 사망한 사건은 사기가 바닥을 치고 있음을 보여주는 또 다른 사례였다.[125] 3월 말에는 '미샤'로 불리는 러시아 병사가 동료 2명이 전장을 탈출하자 7500파운드의 보상금과 우크라이나 시민권을 얻을 수 있는 기회를 발견하고 T-72B3 주력전차를 넘겨준 사건도 있었다.[126]

3월 말, 헤르손 공항 인근의 초르노바이브카 마을은 며칠 동안 열 차례 이상 똑같은 전술로 점령을 시도했지만 매번 똑같은 유형 사태가 발생하면서 러시아군의 무능함을 보여주는 대명사가 되었다. 러시아 군대와 중장비는 몇 시간 간격으로 열 차례에 걸쳐 비행장에 상륙했고, 매번 우크라이나 포격에 얻어맞았다. 러시아가 마침내 새로운 전술을 채택하기 전까지 빌 머레이의 영화 〈그라운드호그 데이〉*에 등

• 한국에서는 1993년에 〈사랑의 블랙홀〉이라는 제목으로 개봉된 미국 코미디 영화. 잘나가는 기

장하는 밈이 우크라이나에 넘쳐났다.[127] 초르노바이브카는 러시아 지휘 기술의 악명 높은 경직성을 보여주는 놀라운 사례였다.

그다음 달에는 키이우 북서쪽 이르핀 너머 부차 마을에서 자행된 잔학행위가 러시아의 전쟁범죄를 상징하게 되었다. 이제 부차라는 단어는 게르니카, 리디체,* 오라두르,** 스레브니차와 함께 인간에 대한 비인간성을 상기시키는 끔찍한 단어로 자리 잡았다. 우크라이나 군대가 마을을 해방시키자 차량들은 거리에 널브러진 민간인 시체를 피하기 위해 방향을 틀어야 했다.[128] 집단 무덤이 발굴되면서 곧 수백 명의 시민이 즉결 처형된 사실이 밝혀졌다.[129]

러시아는 이곳이 후퇴할 필요가 없는 영토이기 때문에 전쟁범죄가 발각되지 않고 처벌받지 않을 것이라고 오만하게 생각했지만, 이제 위성사진을 통해 그들이 시신을 황급히 매장한 곳을 식별할 수 있었다.[130] 부차의 주요 집단 무덤에 있는 시신 중 상당수는 손이 등 뒤로 묶이고, 가슴이나 머리에 총알이 박혀 처형된 것으로 밝혀졌다. 고문의 증거도 풍부했다. 4월 8일, 우크라이나 검찰총장 이리나 베네딕토바Iryna Venediktova는 650구의 시신이 발견되었는데 그중 40구가 어린이였으며 수색은 여전히 진행 중이라고 발표했다.[131]

상예보관인 주인공(빌 머레이 분)이 성촉절(Groundhog Day) 행사 취재를 갔다가 반복되는 시간에 갇혀버린다는 내용이다.—옮긴이

• 프라하 북서쪽 15킬로미터 떨어진 광산촌인 리디체에서 독일군 친위대 장교가 파르티잔에 의해 사망하자 이에 대한 보복으로 마을 남자 172명을 몰살하고, 여자들은 집단수용소로 보냈는데, 이 중 47명이 사망했다.—옮긴이

•• 프랑스 마을 오라두르 쉬르 글란에서는 1944년 8월 레지스탕스를 도왔다는 이유로 마을 주민들을 교회와 창고 안에 몰아넣고 폭파했으며, 살아남은 사람들에게는 기관총을 난사했다. 이 살육으로 200명 이상의 어린이를 포함한 642명의 마을 주민이 사망했다.—옮긴이

러시아 선전기관이 부차에서 우크라이나군이 시체를 유기했다고 주장하자, 위성 기술을 이용해 시체가 얼마나 오랫동안 그곳에 있었는지, 교회 공동묘지에 있는 집단 무덤을 파낸 정확한 날짜가 언제인지 등을 파악한 맥사르 테크놀로지스의 연구팀이 러시아의 주장을 전면적으로 반박했다.[132] 부차, 이르핀, 마리우폴 등의 지역에서 드론과 위성이 촬영한 전후 영상은 우크라이나군의 포격으로 사망자가 발생했다는 러시아의 허위 정보를 쉽사리 반박할 수 있는 증거가 되었다.

그 사이 러시아 국민들은 터무니없이 낮은 사상자 수와 정부로부터 긍정적 선전만 듣고 있었다. 3월 중순, 러시아 정부는 모든 비정부 소셜미디어와 야당 언론매체를 폐쇄하고, '패배주의자'로 지목된 사람들에게 15년 징역형을 선고했다. 그리고 우크라이나 전쟁을 1941~1945년에 벌어졌던 '대조국전쟁'에 비유하라고 지시하면서도, '전쟁'이라는 단어의 사용은 계속 금지했다. 또한 러시아는 우크라이나로부터 어떠한 전략적 위협도 받지 않았음에도 불구하고, 현지 당국은 지역방위대를 구성하고 주민들에게 포격과 공습에 대해 교육하라는 명령을 내렸고, 기업들은 민족주의적 대응을 강화하기 위해 대전차 방어를 준비하라는 지시를 받았다. 언론에는 '특별 작전'을 제국주의 나토의 손아귀로부터 벗어나려는 러시아의 생존을 위한 투쟁으로 묘사하라는 지시가 내려졌다.[133] 침공 당시 러시아 탱크를 표시하는 데 사용되었던 문자 Z가 대중화되었다.

그러나 그 어떤 선전선동도 지상에서 벌어지는 전쟁의 현실을 바꿀 수는 없었다. 러시아군이 후퇴하는 동안 전장에서 사망자를 수습하는 일이 거의 없었기 때문에 우크라이나 군인과 관리들은 '클리어뷰 AI 안면인식 기술'을 적용하여 약 852구의 러시아인 시신을 식별한 후 러시아에 있는 희생자의 모친들에게 시신의 사진을 전송할 수 있었다. 이러한 행위는 전쟁에 대한 국내 반대 여론을 불러일으키기 위한 것으로, 이 분쟁에서 전쟁이 진화하는 또 다른 방식을 보여준다.[134] 우크라이나인들은 대중이 사진을 게시하고 사망, 부상 또는 체포된 러시아 군인을 식별할 수 있는 러시아어 텔레그램 페이지까지 개설했다.[135] 이러한 상황은 역사상 '최초의 오픈소스 전쟁'에서 막을 수 없는 측면이었다.

4월 13일 오후 8시, 우크라이나 정보당국은 러시아 흑해 함대의 1만 2490톤급 기함인 유도 미사일 순양함 모스크바호를 포착했다. 510명의 승조원을 태우고 7주 동안 마리우폴과 스네이크섬 등 우크라이나 목표물을 폭격했고, 우크라이나 도시에 칼리브 순항 미사일을 발사했으며, 러시아 흑해 함대 중 가장 강력하고 최고의 장비를 갖춘 함정이었다. 이 지역에 P-8A 포세이돈 해상 정찰기를 배치한 미국은 이를 확인했고, 우크라이나는 이 함정을 향해 아음속 순항 미사일 넵튠 2발을 발사했다. 넵튠은 모스크바호에 의해 요격되었어야 했지만 그렇지 않았고, 모스크바호는 2차 세계대전 이후 분쟁으로 침몰한 함선 중에서 제너럴 벨그라노호보다 더 큰 함정이 되었다.[136] 모스크바호에는 '성 십자가' 유물이 실려 있었지만 그것도 모스크바호를 구하지 못했다.[137]

러시아 국방부는 우스꽝스럽게도 이 함정이 의문의 화재로 침몰했다고 주장했지만, 몇 년 전 이집트 알시시 대통령에게 이 배를 자랑스럽게 보여줬던 푸틴 대통령으로서는 굴욕적 사건이었다. 미국의 군사 전문 웹사이트 '브레이킹 디펜스'는 "이번 전투에서 실질적 약자인 우크라이나군이 러시아 수도 이름을 딴 군함 모스크바호를 격침시킨 것은 전략적 승리일 뿐만 아니라 상징적인 승리"라고 평가했다.[138] 함정을 침몰시킬 수 있는 무기와 전함을 보호할 수 있는 무기의 개발 경쟁은 오래전부터 계속되고 있으며, 승자에게 큰 보상이 돌아간다. 전쟁이 진화하면서 항공모함의 막대한 비용에 대한 논쟁도 계속되고 있는데, 예를 들어 드론 군집(정교하지 않고 가격이 저렴한 다수의 드론이 한꺼번에 모여서 목표물에 가장 먼저 도달한 드론이 신호를 보내면 다른 드론이 이를 따라가는 방식) 같은 무기가 언젠가 항공모함을 침몰시킬 수 있을지에 대한 논쟁도 계속되고 있다.

모스크바호 격침의 성공에도 불구하고 4월 중순, 우크라이나군은 돈바스와 다른 지역으로 병력을 재배치해야 하는 어려운 과제에 직면했고, 가능한 모든 교통수단을 동원했다. 이때 대규모 원정군 병참이 아닌 '고정기지 병참' 방식을 사용했다. 여기에는 군대가 이동할 때 함께 이동하는 대규모 이동식 병참부대가 아닌 연료, 탄약, 식량, 식수, 예비 부품 등을 제공하는 대규모 고정식 보급창고에서 현장의 병력을 지원하는 방식이 포함된다(미군 부대의 경우 러시아 부대의 몇 배에 달하는 병참부대 구조를 갖추고 있어 바그다드로의 진군 같은 신속한 진격이 가능했던 것처럼 말이다).

우크라이나군은 자국 땅에서 싸우고 있었고 내선에서 작전을 펼칠 수 있다는 큰 장점*을 가졌으므로, 고정기지 병참 방식이 적합했다.

---

* 내선(interior line)은 군이 작전을 수행할 때 병참선이 원심(중앙)에서 주변으로 뻗어나가는 형태를 취한다. 외선(exterior line)은 반대로 군사작전이 주변에서 원심을 지향하는 형태이다. 내선 작전은 방어에 유리하며, 우크라이나도 자국 영토에서 방어작전을 수행했으므로 내선방어의 이점을 누릴 수 있었다.—옮긴이

그러나 러시아군이 크게 의존하고 있던 러시아 철도망을 일단 떠나게 되면, 러시아군의 원정 병참 부족은 심각한 결함을 초래했다. 이는 러시아의 제병협동 작전과 함께 침공 전에 벨라루스-러시아가 오랜 군사작전 기간 동안 해결했어야 할 문제였지만 그렇지 못했다. 데이비드 퍼트레이어스 장군은 "그들이 군사훈련이 아니라 야외 캠핑을 하고 있었다는 것이 매우 분명해 보였다"라고 말했다.[139]

러시아 군대의 단점은 전략과 병참뿐만 아니라 체계에서도 드러났고, 점점 더 큰 압박을 받고 있었다. 러시아는 나토와의 전쟁에 필요한 비축량을 훼손하지 않고는 보다 정확한 미사일을 모두 충당할 수 없었고, 국내 생산이 불가능한 핵심적 특수부품에 크게 의존하고 있었기 때문에 공급망이 위협받았다.[140] 예를 들어 이스칸데르 K형인 9M727 순항 미사일은 상당한 정밀도를 자랑하지만, 열 차폐막을 통해 데이터를 전송할 수 있는 소켓 부착점이 7개 이상인 특수 컴퓨터를 탑재하고 있다. 하지만 7개 중 6개는 회로기판과 마찬가지로 미국 회사에서 만든 것이었다.[141]

또 다른 예로, 9M949 유도 300밀리 로켓은 내비게이션에 미국산 광섬유 자이로스코프를 사용하는 등 러시아의 많은 무기 체계에는 동일한 취약점이 발견되었다. TOR-M2 방공 체계는 레이더 컴퓨터에 영국에서 설계한 오실레이터를 사용했다. Il-76 수송기의 통신 장치에는 러시아에서 생산할 수 없는 80개 이상의 부품이 사용되었다. 러시아 군용 무전기에는 미국, 영국, 독일, 일본, 네덜란드에서 수입한 핵심 부품이 포함되어 있었다. 서방의 수출통제는 시간이 지남에 따라 거의 모든 현대 무기에 필요한 마이크로칩뿐만 아니라 다른 필수 구성 요소도 표적으로 삼아 나토가 우크라이나 영토에 단 한 발자국도 내딛지 않고 우크라이나를 도울 수 있다는 것을 보여주었다. 이 책의 모든 장에서 드러나는 대리전쟁의 모든 영역이 우크라이나에서 새로운 차원으로 발전하고 있었다.

따라서 서방의 제재는 적어도 기존 보급품이 소진된 이후 러시아의 전쟁 수행 능력에 군사적·경제적 위협이 될 수 있었다. 물론 러시아는 이에 대응하기 위해 적극적인 조치를 취했고, 3월에는 알렉세이 크리보루치코 국방차관 산하에 부서 간 위원회를 구성하여 국내 또는 서방의 제재를 시행하지 않는 우방국, 특히 세르비아, 아르메니아, 카자흐스탄, 튀르키예, 인도, 파키스탄, 중국에서 장비를 생산하기 위해 노력했다. 하지만 중국이 수출통제를 위반한 증거는 거의 없었다.[142] 러시아는 2014년 서방의 제재 이후 트랜지스터, 변압기, 마이크로칩과 같은 군용 전자제품이 부족해지면서 가전제품과 기기에서 용도를 변경한 반도체로 군수품을 제작하는 경우가 늘고 있다.[143]

2022년 11월 러시아가 냉장고, 식기세척기, 전기유축기, 전쟁게임 콘솔을 사들여 무기 산업에 필요한 마이크로칩을 만들기 위해 이들을 해체하고 있다는 사실이 밝혀졌는데, 이는 러시아의 절박함을 드러내는 확실한 신호다.[144] 한편 러시아는 서방의 지적재산권을 완전히 무시했다.

이러한 '오픈소스 전쟁'의 투명한 성격은 특히 2022년 4월 말 러시아가 돈바스 지역에서 대규모 춘계공세를 감행한 후, 위성 및 신호정보가 작전 전개에 대한 조기 경고를 제공하면서 더욱 분명해졌다. 리처드 배런스Richard Barrons 장군이 지적했듯이, "고가의 유능한 정지궤도 군사위성과 저렴한 상업용 저궤도 위성 및 드론이 제공하는 데이터는 전장이 투명하다는 것을 의미한다."[145] 심지어 파괴된 모든 러시아 무기체계와 차량을 꼼꼼히 기록한 웹사이트 오릭스*도 존재했다. 트위터의 UAWeapons*와 JominiW**, 인포서채널***, 전쟁연구소**** 같은 플랫폼을 통해 전 세계 사람들은 전례 없는 방식으로 전쟁을 심도 있게 추적할 수 있었다.

러시아의 돈바스 공세가 전개됨에 따라 장거리 포병은 1차 세계대전이나 1994~1995년 체첸 그로즈니 전투를 연상시키는 장면을 연출하며 맹렬한 포격을 이어갔다. 도네츠크 교외 지역인 피스키에서는 매일 포격이 가해졌고, 이지움 남쪽과 포파스나 서쪽 전선 등 돈바스의 다른 지역에서도 러시아 탱크의 진격이 지원되었다. 우크라이나 군대의 상당 부분이 포위되어 항복해야 할지도 모른다는 우려가 있었다. 그러나 우크라이나군 최고사령부가 위험이 닥칠 때마다 유연하게 전략적 철수를 명령하고, 신속한 철수 못지않게 민첩한 반격을 보여줌으로써 그러한 우려가 근거 없는 것으로 판명되었다. 전쟁에서 날카로운 반격은 상대의 균형을 무너뜨릴 수 있는 가장 중요한 전술 중 하나이며, 우크라이나는 이 전술에 탁월했다.

지난 5월, 바이든 대통령은 2차 세계대전 당시 미국이 영국을 지원했던 군사 원조를 연상시키는 이름의 '2022년 우크라이나 민주주의 방어 대여법'에 서명했다. 바이든의 원조 품목은 이듬해까지 300억

• https://www.oryxspioenkop.com/2022/02/attack-on-europe-documentingequipment.html

•• https://twitter.com/UAWeapons

••• https://mobile.twitter.com/JominiW

•••• https://www.bing.com/search?q=the+enforcer+channel&PC=U316&FORM=CHROMN

••••• https://www.understandingwar.org

달러가 넘는 무기, 탄약 및 기타 군사 지원으로 구성되었으며 2023년 7월까지 410억 달러를 초과할 예정이었다. 미 국무부는 또한 수백억 달러의 재정 및 인도적 지원을 제공했으며, 이는 전쟁 전 우크라이나 전체 GDP의 3분의 1에 해당하는 금액이다.[146] 2023년 7월까지 바이든 행정부는 인출 권한을 42회 이상 사용했다. 필수 국가로서 미국의 지위를 강조하는 이 막대한 기여가 없었다면 우크라이나가 자체 무기와 탄약이 고갈된 후에도 전투를 계속하는 것은 거의 불가능했을 것이다.[147] 우크라이나군은 매일 6000발의 포탄을 정기적으로 발사했고 러시아군은 그보다 훨씬 많은 포탄을 발사하면서 2차 세계대전 이후 볼 수 없었던 속도로 탄약이 소모되었다. 돈바스 지역 전투 중 한때 러시아는 3일 동안 영국군의 전체 탄약 재고량보다 많은 탄약을 사용했다.[148] 미국과 유럽의 보급이 없었다면 우크라이나는 적어도 재래식 전투를 계속할 수 없었을 것이다.

영국은 첫 12개월 동안 23억 파운드의 군사 원조와 2억 2000만 파운드의 인도적 지원을 제공하여 미국에 이어 두 번째로 많은 원조를 했다. 영국의 보리스 존슨 정부와 그 후임자들은 젤렌스키와 우크라이나 대의에 대한 전폭적인 지원을 계속했다. 푸틴이 침공하자 영국은 즉시 4000발의 경대전차무기와 200발 이상의 재블린 미사일, 6000발의 대전차 미사일을 보냈다. 다른 고폭탄들은 3월에 두 번째 품목으로 공급되었다. 그 후 대량의 스타스트릭 방공 미사일, 불독과 13.5톤 스토머 등 수백 대의 장갑차, 첼린저-2 전차 14개 중대, 10만 발의 포탄이 장착된 AS-90 주포, 지뢰제거장비, GMLRS 로켓, 하푼 대함 미사일 등 정교한 미사일, 장갑차, 방탄복, 야간투시경, 헬멧, 장화 등이 지원되었다.[149]

영국은 솔즈베리 평야와 다른 곳에서 1만 명의 우크라이나 군인을 대상으로 영국, 캐나다, 덴마크, 핀란드, 스웨덴, 노르웨이, 뉴질랜드, 리투아니아, 네덜란드, 오스트레일리아 출신의 교관들이 교육하는 훈련을 제공했다.[150] 영국은 또한 폴란드에 병력과 스카이세이버 중거리 대공 미사일 체계를 파견했다.[151] 나토의 탱크 파견은 경대전차 무기와 재블린 같은 대전차 무기가 주름잡는 시대에도 전차가 현대 전장에서 여전히 중요한 역할을 하고 있다는 사실을 다시 한번 확인시켜주었다. 오스트레일리아의 캐스린 투히Kathryn Toohey 소장은 한때 이렇게 익살스럽게 말했다. "탱크는 턱시도와 같다. 자주 필요하지는 않지만, 필요할 때는 다른 어떤 것도 대신할 수 없다."

5월 8일, 우크라이나 프로그래머들이 영국의 디지털매핑회사와 협력하여 개발한 컴퓨터 시스템인 'GIS 아르타'가 표적획득 시간을 20분에서 1분으로 단축하고, 우크라이나 동부의 시베르스키 도네츠강의 교량을 건너려던 러시아 탱크, 장갑 전투 차량, 병력 수송차 70여 대를 이틀 동안 조직적인 포격과 공습으로 파괴하면서 영국의 실질적 도움이 입증되었다. 언론에서 '우버 양식의 기술'이라고 명명한 이 기술은 정찰용 드론, 거리측정기, 스마트폰과 함께 GPS와 나토가 제공한 레이더를 사용하여 적의 위치를 파악한 후, GIS아르타 '사격계산기' 소프트웨어가 공격을 수행하기에 가장 적합한 무기를 계산했다.[152]

마찬가지로 4월 말 독일의 람슈타인에서 열린 40개국 회의에서 토니 블링컨 미 국무장관이 약속했던 장비들이 5월부터 전장에 도착하기 시작했는데, 여기에는 14만 4000발의 포탄과 함께 우크라이나 포병의 3배 사거리를 가진 155밀리 곡사포 72문이 포함되었다. 미국산 포병 탄약의 추가 도입이 이어져 2023년 여름에는 200만 발을 넘어설 것으로 예상되었다. 또한 10대의 AN/TPQ-36 대포병 레이더도 마찬가지로 환영받았다.[153] 그러나 당시 나토는 러시아를 적대시하고 중국이 러시아의 핵무기 사용에 반대하는 대가로 공격용 항공기, 헬기, 나토 표준전차, 순항 미사일, 장거리 미사일 시스템 같은 전략 무기를 우크라이나에 제공하기를 거부했다.[154]

———

5월 중순까지 러시아의 돈바스 진격 속도는 하루에 0.8킬로미터로 느려졌지만, 3주간의 공세 끝에 마침내 루비즈네 마을을 점령했다. 5월 16일 월요일, 82일간의 포위 공격 끝에 마리우폴이 러시아에 함락되고 아조우스탈 제철소의 우크라이나 수비대 260명 중 53명이 중상을 입은 채 항복하고 포로로 잡혀갔을 때 푸틴은 희소식을 접했다. 하지만 이 방어는 영웅적이었고, 5월 9일 러시아 승리의 날 시가행진에서 푸틴이 자랑하고 싶었던 결정적 '돌파구'를 무산시킨 사건이기도 했다. 마리우폴 방어군은 수천 명에 달하는 17개 러시아 전투단이 돈바스로 재배치되지 못하도록 막은 것으로 추정된다. 그러나 마리우폴이 함락되면서 크림반도와 분리주의 공화국 사이의 육로 연결이 이루어졌고, 더 많은 러시아 군대가 돈바스 공세에 투입될 수 있었다.

우크라이나군은 전쟁 전 인구가 10만 명에 달했던 세베로도네츠크에서 6월 23일 철수했다. 동시에 미국이 공급한 첫 번째 고기동 포병 로켓 체계HIMAR가 돈바스에 도착하기 시작했다. 거의 80킬로미터에 달하는 정밀 로켓의 사거리를 고려할 때, 이 로켓은 러시아 본부,

탄약고, 연료 저장소, 후방 지역 막사, 교량 및 기타 수송 거점을 파괴하는 데 매우 유용해서 러시아 최전방 부대에 식량, 연료, 포병, 교체품 및 탄약의 전달을 방해하고, 우크라이나 진지에 대한 포격을 완화시키는 데 도움을 주었다.

그러나 7월 3일 루한스크주에서 우크라이나가 마지막으로 점령한 도시인 리시찬스크를 점령하기 위해 진격하는 러시아군의 집중포격을 막기에는 HIMAR만으로는 역부족이었다. 우크라이나 최고사령부는 포위망을 피하기 위해 다시 한번 현명하게 병력 철수를 명령했다. 반격이 귀중한 것처럼 전략적 철수 또한 귀중할 수 있으며, 적어도 가끔은 이를 활용하지 않을 군대는 거의 없다. 젤렌스키는 HIMAR 같은 서방 로켓 시스템이 일찍 도착했더라면 세베로도네츠크와 리시찬스크를 구할 수 있었을 것이라며, 특히 프랑스와 독일에 더 많은 지원을 요청했다. 미국의 추가 지원은 한 달에 몇 번씩 도착하고 있지만, 이전에 약속한 지원은 실질적인 무기 전달로 이어지지 않고 있었다.

8월 25일, 푸틴은 전쟁에 투입할 군인 13만 7000명을 추가로 증원하기로 결정하면서 2023년 1월까지 러시아군의 목표 병력을 115만 명으로 늘렸다. 그러나 그는 널리 예상되었던 총동원령을 내리지 않았고, 정치적으로 민감한 도시에서 반反동원 정서가 형성되는 것을 원치 않았기 때문에 모스크바와 상트페테르부르크 시민들은 새로운 징집 대상에서 제외시켰다. 그럼에도 그다음 달 러시아 전역에서 시위가 벌어져 1300명 이상이 체포되고, 수만 명의 군인 연령대 남성과 그 가족들이 러시아를 떠나면서 러시아와 인접국을 연결하는 주요 도로가 며칠 동안 막혔다.[155] 징병소에 보고된 것보다 더 많은 러시아인이 러시아를 떠났을 가능성이 있었다.

우크라이나인들은 러시아인들의 대규모 신규 징집에 낙관적인 반응을 보였다. 당시 우크라이나 육군 총사령관이었던 발레리 잘루즈니는 트위터에 "러시아 프로 군대를 박살냈으니, 이제부터는 아마추어 군대를 박살낼 차례"라며 신병 추가 동원 노력을 경멸하는 글을 올렸다. 하르키우 주변에서의 패배와 9월의 부분 동원은 러시아가 전쟁에서 패배하거나 적어도 승리하지 못할 수도 있다는 첫 징후였으며, 어떤 군인도 지저분한 외교적 타협을 위해 투쟁하다 죽기를 원하지 않았다.

오랫동안 기다려온 우크라이나의 남부 공세가 8월 29일에 시작되었다. 반격작전의 목표는 러시아군을 드니프로강에서 헤르손 쪽으로 밀어내고 아조우해로 향하는 크림반도 동쪽의 자포리자로 진격하는 것이었다. 우크라이나는 러시아 전선 훨씬 후방까지 도달할 수 있을 뿐만 아니라, 휴대전화를 보유한 모든 우크라이나인이 잠재적인 포병 정찰병 또는 정보 수집가가 되어 러시아 후방 지역에서 파르티잔 작전을 수행할 수 있다는 '신호상의 이점'도 있었다. 이곳에서도 분쟁은 새로운 국면을 맞이했다. 진격하는 우크라이나군은 러시아 군인들이 항복하기 위해 전화할 수 있는 무료 전화번호와 QR코드가 함께 표시된 러시아어 전단지를 배포했다. 침공에 앞서 우크라이나의 각 특수작전 여단은 헤르손, 자포리자, 돈바스 등 러시아가 공격할 가능성이 가장 높은 지역의 주민을 모집해 '저항군 중대'를 창설하고 훈련시켰다.

러시아가 헤르손을 방어하기 위해 대규모 병력을 남쪽으로 재배치하자 우크라이나 최고사령부는 동부의 하르키우 지역에서 기습 공격을 감행했다. 이 지역은 2003년 초 이라크 침공을 계획했던 독일의 시뮬레이션센터에서 미리 가상 게임을 했던 곳이었다. 우크라이나의 반격은 러시아가 전혀 예상하지 못하고 균형을 잃게 만든 대공세였다. 9월 초 러시아군의 사기가 꺾이고 충격에 빠져 후퇴하는 일이 동부 작전지역에서 일반화되면서, 우크라이나는 하르키우 주변에서 연이어 승리를 거뒀다. 이는 2021년 여름 아프간군이 붕괴했을 때와 거의 같은 양상이었다. 당시 로런스 프리드먼은 이렇게 언급했다. "수십 평방킬로미터가 수백, 수천 평방킬로미터로, 해방된 소수의 마을이 수십 개로 늘어나는 진격 속도가 놀라웠다."[156]

우크라이나 육군은 9월 5일부터 11일까지 일주일 동안 하르키우 동쪽과 남동쪽에서 치열한 전투를 벌여 러시아 최고의 기갑부대인 제1수비대 전차군 소속 정예 제4수비대 전차사단을 격파했다. 이는 욤키푸르 전쟁에서 이스라엘의 반격을 연상시키는 장면으로 100대의 탱크가 파괴되거나 포획되었다. 러시아 군사 장비가 너무 많이 버려져 우크라이나인들은 러시아가 이제 미국을 제치고 우크라이나의 최대 군사 장비 공급국이 되었다는 농담을 할 정도였다.

우크라이나의 GDP는 2022년 1분기에 전년 동기 대비 15.1퍼센트, 2분기에 37퍼센트 감소했지만, 국민들의 사기는 여전히 높은 수준을 유지했다. 8월에 실시된 여론조사에 따르면 우크라이나 국민의 98퍼센트가 전쟁에서 승리할 것이라고 믿으며, 약 90퍼센트가 젤렌스키 대통령을 강력하게 또는 어느 정도 지지하고, 88퍼센트가 우크라이나 군대를 강력하게 지지한다고 답했다.[157] 이는 2차 세계대전 당시 윈스턴 처칠이 누렸던 지지율이지만 정치 여론조사 역사상 거의 알려지지 않은 수치이다. 결국 승리할 것이라고 스스로를 설득한 국가는 '그날의 여명'을 보기 위해 상상할 수 없는 고난을 겪을 수도 있다.

9월 21일 아침, 푸틴 대통령은 텔레비전 연설을 통해 나토가 러시아에 대해 어떠한 핵 위협도 하지 않았음에도 불구하고 "핵무기로 우리를 협박하려는 자들은 우세한 바람이 그들의 방향으로 바뀔 수 있다는 것을 알아야 한다"며 은근한 위협을 가했다.[158] 세르게이 라브로프Sergei Lavrov 외무장관은 이미 핵전쟁에 대해 "위험은 심각하고 현실적이며, 우리는 이를 과소평가해서는 안 된다. 나토는 본질적으로 대리인을 통해 러시아와 전쟁을 벌이고 있으며 그 대리인을 무장시키고 있다. 전쟁은 전쟁을 의미한다"고 협박했다.[159] 푸틴과 라브로프의 노골적인 핵 위협은 1962년 쿠바 미사일 위기 이후 서방 지도자들이 강대국의 핵무기 사용 가능성을 심각하게 고려해야 하는 첫 사례였다. 1970년대와 2008년에 인도 대륙에서, 그리고 최근에는 북한과의 교착 상태가 있었지만, 푸틴이 6000개의 탄두로 구성된 핵무기에 대한 경계 태세를 강화하기 전까지는 60년 동안 핵무기 사용이 의사결정에 심각한 영향을 미치지는 않았다. 2023년 2월, 러시아는 2010년 미국과 맺은 '뉴스타트' 핵 협정에서 탈퇴했다.

러시아의 입장은 특히 우려스러웠다. 러시아가 전술 핵무기를 바라보는 방식과 서방이 전술 핵무기를 바라보는 방식 사이에 질적인 차이가 있다. 전자는 '전술'이라는 단어에 집중하는 반면, 후자는 '핵'이라는 단어에 집중하는 경향이 있기 때문이다. 러시아는 전쟁게임에서 전술핵 사용을 일상적으로 상정하는 반면, 더글러스 맥아더 이후 서방 지도자들은 분쟁이 '핵전쟁'으로 비화될 수 있다는 생각에 공포에 질린 반응을 보였다.[160] 미국만이 (영국과의 협의하에) 실제로 핵무기를 사용했었다는 역사적 아이러니에도 불구하고, 이러한 이분법이 여전히 존재한다. 서방 관리들이 핵무기 사용에 대한 '재앙적 결과'를 위협하고 중국과 인도 지도자들도 푸틴에게 경고하면서 크렘린은 핵무기를 사용하지 않기로 결정한 것으로 보인다.

11월 초까지 키이우의 50만 가구를 포함해 약 450만 가구에 전기가 공급되지 않았고, 러시아가 헤르손을 잃은 것에 대한 복수로 발전소, 정수장, 전력망을 파괴해 우크라이나 국민을 집과 막사, 여우굴에서 얼어 죽게 하는 '겨울 무기화' 작전을 펼치면서 상황은 더욱 악화되었다. 러시아는 영하의 기온을 전쟁 무기로 사용해 우크라이나를 굴욕적 휴전으로 몰아넣을 수 있기를 바랐다. 그러나 러시아는 의도했던 것과 정반대 결과를 얻었고 우크라이나의 결의는 더욱 굳어졌다. 게다가 국제사회는 우크라이나에 방한복, 튼튼한 침낭, 단열텐트 등 방한용품 123만 개를 공급하는 등 지원에 나섰다. 영국만해도 발전기 900대를 보냈다.[161] 미국은 우크라이나의 심하게 손상된 전력망을 복구하기 위해 5300만 달러를 지원하기로 약속했다.

미 합참의장 마크 밀리Mark A. Milley 장군은 러시아의 새로운 전략은 우크라이나의 에너지 발전소와 기타 기반시설을 계속 파괴하고 날씨가 전쟁의 흐름을 바꾸기를 바라는 것이라고 생각했다.[162] 러시아는 과거에 1812년 모스크바 후퇴와 2차 세계대전 중 강설, 얼음, 추위에 의존해왔는데, 나폴레옹의 프랑스군이나 히틀러의 독일군은 우크라이나만큼 극한의 겨울에 익숙하지 않았다.

국가뿐만 아니라 개별 군인들에 의한 예술품과 역사적 유물의 약탈은 오랫동안 전쟁의 한 현상이었으며, 헤르손의 해방은 러시아-우크라이나 전쟁도 예외가 아님을 보여주었다. 러시아가 일부 박물관과 미술관을 약탈하고 다른 박물관과 미술관을 고의적으로 파괴 대상으로 삼음으로써 우크라이나의 문화적·역사적 정체성을 파괴하려 했다는 결론을 피하기 어렵다. 헤르손이 탈환되기 직전인 10월 말, 러시아 문화부 관리들은 헤르손 지역 미술관에 도착해 70명의 인부들에게 가장 중요한 유물들을 모두 철거하도록 지시했다. 해당 박물관 비서인 엘레나 예레멘코Elena Yeremenko는 다음과 같이 회상했다. "그들은 칼과 총, 우리 박물관의 무기 수집품 모두를 가져갔다. 동전, 성상, 금목걸이, 18~19세기 가구도 가져갔다. 이것은 단순한 약탈이 아니라 러시아에 의한 국가적 절도였다."[163]

이 박물관에는 풍부한 서유럽 예술품으로 구성된 1만 5000점의 그림이 소장되어 있었다. 러시아 군인들은 트럭을 타고 와서 이 그림을 훔쳐 크림반도의 심페로폴로 가져갔다. 심지어 그리고리 포템킨Grigory Potemkin 공*의 유골이 들어 있던 관도 헤르손 대성당에서 약탈해 갔다. 우크라이나 문화부장관인 올렉산드르 트카첸코Oleksandr Tkachenko는 이렇게 말했다. "러시아가 우리의 정체성을 가지고 싸울 때 어떤 의미가 있는지 보여준다. 러시아는 자신들이 우리 유산을 훔쳐가면 우리가 계속 살 수 없고 창조할 수 없다고 생각한다. 하지만 우리는 그렇게 할 것이다."[164]

전쟁의 다음 주요 단계는 우크라이나인들이 어떻게 끈질기게 버티고 있는지 다시 한번 보여주었지만, 푸틴은 여전히 러시아의 전략과 전술을 발전시키지는 않았다. 7개월에 걸친 바흐무트 전투에

---

* 그리고리 포템킨(1739~1791): 러시아의 장군이자 정치인으로 예카테리나 여제의 애인 중 한 명이었다. 오스만제국과의 전쟁에서 승리하여 우크라이나, 크림반도를 점령하고 야시조약을 맺었다. 폴란드 침공을 준비하다가 야시에서 60킬로미터 떨어진 들판에서 사망했으며, 그의 시신은 헤르손의 대성당에 매장되었다.—옮긴이

서 2023년 3월까지 러시아군(특히 서쪽으로 진격하던 바그너군)은 막대한 손실을 입었고, 마을에서 스스로 자멸했다.[165] 《이코노미스트》에 따르면 러시아군은 그곳에서 하루 동안에만 1200명의 병력을 잃었다.[166] 한편 우크라이나군은 영국, 프랑스, 독일, 폴란드 등지에서 서방 무기체계를 통합한 연합군 작전에 중점을 두고, 하계공세를 위해 여러 여단을 새로이 훈련시키고 있었다.[167]

러시아가 바흐무트에 집중했던 것처럼 지휘관이 특정 거점에 집착하면 큰그림을 놓치게 되는 역사적 사례가 많이 있다. 예를 들어, 나폴레옹은 워털루 전투에서 후구몽성을 점령하기 위해 너무 많은 병력을 투입했다가 실패했고, 히틀러와 스탈린은 모두 후구몽성보다 훨씬 규모가 크지만 실제 전략적 가치는 훨씬 낮은 스탈린그라드 점령에 집착했다. 1942~1943년 과달카날 전투에서 일본군은 본질적으로 중요하지 않은 곳을 장악하기 위해 대체 불가능한 병력을 6개월간 소모적 전투에 계속 쏟아부었고, 무대 밖에서는 미국이 대륙 전역의 자원을 동원하여 궁극적으로 일본을 압도하는 이야기가 펼쳐졌다. 전략가는 항상 '전략적 관점'을 유지해야 한다.

침공 1년 후 양측 모두 사상자 수치를 발표하지 않았지만, 영국 국방부 관리들은 러시아인 18만 명, 우크라이나인 8만~10만 명이 죽거나 다친 것으로 추정했다.[168] 다른 추정에 따르면 러시아인 사망자는 6만 5000명으로 전체 사상자 수와 일치한다.[169] 러시아는 우크라이나 목표물을 4만 1500회 폭격하고 주거용 건물 15만 2000채를 파괴했다.[170]

볼로디미르 젤렌스키의 지도자 역할 수행은 푸틴 대통령의 그것과 크게 다르지 않았다. 푸틴은 72시간 만에 거대한 현대 국가를 불가항력적인 무력으로 점령할 수 있다고 생각하여 전체적인 전략적 구도를 설정하는 데 실패했다. 반면, 젤렌스키는 용기 있고 단호하며 지능적인 저항과 함께 미국과 서방 국가들로부터 막대한 지원을 받아야만 우크라이나가 주권을 유지할 수 있다는 것을 이해했다.[171]

푸틴은 침공을 실행하기 불과 몇 시간 전에 장군들에게 침공 사실을 알렸고, 침공의 본질에 대해 국민들에게 지속적으로 거짓말을 했다. 터무니없이 긴 흰색 테이블 끝에서 명령을 내리면서도, 이따금 텔레비전 방송으로 효과적 소통을 이어갈 수 있다고 믿었다. 반면 젤렌스키는 매일 밤 수도에서 화상 연결을 통해 국민들과 대화하고, 때로는 거리에서 연설했으며, 모두가 이해할 수 있는 강력한 언어를 사용하여 국제 포럼에서 연설했다. 로널드 레이건이 그랬던 것처럼 젤렌스키도 배우로서의 훈련이 큰 자산이었음은 분명하다. 게다가 그는 진실하고 직설적으로 말했고 선전선동을 거의 회피했다. '병력 증파' 당시에 미군이 이라크에서 시도했던 것처럼, 그는 '진실에 먼저 다가가려 하고' 왜곡을 하지 않으려 노력했다.

물론 전략적 지도자의 또 다른 중요한 임무는 전체 전략적 기획의 실행을 추진하는 것이며, 여기서도 두 지도자는 현저하게 달랐다. 푸틴은 장군, 장관, 정보국장을 해임했다. 우크라이나 전장에서 12개월 동안 3명의 총사령관이 해임되었고 그 이후에도 더 많은 총사령관이 해임되었다. 그러나 전략에 근본적 결함이 있었기 때문에 이를 실행할 수 없었고 주요 공세도 실패했다. 젤렌스키는 실적이 저조한 일부 측근들을 경질하는 한편, 실전을 통해 얻은 교훈을 바탕으로 러시아군을 남쪽으로 유인한 다음 북쪽의 하르키우 주변에서 치명적 타격을 가하는 등 놀라운 전략적 기습을 성공시켰다. 또한 그는 인상적 기세와 불굴의 의지에 개인적 용기를 더해 훌륭한 모범을 보여주었다.

러시아는 전략이나 전술을 효과적으로 수정하거나 개선하는 데 명백히 실패해서 초르노바이브카에서처럼 거듭된 좌절에도 불구하고 같은 공격 방법을 10번이나 연속으로 반복하는 경우도 있었다. 젤렌스키와 그의 팀은 우크라이나의 전술이 유연하고 영리하고 민첩하고 예측불가능하도록 보장해주었다. 우크라이나 정부와 군대는 '학습하는 조직'이었으며, 장기간 전쟁에서는 빨리 배우고 먼저 적응하는 쪽이 승리하는 경우가 많다(우크라이나 공군이 앞으로 적응해야 할 주요 분야 중 하나는 유럽 내 미그기 공급이 제한되어 있기 때문에 미그-29와 같은 동구권 항공기에서 F-16과 같은 서구권 항공기로 전환하는 것이다).[172]

한때 두려움의 대상이었던 러시아군이 2022년 2월 24일 이후 우크라이나에서 지속적으로 저조한 성적을 거둔 데에는 수많은 이유가 있다. 러시아군의 능력에 대한 지나친 과대평가와 우크라이나군의 능력에 대한 현저한 과소평가, 지휘부의 단결력 부족, 너무 야심찬 작전 설계로 인해 현장 지휘관들이 따라갈 수 있는 능력을 초과한 점, 제병협동(기갑, 보병, 공병, 박격포, 포병 등을 함께 운용) 효과의 달성 실패, 전적으로 부적절한 훈련(우크라이나 북부, 동부, 남부 국경에 배치된 수개월 동안 무엇을 하고 있었나?) 등이 그것이다. 그 외에도 다른 병과의 지원을 제대로 받지 못하는 20세기 기갑부대의 대량 배치, 전문 부사관단의 부재와 하급 부대의 주도권을 장려하지 않는 하향식 지휘 체계, 철도 체계의 이용이 불가능한 상황에서 배치 병력을 지원할 수 있는 물류 구조가 매우 부적절한 점(조직 설계의 주요 결함), 열악한 장비(예: 탱크에 화재가 발생하면 포탑이 날아갔다), 전쟁범죄와 지역 주민

학대를 용인하는 문화, 각급 사령부의 부실한 지휘 및 통제, 가장 기본적 임무 수행에 대한 기준 부재(이동 및 정지시 산개된 상태를 유지하지 않는 등), 암호화되지 않은 단일 채널의 아날로그 통신 체계 사용(전파 교란이 발생하기 쉬운 아날로그 통신 체계 사용이 수많은 장군과 대령이 전사한 주요 원인이었다), 병력의 20~25퍼센트를 징집병에 의존한 것, 부적절한 장비(야간투시경, 장갑차, 근접전투용 광학장비, 내부 통신장비 등)와 만연한 부패 등이 있다. 이것이 모든 목록을 망라한 것 같지만, 실제로는 그렇지 않다.[173]

물론 2023년 1월부터 게라시모프 장군이 지휘하는 우크라이나 주둔 러시아군이 여러 실패와 실수로부터 교훈을 얻을 수 있는 이 끔찍한 전쟁에서 앞으로 더 많은 공세가 있을 수 있다.[174] 그러나 블라디미르 푸틴에게는 수천 명의 공범이 있지만, 궁극적으로 그 혼자만이 최근 가장 치명적인 전쟁을 일으킨 책임을 져야 한다. 전쟁의 첫 해는 앞으로 수십 년간 전 세계 사관학교에서 "이런 식으로 전쟁을 하면 안 되는how not to fight a war" 그릇된 방법 중에서 최악의 사례로 널리 전파될 것이다. 이들 사관학교에서 교관들이 내릴 결론은 예비역 미 육군 대령 조엘 레이번Joel Rayburn의 말을 빌리자면 "나쁜 군대는 어리석은 짓을 하라는 명령을 받는다"는 것이다.[175]

2024년 6월 시점 전황 업데이트

2023년 6월 4일 우크라이나는 러시아 전선을 돌파하고, 우크라이나 남동쪽 해안을 따라 러시아에서 크림반도로 이어지는 '육교land bridge'

차단을 목표로 반격을 시작했다. 우크라이나군은 강력한 러시아 방어지대 중에서 제1방어선을 돌파하는 등 몇 차례 작은 성공을 거두었다. 하지만 초가을이 되자 수 킬로미터 깊이에 지뢰지대를 설치한 러시아의 복합방어 체계, 최소한의 지역을 내주면서 막대한 병력과 물자의 손실을 유도하는 적의 특유의 능력, 지뢰제거 작전을 방해하고 밀집 부대를 발견하는 드론(기습의 요소를 박탈), 우크라이나로부터 공격받은 부대에 대한 러시아의 신속한 증원, 그리고 간헐적이지만 때로는 강력한 국지적 반격 등으로 인해 우크라이나의 공세가 정체되었다.[176]

미국 교리에 따르면 이러한 고난도 작전에는 공중 우세가 필수적이었지만, 우크라이나는 공중 우세는커녕 대등한 공군력도 확보하지 못했다. 지상군은 이스칸데르 탄도 미사일, 중 ⅲ 폭격기에서 발사된 Kh-101 순항 미사일, 저공비행이 특징인 Ka-52 공격 헬기, 러시아 전선 후방에서 최대 64킬로미터까지 비행하는 Su-34와 Su-35가 발사한 즉석 FAB-500 중활공 폭탄 등의 공격을 받았다. 군사 전문가인 미크 라이언Mick Ryan은《포린 어페어스》기고문에 이렇게 썼다. "목표물 탐지와 전장 타격 사이의 시간을 단축한 러시아의 개선 능력과 함께, 2023년 하반기에 우크라이나는 2022년에 대결했던 적과는 전혀 다른 적을 만났다."

모든 전쟁이 그렇듯이 우크라이나 전쟁의 향방은 궁극적으로 전장의 변화를 학습하고 적응하는 능력, 새로운 무기 체계와 여러 기술을 개발·생산·활용하는 능력, 지휘관과 참모, 개별 병사 및 부대의 역량을 향상시키는 각 측의 능력에 따라 달라질 것이다. 우크라이나에게는 불행한 일이지만 러시아가 2022년과 2023년 상반기의 실패로부터 중요한 교훈을 얻었다는 것을 모든 징후가 보여주었다.

여러 측면에서 반격의 성공 여부는 우크라이나가 대량으로 전선에 배치할 수 있는 서방의 무기 체계가 조기에 도착할 것인지 여부에 달려 있었지만, 실제 상황은 그렇게 되지 않았다. 무기 인도 지연으로 미국 탱크가 제때 도착하지 못했고, 자국산 탱크를 둘러싼 미국의 느려터진 결정은 독일의 레오파트 탱크 배치 승인의 지연으로 이어졌다. 우크라이나는 또한 러시아가 통제하는 영토에서 원거리에 이격된 목표물을 정확히 타격할 수 있는 장거리 육군 전술미사일체계인 에이태큼스ATACMS를 지원받지 못해, 집중적으로 공격한 지역을 고립시키는 데 어려움을 겪었다. 그리고 서방 항공기 지원에 대한 결정이 지연되면서 많은 기대를 모았던 F-16 전투기는 빨라야 2024년 여름에야 도입될 수 있을 것으로 예상되었다(실제로 F-16 전투기는 8월 초에야 우크라이나에 도착하기 시작했다).

10월 말, 러시아는 대규모 반격에 나섰다. 특히 북동부 돈바스주 쿠피안스크, 자포리자, 남동부 돈바스주 아우디이우카 등에 대규모 병력을 투입해, 우크라이나를 북쪽으로 밀어붙이기 위한 공격을 개시했다.[177] 러시아의 작전은 많은 비용과 파괴를 초래했지만, 이후 몇 달 동안 점진적인 성과를 거두었다.

한편 우크라이나 총사령관 발레리 잘루즈니 장군은 11월 1일 《이코노미스트》와의 인터뷰에서 반격을 시작한 지 5개월이 지났지만 군대가 17킬로미터밖에 진격하지 못했다고 인정하여 젤렌스키 대통령의 분노를 초래했다. "1차 세계대전 때와 마찬가지로 현재의 기술 수준은 우리를 교착 상태에 빠뜨렸다. 깊고 아름다운 돌파구는 없을 것이다."[178] 이런 솔직한 의견은 그의 경력에는 도움이 되지 않았지만(그는 교체되어 현재 영국 주재 우크라이나 대사로 재직 중이다), 러시아의 승리를 막으려면 우크라이나에 대한 무기 공급을 대폭 늘려야 한다는 점을 서방에 경고하는 역할을 했다. 그러나 2024년 5월, 미국 의회는 여전히 하원 다수당인 공화당의 내분으로 인해 추가 지원을 승인하지 않았다.

전쟁이 3년 차에 접어들면서 러시아군이 전쟁의 첫 2년 동안 중요한 교훈을 깨달았다는 것이 분명해졌다. 또한 러시아는 우크라이나의 3배가 넘는 인구와 10배가 넘는 경제 규모를 활용하여 대체 인력과 추가 병력을 확보하고, 경제를 완전히 전쟁 기반 위에 올려놓을 수 있는 방법을 찾아냈다. "결국 양이 질이 된다"라는 이오시프 스탈린의 말처럼 러시아는 역사상 자주 그랬듯이 무기 생산에 있어 양적 우위에 의존할 수 있었다. 이와 대조적으로 젤렌스키 대통령은 2023년 12월 초 기자들에게 "우리에게 전달되는 서방측 무기 공급이 감소되었다"고 인정하면서 "너무나 느려터진" 미국산 155밀리미터 포탄의 인도 상황을 자세히 설명했다.[179]

2022년 말 세르게이 쇼이구 러시아 국방장관은 군대 구조를 개편하고 2026년까지 병력을 3분의 1 가까이 추가해 150만 명으로 늘린다는 계획을 발표했다. 또한 러시아는 군수 공장을 24시간 가동해 포탄 생산량을 대폭 증가시켰고, 북한과 이란 등 동맹국으로부터 대량의 군수품을 구입했다. 2024년 봄, 우크라이나에 지원되는 미국의 무기·탄약의 물량이 거의 고갈되자, 러시아는 우크라이나에 비해 포탄에서 7대 1의 우위를 점했다.[180] 에스토니아 군사정보 수장인 안츠 키비셀그Ants Kiviselg는 러시아가 유럽과 미국을 합친 것보다 3배 더 많은 포탄을 생산할 것으로 추정했다.

2023년 12월 19일, 푸틴은 의기양양하게 말했다. "우리에게 군사적·전략적 패배를 안기려는 서방의 모든 시도는 우리 군인들의 용기와 불굴의 의지, 우리 군대의 성장하는 역량, 우리 군수산업의 잠재력에 의해 산산이 박살났다. 적들은 주인〔우크라이나를 지원하는 미국과 서방국을 지칭〕에게 소위 반격의 결과를 보여주려 애쓰는 동안 많은 사상자를 냈고, 예비전력의 상당 부분을 낭비했다. 서방 무기의 무적 신화는 무너졌다."[181] 그리고 2023년 말 이후 미국의 새로운 원조 패키지가 부재한 상황에서 우크라이나는 매우 어려운 상황에 처하게 되었다. 푸틴에 이어 쇼이구는 "제재에도 불구하고 우리는 나토 국가들보다 더 많은 첨단 무기를 생산한다"며, 러시아가 1500대 이상의 신형 현대화 탱크, 2500대 이상의 장갑 보병차량, 237대의 신형 비행기와 헬기를 생산하고 있다고 자랑했다(이 수치들은 검증되지 않았다).

쇼이구 장관은 또한 러시아의 사르마트 대륙간핵미사일의 실전 배치가 임박했으며, 핵추진 순항 미사일도 개발 중이라고 발표했다. 푸틴 정부가 정기적으로 핵 능력 강화를 언급하는 것은 런던이나 파리와 달리 독자적인 핵 억지력으로 보호받지 못하고 미국의 핵우산 아래 있는 베를린이 언젠가 표적이 될 수 있다는 독일 정부의 우려를 유발하기 위한 정책의 중요한 부분으로 생각된다. 예를 들어 2024년 3월 13일 푸틴은 재선 운동에서 "무기는 사용하기 위해 존재한다"며, 러시아의 지상·공중·해상 기반 미사일로 구성된 핵 "3종 세트 triad"가 미국보다 훨씬 더 발전되었고 현대적이라고 덧붙였다.[182] (같은 인터뷰에서 그는 "서구 엘리트들은 수세기 동안 인육으로 배를 채우고 돈으로 주머니를 채우는 데 익숙해져 왔다. 그러나 그들은 그들의 뱀파이어 무도회가 끝나고 있다는 것을 알아야 한다"라는 다소 기괴한 주장도 했다.)[183]

2024년 초 러시아는 1300킬로미터에 이르는 전선 동쪽과 남쪽 지역에서 반격을 계속하면서, 대량의 화력으로 점령하고자 하는 모든 곳을 파괴했으며, 사상자 측면에서 막대한 비용이 드는 인해전술 공격을 전개했지만, 독재 정권은 우크라이나 같은 민주주의 국가처럼 손실에 정치적으로 대응할 필요가 없기 때문에 버틸 수 있었다. 2024년 3월까지 러시아는 이 전쟁에서 31만 5000명의 사상자가 발생한 것으로 추정되는데, 이는 엄청난 수치다.[184] (우크라이나 사상자에 대한 정확한 수치를 파악하는 것은 불가능하다.)

러시아는 부분적으로는 재소자가 입대할 경우 출소를 허용하고(전선에서 6개월 이상 생존한 자에게는 대통령 사면권 부여), 부분적으로는 지방에서 지원한 병사에게 상당한 입대 보너스를 지급하는 방식으로 모병 목표를 달성했다. 정치적으로 민감한 도시에서 반발을 최소화하기 위해 모스크바와 상트페테르부르크의 엘리트들은 징집되지 않도록 보호했다. 영하 기온의 교도소에서 수감자들의 군 입대를 독려하기 위해 감방 난방을 끄고 있다는 인권 단체 '러시아 비하인드 바스Russia Behind Bars'의 보고도 있었다.[185] 수감자를 우크라이나에 배치하는 관행은 2022년 바그너그룹의 지도자 예브게니 프리고진이 제안했고, 이후 러시아 국방부가 이를 채택했다. 이 계획이 성공한 것은 우크라이나 침공 전 러시아 교도소에 42만 명의 수감자가 있었는데, 2024년 1월에는 약 26만 5000명으로 줄었다는 사실에서도 알 수 있다.[186] (프리고진 자신은 2023년 8월 23일 비행기 추락 사고로 사망했는데, 이 사고는 그가 모스크바에서 2시간 떨어진 곳에서 최종적으로 중단된 쿠데타를 일으켜 러시아 지도자들에게 도전한 이후 크렘린의 명령에 의해 일어난 것으로 확실시된다.)

우크라이나는 인구가 훨씬 많은 러시아보다 모병 문제가 더 심각했다. 잘루즈니 장군은 2023년 12월까지 50만 명의 병력을 더 동원해야 한다고 요구했지만, 젤렌스키 대통령은 단순히 군사적 이점 외에 다른 요소도 고려해야 했다. 그는 기자회견에서 최고사령부의 징병 대상 확대 요청에 대해 "먼저 이것은 사람에 관한 문제이다. 둘째, 공정성의 문제이고, 국방 능력의 문제이고, 재정의 문제이다"라고 말했다.[187] 50만 명의 병력을 경제활동에서 빼내는 조치는 비용 대비 효과를 따져봐야 했다. 우크라이나 군인 대다수는 자원입대했지만, 많은 병사들이 전쟁이 시작된 이후부터 싸우고 있었다. 27세에서 60세 사이의 남성만 징집되었지만(4월 초에 승인된 우크라이나 법에 따라 최소 연령이 25세로 낮아짐), 18세 이상이면 누구나 자원할 수 있었다. 이로 인해 최전선에 투입된 우크라이나 군인의 평균 연령은 43세로, 대부분의 현대 전쟁에서 병사들이 19~23세 사이인 것에 비해 훨씬 높다.[188]

반격과 그 이후에도 러시아는 이스칸데르와 이란제 샤헤드 드론, 순항 미사일 등 다양한 무기를 사용해 키이우, 하르키우, 오데사 등 여러 곳에서 주거용 건물에 무차별 폭격을 가했다. 서방에서 공급한 무기에 의해 많은 수가 격추되었지만, 특정 지역에서는 방어용 미사일의 재고가 부족하여 완전히 소진되기도 했다. 러시아는 또한 국제 협약에서 금지된 화학 무기(드론으로 투하되는 유독성 최루탄)를 사용했으며, 점령지에 대한 러시아군의 통치는 잔혹한 탄압으로 이어졌다. 2024년 2월 16일, 러시아 야당 지도자 알렉세이 나발니Alexei Navalny가 의심스러운 상황에서 사망한 것은 푸틴이 어떤 독재 정권을 운영하는지를 보여주는 추가적 증거가 되었다.

나발니가 사망하던 날 러시아가 점령한 도네츠크에서 16킬로미터도 채 떨어지지 않은 동부의 주요 도시 아우디이우카는 4개월간의 격렬한 전투 끝에 마침내 러시아군에게 함락되었다. 우크라이나군은 포탄이 바닥난 상태였고, 아우디이우카 점령은 러시아가 9개월간의 전투 끝에 2023년 5월에 바흐무트를 점령한 이후 거둔 첫 번째 주요 전장 승리였다.[189] 당시 우크라이나의 국가안보회의 의장 올렉시 다닐로프는 우크라이나가 2023년 8월에 배치되도록 승인된 F-16 전투기를 2024년 5월까지 받지 못했다며, 만일 제때 받았더라면 아우디이우카 함락을 막을 수 있었을 것이라고 말했다. 러시아 전투기는 KAB 공중유도 활강폭탄으로 지상의 우크라이나군을 공격해 막대한 손실을 입혔다. 다닐로프는 "만일 F-16기가 있었다면 우리 영토에서 놈들을 몰아낼 수 있었을 것"이라며 아쉬움을 토로했다.[190]

그럼에도 불구하고 아우디이우카가 오랫동안 버틸 수 있었던 이유 중 하나는 우크라이나가 로봇 샤블라 기관총을 사용했기 때문이다. 우크라이나 전략산업부 장관인 올렉산드르 카미신Oleksandr Kamyshin은 러시아군이 우크라이나군 진지를 습격했을 때 "우리 군인은 단 한 명도 없었고, 카메라와 야간투시장치가 달린 기관총 포탑만 있었다. 이 무기는 부분적으로 원격 제어되고, 부분적으로는 자율적으로 작동하는 무인 시스템이었으며, 우리 병사들은 수리를 하거나 탄약을 재장전하기 위해 은밀히 드나들었을 뿐이다. 이 로봇의 운영자는 다른 곳에 앉아 있었다"라고 설명했다.[191] 카미신은 2024년에는 인공지능으로 작동되는 자율무기가 우크라이나 전장에서 인력·장비·무기의 손실을 최소화할 수 있을 것이라고 믿었다. 그는 이렇게 말했다. "올해 우리는 인공지능이 어떻게 '게임의 일부'가 되는지와, 자율 지상 시스템이 어떻게 실행되는지를 보게 될 것이다. 우리의 야망은 '드론으로 싸우는 2차 세계대전'의 차원을 벗어나 무인 시스템의 전쟁으로 나아가는 것이다. 현재 우리는 가장 저렴한 350달러짜리 FPV(1인칭 시점 드론)부터 상트페테르부르크까지 비행할 수 있는 드론에 이르기까지, 공중에서 날고, 수상水上에서 공격하고, 지상에서 이동하는 모든 것을 생산하는 200개 이상의 회사를 보유하고 있다."[192]

확실히 FPV는 전장 양쪽에서 모두 그 존재감을 드러냈다. 전통적인 드론도 마찬가지다. 2024년 1월, 당시 우크라이나 제95독립공병여단의 드론 조종사가 포로로 잡혀 결박돼 있는 우크라이나 병사를 구하기 위해 수류탄을 투하한 후 그 병사를 다시 자기 부대로 복귀하도록 유도하는 놀라운 사건이 발생했다.[193] 러시아와 우크라이나 모두 2024년까지 개인 병사뿐만 아니라 차량도 공격할 수 있는 FPV 드론 100만 대를 생산하겠다고 발표했다. 우크라이나는 60여 종의 드론을 사용하고 있는데, 일부는 중국산 장난감 부품을 사용한 것으로 가격은 대당 300~500달러에 불과하다.[194] 2024년 3월까지 우크라이나는 매달 1만 대 이상의 자폭드론(전량 손실되는)을 사용했다.[195] 우크라이나 지도자들은 한편으로 대체 병사와 새로운 부대를 모집·훈련·무장·고용하기 위해 노력하는 동시에, 다른 한편으로는 전선에서의 손실을 줄이기 위해 군인이 아닌 기계를 사용하고 싶어 했다. 그리고 러시아 지도자들도 똑같은 방법을 모색하고 있는 것으로 보인다.

지상전투에서는 별다른 성공을 거두지 못했지만 우크라이나의 반격이 매우 인상적인 성공을 거둔 곳은 바로 흑해였다. 2023년 12월 26일 크림반도 페오도시아에 정박하고 있던 3400톤급 러시아 상륙함 노보체르카스크가 우크라이나의 초음속 전투기 수호이 Su-24에서 발사한 영국 공급의 스톰 섀도우 순항 미사일에 맞아 침몰했다.[196] 현재 우크라이나 해상 드론은 미사일을 발사할 수 있을 뿐만 아니라, 적 함정에 접근해 탄두를 폭발시킬 수 있는 능력을 갖추고 있다. 마구라 C5는 공격 속도가 77킬로미터이고 250킬로그램의 폭탄으로 무장하고 있다.[197]

러시아 흑해 함대는 우크라이나에서 생산한 대함 미사일과 우크라이나가 개발한 해상 드론의 공격을 받아 2024년 4월 중순까지 전력의 3분의 1이 무력화되었다.[198] 우크라이나는 모두 주력 순양함 1척(모스크바호), 킬로급 잠수함, 보급함, 미사일 코르벳함, 함대가 보유한 상륙함 9척 중 4척(노보체르카스크호 포함), 다수의 경비정과 상륙정을 무력화하거나 격침시켰다. 다르다넬스 해협의 통과를 규제하는 1936년 몽트뢰 협약Montreux Convention에 따라, 전시에는 흑해로 향하는 군함의 항해가 금지되기 때문에 이러한 흑해함대의 손실은 러시아의 북방함대나 태평양함대의 전함들로 대체할 수 없었다.[199]

흑해 서부에서 쫓겨난 러시아는 자국이 점령한 크림반도의 핵심 항구인 세바스토폴에서 함대의 대부분을 철수시켜야 했는데, 이곳은 200년 이상 러시아 흑해함대의 본거지였다. 이런 상황은 우크라이나에 큰 도움이 되었다. 협소한 항로를 따라 흑해 서부를 통해 곡물을 북아프리카, 특히 이집트에 수출할 수 있었기 때문이다. 우크라이나는 자국산 곡물에 크게 의존하고 있는 북아프리카 국가들, 특히 이집트에 곡물을 수출하여 절실히 필요한 현금을 손에 쥘 수 있게 되었다.

2024년 1월 15일, 우크라이나 남부 아조우해 지역에서 러시아 베리예프 A-50 공중 조기경보기가 격추되는 등 우크라이나의 다른 놀라운 성공 사례도 있었다. 미국의 AWACS와 같은 러시아산 조기경보기는 날개 길이가 50미터가 넘고 제작비가 3억 파운드였으며, 최대 402킬로미터 떨어진 거리에서 우크라이나 항공기를 탐지할 수 있었다.[200] 일주일 후 우크라이나 자폭드론 2대가 상트페테르부르크 인근의 핀란드만에 위치한 우스트루가의 석유·가스 정제소와 석유 수출 터미널을 1250킬로미터 떨어진 거리에서 공격하여 러시아의 나프타, 제트 연료, 액화천연가스LNG 생산 및 수출에 심각한 영향을 미쳤다.[201] 러시아 전문가인 오언 매슈스Owen Matthews는 "러시아는 우크라이나에 없는 한 가지 구조적 취약점이 있다"고 말하며, "그것은 영토가 광활하고 기반시설이 분산되어 모든 파이프라인, 공장, 다리를 보호하는 것이 불가능하다는 것"이라고 지적했다.[202] CIA는 여러 가지 방법으로 우크라이나에 정보를 제공하지만, 푸틴이 분쟁을 확대하는 빌미로 삼을 수 있는 도발적 행동을 하지 않도록 주의해온 것으로 알려졌다.[203]

러시아의 석유 및 LNG 수출은 서방의 경제 제재가 러시아 경제에 미치는 영향을 상당히 무력화시켰다. 러시아는 국가 재정수입의 거의 40퍼센트를 전쟁에 지출하고 있지만, 특히 예멘의 후티 반군이 홍해에서 유조선을 공격한 이후 중동 위기의 영향으로 인한 유가 상승이 푸틴에게 유리하게 작용했다. 중국과 인도의 대규모 석유 구매는 러시아 전쟁 기계에 자금을 지원했으며, 실제로 2024년에는 러시아가 우크라이나를 침공하기 전보다 더 많은 석유 수입을 올렸다. 덕분에 푸틴은 예산에 10조 루블(857억 파운드) 이상의 군사비를 배정할 수 있었고, 러시아는 나토가 우크라이나에 지원하는 포탄과 전쟁물자보다 더 많은 물량을 손쉽게 초과 생산할 수 있게 되었다.[204] 따라서 미국이 주도하는 대러시아 제재와 수출통제 강화 노력은 이를 회피하기 위해 끊임없이 진화하는 수법을 고려할 때 매우 중요하다.[205]

2024년 2월에 열린 뮌헨 안보회의에서 독일의 올라프 숄츠 총리는 독일 GDP의 2퍼센트를 국방에 지출하겠다고 약속했는데, 이는 세계 3위의 경제 대국인 독일이 2022년에는 GDP의 1.6퍼센트만 국방에 할당한 것을 감안하면 상당한 금액이다.[206] 나토 사무총장 옌스 스톨텐베르그Jens Stoltenberg(2024년 11월 1일부로 임기 만료)는 나토의 31개 회원국 중 18개국이 현재 2퍼센트 이상을 국방비로 지출하고 있다고 덧붙였다.[207] 그리고 유럽연합은 뮌헨 회의 직전에 우크라이나에 500억 유로를 지원하기로 약속했다. 그럼에도 불구하고 약속된 서방의 군사 자산이 제때 도착하지 않았고, 600억 달러 규모의 원조 패키지가 미국 하원에서 보류되면서 우크라이나는 필요한 수준의 서방 지원을 받지 못하고 있다. 미국은 유럽 전체를 합친 것만큼의 군사 지원을 제공했고, 서방의 탱크와 항공기 등 특정 유형의 무기 제공에 대한 미국의 결정이 지연되면 다른 국가들도 동일한 결정을 내리는 경우가 많았기 때문에 미국 의회의 지연은 특히 심각한 문제를 야기했다.[208] 스톨텐베르그는 2023년 12월 나토 연례 보고서에서 이렇게 썼다. "우크라이나에게 부족한 것은 용기가 아니라 탄약이다. 모든 동맹국이 일치단결하여 우크라이나에 대한 신속한 지원을 위해 배전의 노력을 기울여야 한다. 매일 지연될 때마다 우크라이나 전장에서는 실질적이고 부정적인 결과가 초래된다."[209] 2024년 봄이 되자 이러한 상황이 점점 더 분명해졌다.[210]

2024년 2월 8일, 젤렌스키 대통령은 발레리 잘루즈니 장군을 우크라이나 총사령관에서 해임하고 그 자리에 올렉산드르 시르스키

Oleksandr Syrsky 장군을 임명했다. 이는 국내에서도 인기가 없는 논란이 많은 조치였고, 반격의 실망스러운 결과에 대한 처벌로 널리 간주되었다. 그러나 이 책에서 살펴본 바와 같이 민주주의 국가에서 선출된 정치인은 잘루즈니처럼 인기가 높은 군부 인사라도 그들이 대통령에게 도전하는 경우, 특히 잘루즈니가 《이코노미스트》에 기고하고 인터뷰한 것처럼 행동하면 해임할 수 있는 권한이 있다. 젤렌스키와 잘루즈니 사이에 전략을 둘러싼 이견이 있던 것도 사실이었다. 젤렌스키는 군대와 국가 내에서 잘루즈니의 인기를 달갑게 여기지 않았고, 대다수의 군사 분석가들이 오랫동안 알고 있었음에도 불구하고 잘루즈니가 반격이 실패했다고 공개적으로 인정한 인터뷰에 대해 불만을 품었을 것이 분명하다.[211]

잘루즈니는 해임 직전에 쓴 〈현대의 진지전에서 승리하는 방법 Modern Positional Warfare and How to Win It〉이라는 제목의 글에서 2023년 10월 7일 이스라엘 남부에서 발생한 하마스의 기습 공격을 정세에 영향을 미치는 또 다른 요인으로 정확하게 지적했다. 그는 "러시아는 중동의 상황이 국제사회의 관심을 분산시킨다는 점에 주목하여 다른 곳에서 추가적인 분쟁을 벌이려고 할 수 있다"라고 썼다.[212] 이러한 요인과 다른 요인들로 인해 그는 "우리는 주요 동맹국들의 군사적 지원 감소에 맞서 싸워야 한다"고 솔직하게 말했다.[213]

우크라이나의 5분의 1이 러시아에 점령당하고, 일부 서방 국가, 특히 미국에서 우크라이나에 대한 지원이 약화되고, 수만 명의 우크라이나 국민이 사망한 상황에서 젤렌스키 대통령의 전쟁 피로에 대한 우려는 다양한 방식으로 나타나고 있었다. 2024년 3월까지 우크라이나에 100만 발의 포탄을 공급하겠다는 유럽연합의 약속에도 불구하고 실제로 도착한 포탄은 55만 발에 불과했지만, 그나마 체코와 에스토니아의 주도적 지원으로 그 숫자가 늘어나기는 할 것이다.[214] 젤렌스키는 2023년 10월 《타임》지와의 인터뷰에서 이렇게 속내를 털어놓았다. "가장 무서운 것은 세계의 일부가 우크라이나 전쟁에 심드렁해졌다는 것이다. 전쟁에 대한 피로도가 파도처럼 밀려오고 있다. 미국과 유럽에서는 다음과 같은 일이 벌어지고 있다. 그들은 조금 지치기 시작하자마자 마치 전쟁이 텔레비전 쇼라도 되는 것처럼 '난 이런 재방송을 열 번씩이나 보는 게 지겹다'라고 말한다."[215]

12월 초 젤렌스키는 하르키우 지역을 방문했을 때 AP통신과의 인터뷰에 응했다.

우리는 더 빠른 결과를 원했다. 그런 관점에서 안타깝게도 우리는 원하는 결과를 얻지 못했다. 그것은 사실이다. (…) 그렇다고 우리는 물러서지 않는다. 나는 만족하고 있다. (…) 우리는 세계에서 두 번째로 강력한 군사대국과 싸우고 있다. (…) 원하는 결과를 더 빨리 달성할 수 있을 만큼 충분한 힘이 없다. 그렇다고 해서 우리가 포기하거나 항복해야 한다는 말이 아니다. 우리는 자신감이 넘친다. 우리는 우리의 것을 위해 싸울 것이다.[216]

2023년 11월 키이우는 드론 기술에 전년 대비 10배에 달하는 10억 달러를 지출할 것이라고 발표했지만, 이는 러시아가 지출한 금액에 비하면 상당히 적은 액수다.[217] 사이버 공간에서의 활동과 마찬가지로 전자전 또한 이전의 어떤 분쟁보다 훨씬 많이 발전했다. 심지어 스타링크 위성통신과 같이 우주 공간에서 지휘, 통제, 통신을 가능하게 하는 기술까지 개입하고 있다. 우크라이나에서 전쟁의 미래에 대한 또 다른 단서는 스마트폰, 인터넷 접속, 소셜미디어 플랫폼이 거의 어디에서나 존재하는 데서 비롯된 '엄청난 투명성의 도래'에서 찾아볼 수 있다.

우크라이나가 생산 중인 무기에는 35킬로그램의 폭발물을 탱크 밑이나 벙커에 설치할 수 있는 무인지상차량인 라텔 S와 바퀴가 달린 원격 조종 장갑포탑인 아이언클래드가 있다. 러시아의 전파방해 기술이 발전함에 따라, 라텔과 아이언클래드 모두 무선 주파수의 범위를 벗어나거나 제어 주파수가 방해받으면 자율적으로 작동할 수 있는 소프트웨어가 탑재될 예정이다.[218] 물론 러시아는 두 무기의 자체 버전을 개발하고 있는 것이 거의 확실하다.

2024년 3월 독일 연방의회는 우크라이나에 장거리 타우러스 미사일을 제공하라는 정부 요청을 494 대 188로 부결시켰다. 독일이 600기를 보유하고 있는 이 순항 미사일(독일-스웨덴 공동 생산)은 첨단 유도 시스템과 482킬로미터 이상의 사거리를 갖추고 있어, 우크라이나가 러시아 전선 깊숙이 위치한 목표물을 타격할 수 있다. 그러나 독일 의회는 2024년 3개월 동안 3차례나 반대표를 던졌다. 이유는 독일 공군 참모총장인 잉고 게르하르츠Ingo Gerhartz가 올라프 숄츠 총리와의 전화 통화에서 타우러스 미사일이 러시아와 크림반도를 연결하는 케르치 다리를 공격하는 데 사용될 것을 우려한 내용을 누군가가 도청하여 유출시켰기 때문이다.

서방 세력이 분쟁이 격화될 것을 우려해 장거리 무기가 러시아 영토 내에 위치한 시설의 파괴에 사용되는 것을 원치 않기 때문에 우크라이나는 자체 장거리 미사일과 드론 역량을 구축하고 있다. 우크라이나 의회 국방·안보 위원회 위원장인 로만 코스텐코Roman Kostenko 대령은 이렇게 말했다. "러시아의 국방 및 경제 기반에 효과적으로 대응할 수 있는 장거리 미사일이 매우 중요하다. 러시아에 고삐를 채울 수 있는 억제용 무기가 필요하다. 그들은 우리가 파괴적으로 대응할 수 있다는 걸 알아야 한다."[219] 그리고 이러한 결단의 결과로 러시아의 비행장과 정유시설을 공격하기 위한 우크라이나의 노력에 장거리 타격이 점점 더 많이 등장하고 있지만, 진정한 전략적 효과를 창출할 수 있을 만큼 충분히 늘릴 수 있을지는 확실하지 않다.

우크라이나 전략산업부 차관 한나 호보즈디아르Hanna Hvozdiar는 "드론의 개발은 빠르게 진행되고 있다. 성공을 위해서는 혁신과 기술이 필요하다"고 말했다.[220] 효율적인 정부 자금 지원과 민간 기업의 결합으로 우크라이나의 드론 기술은 점점 더 세계를 선도하고 있지만, 얼마나 오래 지속될 수 있을지에 대한 우려도 있다. 에릭 슈밋 전 구글 회장과 같은 일부 전문가들은 우크라이나가 이미 러시아와의 드론 전쟁에서 기술적으로 패배하기 시작했으며, 전장에 배치된 드론의 수에서 러시아가 우크라이나를 압도하고 있다고 우려했다.[221] 러시아는 또한 이란으로부터 대량의 드론을 구매하고 있다.

미크 라이언은 《포린 어페어스》 기고문에 다음과 같이 썼다.

2년간의 전쟁 후 '적응을 위한 싸움the adaptation battle'의 양상이 달라졌다. 우크라이나와 러시아 간 품질 격차가 좁혀졌다. 우크라이나는 여전히 혁신적이고 상향식 군사 문화를 가지고 있어 새로운 전장 기술과 전술을 빠르게 도입할 수 있다. 그러나 이러한 교훈을 체계화하여 군대 전체에 확산시키는 데 어려움을 겪을 수 있다. 반면에 러시아는 실패사례에 대한 보고를 기피하고, 중앙집권적인 지휘 철학으로 인해 상향식 학습이 더 느리게 진행된다. 그러나 러시아가 무언가를 배우게 되면 군 전체와 대규모 방위산업을 통해 이를 체계화할 수 있다.[222]

우크라이나가 우려하는 것처럼 전쟁이 장기화될수록 러시아는 더 잘 학습하고 적응하는 능력을 보일 것이다. 소모전은 더 부유하고 규모가 크고 인구가 많은 국가에 유리하다. 런던 킹스칼리지의 전쟁학과 마이클 클라크Michael Clark 교수는 다음과 같이 말한다. "이것이 바로 산업화 시대 전쟁에 나타나는 경향이다. 오랜 군사작전 기간 동안 상대를 압도할 수 있을 만큼 충분한 전쟁 물자를 생산 및 배치할 수 있는 국가가 전쟁에서 승리하는 법이다."[223]

러시아가 2022~2023년 전쟁에서 교훈을 얻은 또 다른 중요한 분야는 보병 근접전투 전술이다. 앞서 살펴본 바와 같이, 2022년 러시아의 대대급 부대는 제병합동작전combined-arms operations에서 종종 실패했다. 그러나 2023년 이른 봄부터 러시아는 엘리트 부대를 재래식 부대와 통합하기 시작했다. 우크라이나는 훈련받지 못한 러시아 병력이 우크라이나 진지를 공격하는 것을 '인육 폭풍meatstorms'이라고 부르지만, 러시아 징집병의 공격은 훨씬 더 잘 훈련된 정예부대가 도착하기 전에 방어자를 지치게 할 수 있다.[224] '인육 폭풍'이라는 신종 인해전술이 여전히 사용되고 있지만, 오늘날 러시아군 사단은 어느 전문가의 분석처럼 "강습용, 특수용, 일회용 인육人肉 부대로 계층화되어" 있다.[225]

러시아가 교훈을 얻은 또 다른 실질적 분야는 장갑차, 트럭, 포병에 '코프 케이지'를 체계적으로 도입한 것이다. 이 케이지는 전차에 용접되어 대전차 무기의 신관이 전차의 장갑에 충돌하기 전에 무력화시키거나, 조기에 폭발하도록 만든다. 2차 세계대전에서 처음 사용된 이 케이지는 전쟁 초반 러시아 장갑부대에 막대한 피해를 입힌 재블린 미사일 같은 대전차탄에 대응하는 데 유용한 것으로 입증되었다.[226] 지금까지 우크라이나는 우스꽝스런 모습의 코프 케이지에 대응할 방법을 찾아내지 못하고 있다.

마찬가지로 러시아는 침략 전쟁의 초기 공격에서처럼 병력을 과도하게 집중하지 않는 법을 배웠다. 하지만 앞서 언급했듯이 여전히 주요 공격축선에서는 본질적으로 '인해전술' 공격에 의존하고 있다. 또한 암호화된 네트워크와 구형의 유선 전술통신 시스템 등 이전보다 훨씬 더 안전한 통신을 사용하고 있다.[227] 한편, 그들은 전자전 능력을 크게 강화하여 때때로 하이마스HIMARS와 일부 우크라이나 드론을 유도하는 GPS 신호를 교란하는 데 성공했다. 잘루즈니는 현재 우크라이나가 이 중요한 분야에서 러시아에 뒤처져 있음을 인정했다. 믹 라이언Mick Ryan은 상기 내용들을 종합하여 이렇게 결론지었다. "러시아의 군산복합체는 전장에서 터득한 교훈을 러시아의 산업과 전략에 연결시키는, 강력하고 지속적으로 개선되는 적응 주기adaptation cycle를 개발했다. 이는 향후 러시아에 상당한 군사적 우위를 부여할 수 있다. 만일 우크라이나가 이 문제를 제대로 해결하지 않으면 이는 러시아가 전쟁에서 승리하는 이점이 될 것이다."[228]

러시아가 우크라이나에서 승리할 경우, 몰도바와 발트해 연안 국가들은 러시아가 몇 년 동안 재무장과 집중적인 훈련을 거친 후 다음에 공격할 대상이 바로 자신들이라는 사실을 깨닫게 될 것이다. 에스토니아 대외정보국 국장 카우포 로신Kaupo Rosin은 러시아에 대해 "모든 것이 다시 (러시아의) 계획대로 돌아가고 있다"고 경고했다.[229] 2024년 5월 이 책을 출간한 시점에 우리는 "가장 집요한 공격도 무디게 하거나 상당히 지연시킬 수 있는 방어가 가능한 상황에서는 어느 쪽도 결정적인 군사적 승리를 거둘 수 있는 확실한 경로가 없다"라는 군사사학자 로런스 프리드먼 경의 평가에 동의할 수밖에 없었다.[230] 미국의 지원이 재개되고 우크라이나가 징병 및 병력 증강 문제를 해결한다면 이러한 교착상태가 유지될 가능성이 있지만, 우크라이나가 모든 주요 도시 지역에 방공 및 미사일 방어를 제공하지 못하는 상황에서는 러시아가 하르키우와 최전방 도시를 계속 공격할 가능성이 높다.

바이든 행정부가 우크라이나에 제공한 지원은 미국의 근본적인 국가 안보 이익에서 비롯된 것이다. 2차 세계대전 이후 미국과 서방뿐만 아니라 전 세계의 상대적 번영을 보장한 규칙기반 국제질서를 확립하는 데 중요한 역할을 한 것은 바로 미국이었다. 1944년 브레튼우즈 협정과 덤바튼 오크스 선언에 기초한 경제체제, 그리고 1945년 유엔과 1949년 나토에 기초한 국제안보 체제가 이러한 국제질서를 떠받치는 양대 기둥이었다. 현재 이들 모두는 러시아, 중국, 이란, 북한 같은 "악의 축"으로부터 위협을 받고 있다. 문제는 이들 국가들이 점점 더 협력하여 행동하고 있다는 것이다.

규칙기반 국제질서의 핵심 조항은 전체주의 국가가 우크라이나에서 푸틴이 자행한 것처럼 민주주의적 인접국을 대상으로 '도발되지 않은' 침략전쟁을 벌이지 말아야 한다는 것이다. 미국과 서방의 이익은 여전히 규칙기반 질서에 의해 잘 보호되고 있으며, 그 동맹국들은 당연히 미국 대륙에서 멀리 떨어진 곳에서도 러시아가 이를 준수해주기를 기대한다. 하지만 이와 반대로 러시아와 전 세계의 다양한 동맹국들은 '독재정권에게 안전한 세계'를 만들려 노력하고 있다. 미국의 이익과 나토 동맹국 및 나머지 자유세계의 이익은 비록 나토가 군대를 우크라이나에 파병하지 않았지만 오늘날 우크라이나 깊숙한 곳에서 잘 방어되고 있다. 한편, 미국은 연간 국방예산 9000억 달러의 극히 일부에 불과한 비용으로 러시아 탱크 전력의 절반 이상을 파괴하는 등 우크라이나에 대한 투자에서 엄청난 수익을 챙겼다.

이제 서방은 우크라이나를 공격하는 드론, 로켓, 미사일, 항공기를 식별·추적·파괴할 수 있는 추가적 체계를 지원해야 한다. 또한 우크라이나에는 러시아 공격을 방어하는 데 특히 중요한 것으로 입증된 장거리 정밀 미사일, 서방 항공기, 훨씬 더 많은 포병 탄약, 추가적인 집속탄 등이 필요하다. G-7은 대부분 브뤼셀의 유로클리어Euroclear에 동결된 약 3000억 달러의 러시아 외환보유고를 우크라이나에 신속하게 제공해야 한다. 오랫동안 지연된 이러한 구상들은 러시아가 입힌 피해를 복구하고 자체의 군산복합체를 건설할 수 있는 우크라이나의 능력에 대해 크렘린에 매우 중요한 메시지를 전할 것이다. 또한 향후 미국 행정부가 우크라이나에 대한 지원을 완전히 중단할 경우의 부정적 영향을 감소시키는 데도 도움이 될 것이다. 로버트 졸릭Robert Zoellick 전 세계은행 총재는 《파이낸셜 타임스》 기고문에서 러시아 동결자금을 우크라이나에 지원하는 방안에 반대하는 법률적·경제적 주장에 대해 다음과 같이 일갈했다. "정책결정자라는 사람들은 건전한 정책, 선량한 정치, 강력한 윤리적 가치에 기반한 절호의 기회를 놓치기 일쑤다. (…) G7 혹은 그와 유사한 무리들은 더 이상 꾸물거리지 말고, 당장 행동에 나서야 할 것이다."[231]

따라서 미국과 서유럽 국가들의 우크라이나 지원은 단순히 자선이나 인도주의적 충동에서 비롯된 것이 아니다. 우크라이나를 돕지 않으면 안보와 번영에 있어서 세계가 대단히 부정적인 방식으로 변화할 것이기 때문에 우크라이나를 돕는 것이 자국의 이익에 부합한다는 냉철하고 냉정한 계산에서 비롯된 것이다. 마지막으로 우크라이나의 올렉시 다닐로프는 우크라이나가 러시아를 자국에서 몰아낼 수 있다고 확신하지만 "우크라이나에 필요한 세 가지 요소는 무기, 무기, 더 많은 무기"라고 덧붙였다.[232]

10장

이스라엘과 가자지구

2023-

과수원의 노동자나 잠이 든 가족을 살해하는 것을 항상 막을 수는 없지만, 아랍 정착촌과 아랍 군대, 아랍 정부가 지불하기에는 너무 높은 대가를 치르게 할 수는 있다. [보복 작전은] (…) 해당 국가가 자국민을 통제하지 않고 우리를 공격하는 것을 막지 않으면 이스라엘군이 그 땅에서 혼란을 야기할 것이라는 처벌과 경고의 행위다.[1]

— 1955년 7월, 이스라엘 국방부 장관 모셰 다얀이 이스라엘 방위군 장교들에게 한 말

2023년 10월 7일 토요일 오전 6시 20분, 가자지구를 통치하던 하마스 테러 단체는 이스라엘 남부에서 '알 아크사 홍수작전Operation Al-Aqsa Flood'이란 명칭의 매우 치밀하고 정교하며 일사분란한 기습 공격을 개시했다. 영국의 주간지 《이코노미스트》는 약 2년간의 계획과 수개월 동안 여러 차례의 리허설을 거쳐 전광석화처럼 수행된 이번 작전을 가리켜 "교과서적인 군사 작전"이라고 표현했다.[2] 또한 이 작전은 2주일 동안의 연휴가 끝나는 유대교 명절 심캇 토라Simchat Torah(일주일간의 초막절이 끝난 다음 날)에 맞춰 감행되었다.

작전은 이스라엘 남부, 이스라엘 지중해 연안, 서예루살렘을 향해 발사된 로켓의 집중 포격으로 시작되었다. 이는 늘상 벌어지는 일이었지만 이번에는 달랐다. 공습 사이렌이 울리자 수천 명의 유대인들이 대피하려 이스라엘 남부의 벙커로 몰려들고, 정보장교들은 국경을 따라 배치된 감시 초소에 접근하지 못했다. 게다가 날아오는 로켓을 요격하기 위해 이스라엘의 미사일방어체제인 '아이언 돔'이 작동되자 그 소음에 다음 단계의 하마스 공격 소리가 묻혀버렸고,[3] 심지어 가자지구 근처의 키부츠 레임에서 열린 트라이브 오브 노바the Tribe of Nova 음악 축제에서는 음악이 중단되고 사람들이 댄스 플로어를 떠나는 사태가 발생했다.[4]

하마스 지하디스트들은 저격수와 약 100대의 폭발성 드론을 사용해 가자지구와 이스라엘 남부를 분리하는 보안 장벽인 '스마트 월'을 따라 설치된 센서, 카메라, 경보 시스템, 통신 노드를 파괴했다.[5] 이러한 공격으로 인해 이스라엘 통제실로 연결되는 비디오 피드가 단절되고, 원격 제어 기관총과 열화상 센서가 장착된 카메라, 자동화와 원격 제어로 작동하는 광학 및 레이더 감지 시스템을 갖춘 감시탑이 무력화되었다.[6] 고도로 정교한 카메라와 센서는 소규모 집단과 개인의 통과를 막기 위해 설계되었다. 그러나 정교한 감시 및 방어 시스템을 무력화하고 파괴하는 방법을 정확히 알고 있는 수천 명의 지하디스트들의 대규모 공격은 막을 수 없었다. 한마디로 '보안 장벽'은 본질적으로 실패했다.

오전 6시 45분 직후 인터넷 연결이 끊겼다. 이스라엘 보안 장벽의 감시장치들을 무력화시킨 하마스의 특수작전부대 누크바Nukhba는 불도저, 트랙터, 기타 중장비 등으로 국경을 돌파하고, 이스라엘 내 주요 군사기지와 지휘센터를 습격하여 30개 이상의 지점을 파괴했다. 첫 번째 표적은 키부츠 레임 근처의 지역 지휘통제센터로, 통신 시스템, 안테나, 울타리 센서, 기타 장비가 완전히 파괴되었다. 전광석화 같이 재빠른 기습 공격으로 인해 많은 이스라엘 방위군IDF 병사들이 요새화된 벙커와 은신처에서 사망하고, 다른 병사들은 인질로 잡혔다.

누크바는 이스라엘 군사기지의 시설과 막사, 무기 창고에 대한 완벽한 정보를 파악하고 있었다. 1500~3000명의 테러리스트들이 트럭, 오토바이, 도보뿐만 아니라 모터 행글라이더, 제트스키, 심지어 골프 카트 등을 타고 국경 주변과 국경 너머 지역까지 휩쓸며 유린할 수 있었던 것은 20개 이상 민간인 마을의 위치를 정확히 알고 있었기 때문이다. 이처럼 자세한 정보는 이스라엘에서 취업할 수 있는 통행증을 받은 1만 5000명의 가자지구 사람들 중 일부가 제공한 것으로 추정된다. 지도를 손에 들고 여러 마을과 키부츠들을 공격한 하마스 테러리스트들은 보안 책임자의 집으로 직접 찾아가 살해하거나 안전실safe rooms에 가뒀다.[7]

어느 IDF 정보장교는 이렇게 말했다. "그들이 성공한 비결은 뛰어난 기술이 아니라 철저한 준비였다. 그들은 군사전술을 사용하여 테러공격을 수행했다."[8] 8200부대는 IDF의 최정예 사이버 및 신호정보 기관이다. 이스라엘 국경에서 16킬로미터 떨어진 우림Urim 근처에 위치한 8200부대의 핵심 시설도 습격당했다. 이스라엘과 팔레스타인 영토, 전 세계의 데이터를 종합하는 장비를 보관하는 벙커 입구에서 폭발물이 터졌다. 8200부대 출신인 알론 에비아타르Alon Eviatar 중령은 "이것은 놈들이 제일 먼저 파괴시켜야 할 최우선 과제였다"고 말했다.[9]

공격이 시작된 지 한 시간 반이 지난 오전 8시 6분, IDF는 하마스에 의한 육·해·공 '합동 공격'이 개시되었음을 발표했고, 이어서 오전 8시 25분 '전쟁 경계태세'를 선포했다. 이처럼 IDF의 대응이 상대적으로 느렸던 이유는 하마스가 통신 네트워크를 무력화하는 데 매우 인상적인 성과를 냈기 때문이기도 하지만, 이번 공격이 이전의 전쟁게임에서 예상했던 양상과 전혀 비슷하지 않았기 때문이기도 하다. 그래서 처음에는 특수작전부대만 투입되었다. 하지만 하마스의 공격 규모가 파악되고 소식이 퍼지면서 수많은 예비군이 제복을 입고 무기를 들고 즉시 자가용 호송대에 탑승해 남쪽으로 가서 하마스 테러리스트들과 교전을 벌였다.

이스라엘 정보기관, 특히 IDF 정보국과 가자지구·서안지구를 담당하는 국내 보안기관인 신베트Shinbet가 어째서 알 아크사 홍수작전을 제때 예측하여 저지하지 못했는지, 그리고 어째서 군사 대비 태세가 그토록 허술하고 대응이 굼떴는지는 본격적인 공식 조사 결과를 기다려야 한다. 분명한 것은 가자지구에서 활동하는 요원들을 의미하는 구식 인간정보HUMINT에 문제가 있었다는 점이다. 하마스 지도부는 이스라엘 정보기관이 도청할 수 있는 휴대전화나 컴퓨터를 사용해 계획을 전달하지 않고, 터널에 설치된 유선전화망을 사용하는 예방 조치를 취했다.[10] 또한 이스라엘 정보기관의 상상력 부족, 하마스가 이 정도 규모의 입체적 공격을 감행할 만큼 정교할 것이라고 믿지 못한 점, 하마스가 공격 전 몇 달 동안 받은 추가적인 취업 비자에 감지덕지하여 행동을 절제하고 있다는 이스라엘 정부 최고위층의 안일한 인식도 한몫했던 것으로 보인다.

초기 공격에서는 제법 세련된 수법을 사용했지만, 하마스는 곧장 현대사에서 거의 유례를 찾아볼 수 없는 야만적 수준으로 전락했다. 많은 테러리스트들이 기습 작전을 실시간으로 전송하는 고프로 카메라 및 기타 바디캠 등을 착용했기 때문에 특히 극심한 성폭력, 성고문, 신체 절단, 고문 및 대량 학살을 특징으로 하는 테러가 자행된 끔찍한 공포와 완전한 타락의 현장을 목격할 수 있었다. 여성에 대한 집단 강간과 남색(남녀 모두에 대한) 같은 야만성은 코란의 가르침에 정면으로 반하는 만행임에도 불구하고, 이들 이슬람주의 특수부대 집단의 야만성은 전술의 핵심적인 부분이었다.

영상에는 테러리스트들이 남녀노소를 불문하고 유대인들을 사냥하고 고문하고 산 채로 화형시키는 장면이 등장한다. 어떤 테러리스트는 부모에게 전화하며 이렇게 자랑했다. "아버지, 제가 유대인 10명을 죽였어요! 맨손으로 유대인 10명을요. 왓츠앱을 확인해 보세요. 아버지, 저를 자랑스러워하세요."[11] 그리고 또 다른 테러리스트가 "아이들은 어디 있느냐?"고 묻는 소리가 들린다. 생후 10개월 된 밀라 코헌은 112명의 이스라엘인 시신이 발견된 키부츠 베에리에서 아버지와 함께 숨졌다.[12] 2~6세 어린이 5명 가운데 4명이 테러리스트에 의해, 그리고 1명이 로켓 공격으로 사망했다. 그보다 나이가 많은 어린이들도 다수가 사망했다.[13] 시신 대부분이 불에 타서 각각의 사인을 밝히기는 어려웠지만, 사지가 절단된 시신이 흔하게 발견되었다. 하마스 테러리스트들은 불타는 타이어를 집 안으로 굴려 넣어 가족들을 연기에 질식시킨 다음에 학살했다. '트라이브 오브 노바' 축제에서는 패러글라이더로 착륙한 테러리스트들이 무고한 음악 애호가들을 총으로 쏴 죽이는 학살이 벌어지기도 했다.

저널리스트 그레임 우드Graeme Wood는 2023년 10월 23일자 《애틀랜틱》 기고문에 파자마 차림의 아버지와 어린 아들들이 어느 키부츠에서 겪은 비극을 다음과 같은 가슴 찡한 장면으로 묘사했다.

테러리스트가 은신처에 던진 수류탄에 아버지는 살해당했다. 아이들은 피투성이가 되고, 한 명은 한쪽 눈을 잃은 것처럼 보인다. 아이들은 부엌으로 가서 엄마를 찾으며 울부짖는다. 한 소년은 "내가 왜 살아있지? 아빠, 아빠"라고 울부짖는다. 다른 아이는 "우린 죽을 것 같아요"라고 말한다. 아버지를 죽인 테러리스트가 들어와 아이들이 울고 있는 동안 냉장고를 뒤진다.[14]

하마스 테러리스트들의 비인간화는 수십 년 동안 공식적으로 승인된 초등 및 중등 교육에서 유대인을 인간 이하의 존재로 묘사하고, 그들을 죽이는 것을 애국적 행위로 묘사한 결과 중 하나였다. 마커스 워커Marcus Walker 목사는 비인간화 과정을 이렇게 설명했다.

희생자들은 각자 고유한 불꽃과 빛을 지닌, 사랑하고 사랑받던 개인이 아니라, 그 존재 자체로 인해 정당하게 살해될 수 있는 범주(이 경우 유대인)의 일원에 불과하다. 특정인에게 말로 형언할 수 없는 공포를 선사할 정도로 비인간화되는 데는 시간이 걸린다. 여기에는 해당 범주의 사람을 나머지 인류와 분리하는 서사를 구성하는 것이 포함된다. (…) 이러한 사례는 역사 곳곳에서 발견된다. 그중에서도 가장 분명한 것은 10월 7일의 대학살이 또 다른 홀로코스트라는 점이다.[15]

실제로 10월 7일은 1945년 홀로코스트가 끝난 이후 가장 많은 유대인이 목숨을 잃은 날이다. 하마스는 이날 이스라엘군 373명을 포함해 최소 1194명을 죽였다.[16] 4834명 이상이 부상을 입었고, 243명 이상이 인질로 잡혀 환호하는 군중 앞에서 가자지구로 끌려갔다.[17] 이 사건은 "이스라엘의 9·11 사태"로 묘사되기도 했지만, 인구가 900만 명에 불과하기 때문에 9·11 사태보다 비례적으로 훨씬 더 큰 규모였다.[18] 예를 들어 미국 기준으로 보면 미국인 4만 2000명이 사망하고 인질 7000명이 잡힌 것과 같다(9·11 공격에서 사망한 3000여 명과는 비교할 수 없을 만큼 큰 수치다). 게다가 가지 하마드Ghazi Hamad 같은 하마스의 고위 관리들은 "이스라엘이 전멸할 때까지 10월 7일의 공격을 몇 번이고 반복하겠다"라고 공언했다.[19] 이러한 상황에서 이스라엘은 2023년 10월 8일 국가의 자위권을 보장하는 유엔 헌장 제51조에 따라 하마스에 선전포고를 하는 것 외에 다른 선택의 여지가 없었을 것이다.

하마스의 테러 공격 이후 5개월이 지난 2024년 3월 11일, 유엔은 마침내 10월 7일 가자지구에 포로로 잡혀 있는 인질들을 대상으로 성폭력이 자행되었다고 믿을 만한 "합리적 근거"가 있으며, 여전히 성폭력이 일어나고 있음을 공식적으로 인정했다. '여성 성폭력' 담당 유엔 특별대표인 프라밀라 패튼Pramila Patten은 "강간, 성적 고문, 잔인하고 비인도적이며 굴욕적인 대우를 포함한 성폭력이 인질들에게 자행되었다는 분명하고 설득력 있는 정보가 있다"고 밝혔다.[20] 이 책의 앞부분에서 여러 차례 살펴본 것처럼 대체로 유엔의 성과는 보잘것없었다. 5개월이 넘는 기간 동안 41차례나 회의를 열고도, 정교하게 문서화된 하마스의 잔혹성을 규탄하거나 이런 행위를 불승인disapproving하는 결의안을 통과시키지도 못했다.[21] 2024년 3월 25일, 안보리는 가자지구의 휴전을 요구하는 결의안을 14대 0(미국 기권)으로 통과시켰지만 하마스가 납치한 인질들의 즉각적이고 무조건적인 석방과 연계하지는 못했다.[22]

이 책에서 살펴본 것처럼 기습 공격은 역사상 매우 흔하게 발생하지만, 거의 항상 강력한 반격을 불러일으키며 응징에 대한 지속적인 결의를 고취시킨다. 군사사학자인 에드워드 루트왁Edward Luttwak은 2023년 10월 7일 하마스의 전술적 승리가 이미 2024년 2월의 전략적 패배에 중요한 역할을 했던 것으로 보고 있다. 10월 7일의 기습적 테러는 IDF에 강력한 동기부여를 제공하고, 이스라엘 정부가 인질들의 곤경에도 불구하고 계속 싸울 수 있도록 고무했으며, 나아가 이미 이스라엘과 외교관계를 체결한 모든 아랍권 국가들이 외교를 지속할 수 있도록 했다.[23] 로버트 게이츠 전 미국 국방부 장관은 자신의 사무실에 이런 격언을 붙여 놓았다. "완벽한 전략적 기습을 달성하는 가장 쉬운 방법은 말이 되지 않거나 자멸적 행위를 저지르는 것이다." 하마스의 기습적 테러 공격은 이런 격언에 딱 들어맞는 어리석고 자멸적인 행동이었다.

10월 7일 테러 직후 이스라엘 총리 베냐민 네타냐후Benjamin Netanyahu 는 베니 간츠Benny Gantz 전 국방장관과 가디 아이젠코트Gadi Eizenkot 전 IDF 참모총장 등 정치적 반대파를 무임소 장관ministers without portfolio 에 발탁하고, 요아브 갈란트Yoav Gallant 현 국방장관을 포함한 소규모 전쟁 내각을 구성했다. 네타냐후는 또한 자신의 지지자인 론 더머Ron Dermer 전 주미 대사를 영입했다. 이러한 '경쟁자 팀'은 하마스 공격에 대한 이스라엘의 초기 대응을 감독하는 데 효과적이었다. 물론 이스라엘의 대응의 모든 측면과 관련해 격렬한 논쟁이 벌어졌지만, 전쟁 내각은 긴박한 국가 비상사태의 와중에 똘똘 뭉쳤다. 도미니크 로슨 Dominic Lawson은 《선데이 타임스》 기고문에서 "네타냐후의 가장 강력한 정치적 반대 그룹인 좌파조차도 IDF가 하마스의 군사력을 파괴하는 데 반대하지 않을 것"이라고 지적했다.[24]

프랑스 철학자 베르나르 앙리 레비Bernard-Henri Levy는 하마스의 테러 공격 2주 후 가자지구 근처에 위치한 IDF 군대 막사를 방문해 작전을 준비 중인 예비군들을 인터뷰했다. 그는 "병사들 중에는 좌파와 우파의 남녀가 있었다. 네타냐후 총리 지지자뿐만 아니라 그를 마지 못해 통수권자로 인정하는 반대자, 테필린tefillin*을 착용한 유대인과 이를 착용하지 않은 유대인 모두 이 전쟁이 정당하며 반드시 승리해야 한다고 믿고 있었다"라고 기록했다."[25]

이 책에서 강조한 것 중 하나는 전쟁 중 드높은 사기 유지의 중요성이다. 이스라엘은 침공 후 첫 5일 동안 36만 명의 예비군을 동원했다(미국 인구를 기준으로 하면 1000만 명에 해당한다). 텔아비브 식당들은 전선으로 향하는 예비군들에게 식사를 제공하기 위해 문을 열었다. 전세계 곳곳의 유대인들이 군에 입대하기 위해 비행기를 타고 날아들었다. 2024년 5월 현재 IDF의 사기는 여전히 높다. 헤즈볼라가 쏘아대는 로켓에 대한 공포 때문에 이스라엘 북부에서 약 8만 6000명의 민간인이 집을 떠나 대피해야 했고, 이스라엘 남부에서 약 10만 명이 대피해야 했음에도 불구하고 말이다.

———

10월 7일 하마스의 테러 공격 직후, 조 바이든 대통령은 이렇게 말했다. "미국은 이스라엘의 편에 서 있다. (…) 우리가 그들을 지지하지 않는 일은 절대로 없을 것이다." 그는 이스라엘 안보에 대한 미국 행정부의 지원을 "바위처럼 견고하고 흔들림 없는" 것으로 묘사했다. 그리고 이스라엘로 날아가 네타냐후 총리를 포옹하고 현지에서 그의

• 테필린(Tefillin)은 히브리 성경인 토라의 구절이 새겨진 양피지 두루마리를 담은 작은 검은색 가죽 상자다. 율법을 준수하는 유대인 남성은 보통 평일 아침 기도시간에 테필린을 착용한다. 상자 하나는 팔에 묶고 다른 상자는 이마에 착용한다. 이는 신에게 온전히 마음과 정신을 바치려는 신앙심을 상징한다. "테필린을 착용하는 유대인과 그렇지 않은 유대인"을 언급한 대목은 종교적으로 보다 엄격한 유대인과 그렇지 않은 유대인을 구분하는 동시에 자신들이 벌이는 전쟁은 정의로운 전쟁이며 반드시 승리해야 한다는 믿음으로 단결된 군인들의 신념을 상징한다.—옮긴이

지지를 확인했다. 10월 8일 아침 무렵 '잔디 깎기mowing the grass'•로 알려진 전략이 전면적으로 무효화되었다는 것이 분명해졌기 때문에 이스라엘은 그러한 지원이 필요했다.

2005년 이스라엘은 가자지구에서 철수했다. 이듬해 1월, 하마스는 가자지구 선거에서 파타Fatah를 꺾었고, 승리의 여세를 몰아 2007년 7월에는 유혈 쿠데타를 일으켜 파타를 가자지구에서 축출하고 독재 정권을 수립했다. 2009년부터 이스라엘은 민간인을 향한 하마스의 로켓 공격을 막고 하마스의 역량을 약화시키기 위해 '잔디 깎기' 작전을 실시했다. 2014년에는 7주 동안 4차례에 걸쳐 작전이 수행되기도 했다.[26] '잔디 깎기'에는 제한적 군사 침공, 공군력 사용, 드론 공격, 하마스의 조직과 기반시설을 손상시키기 위한 포병 공격 등이 포함되었다. 그러나 2023년 10월 7일의 잔혹한 테러 공격 이후에는 하마스에 대응하기 위해 전면적인 가자지구 지상 침공이라는, 보다 포괄적인 접근방법이 필요하다는 것이 분명해졌다.

하지만 10월 7일 이후 침공이 준비되는 동안 3주간의 공백기가 있었다. 전쟁 내각은 이스라엘을 겨냥하여 3000기의 정밀 미사일을 포함해 최대 15만 기의 로켓을 배치한 것으로 알려진 북부의 헤즈볼라를 선제공격하는 방안도 고려했지만, 당시에는 그런 행동을 하지 않기로 결론 내렸다.[27] 상기의 공백기가 생긴 이유 중 하나는 100만 명

• '잔디 깎기'는 하마스 같은 테러집단들과의 분쟁에서 자주 등장하는 군사전략이다. 이들 테러집단을 영구적으로 제거하기는 불가능하기 때문에, 앞마당에 무성해진 잔디를 주기적으로 깎아주듯, 주기적 군사 개입을 통해 이들의 역량을 약화시켜야 한다는 의미다. 하지만 10월 7일 하마스의 테러 공격으로 이스라엘은 '잔디 깎기' 같은 소극적 대응에서 벗어나, 더욱 강력한 고강도 군사 작전을 실시해야 할 필요성을 인식하게 되었을 것이다.—옮긴이

이 넘는 이스라엘 사람들이 가자지구 북부 일대의 집을 떠나 남쪽의 이집트 국경 방향으로 이동할 시간을 주기 위해서였다.[28] 하마스는 최대한 많은 인간 방패를 유지하기 위해 이스라엘 사람들이 북쪽에서 남쪽으로 탈출하지 못하도록 막으려 했지만, 여전히 많은 수가 북부에서 빠져나갔다.

가자지구에는 230만 명의 주민이 '40×12킬로미터'의 협소한 지역에 밀집해 있기 때문에 IDF는 전투지역이 될 수 있는 곳에 거주하는 민간인의 수를 최소화하기 위해 700만 장 이상의 전단을 비행기로 투하하고, 7만 건 이상의 전화를 걸고, 1300만 건의 문자 메시지를 전송하고, 1500만 건 이상의 음성 메시지를 전달해 민간인들에게 어디로 가야 하는지, 어떤 경로로 이동해야 하는지를 자세히 알려주었다.[29] 낙하산으로 투하된 대형 스피커는 지상 착륙과 동시에 방송을 시작했고, 드론에도 스피커를 장착했다(이 정도로 정교한 경고는 전쟁에서 드문 일이다).[30]

이스라엘의 공격 이후에도 전투가 시작되기 전에 민간인에게 대피할 기회를 주기 위해 매일 작전을 일시 중단했고, 그 덕분에 가자지구 북부 주민의 85퍼센트가 대피할 수 있었다.[31] IDF의 '민간인 피해 완화 부대'는 해당 지역에서 주민들의 대피를 독려하기 위해 군용 지도를 배포하기도 했다.[32] 또한 민간인 타격을 피하기 위해 드론과 위성사진을 이용해 실시간으로 인구 이동을 추적했다.[33] 지상 침공 이후 이스라엘의 의도가 적에게 전달되면서 하마스에 대한 기습 공격의 여지는 사라졌지만, 이는 IDF가 감당할 만한 대가로 여겨졌다.

10월 8일부터 IDF가 가자지구에 진입한 10월 27일 금요일 저녁까지 19일 동안 하마스 부대와 지휘본부에 대한 공습이 이어졌기 때문에 군사적 반격의 효과는 그 이전보다 훨씬 떨어졌다. '철의 검 작전Operation Swords of Iron' 개시 당일 밤에 특수부대, 해군 함포사격 및 포병사격, 전투기, 드론 등의 지원을 받은 탱크와 보병이 국경을 넘으면서 IDF는 150개의 지하 목표물을 타격했다.[34] 다음날 네타냐후는 텔레비전 기자 회견을 열어 "전쟁의 제2단계"이자 이스라엘의 "제2 독립전쟁"으로 묘사되는, 하마스 척결을 위한 "장기간의 어려운" 작전에 대해 경고했다.[35] 한편 하마스 대변인 아브유 오베이다Abyu Obeida는 하마스가 이스라엘로 하여금 "새로운 죽음의 방식을 맛보게 할 것"이라고 말했다.

10월 말까지 가자지구 안쪽으로 1.6킬로미터까지 거점을 구축한 제한된 수의 IDF 대대는 그다음 주 중반에 증원되었다. 가자지구 중앙에서 작전을 수행하던 어느 보병사단은 하마스가 전투원들을 북쪽으로 이동시키지 못하도록 막기 위해 지중해에 도달할 때까지 서쪽으로 진격해 사실상 가자지구를 남-북으로 쪼갰다. 추가적인 증원 사단들이 북쪽과 동쪽에서 빠르게 진입했다.[36] 이스라엘의 제병협동 전술은 탱크, 보병, 전투공병 대대로 구성된 여단 규모의 전투단과 감시를 담당하는 드론, 공중 엄호를 제공하는 전투기 및 공격 헬기의 지원을 받았다. 지상 전투단은 건물에서 건물로, 방에서 방으로, 지하실에서 지하실로 이동하면서 체계적으로 담당 구역을 차례로 점령했다.

10월 31일까지 IDF는 가자시티 외곽의 2개 지구에 도달했고, 가자지구의 주요 간선도로 중 하나를 차단했다. 또한 베이트 하눈 마을 근처까지 진격했다. 네타냐후는 전쟁 내각에 "체계적 진전" 이루고 있으며 "가자지구로의 지상 진입을 (…) 신중하고 강력한 단계"로 확대했다고 보고했다.[37] 다음 날인 11월 1일, IDF는 가자시티 북쪽을 포위하여 이를 방어하는 하마스 전투원들과 전면 교전을 벌였다. IDF 참모총장 헤르지 할레비Herzi Halevi 중장은 이렇게 말했다. "우리는 전쟁에서 또 하나의 중요한 단계를 진전시켰다. 가자지구 북부의 중심부에서 가자시티를 포위하고 공세를 강화하며 성과를 거두고 있다."[38]

처음에 3만~4만 명으로 추정된 하마스 전투부대는 여러 여단으로 구성된 24개 대대로 조직되었고, 각 대대에는 여러 중대가 있었으며, 각 중대는 150~200명 규모로 편성되었다. 대부분의 대대는 작전 지역에서 이름을 따왔다. 예컨대, 해변 근처에 샤티Shati 대대가 있었고, 슈자이야와 자발리야Shujaiya and Jabaliya라는 도시 밀집지역을 부대 명칭으로 부르는 대대, 그리고 10월 7일 대학살의 주범인 하마스 지도자 야히아 신와르Yahya Sinwar의 고향인 칸유니스Khan Yunis로 불리는 대대가 있었다.

적어도 초기에 하마스가 이스라엘에 대항할 수 있었던 가장 큰 힘의 원천은 지난 16년 동안 약 10억 달러의 비용을 들여 건설한 방대한 콘크리트 및 철제 터널 네트워크였다.[39] 최초의 터널은 이집트에서 가자지구로 상품과 무기를 밀수하는 데 사용되었다. 그러나 나중에 이집트군은 터널에 하수를 쏟아붓고, 출입구를 숨긴 민가와 기타 구조물을 파괴해 이런 터널들을 사용 불능 상태로 만들었다.

그러나 터널 건설에 사용된 전문 지식과 자원은 여전히 남아 있었고, 가자지구를 벌집처럼 둘러싼 네트워크의 길이에 대한 추정치는 563에서 804킬로미터까지 다양하지만, 런던 지하철보다는 확실히 더 길다.[40] '가자 메트로the Gaza Metro'란 별명을 가진 이 터널은 런던 지하철보다 더 깊은 곳도 있다. IDF가 발견한 가장 깊은 터널은 70미터로, 영국 해협 아래 유로터널만큼이나 지하 깊숙이 건설되었다.[41] 일부 통로는 엘리베이터로 연결되며, 트럭이 지나갈 수 있을 만큼 넓은 통로도 많다. 2018년에 IDF는 1.6킬로미터가 넘는 터널을 파괴했다.

지도에 거의 등장한 적이 없는 거대한 지하 기반시설은 여러 용도로 사용되었다.[42] 하마스는 전투원(가자지구 주민은 제외)을 위한 공습 대피소뿐만 아니라 물, 식량, 의료 장비, 무기, 탄약, 로켓 연료 등을 저장하는 데 터널을 사용했고, 로켓 생산 라인과 함께 전체 지휘통제 시설이 터널에 위치해 있고, 터널을 따라 연결된 통신은 이스라엘의 감청으로부터 안전했으며, 10월 7일 하마스가 납치한 인질들을 수용한 것으로 알려졌다.[43] 10월에 17일간 인질로 잡혀 있었던 65세의 요체베드 리프시츠Yocheved Lifshitz는 나중에 "축축하고 습기 찬 터널의 거미집"에 대해 말했다.[44]

그러나 IDF가 가장 우려한 것은 하마스가 터널을 통해 얻는 전술적 이점, 즉 하마스 전사들이 이스라엘 전선 뒤에서 나타나 IDF 병사들을 공격할 수 있는 능력을 제공한다는 점이었다. 따라서 이스라엘군은 이러한 기습에 대비하여 많은 병력을 전선 후방에 배치해야 했다. 심지어 IDF 병력이 터널을 찾아내 포위하더라도, 하마스 전투원들은 거미줄 같은 터널 네트워크를 통해 안전하게 탈출할 수 있었다.

하마스의 거대한 터널 네트워크에 대응하기 위해 IDF는 저주파 센서, 중장비, 미니 드론 및 로봇, 특수 훈련된 탐지견 등 다양한 장비를 사용하여 터널의 발견, 매핑, 파괴에 특화된 25년 역사의 야할롬Yahalom('다이아몬드')전투공병부대를 투입했다.[45] 이 부대는 땅굴을 발견하면 연막탄을 투하하고 해당 지역의 어떤 주택에서 보라색 연기가 올라오는지 지켜본 다음, 누군가가 지하로 숨어들기 전에 봉쇄를 실시한다. 논란의 여지가 있지만 깊은 땅굴을 공격하기 위해 IDF는 지하 30미터 아래의 목표물을 파괴할 수 있는 2200킬로그램 폭탄인 GBU-28을 사용했다. 이 폭탄은 광범위한 지역의 기반시설을 파괴하고 약화시킨다.

야할롬부대는 수년 동안 '스펀지 폭탄'을 사용해왔는데, 이 폭탄은 한 줄로만 이동할 수 있을 정도로 좁은 터널에 병사들이 들어갈 필요 없이 몇 초 만에 터널을 봉쇄할 수 있었다. 이런 터널에는 원격 또는 인계철선으로 폭발하는 부비트랩이 설치되었을 가능성이 높다. 2013년에는 터널에 카메라를 삽입하려던 중 부비트랩이 폭발하여 6명의 IDF 병사가 부상을 입었고, 1명은 실명했다.[46] 스펀지 폭탄은 액체가 들어 있는 2개의 플라스틱 상자로 되어 있는데, 이들이 서로 섞이면 거품이 급속히 팽창하여 단단한 고체로 변한다.[47] 12월 초까지 IDF는 800개 이상의 터널을 발견했으며, 이 중 500개를 파괴했다.[48] 라이히만 대학의 다프니 리치몬드-바라크Daphné Richemonde-Barak는 이스라엘이 승리를 선언하기 전에 적어도 터널 네트워크의 3분의 2를 파괴해야 할 것이라고 추정하며[49] 이렇게 덧붙였다. "모든 터널을 무력화시킬 수 있는 '터널용 아이언돔Iron Dome for tunnels'은 없다."

전쟁의 역사에서 민간인을 인질로 잡는 것은 새로운 일이 아니지만, 10월 7일 하마스에 납치된 대규모 인질들은 이스라엘의 의사 결정에 두드러지게 난해한 측면을 추가시켰다. 정치적 관심의 대상으로 부각된 인질의 가족들은(압도적으로 반反네타냐후 성향들인) 하마스 파괴를 위한 군사적 교전보다 사랑하는 사람들을 석방할 수 있는 휴전을 당연히 지지했고, 이에 따라 전쟁의 경로에 새로운 변화가 생겼다. 이들이 한사코 군사 작전을 반대한 이유는 그 과정에서 인질들도 죽을 수 있기 때문이었다. 11월 말 일주일간의 휴전으로 하마스에 잡힌 민간인 인질들이 풀려났고 그전에도 4명의 인질이 석방되었지만, 2024년 5월 현재 하마스의 수중에 여전히 100명이 넘는 인질이 잡혀있는 것으로 추정된다. 3명의 인질은 IDF가 생존한 상태에서 구출하였고, IDF의 실수로 비극적으로 사망한 3명을 포함하여 12명 인질들의 시신도 수습되었다.[50] 이스라엘 전쟁 내각은 군사전략을 결정할 때 인질 가족의 견해를 고려해야 했는데, 이는 현대전에서 일찍이 볼 수 없었던 새로운 현상이다.[51]

가자지구를 남-북으로 양분하려는 이스라엘의 계획은 초기에 달성되었지만, 대형 '벙커버스터' 폭탄을 포함한 대형 군수품을 도심 지역에 사용해 2024년 1월 말까지 가자지구 건물의 절반 이상이 파괴 또는 손상되었다.[52] 임박한 작전을 경고하려는 이스라엘의 노력에도 불구하고 이러한 대형 폭탄으로 인해 상당수의 민간인 사상자가 발생했다. 또한 터널의 주요 지점이 확인되면 항공기가 공중 폭격을 가해 대규모 파괴로 이어지기도 했다. 11월 초, 이스라엘은 자발리야 난민기지에 대한 공습을 실시했는데, 이 과정에서 하마스 터널 네트워크로 연결된 아파트 블록 전체가 붕괴되었고 그 여파로 수많은 사상자가 발생하여 국제사회의 항의가 촉발되었다.

전투 지역에 이르는 진격로를 확보하기 위해 IDF는 수 톤에 이르는 장갑, 방탄창, 보호막이 장착되고 일부는 원격으로 작동되도록 대폭 개조한 '캐터필라 D9 불도저'를 사용했다.[53] IDF는 건물 밀집 지역에서 중화기를 사용하여 때로는 치명적인 결과를 초래하기도 했다.

그러나 공군 전력의 극히 일부만 사용했고, 단거리에서 30킬로그램의 고폭탄을 발사하는 160밀리미터 박격포 같은 무기는 사용하지 않았다. 이런 박격포는 다른 무기 체계만큼 정밀하지는 않지만, 포물선을 그리며 발사되기 때문에 유용한 무기다. 시간이 지남에 따라 부수적 민간 피해와 민간인 사상자 양산을 피하고 싶었던 이스라엘은 테러리스트들로부터 옥상과 건물 위쪽 창문에서 RPG와 저격수 사격을 받으면서도, 이들 무기와 다른 유사한 무기를 사용하지 않으려는 자제력을 발휘했다. 그럼에도 불구하고 피해와 파괴, 민간인 사상자는 상당했고, 이에 대한 비판이 이어졌다. 이런 비판들 가운데 일부는 납득할 만한 것이었다.

이스라엘의 사상자가 매우 많을 것이라는 전쟁 이전의 광범위한 예측(어느 보고서에 따르면 1일 20명이 사망할 것으로 예상)은 IDF가 하마스 테러리스트들이 점령했던 거리, 주택, 지하실, 터널을 체계적으로 제거하면서 곧 무효화되었다. 2023년 10월 7일 이후 8개월이 지난 현재, '철의 검 작전'으로 307명의 IDF 장병들이 사망했다. 이는 이스라엘 현대사에서 처음으로 등장한 지속적 도시작전이었다. 그럼에도 불구하고 잘 방호되고 잘 무장된 광신적 테러리스트들을 공격하는 위험에 비해 상대적으로 손실이 적었던 이유는 주로 IDF의 훈련, 전술, 장비 덕분이었다.

에드워드 루트왁은 다음과 같이 기록했다. "이스라엘군은 부대단위 훈련 전에 병사들에게 장기간의 집중적 개인교육을 실시하는 영국식 교리를 고수하고 있다. 그래서 최소 1년 이상의 전투훈련을 받지 않고는 가자지구에 들어갈 수 없다."[54] 대부분의 장비는 IDF의 고유 장비다. 여기에는 근거리에서 날아오는 미사일과 로켓을 요격하는 트로피 형태의 방호 무기인 60톤 중량의 메르카바 탱크가 포함되는데, 이는 하마스가 보유한 러시아제 코넷 미사일에 대응하기 위한 것이다. 이스라엘은 또한 포탑이 없는 나메르 보병수송차량을 보유하고 있어 대형 중장갑의 보호 속에서 전장 주변으로 IDF 병력을 수송할 수 있다. 그 외에도 대부분의 시스템이 관측창, 잠망경, 보호경 등을 통해 좁은 시야만 제공하는 반면, 나메르는 지휘관과 운전병이 차량 선체에 내장된 일련의 마이크로 카메라가 보여주는 대형 스크린을 통해 외부 세계를 안전하게 관측할 수 있게 해준다.

마찬가지로 IDF 지휘관은 다양한 종류의 항공 드론에 장착된 카메라를 통해 적군의 저격수, RPG, 박격포가 전장에 진입하기 전에 이를 확인할 수 있다. 적어도 이 글을 쓰는 시점에서 상대적으로 적은 손실 덕분에 IDF 군인들의 사기는 높은 수준을 유지하고 있다. 실제로 루트왁은 다음과 같이 보고했다. "수백 명의 예비대대 병사들이 많은 격전을 치른 끝에 새로운 대대와 교대하기 위해 순환 배치되었는데, 이들은 이스라엘이 완전히 후퇴하기 시작했다고 착각하여 시위를 벌였다. 나중에 오해였음을 알고 안심하며 시위를 중단했지만, 제복을 입은 상태에서 시위를 벌인 행위에 대해 질책을 받았다."[55]

이번 분쟁으로 사망한 가자지구 주민의 숫자를 정확하게 추정할 수 있는 방법은 없다. 하마스가 운영하는 가자지구 보건부와 하마스의 정부 미디어실GMO은 이 수치를 3만 3000명 이상으로 보고 있지만, 펜실베이니아대학의 데이터 과학자 아브라함 와이너Abraham Wyner 교수는 그것이 통계적으로 불가능하다고 밝혔다. 그는《태블릿》잡지에 기고한 에세이에서 "하마스 당국이 일일 통계를 임의로 작성했을 가능성이 크다"고 지적했다. "우리가 이것을 알게 된 것은 일일 통계치가 너무 일관되게 증가하기 때문이다. 그들은 전체의 약 70퍼센트를 여성과 어린이에게 할당하고, 그 나머지를 매일 멋대로 나누었다. 그런 다음 미리 정해진 통계치에 따라 남성의 숫자를 채웠다. 관찰된 모든 데이터에서 이런 현상이 나타난다."[56] 보고된 사망자 수가 "거의 메트로놈적 선형성metronomical linearity*으로" 증가했으며, 매일 변동이 거의 없어 분쟁의 현실과 비슷하지도 않다고 밝혔다. 또한 2023년 10월 29일의 하마스 데이터에 따르면 사망자로 기록되었던 26명이 살아 돌아왔다. 다른 날에는 남성이 전혀 사망하지 않고 여성만 사망했는데, 이 또한 믿기 어렵다.[57]

그러나 하마스가 조작된 수치를 사용했더라도, 하마스의 전쟁으로 인해 비극적으로 많은 팔레스타인 사람들—의심할 바 없이 수만 명에 달하는—이 가자지구에서 사망한 것은 여전히 분명하다. 그중 상당수가 여성과 어린이이지만, 그 비율이 하마스의 GMO가 주장하는 사망자 전체의 70퍼센트는 아닐 것이다. 그 이유는 하마스가 민간인 사망자와 전투원 사망자를 구분하지 않기 때문이다. 또한 IDF는 전쟁 이전에 파악되었던 하마스 전체 전투원의 절반에도 못 미치는 약 1만 3000명을 사살한 것으로 추정된다.[58]

우크라이나 전쟁을 다룬 9장에서 살펴본 것처럼 현대 전쟁은 많은 사람이 스마트폰을 가지고 있고, 인터넷에 실시간으로 접속(가자지구

• '메트로놈적 선형성'이라는 표현은 음악에서 규칙적 박자를 알려주는 '메트로놈'과 편차 없이 직선적 또는 예측가능 패턴을 의미하는 '선형성'의 합성어다. 이는 전쟁과 분쟁에서 흔히 나타나는 혼란과 불확실성에도 불구하고, 사망자 숫자가 매일 꾸준하고 일관되게 증가하는 문제점을 지적한 것이다.—옮긴이

에서는 항상 신뢰할 수 있는 것은 아니지만)할 수 있으며, 메시지와 동영상을 업로드할 수 있는 소셜미디어와 인터넷 사이트를 가지고 있기 때문에 그 투명성이 매우 높다. 그렇다 하더라도 전장에서는 가짜 정보와 허위 정보가 흘러넘친다. 가자지구에서 전쟁이 진화하고 있다는 신호는 인공지능 도구가 이전 분쟁의 영상을 재활용하여 가짜 사진과 희생자 동영상을 만들어내는 방식에서 나타난다. 이러한 허위 선전은 종종 봇에 의해 인위적으로 부풀려진다.[59] "25년간 극단주의와 분쟁을 추적해오면서 이번 이스라엘–하마스 전쟁처럼 허위 정보가 바이러스 수준으로 퍼지는 것을 본 적이 없다"라고 사이트 인텔리전스 그룹의 책임자인 리타 카츠Rita Katz는 말한다.[60]

가짜 정보가 실제로 심각한 결과를 초래한 대표적 사례는 2023년 10월 17일 가자지구의 알알리 병원에 이스라엘이 공습을 가해, 팔레스타인 환자와 직원 500명이 사망했다는 BBC 보도였다.[61] BBC의 또 다른 뉴스는 "병원에서 벌어진 참담한 장면"이라는 제목을 달았지만, 실제로는 병원 건물이 아닌 주차장만 공격당했고 다행히 사상자는 50명 정도에 그쳤다. 그러나 결정적으로 중요한 대목은 이스라엘 폭탄이 아니라 팔레스타인 이슬람 지하드PIJ, Palestinian Islamic Jihad가 인근 공동묘지에서 발사한 로켓의 폭발이 원인이었다는 점이다. PIJ가 발사한 로켓 중에서 약 4분의 1이 근거리에 떨어져 폭발했다. 그러나 그 무렵 이 가짜 정보는 전 세계로 퍼져 캔터베리 대주교 등이 리트윗했고, 수십만 명의 시위대가 유럽과 미국, 중동 전역의 거리에서 이스라엘에 반대하는 시위를 벌였다. 일부는 "강에서 바다까지, 팔레스타인의 자유를!" 같은 구호를 외쳤는데, 이는 요르단강과 지중해를 가리키는 것으로 유대인을 이스라엘에서 쫓아내자는 주장이었다.[62]

BBC와 AFP를 포함하여, 서방 진영의 뉴스 매체들이 하마스의 가짜 정보와 허위 정보를 보도한 사례들은 셀 수 없을 정도로 많다. 일례로, 2023년 크리스마스 이브에 하마스는 이스라엘군이 팔레스타인 민간인 137명을 "즉결 처형"하고 가자지구 북부의 무덤에 파묻었다는 가짜 뉴스를 보도했는데, 1월 9일까지 어떤 뉴스 매체도 이런 거짓말을 보도한 것을 바로잡지 않았다. 그 무렵 BBC는 이를 7차례나 보도했다. 11월 4일 구급차에 탑승한 15명이 사망한 사건으로 이스라엘이 비난을 받았는데, 이 사건 이후 하마스가 전투원과 무기를 수송하는 데 구급차를 일상적으로 사용한다는 지적이 제기되었다.[63]

하마스가 병원, 사원, 공동묘지, 학교(유치원 포함)를 터널과 은신처로 사용하는 것은 이스라엘이 이러한 장소를 공격할 경우 전 세계적인 비난을 받을 것이라는 사실을 알고 있었기 때문이다. 그래서 하마스의 서버 팜server farm은 가자시티의 유엔구호기구UNRWA 건물 지하에 건설되었고, IDF 군인들은 칸유니스 공동묘지 밑에서 시작되는 터널을 발견했다. 이러한 야만적 행태는 하마스 테러리스트들이 이스라엘 인질을 납치하여 가자지구 중앙에 위치한 알시파 병원으로 들어가는 장면이 CCTV 영상에 찍혔고, 그 아래에 숨겨진 무기 저장고가 발견되면서 더욱 부각되었다. 11월 19일 이스라엘의 해외 정보기관인 신베트는 알시파 병원 인근에서 파이크 마보우Faiq Mabhouh의 소재를 발견했다. 그는 하마스의 무자비한 내부 보안작전을 지휘하던 인물이다. IDF의 제401기갑여단과 특수부대를 포함한 다른 부대들이 새벽 2시 30분경 공습을 개시하여 마보우를 사살했다.

그러나 병원을 겨냥한 공습은 전술적 정당성을 갖더라도 신문 헤드라인과 텔레비전 보도, 소셜미디어 게시물과 밈 등에서 끔찍한 모습으로 비춰졌고, 작전이 계속되면서 이스라엘은 '국제 여론'이라는 법정에서 잇따른 패배를 겪었다. 한때 미국 틱톡에서 1개의 친이스라엘 동영상이 조회될 때마다 친팔레스타인 동영상이 50개 이상 조회되었다.[64] 영국에서는 그 수치가 더욱 커져서 1 대 65의 비율로 집계되었다. 12~15세 연령층의 경우, 가장 많이 사용하는 단일 뉴스 소스는 틱톡이었고, 유튜브와 인스타그램이 그 뒤를 이었다. 전 세계 언론이 압도적 비율로 반反이스라엘 보도를 내보냄에 따라 반反유대주의 사건이 증가했다. 일례로 영국에서만 전년 대비 400퍼센트 이상 증가했다.

또한 책임 있는 서방 언론매체에서 가자지구 분쟁을 적절한 역사적 또는 시사적 맥락에서 다루지 않거나, 아예 그렇게 하기를 거부하는 경향이 매우 광범위하게 존재했다. "이스라엘의 가자지구 작전은 역사상 가장 파괴적인 작전 중 하나"라는 PBS와 AP통신의 헤드라인은 현대사조차 거의 모르는 무명의 편집장들이 작성했을 가능성이 높다.[65] 가자지구 작전이 아무리 파괴적이었다 하더라도 "이스라엘이 금세기의 가장 파괴적인 전쟁 중 하나를 벌였다"는 《워싱턴 포스트》의 헤드라인은 논란의 여지를 남겼다.[66]

2023년 10월 7일 이후 6개월 동안 2만~3만 3000명의 팔레스타인인과 1400명의 유대인이 사망한 것에 비해, 2020년에 시작된 에티오피아–티그레이 전쟁에서는 60만 명(그중 절반 이상이 민간인)이 사망했다.[67] 2021년 11월에 발표된 유엔 보고서에 따르면 7년간의 예멘 분쟁으로 37만 7000명의 인명 손실이 발생했다.[68] 유엔은 또한 지난 12년 동안 벌어진 분쟁에서 30만 명의 나이지리아 어린이가 사망한 것으로 추정했다.[69] 2023년 4월, 아프가니스탄/파키스탄 전쟁 지역에서 2001년 이후 17만 6000명 이상이 사망했으며, 그중 7만 명 이상이 민간인이었다. 같은 기간에 각종 폭력으로 인해 28만 명 이상의 이라크인이 사망했다. 2011년 이후 시리아에서는 58만 명 이상이 사망하고 1300만 명의 난민이 발생했다. 1992년부터 2002년까지 알제리에서는 10만 명 이상이 사망했으며, 2014년부터 2020년까지 리비아 내전으로 약 4만 명이 사망했다. 2022년 2월 24일 우크라이나에 대한 푸틴의 무력 침공 이후 약 7만 명의 우크라이나인과 12만 명의 러시아인이 죽었다. 가자지구에서 단 한 명의 무고한 팔레스타인 민간인이 목숨을 잃은 것은 물론 비극이다. 그러나 언론매체들이 상황을 선정적으로 묘사하거나 맥락을 흐리려 한다고 해서 그러한 비극이 더 커지는 것은 아니다.

가자지구 분쟁이 벌어지는 동안에도 2023년 11월 초부터 기근의 위협이 언론보도의 헤드라인을 장식했지만, "대량 무덤, 집단 강간, 인구 밀집 지역에서의 충격적인 무차별 공격"을 특징으로 하는 가자 분쟁으로 인해 "수단이 곧 세계 최악의 기아 위기에 직면할 것"이라는 유엔의 경고는 훨씬 덜 주목을 받았다.[70] 수단의 이재민 수는 650만 명으로 가자지구의 3배에 달한다. 다르푸르에서는 2시간마다 어린이들이 영양실조로 죽어가고 있다. 유엔이 27억 달러의 인도적 지원을 호소했지만, 모금액은 1억 3100만 달러에 불과했다. 나이지리아에서 발생한 287명의 어린이 납치 사건은 하마스에 납치된 유대인 숫자와 비슷한 수준임에도 불구하고 국제사회의 관심을 거의 받지 못했다. 가자지구 분쟁에 대한 언론의 집중은 전 세계에서 더욱 비극적이고 치명적인 다른 위기들에 대한 보도를 방해하는 결과를 초래했다.

가자지구 분쟁과 관련하여 압도적 비중을 차지하는 반이스라엘

논평에서 크게 주목받지 못하는 한 가지 측면은 수만 명의 팔레스타인 민간인이 사망한 것이 분명하지만, 교전 당사자가 민간인을 인간 방패로 사용하는 현대 도시전의 경우 민간인 대 전투원 사망 비율이 상대적으로 낮다는 점이다. 웨스트포인트 현대전쟁연구소의 도시전 전문가인 존 스펜서John Spencer는 "국제 인도주의 전문가들에 따르면 이라크의 모술과 시리아의 라카 등 도심지의 인구 밀집지역에서 발생한 현대 전쟁에서 비전투원이 사상자의 90퍼센트를 차지한다"고 추정했다.[71] 반면 가자지구에서는 그 비율이 50퍼센트에 가까울 정도로 훨씬 낮게 나타났다.[72]

자발리야 난민기지 같은 비극적 사건과 10월 7일 하마스의 테러 공격 훨씬 이전부터 많은 국가에서 나타난 반이스라엘 편견으로 인해 이스라엘은 정기적으로 전쟁범죄와 심지어 대량학살 혐의를 받아왔다. 특히 후자는 인류 역사상 가장 흉악한 범죄인 홀로코스트로 극심한 고통을 겪은 민족에 대한 악의적 비난으로 여겨졌다. 홀로코스트 3년 뒤인 1948년에 채택된 제노사이드협약Genocide Convention 제2조는 제노사이드를 "국가, 민족, 인종 또는 종교 집단의 전체 또는 일부를 파괴하려는 의도를 가지고 저지른 행위"로 정의하고 있다. 저명한 법학자 마이클 엘리스Michael Ellis 경은 "이스라엘의 대응에 대해 어떻게 생각하건, 이스라엘의 전쟁은 가자지구 주민이 아니라 하마스에 대한 전쟁"이라고 말한다. 이스라엘이 왜 하마스를 제거한 후 가자지구 팔레스타인 사람들의 삶을 개선하겠다고 명시적으로 약속하지 않았는지, 그리고 왜 하마스를 제거한 후에도 (이라크 전쟁 당시 알카에다에 대한 도시지역 작전 때처럼 '게이트 커뮤니티'를 설치하는 등) 하마스와 주민들을 분리하기 위해 더 많은 노력을 기울이지 않았는지 등의 의문을 갖는 것도 무리는 아니다. 만일 이렇게 된다면 인도주의적 지원이 넘쳐나고, 기본적 서비스가 회복되고, 피해와 파괴를 복구하기 위한 집중적 노력이 초점이 될 수 있을 것이다.[73]

이스라엘이 팔레스타인 민간인 대신 하마스에 초점을 맞추려 노력했음에도 불구하고 남아공은 2024년 1월 11일 헤이그에 위치한 국제형사재판소ICC에 이스라엘을 상대로 전쟁범죄 소송을 제기했다. 하지만 존 스펜서가 자발리야에 대해 말한 것처럼 "전쟁범죄는 공격의 참혹한 여파에 대한 단편적 관점이 아니라 증거와 무력 분쟁의 기준에 따라 평가되어야 한다"는 이유로 기각되었다.[74]

국제법적 측면에서 IDF는 전반적으로 가자지구에서 최선을 다해 '무력충돌법the laws of armed conflict'을 준수하려 노력해왔다.[75] 그럼에도 불구하고 2024년 4월 1일 헤르메스 450 드론에서 발사된 스파이크 미사일 3발로 7명의 월드센트럴키친World Central Kitchen의 구호 요원이 사망하는 끔찍한 실수가 연달아 발생하는 등 이따금 노골적 실패의 순간도 있었다.[76] 당시 이츠하크 헤르초그Yitzhak Herzog 이스라엘 대통령은 국가를 대신하여 사과하고, 정부는 독립적 조사를 통해 교훈을 배울 것을 약속하며 관련자들을 처벌했다.[77]

일반적 오해에 의하면 전쟁에서 비례성이란 양측의 사망자와 부상자 숫자를 의미하며, 가자지구에서처럼 상당한 격차가 발생하면 용납할 수 없는 불균형으로 비난받는다는 것이다. 사실 유엔 규약에 따른 비례성은 예상되는 군사적 이점과 민간인 피해의 균형을 맞추기 위한 법적 요건이며, 후자는 반드시 최소화되어야 한다. 예를 들어, 자발리야 사건에서 이스라엘군은 하마스의 '중앙 자발리야 대대' 지휘관인 이브라힘 비아리Ibrahim Biari의 사살이 난민기지 폭격을 정당화한다고 주장했다. 하지만 결정적으로 중요한 것은 대규모 인명 손실이 하마스의 터널 네트워크가 예기치 않게 붕괴된 결과이지 이스라엘의 의도적인 정책 때문이 아니라는 점이다.

비례성의 원칙이란 공격을 받은 쪽이 자신이 잃은 것과 같은 숫자의 적군을 죽이는 것으로만 대응할 수 있다는 의미는 결코 아니다. 일례로, 2차 세계대전에서(전후 제네바협약과 육상전법규Laws of Land Warfare 가 제정되기 전이라는 점에 유의할 것) 독일 공군의 전격적 공습으로 5만 명 이상의 영국인이 사망했지만 연합군의 '연합 폭격기 공습'으로 그 10배에 달하는 독일인이 사망했다. 구약의 사무엘서에는 이렇게 기록되어 있다. "사울은 수천 명을 죽였고 다윗은 수만 명을 죽였다."[78] 각국이 공격에 숫자의 비례성으로만 대응한다면 그것은 끝없는 전쟁을 위한 처방이 될 뿐이다.

미 중부사령부 지침에는 다음과 같은 문구가 적혀 있다. "중동에서는 라스베이거스 규칙이 적용되지 않는다. 그곳에서 일어나는 일은 그곳에 머물지 않고 폭력, 불안정, 극단주의, 난민 쓰나미를 주변 국가뿐만 아니라 유럽과 그 너머의 나토 동맹국들로 쏟아내는 경향이 있다." 그리고 2023년 10월 7일 하마스의 잔혹한 테러 공격 이후, 특히 이 지역에서 이란의 악의적 영향력을 고려할 때, 분쟁이 극적으로 확산될 가능성이 매우 높아 보였다. 이를 위해 바이든 행정부가 2척의 항모 전단을 이 지역으로 이동시킨 것은 강력한 진정 효과를 발휘했다. 이스라엘과 레바논의 이란 프락치 헤즈볼라는 10월 7일부터 포격과 미사일 공격을 주고받았지만, 11월 3일 헤즈볼라의 지도자 하산 나스랄라Hassan Nasrallah가 이스라엘이 먼저 도발하지 않거나 하마스가 압도적인 패배 직전에 있지 않는 한 대규모 공세를 펼치지 않겠다고 연설하면서 전면전에 대한 두려움이 완화되었다. 2006년 헤즈볼라와의 전쟁에서 IDF가 입힌 막대한 피해가 나스랄라의 발목을 잡은 것으로 추정된다.[79] 그럼에도 불구하고 이스라엘은 여전히 헤즈볼라를 국경에서 북쪽으로 10~15킬로미터, 리타니강 북쪽으로 밀어내려는 결의를 갖고 있다. 이는 헤즈볼라가 보유한 가장 일반적 형태의 로켓이 이스라엘 북부에서 일시적으로 대피한 이스라엘 정착촌을 사정권에 두지 못하도록 하기 위한 속셈이다.

이란의 지원을 받는 예멘의 후티 반군은 11월 1일 홍해 상공에서 드론 공격을 감행했지만, 이스라엘 남부 휴양도시 에일랏 상공에서 요격당했다.[80] 홍해에서 서방 선박에 대한 이들의 후속 공격으로 홍해를 통과하는 교통량의 60퍼센트가 아프리카 주변으로 우회해야 했고, 그 결과 이집트는 수에즈운하 통행료로 얻는 수입의 상당 부분을 잃게 됐다. 이에 대응하여 12월 말, 미국은 항모 강습단 USS 드와이트 D 아이젠하워호를 아덴만에서 홍해로 이동시켜 영국 해군 및 공군과 함께 후티 반군 목표물에 대한 보복 공격을 실시했다. 이후 홍해와 아덴만 사이에 전개된 미 해군 구축함 3척이 순항 미사일, 단거리 탄도 미사일, 이란제 샤헤드 무장 드론을 요격했다.[81] 이러한 작전은 이후에도 계속되었으며, 미국 주도의 작전팀은 홍해와 바브엘만데브 해역을 통과하는 해군 및 민간 선박에 대한 후티의 공격 대부분을 격퇴했다.

중동에서 라스베이거스 규칙이 적용되지 않는 또 다른 사례로, 11월 8일 이라크와 시리아 내 미군기지에 대한 공격이 증가하자 미국 F-16 전투기가 시리아의 목표물을 공격한 것이 있다.[82] 시리아 동부의 데이르 에조르에 위치한 이란혁명수비대 소속의 무기 저장 시설을 공습한 것이다. 같은 날 밤 이스라엘은 시리아 남부에서 이란의 프락치 세력에 대한 무기 공급을 차단하기 위해 별도의 공습을 실시했다.

2023년 11월 24일, 인질 석방 협상의 일환으로 6일간의 인도적 휴전이 합의되었고, 이후 하루가 더 연장되었다.[83] 이러한 임시 휴전으로 하마스가 계속 억류하던 19명의 여성을 제외한 70명의 인질이 풀려나고, 210명의 하마스 테러리스트들이 이스라엘 감옥에서 동시에 석방되었다. 휴전이 끝나자마자 12월 4일 IDF는 가자지구 남부의 최대 도시 중 하나인 칸유니스에 포격을 개시하기에 앞서 주민들에게 떠날 것을 알리는 전단을 공중 투하한 후, 신속하게 도시 북쪽 외곽에서 3킬로미터 이내까지 진입했다. 이스라엘 전투기들도 도시 동쪽 지역을 공습했다.[84] 이스라엘 국가안보연구소의 코비 마이클Kobi Michael 교수는 "칸유니스는 하마스의 지휘본부"라고 말했다. "조직의 군사적 무게 중심"인 이곳은 터널 네트워크 위에 자리 잡고 있었다.

IDF는 12월 초 칸유니스 포격 이후 2024년 1월 중순까지 하마스가 "IDF 공격을 위한 군사적 목적의 기지"로 사용하던 이스라대학 건물의 폭파와 같은 몇 가지 두드러진 예외를 제외하고는 보다 낮은 강도의 접근 방식으로 전환했다.[85] 그때까지 하마스에 소속된 24개 대대 지휘관들 중 19명이 사망했지만 하마스는 저격 소총, RPG, 폭발물 장치로 계속 저항했다.[86]

2024년 2월 마지막 주가 될 무렵, IDF는 이스라엘을 겨냥한 하마스의 로켓 발사를 일상적 위험에서 간헐적 위험으로 줄였다. 살아남은 하마스의 잔여 작전 대대는 대부분 이집트에 인접한 가자지구 남쪽 국경에 위치한 라파에 포위되었고, 3월 중순까지 하마스 테러리스트 2만 1500여 명(고위급 지도자 4명 중 2명을 포함하여 병력의 약 3분의 2)이 사망하거나 무력화된 것으로 추정되며, 상당한 길이의 터널이 파괴되었다.[87] 이 정도의 손실이라면 이 책에서 설명하는 대부분의 작전은 끝났을 것이지만, 하마스의 이념은 화해 불가능한 것이며, 죽음이 천국에 들어가는 첩경이라고 적극적으로 찬양하는 ISIS 및 알카에다의 이념과 가장 유사하다.[88]

2024년 3월 중순이 되자 가자지구의 인도주의적 상황도 눈에 띄게 악화되기 시작했다. 10월 7일 직후 이스라엘 관리들은 하마스가 로켓을 발사하는 데 사용할 수 있는 연료는 말할 것도 없고, 전쟁 중인 적에게 식량, 물, 전기를 더 이상 제공할 수 없다고 판단했다. 또한 보급품을 봉쇄하면 하마스가 인질 중 일부를 석방할 수도 있을 것으로 기대했다. 그러나 유엔과 수많은 비정부기구가 12월부터 가자지구에 임박한 기근을 경고하기 시작하면서 이러한 정책은 지속될 수 없었다. 실제로 가자지구의 인도주의적 상황은 하마스가 아닌 국제사회가 책임져야 한다는 점이 점점 더 분명해졌고, 이는 제네바협약에 따라 점령군에게 부여된 책임을 고려할 때 당연한 것이었다(2003년 미국 주도의 침공으로 사담 후세인 정권이 무너지고 정부 조직과 보안군이 붕괴된 이라크의 상황과 유사하다).[89]

어느 이스라엘 관리는 이렇게 말했다. "식량 공급은 하마스를 상대로 이스라엘이 영향력을 행사할 수 있는 지렛대 중 하나다. 하지만 하마스가 가자지구의 기아에 대해 세계가 이스라엘을 비난하고 있다는 사실을 알게 되면 그 압력은 우리에게로 넘어갈 것이다."[90] 하마스 테러리스트들이 구호 트럭을 탈취하는 사건이 반복되었지만, 이러한 압력으로 인해 이스라엘은 봉쇄정책을 철회할 수밖에 없었고, 2024년 3월 15일까지 라파 국경에서만 1만 7186대의 트럭에 31만 9100톤 이상의 인도적 지원이 라파지구로 들어왔다. 10월 7일 테러 공격으로 케렘 샬롬 같은 곳에서는 구호물자 통과가 불가능한 상태가 되었고, 다른 구호물자가 이스라엘 시위대에 의해 주기적으로 차단되었음에도 불구하고, 전 세계는 이를 "너무 늦고, 너무 적은" 조치라고 비난했다.

이스라엘에게 승리의 길, 실제로 10월 7일과 같은 대학살을 피할 수 있는 유일한 희망은 라파로 진격하여 하마스를 파괴하는 것이었다. 미군 교리에서 "파괴한다"는 것은 "적이 재건하지 않고는 임무를 수행할 수 없도록 만드는 것"을 의미한다. 재건을 막는다는 것은 팔레스타인 주민을 하마스의 올가미로부터 벗어나게 한다는 것이다. 따라서 하마스의 마지막 거점인 라파에 진입하여 이를 파괴하는 것은 불가피한 선택이었다. 전투를 끝내기 위한 시기상조의 휴전(그 기간 동안에 하마스가 재건할 수 있는)은 궁극적으로 이스라엘과 하마스 통치하에 남겨지게 될 팔레스타인인 모두에게 자해 행위가 될 것이다. 그렇더라도 더 많은 이스라엘 인질 석방을 위한 일시적인 휴전은 분명 바람직할 수 있다. 베니 간츠의 말처럼 "화재의 80퍼센트를 끄기 위해 소방대를 보낼 수는 없기" 때문이다.[91]

그러나 '철의 검 작전'의 많은 부분과 마찬가지로 상황이 극도로 어렵다. 가자지구 전체 인구의 절반 이상인 약 130만 명의 팔레스타인 난민이 라파에 집중되어 있고, 이집트가 가자지구 남쪽 국경을 시나이반도로 개방하는 것을 거부했으며, 이스라엘이 하마스에게 재편성 기회를 주지 않고는 난민들이 북부 가자지구로 돌아가는 길을 쉽게 열 수 없기 때문에 이들을 대피시킬 곳을 찾기가 어려운 상황이다. 이 글을 쓰는 시점에 IDF는 칸유니스에서 철수했지만, 이스라엘 정부는 매우 어렵게 진행될 것이 틀림없는 군사작전의 개시일을 밝히지 않은 채 라파에 진입하겠다고 공언했다. 게다가 이스라엘은 작전 초기에 알시파 병원에서 철수했다가 4월에 이곳을 소탕하기 위해 다시 돌아와야 했던 사례에서 보듯이 지역을 점령하지 않으면 하마스의 재건을 막을 수 없는 현실과 계속 씨름하고 있다.

2024년 4월 13일 토요일 저녁, 이란은 자국과 일부 프락치 집단들을 통해 이스라엘을 겨냥한 대규모 공격인 '진정한 언약 작전Operation True Promise'을 개시하여 200여 대의 프로펠러 구동 드론을 날리고 약 120발의 순항 및 탄도 미사일을 발사했다. 이스라엘 영공에 도달한 미사일은 10발에 불과했는데, 이는 미국 정보기관이 이스라엘에 공격에 대한 적시 경고와 발사 장소 및 위치를 제공해준 덕분이다. 이스라엘은 미사일과 드론의 약 3분의 1을 격추했고 이스라엘, 미국, 영국, 프랑스, 요르단 전투기와 이스라엘의 계층화된 공중 및 미사일 방어체제가 발사된 무기들 가운데 99퍼센트를 요격했다.[92] 이란의 텔레비전은 오래전에 칠레에서 발생한 산불 영상을 방송하며 이스라엘이 화염에 휩싸인 것처럼 보이려 했지만, 사실은 굴욕적인 실패였다.[93] 그다음 주에 실시된 이스라엘의 대응은 조용한 것이었다. 이스파한에 대한 소규모 공격은 텔아비브가 2개 전선에서 동시전쟁을 일으키고 싶지 않지만, 바이든 대통령의 말을 빌리자면 "기꺼이 승리할" 의사가 있음을 보여주는 동시에, 이란의 중요한 핵시설이 위치한 지역에 대한 공격을 방어할 수 없다는 것을 보여주었다.[94]

11장

미래의 전쟁

전쟁은 단순히 무기와 의지의 대결이 아니라 일종의 실험실이기도 하다.
— 피터 워런 싱어, 2023[1]

전쟁의 미래를 예측하는 것은 매우 어렵다. 1차 세계대전 당시 이탈리아 공군을 지휘했던 줄리오 두헤Giulio Douhet 장군은 1920년대에 미래의 모든 전쟁은 공중 폭격만으로 싸워 승리할 것이므로 육군과 해군은 쓸모없어질 것이라고 예측한 바 있다. 말할 필요도 없이, 공군의 역할이 점점 더 중요해졌음에도 불구하고 이러한 평가는 잘못된 것으로 판명되었다.

역사학자 마거릿 맥밀런Margaret MacMillan은 미래 전쟁의 결과를 예측하는 것을 "경마에 돈을 걸거나 새로운 기술이 어디로 갈지 추측하는 것"에 비유했지만, 다가올 분쟁의 윤곽을 엿보려는 시도는 무수히 많았다.[2]

이런 시도가 정확한 것으로 입증된 적은 거의 없었다. 미 육군대학 학장을 역임한 저명한 사상가이자 작가인 밥 스케일스Bob Scales 소장은 이러한 시도를 '워싱턴DC에서 가장 성공하지 못한 사업'이라고 표현한 적이 있다.[3] 위의 경고에도 불구하고, 지금까지 지난 70년간의 전쟁을 살펴본 우리는 앞으로 전개될 잠재적 상황들에 대해 몇 가지 관찰과 성찰을 시도해야 할 필요성을 느낀다.

전술 및 전략은 끊임없이 진화하고 있으며, 이 책의 열 개 장들, 특히 마지막 두 개 장들이 이를 웅변적으로 증명하고 있다. 인간사의 다른 많은 분야와 마찬가지로 전쟁의 변화 역시 기하급수적으로 가속화되고 있다. 무기고는 항상 새로운 무기를 획득하고 새로운 차원으로 나아가고 있다.[4] 1차 세계대전이 끝날 무렵 전쟁은 지상, 공중, 해상이라는 세 가지 요소를 모두 아우르는 양상을 보였고, 2차 세계대전이 끝날 무렵에는 공중과 해상의 능력이 광범위한 전장에서 결정적 역할을 하고 있었다. 오늘날 새로운 기술을 통해 우리는 미래의 전쟁이 우주와 사이버 공간 같은 훨씬 더 많은 차원에서 벌어질 것이라는 합리적인 확신을 갖게 되었다. 그중에서 일부는 아직 초기 단계에 있지만 점점 더 중요해지고 있으며 실제로 현대 분쟁의 중심이 되고 있다.

정치학자 마크 갈레오티Mark Galeotti는 이렇게 말했다. "전쟁과 평화의 경계가 무의미해질 수 있다. '승리'는 단지 오늘이 좋은 날이었다는 의미일 뿐, 내일 무슨 일이 일어날지 장담할 수 없다."[5] 경제 제재, 표적 암살, 정치적 영향력 행사 광고는 육·해·공의 일반적 전장에서 이뤄지는 행동보다 더 흔하고, 더 유혹적이며, 어떤 경우에는 감지하기 어려워지고 있다. '그럴듯한 부인'으로 가려진 저강도 분쟁은 전쟁의 격렬성을 완화하고, 전쟁을 더욱 보편화한다. 전통적인 전쟁터와 단절된 이러한 행동은 컴퓨터, 통화, 여론이 주요 전장이 되는 전쟁의 한 형태로, 최종 승패에 대한 명확한 징후가 거의 없다. 이를 '모든 것의 무기화'라고 부르며, 이러한 현상은 점점 더 커지는 것으로 볼 수 있다.[6]

따라서 분쟁의 명확한 지리적 범위는 줄어들겠지만(여전히 강대국들의 주요 관심사가 되겠으나) 그 어느 때보다 분쟁이 더 멀리까지 확대될 가능성이 높다. 모든 사람이 컴퓨터를 손에 쥐고, 대다수가 소수의 기업에 의해 통제되는 세상에서 첩보 활동, 기업 사보타주, 체제 전복, 사이버 공격, 온라인 허위 정보 유포는 각각 매우 효과적인 미래의 투쟁 방법이 될 수 있다.[7] 그렇다고 해서 선진국이 최첨단 기술을 갖춘 막대한 규모의 군대를 계속 필요로 하지 않을 것이란 의미는 아니다.

민간 기술의 신속하고 현저한 발전에 고무된 군대는 이전에는 공상 과학의 영역에 속하는 것으로 여겨졌던 다양한 기술을 시험하고 있다. 존 앨런과 벤 호지스 장군은 현재 이러한 기술에는 다음과 같은 것들이 포함된다고 말한다.

인공지능, 딥러닝, 자연어 처리, 컴퓨터 비전 및 기타 관련 특성: 슈퍼 컴퓨팅, 궁극적으로는 양자 컴퓨팅, 나노·바이오 기술, 첨단 빅데이터 분석, 기타 신흥 기술은 지금까지는 상상할 수 없었던 명령속도로 인해 완전히 새로운 전쟁 방식을 제공하기 시작했다. 센서와 지휘통제 기술의 혁명은 장거리 초음속 '지능형' 무기와 다양한 지향성 에너지 무기와 연계된 새로운 살상기계의 개발과 맞물려 더욱 가속화되고 있다. 전쟁의 성격과 수행 방식에 잠재적으로 혁명적 변화를 가져올 수 있는 이러한 추세는 필연적으로 완전히 새로운 방어 방식을 요구한다.[8]

20세기 전쟁에서 군대는 기술발전을 선도했다. 컴퓨팅, 암호학, 레이더, 성형수술, 인터넷 같은 분야는 초기에 군사재원이 없었다면 등장하기까지 훨씬 더 오랜 시간이 걸렸을 것이다. 오늘날에는 그 반대의 상황이 벌어지고 있다. 전통적 형태의 전쟁에 많은 시간을 할애하고 막대한 자금을 쏟아부은 서방 군대는 이제 로봇공학의 민간 개발과 점점 더 자율화되는 체제에 의존하여 사각지대를 밝히고 그러한 위협을 식별 및 대응할 수 있는 수단을 제공해야 하는 상황에 직면했다.

특히 데이터 분석 기술과 현재의 인공지능은 모든 유형의 정보를 처리 및 분석할 뿐만 아니라 융합할 수 있게 해주며, 점점 더 치명적이고 정밀하며 유능한 무기 체계와 자율 기능을 가능하게 해준다. 이와 관련하여 점점 더 강력한 빅데이터 분석, 컴퓨팅 능력(클라우드 컴퓨팅 사용), 양자 컴퓨팅 및 이질적인 방대한 데이터를 신속히 분석하고, '디지털 건초 더미'에서 고가치 표적의 위치, 주요 무기체계 및 플랫폼 같은 바늘을 찾아낼 수 있는 기능들이 출현할 전망이다.

이는 모든 영역에서 모든 유형의 감시 기능이 확산되고 있다는 점을 고려할 때 특히 중요하다. 군대가 민간-소비자 영역의 발전에 너무 의존하고 있기 때문에, 앨런과 호지스는 다음과 같이 말한다. "기술은 안보·국방 정책과 전략을 추진하는 데 있어 더욱 큰 역할을 하는 새로운 전략적 민관 협력관계를 요구한다." 이들은 특히 "유럽의 현재 국방 노력의 근간이 되는 모든 전략적·정치적 가정이 어떻게 변화해야 하는지"에 대해 직설적으로 이야기한다.[9]

2017년 미 육군은 장거리 정밀화력, 차세대 전투차량, 미래형 수직 이송기, 육군 통신망, 공중 및 미사일 방어, 개별 병사의 치사율을 높이기 위한 계획 등 미래의 대규모 전투 작전을 위한 6가지 새로운 재래식 역량에 우선순위를 설정했다.[10] 2018년 8월, 텍사스 오스틴에 육군의 획득 및 현대화 프로그램을 감독하는 4성급 미래사령부가 신설되었는데, 이는 미군 안팎에서 군과 군사적 잠재력과 관련된 최첨단 역량에 대한 산업계의 관계를 심화하기 위한 여러 계획 중 하나에 불과하다. 각 미군이 혁신과 첨단기술 기업과의 관계를 촉진하기 위해 노력함에 따라 더 많은 것을 기대할 수 있다.

하이브리드 전쟁

'하이브리드 전쟁'이라는 용어는 회색지대 전쟁, 비대칭 전쟁, 비선형 전쟁 등 전쟁의 수단만큼이나 다양한 명칭으로 변용된다. 최근에 등장한 다소 생소한 용어이긴 하지만 이 개념은 전혀 새로운 것이 아니다. 이는 비전통적 또는 비대칭적 전쟁 방식이 대상, 전장, 전쟁 영역에 걸쳐 사용되는 것을 의미한다. 우리는 카슈미르, 보르네오, 도파르, 엘살바도르, 2022년 이전의 우크라이나 등 멀리 떨어진 전구에서 이러한 전쟁의 초장기 버전을 목격한 바 있다. 양측은 공개적인 적대행위 바로 아래에서, 은밀한 행동의 '회색지대'에 머물면서 상대방의 노력을 방해하는 동시에 '그럴듯한 부인'이 가능한 태도를 유지하는 것을 목표로 한다. 대리전, 경제 전쟁, 맞춤형 허위 정보, 정치 조작, 비밀 군사행동 등은 모두 전통적인 분쟁 형태에 속하지 않으며, '하이브리드 전쟁'이라는 포괄적인 용어로 분류할 수 있다.

'하이브리드 전쟁'이라는 표현은 2005년에 제임스 매티스 중장과 프랭크 호프먼Frank Hoffman 중령이 저술한 《해군연구소 회보》에 실린 논문에서 널리 알려졌다.[11] 이 논문에는 1997년 미 해병대 사령관 찰스 C. 크룰락Charles C. Krulak 장군이 제시한 '3블록 전쟁' 개념에 대한 논의가 포함되어 있었다. 그에 따르면, 미래 미군은 적을 상대로 군사작전을 수행하고, 평화유지작전을 수행하며, 난민에 대한 인도주의적 지원을 제공하는 등의 행위를 '모두 같은 날', '모두 3개 도시 블록 내에서' 실행해야 한다는 것이다.[12] 즉, 해병대와 기타 병과의 군대는 다목적성, 적응성, 다양한 작전 능력을 보유해야 한다는 것이다.

8년 후, 매티스와 호프먼은 아프간과 이라크 전쟁을 겪으면서 '심리적 또는 정보적 측면'에 대한 논의를 추가하여 '4블록 전쟁'으로 표현을 바꾸었다. '하이브리드 전쟁'이라는 용어는 곧 테러, 반란, 범죄, 재래식 작전 및 허위 정보 작전으로 구성된 모든 범위를 포함하게 되었다.[13] 한 가지 예를 들자면 오늘날 멕시코의 범죄 폭력은 법치의 요소인 경찰, 보안군, 사법부 및 감옥 체계를 심각하게 훼손하기 때문에 분쟁으로 간주된다. 또한 멕시코의 범죄 행위는 점점 더 중화기를 사용하는 등 사실상 모든 전쟁 영역에서 벌어지고 있다.

매티스와 호프먼의 기고문이 나오고 8년이 지난 2013년, 러시아 총참모총장 발레리 게라시모프는 정치, 경제, 인도주의, 정보전이 군사력과 함께 작동하는 방식을 강조한, 마크 갈레오티가 '게라시모프 독트린'이라고 명명한 내용을 제시했다.[14] "정치적·전략적 목표를 달성하기 위한 비군사적 수단의 역할이 커졌으며, 많은 경우 그 효과에 있어 무력의 힘을 능가하고 있다"고 말한 게라시모프는 현재 우크라이나 주둔 러시아군 총사령관 겸 참모총장을 맡고 있다.[15]

이러한 '비선형적' 형태의 심리전은 우크라이나를 '혼란, 인도주의적 재앙, 내전의 거미줄'로 만들기 위해 2014년 크림반도를 합병하는 과정에서 볼 수 있었다.[16] 그러나 우리가 너무나 생생하게 보았듯이, 게라시모프 독트린의 하이브리드 냉전은 2022년 2월 24일부터 벌어지고 있는 '열전hot war'으로 쉽게 전환될 수 있으며, 다시 한번 잘 준비된 군대의 필요성을 정당화한다. 러시아의 우크라이나 침공 결과는 크림반도와 시리아의 바샤르 알 아사드 정권에 대한 러시아의 잔혹한 지원 이후 게라시모프가 무결점 군사 천재로 평가받았던 것과는 다르다는 점을 시사한다.

하이브리드 전쟁은 특히 중국과 러시아가 서방의 적들보다 자국 국민들이 받는 정보를 훨씬 더 잘 통제할 수 있다는 점에서 매력적이다. 1999년 인민해방군의 두 대령이 쓴 《초한전超限戰》에 따르면 군사적·기술적·경제적으로 약한 국가가 물질적으로 우월한 적을 물리치기 위해 비전통적 형태의 전쟁을 사용할 수 있다고 말한다. 이들은 분명히 미국과 나토를 염두에 두고 있었다. 약소국은 직접적인 군사 대결에 집중하기보다는 분쟁의 무대를 경제, 테러, 심지어 법적 수단으로 전환하여, 전통적 전쟁 수단을 약화시키는 지렛대로 사용함으로써 우세한 상대에 대항하여 성공을 거둘 수 있다. 《초한전》의 부제인 '세계화 시대의 전쟁 시나리오와 작전술에 관한 두 공군 예비역 대령의 견해'는 21세기 초의 핵심 진리, 즉 세계화가 심화되면서 국가 간 의존도가 심화되고 상호의존성이 심화되면서 이것이 지배적 강국의 착취, 약화, 방해를 위한 지렛대로 사용될 수 있다는 점을 지적한다.

두 중공군 대령은 자신들의 책이 서구인들에게 주는 교훈, 즉 어떤 초강대국도 고립주의에 빠져서는 안 된다는 교훈에 만족하지 않을 수도 있다. 따라서 미국이 위대함을 유지하는 한 가지 방법은 우크라이나 침공에 대한 서방 세계의 대응을 이끌면서 인상적으로 보여준 것처럼, 국제 체계에 굳건히 연결되고 이를 주도하는 것이다. 미국 고립주의에 대한 경보는 필연적으로 미국의 약화로 이어질 수밖에 없다.

하이브리드 전쟁 이론의 또 다른 실천자는 이란이다. 20세기 후반 이란은 미국과 그 동맹국을 상대로 적극적 형태의 하이브리드 전쟁을 추구하기로 결정했다. 이란은 전통적인 수단으로는 서방에 승리할 수 없다는 것을 인식했고, 실제로 1990년대에 미국 주도의 연합군이 3년 전 이란을 크게 격파한 이라크군을 격퇴하는 것을 목격했다.[17] 그러나 이란 지도부는 미국이 언제 전면적인 군사력을 사용할 수 있고 사용할 것인지에 대해서도 구체적인 제한을 두고 있다는 점을 인식하고 있었다.

따라서 이란의 비대칭 전략은 미국이 직접 군사 대응에 나서지 않을 분야, 즉 주로 외교, 선전선동, 금융 교란, 자국의 프락치 세력인 테러집단 지원 등을 통해 미국을 공격하는 데 초점을 맞췄다.[18] 다양한 비전통적 수단을 통해 미국이 아라비아만에서 병력을 철수하도록 충분한 타격을 가하면서도, 직접적인 보복을 유발할 정도에까지 이르지는 않았다.[19] 즉, 기꺼이 상처를 주면서도 너무 노골적으로 공격하지 않도록 조심했다.

20세기 말과 21세기 초에 이란, 러시아, 중국은 서로의 비대칭 하이브리드 전쟁 이론과 사례를 통해 기존 서방 강대국을 혼란에 빠뜨리고 약화시키는 방법을 학습했다. 중국은 최근 수십 년 동안 군대를 빠르게 현대화하면서 새로운 재래식 개념과 능력을 지속적으로 개발하고 첨단 항공모함 타격대, 5세대 전투기, 스텔스 드론, 그리고 이제는 무인 플랫폼과 같은 모든 영역에 막대한 자금을 지출하도록 미국 기획가들을 강요하고 있다. 대테러 전문가인 데이비드 킬컬런 David Kilcullen은 다음과 같이 주장한다.

기술 이전 조작, 민간 행위자의 사이버전 활용, 주요 광물자원 통제, 전략적 부동산 매입 등 우리가 전쟁으로 간주하지 않는 영역에서 결정적 행동이 다른 곳에서 일어나고 있을지 모른다. 동시에 변방에서 중국은 5G 이동통신, 사이버 작전, 나노기술, 인공지능, 로봇공학, 인간 능력 향상, 양자 컴퓨팅, 유전학, 생명공학, 정치전, 금융 조작 등 서방 전쟁 수행자들의 관심 밖에 있는 분야에서 신속하고 상당한 진전을 이뤘으며, 따라서 직접적인 군사 경쟁은 제한적인 수준에 그친다.[20]

로봇과 인공지능

이스라엘은 14년 넘게 모셴 파크리자데Mohsen Fakhrizadeh를 암살하려했다. 이스라엘 정부는 2004년 모사드에 이란의 핵무기 개발을 막을 방법을 찾으라는 지시를 내렸고, 이후 이스라엘 정보기관은 이란의 최고 핵 과학자 수를 부지런히 줄여온 것으로 알려졌다. 모사드는 대외적으로 핵물리학 교수로만 알려진 온화한 외모의 파크리자데가 사실은 이란이 추진하는 자체 핵무기 개발의 핵심 인물이며, 이란을 통치하는 물라들이 이를 언젠가 유대국가를 방사능 잔해더미로 만드는 데 사용할 것이라고 자주 그리고 틀림없이 자랑해왔다고 믿을 만한 충분한 이유가 있다고 생각했다.

파크리자데는 이전 몇 차례의 암살 시도에서 살아남았지만, 2020년 말 모사드는 새로운 기술을 시험할 때가 왔다고 생각했다. 11월 27일 밤, 파크리자데는 무장 경호원의 보호를 받으며 카스피해 인근 별장에서 테헤란으로 돌아오던 중 운전기사가 운전하는 차가 텅 빈 도로에 주차된 픽업트럭을 지나쳤다. 트럭에는 기관총을 숨기는 방수포 커버가 덮여 있었다. 파크리자데의 차가 지나가자 기관총은 물리학자의 신원을 확인하고 13발을 발사해 치명상을 입혔다.

다음 날 뉴스 보도에 따르면 파크리자데는 원격조종 무기에 의해 살해된 것으로 밝혀졌다. 방수포에는 총이 숨겨져 있었지만 사람은 없었다. 작전에 필요한 장비의 무게가 약 1톤에 달했기 때문에 각 부품을 분해하여 국내로 밀반입해야 했다. 파크리자데를 사살한 후 폭발물이 가득 실린 트럭은 폭파되었지만 이란혁명수비대는 이란의 최고 핵 과학자가 원격조종 로봇 기관총에 의해 살해되었다는 사실을 알아낼 수 있을 만큼 충분한 장비를 가지고 있었다.[21]

점점 더 정교해지는 컴퓨터가 방대한 분량의 데이터를 평가할 수 있다는 것은 인공지능AI과 로봇이 주도하는 암살이 금세기 동안 확산될 수 있음을 의미한다. 인간은 AI를 사용하여 사진 데이터를 샅샅이 뒤져 공원 벤치부터 핵 시설까지 위치를 파악할 수 있다. 또한 AI는 헨리 키신저의 말을 빌리자면 "공격, 방어, 조사, 허위 정보 확산을 위해 재빠른 논리와 새롭게 진화하는 행동을 사용하는 기계와 시스템을 배치"할 뿐만 아니라 "서로의 AI를 식별 및 무력화"할 수 있는 국가의 힘을 강화한다.[22] 전쟁이 거의 확실히 우리가 인식하지 못할 정도로 진화하게 될 영역에서 미국과 동맹국은 최전선에 서야만 한다. AI는 이미 러시아-우크라이나 전쟁에서 안면인식 소프트웨어 같은 광범위한 분야에서 사용되어 군사 공급망의 효율성을 높이고, '딥페이크' 동영상 제작에 활용되었다. 이러한 분야와 다른 분야에서도 발전은 계속될 것이다.[23]

로봇공학 및 AI 연구의 대부분은 민간에서 이루어지고 있다. 나사에서 가정용 청소기 업체에 이르기까지 비군사기관이 기술 개발을 주도하고 있지만, 이들의 기술이 전장에도 적용될 수밖에 없는 것은 당연한 일이다. 미 국방부, 국무부, CIA에서 근무한 피터 워런 싱어Peter Warren Singer는 2009년 《하이테크 전쟁Wired for War》에서 다음과 같이 기록했다.

오늘날 이라크와 아프간에 등장한 로봇은 전쟁의 역사적 혁명을 예고하는 윤곽을 그려나가고 있다. 미래의 전쟁에는 다양한 크기, 디자인, 기능, 자율성, 지능을 갖춘 로봇이 등장할 것이다. 이러한 미래 전쟁에서 사용되는 계획, 전략, 전술은 이제 막 만들어지고 있는 새로운 교리를 바탕으로 구축될 것이며, 로봇 모선과 자율 드론 떼로부터 원거리에서 전쟁을 관리하는 '큐비클 전사'에 이르기까지 모든 것이 잠재적으로 포함될 것이다. (…) 이러한 전투에서 기계는 임무를 수행하는 것뿐아니라 계획을 세우는 데도 큰 역할을 맡게 될 것이다. (…) 우리의 로봇 창조물은 인간의 전쟁과 정치에 새로운 차원과 역학을 만들어내고 있으며 우리는 이제 겨우 이런 상황을 파악하기 시작했다.[24]

《하이테크 전쟁》에서 군사사학자 맥스 부트는 "언젠가 터미네이터 같은 기계로 전쟁을 치르게 될 것인가?"라는 질문을 던졌다. 현재로서는 확실히 그렇게 보인다. 무인 지상차량은 이미 지뢰 제거, 도로변 급조폭발물 수색 및 파괴에 사용되는 등 효율적이고 유용한 도구로 활용되고 있다. 미국의 V60 Q-UGV는 지형을 넘나들며 다양한 환경 요소를 감지, 스캔, 통신할 수 있는 로봇이다. 제러미 블랙의 말을 빌리자면, AI는 "인간이 따라잡을 수 없는 속도와 정교함으로 기술과 시스템을 연결하고, 감지하고, 스캔하고, 발사할 수 있다."[25] 이는 미래의 전술 작전에서 인간의 역할을 유지하는 데 상당한 영향을 미치기 때문에 특히 중요한 관찰이다.

다소 역설적이지만 무인 원격제어 시스템은 많은 인력을 필요로 한다. 미 공군은 프레데터 무인기 1대를 공중에서 쉬지 않고 유지하려면 168명의 군인이 정위치에서 유지, 무장, 연료 공급, 수리 및 비행하고 '깜박이지 않는 눈'이 여러 위치를 오가며 수집한 정보를 처리, 활용, 분석, 저장 및 전파하는 데 필요한 것으로 추산하고 있다. 덩치가 더 큰 리퍼 180과 글로벌 호크 무인기는 1회 비행에 300명의 인력이 필요하다. 그래서 어느 장군은 이렇게 말했다. "미 공군의 가장 큰 인력 문제는 무인 플랫폼을 운용하는 인력 문제다."[26]

그러나 자율로봇의 경우에는 그렇지 않다. 인간이 로봇을 감시하는 '루프 위'에 있을 뿐 로봇을 제어하는 '루프 내'에 있지는 않으므로, 비행 및 탑재물 운반 이외의 많은 작업은 여전히 인간이 수행해야 한다. 시간이 지나면서 '루프 내'의 인간은 시스템을 안내하는 코드와 알고리즘을 작성하는 사람이 될 가능성이 높다. '순환 위'의 작동을 모니터링하는 사람은 특정 조건이 충족될 때 시스템이 치명적 행동을 취하도록 허용하는 사람이며, 기계학습과 AI를 통해 구현되는 다른 고급기능을 사용해 이런 조건을 판단한다.

1990년대 후반에 처음 개발된 민첩하고 튼튼한 로봇인 '팩봇PackBot'은 9·11 테러 이후 그라운드 제로에서 구조팀을 돕기 위해 사용되었다. 무게가 19킬로그램에 불과하고 잔디깎이 크기 정도의 이 로봇은 곧 잔혹한 9·11 테러 사건으로 촉발된 전쟁에 투입되었다. 미 육군이 최초로 사용한 전장 로봇은 아프간의 부비트랩 동굴 정찰에 사용되었고, 이후 아프간과 이라크에서 급조폭발물 해체 작업에 사용되었다. 2006년 이라크에서는 한 달에 2500건의 급조폭발물 공격이 발생했고, 팩봇이 확산되기 시작하자 반군은 팩봇을 파괴하는 데 5만 달러의 현상금을 걸기 시작했다.[27]

급조폭발물에 얼마나 많은 장약을 채워 넣었는지에 따라 다르지만, 걸어가는 병사가 폭발로 인한 죽음을 피하려면 대략 45미터 정도 떨어져 있어야 한다. 팩봇의 손실은 병사의 손실에 비하면 그 정도가 훨씬 덜하다. 어느 폭발물 처리 책임자는 이렇게 말했다. "로봇이 죽으면 모친에게 편지를 쓸 필요가 없다."[28] 팩봇에는 카메라와 센서가 장착되어 있었고, 계단을 오르기 위해 위·아래로 뒤집는 능력 때문에 '플리퍼'라고 불리는 4개의 탱크 트레드로 움직였다. 2011년까지 미 육군에서는 22개 이상의 다양한 로봇 시스템들이 지상에서 운용되었다.[29]

그 후 10년 동안 더 많은 로봇이 도입되었다. 현재 사용되는 로봇에는 자동차 밑에서 적과 폭탄을 탐색할 수 있는 다기능 민첩 원격조종 로봇인 마크봇Marcbot과 다양한 무기를 장착할 수 있는 특수무기 관측·정찰·탐지 시스템인 스워즈Swords가 포함된다. 미국 특수부대는 이미 로봇과 인간이 어떻게 함께 작전을 수행할 수 있는지 이해하기 위해 로봇 전투차량과 함께 작업하는 시험을 수행했다. 2016년 가을, 미 육군은 처음으로 로봇을 활용한 '군사 대 군사 훈련'(대항군을 운용하는 방식의 훈련)을 실시했다. 영국 맨체스터대학과 국방부는 최근 '프로젝트 오리진' 차량으로 헬기 착륙 구역을 막는 등 주로 방어적 행동을 수행하는 실험을 진행했다.[30]

방산업계에서는 지루하고, 더럽고, 위험한 3D 작업을 로봇을 통해 수행한다는 진부한 말이 있다. 10여 년 전만 해도 로봇은 인간보다 5분의 1 정도의 시간 내에 보다 정확하게 지뢰를 탐지할 수 있었으며, 그 이후로 로봇의 탐지 능력은 엄청나게 향상되었다.[31] 로봇은 모든 날씨와 화학 및 생물학 공격 중에도 작동할 수 있으며, 레이더가 다가오는 사격을 감지하면 엄폐할 수 있다. 또한, 미국의 방위고등연구계획국DARPA의 어느 관계자는 조종사가 극한의 중력에 의해 기절하

기 때문에 "인간은 방어 체계의 약한 고리가 되고 있다"고 지적했다.[32]

어느 미 육군 대령은 로봇이 로봇과 싸우면 "인간은 설 자리가 없을 것"이라고 예측했다.[33] 피터 워런 싱어는 이렇게 주장한다. "프랑스어나 사격술을 배운 병사는 그 지식을 다른 병사에게 쉽게 전수할 수 없다. 컴퓨터는 학습곡선이 인간보다 더 빠르다. 컴퓨터는 같은 언어를 사용할 뿐만 아니라 유선이나 네트워크를 통해 직접 연결될 수 있어 공유 가능한 지능을 가지고 있다."[34] 그는 로봇 병사의 출현이 전쟁에 대한 인간 독점의 종식을 의미한다고 말한다.[36]

미 국방부는 이미 무인시스템 통합 청사진에서 '자기주도형' 시스템과 '자기결정형' 시스템을 구분하고 있다. '자기주도형' 시스템은 반자율적이며 독립적으로 작업을 수행하도록 사전 프로그래밍된 시스템이다. 35시간 동안 상공에 머물며 1만 8288미터까지 비행할 수 있는 제트기 동력의 글로벌 호크 무인항공기는 인간이 설정한 매개변수 내에서 작동하지만 이미 인간의 제어와 무관하게 작동할 수 있다. 이와는 대조적으로 '자기결정형' 시스템은 센서에 스스로 반응하는 완전 자율 로봇으로, 미리 프로그래밍된 반응이 아니라 인간의 두뇌처럼 작동하여 '예기치 못한 상황에서 최적의 방안'을 찾는다.[36] 특히 적의 자율 시스템을 상대로 작전을 수행할 때 이러한 시스템을 인간이 통제하는 데 따르는 어려움이 다시 한번 분명해진다.

정치학자 엘리너 슬론Elinor Sloan 박사는 현재 원격조종 로봇과 인간 사이의 전쟁을 목격하고 있지만, 머지않아 무인 전투기가 하늘에서 전투를 벌이는, 로봇과 로봇 간의 전쟁을 보게 될 것이라고 예측한다.[37] 인공지능이 조종하는 전투기는 이미 모의 공중전에서 인간 조종사를 압도하는 경향을 보였다. 이유는 "적도 계획하거나 알아차

리지 못한 행동 양상을 거의 즉각적으로 식별하고 대응 방법을 추천"
할 수 있기 때문이다.

키신저와 에릭 슈밋Eric Schmidt의 주장처럼 현대식 군대를 원하는 모
든 국가는 AI를 수용해야 하며, "이러한 복잡성에 대한 해결책은 절
망도 무장해제도 아니다."38 중국과 미국 사이에서는 이미 전술적, 심
지어 전략적 목적으로 AI를 개발하기 위한 군비 경쟁이 한창 진행 중
이다. 키신저와 슈밋이 말했듯이, AI의 출현으로 세계는 "핵무기의
출현만큼이나 중대한 전략적 전환의 문턱에 도달했지만, 그 효과는
더욱 다양하고 더욱 확산되고, 더욱 예측 곤란할 것이다".39

슬론 박사는 미래 전장에서 로봇의 윤리적으로 긍정적인 측면을
다음과 같이 요약했다. "로봇은 민간인에 대한 복수 공격을 감행하
거나, 강간을 저지르거나, 전투의 열기 속에서 공황 상태에 빠지지
않을 것이다. 전쟁범죄로 이어질 수 있는 공포, 분노, 죄책감 같은 인
간의 감정이 없으며, 자기보존 욕구에 제약을 받지 않는다."40 로런스
프리드먼은 로봇이 할 수 없는 것을 지적하며 유용한 수정안을 제시
했다. 그는 로봇의 잠재력과 현실적 한계를 냉정하게 종합하여 다음
과 같이 주장한다.

인간 지휘관과 비교했을 때 인공지능 지휘관은 여전히 많은 단점을 가
지고 있다. 기계는 용감한 모범을 보이거나 인간에게 결정의 근거를 설
명할 수 없다. 도덕적 감각이나 개인적인 두려움이 없다. 여러 작업을
관리할 수는 있지만 완전히 새로운 작업으로 전환하는 데는 어려움을
겪을 수 있다. 게다가 AI는 기계학습을 기반으로 하기 때문에 새로운
기능이 많은 상황은 AI 지휘관을 당황하게 할 수 있다. (…) 인간 지휘

관과 달리 AI 지휘관은 들어오는 데이터에서 인간의 호기심을 끌 만한 몇 가지 이상한 점에 의미를 부여하지 못할 수 있다. (…) AI는 전술적으로 탁월하지만 전략적으로는 평범할 수 있다.[41]

하지만 그렇다고 해서 AI가 전쟁의 미래를 대표하지 않는다는 의미는 아니다. 미 공군은 인간의 개입 없이 비행기 비행과 레이더 시스템 운용을 수행해왔다. 인간의 논리에 반응하지 않는 이러한 시스템은 오랫동안 확립된 규범, 신호 또는 잘못된 지시에 영향을 받지 않는다. 인공지능이 조종하는 전투기는 "사기와 의심이 아닌 명령과 목표만 알고 있다. (…) 두 개의 인공지능 무기 시스템이 서로 대치할 경우, 어느 쪽도 상호 작용이 초래할 결과나 부수적 효과를 정확하게 이해하지 못할 가능성이 높다."[42] 따라서 향후 분쟁은 예측할 수 없는 상황으로 확대될 수 있다.

물론 이는 핵 분야에서 가장 위험한 상황이다. 인공지능 전략가 케네스 페인Kenneth Payne은 인공지능의 발전과 핵 전략 사이에 '흥미로운 유사점'이 있다고 지적한다. 둘 다 재래식 무기의 단점을 보완할 수 있는 '상쇄' 개발이라는 것이다. 19세기에 클라우제비츠는 전쟁이 "교전 당사자가 사용할 수 있는 능력과 폭력을 통해 특정 목표를 추구하려는 욕구에 의해 제한된다"고 믿었다. 그러나 페인은 다음과 같이 지적한다. "21세기에는 인공지능과 관련된 전쟁이 동일한 제한을 받을 필요가 없다. AI가 인간이 원하는 것을 오산하면 재앙적이고 부당한 폭력이 발생할 가능성이 매우 높다."[43] 따라서 적을 물리치는 데만 목적을 둔 로봇은 그 과정에서 세계를 폭파할 수도 있다.

공상과학소설에나 나올 법한 이야기처럼 들릴지 모르지만, 이 기술은 현재 빠르게 진화하고 있다. 기계에 자율성을 위임하면 교전 상황에서 가장 중요한 시간을 절약할 수 있다. 오늘날 30개 이상의 국가에서 교전 속도가 너무 빨라 인간이 실시간으로 대응할 수 없는 상황에 대비하여 로봇 자율 무기를 보유하고 있다.[44] 16개 국가에서는 무장 드론을 운용하고 있다. 이스라엘의 하피 드론은 적의 레이더가 있는 지역을 탐색하여 인간의 허가 없이 파괴할 수 있는데, 중국은 이미 이러한 기술을 역설계했다.[45] 이런 시스템은 일반적으로 기계가 조치를 취하기 전에 충족해야 하는 매우 명확하고 기계로 검증가능한 기준을 가지고 있다. 한국은 10년 넘게 북한의 침투를 막기 위해 비무장지대를 가로질러 북한을 향해 열 감지 로봇 초병화기를 배치해왔다.[46]

기술 개발의 도덕적으로 모호한 요소를 막으려는 시도는 종종 개별국의 허약한 양심에 따라 좌우된다. 그래서 이는 실질적 효과가 없을 수 있으며 비국가 행위자의 양심이 더 낮을 수 있다. 러시아는 향후 나토와의 전쟁에서 인명 피해를 줄이기 위해 무장 지상로봇을 개발하고 있다. 그러나 우크라이나에 배치되지 않은 것은 아직 준비가 되지 않았음을 시사하며, 게라시모프 장군은 가까운 미래에 "독립적으로 군사작전을 수행할 수 있는 완전 로봇화된 부대가 만들어질 것"이라고 말했다.[47] 우크라이나에서 푸틴을 제한하는 몇 안 되는 요인 중 하나가 현재 러시아가 겪고 있는 막대한 인명 손실이라는 점을 염두에 두면, 혈육인 부친, 형제, 아들 대신 로봇이 주로 전투를 지휘한다면 어떤 일이 벌어질지 상상만 할 수 있을 뿐이다.

로봇은 인간보다 더 빠르고, 더 작고(또는 더 크고), 더 가볍고(또는 더 무겁고), 더 민첩할 수 있기 때문에 전장에서 누릴 수 있는 장점이

크다. 또한 회복력이 훨씬 뛰어나고, 잠을 잘 필요도 없고, 어떤 지형도 통과할 수 있고, 자신과 조종자 모두의 양심에 따르지 않고도 자살 임무에 참여할 수 있다. 도덕적 고려 때문에 국가가 로봇을 사용하지 않을 것이라는 생각은 터무니없다. 많은 국가는 도덕적 한계선을 제시하기보다는 로봇공학을 도덕적 혜택으로 간주한다. 도덕적 타협을 두려워하는 일부 국가가 로봇공학을 사용하거나 개발하지 않을 수 있다는 주장도 마찬가지로 터무니없다. 특히 인류가 절체절명의 상황에서 가능한 한 가장 치명적 무기를 손에 넣으려는 경향이 있었다는 역사에 비추어 볼 때 더욱 그러하다. 게다가 미래의 전쟁에서는 적 로봇의 전자기기를 방해하거나 '파괴'해야 하기 때문에 전자기기 범주의 경쟁이 지금보다 훨씬 더 치열해질 것이다. 물론 그러한 범주를 놓고 경쟁하는 많은 시스템도 로봇일 것이다.[48] 2017년 러시아의 '지식의 날'에 블라디미르 푸틴은 러시아 학생들에게 "AI 분야의 선구자가 되는 사람이 세계의 지배자가 될 것"이라고 말했다.[49] 이 점만 놓고 보면 그의 말이 맞을지도 모른다.

핵무기

케네디 대통령은 1960년대 말까지 16개국이 핵무기를 보유할 것이라고 예측했지만, 현재 핵무기를 보유한 국가는 미국, 러시아, 영국, 프랑스, 중국, 이스라엘, 인도, 파키스탄, 북한 등 9개국에 불과하다. 남아공, 벨라루스, 카자흐스탄, 우크라이나가 자체 핵 역량을 확보한 후 폐기하지 않았다면 그의 예측은 더 가까워졌을 것이다.

핵 위협은 한국전쟁 당시 더글러스 맥아더의 전술 핵무기 사용 요청부터 냉전의 정점인 쿠바 미사일 위기까지, 20세기 후반의 주요 분쟁과 맞물려 있었다. 최근에는 블라디미르 푸틴이 2014년과 2022년에 전술 핵무기를 사용하겠다고 위협한 바 있다. 인도와 파키스탄 간의 암묵적 핵 위협은 1974년 이후 상호 적대감의 지속적인 원인이 되어왔으며, 파키스탄의 전술 핵무기 도입으로 인해 상황이 더욱 민감해졌다.

그럼에도 현재 핵 비확산의 미묘한 균형에 대한 가장 심각한 위협은 이란이다. 비대칭 또는 하이브리드 전쟁 방식 외에도 이란은 재래식 군사력의 열세에 대한 보완책으로 핵무기 획득에 오랫동안 관심을 기울여왔다. 아야톨라 호메이니는 원래 이란의 초기 핵 프로그램에 관심이 없었고 이를 폐쇄하기 시작했지만 이란-이라크 전쟁의 참화 이후, 그의 군사보좌관들은 핵무기 개발이 이라크, 이스라엘, 미국에 대한 안보를 제공할 수 있다고 호메이니를 설득했다.[50] 그들은 이란이 이미 핵폭탄을 보유했다면 이란-이라크 전쟁을 완전히 막을 수 있었을 것이라고 주장했다.[51] 미국은 그 자체로 위협이 될 뿐만 아니라 이 지역의 여러 적대국에게도 핵폭탄 획득의 동기가 될 수 있는 이란의 핵무기 확보를 막기 위한 노력의 선두에 서야 한다.

향후 중국의 대만 침공 가능성이 신미국안보센터에 의해 고위급에서 전쟁게임의 주제가 되었을 당시, 미국과 중국 간의 대립은 매우 빠르고 불안하게 핵 영역으로 확대되었다.[52] 이는 로런스 프리드먼이 미래 핵전쟁에서 많은 부분이 "이미 많은 사람이 죽었을 이전의 재래식 전쟁이 불러일으킨 열정에 달려 있다"는 관찰을 반영하는 것으로 보인다.[53] 복수에 대한 열망은 인간의 가장 기본적 감정 중 하나이자 가장 상호파괴적인 감정이지만, 20세기에도 그랬듯이 핵무기로 인한 파괴의 보편성은 가장 피에 굶주린 지도자들조차 멈춰 세울 수 있을 것으로 기대한다. 1987년 하버드 신학대학원 학장인 브라이언 헤히르Bryan Hehir 신부는 이렇게 말했다. "핵 시대가 시작된 이래로 우리는 궁극적인 진실의 순간을 호출할 수 있는 능력을 점진적으로 획득해 왔으며, 우리는 신이 아니다. 하지만 우리는 우리가 창조한 것과 함께 살아야 한다."[54]

허위 정보

현재 널리 알려진 전쟁의 영역은 지상, 해상, 공중, 사이버, 우주 등 5가지이지만, 그 어느 때보다 중요성이 대두되고 있는 '정보'라는 여섯 번째 영역이 추가되어야 할 것으로 보인다. 나폴레옹 전쟁이 끝난 후 클라우제비츠는 "전쟁에서 얻는 정보의 상당 부분은 모순되고, 더 많은 부분은 거짓이며, 가장 큰 부분은 불확실하다"라고 썼다. 200년이 지난 지금도 이 말은 여전히 사실이며, 적절하다. 스탈린의 허위 정보 작전부터 2022년 세르게이 라브로프가 "러시아는 우크라이나를 공격하지 않았다"고 주장한 것에 이르기까지, 허위 정보는 현대 전쟁의 중요한 요소로 작용해왔으며, 그 영향력은 줄어들 기미가 보이지 않는다.[55]

베를린 장벽 붕괴 직전인 1988년, 동독 국가보안부(슈타지Stasi)는 9만 명을 직접 고용하고 17만 5000명의 '비공식 협력자', 즉 정보원을 추가로 확보하고 있었다. 그중에는 교사, 지주, 고용주, 심지어 표적으로 삼은 인물의 부모와 배우자도 있었다. 파일만 해도 14개 지역, 1400명의 직원이 관리하는 112킬로미터에 달하는 기록보관소에 보관되어 있다. 슈타지는 끔찍할 만큼 가혹하고 이념적으로 추호의 빈틈도 없었으며 철두철미했다. 어느 기록에 따르면, "의심 없이 무심코 앉은 희생자들의 소파와 의자에서 체취 표본까지 채취했다."[56] 슈타지의 주요 임무 중 하나는 서방의 이념적인 적들에게 해로운 음모론을 심는 것이었다.

러시아에서 허위 정보를 퍼뜨리는 방식은 KGB 제1총국이 러시아 대외정보국SVR으로 바뀌면서 변화했다.[57] 그러나 하이브리드 전쟁에 대한 다양한 용어와 마찬가지로 핵심적 특징은 동일하게 유지되었다. 역사학자 토머스 리드Thomas Rid가 관찰한 것처럼 인터넷은 1990년대에 허위 정보 현상에 완전히 새로운 생명을 불어넣었지만, 허위 정보 전문가들의 기술 수준은 크게 미달되었다.

디지털 창고를 통해 원격으로 표적에 침입하여 방대한 양의 유출 자료를 추출할 수 있게 되었다. 오늘날 인터넷을 이용하면 전례 없이 많은 분량의 원시 파일을 원거리에서 익명으로 쉽사리 획득 및 게시할 수 있다. 자동화는 '가짜 인간'과 콘텐츠를 생성 및 확대하고, 데이터를 파괴하고, 혼란을 야기하는 데 도움이 되었다. 속도는 운영 면에서의 적응과 조정이 몇 년, 몇 달, 몇 주가 아니라 며칠, 몇 시간, 심지어 몇 분 만에 이루어질 수 있음을 의미한다. … 그리고 인터넷의 보다 음울하고 타락한 구석은 악의적이고 분열적인 사고라는 세균들이 우글거리는 배양 접시를 제공하고 새로운 음모론의 영구적인 공급을 보장했다는 점이다.[58]

진실하고 합법적인 유출은 적대적 행위자가 심은 허위 정보를 가릴 수 있다. 예를 들어, 2014년 5월 우크라이나 중앙선거관리위원회 네트워크를 해킹한 FSB는 극우파가 다가오는 선거에서 승리할 가능성이 높다는 도표를 만들어 러시아에서 가장 시청률이 높은 텔레비전 방송국인 채널1에 보도했다.[59] FSB는 이것이 우크라이나 정부가 신독재자라는 선전의 진실이 러시아인들의 마음속에 확인되고, 2022년 우크라이나 침공을 정당화하기 위해 계속 추진해온 탈나치화 지향적 노선을 정당화할 수 있기를 바랐다. 리드의 말처럼, 이러한 조치는 "사실에 근거한 냉정한 토론을 위한 열린 사회의 역량을 떨어뜨려, 내부 갈등을 평화적으로 해결하는 규범과 제도를 약화시키기 위해" 고안되었다.[60]

딥페이크와 인공지능으로 조작할 수 있는 비디오 영상의 등장으로 더 이상 '보는 것'을 '믿는 것'과 동일시해서는 안 된다.[61] 딥페이크를 만드는 것은 어렵지 않으며, 이 기술은 '상상력을 발휘하여' 원본 이미지를 만들 수 있다.[62] 그중 한 명은 미국 국제전략연구소csis와 백악관에 전문적 인맥을 가진 젊은 여성인 '케이티 존스Katie Jones'였다. 그녀는 흠잡을 데 없는 직업적 지위와 능력, 역량을 갖추고 있었지만 실존 인물은 아니었다.[63]

특히 중국은 첩보 활동을 위해 네트워킹 웹사이트를 활용한다. 미국 국가방첩및안보센터의 윌리엄 에바니나William Evanina 국장은 "미국의 어느 주차장에 첩자를 파견하여 표적을 모집하는 것보다, 상하이에 있는 컴퓨터 뒤에 앉아 3만 명의 표적에게 친구 요청을 보내는 것이 더 효율적"이라고 말한다.[64] 2019년 봄, 어느 퇴역 CIA 장교는 링크드인에서 채용 담당자로 위장하여 접촉한 중국 정보원에게 기밀정보를 판매한 혐의로 징역 20년형을 선고받았다.[65] 민감한 국방정보에 접근할 수 있는 서방의 표적과 접촉하기 위해 '딥페이크가 생성한 프로필'을 사용하는 것은 매우 흔한 일이며, 나토 정보기관은 이 수법에 대해 공개적으로 경고한 바 있다.

전통적 사기 행위에 초점을 맞춘 대부분의 해킹 방지 소프트웨어는 컴퓨터가 생성한 음성 모방을 쉽게 탐지하지 못하기 때문에 비디오뿐만 아니라 오디오 딥페이크도 공인의 음색, 억양, 말투를 모방할 수 있다. 정치인과 군 지도자들은 대중 앞에서 연설할 때마다 음성 모방에 노출될 수 있지만, 그렇다고 어느 사이버 보안 전문가의 말처럼 "항상 침묵할 수는 없다. 자신에게 불리하게 사용될 수 있다고 생각하지 않았던 정보가 노출되는 상황에 직면하게 될 것이다."[66] 이러한 기술을 탐지하기 위한 노력은 항상 진행 중이며, 탐지와 생성 사이의 군비 경쟁은 항상 존재할 것이다.[67]

2019년에는 전 세계 인구의 약 42퍼센트가 어떤 형태로든 정기적으로 소셜미디어를 사용했기 때문에 이러한 허위 사실과 허위 정보에 취약한 사람들이 매우 많다.[68] 또한 현재 민주주의를 괴롭히는 정보 위기가 존재하는데, MIT 연구에 따르면 진실이 1500명에게 도달하는 데 허위보다 약 6배 더 오래 걸리고, 허위 정보가 사실인 뉴스보다 소셜미디어에서 공유될 가능성이 70퍼센트 더 높다고 한다.[69] 다시 말하지만, 인간 본성의 발전은 기술의 발전보다 훨씬 뒤처져 있다.

1980년대 KGB의 허위 정보 작전인 덴버 작전은 CIA가 자금을 지원하는 생물학 연구소에 에이즈 바이러스 발생의 책임이 있음을 전파하는 데 중점을 두어 큰 성공을 거두었다. KGB는 동맹국인 불가리아 비밀기관에 보낸 전보에서 다음과 같이 보고했다.

우리는 최근 몇 년 동안 미국에서 새롭고 위험한 질병인 후천성면역결
핍증후군AIDS이 서유럽을 포함한 다른 국가로 대량 확산되는 것과 관
련하여 일련의 조치를 취하고 있다. 이러한 조치의 목표는 이 질병이
미국과 국방부의 비밀기관이 통제 불능 상태에 빠진 새로운 유형의 생
물학적 무기를 비밀리에 실험한 결과라는 주장에 대해 해외의 호의적
여론을 조성하는 것이다.[70]

그 후 KGB는 동조적인 신문들에 허위 정보를 흘려, 펜타곤 요원
들이 자이르, 남미, 나이지리아를 여행하며 HIV 슈퍼바이러스를 만
드는 데 사용될 수 있는 악성 바이러스 표본을 수집하고 아이티와 미
국의 노숙자, 중독자, 동성애자들을 대상으로 비밀리에 실험한 것이
에이즈 발병의 원인이라고 주장했다. '덴버 작전'은 여러 정보기관에
걸친 대규모 비용이 소요되는 사업이었으며, 대중의 의식 속에 침투
하기 위해 전통적 형태의 미디어에 의존했다. 1992년까지 미국인의
15퍼센트가 이 바이러스는 실제로 미국 실험실에서 CIA에 의해 의도
적으로 생산된 것이라고 믿게 만드는 데 성공했다.[71]

이와 직접적으로 비교할 수 있는 것은 코로나19가 미국의 생물무
기라고 전 세계를 설득하기 위해 수행된 중국의 작전이다. 이 허위 정
보는 서방 음모론 웹사이트에 게재되었고 '덴버 작전' 기반요소의 극
히 일부만 필요했다. '덴버 작전'이 본격적으로 활동하는 데 수개월에
서 수년이 걸렸지만, 2020년 중국의 작전은 시작된 지 며칠 만에 미
국 인구의 약 29퍼센트는 코로나19가 중국 밖의 실험실에서 인위적

으로 만들어졌다고 믿었다.[72] 소셜미디어는 정보 공유에 혁명을 가져왔지만 사실과 허구를 적절히 구분하는 데 종종 실패하며 일반적으로 서구 민주주의에 해로운 영향을 미쳤다.

2014년 말레이시아 민간 여객기 MH17이 친러시아 분리주의자들의 러시아제 미사일로 격추되어 298명의 목숨을 잃은 후, 러시아와 그 지지자들은 우크라이나가 격추시켰다는 예상 가능한 비난부터, 승객 한 명 한 명을 세심하게 준비한 시체인 상태로 비행기에 태워 도발의 목적으로 돈바스 상공에서 고의로 격추시켰다는 기발한 설명까지 260가지가 넘는 가정이 등장했다.[73] 마찬가지로 2020년에 알렉세이 나발니를 속옷에 숨겨 둔 신경작용제로 중독시켜 죽이려다 미수에 그친 사건은 나발니가 톰스크로 가는 비행기에서 술을 너무 많이 마신 탓이라는 주장으로 물타기를 했다.

2022년 푸틴의 우크라이나 전쟁으로 인해 러시아 정보기관이 주도하는 일련의 러시아 허위 정보 작전이 새롭게 활기를 띠었다. 예를 들어, 돈바스 지역에서 싸우는 우크라이나 군인들은 탈영이나 투항을 촉구하는 전우의 것으로 추정되는 휴대전화 메시지를 받았다. 러시아는 적군 병사들의 외로움과 공포를 이용할 수 있기를 바라며 언제든지 수천 개의 모바일 연결을 표적으로 삼을 수 있는 드론 기반의 리어-3 전자전 시스템을 사용했다.[74] 이러한 기술과 작전에 대한 우크라이나의 전문성은 러시아군과 시민들에게도 사용되었다.

진실을 무시하는 러시아의 태도는 역효과를 불러일으킬 수 있으며, 때로는 러시아의 진술이 사실일지라도 믿지 않는 경우도 있었다.[75] 이러한 무시는 종종 너무 노골적이어서 즉시 드러날 수 있다. 세르게이 라브로프 외무장관은 2022년 우크라이나 쇼핑몰에서 공격이 발생해 민간인 약 12명이 사망한 후 유럽과 미국의 탄약과 무기를 보관하던 인근 격납고가 폭격을 당했고, 이 때문에 의도치 않게 쇼핑몰에 불이 났다고 설명했다. 하지만 많은 목격자들은 러시아 미사일이 실제로 쇼핑센터를 직접 타격했다고 증언했다. 어느 우크라이나 정치인은 이를 가리켜 "민간인과 평범한 사람들이 평화롭게 그곳에 온다는 점을 잘 알고 있는, 민간 기반시설을 겨냥하여 사전에 모의한 고의적인 공격"이라고 묘사했다.[76]

오픈소스 정보

소셜미디어, 상업용 위성 이미지, 스마트폰 데이터를 통해 기존 정보원 못지않은 실행가능 첩보와 정보를 얻을 수 있었던 러시아-우크라이나 전쟁에서 오픈소스 정보가 압도적으로 우크라이나 측에 유리하게 작용하면서 진가를 발휘하기 시작했다. 이는 소셜미디어와 웹포럼의 게시물은 물론 기술회사와 광고회사에서 수집한 상업적 데이터와 이미지 등 온라인 자료, 또는 구매 가능한 미분류 자료가 거의 압도적으로 많다는 사실을 반영하는 전쟁의 진화에서 중요한 발전이다.[77] 해상에서 모든 선박을 추적하는 회사도 있고 하늘에서 모든 항공기를 추적하는 회사도 있다.

서방측의 국방·정보 당국은 (기밀 사진이지만 더 쉽게 공개할 수 있는) 상업용 위성사진을 통해 2022년 2월 이전에 러시아의 군사력 동원을 감시하여 그 사실을 공개적으로 보고할 수 있었고, 이후에도 계속해서 전략 및 전술적 통찰력을 제공하고 있다. 이는 엄청난 결과를 가져왔다. 2022년 늦여름까지 최소 32개의 러시아 대대급 전술단 지휘소가 우크라이나군 공습으로 파괴되었는데, 이 중 최소 32개는 이러한 신기술의 도움을 받은 것으로 추정된다.[78] 러시아 스마트폰에 설치된 위치 추적 앱도 특히 유용한 정보를 제공했다. 2022년 4월, 러시아 군인에게 '애플 에어팟 이어폰'을 도난당한 어느 우크라이나인은 '나의 찾기find my' 앱을 이용하여 러시아 군대의 움직임을 추적할 수 있었다.

드론

무인항공기(UAV 또는 드론)는 원래 공중정찰을 위한 것이었지만 치명적 시스템으로 빠르게 발전했고, 이제는 기뢰와 어뢰 기술을 결합하여 수중에서도 사용되고 있다.[79] 2009년까지 미군은 이미 5300대 이상의 드론을 사용했으며, 드론의 도움 없이는 거의 모든 임무가 수행되지 않았다.[80] 3000달러에 불과한 드론은 특히 우크라이나군의 포격에도 효과적으로 사용되었으며, 1차 및 2차 세계대전과 마찬가지로 러시아-우크라이나 전쟁에서도 박격포, 기관총, 공중 폭격 및 기타 모든 종류의 무기를 합친 것보다 포격으로 인한 군인 사상자가 더 많았을 가능성이 높다.[81] 《뉴욕 타임스》는 "모든 전쟁에는 AK-47부터 급조폭발물까지 상징적인 무기가 있다"고 언급하면서, "우크라이나에서는 그것이 드론이다"라고 전했다.[82]

러디어드 키플링Rudyard Kipling은 1886년 〈국경에서의 산술Arithmetic on the Frontier〉이라는 제목의 시에서 공립학교 교육을 받은 영국군 장교를 죽일 수 있는 무기가 얼마나 값싼 무기인지 지적하며, "2000파운드짜리 교육이 (…) 10루피짜리 감옥에 떨어진다"고 썼다. 무겁고 길쭉한 아프간 제자일 부싯돌 소총은 19세기 전쟁의 재정적 비대칭성을 증명했지만, 3만 5000달러짜리 차세대 경대전차무기의 미사일이 200만 달러짜리 T-72 전차를 파괴하는 오늘날에도 이러한 현상은 똑같이 적용된다.

수십 가지 유형의 드론이 있으며, 그중 일부는 미래의 분쟁에서 중요한 역할을 할 것이다. 미 육군은 무게가 1.1온스(32그램)에 불과한 거의 무소음에 가까운 주머니 크기의 블랙 호넷 드론을 보유하고 있으며, 실시간 영상 전송을 통해 주변을 조사하여 병력에게 상황인식을 제공한다. 반면, 프레데터는 길이 8미터, 450만 달러짜리 프로펠러 구동 드론으로 최대 24시간 동안 7924미터 상공에 머물 수 있으며, 네바다에서 약 1만 2070킬로미터 떨어진 곳에서 (현지에서의 제어를 받은 후) 조종할 수 있다. 이 드론은 레이저 유도 헬파이어 미사일, 226킬로그램 정밀 폭탄 및 기타 탄약으로 무장할 수 있다. 아프간 전쟁 첫해에 프레데터는 115개의 목표물을 제거했으며, 그 수는 수년에 걸쳐 기하급수적으로 늘었다.[83] 미국 내 기지에서 프레데터를 조종하는 요원들의 경험은 분명 충격적일 수 있다. 어느 요원은 이렇게 말한다. "12시간 동안 전쟁터에 나가 목표물을 향해 무기를 쏘고 적 전투원을 사살하는 일을 하다가 차에 올라 집으로 돌아오면, 20분만에 저녁 식탁에 앉아 아이들과 숙제에 대해 이야기하고 있다."[84]

러시아는 2022년 한여름부터 우크라이나에서 이란제 드론을 사용했으며, 그해 10월에는 키이우의 민간인 표적을 공격하는 데 드론을 사용했다.[85] 세계 최초의 드론 전쟁은 미래 분쟁에서 보편화될 광범위한 '드론 대 드론' 전투를 아직 보여주지 않았지만, 미래의 전조임에는 의심의 여지가 없다.

2022년 6월 말, 드론에서 발사된 정밀폭탄이 시리아의 알카에다 연계 단체에 속한 고위급 조직원을 타격하여 사살하는 사건이 발생했다. 헬파이어 R9X 미사일은 민간인에게 부수적 피해를 줄 수 있는 기존의 폭발 방식 대신, 45킬로그램의 탄두와 6개의 확장가능 날개가 장착되어 의도한 목표물만 파쇄하도록 설계된 미사일을 사용했다. 어느 미국 관리가 '하늘에서 전속력으로 떨어지는 모루anvil'라고 묘사한 이 미사일은 자동차, 발코니의 잔해, 또는 이 경우 테러 지도자가 타고 있던 오토바이의 잔해만 남겼을 뿐이다. 어느 영국 신문은 "오토바이를 탄 알카에다 수장이 시리아 비포장도로에서 정밀 드론 공격으로 미국의 헬파이어 닌자 미사일에 의해 사망"이라는 제목으로 이 공격을 보도했다.[86]

그래서 미국은 드론에 대한 방어를 최우선 과제로 삼고 있다. 여러 계획 중 하나는 드론 공격으로부터 스트라이커 장갑전투차량을 보호하기 위해 새로운 '근접' 공중폭발 탄약을 개발하는 것이다. 이 기술은 드론을 감지할 수 있는 무선 주파수 센서가 장착된 소형 탄약을 분사하여 폭발시키는 방식이다. 소수의 드론 또는 드론 집단에 대한 시험은 성공적이었다. 그러나 우크라이나에서 볼 수 있듯이 드론 떼는 통과할 가능성이 훨씬 높은 반면, 최근 이스라엘과 미국 기업이 개발한 지향성 에너지 무기가 획기적 돌파구를 열게 됨에 따라, 드론 떼도 고출력 초단파 및 레이저 무기 시스템에 취약할 것으로 예상된다.[87]

미국의 무장 드론은 보스니아, 이라크, 아프간, 예멘, 소말리아, 리비아, 말리 및 기타 여러 국가에서 미국이 거의 전적으로 기술 우위를 점하던 시기에 성공적으로 작전을 수행했다. 이러한 지역은 과학 선진국에 대항할 수 없을 정도로 무방비 상태였으며, 특히 군집 공격에 취약했다. 위에서 언급했듯이 항공모함조차도 이런 종류의 공격에 취약할 수 있으며, 이는 이란이 추구하는 것으로 추정되는 분야이다. 엘리너 슬론 박사는 이런 군집 개념이 구현된다면 지난 100여 년간 기동성과 민첩성에 초점을 맞춰 발전해온 전쟁에서 질량과 수량의 중요성을 다시 도입함으로써 전쟁의 진화 방향이 바뀌는 계기가 될 것이라고 생각한다.[88]

해킹과 전파 방해부터 드론과 드론의 전자 장치를 녹이거나 소각할 수 있는 지향성 에너지 무기까지 이러한 가능성에 대응하기 위한 기술에 막대한 투자가 집중되고 있다.[89] 가장 중요한 안티 드론 개발 중 하나는 현재 드론을 파괴하는 데 효과적이지만 아군과 적군을 구분하는 데 정확하지 않은 마이크로파 에너지의 잠재적 사용이다. 한 가지 발명품인 '레오니다스 팟'은 질화갈륨 트랜지스터를 사용하여 마이크로파를 생성하는 소형 장치로, 지상 플랫폼에 장착하거나 무거운 무게를 들어 올릴 수 있는 대형 드론에 부착할 수 있다. 드론 떼가 출현하면 정밀·민첩 드론 또는 지상 플랫폼과 간소화된 고출력 마이크로파 시스템을 결합하여 드론 떼를 파괴할 수 있다. 어느 엔지니어는 운영자가 아군 드론과 적 드론을 구분할 수 있고 '아군 시스템' 주변에 보호구역을 만들 수 있다고 말한다.[90]

2018년 8월, 1킬로그램의 폭발물로 무장한 DJI-M600 드론 두 대를 사용하여 베네수엘라의 니콜라스 마두로Nicolas Maduro 대통령을 암살하려는 시도가 발생했다. 주변 군인들이 부상을 입는 등 실패했지만, 앞으로 이러한 시도는 더욱 정교하고 정확하며 효과적이 될 것이다. 시간이 지남에 따라 점점 더 많은 정부 시설과 군중이 많이 모이는 행사장도 드론 대응 시스템으로 보호해야 할 것이다.

드론은 모든 영역에서 다양한 용도로 사용된다. 예를 들어, 핵잠수함에 보급품을 운반하여 잠수함의 잠수 시간을 연장할 수 있다.[91] 무인 해상 선박과 항공기는 군대의 해상 가시성을 크게 향상시킨다. 2023년 여름까지 미 해군은 약 100대의 소형 해상 및 공중 감시 드론을 수에즈운하에서 이란 연안 해역까지 운용하여 미 제5함대에 정보를 제공했다. 마이클 브라세르Michael Brasseur 해군 대령은 이 중요한 분야에서 미국이 "진정한 무인 기술혁명의 정점에 서 있다"고 믿는다. 해상 드론은 최대 6개월 동안 바다 위를 떠다니며 상세한 이미지를 육지의 군사 분석가에게 전송할 수 있다. 브래드 쿠퍼Brad Cooper 제독은 미 해군이 드론을 "이전에는 몰랐던 활동을 탐지하는 데 사용한다"고 말한다.[92] 드론 함대는 이미 이란 해역을 통과하는 중국 해군 선박을 탐지했으며, 선박 간 불법 이동과 신분을 위장하기 위해 전자 추적기를 사용하는 선박의 행동 가능성도 포착했다. 시간이 지남에 따라 해저 감시 시스템과 치명적 시스템은 점점 더 성능이 향상되고 보편화될 가능성이 높다.

9장에서 살펴본 것처럼, 미국의 리퍼에 비해 상대적으로 성능이 떨어지지만, 드론은 우크라이나와 러시아 모두에게 필수적 도구가 되었다. 그러나 현재 우크라이나 전장에서 사용되고 있는 드론은 앞으로 등장할 드론에 비해 사거리, 감시 기능, 무장 및 지속 시간이 매우 제한적이다.

미래에는 지대지, 공대지, 공대공, 해저 대 수상, 해저 대 해저, 사이버 무기 등 모든 형태의 무기에 대해 점점 더 정밀성과 성능이 뛰어난 무기들이 등장할 것이다. 미국과 다른 국가들이 이미 사용 중인 첨단 시스템은 비교할 수 없을 정도로 성능이 탁월하며, 우주 공간에서 운영되는 오버헤드 시스템overhead system*에서 수집한 이미지와 기타 정보를 통합하여, AI와 기계학습 기능을 활용하는 다른 시스템에서 상당한 고급 정보를 생성할 수 있다. 이런 기술을 생산하는 어느 회사의 임원은 이렇게 말한다. "첨단 알고리즘 전쟁 시스템의 위력은 이제 재래식 무기만을 보유한 적을 상대로 전술 핵무기를 보유한 것에 맞먹을 정도로 막강해졌다. 일반 대중은 이를 과소평가하는 경향이 있다. 하지만 우리의 적들은 더 이상 이것을 과소평가하지 않는다."[93]

센서 및 전파방해 장비

대부분 주요 국가의 현대식 군대에서 센서는 필수적 부분이며, 센서 역시 혁신적인 능력의 진보를 경험하고 있다. 통신망을 통해 다른 사물과 데이터를 교환하는 센서와 처리 소프트웨어를 갖춘 모든 사물을 포괄하는 이른바 '사물 인터넷'은 군사작전에 새로운 기회를 창출하고 있다. 군대에서 사용할 수 있는 오늘날의 민간용 센서는 종종

• '오버헤드 시스템'이란 쉽게 말해 사람의 머리 위(즉, 하늘 위)에 떠 있는 모든 시스템을 말한다. 정보작전·군사작전 맥락에서 이는 정보·이미지·동영상 수집을 위해 지구 표면 상공(대기권, 우주공간 포함)에서 작동하는 모든 시스템을 의미한다. 여기에는 위성, 고고도 항공기(U-2 및 SR-71 등), 드론, 기타 무인항공기(UAV) 등 다양한 자산이 포함된다. 감시·정찰·정보 수집에 사용되는 이들 시스템은 국가안보와 군사작전의 중요한 구성 요소다. 오버헤드 시스템에서 수집된 정보가 인공지능 및 기계학습 기술 등과 통합되면 그 가치가 크게 향상될 수 있다.—옮긴이

불완전하고 조작과 악용에 취약하지만, 거의 모든 영역에서 전례 없는 분량의 정보를 제공한다.[94]

센서는 군인들이 자신의 위치를 드러내지 않고도 적을 탐지 및 공격할 수 있게 해준다. 현대 전장에서 적외선 및 열화상 장치가 확산되면서 적이 움직이지 않아도 적군을 탐지할 수 있는 사례가 점점 늘어나고 있다.[95] 군인과 민간인 모두 전장에서 쏟아져 나오는 정보를 통해 추적할 수 있기 때문에 누구에게도 숨기기가 매우 어려워졌다.

러시아가 우크라이나에서 전자장비에 대한 전파방해를 포함한 전자전을 수행하면서 일부 나토 군대의 대응이 활기를 얻고 있다. 전자전은 전장에서 파악하기 가장 어려운 능력 중 하나이며, 우크라이나에서 러시아의 전자전은 병력이 전술작전센터에 앉아 완벽한 통신을 할 수 있는 시대가 끝났음을 의미한다.[96] 우크라이나 군인들은 전파방해를 받지 않는 아날로그 유선 전화를 사용하게 되었고, 미군 병사들은 향후 전투에서 자신의 전자 통신이 방해받을 것을 예상하라는 교육을 받았다.

오늘날보다 정보와 감시 체계의 정교함, 그리고 무기의 정확성과 사거리가 지금보다 훨씬 부족하고, 무인 및 로봇무기 시스템이 등장하기 이전의 과거보다 오늘날에 더 큰 관련성을 지닌 냉전 시대의 격언이 있었다. "볼 수 있는 것은 명중시킬 수 있고, 명중시킬 수 있는 것은 죽일 수 있다." 지난 30년간의 발전, 특히 컴퓨터 분석의 도움을 받는 정교한 감시 체계의 확산을 고려할 때, 이 격언은 매우 심각하게 받아들여야 한다.[97] 오늘날에는 선박, 비행기, 전투차량, 기지, 본부, 병참기지, 집결된 부대 등 거의 모든 주요 군사 플랫폼을 특정 전쟁터에서 볼 수 있다. 그리고 만일 이것들을 관측할 수 있다면 극초

음속으로 비행하는 무기로 명중 및 살상하고, 경이적인 정밀도를 가진 무기들을 '벌떼처럼 한꺼번에 발사'하여 적의 방어체계를 압도할 수 있다. 이러한 복합적인 요인으로 인해 군 지도자들은 가장 유능한 잠재적 적을 억지하기 위해 군대와 자신들의 모든 측면을 획기적으로 변혁시켜야 한다는 생각을 하게 된다. 미래 전쟁에서는 고가의 중요한 무기 시스템을 센서 네트워크에 연결된 저렴한 드론과 정밀 미사일로부터 보호해야 할 것이다.[98]

사이버 전쟁

2007년 모스크바는 에스토니아에 대한 사이버 공격을 감행하여 의회, 정부 부처, 은행과 관련된 웹사이트를 폐쇄시키고 에스토니아 화폐의 폭락을 유도했다. 10년 뒤에는 비슷하지만 더욱 정교한 공격이 이뤄졌는데, 머스크 선박회사에 대한 사이버 공격으로 76개의 항구와 800척에 가까운 선박을 보유한 해운 대기업이 국제 운송 능력의 5분의 1에 해당하는 선박 운항을 중단시켰다. 러시아 군사정보국GRU이 유능한 젊은 컴퓨터 공학 졸업생을 고용한 반면, FSB는 '애국적 해커'로 변신하여 감옥에서 탈출한 불법 해커를 고용하는 경향이 있었고, 이들은 2007년 에스토니아, 2008년 조지아, 2014년 러시아의 크림반도 침공 이후 거의 지속적으로 우크라이나를 공격했다.[99]

2022년 침공 당시까지 우크라이나는 오랫동안 러시아 사이버 공격의 시험장이었다. 예를 들어, 2017년 중반에 낫페트야NotPetya 바이러스가 우크라이나 시스템에 퍼지면서 우크라이나는 약 100억 달러의 손실을 입었다. 러시아는 사이버 전쟁 전술을 시험했고, 엄청난 성공을 거두면서도 후폭풍을 거의 겪지 않았다. 그러나 이런 공격과 그에 따른 서방의 지원은 우크라이나가 사이버 방어와 회복력을 극적으로 개선하는 데 도움이 되었다. 침공 당시 러시아의 사이버 공격이 모스크바가 기대했던 것보다 훨씬 낮은 수준의 혼란을 초래한 것에서 알 수 있듯이, 우크라이나의 사이버 방어와 회복력은 크게 향상되었다.

2010년, 이란은 원치 않았지만 세계 최초로 디지털 무기의 숙주가 되었다. 끈질기고 악의적인 컴퓨터 악성코드인 스턱스넷Stuxnet이 이란에 밀반입되어 이란의 나탄즈 핵 시설에 침투한 것이다. 이전에도 컴퓨터 바이러스와 악성코드가 존재했지만 스턱스넷은 단순히 컴퓨터를 탈취하는 데 그치지 않고 컴퓨터가 제어하는 장비까지 파괴한다는 점에서 대단한 차이가 있었다.[100] 이 악성코드는 2년 동안 탐지되지 않고 작동하여 이란의 우라늄 농축 프로그램을 교란시켰다.[101] 2010년 한 해 동안 나탄즈에서의 우라늄 농축이 여러 차례 중단되었고 원심분리기 가동률이 30퍼센트 감소했다.[102] 이란이 스턱스넷의 피해를 입었지만 이 악성코드는 인도네시아, 파키스탄, 인도, 심지어 이스라엘과 함께 그 배후로 추정되는 미국으로까지 확산되었다. 결국 미국은 전체 스턱스넷 피해 중에서 2퍼센트 미만에 해당되는 피해를 입었는데, 이는 더 큰 목표를 달성한 것을 감안하면 감내할 수 있는 수준의 부수적 피해였다.[103]

악성코드와 바이러스만이 전자기기에서 정보를 빼내는 유일한 수단은 아니다. 우크라이나인들에게 틱톡은 전쟁에 관한 정보를 유포하는 데 유용했지만, 플랫폼에 단점도 있었다. 보안 전문가들은 틱톡의 모기업에 해당되는 중국 회사 바이트댄스가 틱톡 사용자의 데이터를 수집하여 중국 정부에 전달하면, 중국 정부가 정부 및 군인들의 위치를 추적하고, 지적 재산을 훔치며, 개인에 대한 협박에 악용할 수 있다고 우려한다.

러시아-우크라이나 전쟁은 이미 전 세계 군대에 전쟁이 진화하는 다양한 방식에 대한 귀중한 통찰력을 제공했다. 이 전쟁은 1973년 이후 몇 년 동안 욤키푸르 전쟁이 그러했던 것처럼 이미 대단한 연구의 대상이 되고 있다. 영국의 왕립합동군사연구소RUSI의 연구에 따르면, 한 가지 교훈은 "현대 전쟁에 성역은 없다"는 것이다.[104] 러시아가 우크라이나 깊숙한 곳까지 공격할 수 있었기 때문에 앞으로의 전쟁에서 생존성은 탄약고, 지휘통제센터, 정비구역, 항공기의 광범위한 분산 여부에 따라 좌우될 것이다. 과거의 전쟁에서 우리는 공군이 지상에서 파괴되는 것을 보았다. 1941년 6월 소련 폭격기의 약 40퍼센트가 이륙하기도 전에 파괴되었지만 우크라이나는 분산을 통해 이러한 재앙을 회피했다.

또 다른 중요한 교훈은 며칠 이상 지속되는 현대 전쟁에는 대량의 포탄 비축이 필요하다는 것이다. 전쟁 초기 6주 동안 키이우는 2개 포병여단의 집중 포격에서 구사일생으로 살아났다. 우크라이나는 대략 비슷한 강도의 포격을 유지했지만, 6월에는 러시아가 우크라이나군보다 10배 더 많은 포탄을 발사했다.[105] 나토의 포탄 공급이 없었다면 우크라이나는 돈바스에서 전선을 안정화할 수 없었을 것이다. 그러나 미국을 제외한 어떤 나토 국가도 전면전에 필요한 포탄 생산과 비축량을 보유하고 있지 않으며, 특히 영국이 그러하다.[106] 다른 많은 분야에서와 마찬가지로 궁극적으로 비용의 대부분을 부담해야 하는 것은 미국 납세자이며, 미국은 증가하는 위협으로부터 규칙 기반의 국제질서를 수호하는 유일한 필수국가이다.[107] 그러나 미국도 우크라이나의 엄청난 포탄 소모율을 지원하기 위해 방위산업 기반을 늘려야 한다.

무선, 레이더, 적외선 등 전자기 범주에서 적의 공간을 차단하여 정밀무기 사용을 방해하기 위한 끊임없는 투쟁은 전쟁이 진화함에 따라 더욱 격렬해질 것이다. 우크라이나는 전자전이 어떻게 정밀무기를 무력화할 수 있는지, 그리고 미래 전쟁에서 승리하기 위해서는 얼마나 전자전이 필수적인지를 강조한다. 그러나 이를 위해서는 막대하고 지속적인 투자가 필요할 것이다. 푸틴 대통령이 2023년에 국방, 안보, 치안 분야에 러시아 세수稅收의 약 30퍼센트에 해당하는 1430억 달러를 지출할 예정인 가운데, 서방은 이 중요한 분야에서 뒤처져서는 안 될 것이다.[108]

러시아-우크라이나 전쟁은 미래전에 대비하는 나토에게 무엇이 최선의 전략적 태세인지에 관한 큰 교훈을 준다. 적어도 가까운 장래에는 국경을 따라 방어를 최우선으로 삼는 '고슴도치' 접근법을 채택하는 방향으로 나아가야 한다는 것이다. 그러나 이러한 고정방어는 전략적 기동을 극단적으로 곤란하게 만드는 문제가 있다.[109] 오늘날에는 고대의 공격-방어의 균형이 감시 및 표적탐지 기술의 보편화와 상대적으로 저렴한 비용으로 인해 후자 쪽으로 기울었다.[110] 향후 선진국 간의 전쟁에서 정보, 감시 및 정찰 시스템은 우크라이나에서 보았던 것과는 비교할 수 없을 정도로 성능이 향상되고, 정밀 탄약의 사거리, 속도, 폭발력이 훨씬 더 개선될 것이다. 또한 공중뿐만 아니라 해상, 해저, 지상, 우주 공간, 사이버 공간 등 모든 영역에서 훨씬 더 많은 수의 훨씬 더 뛰어난 무인 시스템(일부는 원격조종, 다른 일부는 알고리즘에 따라 작동)이 개별적으로가 아니라 군집으로 작동하게 될 것이다. 그리고 모든 정보 및 공격 능력은 고도로 발전된 지휘·통제·통신·컴퓨터 시스템에 의해 통합 및 연결될 것이다.[111]

러시아-우크라이나 전쟁이 중국과 대만에 미치는 영향

우리는 중국 인민해방군 최고사령부가 우크라이나의 군사적 교훈을 매우 신중하게 연구하고 있으며, 현재 베이징에서 이러한 교훈을 대만 사례에 적용하기 위해 집중적 실무 작업이 진행되고 있음을 확신할 수 있다.[112] 1장에서 언급했듯이, 대만은 냉전기에는 결코 가능하지 않았을 방식으로 세계의 양대 초강대국을 직접적 충돌로 이끌 수 있는 잠재력을 가지고 있다. 그렇기 때문에 대만은 우크라이나 외에 오늘날 세계에서 가장 민감하고 위험한 상황이라고 할 수 있다.[113] 2021년 8월 미국이 아프간에서 혼란스럽게 철수한 이후 중국은 대담해졌을 수 있다. 실제로 미 국방부가 의회에 제출한 2022년 11월 국가안보 상황에 관한 연례보고서는 중국이 "미국과 파트너의 영향력을 약화시키기 위해 여러 외교적 도구를 사용"했다고 밝혔는데, 여기에는 "미국의 아프간 철수 강조"가 포함되어 있다.[114]

중국의 기획가들은 9장 마지막에 나열된, 러시아가 우크라이나에서 저지른 많은 실수로부터 교훈을 얻을 것이다. 그뿐만 아니라, 러시아의 도전, 우크라이나의 회복력, 탱크와 항공기 투입의 위험성, 러시아에 대항하는 서방의 단합과 경제제재 의지 등을 보면서, 아직은 대만 침공에 나서지 말아야 한다고 생각했을 것이다.[115] 신미국안보센터의 밴스 서척Vance Serchuk 은 "우크라이나 전쟁은 어떤 면에서 강대국 경쟁의 특정 요소를 가속화하고 증폭시켰다. 그러나 강대국 충돌의 가능성도 줄인 것 같다"고 지적한다.

그 이유는 러시아와 중국 사이에 수많은 명백한 차이점이 있음에도 불구하고, 항상 역사를 예리하게 연구하는 중국인들이 우크라이나에서 일어난 일을 경계해야 할 상황으로 보았을 것이기 때문이다. 러시아군이 우크라이나에서 경험한 반전(러시아의 우크라이나 점령 실패, 우크라이나의 저항과 반격 등)은 중국 기획가들에게 대규모 작전은 매우 복잡하며 아무리 많은 훈련을 하더라도 '철의 주사위'가 던져지면 일어날 수 있는 모든 상황에 대비할 수 없다는 점을 상기시켜주었을 것이다. 분명 중국과 미국, 그리고 그 동맹국 간의 전쟁은 예측 불가능한 방식으로 전개될 것이며, 전 세계에 치명적 결과를 초래할 위험이 있다.[116]

대만도 의심할 여지 없이 우크라이나를 면밀히 주시하고 있을 것이다. 군사 전문 웹사이트인 '워온더락스'는 '비대칭적 용을 질식시키는 고슴도치 전략'을 묘사하며, 타이완이 방어에 '소형무기를 대량으로 운용'하는 데 우선순위를 두라고 조언했다.[117] 탄도미사일 방어, 방공, 해상거부 화력, 해안거부 화력, 기뢰전, 정보전, 민방위, 복원력을 갖춘 핵심 인프라 등이 여기에 포함된다. 타이완은 핵심 교훈을 수집하고 이를 적용하여 효과적인 억지력을 구성할 수 있는 실질적 방어력을 확보하기 위해 노력할 것이 분명하다.

결론

2차 세계대전 이후 전쟁의 진화를 목도한 분쟁 사례들을 검토한 결과, 몇 가지 관찰사항이 드러났다. 첫째, 비극적이지만 플라톤의 말이 맞다. 오직 죽은 자들만이 전쟁의 종말을 보았다. 금세기 초에 널리 예상했던 것과 달리, 세계는 아직 대규모 재래식 병력이 개입된 대규모 전쟁의 종식을 보지 못했다. 반란, 테러공격, 게릴라전 등 소규모 전쟁이 종식되지 않은 것은 말할 필요도 없다. 그 외에도 강대국과 주요국들의 군비 및 억제 체제의 핵심 요소인 핵무기는 분명히 전쟁을 막지 못했고, 오히려 전쟁을 예방하기는커녕 여러 사례에서 정의되지 않은 한계를 설정했을 뿐이다.

우리는 또한 반란뿐만 아니라 대규모 전쟁의 잠재적 지속 기간에 대해서도 주목하게 되었다. 특히 러시아–우크라이나 전쟁은 주요 전쟁이 단기간에 끝날 것이며, 따라서 군대는 적당한 분량의 군수품과 무기체계 비축만으로 버틸 수 있다는 생각을 불식시켰다. 러시아와 우크라이나는 엄청난 양의 군수물자·무기·탄약을 소비해왔기 때문에 러시아와 그 지지자들은 거의 모든 주요 무기체계와 관련 군수품을 더 많이 생산하기 위해 긴급 프로그램을 수행해야 했다.[118] 걸프전처럼 주요 전쟁이 신속하게 종결될 것이라는 희망은 분명히 사라졌다.

우크라이나는 또한 초강대국 간의 대규모 전쟁이 어떤 모습일지 엿볼 수 있는 사례이지만, 아주 살짝만 보여주었다. 대함 미사일 같은 몇 가지 예외를 제외하면 우크라이나의 최장 사거리는 현재 80킬로미터를 넘지 않으며(미국이 추가로 제공하는 정밀 탄약은 그 2배에 달하지만), 이는 초강대국 무기고의 일부에 불과하다. 러시아와 우크라이나가 사용하는 드론의 사거리와 능력도 상당히 제한적이다. 그러나 러시아가 우크라이나 방공망을 공격하기 위해 이란 드론을 사용한 사례는 향후 이러한 능력을 방어하는 것이 얼마나 어려울 수 있는지 보여주었다. 이러한 전술은 의심할 여지없이 미사일 공격과 함께 더 발전된 군대 간의 전쟁에서 등장할 것이기 때문이다.

우크라이나에 대한 러시아의 공중작전도 양측의 방공망에 의해 제약을 받았고, 원격조종 및 알고리즘으로 작동하는 항공·지상·해상 시스템은 상대적으로 단거리인 드론이 광범위하게 사용된 것 외에는 거의 등장하지 않았다. 마지막으로, 양측의 정보·감시·정찰 자산은 예를 들어 미군의 첨단기술에 비해 상대적으로 보잘것없었다. 그러나 우크라이나 전쟁은 "볼 수 있는 것은 명중시킬 수 있고, 명중시킬 수 있는 것은 죽일 수 있다"는 과거 냉전 시대의 격언이 최첨단 군대들 간의 실제 전투가 새로운 차원과 원거리에서 벌어질 수 있음을 시사한다. 또한 초강대국 간의 전투는 음속의 몇 배나 되는 속도로 비행하고, 점점 더 무인화되고, 원격제어되거나 자율적으로 작동하며, 기계에 지시하는 알고리즘에 따라 작동하고, 기계학습과 인공지능에 의해 지속적으로 갱신되는 센서와 컴퓨터의 놀라운 네트워크가 구현하는 시스템으로 수행될 것이다.

사이버 공간을 포함한 모든 전쟁 영역에서 원격 운용자가 아닌 알고리즘이 주도하고, 자가회복 통신 및 감시 네트워크로 작동하는 무인 '기계 대 기계' 전투의 세계는 먼 미래처럼 보이지만 현실이 되기까지는 그리 오랜 시간이 걸리지 않을 것이다. 우크라이나는 다시 한번 이미 가능한 것을 엿보았을 뿐이며, 미래에 무엇이 가능할지에 대한 실마리만 제공했을 뿐이다.

그러나 하드웨어와 기술 외에도 2차 세계대전 이후의 분쟁 양상을 살펴보면 지도력의 중요성이 얼마나 중요한지 알 수 있다. 여러 차례 강조했듯이, 특히 전략적 수준에서 효과적 지도력은 절대적으로 중요하며, 많은 경우 분쟁의 결과를 판가름할 수 있다. ① 분쟁의 맥락과 본질을 이해하고 '큰그림'을 올바르게 파악하는 능력, ② 이러한 전략 구상을 부대, 국가, 동맹, 전 세계에 걸쳐 폭 넓고 깊이 있게 전달하는 능력, ③ 전략 구상의 실행을 감독하고 모범, 힘, 영감, 결단력, 확고한 운영 방향을 제공하는 능력, ④ 지도자가 상기 네 가지 과제를 반복적으로 수행할 수 있도록 전략 구상을 구체화 및 조정하는 방법 결정 등은 최고위 지도자뿐만 아니라 그 아래에 있는 지도자들에게도 절대적으로 중요하다.

전략적 지도자의 네 가지 과제를 수행하는 능력의 중요성은 아무리 강조해도 지나치지 않다. 실제로 이스라엘에서의 벤구리온과 이츠하크 라빈, 한국에서의 리지웨이, 말레이에서의 브릭스와 템플러, 인도차이나반도 및 베트남에서의 지압, 오만에서의 카부스와 액후르스트, 파나마에서의 조지 H. W. 부시 대통령과 서먼 장군, '사막의 방패' 및 '사막의 폭풍' 작전에서 (펜타곤의 콜린 파월과 함께) 조지 H. W. 부시 대통령과 슈워츠코프, 우크라이나에서 볼로디미르 젤렌스키와 그의 측근 등 여러 분쟁에서 우리는 위대한 지도력의 영향력을 보았다. 그러나 특히 베트남에서와 마찬가지로, 블라디미르 푸틴과 그의 고위 사령부가 지금까지 전략적 지도력의 네 가지 과제를 반복적이고 끔찍하게 잘못 수행한 우크라이나에서 그러한 지도력이 결여되었을 때 어떤 영향이 미치는지도 분명하게 보았다.

성공적인 군사전략가의 자질은 사람마다 다르지만, 모든 전략가에게 필요한 핵심적인 자질에는 몇 가지가 있다. 여기에는 전략적 판단 력뿐만 아니라 체력, 대인관계 기술 및 동정심, 활력·영감 및 동기부 여 능력, 구두·서면을 통한 효과적 의사소통 능력, 약간의 개인적 존 재감과 카리스마, 군인과 여성에 대한 진실한 사랑, 필요할 때는 강 인하게 적절할 때는 자비심을 발휘할 수 있는 능력, 역경에 맞서는 강인함과 혼란 속에서도 침착함을 유지할 수 있는 능력, 좌절·실수· 과오를 극복하는 능력, 부하 직원과 조직 전체에서 최고의 성과를 끌 어내기 위해 어떤 지도력이 필요한지 간파하는 감각 등이 포함된다. 훌륭한 전략적 지도자는 갈등이 어떻게 끝날 것인지 예측할 수 있어 야 한다.

이 책은 또한 전쟁에서 도덕적 요소와 사기의 역할을 결코 과소평 가해서는 안 된다는 사실을 일깨워준다. 본질적으로 독립전쟁을 치 르고 있다는 우크라이나 국민들의 인식은 그들에게 '헤아릴 수 없을 정도로 중요한 요소였다. 그 결과 우크라이나 국민 전체가 동기와 헌 신, 그리고 점점 더 전문적인 역량과 주도권이 부족한 러시아 침략자 들에 맞서 우크라이나를 방어하기 위해 동원된 것도 마찬가지이다. 나폴레옹이 분명하게 올바로 간파했듯, "군대의 사기와 물리적 힘의 중요성은 그 비중이 3대 1이다."

군대의 전문성과 훈련은 물론, 중요한 소부대 수준에서 표준을 제 시하고 표준을 집행하며 훈련을 담당하는 것은 부사관이다. 그러므 로 전문 부사관단의 중요성도 강조되어야 한다. 엄격하고 까다로운 훈련은 항상 전투 준비 태세의 핵심 요소다. 무형적이지만 중요한 요 소인 주도권, 특히 유능한 하급 지휘관들이 이라크 '병력 증파' 당시에 발표된 대반란 지침의 가르침 중 하나인 "명령이 없어도, 자신이 해야 할 일을 파악하고 공세적으로 실행하라"에 따라 주도권을 행사하고 행동하도록 권한과 격려를 받은 것도 마찬가지다.

우크라이나 전쟁과 이 책에서 살펴본 다른 여러 분쟁에서도 전장의 변화하는 상황에 신속하게 적응 및 대응하는 것이 얼마나 중요한지 알 수 있다. 군대는 특히 전쟁에서 항상 '학습하는 조직'이 되기 위해 노력해야 한다. 일반적으로 가장 빨리 학습하고 적응하는 쪽이 우세하며, 지휘관은 학습과 적응의 문화를 장려하고, 다양한 관행을 도입하고, 개별 행동에 관여하여, 전체 조직이 '학습 조직'으로 진화하도록 기여하는 명시적인 조치를 취해야 한다. 지휘관들은 교훈을 파악하는 것으로 끝날 것이 아니라, '큰그림'에 통합되어 효과적으로 전달되고 실제로 실행될 때 비로소 교훈이 진정한 의미를 가진다는 사실을 기억해야 한다.

연합의 중요성도 강조할 필요가 있다. 2차 세계대전 당시 처칠은 "동맹국과 함께 싸우는 것보다 더 나쁜 것은 동맹국 없이 싸우는 것"이라고 말했다. 미국이 우크라이나를 지원하고 러시아에 금융, 경제, 개인적 제재와 수출통제를 가하고 주요 기업들이 러시아에서 사업을 축소 또는 중단하도록 유도하는 데 있어, 미국 주도로 결성된 연합의 가치는 엄청났다. 다른 성공적인 연합군, 특히 걸프전에서의 연합군도 마찬가지였다.

연합의 중요성과 관련하여 전장 작전을 보완 및 강화하기 위한 비군사적 수단의 중요성도 빼놓을 수 없다. 유엔과 광범위한 국제사회의 외교적 계획, 금융, 경제 및 개인 제재, 수출통제, 비즈니스 커뮤니티의 행동, 정보 캠페인 등이 이에 해당한다.[119] 이 모든 것이 현재 우크라이나 전쟁이 전장뿐 아니라 러시아 국내에서도 지속 불가능하다는 사실을 블라디미르 푸틴에게 전달하려는 노력에 크게 기여하고 있다. 푸틴이 러시아가 우크라이나, 유럽인, 미국인을 이길 수 없다는 사실을 인정하기 전까지는 그가 성급하게 시작한 전쟁을 중단하거나 종전 협상을 하는 극도로 고통스러운 결정을 내리지 않을 것이기 때문에 이러한 궁극적인 인식이 매우 중요한다.

정보 영역의 중요성, 즉 '진실에 먼저 다가가기 위해 노력하는 것('왜곡'이나 '허례허식'이 아닌)'도 전쟁에서 핵심 요소임이 밝혀졌다. 우크라이나 전쟁은 이 영역에서의 행동이 얼마나 중요한지 보여주었다. 특히 침공 전후에 CIA와 MI6가 기밀 정보평가에서 나온 정보를 출처와 방법을 손상시키지 않으면서 공개한 것은 인상적인 조치였다.

이 장의 대부분은 우크라이나에 초점을 맞추었지만, 재래식 전쟁 외에도 다른 형태의 분쟁이 지속되고 있다는 사실을 잊어서는 안 된다. 여기에는 테러리즘, 반란(이념적·종교적 또는 범죄적 동기에 기반한), 사이버 전쟁, 게릴라 활동, 주요 범죄 활동(예: 멕시코의 경우), 그리고 점점 더 증가하고 있는 정보전이 포함된다. 미국과 다른 주요 강대국들은 이러한 분쟁을 해결하기 위한 작전은 물론 주요 전투 작전을 수행할 수 있어야 하며, 이상적으로는 주둔국 파트너가 분쟁을 해결하도록 돕거나 그것이 불가능할 경우 최소한 문제의 확산을 막을 수 있어야 한다. 대규모 재래식 전쟁은 기껏해야 드물게 일어나겠지만, 소규모 전쟁은 계속 벌어질 것이며 어떤 식으로든 서방의 개입이 필요한 경우가 많다는 점을 인식할 필요가 있다.

이와 관련하여 미국과 그 파트너들은 이라크, 아프간, 시리아 및 기타 유사한 노력에서의 교훈을 명심하고 시간이 지남에 따라 계속 개선하는 것이 중요하다. 또한 미국, 영국 및 기타 국가의 군대가 다양한 교리, 훈련, 조직, 물자, 지도자 개발 및 무기체계 계획, 특히 최근 몇 년 동안 서방군이 최전선에서 싸우지 않고도 현지 파트너가 심각한 위협을 물리칠 수 있도록 지원하는 '전술·기술·절차'를 유지하는 것이 매우 중요하다.

예를 들어, 이라크 북부와 시리아에서 미국 주도의 대對이슬람국가 연합군은 이라크 치안군과 시리아 민주화 세력이 이슬람국가IS 칼리프 체제를 파괴하고 IS를 물리칠 수 있도록 중요한 지원을 제공했지만, IS 잔당들은 여전히 테러리스트와 반군으로 활동하고 있다. 연합군이 주도권을 잡은 경우는 거의 없었으며, 주로 미국의 정예 대테러 부대가 고가치 표적을 상대로 수행하는 가장 까다로운 작전에만 투입되었다. 오히려 연합군은 훈련과 장비, 가장 중요한 조언과 지원, 그리고 감시용 드론, 정밀 공중공격, 사이버 역량, 대드론 자산, 정보 융합 및 기타 형태의 지원을 제공했다.

시간이 지남에 따라 미 육군은 안보지원여단SFAB, 영국 육군은 레인저 연대를 창설하여 '자문, 지원, 활성화' 임무 수행을 위한 특수부대 요소를 보강하고 있으며, 이러한 요소에 대한 수요가 미군의 특수부대 능력을 능가하고 있다.* 이러한 부대에 대한 수요는 앞으로 수십 년 동안 견고히 유지될 것임은 분명하다. 잠재적으로 가장 파국적인 분쟁 억제에 초점을 맞춰야 함은 당연하고, 극단주의자, 반군, 가장 위험한 범죄 조직과 싸우는 임무를 계속해야 할 필요성에 대해

---

* 이러한 임무는 종종 '임무에 의한, 임무와 함께, 임무를 통해(by, with and through missions)'라는 표현으로 묘사되지만, 이 표현은 '조언·지원·활성화'처럼 그러한 노력을 정확히 묘사하지 못한다.

서는 의심의 여지가 없지만, 최전선에서 싸우기보다는 현지 파트너를 자문·지원·활성화하는 방식으로 임무를 수행해야 한다.

그러나 미국이 다시금 최전선에서 싸워야 한다면 그렇게 할 준비가 되어 있어야 한다. 우크라이나를 비롯하여 9·11 테러 이후 전쟁에서 얻은 교훈은 특히 미국이 광활한 전장에서 경쟁국과의 주요 전투 작전뿐만 아니라, 다양한 형태의 비정규전(대반란, 대테러, 현지 파트너를 지원하는 조언·지원·활성화 작전), 인도주의적 지원 작전과 민간 당국에 대한 지원 등 모든 유형의 분쟁과 모든 영역에서 상이한 임무를 수행할 수 있는 역량을 유지해야 한다는 점이다.

또한 분쟁은 전투에 참여하는 사람들과 전쟁에 휘말린 무고한 민간인 모두에게 전쟁의 불가피한 인명 피해를 강조한다. 특히 우크라이나의 민간 기반시설을 파괴하려는 러시아의 지속적 작전을 지켜보면서, 전쟁이 민간 사회에 끼치는 피해가 얼마나 끔찍한지를 다시 한 번 상기하게 된다. 이는 전쟁 억제력이 우리 역량에 대한 잠재적 적대국의 평가, 그리고 역량 사용에 대한 우리의 의지라는 두 가지 요소의 함수라는 점을 염두에 두고, 가능한 한 전쟁을 억제해야 할 필요성을 강조한다. 억제력의 두 가지 요소에 대해 의심의 여지가 없도록 하는 것은 필수적이다. 따라서 미국과 인도·태평양 지역의 동맹국·파트너들은 현대 군사무기와 시스템의 도달 범위, 복원력, 생존성, 치사율, 속도 및 정보수단 측면에서 군대를 혁신해야 한다. 지출해야 하는 비용은 막대해 보이지만, 역사적으로 볼 때 억제력이 실패했을 때 '인명 피해와 금전 손실'로 치르는 비용의 극히 일부에 불과하다는 것이 증명되었다.

지도

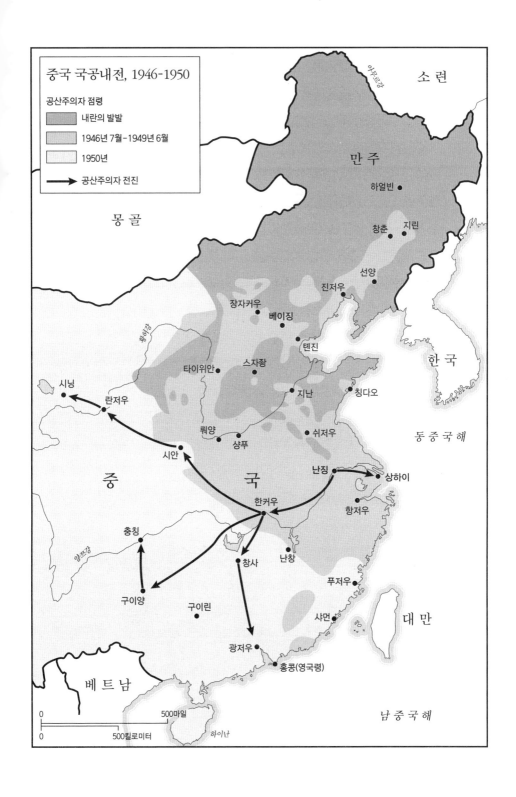

중국 국공내전, 1946-1950

공산주의자 점령

내란의 발발

1946년 7월-1949년 6월

1950년

→ 공산주의자 전진

소 련

몽 골

만 주

하얼빈

창춘   지린

선양

진저우

장자커우

베이징

텐진

타이위안   스자좡

지난   칭다오

시닝   란저우

뤄양   쉬저우

샹푸

시안

한 국

동 중 국 해

중   국   난징   상하이

한커우

충칭   항저우

구이양   창사   난창

구이린   푸저우

샤먼   대 만

광저우

홍콩(영국령)

베 트 남

남 중 국 해

하이난

황허강

양쯔강

0   500마일

0   500킬로미터

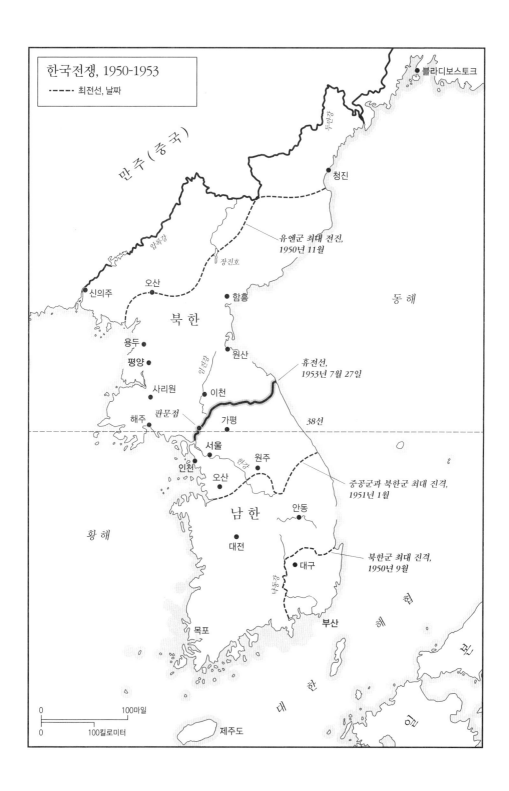

한국전쟁, 1950-1953

- - - - - 최전선, 날짜

만주 (중국)

블라디보스토크

청진

유엔군 최대 전진,
1950년 11월

신의주   오산

북한

함흥

동 해

용두

평양   원산

사리원   이천

휴전선,
1953년 7월 27일

해주   판문점   가평

38선

서울

인천   원주

오산   중공군과 북한군 최대 진격,
1951년 1월

남 한   안동

황 해

대전

북한군 최대 진격,
1950년 9월

대구

목포   부산

제주도

0   100마일
0   100킬로미터

중 국

라오까이

디엔비엔푸

하노이
하이펑

통 킹 만

타이호아

북 베 트 남

하 이 난

라

오

비엔티안

빈

동허이

DMZ와 17도선

케산
후에

태 국

다낭

미라이

봉손

중앙고지대

쁠래이꾸

쿠이난

이아드랑 계곡

캄 보 디 아

남 베 트 남

톤레사프호

나트랑

프놈펜

판랑

비엔호아
사이공

압백

타 이 만

꺼터

남 중 국 해

메콩강
삼각주

베트남 전쟁, 1965-1975

호치민 진격로

0   100마일

0   100킬로미터

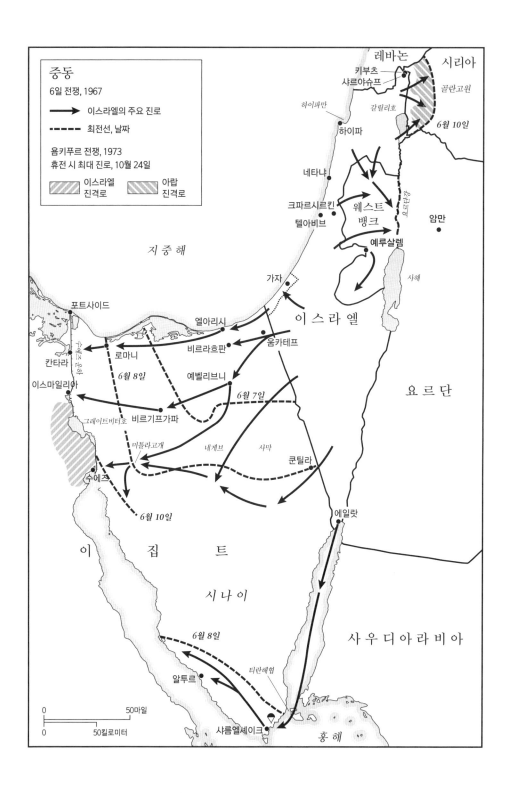

중동

6일 전쟁, 1967

→ 이스라엘의 주요 진로

---- 최전선, 날짜

욤키푸르 전쟁, 1973
휴전 시 최대 진로, 10월 24일

이스라엘 진격로

아랍 진격로

레바논

시리아

키부츠
샤르야슈프

골란고원

하이파만

갈릴리호

6월 10일

하이파

네타냐

요르단강

크파르시르킨

웨스트
뱅크

암만

텔아비브

예루살렘

지 중 해

가자

사해

이 스 라 엘

포트사이드

엘아리시

로마니

비르라흐판

움카테프

수에즈운하

칸타라

예벨리브니

이스마일리아

6월 8일

6월 7일

요 르 단

그레이트비터호

비르기프가파

미틀라고개

네게브

사막

쿤틸라

수에즈

6월 10일

에일랏

이   집   트

시 나 이

사 우 디 아 라 비 아

6월 8일

알투르

티란해협

홍 해

샤름엘셰이크

0   50마일

0   50킬로미터

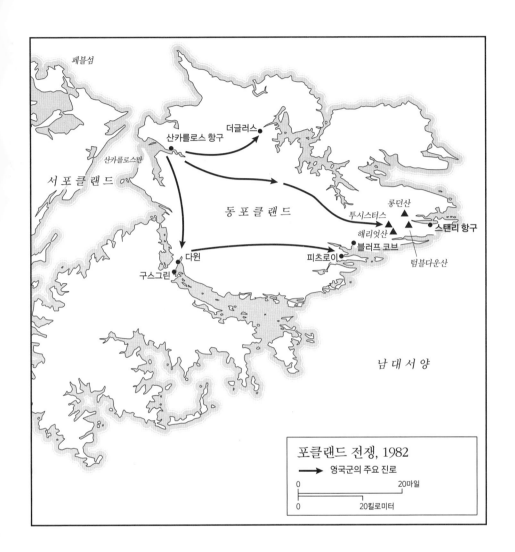

페블섬

서 포 클 랜 드

산카를로스만

더글러스

산카를로스 항구

동 포 클 랜 드

롱던산
투시스터스
해리엇산
스탠리 항구
블러프 코브
탐블다운산

다윈

피츠로이

구스그린

남 대 서 양

포클랜드 전쟁, 1982

영국군의 주요 진로

0 _____ 20마일

0 _____ 20킬로미터

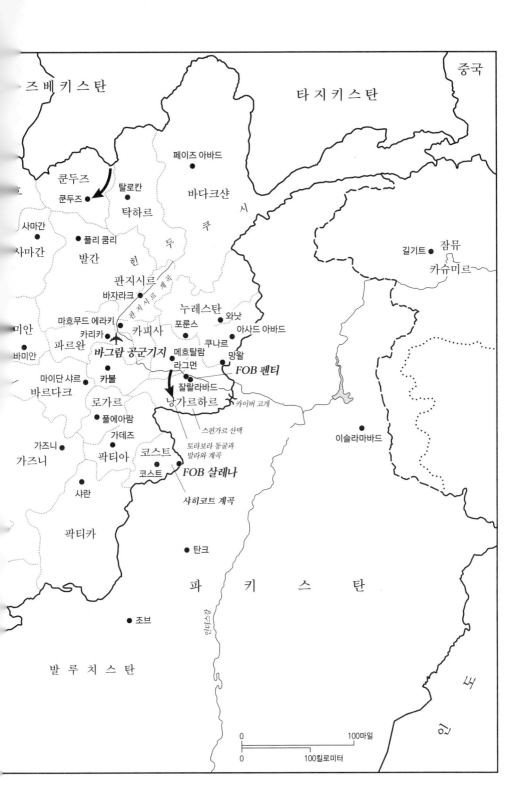

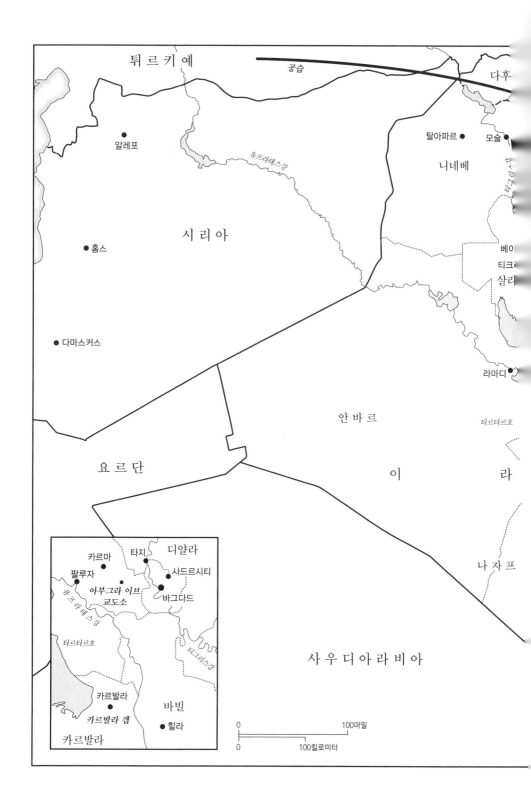

튀르키예

공습

다후

알레포

탈아파르 ● 모술

니네베

유프라테스강

시리아

티그리스강

베이

티크

살리

홈스

● 다마스커스

라마디 ●

안바르

타르타르호

요르단

이

라

나자프

카르마 타지 디얄라

팔루자 사드르시티

아부그라 이브
교도소 바그다드

유프라테스강

타르타르호

티그리스강

사우디아라비아

카르발라

카르발라 갭

바빌

● 힐라

카르발라

0   100마일

0   100킬로미터

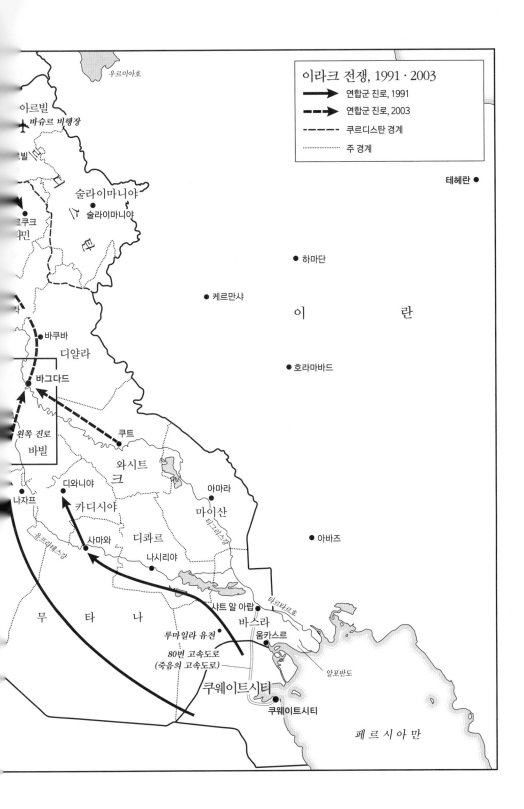

우르미아호

아르빌
✈ 바슈르 비행장

술라이마니야
술라이마니야

키르쿠크

테헤란 ●

● 하마단

● 케르만샤

이   란

● 호라마바드

● 바쿠바
디얄라

바그다드

쿠트

왼쪽 진로
바빌

와시트
크

디와니야
카디시야

● 아마라

나자프

마이산

사마와
디콰르

나시리야

● 아바즈

유프라테스강

타르타르호

무   타   나

샤트 알 아랍

바스라
움카스르

루마일라 유전

80번 고속도로
(죽음의 고속도로)

알포반도

쿠웨이트시티

쿠웨이트시티

페르시아 만

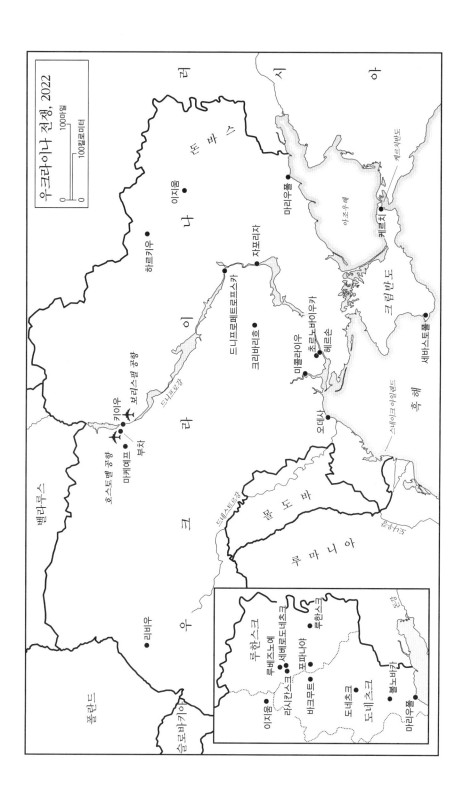

우크라이나 전쟁, 2022

100마일
100킬로미터

러시아

돈바스

벨라루스

폴란드

슬로바키아

헝가리

우크라이나

몰도바

루마니아

크림반도

흑해

아조우해

케르치반도

케르치

세바스토폴

마리우폴

오데사

헤르손

촌르노바이우카

미콜라이우

크리비리흐

드니프로페트로프스카

자포리자

이지움

하르키우

리비우

부차

키이우

호스토멜 공항

보리스필 공항

미케(예)프

드니프로강

드네스트르강

스네이크 아일랜드

프루트강

루한스크

루베즈노예

라시칸스크

세베로도네츠크

포파스나야

바크무트

도네츠크

볼노바카

마리우폴

이지움

도네츠크

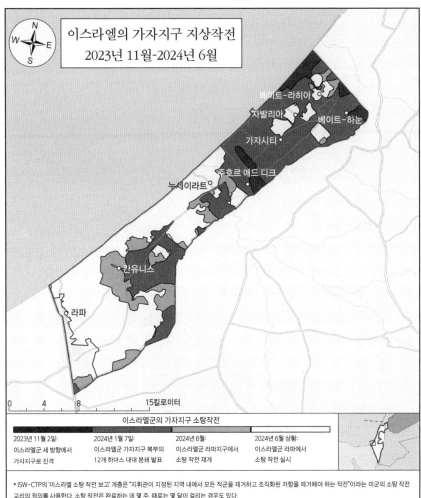

이스라엘의 가자지구 지상작전
2023년 11월-2024년 6월

베이트-라히아
자발리아
베이트-하눈
가자시티
주흐르 애드 디크
누세이라트
칸유니스
라파

0   4   8   15킬로미터

이스라엘군의 가자지구 소탕작전

2023년 11월 2일:	2024년 1월 7일:	2024년 6월:	2024년 6월 상황:
이스라엘군 세 방향에서 가자지구로 진격	이스라엘군 가자지구 북부의 12개 하마스 대대 분쇄 발표	이스라엘군 라파지구에서 소탕 작전 재개	이스라엘군 라파에서 소탕 작전 실시

* ISW-CTP의 '이스라엘 소탕 작전 보고' 계층은 "지휘관이 지정된 지역 내에서 모든 적군을 제거하고 조직화된 저항을 제거해야 하는 작전"이라는 미군의 소탕 작전
교리의 정의를 사용한다. 소탕 작전은 완료하는 데 몇 주, 때로는 몇 달이 걸리는 경우도 있다.

지도 제공: GEORGE BARROS, THE INSTITUTE FOR THE STUDY OF WAR

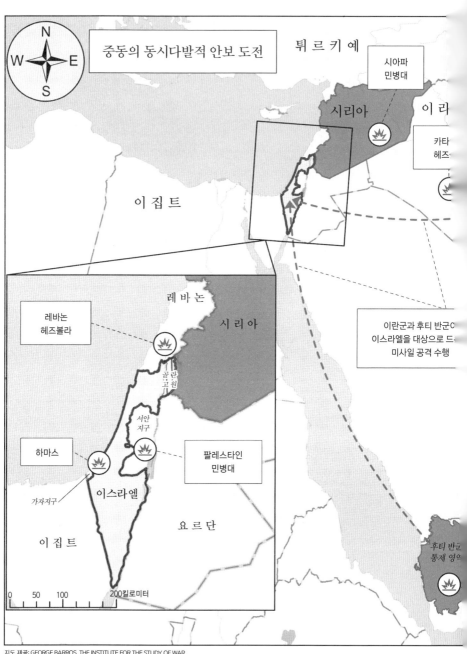

중동의 동시다발적 안보 도전

튀르키예

시아파
민병대

시리아

이 라

카타
헤즈

이집트

이란군과 후티 반군이
이스라엘을 대상으로 드
미사일 공격 수행

레바논

시리아

레바논
헤즈볼라

골란
고원

서안
지구

하마스

팔레스타인
민병대

가자지구

이스라엘

요르단

이집트

0   50   100   200킬로미터

후티 반군
통제 영역

지도 제공: GEORGE BARROS, THE INSTITUTE FOR THE STUDY OF WAR

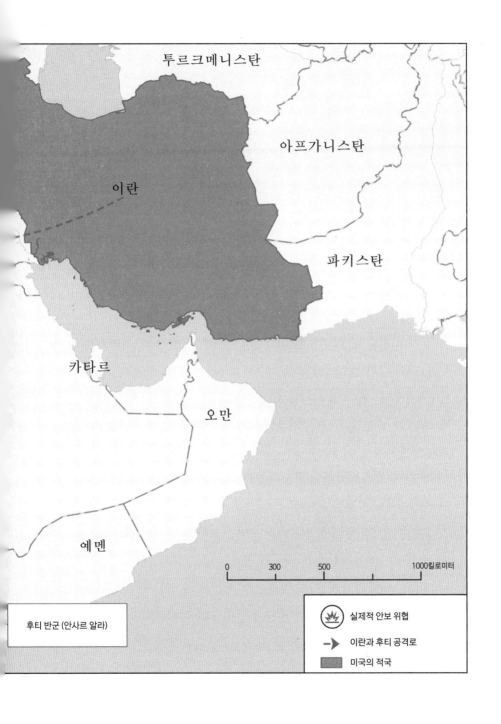

투르크메니스탄

아프가니스탄

이란

파키스탄

카타르

오만

예멘

0   300   500   1000킬로미터

후티 반군 (안사르 알라)

실제적 안보 위협

이란과 후티 공격로

미국의 적국

감사의 말

나의 아내 홀리(최고의 편집자)에게 가장 감사하고, 콜버그크래비스로
버츠KKR의 나의 동료들에게 감사하다. 모두가 이 작업을 시작하도록
지원해주었다. 또한 연구 작업을 진행하고, 《컨플릭트》의 여러 부분
을 쓰는 데 도움을 준 과거 전장 동료인 퇴역 대령(그리고 역사학 교수)
피터 만수르에게 감사하다. 조나단 자오, 아라벨리아 파이크를 비롯
한 하퍼콜린스의 위대한 팀원들과 경험 많고 열성적인 에이전트 조지
나 카펠에게도 사의를 표한다.

　세계 현안에 대해 많은 전문가들과 의견 교환을 한 것이 나의 영감
에 큰 도움이 되었지만 특히 라이언 크로커 대사—나의 뛰어난 파트
너이자 전 이라크 주재 미국 대사—와 최근 수십 년간 뛰어난 전쟁
분석, 특히 이라크 전쟁, 아프가니스탄 전쟁, 우크라이나 전쟁에 대
한 분석을 수행한 전쟁연구소와 미국기업연구소 모두에 감사하다.

　나는 또한 링크드인의 수많은 사용자들이 아프가니스탄과 우크

라이나에 대한 나의 논평에 건설적인 평론과 비판을 해준 것에 감사하다.

이 책을 전투를 치른 모든 사람과 그 가족들에게 헌정한다. 이를 위해 책에서 얻은 나의 모든 수익은 현역 군인 남녀와 퇴역 군인들과 그 가족들을 지원하는 기관에 기부될 것이다.

— 데이비드 퍼트레이어스

스탠퍼드대학 후버연구소에 방문 학자로 연구를 하는 데 필요한 재정 지원을 해준 로저 메르츠와 마사 메르츠에게 사의를 표하고 싶다. 그곳에서 이 책에 필요한 연구의 상당 부분이 진행되었다. 그 기간 동안 팔로알토에서 나를 따뜻하게 대해준 나이츠브릿지의 모요(담비사) 부인과 그의 남편 재러드 스미스에게도 감사하다. 또한 연구에 소중한 도움을 준 제러미 소렐, 캐서린 베이퍼드, 마이클 비숍에게 감사하고, 콘래드 크래인, 제임스 매티스 장군, 맥매스터 장군, 래리 로빈슨 대위, 영국 공군의 에드워드 스트링어 중장, 패트 월 장군의 회고와 충고에 감사하다.

늘 그렇듯이 뛰어난 지원과 조언을 해준 아내 수전과 나의 뛰어난 에이전트인 조지나 카펠에게 감사하고, 뛰어난 편집을 해준 하퍼콜린스의 아라벨라 파이크와 조나단 자오에게 감사하다. 이 원고를 사전에 읽고 교정해준 제리 델 미시어, 폴 펠톤, 래리 로빈슨, 나탈리아 불구요바에게 많은 감사를 드린다.

이 책을 지난 40년간 나의 가장 친한 친구이자 공모자인 사이먼 시백 몬티피오리에게 헌정한다.

— 앤드루 로버츠

옮긴이의 말

2차 세계대전 이후 유럽 대륙에서 최초로 벌어진 국가 간 전면전인 러시아-우크라이나 전쟁이 3년 차에 접어들고, 이스라엘-하마스, 이스라엘-헤즈볼라 전쟁이 발발했으며, 이스라엘-이란 전쟁 가능성도 높게 점쳐지는 현 시점에서, '팍스 아토미카Pax Atomica' 시대*에 전쟁이 어떻게 치러지는지에 대한 냉정한 시각이 절실해졌다. 이런 관점에서 《컨플릭트》는 미국 최고의 군사지휘관과 영국의 저명한 군사사학자가 1945년 이후 전쟁의 연대기적 진화 과정을 분석한 걸작이다. 미 육군의 대반란전 교리를 정립하고, 2007년 이라크 전쟁을 지휘했던 데이비드 퍼트레이어스는 이 책에서 정치·군사 전략에 대한 전문적 시각을 제시한다. 공저자인 앤드루 로버츠는 '역사의 원호arc of history'**라

---

* '팍스 아토미카'는 냉전 기간 미국-소련 간 대규모 무력 충돌이 부재했던 긴장의 시기를 묘사할 때 종종 사용되는 용어이다.

** '역사의 원호'의 핵심은 사건들이 어떻게 연결되고, 이들이 서로에 어떻게 영향을 주고받는지,

는 이론으로 전쟁사 연구에 새로운 경지를 개척한 인물이다. 두 사람의 목표는 현대 분쟁의 맥락을 이해하고, 이를 바탕으로 앞으로 일어날 미래 전쟁의 함의를 도출하는 것이다.

이 책의 가장 큰 특징 중 하나는 지은이들이 프로이센의 카를 폰 클라우제비츠를 인용하며 전략적 지도자가 수행해야 할 최우선 과제를 '큰그림 제대로 그리기get the big ideas right'로 제시했다는 점이다. 여기서 '큰그림'은 '대전략'을 말한다. 1952년 영국의 말라야 고등판무관을 지낸 제럴드 템플러는 "전투는 전쟁의 25퍼센트에 불과하며, 나머지 75퍼센트는 국민의 민심을 얻는 것"이라고 간결하게 말했다. 그러나 알제리의 프랑스군과 베트남에서의 미군은 '대전략'의 실패로 혹독한 대가를 치렀다. 또한 저자들은 하드웨어와 기술의 중요성 외에 도덕적 요소와 사기, 전장 상황에 맞추어 신속하게 학습하는 능력, 동맹, 전장 상황을 보완하는 비군사적 수단, 정보와 같은 요소들의 중요성을 많은 전쟁 사례 분석을 통해 증명해낸다.

퍼트레이어스가 1인칭으로 서술한 7장 '아프가니스탄 전쟁'에서는 정치적 역기능이 군사적 성공을 뒤덮은 대표적 사례를 다룬다. 부시-오바마-트럼프-바이든 행정부에서 천문학적 비용을 들여 훈련하고 장비를 갖춘 수십만 명의 아프가니스탄 정부군은 2021년 탈레반이 수도 카불에 입성하는 순간, '한여름 대낮의 아이스크림'처럼 흔적도 없이 사라졌다. 해당 국가 정부의 부패와 무능, 지역 사회의 신뢰 부족 등으로는 이것이 잘 설명되지 않는다. 적과 맞서려는 결의와 싸우

그리고 시간의 경과에 따라 패턴과 추세가 어떻게 전개되는지 등에 초점을 맞춘다. 이런 관점에서 로버츠는 개별 분쟁을 고립된 사건으로 바라보는 것이 아니라, 각 분쟁이 변화하는 군사전략, 기술, 정치적 역학관계의 큰 흐름에 어떻게 들어맞는지를 종합적으로 살펴보았다.

려는 의지가 없는 군대는 한낱 '허수아비'나 '종이호랑이' 신세에 불과하다는 것을 극적으로 보여준 사례다.

9장 '우크라이나 전쟁'은 이 책의 초판에서는 러시아군이 졸전을 벌인 2022년 말까지만 서술했지만, 개정판에서는 이후 바뀐 전황과 러시아의 전술 변경 등을 다루었다. 이 책에서 한 가지 주목할 것은 미국이 이라크 전쟁에서 범한 실수와 러시아가 우크라이나 전쟁에서 저지른 실책의 유사성이다. 미국 정보기관이 이라크 국민들이 미군을 해방자로 환영하고 이후 질서 복원에 협조할 것이라는 안이한 예측을 했듯이, 러시아 정보기관도 러시아군이 진주하면 우크라이나 주민들이 꽃을 들고 환영할 것이라고 오판했다. 미군은 이라크군을 손쉽게 제압했지만, 이후 질서와 국가 기능 복구가 얼마나 힘든지 깨닫지 못해 이라크를 내전의 수렁 속으로 빠뜨렸다. 이와 마찬가지로 러시아도 설사 우크라이나 점령이 계획대로 진행되었다 하더라도, 이후 우크라이나 전역을 장악하는 것이 얼마나 힘든 것인지는 염두에 두지 않았을 것이다. 주민 50명당 1명의 치안유지군이 필요하다는 이라크에 대한 미군의 계산 공식을 우크라이나에 대입한다면 80만 명 이상의 병력을 주둔시켜야 우크라이나를 지속적으로 장악하는 것이 가능하지만, 러시아는 겨우 25만 명 정도의 병력으로 7개의 축에서 동시에 공격을 감행하는 실책을 범했다.

베트남 전쟁에서 크게 실패했던 미국이 아프간과 이라크에서 유사한 실수를 반복한 것도 안타깝지만, 이미 아프간에 개입하여 큰 피해를 보고 결국 체제의 약화까지 경험한 러시아(소련)가 제대로 준비되지 않은 상태에서 적은 병력으로 우크라이나를 전면 공격한 것도 이해가 되지 않는다. 러시아-우크라이나 전쟁을 보면 상대의 전력과 저항 의지는 과소평가하고, 자국군의 전력과 사기는 과대평가하는 것은 전쟁을 망치는 근본 원인이 된다는 것을 알 수 있다. 또한 전쟁이 계획대로 진행되지 않거나 전제가 잘못되었을 경우에 대비한 B플랜, C플랜 없이 전쟁을 시작하는 무모함의 대가도 잘 드러났다. 1차 세계대전 당시 독일의 슐리펜 작전 계획이 잘 보여주듯이 전장 상황이 자신들이 생각한 대로 진행될 것이라는 전제가 가장 무서운 함정이고, 독일은 30년도 지나지 않은 시점에 강행한 소련 침공에서도 이 실수를 반복하여 결국 양 전선에서 연합군의 협공을 받는 상황에 처해 패망했다.

이 책의 가장 흥미로운 장면은 단연 미래 전쟁과 관련된 대목이다. 지은이들은 우크라이나 전쟁에서 경제 제재, 소셜미디어 조작, 소비자 행동주의의 역할 등을 광범위하게 조명했다. 특히 일론 머스크가 스타링크 위성 인터넷 시스템을 장악함으로써 우크라이나의 크림반도 공격에 거부권을 행사할 수 있었다고 지적하는 부분이 흥미롭다. 지은이들은 "일론 머스크, 마크 저커버그, 제프 베조스" 같은 개별 거물들이 미래전쟁에서 막강한 권력을 휘두를 수 있다고 경고한다. 인공지능, 전략적 광물(희토류) 독점, 딥페이크 허위 정보, 정치적 조작, 첩보 세력, 사이버 공격 등이 무기가 되는 '하이브리드 전쟁'은 미래의 전쟁이 어떻게 전개될 것인지에 대한 예고편인 셈이다. 제한전과 전면전의 경계가 갈수록 모호해지는 상황에서 미래 전쟁의 전투원에는 책상에 앉아 드론을 조종하는 여성, 전력망을 해킹하는 컴퓨터 괴짜, 지향성 에너지 무기 시스템을 개선하는 로봇공학 디자이너 등이 포함될 것이다. 저비용 드론의 대량 사용, 사회 기반시설을 겨냥한 표적 공격, 소셜미디어의 위력, 외부 지원세력의 후원 등 이 책이 분석한 많은 요인들은 실시간으로 모니터 화면에서 번쩍이듯, 핵시대에 벌어지는 재래식 전쟁에 관심을 가지는 모든 독자들에게 시의적절하고, 흥미진진하고, 교훈적인 내용들을 이야기 형식으로 전해줄 것이다.

지은이들은 전쟁 수행에서 큰그림의 중요성을 제일 먼저 강조했지만, 전쟁 자체뿐만 아니라 한 국가의 대외정책에서 과연 전쟁이 필요한지, 전쟁의 비용과 대가는 어떻게 되는지, 전쟁 후의 국가 상황은 어떻게 될지를 넓은 시각에서 현명하게 판단하는 '더 큰 대전략'이 중요하다고 말한다. 시작하지 말았어야 할 전쟁의 실패로 사회와 국가 자체가 무너진 사례는 너무 많다.

지혜를 다룬 어느 책에서는 가장 지혜로운 사람은 자신이 잘못 생각하고 판단할 수 있다는 것을 항상 염두에 두는 사람이라고 말했다. 결국 뛰어난 정치가와 군사 지도자는 자신이 세운 전제와 전쟁 계획이 잘못될 수도 있고, 상대의 전력이나 저항 의지가 예상보다 강할 수 있다는 것을 항상 생각하는 사람일 것이다. 책의 말미에 강조한 대로 전쟁에서 승리하는 것보다 전쟁이 일어나지 않게 억제력을 확보하는 것이 훨씬 중요하고, "억제에 지출해야 하는 비용은 막대해 보이지만, 역사적으로 볼 때 억제가 실패했을 때 '인명 피해와 금전 손실'로 치르는 비용의 극히 일부에 불과하다"라는 결론은 전쟁의 위험이 상존하는 한반도의 상황에서도 가장 중요한 교훈으로 받아들여야 할 것이다.

2024년 6월 이 책의 번역과 편집을 마친 상태에서 원저작사로부터 우크라이나 전쟁 전황의 업데이트와 이스라엘-하마스 전쟁을 담은 개정판이 가을에 출간된다는 통보를 받았다. 10월 초 개정판 원고를 받아 9장 후반부와 10장을 추가로 번역했다. 책의 출간은 약 5개월 지연되었지만, 최근의 전쟁 상황도 다룬 덕분에 책의 시의성과 가치는 더욱 높아졌다고 생각한다.

2024년 11월

허승철, 송승종

주

서문

1. Howard, *War and the Nation State*, p. 6.
2. The intellectual construct for strategic leadership used throughout Conflict derives from that developed by General Petraeus and his team at the Belfer Center at the Harvard Kennedy School: https://www.belfercenter.org/publication/david-petraeus-strategic-leadership.

1장 평화의 꿈의 죽음

1. Lowe, *The Fear and the Freedom*, p. 188.
2. Howard, *The Invention of Peace*, p. 1.
3. Archer et al., *World History of Warfare*, p. 550.
4. Kissinger, *Leadership*, p. 410.
5. Kissinger et al., *The Age of A.I.*, p. 143.
6. 같은 책.
7. Black, *A Short History of War* p. 203.
8. Freedman and Michaels, *The Evolution of Nuclear Strategy*, p. viii.
9. 같은 책, p. 36.
10. Katz, *Life after Nuclear War*, p. 3.
11. 같은 책, p. 4.
12. Scharre, *Army of None*, , pp. 1-2.
13. Freedman and Michaels, *The Evolution of Nuclear Strategy*, p. 668.
14. 같은 책.
15. MacMillan, *War*, p. 284.
16. Keegan, *A History of Warfare*, p. 56 A.
17. Freedman and Michaels, *The Evolution of Nuclear Strategy*, p. ix.
18. Pavelec, *War and Warfare since 1945*, p. 9.
19. Dikotter, *The Tragedy of Liberation*, p. 11.
20. 같은 책, p. 13.
21. Lynch, *Chinese Civil War*, p. 18.
22. Westad, *Decisive Encounters*, p. 7; Mitter, *China's War with Japan*, p. 370.
23. Mitter, *China's War with Japan*, p. 370.
24. Van de Ven, *China at War*, p. 2.

25. Westad, *Decisive Encounters*, p. 7.

26. 같은 책, p. 8.

27. Archer et al., *World History of Warfare*, p. 558.

28. Lynch, *Chinese Civil War*, p. 91.

29. Westad, *Decisive Encounters*, p. 9.

30. Mitter, *China's War with Japan*, pp. 377-8.

31. Lynch, *Chinese Civil War*, p. 24.

32. Archer et al., *World History of Warfare*, p. 558.

33. Tsai (ed.), *Sunzi: The Art of War*, p. viii.

34. Lynch, *Chinese Civil War*, p. 26.

35. 같은 책, p. 28.

36. Van de Ven, *China at War*, p. 5.

37. Mumford, Proxy *Warfare*, p. 12.

38. Archer et al., *World History of Warfare*, p. 559.

39. 같은 책, p. 558.

40. Lynch, *Chinese Civil War*, p. 22.

41. 같은 책.

42. 같은 책, p. 23.

43. Dikotter, *The Tragedy of Liberation*, p. 18.

44. Lynch, *Chinese Civil War*, p. 21.

45. 'China is Wordless on Traumas of Communists' Rise', *New York Times*, 1 October 2009.

46. 같은 책.

47. Dikotter, *The Tragedy of Liberation*, pp. 17-18.

48. Van de Ven, *China at War*, p. 250.

49. 같은 책.

50. 같은 책, p. 251.

51. Lynch, *Chinese Civil War*, p. 7.

52. Gaddis, *We Now Know* p. 71.

53. Horne, *Hubris*, p. 282.

54. 같은 책.

55. Gaddis, *We Now Know*, p. 75.

56. Pavelec, *War and Warfare since 1945*, p. 2.

57. Neiberg, 'Total War, Total Victory', p. 135.

58. McCullough, *Truman*, pp. 780-1.

59. Horne, *Hubris*, p. 291.

60. Hastings, *Korean War*, Appendix B.

61. 같은 책, p. 503.

62. Gaddis, *We Now Know*, p. 72.

63. Roberts, *Stalin's Wars*, p. 369.

64. *Financial Times*, 16 September 2022, https://on.ft.com/3BReSKs.

65. Neiberg, 'Total War, Total Victory', p. 134.

66. Symonds, *Nimitz at War passim*.

67. Scott, *Rampage*, p. 21.

68. Neiberg, 'Total War, Total Victory', p. 135.

69. 같은 책, p. 134.

70. Horne, *Hubris* p. 287.

71. 같은 책, p. 288 .

72. Hastings, *The Korean War*, p. 503.

73. Pavelec, *War and Warfare since 1945*, p. 20.

74. Horne, *Hubris*, p. 296.

75. Freedman (ed.), *War*, p. 43.

76. McCullough, *Truman*, p. 800.

77. 같은 책, p. 801.

78. 같은 책.

79. Horne, *Hubris*, p. 294.

80. McCullough, *Truman*, p. 802.

81. 같은 책, p. 804.

82. Horne, *Hubris*, p. 296.

83. McCullough, *Truman*, p. 806.

84. 같은 책.

85. Rusk, *As I Saw It*, p. 169.

86. Archer et al., *World History of Warfare*, p. 555.

87. Neiberg, 'Total War, Total Victory' p. 134.

88. Hanson, *Savior Generals*, p. 157.

89. McCullough, *Truman*, p. 815.

90. 같은 책.

91. Hanson, *Savior Generals*, p. 141.

92. 같은 책, p. 148.

93. 같은 책, p. 166.

94. Black, *War since 1945*, p. 29.

95. MacMillan, *War*, p. 61.

96. Archer et al., *World History of Warfare*, p. 556.

97. Hastings (ed.), *Oxford Book of Military Anecdotes*, p. 474.

98. Archer, *World History of Warfare*, p. 556.

99. Paret (ed.), *Makers of Modern Strategy*, p. 780.

100. Hastings, *The Korean War*, p. xv.

101. 같은 책, p. xxi.

102. Horne, *Hubris*, p. 313.

2장 탈식민지 전쟁

1. Clausewitz, *On War*, 1984 edn p. 99.

2. Black, *A Short History of War*, p. 209.

3. Boot, *Invisible Armies*, p. 50.

4. Richardson, *What Terrorists Want passim.*

5. Schofi eld, *Kashmir in Conflict*, p. 27.

6. 같은 책, p. 58.

7. Black, *Air Power*, p. 181.

8. Krammer, *The Forgotten Friendship*, p. 103.

9. Schofi eld, *Kashmir in Conflict*, p. 258.

10. Bose, *Kashmir at the Crossroads*, p. 291.

11. Herzog, *The Arab–Israeli Wars*, p. 338.

12. Paret (ed.), *Makers of Modern Strategy*, pp. 790 – 1.

13. Gilbert, *Israel*, p. 192.

14. Peres, *No Room for Small Dreams*, p. 49.

15. Herzog, *The Arab–Israeli Wars*, p. 339.

16. Pavelec, *War and Warfare since 1945*, p. 14.

17. Peres, *No Room for Small Dreams*, p. 48.

18. Gilbert, *Israel*, p. 201.

19. Peres, *No Room for Small Dreams*, p. 47.

20. Gilbert, *Israel*, p. 202.

21. 같은 책, p. 205.

22. 같은 책, p. 208.

23. 같은 책, p. 218.

24. 같은 책, p. 219.

25. 같은 책, p. 220.

26. 같은 책.

27. Oren, *Six Days of War*, p. 5.

28. Gilbert, *Israel*, p. 249.

29. Herzog, *The Arab–Israeli Wars*, p. 338.

30. 같은 책, pp. 338-9.

31. Scurr, *Malayan Campaign*, p. 3.

32. Boot, *Invisible Armies*, p. 388.

33. Scurr, *Malayan Campaign*, p. 4.

34. Boot, *Invisible Armies*, p. 380.

35. 같은 책, p. 385.

36. Scurr, *Malayan Campaign*, p. 14.

37. Boot, *Invisible Armies*, p. 382.

38. 같은 책.

39. Churchill, *Malakand Field Force*, p. 311.

40. Boot, *Invisible Armies*, p. 565.

41. Scurr, *Malayan Campaign*, p. 9.

42. 같은 책, pp. 15-17.

43. 같은 책, p. 18 .

44. 같은 책.

45. Boot, *Invisible Armies*, p. 384.

46. 같은 책.

47. Petraeus and Amos, *Counterinsurgency Field Manual*, pp. 6 –23.

48. 같은 책.

49. Horne, *A Savage War of Peace*, p. 205.

50. Boot, *Invisible Armies*, p. 386.

51. 같은 책.

52. 같은 책, p. 388.

53. 같은 책.

54. https://web.archive.org/web/20130922173616/; http://www.chinhphu.vn/portal/page/portal/English/TheSocialistRepublicOfVietnam/AboutVietnam/AboutVietnamDetail?categoryId=10000103&articleId=10002648.

55. Barnet, *Intervention and Revolution*, p. 185.

56. Freedman (ed.), *War*, p. 331.

57. 같은 책.

58. 같은 책.

59. Clodfelter, *Warfare and Armed Conflicts*, p. 657.

60. Boot, *Invisible Armies*, p. 392.

61. Hastings (ed.), *The Oxford Book of Military Anecdotes*, p. 475.

62. Fall, *Street without Joy*, p. 6.

63. 같은 책, p. vii.

64. Howard et al. (eds), *The Laws of War*, p. 205.

65. Galula, *Counterinsurgency Warfare*, p. 20.

66. 같은 책, p. 40.

67. Horne, *A Savage War of Peace*, p. 197.

68. Howard et al. (eds), *The Laws of War*, p. 206.

69. 같은 책.

70. Horne, *A Savage War of Peace*, p. 199.

71. 같은 책, p. 204.

72. 같은 책, p. 201-4.

73. 같은 책, p. 172.

74. Cormac, *How to Stage a Coup*, p. 18.

75. Horne, *A Savage War of Peace*, p. 195.

76. 같은 책, pp. 200-1.

77. 같은 책, p. 201.

78. 같은 책, p. 207.

79. Howard et al. (eds), *The Laws of War*, p. 207.

80. Robbins, *The World since 1945*, p. 87.

81. Lacouture, *De Gaulle: The Ruler*, p. 248.

82. Vadney, *The World since 1945*, p. 232.

83. Boot, *Invisible Armies*, p. 392.

84. Simpson, *War from the Ground Up*, p. 165.

85. Walker, *Fighting On*, p. 159.

86. 같은 책, p. 150.

87. Simpson, *War from the Ground Up*, p. 164.

88. 같은 책, p. 170.

89. 같은 책, p. 164.

90. 같은 책, p. 169.

91. 같은 책, p. 168.

92. Walker, *Fighting On*, p. 148.

93. Akehurst, *We Won a War*, p. 12.

94. 같은 책, p. 13.

95. 같은 책, p. 5.

96. 같은 책, p. 15.

97. 같은 책, p. 8.

98. 같은 책, pp. 25, 27.

99. 같은 책, p. 29.

100. 같은 책, p. 62.

101. 같은 책, p. 63.

102. 같은 책, p. 71.

103. 같은 책, p. 65.

104. 같은 책, p. 64.

105. 같은 책, p. 3.

106. 같은 책, p. 72.

107. 같은 책, p. 22.

108. 같은 책, p. 21.

109. 같은 책, p. 27.

110. 같은 책, p. 70.

111. Jones, *The Art of War in the Western World*, p. 600.

3장 베트남 전쟁

1. Clausewitz, *On War*, 1984 edn pp. 88–9.

2. Ferguson, *Kissinger*, p. 665.

3. Krepinevich, *The Army and Vietnam*, p. 4.

4. Petraeus, 'The American Military and the Lessons of Vietnam'.

5. Ferguson, *Kissinger*, p. 668.

6. 브루스 파머 장군의 베트남에 관한 책의 실제 제목은 다음과 같다. *The 25-Year War: America's Military Role in Vietnam.*

7. Department of the Army, Field Manual 23-4, *Counterinsurgency*, p. 11; Krepinevich, *The Army and Vietnam*, p. 7; Johnson, *Autopsy on People's War*; and Thompson, *Defeating Communist Insurgency.*

8. Department of the Army, Field Manual 23-4, *Counterinsurgency*, pp. 38–9.

9. Nagl, *Learning to Eat Soup with a Knife*, p. 115.

10. Krepinevich, *The Army and Vietnam*, p. 24.

11. 같은 책.

12. 같은 책, p. 25.

13. 같은 책, p. 26.

14. 같은 책.

15. Petraeus, 'The American Military and the Lessons of Vietnam' p. 92. The term 'best and brightest' comes from Halberstam, *The Best and Brightest.*

16. https://www.jfk library.org/asset-viewer/archives/USG/USG-17/USG-17.

17. 같은 책.

18. Logevall, *Embers of War*, p. 714.

19. Gelb and Betts, *The Irony of Vietnam*, p. 69. 베트남으로 초점을 옮기기 전인 1950년대 초 랜스데일은 두 명의 필리핀 대통령이 호크 반군을 제거하는 데 핵심 역할을 했기 때문에 그 의견은 상당한 영향을 미쳤다.

20. 같은 책, pp. 70–1.

21. 같은 책, p. 72.

22. Taylor, *Swords and Plowshares*, pp. 225–6.

23. 같은 책, pp. 228–9.

24. 같은 책, pp. 232–3.

25. Herring, *America's Longest War*, pp. 81–5.

26. Peoples, 'The Use of the British Village Resettlement Model in Malaya and

Vietnam', http://www.vietnam.ttu.edu/events/2002_Symposium/2002Papers_fi les/peoples.php.

27. Karnow, *Vietnam: A History*, p. 274.
28. 같은 책.
29. Herring, *America's Longest War*, p. 88.
30. 같은 책, pp. 92–3.
31. 같은 책, p. 93; Hilsman, *To Move a Nation*, p. 464.
32. Herring, *America's Longest War*, p. 93.
33. Krepinevich, *The Army and Vietnam*, p. 78.
34. 같은 책, P. 79; 이 전투에 대한 닐 시핸의 묘사는 특히 주목할 만하다. Sheehan, *A Bright Shining Lie*, pp. 203–65, 사상자 수치에 관해서는 p. 263을 함께 보라.
35. Krepinevich, *The Army and Vietnam*, p. 79.
36. *New York Times*, 15 January 1963.
37. Cosmas, *MACV: The Joint Command in the Years of Escalation 1962–1967*, p. 80.
38. *Foreign Relations of the United States, 1961–1963*, vol. III: *Vietnam, January–August 1963*, 26.
39. Herring, *America's Longest War*, pp. 103–6; 또한 Hilsman, *To Move a Nation*, pp. 483–94 and 514–23도 보라.
40. Herring, *America's Longest War*, p. 107; see, most prominent among Kennedy's defenders, Hilsman, *To Move a Nation*, pp. 524–37.
41. Ford, *CIA and the Vietnam Policymakers*, pp. 21–2.
42. Asselin, *Vietnam's American War*, pp. 107–9.
43. Pavelec, *War and Warfare since 1945*, p. 48. 미국이 단계적 확전을 택하지 않고 심지어 철수까지 할 수 있었다는 탁월한 평가는 Logevall, *Choosing War*에서 제시된다.
44. Herring, *America's Longest War*, p. 111.
45. 같은 책, p. 112.
46. 같은 책, p. 116; Krepinivech, *The Army and Vietnam*, pp. 93–4.
47. Krepinivech, *The Army and Vietnam*, p. 95.
48. 같은 책, p. 97.
49. Herring, *America's Longest War*, pp. 125–6; Krepinevich, *The Army and Vietnam*, pp. 98–9.
50. Herring, *America's Longest War*, pp. 128–9.
51. 같은 책, pp. 130–1.
52. 같은 책, pp. 134–5.
53. 같은 책, pp. 136–7.
54. 같은 책, pp. 138–9.
55. Krepinevich, *The Army and Vietnam*, pp. 156–9.
56. 같은 책, pp. 164–5.

57. 같은 책, p. 165.

58. 주공격 대대를 지휘했던 해럴드 G. 무어 중장(예비역)과, 부대와 함께 했던 종군기자 조셉 L. 갤러웨이가 전쟁사를 다룬 고전적 저서에서 이 전투에 대해 이야기한다. Moore and Galloway, *We Were Soldiers Once … and Young.*

59. 같은 책, p. 345.

60. 같은 책, p. 343.

61. 같은 책, p. 342.

62. Westmoreland, *A Soldier Reports*, p. 191.

63. Krepinevich, *The Army and Vietnam*, p. 172에서 인용. 베트남에서 해병대 작전에 대해서는 Hennessy의 뛰어난 연구 *Strategy in Vietnam*을 보라. 또한 해병 1군단 사령관이었던 류 웨이트 중장에 대한 뛰어난 기록인 Leinster, 'The Two Wars of General Walt' pp. 83-4도 보라.

64. Leinster, 'The Two Wars of General Walt', pp. 83-4.

65. 같은 책: Krepinevich, *The Army and Vietnam*, pp. 173-4.

66. Westmoreland, *A Soldier Reports*, pp. 201-2.

67. Krepinevich, *The Army and Vietnam*, pp. 176-7.

68. 같은 책, p. 179.

69. 같은 책, pp. 179-80.

70. 같은 책, p. 180.

71. Herring, *America's Longest War*, p. 154.

72. Sorley, *Westmoreland*, pp. 104-5; the full text of the report can be found at https://apps.dtic.mil/sti/pdfs/AD0377743.pdf.

73. Text of PROVN report, p. 9.

74. Sorley, *Westmoreland*, p. 105에서 인용. 솔레이는 몇 달 뒤인 1966년 10월 베트남에서 출간된 해병대 문건도 작성했다. 이 자료는 PROVN 연구가 강조한 것을 다시 강조하고 있다. "전쟁의 가장 중요한 기반은 베트남 주민들이다. 혁명적 발전 프로그램은 이 모든 과제 중 가장 중요하고, 다른 것들은 부수적이거나 보조적으로 기여한다."

75. 같은 책, p. 101.

76. Krepinevich, *The Army and Vietnam*, pp. 183-4에서 인용.

77. Herring, *America's Longest War*, pp. 155-6.

78. 같은 책, pp. 155-3.

79. Krepinevich, *The Army and Vietnam*, p. 190에서 인용. 수색-파괴 작전에 특별한 혜안을 주는 설명은 데이비드 마라니스의 예외적인 저술 *They Marched into Sunlight*에서 찾을 수 있다. 특히 제1보병사단, 제28연대, 제2대대 작전에 대한 장이 그렇다.

80. Krepinevich, *The Army and Vietnam*, p. 191.

81. Asselin, *Vietnam's American War*, p. 157.

82. 이 연설의 원문은 다음 웹사이트에서 볼 수 있다. https://timesmachine.nytimes.com/timesmachine/1967/04/29/83118429.pdf?pdf_redirect=true&ip=0.

83. Sorley, *Westmoreland*, p. 167에서 인용. 또한 Herring, *America's Longest War*, p. 183도 보라.

84. Krepinevich, *The Army and Vietnam*, p. 193.

85. Pavelec, *War and Warfare since 1945*, pp. 56-7.

86. Asselin, *Vietnam's American War*, p. 158.

87. Warner, 'The Morning aft er the War Before' pp. 117-18.

88. Asselin, *Vietnam's American War*, pp. 157-9.

89. Palermo, '40 Years Ago Today: Robert F. Kennedy's Most Important Speech on the Vietnam War'.

90. Bowden, 'When Walter Cronkite Pronounced the War a "Stalemate"'.

91. Schandler, *Lyndon Johnson and Vietnam*, p. 290.

92. 같은 책, p. 318.

93. Willbanks, *Vietnam War Almanac*, p. 256.

94. 클리포드 기동대에 대한 뛰어난 논의는 다음 자료에 실려 있다.

95. Willbanks, *Vietnam War Almanac*, p. 258.

96. Sorley, *A Better War*, p. 17.

97. 같은 책, pp. 17-20.

98. 같은 책, pp. 18-22.

99. 같은 책, p. 28.

100. Krepinevich, *The Army and Vietnam*, p. 254.

101. 코머의 차석은 윌리엄 노울톤 준장이었다. 그는 나중에 데이비드 퍼트레이어스의 장인이 된다.

102. CORDS 프로그램에 대한 뛰어난 분석으로 다음 논문을 꼽을 수 있다. Dale Andrade and James H. Willbanks, 'CORDS/Phoenix'. 또한 Coffey, 'Revisiting CORDS: The Need for Unity of Eff ort to Secure Victory in Iraq'도 보라.

103. Andrade and Willbanks, 'CORDS/Phoenix' pp. 14-17. 코머는 에이브럼스 장군의 신임을 받지 못했고, 1968년 말 사이공 주재 CIA 책임자였던 윌리엄 콜비에 의해 교체되었다. 콜비는 CORDS와 피닉스를 활성화하고, 훨씬 효과적으로 만들었다.

104. Andrade and Willbanks, 'CORDS/Phoenix' pp. 18-19. Considerably more detail can be found in Mark Moyar's superb, very thorough *Phoenix and the Birds of Prey*.

105. 이것에 대해서는 다음 자료를 보라. Lewy, *America in Vietnam*, pp. 279-85.

106. Andrade and Willbanks, 'CORDS/Phoenix' p. 20. 이 프로그램을 상세히 평가한 다음 자료와 피닉스 프로그램을 포함한 여러 부분도 보라. 이 자료는 후에 미 육군과 해병대가 공동으로 대반군 야전 교본으로 출간했고, 이것은 후에 진행되는 이라크 병력 증파와 아프가니스탄 작전의 지적 기초가 되었다.

107. Herring, *America's Longest War*, pp. 222-4.

108. 같은 책, pp. 224-5.

109. Sorley, *A Better War*, p. 128.

110. 같은 책, pp. 129 – 30.

111. 같은 책, pp. 155 –7.

112. Herring, *America's Longest War*, pp. 226 –7.

113. 같은 책, pp. 228 –9.

114. 같은 책, pp. 235 –9.

115. 같은 책, pp. 240 –1.

116. 같은 책, pp. 246 –7.

117. 같은 책, pp. 250 –5.

118. 전 CIA 관리 프랭크 스네프는 철군 합의와 그 집행에 대해 상세한 검토를 했다.

119. 합의 원문은 다음 웹사이트에서 찾을 수 있다. https://treaties.un.org/doc/ Publication/ UNTS/Volume%20935/volume-935-I-13295-English.pdf; 또한 브루스 파머 장군의 평가 *The 25-Year War*, p. 130도 보라. 과정, 합의, 여파, 회고에 대한 헨리 키신저의 상세한 설명은 *White House Years*, pp. 230 – 311, 436 – 521, 968 –1048, 1301 –1476 그리고 *Years of Upheaval*, pp. 9 –12, 301 –73에서 찾을 수 있다.

120. Willbanks, *Vietnam War Almanac*, p. 195.

121. 같은 책, p. 438; Herring, *America's Longest War*, pp. 260 –1.

122. Herring, *America's Longest War*, p. 262.

123. 같은 책, pp. 262 – 3.

124. 같은 책, pp. 263 –4.

125. Black, *War since 1945*, p. 71.

126. 같은 책, p. 72.

127. Gen. Cao Van Vien and Lt Gen. Dong Van Khuyen, 'Reflections on the Vietnam War', in Sorley (ed.), *The Vietnam War*, p. 842. 이 자료는 미국으로 와서 1976년부터 1978년까지 미 군사연구소에 의해 소집된 전 남베트남 장군들의 뛰어난 에세이와 회고를 담고 있다.

128. Andrade and Willbanks, 'CORDS/Phoenix' p. 44. Also see Komer, *Bureaucracy Does Its Thing*.

129. 일례로 다음 자료를 보라. Peter M. Dawkins, 'The United States Army and the "Other" War in Vietnam: A Study of the Complexity of Implementing Organizational Change'.

130. Krepinevich, *The Army and Vietnam*, esp. pp. 27 –55.

131. Kitfi eld, *Prodigal Soldiers*, pp. 104 – 6.

132. Krepenevich, *The Army and Vietnam*, p. 206.

133. 연구 문서는 다음 사이트에서 찾을 수 있다. https://apps.dtic.mil/sti/pdfs/ADA063748. pdf.

134. Kitfi eld, *Prodigal Soldiers*, pp. 109 –10.

135. Palmer, *The 25-Year War*, p. 179.

136. 같은 책, pp. 175-6.

137. Krepinevich, *The Army and Vietnam*, p. 271.

138. Palmer, *The 25-Year War*, p. 173.

139. https://web.archive.org/web/20100413071553/http://www.ford.utexas.edu/library/exhibits/vietnam/750512f.htm: Singapore's highly respectedpresident Lee Kuan Yew echoed Kissinger's and Palmer's assessments. See Ong Keng Yong, 'Lee Kuan Yew's Role in Singapore–U.S. Relations', *Asia Society*, 25 March 2015.

140. Palmer, *The 25-Year War* p. 21.

141. Kitfi eld, *Prodigal Soldiers*.

4장 시나이반도에서 포클랜드섬까지

1. Colbeck, *With 3 Para to the Falklands*, p. 185.

2. Paret (ed.), *Makers of Modern Strategy*, p. 791.

3. Oren, *Six Days of War*, pp. 164, 168, 171.

4. Herzog, *Arab–Israeli Wars*, p. 149.

5. Oren, *Six Days of War*, p. 164.

6. Herzog, *Arab–Israeli Wars*, p. 148.

7. Oren, *Six Days of War*, p. 170.

8. Herzog, *Arab–Israeli Wars*, p. 153.

9. Horne, *Kissinger's Year*, p. 238.

10. Herzog, *Arab–Israeli Wars*, p. 153.

11. Dunstan, *The Six Day War 1967*, p. 125.

12. Herzog, *Arab–Israeli Wars*, p. 165.

13. Mutawi, *Jordan in the 1967 War*, p. 139.

14. Shlaim, *Lion of Jordan*, p. 244.

15. Herzog, *Arab–Israeli Wars*, p. 183.

16. 같은 책, pp. 189-90.

17. 같은 책, p. 189.

18. Paret (ed.), *Makers of Modern Strategy*, p. 794.

19. Herzog, *Arab–Israeli Wars*, p. 189.

20. Herzog, *The War of Atonement*, p. xii.

21. Horne, *Kissinger's Year*, p. 237.

22. Herzog, *The War of Atonement*, p. xiii.

23. Morris, *Righteous Victims*, p. 390.

24. Herzog, *The War of Atonement*, p. xiv.

25. Horne, *Kissinger's Year*, pp. 238-9.

26. Herzog, *The War of Atonement*, p. xiii.

27. Horne, *Kissinger's Year*, p. 230.

28. Handel, 'Crisis and Surprise in Three Arab–Israeli Wars' pp. 136–40.

29. 같은 책, p. 113.

30. Mark Helprin in *Claremont Review of Books*, Spring 2022 p. 12.

31. Jones, *The Art of War in the Western World*, p. 604.

32. Smith, *The Utility of Force*, p. 1.

33. Jones, *The Art of War in the Western World*, p. 605.

34. Rabinovich, *The Yom Kippur War*, p. 401.

35. Pollack, *Arabs at War: Military Effectiveness*, p. 120.

36. Hastings (ed.), *Oxford Book of Military Anecdotes*, p. 485.

37. 같은 책.

38. Herzog, *The War of Atonement*, p. xix.

39. 같은 책, p. xi.

40. 같은 책, p. xii.

41. Freedman, *Cold War*, p. 166.

42. 같은 책, p. 160; Paret (ed.), *Makers of Modern Strategy*, p. 797.

43. Sterling, *Other People's Wars*, p. 189.

44. Kagan, *Finding the Target*, p. 19.

45. Sterling, *Other People's Wars*, p. 246.

46. Freedman, *Cold War*, p. 166.

47. Sterling, *Other People's Wars*, p. 247.

48. 같은 책, p. 191.

49. 같은 책, p. 249.

50. Herzog, *The War of Atonement*, p. xvi.

51. Freedman, *Cold War*, p. 181; Reynolds, *One World Divisible*, p. 365.

52. Roberts, *Penguin History of the Twentieth Century*, p. 746.

53. Reynolds, *One World Divisible*, p. 397.

54. Fein, 'Discriminating Genocide from War Crimes: Vietnam and Afghanistan Reexamined', pp. 29–62.

55. Reynolds, *One World Divisible*, p. 365.

56. '4 Soviet deserters tell of cruel Afghanistan war', *New York Times*, 3 August 1984.

57. Kakar, *The Soviet Invasion and the Afghan Response*, epilogue.

58. David Lyon in *The Critic*, July 2022 p. 65.

59. 개인 정보.

60. Kissinger, *Leadership*, p. 343.

61. 같은 책, p. 345.

62. Mark Almond in *The Critic*, April 2022 p. 31.

63. John Beales in *History Today*, June 2022 p. 72.

64. David Blagden in *The Critic*, April 2022 p. 30.

65. 같은 책, p. 28.

66. O'Sullivan, *The President, the Pope and the Prime Minister*, p. 157.

67. Paret (ed.), *Makers of Modern Strategy*, p. 807.

68. Lehman, *On Seas of Glory*, p. 352.

69. Hastings and Jenkins, *The Battle for the Falklands*, p. 91.

70. 같은 책, p. 92.

71. Colbeck, *With 3 Para to the Falklands*, p. 46.

72. Freedman and Gamba-Stonehouse, *Signals of War*, p. 190.

73. Paret (ed.), *Makers of Modern Strategy*, p. 808.

74. Hastings and Jenkins, *The Battle for the Falklands*, p. 90.

75. Kissinger, *Leadership*, p. 351.

76. Hastings and Jenkins, *The Battle for the Falklands*, p. 90.

77. 같은 책, p. 93.

78. Colbeck, *With 3 Para to the Falklands*, p. 43.

79. Hastings and Jenkins, *The Battle for the Falklands*, p. 93.

80. Freedman and Gamba-Stonehouse, *Signals of War*, p. 383.

81. John Beales in *History Today*, June 2022 p. 72.

82. 같은 책, p. 76.

83. 같은 책, p. 82.

84. Colbeck, *With 3 Para to the Falklands*, p. 80.

85. 같은 책, p. 85.

86. Hastings and Jenkins, *The Battle for the Falklands*, p. 184.

87. David Blagden in *The Critic*, April 2022 p. 29.

88. Hastings and Jenkins, *The Battle for the Falklands*, p. 286.

89. 같은 책, pp. 286-7.

90. 같은 책, p. 96.

91. 같은 책, p. 286.

92. O'Sullivan, *The President, the Pope and the Prime Minister*, p. 158.

93. Kissinger, *Leadership*, p. 351.

94. O'Sullivan, *The President, the Pope and the Prime Minister*, p. 159.

95. Thompson, *No Picnic*, p. 125.

96. 같은 책, p. 86.

97. Colbeck, *With 3 Para to the Falklands*, p. 92.

98. Thompson, *No Picnic*, p. 92.

99. Freedman and Gamba-Stonehouse, *Signals of War*, p. 396.

100. Thompson, *No Picnic*, p. 126.

101. Colbeck, *With 3 Para to the Falklands*, p. 172.

102. Hastings and Jenkins, *The Battle for the Falklands*, p. 298.

103. 같은 책, p. 299.

104. Freedman and Gamba-Stonehouse, *Signals of War*, p. 397.

105. Hastings and Jenkins, *The Battle for the Falklands*, p. 312.

106. O'Sullivan, *The President, the Pope and the Prime Minister*, p. 158.

107. Lehman, *On Seas of Glory*, p. 356.

108. John Beales in *History Today*, June 2022 p. 80.

109. Lehman, *On Seas of Glory*, p. 353.

110. 같은 책, p. 357.

111. 같은 책, p. 358.

112. 같은 책.

113. Kissinger, *Leadership*, p. 351.

5장 냉전 종식

1. Archer et al., *World History of Warfare*, p. 555.

2. Van Creveld, *Command in War*, p. 267.

3. 같은 책.

4. 1967년 맥나마라가 존슨 대통령에게 한 말이다. https://www.latimes.com/archives/la-xpm-1995-04-11-me-53252-story.html.

5. Stanley, *The Protection Racket State passim*.

6. McClintock, *Instruments of Statecraft*, ch. 10.

7. McClintock, *The American Connection*, pp. 213–14.

8. LeoGrande, *Our Own Backyard*, p. 44.

9. 같은 책, p. 94.

10. McMahan, *Reagan and the World*, p. 123.

11. Rosello, *Lessons from El Salvador*, p. 102.

12. Galvin, *Fighting the Cold War*, pp. 319–30; Galvin, 'Uncomfortable Wars: Toward a New Paradigm' pp. 2–8도 보라. https://press.armywarcollege.edu/cgi/viewcontent.cgi?article=1415&context=parameters.

13. Reynolds, *One World Divisible*, p. 392.

14. Pace, *International Elements of Saddam Hussein's Conflicted Iraq: Shift ing Allies, Resolute Foes* .

15. https://www.nytimes.com/1986/11/27/world/48-are-reported-killed-52-wounded-iranian-missile-hits-capital-iraq.html.

16. Black, *A Short History of War*, p. 213.

17. McMaster, *Battlegrounds*, p. 235.

18. Freedman, *Cold War*, p. 178.

19. Archer et al., *World History of Warfare*, p. 556.

20. Richard Overy in *Literary Review*, September 2022 p. 34.

21. Freedman, *Cold War*, p. 178.
22. Reynolds, *One World Divisible*, p. 597.
23. Kukielski, *The U.S. Invasion of Grenada*, p. 22.
24. 같은 책.
25. 같은 책, p. 85.
26. 같은 책, p. 95.
27. Cole, *Operation Urgent Fury: Grenada*, p. 47.
28. Stewart, *Operation Urgent Fury*, p. 18.
29. Kukielski, *The U.S. Invasion of Grenada*, p. 187.
30. Reagan, 'Remarks at the Annual Convention of the Congressional Medal of Honor Society in New York City, 1983', https://www.reaganlibrary.gov/archives/speech/remarks-annual-convention-congressional-medalhonor-society-new-york-city.
31. Stewart, *Operation Urgent Fury*, p. 32.
32. Kukielski, *The U.S. Invasion of Grenada*, p. 65.
33. 같은 책, p. 214.
34. Cheney, *In My Time*, p. 175.
35. Powell, *My American Journey*, p. 426.
36. Allen, 'Intervention in panama', p. 177.
37. 같은 책, p. 174.
38. Rempfer, 'Soldiers recall combat jumps into Panama'.
39. 'Legal fi ght looms over Noriega as dictator prepares to leave prison', *The Times*, 20 July 2007, https://web.archive.org/web/20110604160413/: http://www.timesonline.co.uk/tol/news/world/us_and_americas/article2106381.ece?print=yes&randnum=1151003209000.
40. Cheney, *In My Time*, p. 184.
41. Corrigan, *Desert Storm Air War*, p. 12.
42. https://foreignpolicy.com/2013/09/03/applying-the-8-questions-of-thepowell-doctrine-to-syria.
43. 같은 책, p. 489.
44. Gordon and Trainor, *The Generals' War*, p. 57.
45. 같은 책.
46. Atkinson, *Crusade*, p. 109.
47. Gordon and Trainor, *The Generals' War*, p. xv.
48. 'President Warns Iraq of War Crimes Trials', *Washington Post*, 16 October 1990.
49. Gordon and Trainor, *The Generals' War*, p. 74.
50. 같은 책, p. 84.
51. Freedman and Karsh, *The Gulf Conflict*, p. 312.
52. Corrigan, *Desert Storm Air War*, p. 45.

53. 같은 책, p. 44.

54. Kitfi eld, *Prodigal Soldiers passim*.

55. Corrigan, *Desert Storm Air War*, p. xviii.

56. Ignatieff , *Virtual War*, p. 166.

57. Gordon and Trainor, *The Generals' War*, p. 71.

58. Powell, *My American Journey*, p. 512.

59. 'Iraqi missiles strike Israel', *Guardian*, 18 January 1991, https://www.theguardian.com/world/1991/jan/18/iraq.davidfairhall.

60. Atkinson, *Crusade*, p. 77.

61. Freedman and Karsh, *The Gulf Conflict*, p. 311.

62. 같은 책, p. 313.

63. Powell, *My American Journey*, p. 489.

64. Freedman and Karsh, *The Gulf Conflict*, p. 362.

65. Schwarzkopf, *It Doesn't Take a Hero*, p. 430.

66. 같은 책, p. 443.

67. Freedman and Karsh, *The Gulf Conflict*, p. 385.

68. 같은 책, p. 394.

69. Schwarzkopf, *It Doesn't Take a Hero*, p. xxx.

70. Gordon and Trainor, *The Generals' War*, p. 290.

71. Freedman and Karsh, *The Gulf Conflict*, p. 391.

72. 같은 책, p. 388.

73. Schwarzkopf, *It Doesn't Take a Hero*, p. 453.

74. 같은 책, p. 462.

75. Gordon and Trainor, *The Generals' War*, p. 386.

76. Pavelec, *War and Warfare since 1945*, p. 2.

77. Mayall, *Soldier in the Sand*, p. 144.

78. Atkinson, *Crusade*, p. 453.

79. *Stars and Stripes*, 23 February 2003, https://www.stripes.com/living/u-stroops-revisit-scene-of-deadly-gulf-war-barrage-1.5305.

80. Waldman, *Vicarious Warfare*, p. 44.

81. Gordon and Trainor, *The Generals' War*, p. 416.

82. Atkinson, *Crusade*, p. 493.

83. Tucker, *The Encyclopedia of Middle East Wars*, p. 470.

84. Cheney, *In My Time*, p. 224.

85. Sterling, *Other People's Wars*, p. 245.

86. 같은 책.

87. 같은 책.

88. Stewart, *The United States Army in Somalia*, p. 9.

89. 같은 책, p. 11.
90. 같은 책, p. 13.
91. 'Fallout from Somalia still haunts US policy 20 years later', *Stars and Stripes*, 3 October 2013, https://www.stripes.com/news/fallout-fromsomalia-still-haunts-us-policy-20-years-later-1.244957.
92. United States Special Operations Command History Offices, *Task Force Ranger: Operations in Somalia 3–4 October 1993*, https://web.archive.org/web/20210322004056/https://www.esd.whs.mil/Portals/54/Documents/FOID/Reading%20Room/International_Security_Affairs/07-A-2365_Task_Force_Ranger_Report_Operations_in_Somalia_1993.pdf.
93. https://www.asomf.org/the-battle-of-mogadishu.
94. Poole, *The Eff ort to Save Somalia*, p. 69.
95. 'Black Hawk Down's Long Shadow', *Daily Beast*, 9 October 2013, https://www.thedailybeast.com/black-hawk-downs-long-shadow.
96. McChrystal, *My Share of the Task*, p. 60.

6장 새로운 세계 무질서

1. Mearsheimer, 'Back to the Future' p. 192.
2. Forsyth, *The Caucasus*, p. 684.
3. Asmus, *A Little War that Shook the World*, p. 60.
4. 같은 책, p. 61.
5. De Waal, *The Caucasus*, p. 144.
6. Forsyth, *The Caucasus*, p. 687.
7. International Crisis Group, 'Georgia: Avoiding War in South Ossetia' p. 4.
8. Human Rights Watch, 'Bloodshed in the Caucasus', https://www.hrw.org/reports/pdfs/g/georgia/georgia.923/georgia923full.pdf.
9. Sammut and Cvetkovski, 'The Georgia–South Ossetia Conflict', p. 14.
10. Judah, *Kosovo*, p. 42.
11. Packer, *Our Man*, p. 256.
12. Ferguson, *The War of the World*, p. 627.
13. 같은 책.
14. Vulliamy, *Seasons in Hell*, p. 73.
15. https://www.theguardian.com/world/from-the-archive-blog/2018/jul/13/siege-of-sarajevo-ian-traynor-maggie-okane-1993.
16. Ferguson, *The War of the World*, p. 627.
17. 같은 책, p. 629.
18. 같은 책, p. 630.
19. Black, *A Short History of War*, p. 226.

20. Shaw, 'Crisis in Bosnia' p. 200.

21. 같은 책, p. 201.

22. 같은 책.

23. 같은 책, p. 207.

24. Haulman, 'Resolution of Bosnian Crisis' p. 222.

25. Powell, *My American Journey*, p. 576.

26. Packer, *Our Man*, p. 263.

27. 같은 책, p. 266.

28. Clark, *Waging Modern War*, p. 7.

29. Glenny, *The Balkans*, p. 640.

30. Clark, *Waging Modern War*, p. 49.

31. Silber and Little, *Yugoslavia*, pp. 345, 350.

32. 같은 책, p. 365.

33. Schinella, *Bombs without Boots*, p. 23.

34. 같은 책, p. 26.

35. 같은 책, p. 17.

36. 같은 책, p. 29.

37. 같은 책, p. 366.

38. 같은 책, p. 30.

39. Shaw, 'Crisis in Bosnia' p. 226.

40. Tirpak, 'Deliberate Force'.

41. Glenny, *The Balkans*, p. 651.

42. Albright, *Madame Secretary*, p. 148.

43. The National Security Archive, 'The Rwanda "Genocide Fax": What We Know Now', 9 January 2014, George Washington University, Washington, DC.

44. 같은 책.

45. Ferguson, *The War of the World*, p. 631.

46. Albright, *Madame Secretary*, p. 149.

47. 같은 책, p. 150.

48. *Report of the Independent Inquiry into the Actions of the United Nations during the 1994 Genocide in Rwanda*, p. 1.

49. Clinton, *My Life*, p. 782.

50. 'France accused on Rwanda killings', BBC News, 24 October 2006.

51. Nowrojee, *Shattered Lives passim*.

52. Drumbl, 'She Makes Me Ashamed to Be a Woman: The Genocide Conviction of Pauline Nyiramasuhuko, 2011'.

53. Albright, *Madame Secretary*, p. 154.

54. 'Bystanders to Genocide', *Atlantic Monthly*, September 2001.

55. Lambeth, 'Operation Allied Force: Lessons for the Future' *passim*.

56. Ignatieff, *Virtual War*, p. 13.

57. 같은 책, p. 21.

58. Packer, *Our Man*, p. 402.

59. Judah, *Kosovo*, p. 193.

60. 같은 책, p. 224.

61. 같은 책, p. 227.

62. Lambeth, *NATO's Air War for Kosovo*, pp. 11, 29.

63. 같은 책, p. 20.

64. Ignatieff, *Virtual War*, p. 170.

65. Lambeth, *NATO's Air War for Kosovo*, p. 18.

66. Ignatieff, *Virtual War*, p. 62.

67. 같은 책, p. 172.

68. 같은 책, p. 176.

69. Felix, *Wesley K. Clark*, p. 138.

70. Ignatieff, *Virtual War*, p. 100.

71. Lambeth, *NATO's Air War for Kosovo*, p. 27.

72. Ignatieff, *Virtual War*, p. 41.

73. 같은 책, p. 52.

74. Lambeth, *NATO's Air War for Kosovo*, p. 26.

75. Ignatieff, *Virtual War*, p. 105.

76. Black, *A Short History of War*, p. 226.

77. Ignatieff, *Virtual War*, p. 105.

78. Lambeth, *NATO's Air War for Kosovo*, p. 33.

79. 같은 책, p. 35.

80. Judah, *Kosovo*, p. 261.

81. Shelton, *Without Hesitation*, p. 370; 그리고 1997년부터 1999년까지 셸턴 장군의 보좌관이었던 데이비드 퍼트레이어스 장군의 개인적인 회고담이다.

82. Clark, *Waging Modern War*, p. 303.

83. Shelton, *Without Hesitation*, pp. 371-3.

84. 같은 책, pp. 384-5.

85. Lambeth, *NATO's Air War for Kosovo*, p. 43.

86. Ignatieff, *Virtual War*, p. 163.

87. Shelton, *Without Hesitation*, p. 384, and recollections of Gen. Petraeus.

88. Clark, *Waging Modern War*, p. 403.

89. Borger, *The Butcher's Trail*, p. 234.

90. Archer et al., *World History of Warfare*, p. 553.

7장 아프가니스탄 전쟁

1. Churchill, *My Early Life*, p. 246.

2. 9·11 테러 공격에 대한 가장 탁월한 작품은 미국에 대한 테러리스트 공격위원회의 보고서 *The 9/11 Commission Report*이다. '미국 역사상 가장 긴 전쟁'에 대한 정의는 물론 베트남 전쟁을 언제부터 계산하기 시작했는지에 따라 달라진다.

3. 달리 인용되지 않는 한, 아프간 침공의 계획과 실행을 위해 참고한 자료는 다음과 같다. Degen and Reardon, *Modern War in an Ancient Land*, vol. I; Lowrey, *U.S. Marines in Afghanistan*; Stewart, *The United States Army in Afghanistan*; and Wright et al., *A Different Kind of War*.

4. 빈 라덴은 2008년 2월 23일 두 번째 파트와를 발표하여 전 세계 어디에서든 미국인과 유대인을 무차별적으로 죽여도 좋다는 종교적 승인을 내렸다. 6개월 후 탄자니아 다르에스살람과 케냐 나이로비에 있는 미국 대사관 밖에서 트럭 폭탄이 터져 200명 이상이 사망했으며, 대부분이 아프리카인이었다.

5. Coll, *Ghost Wars*.

6. 안타깝게도 마수드는 '연합전선'이 승리를 거두기 전에 죽었다. 미국에 대한 테러 공격 이틀 전, TV 기자로 위장한 두 명의 자살폭탄 테러범이 그를 인터뷰하던 중 자폭하여 아프간 저항군의 가장 카리스마 넘치고 유능한 지도자가 사망했다.

7. Bush, *Decision Points* pp. 187–91; Tenet, *At the Center of the Storm* pp. 268–74.

8. Degen and Reardon, *The United States Army in Afghanistan*, vol. I, p. 40.

9. Bush, *Decision Points* pp. 187–8; Tenet, *At the Center of the Storm* pp. 275–8. 미국과 파키스탄의 관계에 대한 심층적 분석은 Riedel, *Deadly Embrace*을 참고하라.

10. Degen and Reardon, *The United States Army in Afghanistan*, vol. I, pp. 52–3; Franks and McConnell, *American Soldier*, pp. 271–2; Rumsfeld, *Known and Unknown*, pp. 377, 684.

11. Schroen, *First In*.

12. 2018년 영화 〈12 스트롱〉의 원작이 된 Stanton의 소설 *Horse Soldiers*에도 595 ODA의 이야기가 소개되어 있다. 이후 몇 주일 동안 8개의 추가 ODA팀이 아프간의 다양한 연합전선 지도자들과 연결되었다.

13. Degen and Reardon, *The United States Army in Afghanistan*, vol. I, p. 68.

14. 같은 책, pp. 81–6.

15. 투항한 400명의 외국인 전사들(미국인 2명 포함)은 마자르의 샤리프 인근의 교도소로 이송되어, 이들을 구금하고 있던 '연합전선' 대원들과 맞서 싸웠다. 미국과 영국 특수전 부대, CIA 요원, 공습을 지원받은 '연합전선' 요원들은 6일간의 전투 끝에 수감자 300여 명을 사살하며 반란을 종식시켰다.

16. CIA가 후원한 칸다하르 점령 캠페인의 역사는 이슬라마바드 주재 전 CIA 지부장을 지낸 그레니어의 저서 *88 Days to Kandahar*에서 확인할 수 있다.

17. 이 기간 동안 아프간에서 해병대의 작전에 대해서는 다음을 참고하라. Lowrey, *U.S. Marines in Afghanistan*.

18. Whitlock, *The Afghanistan Papers* pp. 38-9.

19. 역사학자 카터 말카시안은 2001년 부시 행정부가 탈레반 대표들을 협상에 끌어들이지 않은 것은 "아프간 전쟁의 가장 큰 실수 중 하나로 간주되어야 한다"고 썼다. Malkasian, *The American War in Afghanistan*, p. 76 .

20. Khalilzad, *The Envoy*, pp. 119-27. 카르자이는 본(Bonn)으로부터 자신의 새로운 지위에 대한 소식을 듣기 하루 전, B-52의 오폭으로 하마터면 죽을 뻔했다. 잘못된 이 공습으로 아프간인 20명이 사망하고 50명이 부상을 입었으며, 미국인 2명이 사망하고 19명이 부상을 당했다. 부상자 중에 아메린 대위도 포함되었다.

21. 특수부대인 미 육군의 그린베레는 재래식 및 게릴라전을 수행하기 위해 현지군을 훈련시킨다. 특수작전 부대(미 육군 레인저 연대 및 미 네이비실)는 고도로 전문화되고 훈련된 병력을 필요로 하는 정찰 및 직접행동 임무를 수행한다.

22. 토라보라 전투에 대한 자세한 내용은 다음을 참고하라. Stewart, *United States Special Operations Command History*, https://archive.org/details/unitedstates-special-operations-command/mode/2up, pp. 93-7;~ 그리고 Degen and Reardon, *The United States Army in Afghanistan*, vol. I, pp. 119-26. 파키스탄 국경 봉쇄에 해병대를 투입하겠다는 매티스 준장의 제안에 대해서는 다음을 참고하라. Lowrey, *U.S. Marines in Afghanistan*, p. 209.

23. 하겐베크는 카르시 카나바드에 배치될 때 본부에 160명의 병력 상한선을 부여받았는데, 이는 '항구적 자유 작전'을 지휘·통제하기 위한 임무 수행에서 '소탐대실'의 어리석은 접근 방식이었다. 또한 구성원의 약 3분의 1은 평화유지 임무를 위해 코소보에 파견된 사단 사령부 요원들을 대체하기 위해 증원된 인원이었다.

24. Naylor, *Not a Good Day to Die*, p. 88.

25. 같은 책, p. 89.

26. 아나콘다 작전에 대한 자세한 내용은 다음을 참고하라. Naylor, *Not a Good Day to Die*.

27. 달리 인용되지 않는 한, 탈레반 함락 후 7년간 참고한 자료는 다음과 같다. Degen and Reardon, *The United States Army in Afghanistan*, vols I and II; Loyn, *The Long War*; Malkasian, *The American War in Afghanistan*; Neumann, Mundey and Mikolashek, *The U.S. Army in Afghanistan*; and Wright et al., *A Different Kind of War*.

28. Bush, *Decision Points*, p. 197.

29. Degen and Reardon, *The United States Army in Afghanistan*, vol. I, pp. 177-8.

30. 역사학자 카터 말카시안은 부시 행정부가 탈레반 붕괴 이후 아프간에서 얻을 수 있는 기회를 과신한 탓에 부주의했다고 지적한다. Malkasian, *The American War in Afghanistan*, p. 80.

31. Whitlock, *The Afghanistan Papers*, p. 28.

32. Bush, *Decision Points*, p. 205. 이 점에서 부시와 국방장관은 같은 생각을 갖고 있지 않았다. 럼스펠드는 회고록에 이렇게 썼다. "나중에 우리가 본격적인 국가 건설 계획이 없었다거나, 그러한 계획에 자원이 부족했다고 주장하는 사람들이 있다면, 그들이 틀림없이

옳다. 리는 아프간의 구석구석에 번영을 가져다주려고 그곳에 간 것이 아니다. 나는 그런 목표가 '헛고생'에 불과하다고 믿었고, 지금도 그렇게 믿고 있다." Rumsfeld, *Known and Unknown*, p. 683.

33. Whitlock, *The Afghanistan Papers*, p. 41. 미국은 1948~1951년 사이에 마셜플랜 원조로 133억 달러를 지출했으며, 이는 2022년 기준으로 1640억 달러에 해당한다.

34. 이는 나중에 이라크에서 국무부와 AID가 제공할 수 있는 한 많은 민간인으로 PRT를 채우고, 군인은 민간인 인력 부족을 메우기 위해서만 운용했던 것과는 대조적이었다.

35. Bush, *Decision Points*, p. 193.

36. Loyn, *The Long War*, pp. 52-3.

37. Rumsfeld, *Known and Unknown*, p. 207.

38. Hopkins, 'Afghanistan's Present Failure Lies in its Past Design'.

39. 일부 정책결정자들은 카르자이에 대한 비판을 더욱 노골적으로 드러냈다. 오바마 2기 행정부에서 국가안보좌관을 지낸 수전 라이스는 이렇게 썼다. "카르자이는 명백히 미국을 증오했고, 점점 더 많은 사람들(나를 포함한)이 그의 맹렬한 민족주의와 부패한 통치, 사치스러운 리더십 스타일을 비난했다." Rice, *Tough Love*, p. 393.

40. 아프간 재건 특별 조사관에 따르면, "흡수 능력은 어느 국가가 심각한 경제적·사회적·정치적 혼란을 초래하고 비생산적이 되기 전에, (외부로부터) 받아들일 수 있는 국제원조의 분량이다. 장기간 분쟁을 겪고 있는 등 경제가 취약한 개발도상국일수록 원조 포화의 임계치가 더 낮은 것으로 알려져 있다. 흡수 능력 임계치를 초과하는 국제원조는 낭비, 사기, 부패 증가로 이어질 수 있다." *What We Need to Learn*, p. 26.

41. 국가적 경고의 영향에 대한 훌륭한 검토는 다음을 참고하라. Auerswald and Saideman, *NATO in Afghanistan*.

42. Whitlock, *The Afghanistan Papers*, p. 113.

43. Degen and Reardon, *The United States Army in Afghanistan*, vol. II, p. 144.

44. 이 전투에 대한 상세한 설명은 Bowden, *The Three Battles of Wanat*을 참고하라.

45. Committee on Armed Services, US House of Representatives, 'Security and Stability in Afghanistan'.

46. Degen and Reardon, *The United States Army in Afghanistan*, vol. II, pp. 223-4.

47. 달리 인용되지 않는 한, 아프간에서의 '병력 증파'에 참고한 출처는 다음과 같다. Degen and Reardon, *The United States Army in Afghanistan*, vol. II; Loyn, *The Long War*; Malkasian, *The American War in Afghanistan*; and Wright et al., *A Different Kind of War*.

48. Woodward, *Obama's Wars*, pp. 96-110.

49. Obama, *A Promised Land*, p. 321.

50. Gates, *Duty*, pp. 344-6. 맥키어넌은 1951년 한국전쟁에서 더글러스 맥아더 이후 처음으로 전쟁 도중에 보직해임된 사령관이다.

51. McChrystal, *My Share of the Task*, chs 17 and 18.

52. Gates, *Duty*, pp. 358-9. 2010년 초 위키리크스에 기밀문서가 공개되면서 행정부의 입장

이 공개되었다.

53. 키팅 경찰의 이야기는 Tapper, *The Outpost*에서 훌륭하게 묘사했다. 2명의 병사, 클린턴 L. 로메샤 하사와 타이 카터 상병은 전초기지를 지켜낸 영웅적 공로로 명예훈장을 수여받 았다.

54. Gates, *Duty*, p. 353.

55. 이 전문은 1년 후 웹사이트 위키리크스에 의해 일반에 유출되었고, 아이켄베리 대사와 카 르자이 대통령의 관계가 악화되어 이라크에서 크로커 대사와 그러했던 것처럼, 내가 대사 를 카르자이 대통령과의 면담에 동석시키기가 점점 더 어려워졌다.

56. Panetta, *Worthy Fights*, pp. 253 – 4.

57. Gates, *Duty*, p. 384.

58. 같은 책, pp. 367 – 86. 힐러리 클린턴 국무장관은 게이츠, 멀린, 퍼트레이어스의 편에 서서 '병력 증파'를 지지했다. Clinton, *Hard Choices*, pp. 146 – 9.

59. Woodward, *Obama's Wars*, pp. 315 – 16.

60. Malkasian, *The American War in Afghanistan*, p. 225.

61. Hastings, 'The Runaway General'.

62. Woodward, *Obama's Wars*, p. 373.

63. Subcommittee on National Security and Foreign Aff airs, Committee on Oversight and Government Reform, *Warlord, Inc.*

64. 러시아가 자국 영토를 관통하는 통로를 폐쇄하고 아프간 주둔 미군과 나토군의 숫자가 감 소함에 따라 NDN은 결국 2015년에 폐쇄되었다.

65. Degen and Reardon, *The United States Army in Afghanistan*, vol. II, p. 314.

66. 스티븐이라는 작가가 〈한 번에 한 부족씩(One Tribe at a Time)〉이라는 제목의 글을 발 행했다. 프레스필드 블로그에 게재된 후 인기 있는 대반란 관련 웹사이트인 'Small Wars Journal'에 링크되어 특수부대 커뮤니티에서 읽혔고, 맥크리스털 장군과 나의 관심을 끌었다. 이후 간트는 이 논문을 책으로 출판했다. Gant, *One Tribe at a Time*, copy located at https://www.globalsecurity.org/military/library/ report/2009/2009_one_ tribe_at_a_time.pdf.

67. Tyson, *American Spartan*, pp. 85 – 6; Robinson, *One Hundred Victories* pp. 24 – 5.

68. Tyson, *American Spartan*, p. 359. 타이슨은 코나르주에서 9개월 동안 간트의 팀에 비 공식적으로 합류하여 간트와 친밀한 관계를 맺었다. 2012년, 간트는 전투지역에서 타이슨 과의 관계, 외상후 스트레스 장애(PTSD) 치료를 위한 처방약과 알코올 남용 등 다양한 부 적절한 행위로 인해 지휘권을 박탈당했다. 간트는 미국으로 돌아온 후 은퇴했고 2013년 타이슨과 결혼했다. 우리는 아마도 수년 동안 그에게 너무 많은 것을 요구했던 것 같다. Thompson, 'The Fall of the Green Berets' *Lawrence of Afghanistan*'.

69. 아프간 원조 프로그램의 실패에 대한 가장 포괄적인 설명은 *What We Need to Learn*을 참조하라.

70. Boone, 'The fi nancial scandal that broke Afghanistan's Kabul Bank'.

71. Clinton, *Hard Choices*, pp. 150 – 61.

72. 같은 책, pp. 164–9.

73. Degen and Reardon, *The United States Army in Afghanistan*, vol. II, p. 312.

74. 빈 라덴은 얼굴에 총탄을 맞아 심각한 손상을 입어서 확인이 어려웠기 때문에 작전을 지휘했던 빌 맥레이븐 부사령관이 빈 라덴과 신장이 같은 네이비실 대원에게 시신 옆에 누우라고 명령하여 확인한 것이 그러한 검증 방법 중 하나였다. 치밀하게 계획된 작전에 줄자를 휴대하지 못했다는 점이 유일하게 간과된 세부 사항이다. 며칠 내에 DNA 분석으로 신원을 확인할 수 있었다.

75. 알카에다와의 전쟁과 빈 라덴 수색작전에 대한 자세한 내용은 Jones, *Hunting in the Shadows*; Bergen, *Manhunt*; and Panetta, *Worthy Fights*, ch. 13을 참고하라.
    빈 라덴 은신처 기습에 대한 가장 좋은 설명은 Mark Owen (pseudonym for Matt Bissonnette), *No Easy Day*이다.

76. 파키스탄 정부가 빈 라덴의 행방에 대해 무엇을 알고 있었는지에 대한 논의는 다음을 참고하라. Riedel, *Deadly Embrace*, preface: The Mystery of Abbottabad.

77. 달리 인용되지 않는 한, 아프간에서의 이 단계에서 참고한 자료는 다음과 같다. D e g e n and Reardon, *The United States Army in Afghanistan*, vol. II; Loyn, *The Long War*; Malkasian, *The American War in Afghanistan*; and Wright et al., *A Diff erent Kind of War*.

78. 카르자이는 결국 이 문서에 서명하지 않았고, 후임자인 '훨씬 더 냉정하고 책임감 있고 품위 있는 아슈라프 가니'가 문서에 서명했다. Rice, *Tough Love*, p. 392.

79. 전투에 대한 이야기는 다음을 참고하라. Robinson, *One Hundred Victories*, pp. 103–16.

80. Degen and Reardon, *The United States Army in Afghanistan*, vol. II, pp. 395–7. 대부분의 경우, 과도한 개인 재산과 군수 물자를 처분한 후에도 여전히 사용 가능한 장비가 남아 있었다. 2012년 3월 1일, 미 국방부는 미 수송사령부 대표들이 공동으로 운송 비용이 너무 많이 소요된다고 판단함에 따라, 운용 가능한 장비를 폐기할 수 있는 권한을 수송사령부에 부여했다. 다른 곳에서 필요하지 않거나 미국으로 다시 운송하는 데 드는 비용보다 가치가 낮은 운용 가능 차량(대부분의 품목이 후자의 범주에 속함)은 현지에서 폐기되었다. 이 설명의 각주에는 다음 내용이 추가되어 있다. "약 4000대의 차량이 전장에서 파괴되었는데, 여기에는 1000여 대의 다연장 로켓포가 포함되었다. 미군은 전 세계에 총 2만 5000대의 MRAP를 보유하고 있으며 1만 1000대가 아프간에 배치되었다.".

81. Degen and Reardon, *The United States Army in Afghanistan*, vol. II, p. 353.

82. Wilkins, 'The Rise and Fall of Village Stability Operations in Afghanistan: Lessons for Future Irregular Warfare Campaigns'; Altman, 'Why dissolving the Afghan Local police program troubles its American architects'.

83. Malkasian, *The American War in Afghanistan*, p. 457.

84. Filkins, 'Last Exit from Afghanistan'.

85. 아프간 국가의 급격한 붕괴에 대한 분석은 다음을 참조하라. the Special Inspector-General for Afghanistan Reconstruction, *Why the Afghan Government Collapsed*.

86. Gaouette et al., 'The last US military planes have left Afghanistan, marking the end of the United States' longest war'.

87. Washington Post Editorial Board, 'In Afghanistan, the Lights Go Out for Women'.

88. Clausewitz, *On War*, 1984 edn p. 88.

89. 이 기간 동안 한 지역이 어떻게 붕괴되었는지에 대한 훌륭한 분석은 다음을 참고하라. Malkasian, *War Comes to Garmser*, ch. 5 .

90. Sheehan, *A Bright Shining Lie*, p. 67.

91. 나는 사령관 시절 아프간군이 유지할 수 있는 소련/동구권 헬기를 미국이 제공한 블랙호크로 바꾸는 것에 반대했지만, 이후 '미국산 구매'라는 의회의 압력에 따라 결정이 내려졌다.

92. Tyson, *American Spartan*, pp. 210–11. 적어도 1명의 지역 역사가도 간트의 의견에 동의한다.

93. The White House, 'Continued U.S. Support for a peaceful, Stable Afghanistan', 25 June 2021, https://www.whitehouse.gov/briefing-room/statements-releases/2021/06/25/fact-sheet-continued-u-s-support-for-apeaceful-stable-afghanistan.

8장 이라크 전쟁

1. 사실 2003년 이라크에는 대량살상무기가 없었지만 후세인은 이란과 이스라엘의 침략을 억제하고 아랍 세계 내에서 이라크의 지위를 유지하기 위해 이러한 사실을 모호하게 유지하기를 원했다. 이런 이유로 그는 정권에 숨길 것이 없음에도 불구하고 부하들에게 사찰을 방해하라고 지시했다. 미국 정보 분석가들은 이러한 가능성을 전혀 생각하지 못했는데, 이는 탈냉전 시대에 상상력이 부족했음을 보여주는 또 다른 사례이다. Woods, *Iraqi Perspectives Project*, pp. 91–3을 참고하라.

2. 실제로 미국 주도의 연합군은 이라크 쿠르드족을 보호하기 위해 5년 동안 이라크 북부 상공에, 시아파 아랍인을 보호하기 위해 10년 동안 이라크 남부 상공에 비행금지구역을 설정했으며, 이를 북부감시작전과 남부감시작전으로 명명했다.

3. 이 기본 가정에 대한 자세한 내용은 MacDonald, *Overreach*를 참고하라.

4. 이 작전은 걸프전 이후 쿠르드족 학살을 막고 인도주의적 지원을 제공하기 위해 수행된 '프로바이드 컴포트 작전'으로 명명되었다. Rudd, *Humanitarian Intervention*을 보라.

5. 이라크 침공의 계획, 병력 증강, 실행에 관해 참고한 자료는 다음과 같다. Gordon and Trainor, *COBRA II*; Fontenot et al., *On Point*; and Rayburn and Sobchak (eds), *The U.S. Army in the Iraq War*, vol. I: *Invasion–Insurgency–Civil War*. Rumsfeld's views can be found in Rumsfeld, *Known and Unknown*.

6. 럼스펠드는 101공수사단(공중돌격)과 그 거대한 헬기단을 지원하기 위해 특별히 구성된 101군단지원단의 모든 요소의 배치를 처음에 승인하지 않아 작전 초기에 상당한—그리고 불필요한—문제를 야기했다. 지연된 자산 중에는 먼지 많은 환경에서 헬기 엔진을 세척하고, 다른 용도로 물을 공급하는 데 필요한 대형 유조선도 포함되어 있었다. 낙타 목동들이

사용하는 소형 물탱크를 빌려 상황을 해결하려고 했는데, 트럭 아래에 디스코 조명이 장착되어 있어, 차량이 북쪽으로 이동하기 전에 분리할 방법을 찾지 못했다. 그래서 여러 장갑 차량들과 부자연스럽게 뒤섞인 상황을 해결할 수 없었다.

7.   Mills, 'Punished for telling truth about Iraq war'.

8.   3월 19일 이른 아침, 바그다드 외곽의 도라 농장(Dora Farms)에 위치한 사담 후세인의 은신처를 겨냥해 F-117 스텔스 전투기와 토마호크 순항 미사일을 사용해 후세인을 사살하려는 시도가 이루어졌다. 공격은 목표물을 명중시켰지만 그는 그곳에 없었다.

9.   ORHA의 역사에 대해서는 Rudd, *Reconstructing Iraq*를 참고하라.

10. Woods, *Iraqi Perspectives Project* pp. 25-31.

11. 제3보병사단 제507정비중대 소속 호송대가 나시리야에서 매복에 걸려 11명의 병사가 사망하고 9명이 부상당했으며, 부상자 중 7명이 이라크군에 생포되었다. 이후 제시카 린치 일등병은 4월 1일 특수작전부대에 의해 이라크 병원에서 회복되었다.

12. Fontenot et al., *On Point*, pp. 179-92.

13. Dwyer, 'A Nation at War: In the Field -V Corps Commander'.

14. 오브젝트 피치의 다리는 북쪽과 남쪽에 경간(徑間)이 있었는데, 두 경간 모두 유프라테스강을 건너는 데 사용할 수 있었다. 이라크군의 폭격으로 북쪽 경간은 부분적으로 파괴되었지만, 미군은 3차선인 남쪽 경간을 사용하여 강 동쪽으로 건너갔다.

15. 미군이 통치에 개입한 역사에 대해서는 다음을 참고하라. Schadlow, *War and the Art of Governance*.

16. Fontenot et al., *On Point*, p. 301.

17. 폴 R. 스미스 일등상사는 공항 전투에서 자신의 부대 진지를 공격하는 이라크군 50명을 50구경 기관총으로 사살하고 동료 병사 3명의 목숨을 구한 공로로, 사후 명예훈장을 받았다.

18. Rayburn and Sobchak (eds), *The U.S. Army in the Iraq War*, vol. I, p. 101.

19. Atkinson, *In the Company of Soldiers*, p. 6.

20. Hess, 'Rumsfeld: Looting is transition to freedom'.

21. 공정하게 말하자면, 가너는 이라크 재건에 내재된 막대한 임무를 완수할 자원과 권한을 제공받은 적이 없었고, 이라크에 발을 딛자마자 교체되었다.

22. 브레머 대사는 이후 내가 니네베주에서 현지 화해절차를 진행하도록 허락했고, 이는 중요한 정부 관리와 공무원, 110명 이상의 종신 교수를 업무에 복귀시키는 데 큰 성공을 거두었다. 결국 2003년 니네베에서 1만 명이 훨씬 넘는 전 바트당원들과 화해했지만, 2004년 2월 내가 떠난 후 찰라비가 그 어떤 조치도 승인하지 않으면서 모술과 니네베에서의 성과는 치명적으로 훼손되었다.

23. Ricks, *Fiasco*, p. 159.

24. Bremer and McConnell, *My Year in Iraq*, pp. 53-8.

25. 부시 대통령은 돌이켜보면 이 두 가지 명령에 대한 철저한 검토를 주장했어야 한다고 생각했다. 그는 "어쨌든 시행을 결정했을지 모르지만, 그 이후의 논의가 우리를 더 잘 준비시킬 수 있었을 것"이라고 생각했다. Bush, *Decision Points*, p. 260. 더글러스 J. 페이스 국

방부 정책차관실에서 작성한 명령 초안은 NSC 수준 이하에서는 기관 간 검토가 거의 이루어지지 않았다.

26. 산체스의 CJTF-7 지휘관 시절에 대한 견해는 다음을 참고하라. Sanchez and Phillips, *Wiser in Battle*.

27. 공세 작전에서 대반란 작전으로의 전환을 위해 참고한 자료는 다음과 같다. Ricks, *Fiasco*; Wright and Reese, *On Point II*; Rayburn and Sobchak (eds), *The U.S. Army in the Iraq War*, vol. I. 이라크에 대한 관점은 Allawi, *The Occupation of Iraq*을 참고하라.

28. Rayburn and Sobchak (eds), *The U.S. Army in the Iraq War*, vol. I, p. 261.

29. 바그다드에서는 8개 기지 중 가장 큰 4개 기지(2003년 5월의 46개에서 감소)는 바그다드 국제공항 근처의 캠프 빅토리/리버티, 바그다드 남부의 팔콘, 바그다드 남동부의 루스타미야, 도시 북부의 캠프 타지였다.

30. 2004년 팔루자 전투에 대한 자세한 내용은 다음을 참고하라. West, *No True Glory*.

31. 이 전투 중 하나인 카르발라 전투에 대해서는 Mansoor, *Baghdad at Sunrise*, ch. 10을 참고하라. 만수르의 제1여단과 제1기갑사단의 다른 기동여단은 이 기간 동안의 활약으로 대통령 부대 표창을 받게 된다.

32. 일부 국가 부대는 영웅적으로 싸웠다. 엘살바도르 보병 대대는 나자프에서 백병전을 벌이며 자리를 지켰고, 일부 영국 부대는 위기에 대한 정치적 해결책을 모색하던 영국군 고위 지도자들이 사드르의 민병대에 대한 공격 명령을 자제하는 동안에도 JAM과 근접전을 벌이며 자랑스러운 군사 전통을 지켰다.

33. CPA의 단점에 대해서는 다음을 참고하라. Chandrasekaran, *Imperial Life in the Emerald City*; and Packer, *The Assassins' Gate*.

34. Maj. Gen. Anthony M. Taguba, Article 15-6 Investigation of the 800th Military Police Brigade, 27 May 2004, https://www.aclu.org/sites/default/fi les/torturefoia/released/TR3.pdf.

35. 2005년부터 2009년까지 유엔 사무총장 특별대표를 지냈고 라이언 크로커 대사와 나의 훌륭한 파트너였으며, 이후 아프가니스탄에서 유엔 임무를 이끌게 된 매우 유능한 스테판 드 미스투라가 이라크 전쟁에서 특히 중요한 역할을 수행한 후 다시 그와 함께 근무하게 된 것은 영광스러운 일이었다.

36. 도시 주변의 봉쇄에도 불구하고 테러리스트 자르카위와 몇몇 다른 반군 지도자들은 전투 전에 여장을 하고 도망칠 수 있었다고 한다.

37. 전투에 대한 자세한 내용은 West, *No True Glory*를 참고하라. 전투에 대한 한 병사의 기억은 David Bellavia, *House to House*를 참고하라. 벨라비아는 팔루자에서의 활약으로 2019년 명예훈장을 수여받았다. Rayburn and Sobchak (eds), *The U.S. Army in the Iraq War*, vol. I, p. 354.

38. 케이시 장군의 MNF-I 지휘관 시절에 대한 견해는 다음 자료를 참고했다. Casey, *Strategic Reflections*.

39. Kaplan, *The Insurgents*, pp. 178-80.

40. Rayburn and Sobchak (eds), *The U.S. Army in the Iraq War*, vol. I, p. 576.

2004년부터 2008년까지 이라크에서 벌어진 폭력 사태를 그래픽으로 표현한 그림은 8장의 부록 A를 참고하라.

41. Casey, *Strategic Reflections*, pp. 207–8.

42. 이 여단은 101공수사단의 대대, 해병대대, 네이비실의 대규모 파견대에 의해 더욱 강화되어 라마디를 장악하기 위해 상당한 전투력을 갖추게 되었다.

43. 라마디 전투에 관한 최고의 자료는 다음을 참고하라. Ramadi are Michaels, *A Chance in Hell*; and Doyle, *A Soldier's Dream*. 패트리퀸 대위는 2006년 12월 6일 급조폭발물(IED)의 폭발로 사망할 때까지 맥팔랜드와 현지 부족들 사이에서 중요한 대화 상대였다.

44. Rayburn and Sobchak (eds), *The U.S. Army in the Iraq War*, vol. I, pp. 611–12.

45. '병력 증파'에 참고한 자료는 다음과 같다. Mansoor, *Surge*; Ricks, *The Gamble*; Robinson, *Tell Me How This Ends*; West, *The Strongest Tribe*; Gordon and Trainor, *The Endgame*; Kagan, *The Surge*; and Rayburn and Sobchak (eds), *The U.S. Army in the Iraq War*, vol. II: *Surge and Withdrawal*.

46. Feaver, 'The Right to Be Right: Civil–Military Relations and the Iraq Surge'; Kagan, *Choosing Victory*. 등은 미군의 점진적 철수, 이라크 보안군의 훈련과 자문, 이란과 시리아 등 주변국들의 상이한 목표와 외부 행위자들이 주변부에만 영향을 미칠 수 있는 이라크 내전의 내부 원인을 고려할 때, 달성할 수 없는 분쟁에 대한 외교적 해결책을 요구했다.

47. Bush, *Decision Points*, p. 376.

48. Department of the Army, Field Manual 23-4, *Counterinsurgency*. 나는 2007년 2월 10일에 MNF-I의 지휘를 맡았다. 대반란 교리의 발전은 Crane, *Cassandra in Oz*을 참조하라.

49. The fi nal version of the COIN Guidance in Appendix B to this chapter.

50. Mansoor, *Surge* p. 78.

51. '병력 증파'에 대한 팰런 제독의 유보적 입장은 다음을 참고하라. Rayburn and Sobchak (eds), *The U.S. Army in the Iraq War*, vol. II, pp. 130–1; Mansoor, *Surge* pp. 178–9.

52. 이 문서들은 발견된 장소의 이름을 따서 '타지(Taji) 문서'라고 불렸다. Rayburn and Sobchak (eds), *The U.S. Army in the Iraq War*, vol. II, pp. 58–62.

53. 남북전쟁 당시 링컨 행정부가 연합군을 지휘하기 위해 사용한 아나콘다 계획과 혼동하지 말 것. 이라크 전쟁 아나콘다 계획의 그래픽 표현은 8장의 부록 C를 참조하라.

54. 유감스럽게도 말리키는 2011년 말 미군 철수 이후 이라크 장교단의 전문화를 방해하여 2014년 ISIS 무장세력과 대치했을 때 일부 이라크군 조직이 붕괴되는 결과를 초래했다.

55. 게이츠는 다음 자료에서 국방부 관료들과의 투쟁에 대해 자세히 설명한다. Gates, *Duty*, ch. 4.

56. 저격수 중에는 2012년 회고록과 2014년 영화 〈아메리칸 스나이퍼〉로 유명해진 네이비실 크리스 카일이 있었다.

57. 사드르 시티 전투에 투입된 자산에 대한 그래픽은 8장의 부록 D를 참조할 것.

58. 사드르 시티 전투에 대한 훌륭한 연구는 Johnson et al., *The 2008 Battle of Sadr City*를 참고하라.

59. 놀랍게도 크리스토퍼 힐 이라크 주재 미국 대사는 2008년 9월 퍼트레이어스 장군이 미 중부사령부로 자리를 옮긴 후 이라크에 복귀해 MNF-I 사령관이 된 오디어노 장군의 반대 에도 불구하고 오바마 대통령을 설득해 말리키의 연임을 지지하도록 했다. 그때까지 종파 적 자격이 입증된 말리키는 이란의 선택이기도 했다. 말리키가 자신의 동조자들로 구성한 이라크 대법원은 선거에서 가장 많은 의석을 얻은 후보가 아니라 총리가 되기 위해 필요한 하원에서 먼저 과반의 지지를 얻을 수 있는 후보가 정부를 구성한다고 판결했다.
이를 통해 말리키는 자신의 다와당이 다수당 의석을 차지하도록 계책을 부릴 수 있었다.

60. 말리키가 이라크에서 어떻게 승리를 패배로 바꿨는지에 대한 최고의 토론에 대해서는 다 음을 참조하라. Sky, *The Unravelling*.

61. 오바마 행정부는 말리키 총리가 SOFA에 대한 의회의 승인을 얻으려 하지 않는다는 이유 로 이라크에서 미군을 철수시켰다. 아이러니하게도 2017년 오바마 대통령이 퇴임할 당시 이라크에는 의회의 승인 없이 5000명 이상의 미군이 주둔하고 있다.

9장 푸틴과 우크라이나의 생존 전쟁

1. Clausewitz, *On War*, 1873 edn p. 99.
2. Chinkin and Kaldor, *New Wars*, pp. 5-6.
3. Freedman, *Future of War*, p. 281.
4. Chinkin and Kaldor, *New Wars*, p. 16.
5. 'America's New Sanctions Strategy: How the U.S. Can Stop the Russian War Machine and Strengthen the International Economic Order' (foreignaffairs.com).
6. Allen et al., *Future War and the Defence of Europe*, p. 132.
7. Opinion | 'Ukraine's counteroffensive is more than just bravado'–*The Washington Post*.
8. Private information, and Galeotti, *The Weaponisation of Everything*, p. 41.
9. 'Preliminary Lessons in Conventional Warfighting from Russia's Invasion of Ukraine: February–July 2022' | Royal United Services Institute (rusi.org).
10. *Times Literary Supplement*, 17 February 2023 p. 8.
11. Hanson, 'Uses and Abuses of Military History' p. 10.
12. Howard, *War in European History*, p. 136.
13. Timothy Snyder: 'Ukraine Holds the Future' (foreignaffairs.com).
14. Ukraine invasion: 'West predicted Russia's advance every step of the way'|*The Times*.
15. Derix and Shelkunova, *Zelensky*, p. 178.
16. Kotkin, 'Freedom at Stake: How Did Russia and the West Fall Out?' p. 3.
17. Derix and Shelkunova, *Zelensky*, p. 180.
18. 같은 책.
19. https://www.wired.com/story/notpetya-cyberattack-ukraine-russia-codecrashed-the-world; and Allen et al., *Future War and the Defence of Europe*, p. 27.

20. Watling and Reynolds, 'Operation Z' p. 2.

21. https://www.thetimes.co.uk/article/ukraine-calls-up-200-000-reservetroops-for-war-6f8bdqnfr.

22. 'Deep underground, Ukrainian hackers take aim at the Kremlin' | News | *The Times*.

23. https://www.thetimes.co.uk/article/ukraine-calls-up-200-000-reservetroops-for-war-6f8bdqnfr.

24. Watling and Reynolds, 'Operation Z' p. 1.

25. 'Vladimir Putin's mad dash for Kyiv shown in leaked Ukraine battle plan' | World | *The Times*.

26. Interview with Dr Condoleeza Rice, 4 August 2022; and 'Vladimir Putin's mad dash for Kyiv shown in leaked Ukraine battle plan' | World |*The Times*.

27. https://www.latimes.com/world-nation/story/2022-04-10/batteredukraine-air-fi eld-was-key-to-russian-plan-to-take-the-capital-the-airportfell-but-resistance-continued.

28. Derix and Shelkunova, *Zelensky*, p. 183.

29. *The Times*, 25 February 2023.

30. Derix and Shelkunova, *Zelensky*, pp. 9–10.

31. Zelensky, *A Message from Ukraine*, pp. 51–2.

32. 'President Zelensky of Ukraine vows to fi ght Russia in every square' | *The Times*.

33. Derix and Shelkunova, *Zelensky*, p. 182.

34. Adam Tooze in 'John Mearsheimer and the dark origins of realism'–*New Statesman*.

35. Gideon Rachman in 'Russia learns a hard lesson about the folly of war' | *Financial Times* (ft .com).

36. Matthews, 'The red line: Biden and Xi's secret Ukraine talks revealed', p. 13.

37. https://www.foreignaff airs.com/articles/ukraine/2022-04-29/how-notinvade-nation?utm_campaign=wp_todays_worldview&utm_medium=email&utm_source=newsletter&wpisrc=nl_todayworld.

38. 'Over 1,000 Companies Have Curtailed Operations in Russia – But Some Remain' | Yale School of Management.

39. 'Russia's war has forced brands to pick a side' | Comment | *The Times*.

40. https://berlinpolicyjournal.com/the-gerasimov-doctrine.

41. Watling and Reynolds, 'Operation Z', p. 4.

42. 'Lessons for the Next War From Russia's Invasion of Ukraine: 12 Experts Weigh In' (foreignpolicy.com).

43. 같은 책.

44. *Spectator*, 16 April 2022.

45. https://www.thetimes.co.uk/article/ukrainian-resistance-armed-withapp-outwit-russian-invaders-ks9mkf98q?shareToken=68a68cfea4eccbe13b66fa3564fea06d.

46. 'Gen. David Petraeus: How the war in Ukraine will end' | How smart Technology changing lives (voonze.com).

47. Gen. Petraeus quoted in Jonathan Tepperman in *The Octavian Report*, 23 March 2022.

48. Derix and Shelkunova, *Zelensky*, p. 13.

49. 같은 책, p. 14.

50. *Spectator*, 29 October 2022 p. 38.

51. 'Elon Musk uses Starlink satellites to provide internet coverage in Ukraine' | News | *The Times*.

52. POLITICO Dispatch: 'How Elon Musk's Starlink changed the war in Ukraine' on Apple podcasts.

53. 'Don't let tech companies call the shots in war' | Comment | *The Times*.

54. 'Snake Island commander reveals what really happened aft er Russian flagship was told "go f— yourself"' (telegraph.co.uk).

55. 'Ukraine's fi erce resistance slows Russia as missiles hit Kyiv' | News | *The Times*.

56. https://www.thetimes.co.uk/article/ukrainian-forces-repel-russians-inbattle-for-kharkiv-twvgw637j.

57. https://www.thetimes.co.uk/article/allies-expel-russia-from-swift-banking-system-jq6ldk2xq.

58. 같은 책.

59. https://www.thetimes.co.uk/article/invader-is-accused-of-targetingcivilians-in-kharkiv-onslaught-0chcrgfgw.

60. 'Boris Johnson condemns "barbari" strikes on Ukraine' | News | *The Times*.

61. https://www.thetimes.co.uk/article/what-can-the-head-of-theinternational-criminal-court-achieve-over-ukraine-smn32tjkl.

62. Derix and Shelkunova, *Zelensky*, pp. 187–8.

63. 'Putin "hid Ukraine invasion plan from cabinet, who are now too scared to resign"' | News | *The Times*.

64. https://www.reuters.com/business/energy/russia-replaces-iraq-top-oilsupplier-india-nov-2022-12-14/#:~:text=India's%20oil%20imports%20from%20Russia,from%20October%2C%20the%20data%20showed.

65. Mark Helprin in *Claremont Review of Books*, Spring 2022 p. 12.

66. 개인 정보.

67. https://apple.news/AQ-yzMjQhRZ2Pf1VmNul-Ng.

68. https://unherd.com/thepost/the-russian-armys-number-one-problemhazing.

69. 'Underdog Ukrainian pilots fi ght high-tech Russian adversaries with skill' | News

| *The Times.*

70. Helprin in *Claremont Review of Books*, Spring 2022 p. 12.

71. 'Lack of air superiority baffl es experts' | News | *The Times.*

72. 'Underdog Ukrainian pilots fi ght high-tech Russian adversaries with skill' | News | *The Times.*

73. https://www.thetimes.co.uk/article/fi ghting-for-the-skies-on-a-wing-and-aprayer-5lb5hxg80?shareToken=7e081e184b6bd9586dbf4b4122e96ea1.

74. https://www.army-technology.com/comment/air-superiority-in-ukraine.

75. 'Fighting for the skies on a wing and a prayer' | News | *The Times.*

76. https://www.thetimes.co.uk/article/no-fl y-zone-in-ukraine-would-favourthe-russians-says-defence-secertary-ben-wallace-hxtzjcxl2 and https://www.thetimes.co.uk/article/what-is-a-no-fl y-zone-and-what-could-itmean-for-nato-srdsfl 8md.

77. https://www.thetimes.co.uk/article/game-changing-drones-helpingukraine-in-battle-for-the-skies-lg68l8xjw.

78. https://www.washingtonpost.com/world/2022/12/02/drones-russiaukraine-air-war.

79. 'How Ukraine is using drones and AI to fi ght the fi rst digital war' | World | *The Times.*

80. https://www.thetimes.co.uk/article/up-to-15-000-russian-troops-inconvoy-approaching-kyiv-tmp5cqc9v.

81. https://www.thetimes.co.uk/article/ukraine-invasion-russia-war-latestlnws2h2rf.

82. 'Russian military convoy "has made little progress for three days"' | News | *The Times.*

83. Helprin in *Claremont Review of Books*, Spring 2022 p. 12.

84. 'Ukraine's resistance has been emboldened by Russian failures from the start' | News | *The Times.*

85. 'Why has the Russian advance slowed?' | News | *The Times.*

86. Clausewitz, *On War*, 1873 edn p. 91.

87. 'Why has the Russian advance slowed?' | News | *The Times.*

88. 같은 책.

89. 'A day without dead Russians isn't a complete day' | World | *The Times.*

90. 'Vladimir putin vows total victory in Ukraine '| News | *The Times.*

91. https://www.thetimes.co.uk/article/ukraine-scuttles-its-fl agship-frigateas-the-russians-close-in-wtd07bbqp.

92. https://www.thetimes.co.uk/article/russian-commanders-die-as-armyfalters-gjzq0f2jr.

93. https://www.thetimes.co.uk/article/fourth-russian-general-killed-claimsukraine-

fk fs7pwnb, Why are so many Russian generals dying?–The post (unherd.com).

94. 'US military learning from Russian troops using cell phones in Ukraine' (taskandpurpose.com).

95. https://unherd.com/thepost/why-are-so-many-russian-generals-dying.

96. 'Putin's conscripts won't fi x the Russian army's big fl aw' | The Spectator.

97. 'Ukraine issues iodine pills as Russia shells Zaporizhzhya nuclear plant again' | World | The Times.

98. https://www.thetimes.co.uk/article/putin-blackmailing-world-withthreat-of-a-nuclear-catastrophe-qn3fwftbh.

99. https://www.thetimes.co.uk/article/ukraine-invasion-latest-krcwx07p5.

100. 'Russia "using banned landmines" in northeastern Ukraine' | News | The Times.

101. https://www.thetimes.co.uk/article/russia-admits-fi ring-thermobaricvacuum-weapons-in-ukraine-g6sl78zcb.

102. https://www.thetimes.co.uk/article/russia-is-accused-of-returning-tomedieval-warfare-with-siege-tactics-pmsctpw9h.

103. https://www.thetimes.co.uk/article/russia-accused-bombing-refugeeroute-mariupol-9n0xpcmjg.

104. 'Merciless Vladimir Putin shells Ukrainian evacuees' | News | The Sunday Times (thetimes.co.uk).

105. 'Russia is accused of returning to medieval warfare with siege tactics' | News | The Times.

106. Jonathan Tepperman in The Octavian Report, 23 March 2022에 인용된 페트라에우스 장군의 발언이다.

107. https://www.thetimes.co.uk/article/putins-army-leaderless-say-usdefence-offi cials-pgrx5mntc.

108. https://www.thetimes.co.uk/article/we-will-not-give-up-on-ukraine-Zelensky-says-in-address-to-parliament-lqwdnrkv8.

109. https://www.thetimes.co.uk/article/ukraine-to-receive-nato-fighter-jets-8fj5fh999.

110. 같은 책.

111. Matthews, 'The red line: Biden and Xi's secret Ukraine talks revealed', p. 13.

112. https://www.thetimes.co.uk/article/britain-may-send-starstreak-antiaircraft-weapons-to-ukraine-9kndz9pqf.

113. https://www.thetimes.co.uk/article/meet-the-ghost-of-kyiv-coming-forrussias-soul-0s9gn9t89.

114. https://www.thetimes.co.uk/article/ukraine-trench-warfare-russia-fcz95j7kl?share Token=7e10e5227a98b468f4d0e01e0df5148f.

115. Freedman, Ukraine and the Art of Strategy, p. 164.

116. https://www.thetimes.co.uk/article/call-centre-welcomes-foreign-legiond03lf0wwb.

117. https://www.thetimes.co.uk/article/secret-war-being-waged-againstrussia-by-eyes-in-the-sky-3q562d85q.

118. https://www.amnesty.org/en/latest/news/2022/06/ukraine-deadlymariupol-theatre-strike-a-clear-war-crime-by-russian-forces-newinvestigation.

119. https://www.thetimes.co.uk/article/russian-atrocities-in-borodyankamuch-worse-than-bucha-warns-Zelensky-tfmljqp9d?shareToken=3005e0d924bd2e56d8067bb03a84ee09.

120. 'Civilians taken into Russia and stripped of ID, says Ukraine' | News | *The Times*.

121. Jonathan Tepperman in *The Octavian Report*, 23 March 2022에 인용된 퍼트레이어스 장군의 발언이다.

122. 같은 책.

123. https://unherd.com/thepost/the-russian-armys-number-one-problemhazing.

124. https://www.thetimes.co.uk/article/ukraine-invasion-going-worse-thanchechnya-offi cer-tells-moscow-t8tzd2tw5.

125. https://www.thetimes.co.uk/article/russian-commander-run-over-bytank-deliberately-killed-by-own-troops-ncdw9fmr9.

126. https://www.thetimes.co.uk/article/russian-soldier-gives-up-tank-forcitizenship-and-7-500-gqpbrhr2w.

127. 'Ukrainians watch astonished at Groundhog Day blunders' | News | *The Sunday Times* (thetimes.co.uk).

128. https://www.thetimes.co.uk/article/war-in-ukraine-town-of-buchashattered-by-russian-invaders-atrocities-bqgj58pdg and https://www.ohchr.org/en/statements/2022/09/update-chair-independentinternational-commission-inquiry-ukraine-51st-session.

129. Derix and Shelkunova, *Zelensky* p. 189.

130. 'Eyes in the sky search for mass graves in Ukraine' | News | *The Times*.

131. https://www.independent.co.uk/news/world/europe/ukraine-war-crimesborodyanka-bucha-hostomel-makariv-b2054530.html?amp.

132. https://www.thetimes.co.uk/article/maxar-satellites-boss-we-could-seeinvasion-of-ukraine-coming-cvw2x8gc5?shareToken=a7655295689bab1f26d855b07aa4e5b9.

133. Watling and Reynolds, 'Operation Z' p. 8.

134. 'Ukraine using Clearview AI facial recognition to identify Russian war dead'–*The Washington Post*.

135. 400. Russia-Ukraine Conflict: Sign post to the Future (Part 1) | Mad Scientist Laboratory (army.mil).

136. 'The Times view on the destruction of Russia's Black Sea fl agship: Sink the Moskva' | Comment | The Times.

137. https://www.thetimes.co.uk/article/even-a-relic-of-the-true-crosscouldnt-keep-the-12-500-ton-moskva-afl oat-xr6v05rj6?shareToken=3e59d2450945f21ae7a7d08299defc4b.

138. 'What should the US Navy learn from Moskva's demise?'–Breaking Defense.

139. Spectator, 16 April 2022.

140. Watling and Reynolds, 'Operation Z' p. 10.

141. 같은 책, p. 11.

142. 같은 책, pp. 13–14.

143. https://www.thetimes.co.uk/article/russia-suspected-of-buying-eufridges-to-strip-for-weapon-parts-p73sdtngc?shareToken=1a4369c70d7adda86abb3af63db9b988.

144. 'American Defense priorities Aft er Ukraine'–War on the Rocks.

145. General Sir Richard Barrons in the Economist, 9 February 2023.

146. https://www.theguardian.com/commentisfree/2022/may/04/us-lendlease-act-ukraine-1941-second-world-war & U.S. Sends Ukraine $400 Million in Military Equipment 〉U.S. Department of Defense 〉Defense Department News.

147. 'The West is struggling to forge a new arsenal of democracy' | The Economist.

148. Pancevski, 'Europe Is Rushing Arms to Ukraine, But Running Out of Ammo'.

149. Letter to MPs and peers from James Cleverly, 17 February 2023, and 'Tanks will help Kyiv break the deadlock. But its partners now face a fork in the road' | Ukraine | The Guardian.

150. Hansard, House of Lords, 21 December 2022 col. 1194.

151. 'Britain to boost Ukraine's defences with laser-guided missile system' | News | The Times.

152. 'Uber-style technology helped Ukraine to destroy Russian battalion' | News | The Times.

153. 'Escalators and Quagmires'–by Lawrence Freedman (substack.com).

154. Matthews, 'The red line: Biden and Xi's secret Ukraine talks revealed', p. 13.

155. https://apple.news/A8k9bXo-yTEmdRIoV9c8xyQ and https://www.thetimes.co.uk/article/russia-will-formally-annex-four-occupied-regionsof-ukraine-nk7ftn8mx?shareToken=cbaf784a2b925ea178980dd034439db9.

156. Lawrence Freedman 'Gradually, then suddenly', Comment is Freed.

157. Niall Ferguson, 'Ukraine's path to Victory', Bloomberg, 13 September 2022.

158. Putin speech: 'Russia announces immediate "partial mobilization" of citizens for its off ensive in Ukraine' | CNN.

159. 'Ukraine accuses Russia of blackmail with plan to halt gas to Poland' | Reuters.

160. Paret (ed.), *Makers of Modern Strategy*, p. 811.

161. Hansard, House of Lords, 21 December 2022 col. 1193.

162. https://apple.news/ArY_77BRUROGXzMTn2DhGJA.

163. 'Ukraine's cultural gems looted by Russia' | World | *The Times*.

164. *Times Literary Supplement*, 2 December 2022 p. 16.

165. https://www.theguardian.com/world/live/2023/mar/11/russia-ukrainewar-live-bakhmut-fi ghting-escalates-as-moscows-forces-try-to-breakthrough-ukrainian-defences.

166. 'How many Russians have been killed in Ukraine?' | *The Economist*.

167. 'Ukraine holds on, praying that new western kit will break the deadlock' (thetimes.co.uk).

168. 'Ukraine's war secret: how many of their troops have died?' | News | *The Sunday Times* (thetimes.co.uk).

169. 'How many Russians have been killed in Ukraine?' | *The Economist*.

170. https://www.theguardian.com/world/live/2023/mar/11/russia-ukrainewar-live-bakhmut-fi ghting-escalates-as-moscows-forces-try-to-breakthrough-ukrainian-defences.

171. https://www.washingtonpost.com/national-security/2022/04/11/putinmisjudged-ukraine-hubris-isolation.

172. Gen. David Petraeus: 'How the war in Ukraine will end' | How smart Technology changing lives (voonze.com).

173. 같은 책.

174. Russian Off ensive Campaign Assessment, January 15, 2023 | Institute for the Study of War (understandingwar.org).

175. Chotiner, 'Is the Russian Military a Paper Tiger?'.

176. In Ukraine, a war of incremental gains after counteroffensive stalls – *The Washington Post*.

177. https://www.thetimes.co.uk/article/6a01aefc-750b-11ee-9112-e87c82399f65.

178. Ukraine's commander-in-chief on the breakthrough he needs to beat Russia (economist.com) and *Claremont Review of Books*, fall 2023, p. 52.

179. Zelensky: Counteroffensive did not achieve 'desired results' (thetimes.co.uk).

180. Russia Is Rebuilding Its Military in Anticipation of Possible Future NATO War (foreignpolicy.com).

181. Attempts to defeat us have been shattered, boasts Putin (thetimes.co.uk).

182. Russia is ready for nuclear war over Ukraine, says Putin (thetimes.co.uk).

183. Russia is ready for nuclear war over Ukraine, says Putin (thetimes.co.uk).

184. How many Russian soldiers have died in Ukraine? (economist.com).

185. https://www.thetimes.co.uk/article/cf2da000-a183-4aef-995b-bad856af3ca1?share

Token=e263e00722910d1d5e84a52ab062db09

186. Russia 'turns off prison heating' to make inmates fight in Ukraine (thetimes.co.uk).

187. Ukraine army wants to mobilise half a million more (thetimes.co.uk).

188. https://www.thetimes.co.uk/article/ab96feba-01a6-41ba-aced-31a8b01c51dd?shar
eToken=8158c37a8611a7072aac678562360e51.

189. Russians plant flag in Avdiivka as city set to be first to fall in almost a year (telegraph.
co.uk); Ukraine must find a way to win on another front: the industrial war
(thetimes.co.uk).

190. Russia-Ukraine war anniversary: what could victory look like two years on?
(thetimes.co.uk).

191. Inside Ukraine's plan to outsmart Russia with army of robots (thetimes.co.uk).

192. Inside Ukraine's plan to outsmart Russia with army of robots (thetimes.co.uk).

193. Drone operator rescues Ukrainian soldier in enemy captivity (defenceblog.com).

194. Drones Reduce US Military Capabilities | Hoover Institution Drones Reduce US
Military Capabilities.

195. Drones Reduce US Military Capabilities | Hoover Institution Drones Reduce US
Military Capabilities.

196. Raging Putin 'sends top brass to front' after warship humiliation (thetimes.co.uk).

197. Ukraine drone commander: 'My dream is to wipe out Russia's entire fleet'
(thetimes.co.uk).

198. Caesar Kunikov: Ukraine says it has sunk another warship, disabling a third of
Russia's Black Sea Fleet | CNN.

199. Ukraine must find a way to win on another front: the industrial war (thetimes.
co.uk).

200. Ukraine 'destroys £300m Russian A-50 spy plane' (thetimes.co.uk).

201. https://www.politico.eu/article/russia-fuel-export-terminal-haltsoperations-
aft er-suspected-kyiv-drone-attack/#:~:text=The%20Ust%2DLuga%20
complex%2C%20located,an%20unidentifi ed%20official%20in%20Kyiv.

202. Owen Matthews in *The Spectator*, 27 January 2024.

203. The Spy War: How the C.I.A. Secretly Helps Ukraine Fight Putin-*The New York
Times* (nytimes.com).

204. Ukraine cannot win without a bigger army (thetimes.co.uk).

205. David Petraeus, *Where Will the War Go From Here? It Depends*, ForeignPolicy.com,
19 February 2024.

206. 'When Putin coughs, Scholz flees': Inside the EU's Ukraine divide (thetimes.co.uk).

207. Opinion: Who is winning? Gen. Petraeus on Ukraine war, two years in | CNN.

208. David Petraeus, *Where Will the War Go From Here? It Depends*, ForeignPolicy.com,
19 February 2024.

209. Nato chief: Ukrainians are short on ammunition, not courage (thetimes.co.uk).

210. https://www.nytimes.com/2024/04/05/world/europe/ukraineammunition-shells-russia.html?nl=todaysheadlines&emc=edit_th_20240405.

211. Simon Shuster, *The Showman* (2024) *passim*.

212. Ukraine's army chief: The design of war has changed | CNN.

213. https://infographics.economist.com/2023/ExternalContent/ZALUZHNYI_FULL_VERSION.pdf.

214. Ukraine cannot win without a bigger army (thetimes.co.uk) and Nato chief: Ukrainians are short on ammunition, not courage (thetimes.co.uk).

215. Volodymyr Zelensky's Struggle to Keep Ukraine in the Fight | TIME.

216. Zelensky: Counteroffensive did not achieve 'desired results' (thetimes.co.uk).

217. Ukraine's Drone Mother unleashes her deadly weapons into battle (thetimes.co.uk).

218. Inside Ukraine's plan to outsmart Russia with army of robots (thetimes.co.uk).

219. Owen Matthews in *The Spectator*, 27 January 2024.

220. Owen Matthews in *The Spectator*, 27 January 2024.

221. Eric Schmidt: Ukraine Is Losing the Drone War (foreignaffairs.com); Russia's Adaptation Advantage: Early in the War, Moscow Struggled to Shift Gears–but Now It's Outlearning Kyiv (foreignaffairs.com).

222. Russia's Adaptation Advantage: Early in the War, Moscow Struggled to Shift Gears –but Now It's Outlearning Kyiv (foreignaffairs.com).

223. Ukraine must find a way to win on another front: the industrial war (thetimes.co.uk).

224. Russia's Adaptation Advantage: Early in the War, Moscow Struggled to Shift Gears –but Now It's Outlearning Kyiv (foreignaffairs.com).

225. Russia's Adaptation Advantage: Early in the War, Moscow Struggled to Shift Gears –but Now It's Outlearning Kyiv (foreignaffairs.com).

226. Russia's Adaptation Advantage: Early in the War, Moscow Struggled to Shift Gears –but Now It's Outlearning Kyiv (foreignaffairs.com).

227. Russia's Adaptation Advantage: Early in the War, Moscow Struggled to Shift Gears –but Now It's Outlearning Kyiv (foreignaffairs.com).

228. Russia's Adaptation Advantage: Early in the War, Moscow Struggled to Shift Gears – but Now It's Outlearning Kyiv (foreignaffairs.com).

229. https://foreignpolicy.com/2024/03/14/russia-military-war-nato-estoniaintelligence/?utm_source=Sailthru&utm_medium=email&utm_campaign=Editors%20Picks%2003142024&utm_term=editors_picks.

230. Lawrence Freedman, *Times Literary Supplement*, 23 February 2024.

231. Transferring frozen Russian reserves to Ukraine is elegant justice (ft.com).

232. Russia-Ukraine war anniversary: what could victory look like two years on? (thetimes.co.uk).

10장 이스라엘과 가자지구

1. IDF monthly journal *Skira Hodsheet*, August 1955.
2. Hamas's attack was an Israeli intelligence failure on multiple fronts (economist.com).
3. Mapping the Massacres (oct7map.com).
4. 'We knew what would happen': how Hamas attacked on October 7 (thetimes.co.uk).
5. *Washington Post*, 28 October 2023.
6. *Washington Post*, 28 October 2023.
7. Hamas plans show it meant to strike deep inside Israel (thetimes.co.uk).
8. *Washington Post*, 28 October 2023.
9. *Washington Post*, 28 October 2023.
10. https://www.cnn.com/2023/10/24/politics/intelligence-hamas-israelattack-tunnels-phone-lines/index.html#.
11. https://unherd.com/2023/10/i-watched-hamas-unleash-hell/.
12. Israel uses Hamas bodycam footage to get world on side (thetimes.co.uk).
13. Hamas plans show it meant to strike deep inside Israel (thetimes.co.uk).
14. Peggy Noonon in *The Wall Street Journal*, 28 October 2023.
15. *The Critic*, December 2023 p. 32.
16. *Wall Street Journal*, 21 October 2023.
17. Mapping the Massacres (oct7map.com).
18. Petraeus: 'This is Israel's 9/11-it has no choice but to destroy Hamas' (thetimes.co.uk).
19. South Africa's case against Israel is a dangerous stunt (thetimes.co.uk).
20. Hamas committed 'unspeakably violent' rape and torture, UN believes (thetimes.co.uk).
21. Hamas committed 'unspeakably violent' rape and torture, UN believes (thetimes.co.uk).
22. UN security council passes resolution calling for Gaza ceasefire (thetimes.co.uk).
23. Why Israel Is Winning in Gaza -*Tablet Magazine*.
24. Divided Israel is united over the war in Gaza (thetimes.co.uk).
25. *Wall Street Journal*, 21 October 2023.
26. https://www.rand.org/pubs/research_briefs/RB9975.html.
27. Israel's Strategic Crisis -by Lawrence Freedman (substack.com).
28. Millions race to border crossing desperate to escape Gaza bloodshed (thetimes.

co.uk).

29. Israel Has Created a New Standard for Urban Warfare. Why Will No One Admit It? | Opinion (newsweek.com).

30. Opinion: Israel's military actions in Gaza match what the US did to ISIS. Urban warfare is hell, but not illegal | CNN.

31. Israel Has Created a New Standard for Urban Warfare. Why Will No One Admit It? | Opinion (newsweek.com).

32. https://www.cbsnews.com/news/israel-hamas-war-gaza-evacuation-mapidf-resumes-airstrikes/.

33. Israel Has Created a New Standard for Urban Warfare. Why Will No One Admit It? | Opinion (newsweek.com).

34. Inside the Hamas tunnel network–where the war may be decided (thetimes.co.uk).

35. *New York Times*, 29 October 2023.

36. US and Israel bomb Iran-linked targets in Syria (thetimes.co.uk).

37. Israel takes 'measured, powerful steps' against Hamas and towards Gaza City (thetimes.co.uk).

38. Israeli troops 'have surrounded Gaza City'–as it happened (thetimes.co.uk)

39. *New York Times*, 29 October 2023.

40. Inside the tunnels of terror: David Patrikarakos' chilling portrait of the booby-trapped nightmare that awaits Israeli soldiers as they prepare to storm Hamas in a subterranean labyrinth longer than the London Underground | Daily Mail Online.

41. Inside the Hamas tunnel network–where the war may be decided (thetimes.co.uk).

42. *Wall Street Journal*, 21 October 2023.

43. David Brooks, *New York Times* 24 March 2024.

44. *New York Times*, 29 October 2023.

45. Why Israel Is Winning in Gaza–*Tablet Magazine*.

46. *New York Times*, 29 October 2023.

47. Inside the Hamas tunnel network–where the war may be decided (thetimes.co.uk).

48. Can Israel destroy Hamas's tunnels in Gaza? (thetimes.co.uk).

49. *Foreign Policy*, 6 January 2024.

50. With Iraq on his mind, US 'savior-general' points at a way to victory in Gaza, *The Times of Israel*.

51. No hostage should be left behind, Israeli families say (thetimes.co.uk).

52. The two-month battle for Khan Yunis, the 'safe' city sheltering Hamas (thetimes.co.uk).

53. *Wall Street Journal*, 21 October 2023.

54. Why Israel Is Winning in Gaza – *Tablet Magazine*.

55. Why Israel Is Winning in Gaza – *Tablet Magazine*.

56. This could be the devastating proof that Hamas is faking its death figures (telegraph.co.uk).

57. This could be the devastating proof that Hamas is faking its death figures (telegraph.co.uk).

58. Gaza Fatality Data Has Become Completely Unreliable, The Washington Institute; and Why Israel Is Winning in Gaza, *Tablet Magazine*.

59. Israel–Gaza war: social media hosts war of fake news and AI images (thetimes.co.uk).

60. Israel–Gaza war: social media hosts war of fake news and AI images (thetimes.co.uk).

61. Can we trust Hamas's death toll figures? The propaganda war analysed (thetimes.co.uk).

62. https://www.thetimes.co.uk/article/86f887a0-800b-11ee-b9d0-e8a26be5c441.

63. Israel bombed ambulance 'carrying Hamas fighters' – Gaza war as it happened (thetimes.co.uk).

64. TikTok content 'linked to hate crimes' amid surge in anti-Israel videos (thetimes.co.uk).

65. Israel's military campaign in Gaza is among the most destructive in history, experts say, PBS NewsHour; and Israeli military campaign in Gaza among deadliest in history, experts say, AP News.

66. https://www.washingtonpost.com/investigations/interactive/2023/israel-war-destruction-gaza-record-pace/.

67. Gideon Rachman in *Financial Times*, 25 March 2024.

68. France24.com 23 November 2021.

69. https://www.aljazeera.com/news/2021/6/24/northeast-nigeria-confl ictkilled-more-than-300000-children-un.

70. Gideon Rachman in *Financial Times*, 25 March 2024.

71. Opinion: Israel's military actions in Gaza match what the US did to ISIS. Urban warfare is hell, but not illegal, CNN.

72. Why Israel Is Winning in Gaza – *Tablet Magazine*.

73. South Africa's case against Israel is a dangerous stunt (thetimes.co.uk).

74. Opinion: Israel's military actions in Gaza match what the US did to ISIS. Urban warfare is hell, but not illegal, CNN.

75. Opinion: Israel's military actions in Gaza match what the US did to ISIS. Urban warfare is hell, but not illegal, CNN.

76. How Israel's 'super-accurate' Spike missiles may have killed British aid workers in Gaza (thetimes.co.uk).

77. The truth about Israel's 'friendly fire', *The Spectator*.

78. 1 Samuel v.18.

79. https://www.nytimes.com/2023/10/16/us/politics/israel-hezbollah-usgaza-hamas.html.

80. Rebel group in Yemen launches missile strikes on Israel (thetimes.co.uk).

81. Red Sea attacks: US spends big shooting down Houthi drones (thetimes.co.uk).

82. US and Israel bomb Iran-linked targets in Syria (thetimes.co.uk).

83. Hamas committed 'unspeakably violent' rape and torture, UN believes (thetimes.co.uk).

84. Israel-Hamas war: tanks advance as Gazans flee further south (thetimes.co.uk).

85. Israel accused of 'revenge' demolition of hundreds of Gaza homes (thetimes.co.uk).

86. Comparing Gaza with Mosul –*The Jerusalem Strategic Tribune* (jstribune.com).

87. Ophir Falk, Israel will defeat Hamas in Rafah, *Wall Street Journal*, 14 March 2024.

88. With Iraq on his mind, US 'savior-general' points at a way to victory in Gaza | *The Times of Israel*.

89. Children eat rotten food, adults hunt cats: famine is coming for Gaza (thetimes.co.uk).

90. How Israel's war planners got it wrong on Gaza aid (thetimes.co.uk).

91. Ophir Falk, Israel will defeat Hamas in Rafah, *Wall Street Journal*, 14 March 2024.

92. Was Israel's defence against Iranian barrage a success? Think again (thetimes.co.uk).

93. The lesson of Israel-Iran attacks? There's no disgrace in saving face (thetimes.co.uk).

94. Why did Israel attack Iran and what happens next? (thetimes.co.uk).

11장 미래의 전쟁

1. 'One Year In: What Are the Lessons from Ukraine for the Future of War?' (newamerica.org).

2. MacMillan, *War*, p. 284.

3. 같은 책, p. 285.

4. 같은 책, p. 287.

5. Galeotti, *Weaponisation of Everything*, p. 5.

6. 같은 책.

7. https://www.statista.com/statistics/272698/global-market-share-heldby-mobile-operating-systems-since-2009.

8.   Allen et al., *Future War and the Defence of Europe*, p. 27.

9.   같은 책, p. 23.

10. Lee et al., *The Other Face of Battle*, p. 205.

11. Hoff man and Mattis, 'Future Warfare: The Rise of Hybrid Wars'.

12. Freedman, *The Future of War*, p. 223.

13. 같은 책.

14. https://foreignpolicy.com/2018/03/05/im-sorry-for-creating-thegerasimov-doctrine.

15. https://berlinpolicyjournal.com/the-gerasimov-doctrine.

16. https://thecritic.co.uk/issues/may-2022/the-moral-blindness-of-putinsgenerals.

17. Kostiner, *Conflict and Cooperation in the Gulf Region*, p. 175.

18. 같은 책.

19. Kilcullen, *The Dragons and the Snakes*, p. 29.

20. 같은 책, p. 208.

21. https://www.nytimes.com/2021/09/18/world/middleeast/iran-nuclearfakhrizadeh-assassination-israel.html.

22. Kissinger et al., *The Age of A.I.*, p. 159.

23. 'One Year In: What Are the Lessons from Ukraine for the Future of War?' (newamerica.org).

24. Singer, *Wired for War*, p. 430.

25. Black, *A Short History of War*, p. 230.

26. Braun et al. (eds), *Robotics and Military Operations*, p. 11.

27. Strachan and Scheipers (eds), *The Changing Character of War*, p. 333.

28. Singer, *Wired for War*, p. 21.

29. Strachan and Scheipers (eds), *The Changing Character of War*, p. 336.

30. https://www.sofx.com/green-berets-weaponized-robots-team-up-foroffensive-operations-breaking-defense/?utm_source=SOFX+Newsletter&utm_campaign=f5648af752-EMAIL_CAMPAIGN_2019_02_20_11_10_COPY_04&utm_medium=email&utm_term=0_974be175b9-f5648af752-201631409.

31. Strachan and Scheipers (eds), *The Changing Character of War*, p. 338.

32. 같은 책.

33. 같은 책, p. 339.

34. 같은 책, p. 338.

35. Singer, *Wired for War*, p. 10.

36. Braun et al. (eds), *Robotics and Military Operations*, p. 9.

37. 같은 책, p. 20.

38. Kissinger et al., *The Age of A.I.*, p. 140.

39. 같은 책, p. 172.

40. Braun et al. (eds), *Robotics and Military Operations*, p. 4.

41. Freedman, *Command*, pp. 505-6.

42. Kissinger et al., *The Age of A.I.*, p. 157.

43. Payne, 'Artifi cial Intelligence as a revolution in military aff airs'.

44. Scharre, *Army of None*, p. 4.

45. 같은 책, p. 5.

46. Black Stilwell, https://www.wearethemighty.com/popular/robotmachine-guns-guard-dmz.

47. Scharre, *Army of None*, p. 6.

48. 같은 책, p. 15.

49. 같은 책, p. 367.

50. Kilcullen, *The Dragons and the Snakes*, p. 30.

51. Rezaei, 'The Islamic Revolution and the Bomb: Quran Meets Realism', pp. 13-34.

52. https://www.cnas.org/publications/reports/dangerous-straitswargaming-a-future-Conflict-over-taiwans?utm_medium=email&utm_campaign=Press%20Release%20-%20Dangerous%20Straits%20Wargame%20Report&utm_content=Press%20Release%20-%20Dangerous%20Straits%20Wargame%20Report+CID_d726ab5d26f018f5eb3dd615634a258f&utm_source=Campaign%20Monitor&utm_term=Dangerous%20Straits%20Wargaming%20a%20Future%20Conflict%20over%20Taiwan.

53. Freedman, *Future of War*, p. 281.

54. Drell, 'The Shadow of the Bomb', p. 68.

55. https://edition.cnn.com/europe/live-news/ukraine-russia-putin-news-03-10-22/h_ffb 15927857812d909a0d6f4c9644f6e.

56. Rid, *Active Measures*, p. 423.

57. 같은 책, p. 433.

58. 같은 책, pp. 433-4.

59. 같은 책, pp. 360-3.

60. 같은 책, p. 433.

61. Galeotti, *The Weaponisation of Everything*, p. 160.

62. https://amp.theguardian.com/technology/2020/jan/13/what-aredeepfakes-and-how-can-you-spot-them.

63. https://apnews.com/article/ap-top-news-artificial-intelligence-socialplatforms-think-tanks-politics-bc2f19097a4c4ff faa00de6770b8a60d.

64. https://apnews.com/article/ap-top-news-artificial-intelligence-socialplatforms-think-tanks-politics-bc2f19097a4c4ff faa00de6770b8a60d.

65. https://www.theguardian.com/us-news/2019/may/18/ex-cia-offi cerkevin-mallory-sentenced-to-20-years-for-spying-for-china.

66. https://www.wsj.com/articles/fraudsters-use-ai-to-mimic-ceos-voice-inunusual-cybercrime-case-11567157402.

67. https://www.theguardian.com/technology/ng-interactive/2019/jun/22/the-rise-of-the-deepfake-and-the-threat-to-democracy.

68. Galeotti, *The Weaponisation of Everything*, p. 161.

69. 같은 책.

70. https://www.wilsoncenter.org/blog-post/operation-denver-kgb-and-stasidisinformation-regarding-aids.

71. https://web.archive.org/web/20100324175917/https://www.cia.gov/library/center-for-the-study-of-intelligence/csi-publications/csi-studies/studies/vol53no4/pdf/U-%20Boghardt-AIDS-Made%20in%20the%20USA-17Dec.pdf.

72. Galeotti, *The Weaponisation of Everything*, p. 164.

73. 같은 책, pp. 168-9.

74. 같은 책, p. 166.

75. Freedman, *The Future of War*, p. 225.

76. https://www.usnews.com/news/world-report/articles/2022-06-28/russiadefends-strike-on-shopping-mall-in-ukraine-that-killed-civilians.

77. Dustin Volz, https://www.wsj.com, 27 July 2022.

78. '400. Russia-Ukraine Conflict: Sign post to the Future (Part 1)' | MadScientist Laboratory (army.mil).

79. https://www.navytimes.com/news/your-navy/2023/01/03/new-in-2023-here-comes-the-fi rst-ever-surface-drone-fl eet/?utm_campaign=dfnebb&utm_medium=email&utm_source=sailthru&SToverlay=2002c2d9-c344-4bbb-8610-e5794efcfa7d.

80. Strachan and Scheipers (eds), *The Changing Character of War*, p. 337; and Bierbauer and Cooter, *Never Mind, We'll Do It Ourselves*.

81. 'Ukraine's Drone Spotters on Front Lines Wage New Kind of War'-WSJ.

82. https://www.nytimes.com/2022/05/30/opinion/drones-ukraine-war.html?te=1&nl=opinion-today&emc=edit_ty_20220531.

83. Singer, *Wired for War*, p. 35.

84. Strachan and Scheipers (eds), *The Changing Character of War*, p. 336.

85. https://www.understandingwar.org/backgrounder/russian-off ensivecampaign-assessment-august-5.

86. https://www.dailymail.co.uk/news/article-10964103/Motorbike-ridingterrorist-minced-spinning-blade-missile-precision-drone-strike-Syria.html.

87. https://taskandpurpose.com/tech-tactics/army-xm1211-high-explosiveproximity-round-fi elding.

88. Braun et al. (eds), *Robotics and Military Operations*, p. 14.

89. https://hackaday.com/2022/08/30/militaries-are-rushing-to-get-antidrone-lasers-operational.

90. https://www.defenseone.com/technology/2022/02/drones-shootingmicrowave-rays-could-be-drone-killers-tomorrow/361933.

91. Black, *A Short History of War*, p. 230.

92. https://www.wsj.com/articles/inside-a-u-s-navy-maritime-droneoperation-aimed-at-iran-11661954273?mod=itp_wsj&mod=djemITP_h.

93. https://www.washingtonpost.com/opinions/2022/12/19/palantiralgorithm-data-ukraine-war/?utm_campaign=wp_follow_david_ignatius&utm_medium=email&utm_source=newsletter&wpisrc=nldavidignatius&carta-url=https%3A%2F%2Fs2.washingtonpost.com%2Fcar-ln-tr%2F389c920%2F63a0 83f9ef9bf67b23287c39%2F596e8405ade4e25e028e8c91%2F5%2F19%2F63a083f9ef 9bf67b23287c39&wp_cu=5423d870f68ec1275991f7ae52461c78%7C3e20aea4-1174-11e0-a478-1231380f446b.

94. https://www.armyupress.army.mil/Journals/Military-Review/English-Edition-Archives/November-December-2020/Allen-Data-Swept-2035.

95. https://madsciblog.tradoc.army.mil/46-integrated-sensors-the-criticalelement-in-future-complex-environment-warfare.

96. https://taskandpurpose.com/news/russia-ukraine-electronic-warfare-ustroops.

97. Gen. David Petraeus: 'How the war in Ukraine will end' | How smart Technology changing lives (voonze.com).

98. Opinion | 'Russia learns the perils of aggression in an age of defensive dominance'–*The Washington Post*.

99. Galeotti, *The Weaponisation of Everything*, p. 113.

100. https://www.wired.com/2014/11/countdown-to-zero-day-stuxnet.

101. Zetter, *Countdown to Zero Day*, p. 12.

102. https://www.haaretz.com/2010-09-28/ty-article/computer-virus-in-iranactually-targeted-larger-nuclear-facility/0000017f-f5dd-d460-aff fffff d3b30000.

103. Sanger, *Confront and Conceal passim*; and Sanger, *The Perfect Weapon passim*.

104. 'Preliminary Lessons in Conventional Warfi ghting from Russia's Invasion of Ukraine: February–July 2022' | Royal United Services Institute (rusi.org).

105. 같은 책.

106. https://www.spectator.co.uk/article/farewell-to-arms-britains-depletedmilitary.

107. 'A New Theory of American Foreign Policy'–*The Atlantic*.

108. General Sir Richard Barrons in the *Economist*, 9 February 2023.

109. 'American Defense Priorities Aft er Ukraine'–War on the Rocks.

110. Opinion | 'Russia learns the perils of aggression in an age of defensive dominance'–*The Washington Post*.

111. Gen. David Petraeus: 'How the war in Ukraine will end' | How smart Technology changing lives (voonze.com).
112. 'What Is China Learning From Russia's War in Ukraine?' | Foreign Affairs.
113. 'The Coming War Over Taiwan'–WSJ.
114. https://www.foxnews.com/politics/bidens-fumbled-afghanistanwithdrawal-propaganda-gift -china-defense-department-fi nds?test=a7718066b09a50c91920 1c0561555900.
115. 'What China Has Learned From the Ukraine War' | Foreign Affairs.
116. https://www.nytimes.com/2023/02/27/opinion/a-war-with-china-wouldreach-deep-into-american-society.html?smid=nytcore-ios-share&referringSource=arti cleShare.
117. 'Eight New Points on the Porcupine: More Ukrainian Lessons for Taiwan'–War on the Rocks.
118. Pancevski, 'Europe Is Rushing Arms to Ukraine, But Running Out of Ammo'.
119. https://www.foreignaff airs.com/russian-federation/americas-newsanctions-strategy?utm_medium=newsletters&utm_source=twofa&utm_campaign=Putin%E2%80%99s%20Last%20Stand&utm_content=20221223&utm_ term=FA%20This%20Week%20-%2011017; https://som.yale.edu/story/2022/over-1000-companies-have-curtailed-operations-russia-some-remain.

참고문헌

단행본

Akehurst, John, *We Won a War: The Campaign in Oman, 1965–1975*, 1982.

Albright, Madeleine, *Madame Secretary*, 2013.

Allawi, Ali A., *The Occupation of Iraq: Winning the War, Losing the Peace*, 2007.

Allen, John R., et al., *Future War and the Defence of Europe*, 2021.

Andrew, Christopher, *The Secret World: A History of Intelligence,*, 2018.

Andrews, Timothy, et al. (eds), *The Last Card: Inside George W. Bush's Decision to Surge in Iraq*, 2019.

Archer, Christon I., et al., *World History of Warfare*, 2002.

Arkin, William M., *The Generals Have No Clothes: The Untold Story of Our Endless Wars*, 2021.

Asmus, Ronald D., *A Little War that Shook the World: Georgia, Russia, and the Future of the West*, 2010.

Asselin, Pierre, *Vietnam's American War*, 2018.

Atkinson, Rick, *Crusade: The Untold Story of the Persian Gulf War*, 1993.

_____, *In the Company of Soldiers: A Chronicle of Combat*, 2004.

Auerswald, David P., and Saideman, Stephen, *NATO in Afghanistan: Fighting Together, Fighting Alone*, 2014.

Barnet, Richard J., *Intervention and Revolution: The United States in the Third World* 1968.

Bellavia, David, *House to House* 2007.

Bergen, Peter, *Manhunt: The Ten-Year Search for Bin Laden from 9/11 to Abbottabad*, 2012.

Berman, Larry, *Planning A Tragedy: The Americanization of the War in Vietnam*, 1982.

Beschloss, Michael, *Kennedy v Khrushchev*, 1991.

Bew, John, *Realpolitik: A History*, 2016.

Biddle, Stephen, *Military Power–Explaining Victory and Defeat in Modern Battle*, 2006.

Bierbauer, Alec, and Cooter, Col. Mark, with Michael Marks, *Never Mind, We'll Do It Ourselves: The Inside Story of How a Team of Renegades Broke Rules, Shattered Barriers, and Launched a Drone Warfare Revolution*, 2021.

Black, Jeremy, *War since 1945*, 2004.

_____, *Air Power: A Global History*, 2016.

_____, *A Short History of War*, 2021.

Blair, Tony, *A Journey: My Political Life*, 2010.

Blumenthal, Sidney, *The Clinton Wars*, 2002.

Boot, Max, *Invisible Armies: An Epic History of Guerrilla Warfare from Ancient Times to the Present*, 2013.

_____, *The Road Not Taken: Edward Lansdale and the American Tragedy in Vietnam*, 2018.

Borger, Julian, *The Butcher's Trail: How the Search for Balkan War Criminals Became the World's Most Successful Manhunt*, 2016.

Bose, Sumantra, *Kashmir at the Crossroads*, 2021.

Bowden, Mark, *The Three Battles of Wanat: And Other True Stories*, 2016.

Braun, William G., et al. (eds), *Robotics and Military Operations*, 2018.

Bremer III, L. Paul, and McConnell, Malcolm, *My Year in Iraq: The Struggle to Build a Future of Hope*, 2006.

Bush, George W., *Decision Points*, 2010.

Carter, Ash, *A Lasting Defeat: The Campaign to Destroy ISIS*, 2017.

Casey Jr, George W., *Strategic Reflections: Operation Iraqi Freedom, July 2004– February 2007*, 2012.

Chandrasekaran, Rajiv, *Imperial Life in the Emerald City: Inside Iraq's Green Zone*, 2004.

Cheney, Dick, *In My Time: A Personal and Political Memoir*, 2012.

Chinkin, Christine, and Kaldor, Mary, *International Law and New Wars*, 2017.

Churchill, Winston, *The Story of the Malakand Field Force*, 1898.

_____, *My Early Life: A Roving Commission*, 1930.

_____, *Marlborough: His Life and Times*, vol. III, 1936.

Clark, General Wesley, *Waging Modern War*, 2002.

Clausewitz, General Carl von, *On War*, trans. J. J. Graham, 1873.

_____, *On War*, ed. and trans. Michael Howard and Peter Paret, rev. edn, 1984.

Clewlow, Ade, *Under a Feathered Sky: The Untold Story of NATO's Role in Newly Independent Kosovo*, 2020.

Clinton, Bill, *My Life*, 2005.

Clinton, Hillary Rodham, *Hard Choices*, 2015.

Clodfelter, Michael, *Warfare and Armed Conflicts*, 2008.

Colbeck, Graham, *With 3 Para to the Falklands*, 2002.

Cole, Ronald H., *Operation Urgent Fury: Grenada*, Joint History Office, Office of the Chairman of the Joint Chiefs of Staff, 1997.

Coll, Steve, *Ghost Wars: The Secret History of the CIA, Afghanistan, and Bin Laden, from the Soviet Invasion to September 10, 2001*, 2004.

Collins, N. W., *Grey Wars: A Contemporary History of U.S. Special Relations*, 2021.

Collins, Richard D., and Hooker, Joseph J., *Lessons Encountered: Learning from the Long War*, 2015.

Conquest, Robert, *The Dragons of Expectation: Reality and Delusion in the Course of History*, 2004.

Cordesman, Anthony H., *The Lessons and Non-Lessons of the Air and Missile War in Kosovo*, 1999.

Cormac, Rory, *How to Stage a Coup: And Ten Other Lessons from the World of Secret Statecraft*, 2022.

Corrigan, Jim, *Desert Storm Air War: The Aerial Campaign against Saddam's Iraq in the 1991 Gulf War*, 2017.

Cosmas, Graham A., *MACV: The Joint Command in the Years of Escalation 1962–1967*, 2006.

Crane, Conrad C., *Cassandra in Oz: Counterinsurgency and Future War*, 2016.

Currey, Cecil B., *Victory at Any Cost: The Genius of Vietnam's General Vo Nguyen Giap*, 1996.

Daalder, Ivo H., and O'Hanlon, Michael H., *Winning Ugly: NATO's War to Save Kosovo*, 2000.

Daddis, Gregory A., *Westmoreland's War: Reassessing American Strategy in Vietnam*, 2014.

———, *Withdrawal: Reassessing America's Final Years in Vietnam*, 2017.

Dallaire, Roméo, *Shake Hands with the Devil: The Failure of Humanity in Rwanda*, 2003.

Degen, Edmund J., and Reardon, Mark J., *Modern War in an Ancient Land: The United States Army in Afghanistan, 2001–2014*, 2 vols, 2021.

Department of the Army, *Field Manual 23-4, Counterinsurgency*, 2006.

Derix, Steven, and Shelkunova, Marina, *Zelensky: Ukraine's President and His Country*, 2022.

De Waal, Thomas, *The Caucasus: An Introduction*, 2010.

Dikötter, Frank, *The Tragedy of Liberation: A History of the Chinese Revolution 1945–1957*, 2013.

Donati, Jessica, *Eagle Down: The Last Special Forces Fighting the Forever War*, 2021.

Donnelly, Thomas, Roth, Margaret, and Baker, Caleb, *Operation Just Cause: The Storming of Panama*, 1991.

Dorman, Andrew M., *Blair's Successful War: British Military Intervention in Sierra Leone*, 2009.

Doyle, William, *A Soldier's Dream: Captain Travis Patriquin and the Awakening of Iraq*, 2011.

Dunstan, Simon, *The Six Day War 1967*, 2009.

Ebrey, Patricia Buckley, *The Cambridge Illustrated History of China*, 2022.

Eversmann, Matt, and Schilling, Dan (eds), *The Battle of Mogadishu: Firsthand Accounts from the Men of Task Force Ranger*, 2005.

Fall, Bernard B., *Last Reflections on a War*, 1967.

_____, *Hell in a Very Small Place: The Siege of Dien Bien Phu*, 2002.

_____, *Street without Joy: The French Debacle in Indochina*, 2018.

Felix, Antonia, *Wesley K. Clark: The Biography*, 2004.

Ferguson, Niall, *The War of the World: History's Age of Hatred*, 2006.

_____, *Kissinger 1923–1968: The Idealist*, 2015.

FitzGerald, Frances, *Fire in the Lake: The Vietnamese and the Americans in Vietnam*, 2002.

Fontenot, Colonel Gregory, Degen, Lt Col. E. J., and Tohn, Lt Col. David, *On Point: The United States Army in Operation Iraqi Freedom*, 2004.

Ford, Harold P., *CIA and the Vietnam Policymakers: Three Episodes 1962–1968* 1997.

Forsyth, James, *The Caucasus: A History*, 2015.

Fowler, William, *Operation Barras: The SAS Rescue Mission, Sierra Leone 2000* 2012.

Franks, Tommy, and McConnell, Malcolm, *American Soldier*, 2004.

Freedman, Lawrence, *Atlas of Global Strategy: War and Peace in the Nuclear Age*, 1985.

_____, *Kennedy's Wars: Berlin, Cuba, Laos, Vietnam*, 2000.

_____, *The Cold War: A Military History*, 2001.

_____, *Strategy*, 2013.

_____, *The Future of War*, 2017.

_____, *Ukraine and the Art of Strategy*, 2019.

_____, *Command: The Politics of Military Operations from Korea to Ukraine*, 2021.

_____, (ed.), *War*, 1994.

_____, (ed.), *Strategic Coercion*, 1998.

_____, and Gamba-Stonehouse, Virginia, *Signals of War: The Falklands Conflict of 1982*, 1990.

_____, and Karsh, Efraim, *The Gulf Conflict 1990–1991: Diplomacy and War in the New World Order*, 1993.

_____, and Michaels, Jeffrey, *The Evolution of Nuclear Strategy*, 2019.

Gaddis, John Lewis, *We Now Know: Rethinking Cold War History*, 1998.

_____, *The Cold War*, 2005.

_____, *On Grand Strategy*, 2019.

Galeotti, Mark, *The Weaponisation of Everything*, 2022.

_____, *Putin's Wars: From Chechnya to Ukraine*, 2022.

Galster, Steve, *Afghanistan: The Making of U.S. Policy 1973–1990*, 1990.

Galula, David, *Counterinsurgency Warfare: Theory and Practice*, 2006.

Galvin, John R., *Fighting the Cold War: A Soldier's Memoir*, 2015.

Gant, Jim, *One Tribe at a Time: The Paper that Changed the War in Afghanistan*, 2014.

Gates, Robert, *Duty: Memoirs of a Secretary at War*, 2014.

Gelb, Leslie H., and Betts, Richard K., *The Irony of Vietnam: The System Worked*, 1979.

Giap, Vo Nguyen, *How We Won the War*, 1976.

Gilbert, Martin, *Israel: A History*, 1999.

Giles, Keir, *Russia's War on Everybody and What It Means for You*, 2022.

Glenny, Misha, *The Fall of Yugoslavia*, 1996.

———, *The Balkans: Nationalism, War, and the Great Powers 1804–2012*, 2017.

Goodwin, Doris Kearns, *Lyndon Johnson & the American Dream*, 1976.

Gordon, Michael R., and Trainor, General Bernard E., *The Generals' War: The Inside Story of the Conflict in the Gulf*, 1995.

———, *COBRA II: The Inside Story of the Invasion and Occupation of Iraq*, 2006.

———, *The Endgame: The Inside Story of the Struggle for Iraq, from George W. Bush to Barack Obama*, 2012.

Grenier, Robert L., *88 Days to Kandahar: A CIA Diary*, 2015.

Halberstam, David, *The Best and the Brightest*, 1968.

Hanson, Victor Davis, *Carnage and Culture: Landmark Battles in the Rise of Western Power*, 2001.

———, *An Autumn of War: What America Learned from September 11 and the War on Terrorism*, 2002.

———, *The Savior Generals: How Five Great Commanders Saved Wars that Were Lost – from Ancient Greece to Iraq*, 2013.

Harding, Luke, *Invasion: Russia's Bloody War and Ukraine's Fight for Survival*, 2022.

Hastings, Max, *Warriors*, 2005.

———, *Vietnam: An Epic History of a Tragic War*, 2018.

———, *The Korean War*, 2020.

———, (ed.), *The Oxford Book of Military Anecdotes*, 1985.

———, and Jenkins, Simon, *The Battle for the Falklands*, 1983.

Helton, Arthur C., *The Price of Indifference: Refugees and Humanitarian Action in the New Century*, 2002.

Hennessy, Michael A., *Strategy in Vietnam: The Marines and Revolutionary Warfare in I Corps 1965–1972*, 1997.

Herr, Michael, Dispatches, 1991.

Herring, George C., *America's Longest War: The United States and Vietnam 1950–1975*, 1986.

Herzog, Chaim, *The Arab–Israeli Wars: War and Peace in the Middle East*, 1982.

———, *The War of Atonement*, 1998.

Hilsman, Roger, *To Move a Nation 1967 Holbrooke, Richard, To End a War,* 1998.

Horne, Alistair, *A Savage War of Peace: Algeria 1954–1962,* 2006.

_____, *Kissinger's Year: 1973,* 2009.

_____, *Hubris: The Tragedy of War in the Twentieth Century,* 2015.

Hosmer, Stephen T., et al., *Counterinsurgency: A Symposium, April 16–20, 1962,* 2006.

Howard, Michael, *War and the Nation State,* 1978.

_____, *The Lessons of History,* 1991.

_____, *The Invention of Peace,* 2000.

_____, *War in European History,* 2009.

_____, Andreopoulos, George, and Shulman, Mark R. (eds), *The Laws of War: Constraints on Warfare in the Western World,* 1994.

Ignatieff, Michael, *Virtual War: Kosovo and Beyond,* 2000.

Jackson, Julian, *A Certain Idea of France: The Life of Charles de Gaulle,* 2018.

Jackson, General Sir Mike, *Soldier: The Autobiography,* 2007.

Jankowicz, Nina, *How to Lose the Information War: Russia, Fake News, and the Future of Conflict,* 2020.

Jarrett, Philip (ed.), *Faster, Further, Higher: Leading-edge Aviation Technology since 1945,* 2002.

Johnson, Chalmers, *Autopsy on People's War,* 1973.

Johnson, David E., Markel, M. Wade, and Shannon, Brian, *The 2008 Battle of Sadr City: Reimagining Urban Combat,* 2013.

Johnson, Lyndon Baines, *The Vantage Point: Perspectives of the Presidency 1963– 1969,* 1971.

Jones, Archer, *The Art of War in the Western World,* 1987.

Jones, Seth G., *Hunting in the Shadows: The Pursuit of al Qa'ida since 9/11,* 2012.

Judah, Tim, *Kosovo: War and Revenge,* 2000.

Kagan, Frederick W., *Choosing Victory: A Plan for Success in Iraq,* 2006.

_____, *Finding the Target: Transformation of American Military Policy,* 2007.

Kagan, Kimberly, *The Surge: A Military History,* 2009.

Kakar, M. Hassan, *The Soviet Invasion and the Afghan Response 1979–1982,* 1995.

Kaplan, Fred, *The Insurgents: David Petraeus and the Plot to Change the American Way of War,* 2013.

Karnow, Stanley, *Vietnam: A History,* 1997.

Katz, Arthur M., *Life after Nuclear War: The Economic and Social Impacts of Nuclear Attacks on the United States,* 1982.

Keegan, John, *A History of Warfare,* 2004.

Kershaw, Ian, *To Hell and Back: Europe 1914–1949,* 2015.

Khalilzad, Zalmay, *The Envoy: From Kabul to the White House, My Journey through a*

Turbulent World, 2016.

Kilcullen, David, *The Accidental Guerrilla: Fighting Small Wars in the Midst of a Big One*, 2017.

_____, *The Dragons and the Snakes: How the Rest Learned to Fight the West*, 2020.

Kinnard, Douglas, *The War Managers*, 1985.

Kissinger, Henry, *White House Years*, 1979.

_____, *Years of Upheaval* 1982.

_____, *Diplomacy*, 1994.

_____, *Leadership: Six Studies in World Strategy* 2022.

_____, Schmidt, Eric, and Huttenlocher, Daniel, *The Age of A.I. and Our Human Future*, 2021.

Kitfield, James, *Prodigal Soldiers: How the Generation of Officers Born of Vietnam Revolutionized the American Style of War*, 1995.

Knorr, Klaus, and Morgan, Patrick (eds), *Strategic Military Surprise*, 1983.

Komer, Robert, *Bureaucracy Does Its Thing*, 1972.

Kostiner, Joseph, *Conflict and Cooperation in the Gulf Region*, 2007.

Krammer, Arnold, *The Forgotten Friendship: Israel and the Soviet Bloc 1947–53*, 1974.

Krepinevich Jr, Andrew F., *The Army and Vietnam*, 1986.

Kukielski, Philip, *The U.S. Invasion of Grenada: Legacy of a Flawed Victory*, 2019.

Kummer, David W., *U.S. Marines in Afghanistan, 2001–2009: Anthology and Annotated Bibliography*, 2014.

Lacouture, Jean, *De Gaulle: The Ruler 1945–1970*, 1991.

Lambeth, Benjamin S., *NATO's Air War for Kosovo: A Strategic and Operational Assessment*, 2001.

Lee, Wayne E., et al., *The Other Face of Battle: America's Forgotten Wars and the Experience of Combat*, 2021.

Lehman, John, *On Seas of Glory: Heroic Men, Great Ships, and Epic Battles of the American Navy* 2001.

_____, *Oceans Ventured: Winning the Cold War at Sea*, 2018.

LeoGrande, William M., *Our Own Backyard: The United States in Central America 1977–1992*, 1998.

Lewy, Guenter, *America in Vietnam*, 1978.

Logevall, Fredrik, *Choosing War: The Lost Chance for Peace and the Escalation of War in Vietnam*, 1999.

_____, *Embers of War: The Fall of an Empire and the Making of America's Vietnam*, 2012.

Lowe, Keith, *The Fear and the Freedom: How the Second World War Changed Us*, 2017.

Lowrey, Nathan S., *U.S. Marines in Afghanistan 2001–2002: From the Sea*, 2011.

_____, *The Chairmanship of the Joint Chiefs of Staff 1949–2016*, 2016.

Loyn, David, *The Long War: The Inside Story of America and Afghanistan since 9/11*, 2021.

Lynch, Michael, *The Chinese Civil War 1945–49*, 2010.

McChrystal, Stanley, *My Share of the Task: A Memoir 2013 McClintock, Michael, The American Connection: State Terror and Popular Resistance in El Salvador*, 1985.

_____, *Instruments of Statecraft: U.S. Guerrilla Warfare, Counterinsurgency, and Counterterrorism 1940–1990*, 1992.

McConnell, Malcolm, *Just Cause: The Real Story of America's High-Tech Invasion of Panama*, 1991.

McCullough, David, *Truman*, 1992.

MacDonald, Michael, *Overreach: Delusions of Regime Change in Iraq* 2014.

McMahan, Jeff, *Reagan and the World: Imperial Policy in the New Cold War*, 1984.

McMaster, H. R., *Dereliction of Duty: Lyndon Johnson, Robert McNamara, the Joint Chiefs of Staff, and the Lies that Led to Vietnam*, 1997.

_____, *Battlegrounds: The Fight to Defend the Free World*, 2020.

MacMillan, Margaret, *War: How Conflict Shaped Us*, 2020.

McNamara, Robert, *In Retrospect: The Tragedy and Lessons of Vietnam*, 1995.

MacQueen, Norrie, *The United Nations since 1945*, 1999.

Malcolm, Noel, *Kosovo: A Short History 1998 Malkasian, Carter, War Comes to Garmser: Thirty Years of Conflict on the Afghan Frontier*, 2013.

_____, *The American War in Afghanistan: A History*, 2021.

Mansoor, Peter R., *Baghdad at Sunrise: A Brigade Commander's War in Iraq*, 2008.

_____, *Surge: My Journey with General David Petraeus and the Remaking of the Iraq War*, 2013.

Mansoor, Peter, and Murray, Williamson (eds), *The Culture of Military Organizations*, 2019.

Maraniss, David, *They Marched into Sunlight*, 2004.

Marshall, Tim, *Shadowplay: A Memoir from behind the Lines and under Fire*, 2019.

Matthews, Owen, *Overreach: The Inside Story of Putin's War against Ukraine*, 2022.

Mattis, Jim, and West, Bing, *Call Sign Chaos*, 2019.

Mauriac, François, *De Gaulle*, 1965.

Mayall, Simon, *Soldier in the Sand: A Personal History of the Modern Middle East*, 2020.

_____, *Battlegrounds: The Fight to Defend the Free World*, 2020.

Michaels, Jim, *A Chance in Hell: The Men Who Triumphed over Iraq's Deadliest City and Turned the Tide of War*, 2010.

Mitter, Rana, *China's War with Japan 1937–1945*, 2014.

Moore, Harold G., and Galloway, Joseph L., *We Were Soldiers Once ... and Young: Ia*

Drang: The Battle that Changed the War in Vietnam, 1992.

Morris, Benny, *Righteous Victims: A History of the Zionist–Arab Conflict, 1881– 1998*, 2002.

Morris, Ian, *War: What Is It Good For?*, 2014.

Moyar, Mark, *Triumph Forsaken: The Vietnam War 1954–1965*, 2006.

———, *Phoenix and the Birds of Prey: Counterinsurgency and Counterterrorism in Vietnam*, 2007.

Mumford, Andrew, *Proxy Warfare*, 2013.

Mutawi, Samir A., *Jordan in the 1967 War*, 1987.

Nagl, John, *Learning to Eat Soup with a Knife: Counterinsurgency Lessons from Malaya and Vietnam*, 2005.

Naylor, Sean, *Not a Good Day to Die: The Untold Story of Operation Anaconda*, 2005.

Neumann, Brian, Mundey, Lisa, and Mikolashek, Jon, *The U.S. Army in Afghanistan: Operation Enduring Freedom, March 2002–April 2005*, 2012.

Nowrojee, B., *Shattered Lives: Sexual Violence during the Rwandan Genocide and Its Aftermath*, 1996.

Nutting, Anthony, *No End of a Lesson: The Story of Suez*, 1967.

Obama, Barack, *A Promised Land*, 2020.

O'Hanlon, Michael, *The Art of War in an Age of Peace: U.S. Strategy and Resolute Restraint*, 2021.

Oren, Michael, *Six Days of War: June 1967 and the Making of the Modern Middle East*, 2003.

Osborn, George K., et al., *Democracy, Strategy, and Vietnam: Implications for American Policymaking*, 1987.

O'Sullivan, John, *The President, the Pope, and the Prime Minister*, 2006.

Owen, Mark, with Kevin Maurer, *No Easy Day: The Firsthand Account of the Mission that Killed Osama Bin Laden*, 2012.

Pace, Lorin, *International Elements of Saddam Hussein's Conflicted Iraq: Shifting Allies, Resolute Foes*, 2002.

Packer, George, *The Assassins' Gate: America in Iraq*, 2005.

———, *Our Man: Richard Holbrooke and the End of the American Century*, 2019.

Palmer Jr, Bruce, *The 25-Year War: America's Military Role in Vietnam*, 1984.

Panetta, Leon, *Worthy Fights: A Memoir of Leadership in War and Peace*, 2014.

Paret, Peter (ed.), *Makers of Modern Strategy*, 1986.

Pavelec, Sterling Michael, *War and Warfare since 1945*, 2017.

Penfold, Peter, Atrocities, *Diamonds and Diplomacy: The Inside Story of the Conflict in Sierra Leone*, 2012.

Peres, Shimon, *No Room for Small Dreams*, 2017.

Petraeus, David, and Amos, James, *Counterinsurgency Field Manual FM 3-24*, 2006.

Pollack, Kenneth M., *Arabs at War: Military Effectiveness 1948–1991*, 2002.

Poole, Walter S., *The Effort to Save Somalia: August 1992–March 1994*, 2005.

Powell, Colin, *My American Journey*, 1995.

Pryce-Jones, David, *The War that Never Was: The Fall of the Soviet Empire 1985– 1991*, 1995.

Puri, Samir, *Russia's Road to War with the West*, 2022.

Rabinovich, Abraham, *Yom Kippur War: The Epic Encounter that Transformed the Middle East*, 2004.

Race, Jeffrey, *War Comes to Long An: Revolutionary Conflict in a Vietnamese Province*, 1972.

Rayburn, Colonel Joel D., and Sobchak, Colonel Frank K. (eds), *The U.S. Army in the Iraq War, vol. 1: Invasion–Insurgency–Civil War 2003–2006*, 2019.

_____, *The U.S. Army in the Iraq War, vol. 2: Surge and Withdrawal 2007–2011*, 2019.

Report of the Independent Inquiry into the Actions of the United Nations during the 1994 Genocide in Rwanda, United Nations, 1999, S/1999/1257.

Reynolds, David, *One World Divisible: A Global History since 1945*, 2000.

Rice, Susan, *Tough Love: My Story of the Things Worth Fighting For*, 2019.

Richardson, Louise, *What Terrorists Want: Understanding the Enemy, Containing the Threat*, 2006.

Ricks, Tom, *Fiasco: The American Military Adventure in Iraq*, 2006.

_____, *The Gamble: General Petraeus and the American Military Adventure in Iraq* 2009.

Rid, Thomas, *Active Measures: The Secret History of Disinformation and Political Warfare*, 2021.

Riedel, Bruce O., *Deadly Embrace: Pakistan, America, and the Future of the Global Jihad*, 2012.

Robbins, Keith, *The World since 1945*, 1998.

Roberts, Geoffrey, *Stalin's Wars: From World War to Cold War 1939–1953*, 2006.

Roberts, J. M., *The Penguin History of the Twentieth Century*, 1999.

Robinson, Linda, *Tell Me How This Ends: General David Petraeus and the Search for a Way Out of Iraq*, 2008.

_____, *One Hundred Victories: Special Ops and the Future of American Warfare*, 2013.

Rose, Norman, A Senseless, *Squalid War: Voices from Palestine 1945–1948*, 2009.

Rosello, Victor M., *Lessons from El Salvador*, 1993.

Rudd, Gordon W., *Humanitarian Intervention: Assisting the Iraqi Kurds in Operation Provide Comfort 1991*, 2004.

_____, *Reconstructing Iraq: Regime Change, Jay Garner, and the ORHA Story*, 2011.

Rumsfeld, Donald, *Known and Unknown: A Memoir*, 2011.

Rusk, Dean, *As I Saw It*, 1990.

Sanchez, Ricardo S., and Phillips, Donald T., *Wiser in Battle: A Soldier's Story*, 2008.

Sanger, David, *Confront and Conceal: Obama's Secret Wars and Surprising Use of American Power*, 2012.

———, *The Perfect Weapon: War, Sabotage, and Fear in the Cyber Age*, 2018.

Schadlow, Nadia, *War and the Art of Governance: Consolidating Combat Success into Political Victory*, 2017.

Schandler, Herbert Y., *Lyndon Johnson and Vietnam: The Unmaking of a President*, 1977.

Scharre, Paul, *Army of None: Autonomous Weapons and the Future of War*, 2018.

Schinella, Anthony M., *Bombs without Boots: The Limits of Airpower*, 2019.

Schofield, Victoria, *Kashmir in Conflict: India, Pakistan and the Unending War*, 2010.

Schroen, Gary C., *First In: An Insider's Account of How the CIA Spearheaded the War on Terror in Afghanistan* 2005.

Schwarzkopf, H. Norman, with Peter Petre, *It Doesn't Take a Hero: The Autobiography of General H. Norman Schwarzkopf*, 1993.

Scott, James A., *Rampage: MacArthur, Yamashita, and the Battle of Manila*, 2018.

Scurr, John, *The Malayan Campaign 1948–60*, 1982.

Sebastyen, Victor, *Twelve Days: Revolution 1956*, 2006.

Sheehan, Neil, *A Bright Shining Lie: John Paul Vann and America in Vietnam*, 1988.

Shelton, General Hugh, *Without Hesitation: The Odyssey of an American Warrior*, 2011.

Shlaim, Avi, *Lion of Jordan: The Life of King Hussein in War and Peace*, 2007.

Silber, Laura, and Little, Allan, *Yugoslavia: Death of a Nation*, 1997.

Simpson, Emile, *War from the Ground Up: Twentieth-Century Combat as Politics*, 2018.

Singer, P. W., *Wired for War: The Robotics Revolution and Conflict in the 21st Century*, 2009.

Sky, Emma, *The Unravelling: High Hopes and Missed Opportunities in Iraq*, 2015.

Smith, Rupert, *The Utility of Force: The Art of War in the Modern World*, 2005.

Snepp, Frank, *Decent Interval: An Insider's Account of Saigon's Indecent End*, 1977.

Sorley, Lewis, *A Better War: The Unexamined Victories and Final Tragedy of America's Last Years in Vietnam*, 1999.

———, *Westmoreland: The General Who Lost Vietnam*, 2011.

———, (ed.), *The Vietnam War: An Assessment by South Vietnam's Generals*, 2010.

Stanick, Joseph T., *El Dorado Canyon: Reagan's Undeclared War with Qaddafi* 2003.

Stanley, William, *The Protection Racket State: Elite Politics, Military Extortion, and Civil War in El Salvador*, 1996.

Stanton, Doug, *Horse Soldiers: The Extraordinary Story of a Band of U.S. Soldiers Who*

    Rode to Victory in Afghanistan, 2009.

Sterling, Brent L., *Other People's Wars: The U.S. Military and the Challenge of Learning from Foreign Conflicts*, 2021.

Stetler, Richard (ed.), *The Military Art of People's War: Selected Writings of General Vo Nguyen Giap*, 1970.

Stewart, Richard W., *The United States Army in Somalia 1992–1994*, 2002.

_____, *The United States Army in Afghanistan: Operation Enduring Freedom, October 2001–March 2002*, 2003.

_____, *United States Special Operations Command History 1987–2007*, 2007.

_____, *Operation Urgent Fury: The Invasion of Grenada October 1983*, 2013.

Strachan, Hew, and Scheipers, Sibylle (eds), *The Changing Character of War*, 2011.

Strohn, Matthias (ed.), *The Long Shadow of World War Two: The Legacy of the War and its Impact on Political and Military Thinking since 1945*, 2021.

Subtelny, Orest, *Ukraine: A History*, 1988.

Symonds, Craig L., *Nimitz at War*, 2022.

Tapper, Jake, *The Outpost: An Untold Story of American Valor*, 2012.

Taylor, Maxwell D., *Swords and Plowshares*, 1972.

Tenet, George, with Bill Harlow, *At the Center of the Storm: My Years at the CIA*, 2007.

Thompson, Julian, *No Picnic: 3 Commando Brigade in the South Atlantic: 1982*, 1992.

Thompson, Robert, *Defeating Communist Insurgency: The Lessons of Malaya and Vietnam*, 2005.

Trauschweizer, Ingo, *The Cold War U.S. Army: Building Deterrence for Limited War*, 2008.

Tsai, C. C. (ed.), *Sunzi: The Art of War*, 2018.

Tucker, Spencer C., *The Encyclopedia of Middle East Wars: The United States in the Persian Gulf, Afghanistan, and Iraq Conflicts*, 2010.

Tyson, Ann Scott, *American Spartan: The Promise, the Mission, and the Betrayal of Special Forces Major Jim Gant*, 2014.

Vadney, T. E., *The World since 1945*, 1998.

Van Creveld, Martin, *Command in War*, 1985.

Van de Ven, Hans, *China at War: Triumph and Tragedy in the Emergence of the New China 1937–1952*, 2017.

Vulliamy, Ed, *Seasons in Hell: Understanding Bosnia's War*, 1994.

_____, *The War is Dead, Long Live the War: Bosnia, the Reckoning*, 2012.

Waldman, Thomas, *Vicarious Warfare: American Strategy and the Illusion of War on the Cheap*, 2021.

Walker, General Sir Walter, *Fighting On*, 1997.

Weigley, Russell F., *The Age of Battles*, 1991.

West, Bing, *No True Glory: A Frontline Account of the Battle for Fallujah*, 2005.

_____, *The Strongest Tribe: War, Politics, and the Endgame in Iraq*, 2008.

Westad, Odd Arne, *Decisive Encounters: The Chinese Civil War 1946–1950*, 2003.

Westermeyer, Paul, with Christopher N. Blaker, *U.S. Marines in Afghanistan, 2010–2014: Anthology and Annotated Bibliography*, 2017.

Westmoreland, William, *A Soldier Reports* 1976.

Whitlock, Craig, *The Afghanistan Papers: A Secret History of the War*, 2021.

Willbanks, James H., *Vietnam War Almanac*, 2013.

Wiest, Andrew, *Vietnam's Forgotten Army: Heroism and Betrayal in the ARVN*, 2008.

Woods, Kevin M., *Iraqi Perspectives Project: A View of Operation Iraqi Freedom from Saddam's Senior Leadership*, 2006.

Woodward, Bob, *Obama's Wars* 2010.

Wright, Donald P., and Reese, Colonel Timothy R., *On Point II: Transition to the New Campaign: The United States Army in Operation Iraqi Freedom, May 2003–January 2005*, 2008.

_____, et al., *A Different Kind of War: The U.S. Army in Operation Enduring Freedom, October 2001–September 2005*, 2010.

Zacke-Williams, Tunde, *When the State Fails: Studies on Intervention in the Sierra Leone Civil War*, 2011.

Zelensky, Volodymyr, *A Message from Ukraine: Speeches 2019–2022*, 2022.

Zetter, Kim, *Countdown to Zero Day: Stuxnet and the Launch of the World's First Digital Weapon*, 2014.

논문, 기사, 칼럼 등

Adelman, Howard, 'Chaos in the Camps', *Bulletin of the Atomic Scientists*, 58(6), 2016.

Allen, William J., 'Intervention in Panama: Operation Just Cause', in A. Timothy Warnock (ed.), *Short of War: Major USAF Contingency Operations 1947–1997*, Air Force History and Museums Program, 2000.

Altman, Howard, 'Why dissolving the Afghan Local Police program troubles its American architects', *Military Times*, 27 May 2020.

Andrade, Dale, and Willbanks, James H., 'CORDS/Phoenix: Counterinsurgency Lessons from Vietnam for the Future', *Military Review*, March–April 2006 pp. 9–23.

Arkin, William M., 'The Difference was in the Details', *Washington Post*, 17 January 1999.

Ball, Captain Gregory, '1998 – Operation Desert Fox', *Air Force Historical Support Division*, https://www.afhistory.af.mil/FAQs/Fact-Sheets/ Article/458976/1998-operation-desert-fox.

Balz, Dan, 'President Warns Iraq of War Crimes Trials', *Washington Post*, 16 October 1990.

Boone, Jon, 'The financial scandal that broke Afghanistan's Kabul Bank', Guardian, 16 June 2011, https://www.theguardian.com/world/2011/ jun/16/kabul-bank-afghanistan-financial-scandal.

Bowden, Mark, 'When Walter Cronkite Pronounced the War a "Stalemate"', *New York Times*, 26 February 2018.

Carver, Michael, 'Conventional Warfare in the Nuclear Age', in Peter Paret (ed.), *Makers of Modern Strategy*, 1986.

Chotiner, Isaac, 'Is the Russian Military a Paper Tiger?', *New Yorker*, 22 April 2022.

Clines, Francis X., 'Conflict in the Balkans: The Rescue', *New York Times*, 9 June 1995.

Coffey, Ross, 'Revisiting CORDS: The Need for Unity of Effort to Secure Victory in Iraq', *Military Review*, March–April 2006 pp. 24–34.

Dawkins, Peter M., 'The United States Army and the "Other" War in Vietnam: A Study of the Complexity of Implementing Organizational Change', *doctoral dissertation*, Princeton University 1977.

Drell, Sidney D., 'The Shadow of the Bomb', *Policy Review*, 136, April–May 2006 p. 68.

Drumbl, Mark A., 'She Makes Me Ashamed to Be a Woman: The Genocide Conviction of Pauline Nyiramasuhuko, 2011', *Michigan Journal of International Law*, 2013.

Dwyer, Jim, 'A Nation at War: In the Field — V Corps Commander', *New York Times*, 28 March 2003.

Endicott, Judy G., 'Raid on Libya: Operation El Dorado Canyon', in A. Timothy Warnock (ed.), *Short of War: Major USAF Contingency Operations 1947–1997*, Air Force History and Museums Program, 2000.

Feaver, Peter D., 'The Right to Be Right: Civil–Military Relations and the Iraq Surge Decision', *International Security*, 35(4), Spring 2011.

Fedarko, Kevin, and Thompson, Mark, 'Rescuing Scott O'Grady: All for One', *Time*, 19 June 1995.

Fein, Helen, 'Discriminating Genocide from War Crimes: Vietnam and Afghanistan Reexamined', *Denver Journal of International Law & Policy*, 22(1), 1993.

Filkins, Dexter, 'Last Exit from Afghanistan', *New Yorker*, 8 March 2021.

Freedman, Lawrence, 'The First Two Generations of Nuclear Strategists', in Peter Paret (ed.), *Makers of Modern Strategy* 1986.

Galvin, John R., 'Uncomfortable Wars: Toward a New Paradigm', *Parameters*, 16(1), 1986 pp. 2–8.

Gaouette, Nicole, et al., 'The last US military planes have left Afghanistan, marking the end of the United States' longest war', *CNN*, 31 August 2021, https://www.cnn.com/2021/08/30/politics/us-military-withdrawsafghanistan/index.html.

Handel, Michael, 'Crisis and Surprise in Three Arab–Israeli Wars', in Klaus Knorr and Patrick Morgan (eds), *Strategic Military Surprise*, 1988.

Hanson, Victor Davis, 'Uses and Abuses of Military History', *New Criterion*, January 2023.

Hastings, Michael, 'The Runaway General', *Rolling Stone*, 22 June 2010.

Haulman, Daniel L., 'Crisis in Grenada: Operation Urgent Fury', in A. Timothy Warnock (ed.), *Short of War: Major USAF Contingency Operations 1947–1997*, Air Force History and Museums Program, 2000.

———, 'Crisis in Somalia: Operations Provide Relief and Restore Hope', in A. Timothy Warnock (ed.), *Short of War: Major USAF Contingency Operations 1947–1997*, Air Force History and Museums Program, 2000.

———, 'Resolution of Bosnia Crisis: Operation Deny Flight', in A. Timothy Warnock (ed.), *Short of War: Major USAF Contingency Operations 1947–1997*, Air Force History and Museums Program, 2000.

Hess, Pamela, 'Rumsfeld: Looting is transition to freedom', *UPI*, 11 April 2003.

Hoffman, Frank G., and Mattis, James N., 'Future Warfare: The Rise of Hybrid Wars', *Naval Institute Proceedings*, 132(11), November 2005.

Holoboff, Elaine M., 'Bad Boy or Good Business?: Russia's Use of Oil as a Mechanism of Coercive Diplomacy', in Lawrence Freedman (ed.), *Strategic Coercion*, 1998.

Hopkins, Benjamin, 'Afghanistan's Present Failure Lies in its Past Design', *Middle East Research and Information Project*, 18 January 2022, https://merip. org/2022/01/afghanistans-present-failure-lies-in-its-past-design.

———, 'The Problem with "Hearts and Minds" in Afghanistan', *Middle East Research and Information Project*, Summer 2010, https://merip.org/2010/05/ the-problem-with-hearts-and-minds-in-afghanistan.

International Crisis Group, 'Georgia: Avoiding War in South Ossetia', *ICG Europe Report*, No. 159, 26 November 2004.

Kotkin, Stephen, 'Freedom at Stake: How Did Russia and the West Fall Out?', *Times Literary Supplement*, 11 March 2022 p. 3.

Lambeth, Benjamin S., 'Operation Allied Force: Lessons for the Future', https://www. rand.org/pubs/research_briefs/RB75.html.

Leinster, Colin, 'The Two Wars of General Walt', *Life*, 26 May 1967.

Matthews, Owen, 'The red line: Biden and Xi's secret Ukraine talks revealed', *Spectator*, 26 November 2022 p. 13.

Mearsheimer, John, 'Back to the Future: Instability in Europe after the Cold War', *International Security*, 15(1), Summer 1990.

Mills, Nicolaus, 'Punished for telling truth about Iraq war', 20 March 2013, https://www. cnn.com/2013/03/20/opinion/mills-truth-teller-iraq/index.html.

Neiberg, Michael S., 'Total War, Total Victory: World War II in American Memory and Strategy', in Matthias Strohn (ed.), *The Long Shadow of World War Two: The Legacy of the War and its Impact on Political and Military Thinking since 1945*, 2021.

Ong Keng Yong, 'Lee Kuan Yew's Role in Singapore–U.S. Relations', *Asia Society*, 25 March 2015.

Palermo, Joseph A., '40 Years Ago Today: Robert F. Kennedy's Most Important Speech on the Vietnam War', *HuffPost.com*, 8 February 2008.

Pancevski, Bojan, 'Europe Is Rushing Arms to Ukraine, But Running Out of Ammo', *Wall Street Journal*, 22 December 2022.

Payne, Kenneth, 'Artificial Intelligence as a revolution in military affairs', *Survival*, 60(5), October–November 2018.

Peoples, Curtis, 'The Use of the British Village Resettlement Model in Malaya and Vietnam', *Texas Tech University*, 4th Triennial Vietnam Symposium, 11–13 April 2002.

Petraeus, David H., 'The American Military and the Lessons of Vietnam', *doctoral dissertation*, Princeton University 1987.

_____, 'Learning Counterinsurgency: Observations from Soldiering in Iraq', *Military Review Counterinsurgency Reader*, October 2006.

_____, and Serchuk, Vance, 'Counter Russia's and China's Playbook', in 'Lessons for the Next War', *Foreign Affairs*, 5 January 2023.

Pipes, Richard, 'Why the Soviet Union Thinks It Could Fight and Win a Nuclear War', *Commentary*, July 1977.

Rempfer, Kyle, 'Soldiers recall combat jumps into Panama on 30th anniversary', *Army Times*, 20 December 2019.

Rezaei, Farhad, 'The Islamic Revolution and the Bomb: Quran Meets Realism', in *Iran's Nuclear Program: A Study in Proliferation and Rollback*, 2017.

Rice, Condoleezza, 'The Making of Soviet Strategy', in Peter Paret (ed.), *Makers of Modern Strategy*, 1986.

Sammut, Dennis, and Cvetkovski, Nikola, 'The Georgia–South Ossetia Conflict', *Verification Technology Information Centre*, 1996.

Sennott, Charles M., 'The First Battle of the 21st Century', *Atlantic*, 5 May 2015, https://www.theatlantic.com/international/archive/2015/05/ war-afghanistan-spann-qala-i-jangi/392402.

Shaw Jr, Frederick J., 'Crisis in Bosnia: Operation Provide Promise', in A. Timothy Warnock (ed.), *Short of War: Major USAF Contingency Operations 1947–1997*, Air Force History and Museums Program, 2000.

Stewart, Richard W., 'The United States Army in Somalia 1992–1994', *US Army Center of Military History*, Publication 70-81-1, 2003.

Thompson, Mark, 'The Fall of the Green Berets' Lawrence of Afghanistan', *Time*, 25 June 2014, https://time.com/2921469/the-fall-of-the-green-beretslawrence-ofafghanistan.

Tirpak, John A., 'Deliberate Force', *Air Force Magazine*, 1 October 1997.

Ucko, David H., 'Can Limited Intervention Work? Lessons from Britain's Success Story in Sierra Leone', *Journal of Strategic Studies*, 39(5 & 6), 2016.

Van Vien, Gen. Cao, and Van Khuyen, Lt Gen. Dong, 'Reflections on the Vietnam War', in Sorley, Lewis (ed.), *The Vietnam War: An Assessment by South Vietnam's Generals*, 2010.

Warner, Denis, 'The Morning after the War Before', *Atlantic*, December 1972.

Washington Post Editorial Board, 'In Afghanistan, the Lights Go Out for Women', *Washington Post*, 26 December 2022.

Watling, Jack, and Reynolds, Nick, 'Operation Z: The Death Throes of an Imperial Delusion', *Royal United Services Institute Special Report*, 22 April 2022.

White, Paul K., 'Airpower and a Decade of Containment', *Joint Force Quarterly*, Winter 2000/1.

Wilkins, Sam, 'The Rise and Fall of Village Stability Operations in Afghanistan: Lessons for Future Irregular Warfare Campaigns', *Modern War Institute*, 9 August 2022.

Wilkins, Warren, 'When Strategy Isn't Enough: William Westmoreland and the War in Vietnam', *On Point*, December 2020.

정부 문서

Committee on Armed Services, US House of Representatives, 'Security and Stability in Afghanistan: Status of U.S. Strategy and Operations and the Way Ahead', 110th Cong., 1st sess., 11 December 2007.

Department of the Army, Field Manual 23-4, *Counterinsurgency* (December 2006).

Department of the Army, *Vietnam Studies: Airmobility 1961–1971* (Washington, DC, 1973).

Foreign Relations of the United States, 1961–1963, vol. III: *Vietnam, January– August 1963* (Washington, DC, 1991).

National Commission on Terrorist Attacks upon the United States, *The 9/11 Commission Report* (Washington, DC, 2004).

Special Inspector-General for Afghanistan Reconstruction, *What We Need to Learn: Lessons from Twenty Years of Afghanistan Reconstruction* (August 2021).

Special Inspector-General for Afghanistan Reconstruction, *Why the Afghan Government Collapsed* (November 2022).

Subcommittee on National Security and Foreign Affairs, Committee on Oversight and Government Reform, *Warlord, Inc.: Extortion and Corruption Along the U.S. Supply Chain in Afghanistan* (US House of Representatives, June 2010).

찾아보기

컨플릭트

1945년에서 가자 전쟁까지, 전략은 어떻게 진화했는가

1판 1쇄 2024년 11월 25일
1판 2쇄 2024년 12월 24일

지은이 | 데이비드 퍼트레이어스, 앤드루 로버츠
옮긴이 | 허승철, 송승종

펴낸이 | 류종필
편집 | 이은진, 이정우, 권준
경영지원 | 홍정민
교정교열 | 김현대
표지 디자인 | 석운디자인
본문 디자인 | 이미연

펴낸곳 | (주)도서출판 책과함께
　　　　주소 (04022) 서울시 마포구 동교로 70 소와소빌딩 2층
　　　　전화 (02) 335-1982
　　　　팩스 (02) 335-1316
　　　　전자우편 prpub@daum.net
　　　　블로그 blog.naver.com/prpub
　　　　등록 2003년 4월 3일 제2003-000392호

ISBN 979-11-92913-89-6 03900